Dieses Buch wurde speziell für Lernende in Vorbereitungslehrgängen für die Berufsreifeprüfung entwickelt.

Die Inhalte wurden in Hinblick auf das **kompetenzbasierte Curriculum des Bundesministeriums für Unterricht, Kunst und Kultur entwickelt und sind auf von Expertinnen und Experten erarbeitete Prüfungsrichtlinien sowie die Leitfäden des BMUKK abgestimmt.** „Maturawissen Mathematik" bietet den Stoff in kompakter Form und gibt konkrete Orientierung für die Prüfungsvorbereitung.

Wien 2012

Autorinnen:

Mag. Ulrike Blanckenstein
Lehrerin an der HLW Wien 19, Leiterin der MAM-ARGE an humanberuflichen Schulen; Mitarbeit bei der Pilotierung der Bildungsstandards an HUM, Mitglied der Arbeitsgruppe „Prüfungsrichtlinien Mathematik" für das Fördermodell „Lehre mit Matura" (Stadtschulrat für Wien)

Mag. Jutta Gut
unterrichtet nach Lehrtätigkeit an verschiedenen HLW und AHS seit vielen Jahren in Vorbereitungslehrgängen für die Berufsreifeprüfung.

Mag. Sabine Karajan
Lehrerin an der AHS Wien 21, Studienleitung bei internationalen Sommerkursen, Kursleitung in der Erwachsenenbildung, Mitarbeit bei den Bildungsstandards Mathematik für die 8. Schulstufe, Multiplikatorin für die SRDP

Die Autorinnen sind auch Autorinnen der Reihe „Angewandte Mathematik. Mit Kompetenz zur Reifeprüfung" für BHS.

Printed in Austria, ISBN 978-3-7068-4270-9

Das vorliegende Buch wurde auf chlorfrei gebleichtem Papier gedruckt.

Satz & Umbruch: Zehetner Ges. m. b. H., Oberrohrbach
Umschlaggestaltung: buero8, Wien; Druck: Druckerei Theiss GmbH, 9431 St. Stefan

MANZ

Herzlich willkommen!

Das innovative MANZ Lernpaket

Als führender Verlag im berufsbildenden Schulwesen wissen wir, dass Sie Lernpakete benötigen, die Sie zielgerichtet zum Lernerfolg führen. Wir wollen, dass Sie nach Abschluss Ihrer Ausbildung Ihre persönlichen Chancen am Arbeitsmarkt oder bei einem Studium bestmöglich wahrnehmen können. Wir arbeiten täglich an der Produktion zeitgemäßer Lernpakete und stehen dabei im ständigen Dialog mit erfahrenen Schulbuchautorinnen und -autoren und Wissenschaftlerinnen und Wissenschaftlern.
Ihr Lernpaket besteht aus einem übersichtlich gegliederten Buch und abwechslungsreichen digitalen Ergänzungen inklusive des MANZ Lernraums in Ihrem SbX. Alle Teile des Lernpakets sind aufeinander abgestimmt und folgen dem MANZ 4-Schritte-Lernmodell.

Das MANZ 4-Schritte-Lernmodell

Dieses Buch ist ein speziell für Sie neu gestaltetes, modernes Lern- und Arbeitsbuch. Der Lernstoff ist hier in Kapitel und innerhalb der Kapitel in Lerneinheiten gegliedert. Die Lerneinheiten sind nach dem MANZ 4-Schritte-Lernmodell aufgebaut und ein Leitsystem erleichtert die „Navigation" im Buch.

LERNEN (Input)
Information aufnehmen, Zusammenhänge erkennen, Theorie erfassen

ÜBEN (Anwendung)
Routine erwerben, Zusammenhänge verstehen, Erfahrung sammeln

SICHERN (Festigung)
Gelerntes zusammenfassen, Übersicht gewinnen, Inhalte wiederholen

WISSEN (Kontrolle)
Wissen testen, Kompetenz überprüfen, Können beweisen

Die folgenden Zeichen sollen Ihnen die Orientierung in Maturawissen Mathematik erleichtern:

Mit diesem Symbol werden Merksätze oder Formeln hervorgehoben. Dieses Strukturelement lenkt den Blick auf die zentralen Aussagen.

Dieses Symbol weist auf Technologieeinsatz hin. Exemplarisch wird der Einsatz des grafikfähigen Taschenrechners TI-82 STATS erläutert, zudem finden Sie Hinweise auf Software und frei zugängliche Online-Ressourcen.

Verweise auf andere Kapitel und Lerneinheiten helfen, Zusammenhänge zu verstehen, und unterstützen den selbständigen Lernprozess.

Ü★ Kennzeichnung der Übungsbeispiele nach Schwierigkeitsgrad: ★ einfach, ★★ mittelschwer, ★★★ komplex. Die Lösungen sind direkt beim Beispiel im Buch angeführt oder im SbX zu finden.

Mit diesem Symbol gekennzeichnete Aufgaben im Schritt Wissen ähneln in Aufbau und Fragestellung einer Reifeprüfungs-Aufgabe.

Dem Verlag MANZ ist es ein grundlegendes Anliegen, …

… Chancengleichheit wo immer möglich zu fördern. Frauen und Männer werden in den Texten und Beispielen dieses Buches gleichberechtigt behandelt. Um den Lesefluss nicht zu stören, wird aber – wo nötig – auf das Nebeneinander weiblicher und männlicher Formen verzichtet.

Das Buch

SbX-Leiste und SbX-ID
Übersicht über die SbX-Inhalte zu jedem Arbeitsschritt

Kennzeichnung von Reifeprüfungs-aufgaben
Orientierung für die Prüfungsvorbereitung

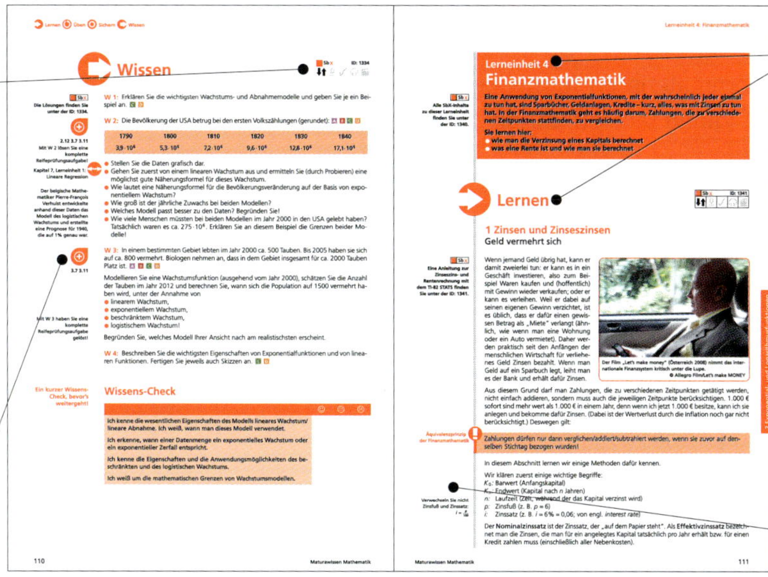

Lerneinheiten
führen Sie Schitt für Schritt durch den Lernstoff

Marginalspalte
enthält Zusatzinfor-mationen und Beispiele

SbX – Digitale Inhalte

ID-Eingabe
führt direkt zu den passenden Online-Inhalten

Inhaltsverzeichnis
Übersichtliche Darstellung der Inhalte

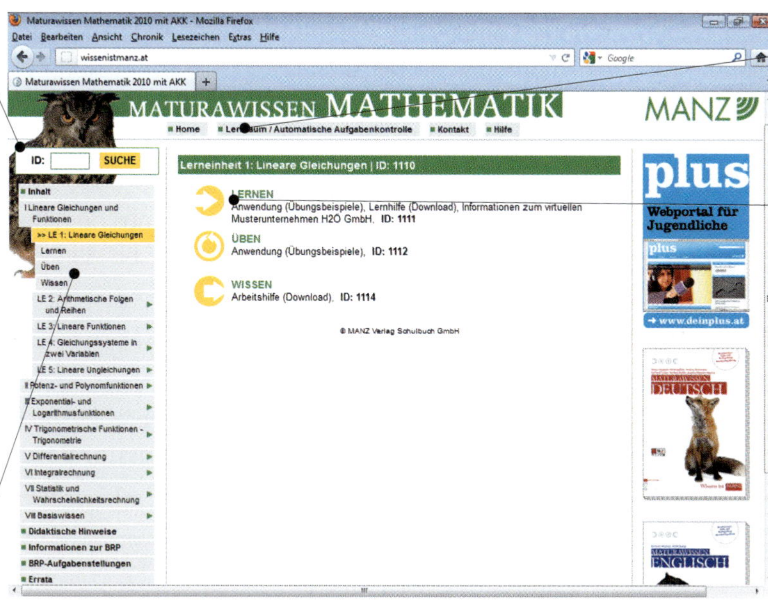

MANZ Lernraum
effektive Kommunikation in der virtuellen Klasse

Aufbau
SbX und Buch folgen demselben Aufbau

Aktivieren Sie jetzt kostenlos Ihr SbX direkt bei MANZ:

www.wissenistmanz.at

Startcode: 00251256

Erfolgreiche Prüfungsvorbereitung mit „Maturawissen Mathematik"

Die MANZ Lehr- und Lernmaterialien für die Berufsreifeprüfung (BRP) sind auf die **kompetenzorientierten Curricula des BMUKK** (gültig seit 1. 9. 2009) und die von Expertinnen und Experten entwickelten **Prüfungsrichtlinien** abgestimmt.

Seit November 2011 gelten die von einer Arbeitsgruppe des BMUKK entwickelten **Leitfäden für die Berufsreifeprüfung** – die nun vorliegende Neuauflage von „Maturawissen Mathematik" nimmt bereits Bezug auf diese Leitfäden. Diese gelten für jene Abschlussprüfungen, die vor 2016 – also vor der Einführung der standardisierten kompetenzorientierten Reifeprüfung – abgehalten werden.

Die Abschlussprüfung in Mathematik

Für die Abschlussprüfung in Mathematik wurden in den Leitfäden des BMUKK u. a. folgende Richtlinien verankert:

- Kompetenzorientierung auf Basis der gesetzlich verordneten BRP-Curricula
- Einbettung der mündlichen Prüfung in einen praxisorientierten Rahmen
- kompetenzorientierte Bewertungskriterien
- eine Teilung der schriftlichen Aufgabenstellung in Aufgaben zu Grundkompetenzen und zu erweiterten Grundkompetenzen

Aufgaben zu Grundkompetenzen (GK) werden im Umfang eher kurz sein, wobei innerhalb einer GK-Aufgabe durchaus verschiedene Inhalte ohne hohe Komplexität abgefragt werden können. Aufgaben zu Grundkompetenzen können auch in – für Mathematik bisher eher unüblichen – Prüfungsformaten gestellt sein: etwa Multiple Choice, Zuordnungen, Fragen nach allgemeinen Begründungen. Aufgaben zu den erweiterten Grundkompetenzen zielen zu einem bestimmten Anteil auf eigenständige Problemlösung ab: zum Beispiel zu erkennen, welches mathematisch mögliche Modell sich am besten für eine gegebene Problemstellung eignet.

Insgesamt enthält die Prüfung 4–6 Aufgaben, wovon mindestens die Hälfte aus dem Bereich der Grundkompetenzen und mindestens ein Beispiel aus den erweiterten Grundkompetenzen stammen müssen.

Bildungsstandards und Kompetenzmodell

Durch die Leitfäden wird im Unterricht und bei der Prüfung verstärkt auf das Verständnis der Grundlagen und der Zusammenhänge sowie auf die Einstellung Wert gelegt. Dieses angestrebte Verständnis um die Grundlagen und die in der Praxis anwendbaren Zusammenhänge sind in den **Bildungsstandards der 13. Schulstufe**

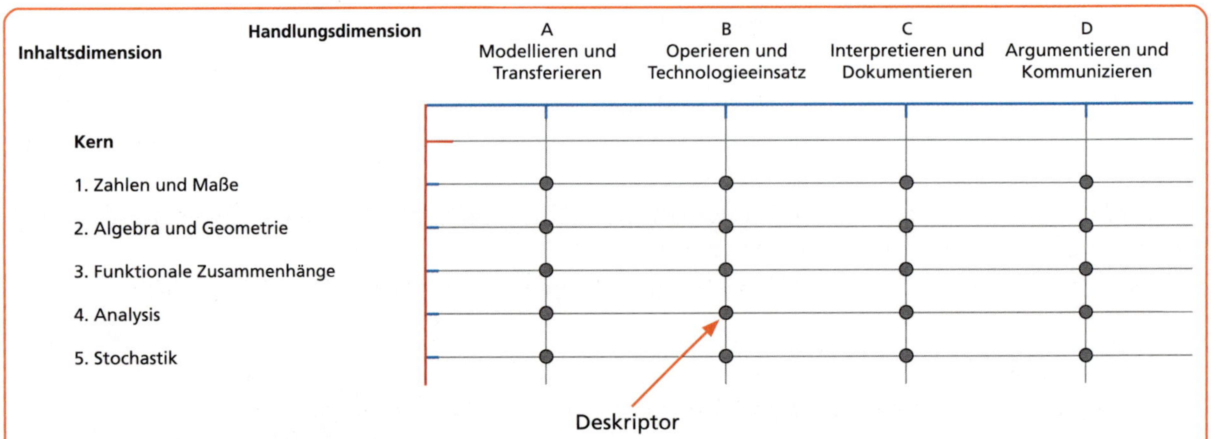

Kompetenzmodell Angewandte Mathematik BHS, Quelle: bildungsstandards.qibb.at

für die berufsbildenden höheren Schulen (BHS)[1] definiert. Diese geben den Rahmen für die bei der Reifeprüfung gestellten Fragen vor. Die geforderten Kompetenzen werden in Form sogenannter **Deskriptoren** beschrieben, die auch in das Mathematikcurriculum der BRP übernommen wurden. Jeder Deskriptor hat zwei „Dimensionen" – **Inhalt** und **Handlung.** Somit stehen die Deskriptoren jeweils an den Schnittstellen dieser beiden Aspekte.

Das vorliegende Lehrwerk nimmt Bezug auf die Bildungsstandards der BHS.

Die Handlungsdimensionen

A ... Modellieren und Transferieren
B ... Operieren und Technologieeinsatz
C ... Interpretieren und Dokumentieren
D ... Argumentieren und Kommunizieren

Alle vier Bereiche sollten in etwa gleichwertig sein. Somit müssen sich die Lehrenden und Lernenden mit bestimmten Aspekten des Stoffes intensiver auseinandersetzen als bisher. Mathematik ist mehr als „nur rechnen" – es soll ein Schritt „weg vom rein Operativen" vollzogen werden. Die Entwicklung dieser Fertigkeiten wird im vorliegenden Lehrwerk intensiv unterstützt und gefördert. Dies geschieht einerseits durch die schon zu Beginn jeder Lerneinheit geforderte und durch verbale Erklärungen angeregte eigenständige Auseinandersetzung mit neuen Inhalten, andererseits durch die regelmäßige Aufforderung zur Argumentation oder Interpretation von Zusammenhängen, Lösungswegen oder Ergebnissen.

Nicht alle Fähigkeiten können im Rahmen der Prüfung umfassend abgefragt werden – das gilt etwa für dynamische Fähigkeiten wie Teamfähigkeit oder Lernorganisation. Diese stellen jedoch im Unterricht und in der Vorbereitung eine wichtige Grundlage für den Erwerb von Kompetenzen wie Interpretieren, Argumentieren und Kommunizieren dar.

Die Inhaltsdimensionen

1 ... Zahlen und Maße
2 ... Algebra und Geometrie
3 ... Funktionale Zusammenhänge
4 ... Analysis
5 ... Stochastik

Kompetenzorientiert lehren und lernen – wie Sie dieses Buch unterstützt

Entsprechend dem oben beschriebenen Kompetenzmodell ändern sich somit die Anforderungen bei der Berufsreifeprüfung – und damit die Anforderungen an Lehrende ebenso wie an Kandidatinnen und Kandidaten in den BRP-Kursen und bei der Prüfungsvorbereitung.

Dieses Lehrwerk unterstützt Unterrichtende, Lernende und Prüfende in diesem Prozess der Umstellung und Neuorientierung auf ideale Weise. Bereits die Erstfassung dieses Buches verfolgte einen kompetenzorientierten Ansatz in der didaktischen Aufbereitung der Inhalte und in den Fragestellungen. Die Neuauflage unterstützt die Anpassung von Unterricht und Lernprozess an die neuen Anforderungen nun verstärkt:

- Bei jedem Lehr- und Übungsbeispiel sowie bei jeder Wissensaufgabe ist gekennzeichnet, welche Handlungsdimensionen erforderlich sind bzw. trainiert werden.
  Sie finden die Handlungsdimensionen als farbige Kästchen jeweils anschließend an die Angabe.

> **Ü 3 ★:** Berechnen Sie die Summe aller Preise aus Beispiel Ü 2, A B
> - indem Sie alle Zahlen addieren
> - mit der Formel für die geometrische Reihe!
>
> ✔ 8.404 €

[1] Kompetenzmodell Angewandte Mathematik BHS. Quelle: bildungsstandards.quibb.at

- Jene Aufgaben im Schritt Wissen, die in Fragestellung, Zusammenstellung und Umfang einer Reifeprüfungsaufgabe (einer Teilaufgabe oder einer gesamten Aufgabe) ähneln, sind gesondert gekennzeichnet. Neben den Handlungsdimensionen ist auch ausgewiesen, welchen Deskriptoren[2] die Aufgabenstellung entspricht.

3.7 3.11

Mit W 3 haben Sie eine komplette Reifeprüfungsaufgabe gelöst!

W 3: In einem bestimmten Gebiet lebten im Jahr 2000 ca. 500 Tauben. Bis 2005 haben sie sich auf ca. 800 vermehrt. Biologen nehmen an, dass in dem Gebiet insgesamt für ca. 2000 Tauben Platz ist. A B C D

Modellieren Sie eine Wachstumsfunktion (ausgehend vom Jahr 2000), schätzen Sie die Anzahl der Tauben im Jahr 2012 und berechnen Sie, wann sich die Population auf 1500 vermehrt haben wird, unter der Annahme von

- linearem Wachstum,
- exponentiellem Wachstum,
- beschränktem Wachstum,
- logistischem Wachstum!

Begründen Sie, welches Modell Ihrer Ansicht nach am realistischsten erscheint.

- Welche Aufgaben (Lehr- und Übungsbeispiele sowie Wissensaufgaben) auf den Erwerb oder die Festigung von Kompetenzen der einzelnen Deskriptoren des BRP-Leitfadens abzielen, können Sie der tabellarischen Übersicht ab Seite VII entnehmen.
- Der selbständigen Überprüfung, ob die Ziele einer jeweiligen Lerneinheit erreicht wurden, dient der Wissens-Check am Ende jeder Lerneinheit.

Wissens-Check

	☺	😐	☹
Ich kenne die wesentlichen Eigenschaften des Modells lineares Wachstum/ lineare Abnahme. Ich weiß, wann man dieses Modell verwendet.			
Ich erkenne, wann einer Datenmenge ein exponentielles Wachstum oder ein exponentieller Zerfall entspricht.			
Ich kenne die Eigenschaften und die Anwendungsmöglichkeiten des beschränkten und des logistischen Wachstums.			
Ich weiß um die mathematischen Grenzen von Wachstumsmodellen.			

Übersicht über Deskriptoren und Zuordnung zu Aufgaben im Buch

Die folgende Tabelle bietet eine Übersicht über die Deskriptoren aus dem Leitfaden zur Berufsreifeprüfung[3]. Zur einfacheren Handhabung wurden die Deskriptoren nummeriert. Neben der Nummer finden Sie den Wortlaut des Deskriptors und weiters eine Aufstellung aller Lehr- und Übungsbeispiele sowie Wissensaufgaben aus diesem Buch, die auf Erwerb und Übung der im Deskriptor erfassten Kompetenzen abzielen.

[2] Die Deskriptoren aus dem Leitfaden für die Berufsreifeprüfung wurden zu diesem Zweck von den Autorinnen nummeriert. Eine Aufstellung der Deskriptoren mit Nummerierung und gesamtem Wortlaut finden Sie ab Seite VII.

[3] Berufsreifeprüfung Mathematik. Leitfaden für die kompetenzorientierte Reifeprüfung. Bundesministerium für Unterricht, Kunst und Kultur, Wien 2011.

	Wortlaut des Deskriptors	Kap.	LE*	Lernen	Üben	Wissen
1.1	Die Zahlenbereiche der natürlichen, ganzen, rationalen und reellen Zahlen kennen, ihre Beziehungen argumentieren und auf der Zahlengerade den veranschaulichen	8	4	Ü 1–6	Ü 7–14	W 1
1.2	Zahlen in Fest- und Gleitkommadarstellung darstellen können und damit grundlegende Rechenoperationen durchführen	8	3	L 1–5	Ü 1–6	W 1–2
1.4	Das Überschlagsrechnen und Runden beherrschen, Ergebnisse beim Rechnen mit Zahlen abschätzen und in sinnvoller Genauigkeit angeben	1	1		Ü 7	
1.5	Zahlenangaben in Prozent verstehen, anwenden und mit Prozentsätzen rechnen	1	1		Ü 7	
		2	2			W 15
		8	2	L 1–7, Ü 1–5	Ü 6–14	W 1–9
2.1	Rechnen mit Termen (Klammern, Brüche)	1	1	L 1–5, Ü 5	Ü 6–9	W 1–2
		2	1	L 6	Ü 3–9	
		2	2	L 2		
		8	1	L 1–11, Ü 1–3	Ü 4–8	W 1–4
2.2	Potenzgesetze mit ganzzahligen und mit rationalen Exponenten verstehen, sie begründen und durch Beispiele veranschaulichen und anwenden	1	1	L 2		
		2	1	L 1–3, 5, 6, Ü 1, 2	Ü 3–8	W 1–6
		8	1		Ü 7, 8	
2.3	Potenz- und Wurzelschreibweise ineinander überführen	2	1	L 4, 5		
2.4	Den Begriff des Logarithmus kennen und logarithmische Rechengesetze anwenden	3	2	L 1, Ü 2	Ü 4, 5	W 2
2.5	Lineare Gleichungen in einer Variablen aufstellen, lösen, die Lösungen interpretieren und argumentieren	1	1	L 1–4 (Vorstufe), Ü 5	Ü 6–10	W 1–2
		1	3	L 4–11, 13,16, Ü 5–7	Ü 9–10	W 1, 10
		8	2	L 1–7, Ü 1–2	Ü 6–14	W 2–9
2.6	Formeln aus der elementaren Geometrie anwenden, interpretieren und argumentieren	8	5	L 1–3, Ü 1–3	Ü 4–37	W 1–5
2.7	In einer Formel nach einer der variablen Größen explizieren und die gegenseitige Abhängigkeit der Größen in einer Formel interpretieren und erklären können	1	1	L 5	Ü 9	
2.8	Lineare Gleichungssysteme mit zwei Variablen problembezogen aufstellen und lösen	1	3	L 9		
		1	4	L 1 (Forts.), L 2, 4, 7	Ü 1–4, 6	W 1–4
2.9	Die verschiedenen möglichen Lösungsfälle von linearen Gleichungssystemen in zwei Variablen argumentieren und grafisch veranschaulichen	1	4	L 1 (Forts.), L 3, 5, 6	Ü 6	W 2–4
2.10	Probleme aus verschiedenen Anwendungsbereichen in lineare Gleichungssysteme mit mehreren Variablen übersetzen, mithilfe von Technologieeinsatz lösen und das Ergebnis in Bezug auf die Problemstellung interpretieren und argumentieren	1	4	L 1, 2	Ü 4, 6	W 1

	Wortlaut des Deskriptors	Kap.	LE*	Lernen	Üben	Wissen
2.11	Quadratische Gleichungen in einer Variablen aufstellen, lösen und die verschiedenen möglichen Lösungsfälle interpretieren und argumentieren	2	2	L 3–6, Ü 4–5	Ü 6–16, 20, 21	W 10–15
		2	3			W 5–6
2.12	Exponentialgleichungen vom Typ $akx = b$ nach der Variablen x auflösen	3	2	L 2, Ü 1–3	Ü 5	W 2, 4
		3	3	L 1, 2, Ü 1	Ü 3–22	W 2
2.13	Sinus, Cosinus und Tangens eines Winkels als Seitenverhältnisse im rechtwinkeligen Dreieck modellieren, interpretieren, argumentieren und rechtwinkelige Dreiecke auflösen	4	1	L 1, 2, Ü 1–4, 9–15		W 1, 3–10
		4	2	L 1–3	Ü 1–6	W 1–6
		4	3	L 1, 2	Ü 1–7	W 1–6
2.14	Vektoren als Zahlentupel	8	1	L 1, 3	Ü 1	W 1
2.15	Vektoren geometrisch deuten und verständig einsetzen	8	1		Übungsbeispiele in SbX	
2.16	Definitionen der Rechenoperationen mit Vektoren (Addition, Multiplikation mit einem Skalar, Skalarmultiplikation) kennen, Rechenoperationen verständig einsetzen und (auch geometrisch) deuten können	8	1		Ü 3–4	W 1
3.1	Die Definition der Funktion als eindeutige Zuordnung kennen und kommunizieren	1	3	L 1, 2, 4–6, Ü 1		
		8	6	Ü 1	Ü 5, 6	W 1–4
3.2	Funktionen als Modelle zur Beschreibung der Abhängigkeit zwischen Größen verstehen und erklären	1	3	L 1, 2, 4–6, 10–12, 14–16, Ü 1–4, 6–8	Ü 13–21	
		2	2	L 1, Ü 1		
		3	3	L 1, 2		
		8	6	Ü 3	Ü 4, 5	W 1–4
3.3	Eine lineare Gleichung in zwei Variablen als Beschreibung einer linearen Funktion interpretieren (Geradengleichung: $y = kx + d$)	1	3	L 1, 2, 4, 5, 6, 8–16, Ü 3, 4, 6, 7	Ü 9, 10, 12–21	W 1, 3
		1	4	L 1 (Forts.), L 2–6		W 2–4
		5	1	L 1		
3.4	Eine lineare Funktion grafisch im Koordinatensystem darstellen und die Bedeutung der Parameter k und d verstehen und interpretieren	1	3	L 1, 2, 5, 6, 10–12, 16, Ü 3, 6, 7	Ü 11, 13–21	W 1, 2
		2	2			W 1
		5	1	Ü 1		
3.5	Lineare Funktionen aus verschiedenen Problemstellungen modellieren und sie zur Lösung des Problems einsetzen, die Lösung interpretieren und argumentieren	1	3	L 1, 2, 10–15, Ü 3, 5–8	Ü 13–21	W 1–3
		2	2	Ü 3	Ü 18, 19	
		5	1	L 1		

	Wortlaut des Deskriptors	Kap.	LE*	Lernen	Üben	Wissen
3.6	Potenzfunktionen und Polynomfunktionen (bis zum Grad 4) grafisch darstellen und ihre Eigenschaften interpretieren	1	3	Ü 8		W 2
		2	2	L 1, Ü 1, 2, 5	Ü 17, 20, 21	W 1–9, 11, 12, 14, 15
		2	3	Ü 1		W 3, 5, 6
		8	6	Ü 2		
3.7	Exponentialfunktionen grafisch darstellen, als Zu- und Abnahmemodelle interpretieren, die Begriffe Verdopplungszeit und Halbwertszeit kennen, berechnen und im Kontext deuten sowie den Einfluss der Parameter von Exponentialfunktionen verstehen, interpretieren und deuten	3	2			W 1, 3, 4
		3	3	L 1–3, Ü 1	Ü 3–22	W 1–3
		3	4	L 1–10, Ü 1–10	Ü 11–35	W 1–5
3.8	Lineare Funktionen und Exponentialfunktionen strukturell vergleichen, die Angemessenheit einer Beschreibung mittels linearer Funktionen oder mittels Exponentialfunktion bewerten	3	3			W 4
3.9	Die Nullstelle(n) von Funktionsgraphen bestimmen und als Lösung(en) einer Gleichung interpretieren (Technologieeinsatz)	1	3	L 7, 16	Ü 10	W 3
		2	2			W 11, 12
		2	3	L 1–3, Ü 1, 2	Ü 3–6	W 1, 3
3.10	Schnittpunkte zweier Funktionsgraphen bestimmen und als Lösungsmenge einer Gleichung oder eines Gleichungssystems mit zwei Variablen interpretieren (Technologieeinsatz)	1	3	L 12		
		1	4	L 1 (Forts.), L 3–6	Ü 2, 4, 5	W 2–4
		2	3		Ü 7, 8	W 4
		5	3	L 5		
3.11	Praxisbezogene Problemstellungen mit geeigneten Funktionstypen beschreiben (Aufstellen einer Funktionsgleichung)	1	3	L 10–12, 14, 15, Ü 6, 7		
		2	2			W 8, 9, 14, 15
		2	3			W 2
		3	3	L 1–3, Ü 1	Ü 3–19	W 2, 3
		3	4	L 1–10, Ü 1–10	Ü 11–35	W 1–5
		5	3	L 1–3, 5		
3.12	Sinus-, Cosinus- und Tangensfunktionen ausgehend vom Einheitskreis mit Winkel im Grad- und im Bogenmaß grafisch darstellen und argumentieren	4	1	L 3, Ü 5, 6		
4.2	Über einen intuitiven Grenzwertbegriff und über einen intuitiven Stetigkeitsbegriff von Funktionen verfügen	5	1	L 2, 4, 6, Ü 3		
4.3	Differenzen- und Differentialquotient als Änderungsraten verstehen und zur Lösung von Aufgaben einsetzen, die Lösung interpretieren und argumentieren	5	1	L 2, 4, 6, 8, Ü 2, 3		W 1, 3–6
		5	2			W 2, 3, 8
4.4	Den Begriff Ableitungsfunktion kennen	5	1			W 5, 6
		5	2			W 3

	Wortlaut des Deskriptors	Kap.	LE*	Lernen	Üben	Wissen
4.5	Elementare Grundfunktionen differenzieren und die Ableitung von aus diesen zusammengesetzten Funktionen mithilfe der Ableitungsregeln bestimmen	5	1	L 3, 5, 7–12	Ü 4–7	W 2–4, 6
		5	2		Ü 6–9, 11	W 1–6
		5	3	L 4, 5	Ü 2–8	W 1–7
		6	1	Ü 1		
4.6	Eigenschaften von Funktionen wie Monotonie, lokale Extrema, Krümmungsverhalten, Wendestellen am Graphen erkennen und mithilfe der Ableitung(sfunktion) modellieren, berechnen, interpretieren und argumentieren	2	2			W 12
		2	3			W 1, 3
		3	2			W 3
		5	1	L 8		
		5	2	L 1, 2, Ü 1–4	Ü 6–11	W 1, 2, 4–6
		5	3	L 1–5	Ü 2–8	W 1–7
4.7	Den Zusammenhang zwischen Funktion und Ableitungsfunktion erkennen und beschreiben, in ihrer grafischen Darstellung interpretieren und argumentieren	5	1			W 3–5
		5	2	L 2, Ü 2–5	Ü 8, 9, 11	W 1, 2, 4–6
		5	3	L 4, 5, Ü 1	Ü 2–8	W 1–7
4.8	Den Begriff Stammfunktion kennen sowie den Zusammenhang zwischen Funktion und Stammfunktion in ihrer grafischen Darstellung erkennen und beschreiben	6	1	Ü 2–5		W 2–6
4.9	Stammfunktionen von Potenz- und Polynomfunktionen mit dem unbestimmten Integral berechnen	6	1	L 1–3, 5	Ü 6–10	W 1
4.10	Den Begriff des bestimmten Integrals auf der Grundlage eines intuitiven Grenzwertbegriffes als Grenzwert einer Summe von Produkten deuten und beschreiben	6	2	Ü 1, 2; Text Seite 195: Erklärung zu 4.10		
4.11	Das bestimmte Integral als orientierten Flächeninhalt deuten und die Flächen berechnen	6	2	L 1, 2, Ü 2–4	Ü 5–8	W 1, 4, 5
5.1	Daten erheben, Häufigkeitsverteilungen (absolute, relative und prozentuelle Häufigkeiten) grafisch darstellen und interpretieren sowie die Auswahl einer bestimmten Darstellungsweise problembezogen argumentieren	7	1	L 1, Ü 1, 2	Ü 8, 10–15	W 4, 5
		7	2	L 8, 9		
5.2	Mittelwerte und Streuungsmaße von Häufigkeitsverteilungen berechnen, interpretieren und argumentieren; arithmetisches Mittel und Standardabweichung, Median	7	1	L 1 (Forts.), Ü 3, 4–6	Ü 9–15	W 1, 2, 4, 5
		7	2	L 8 (Forts.), L 9		
5.3	Den Wahrscheinlichkeitsbegriff kennen, verwenden und deuten	7	2	L 1–4, Ü 1–3	Ü 8, 13–20	
5.4	Die Additionsregel auf einander ausschließende Ereignisse und die Multiplikationsregel auf unabhängige Ereignisse anwenden	7	2	L 4	Ü 13–20	
5.5	Bedingte Wahrscheinlichkeit von unabhängigen Ereignissen modellieren und berechnen können	7	2	L 5–7	Ü 11–23	W 3–6a, 7a
5.6	Die Binomialverteilung kennen und im Kontext nutzen und interpretieren (Erwartungswert, Varianz, Wahrscheinlichkeits- und Verteilungsfunktion)	7	2	L 13 (Forts.), Ü 6	Ü 21–24	W 1–7

Inhaltsverzeichnis

1 Lineare Gleichungen und Funktionen

Bereits im zweiten Jahrtausend vor Christus lösten die Ägypter und Sumerer lineare Gleichungen. Sie verwendeten Mathematik vor allem für praktische Aufgaben, zum Beispiel zur Berechnung von Löhnen, Getreidemengen oder Flächen. Sie beherrschten die vier Grundrechnungsarten und das Lösen von Gleichungen mit einer Unbekannten.

Sie lernen in diesem Kapitel:

- eine lineare Gleichung oder eine lineare Funktion als mathematisches Modell zur Lösung eines alltäglichen oder berufsfeldsspezifischen Problems heranzuziehen
- eine Gleichung richtig umzuformen und zu lösen
- Tabellen und Grafiken zu interpretieren
- Werte einer Funktion zu berechnen
- einen grafikfähigen Taschenrechner zur Lösung der Aufgabe heranzuziehen
- Informationen oder mathematische Sachverhalte zu erkennen, diese in Form einer linearen Gleichung oder Funktion darzustellen sowie die Lösungswege und Ergebnisse korrekt niederzuschreiben
- den Lösungsweg und die Lösung zu begründen und zu erklären

Lerneinheit 1

Lineare Gleichungen

SbX
Alle SbX-Inhalte zu dieser Lerneinheit finden Sie unter der ID: 1110.

Eine Gleichung ist eine Gleichsetzung von zwei verschiedenen Termen und enthält eine oder mehrere Variablen (auch als Unbekannte oder Platzhalter bezeichnet). Unterschiedlichste Probleme des Alltags oder berufsspezifische und wirtschaftliche Fragestellungen lassen sich in Form einer Gleichung darstellen und mit einfachen Regeln (Äquivalenzumformungen) lösen.

Eine Gleichung heißt linear, wenn sie die allgemeine Form: $ax + b = 0$ hat, wenn also keine höheren Potenzen der Unbekannten vorkommen. Der Begriff Gleichung geht auf Leonardo da Pisa, genannt Fibonacci, zurück.

Leonardo da Pisa (1180–1250) war Rechenmeister und gilt als der bedeutendste Mathematiker des Mittelalters.

Sie lernen hier:
- **wesentliche Informationen eines Sachtextes zu erkennen**
- **mathematische Symbole zur Darstellung des Problems zu verwenden – eine lineare Gleichung aufzustellen**
- **eine lineare Gleichung zu lösen – Äquivalenzumformungen**
- **den Taschenrechner zur Lösung einer linearen Gleichung einzusetzen**
- **die Lösung einer linearen Gleichung zu überprüfen (Probe)**
- **das Ergebnis zu interpretieren**

Hinweis: Grundbegriffe wie „Term" und „Variable" sind im Kapitel 8 (Basiswissen), Lerneinheit 1, erklärt.

Lernen

SbX ID: 1111

1 Vom Text zur Gleichung

Der Schlüssel zur Lösung eines Problems

Sie finden den Schlüssel im Text. Die Gleichung liefert das Ergebnis.

Peter hat vier gleichpreisige Taschenbücher bestellt. Der Versand kostet 3 €, insgesamt lautet die Rechnung auf 35 €. Wie viel kostet ein Buch?

Wir geben dem Preis irgendeinen Namen, zum Beispiel x. In mathematischer Schreibweise können wir dann die Angabe so formulieren: $4x + 3 = 35$.

Jetzt können wir entweder verschiedene Zahlen für x einsetzen und durch Probieren feststellen, dass die Antwort 8 lautet, denn $4 \cdot 8 + 3 = 35$. Oder wir rechnen rückwärts: Der Preis für die 4 Bücher ohne Versandkosten beträgt $35 - 3 = 32$ €, für ein Buch zahlt man $32 : 4 = 8$ €.

Die nächsten Seiten sollen Ihnen helfen, wichtige Informationen aus Texten zur Lösung eines Problems herauszulesen und solche Aufgaben systematisch zu lösen.

„Die Mathematiker sind eine Art Franzosen: redet man zu ihnen, so übersetzen sie es in ihre Sprache, und dann ist es also bald ganz etwas anderes." Johann Wolfgang von Goethe (1749–1832) – Glauben Sie, dass Goethe Recht hatte?

Beachten Sie beim Lesen eines Textes, der das zu lösende Problem beschreibt, Folgendes:
- Lesen Sie den Text sorgfältig durch und notieren Sie wichtige Informationen.
- Unterscheiden Sie zwischen den Informationen, die schon bekannt sind, und jenen Größen, die zu berechnen sind.
- Drücken Sie die unbekannte Größe durch x oder eine andere passende Variable aus.
- Übersetzen Sie den Informationstext in mathematische Terme und stellen Sie diese gegenüber – konstruieren Sie eine Gleichung.
- Lösen Sie die Gleichung und berechnen Sie alle zu findenden Größen.
- Interpretieren und kommunizieren Sie das Ergebnis.
- Argumentieren Sie Ihren Lösungsweg und das Ergebnis.
- Tipp: Oft hilft bei der Lösung eine Skizze!

Nun einige Vorübungen, bei denen es wichtig ist, genau zu lesen, die verwendeten Begriffe zu kennen und richtig zu interpretieren.

SbX
Sie finden Ü 1 und Ü 2 mit automatischer Aufgabenkontrolle unter der ID: 1111.

Ü 1 ★: Suchen Sie den Term, der zum Text passt! Verbinden Sie jeweils den Text der 1. Spalte mit dem richtigen mathematischen Term der 2. Spalte. A

Subtrahieren Sie 7 von x und dividieren Sie durch 5.	$(z-x):2$
Addieren Sie 9 zu einer Zahl x und multiplizieren Sie die Summe mit 2.	$(x+y)+6$
Subtrahieren Sie 9 von x und multiplizieren Sie die Differenz mit (-2).	$(z+8)\cdot 4$
Addieren Sie 6 zur Summe der beiden Zahlen x und y.	$(x+9)\cdot 2$
Subtrahieren Sie x von z und dividieren Sie die Differenz durch 2.	$(x-7):5$
Subtrahieren Sie 5 von z und dividieren Sie die Differenz durch 2.	$(z-5):2$
Addieren Sie 8 zu einer Zahl z und multiplizieren Sie die Summe mit 4.	$(x-9)\cdot(-2)$

Begriffe Addition, Subtraktion, Multiplikation, Division siehe Kapitel 8, Lerneinheit 1

Ü 2 ★: Ordnen Sie das folgende „Vokabelheft": Das 12-Fache einer Zahl vermehrt um 429 ergibt gleich viel wie das Fünffache einer um 6 verminderten Zahl. Berechnen Sie diese Zahl. A

Algebra: Lehre von den Gleichungen, von den Beziehungen zwischen mathematischen Größen und den Regeln, denen sie unterliegen (Duden).

Umgangssprache	algebraisch
eine Zahl	$=$
das 12-Fache einer Zahl	$x-6$
das 12-Fache einer Zahl vermehrt um 429	$12x$
ergibt gleich viel wie	$5x$
das 5-Fache einer Zahl	$5\cdot(x-6)$
eine Zahl um 6 vermindert	$12x+429$
das 5-Fache einer um 6 verminderten Zahl	$5x-6$
das 5-Fache einer Zahl vermindert um 6	x

SbX
Sie finden Ü 3 mit automatischer Aufgabenkontrolle unter der ID: 1111.

Ü 3 ★: Ergänzen Sie in folgender Tabelle die fehlenden algebraischen Ausdrücke: A

Umgangssprache	algebraisch
vermehren	$+$
vermindern	
ist gleich (entspricht)	
eine Zahl	
das Dreifache einer Zahl	$3x$
eine um 4 vermehrte Zahl	
addiert man zum Vierfachen einer Zahl 7	
das Vierfache einer Zahl um 3 vermehrt	
das Vierfache einer um 3 vermehrten Zahl	
das Doppelte einer um 4 verkleinerten Zahl	
ein Drittel einer Zahl	$\frac{x}{3}$
ein Achtel von einer um 6 verkleinerten Zahl	
die um 2 verminderte Hälfte einer Zahl	
subtrahiert man von 17 das Doppelte einer Zahl	
das 5-Fache einer Zahl ist um 14 größer als die Zahl selbst	
die um 3 verminderte Zahl ist um 5 kleiner als die Hälfte der Zahl	
dividiert man eine Zahl durch 3	

Umgangssprache	algebraisch
dividiert man das um 2 vermehrte 7-Fache einer Zahl durch 8	
potenziert man eine Zahl mit 3	

Nun die ersten Übungen mit Texten:

SbX
Sie finden Ü 4 mit automatischer Aufgabenkontrolle unter der ID: 1111.

Ü 4 ★: Welche Gleichung passt zum Text? Verbinden Sie die passenden Teile, erklären und begründen Sie Ihre Entscheidung. A

Prozentrechnung siehe Kapitel 5, Lerneinheit 2

Das Vierfache einer Zahl und ihr Drittel ergeben 156.	$\frac{1}{20}+\frac{1}{30}=\frac{1}{x}$
Herr und Frau Jelinek geben von ihrem Geld ein Fünftel, ein Viertel und die Hälfte aus. Es bleiben ihnen noch 480 € übrig.	$4x+3=183$
12 Liter 60%ige Salzlösung werden mit 3 Litern 40%iger Salzlösung gemischt.	$4x+\frac{1}{3}x=156$
Ein Installateur kann die Arbeit für ein Haus alleine in 20 Tagen erledigen, ein anderer benötigt für den gleichen Auftrag 30 Tage.	$5t+5\cdot(t-0{,}5)=10$
Eine Familie kauft 4 Konzertabonnements im Internet. Der Gesamtpreis beträgt 183 € inklusive 3 € Versandspesen.	$12\cdot 0{,}6+3\cdot 0{,}4=15x$
Dominik und Peter wohnen 10 km voneinander entfernt. Sie gehen einander mit 5 km/h entgegen, wobei Peter 30 Minuten später weggeht.	$\frac{1}{5}x+\frac{1}{4}x+\frac{1}{2}x+480=x$

Die Angaben aus Ü 4 werden in Ü 5 auf Seite 7 weiter bearbeitet.

2 Lösen einer Gleichung

Klammern auflösen – Zusammenfassen – Äquivalenzumformungen

Zuerst einige wichtige mathematische Begriffe, die Sie kennen sollten, bevor Sie beginnen eine Gleichung umzuformen und zu lösen – verwenden Sie diese Begriffe auch, wenn Sie Ihre Aufgaben lösen, Ihren Lösungsweg erklären und das Ergebnis interpretieren müssen!

Begriffe der Mengenlehre siehe Kapitel 8, Lerneinheit 4

Wichtige Begriffe

- **Variablen** sind Platzhalter für unbekannte Werte.
- Die **Grundmenge** enthält jene Werte, die man für die Variablen einsetzen darf.
- Die **Definitionsmenge** enthält alle Zahlen der Grundmenge, die beim Einsetzen in die Gleichung einen sinnvollen Ausdruck ergeben.
- Die **Lösungsmenge** enthält alle Zahlen der Definitionsmenge, die beim Einsetzen in die Gleichung eine wahre Aussage ergeben.
- Die Rechenschritte, die zum Lösen einer Gleichung nötig und sinnvoll sind, werden in den folgenden Beispielen vorgeführt; man nennt sie **Äquivalenzumformungen.** Man kann auf beiden Seiten die gleiche Zahl addieren oder subtrahieren, mit der gleichen Zahl multiplizieren oder durch die gleiche Zahl dividieren, ohne die Lösungsmenge der Gleichung zu verändern. **Achtung: Multiplikationen mit 0 und Division durch 0 sind keine Äquivalenzumformungen und nicht sinnvoll!** Schreiben Sie die einzelnen Umformungsschritte rechts neben die Gleichung – so wird Ihr Lösungsweg übersichtlicher.

Äquivalenzumformungen

Äquivalenzumformungen: für alle $A, B, C \in \mathbb{R}$ gilt:

$A=B \Leftrightarrow A+C=B+C$

$A=B \Leftrightarrow A-C=B-C$

$A=B \Leftrightarrow A\cdot C=B\cdot C \qquad C\neq 0$

$A=B \Leftrightarrow A:C=B:C \qquad C\neq 0$

Zahlenmengen siehe Kapitel 8, Lerneinheit 4

Hinweis: $\mathbb{R}$ ist die Menge der reellen Zahlen.

SbX

Eine Einführung zum Arbeiten mit dem TI-82 STATS finden Sie unter der ID: 1111.

Eine lineare Gleichung der Form: $ax + b = 0$ (mit $a \neq 0$) kann man leicht lösen:

$ax + b = 0 \quad | -b$

$ax = -b \quad | :a$

$x = \frac{-b}{a}$

Im Folgenden wird, wenn nichts anderes angegeben ist, als Grundmenge immer $\mathbb{R}$ verwendet.

L 1: Lösen linearer Gleichungen B

Sie sehen nun, wie man eine einfache Gleichung ohne Technologieeinsatz löst. Im zweiten Schritt wird dieselbe Gleichung mithilfe des grafikfähigen Taschenrechners TI-82 STATS gelöst. Sie können das Lösen von Gleichungen auch anderen Technologien überlassen; eine davon ist der Online-Rechner von mathe online (http://www.mathe-online.at/Mathematica).

$3x - 7 = 11 \quad | +7$, d.h.: addieren Sie auf beiden Seiten 7

$3x - 7 + 7 = 11 + 7$

$3x = 18 \quad | :3$, d.h.: dividieren Sie beide Seiten durch 3

$x = 6$

Bei einer Gleichung sollte man überprüfen, ob die gefundene Lösung auch richtig ist und in der Definitionsmenge enthalten ist. Dazu setzt man die Lösungszahl in beide Seiten der Angabe – am besten getrennt – ein, und berechnet den jeweiligen Term. Stimmen die beiden Terme überein, so ist die gefundene Zahl wirklich Lösung der Gleichung und kann nach **Überprüfung, ob sie Element der Definitionsmenge ist,** in die Lösungsmenge geschrieben werden.

Probe: linke Seite: $3 \cdot 6 - 7 = 11$
rechte Seite: $11 = 11$
linke Seite = rechte Seite, daraus folgt: $L = \{6\}$

T

Lösen Sie nun dieselbe Gleichung mit Ihrem Taschenrechner, müssen Sie folgende Schritte beachten:

Im Menü [MATH] finden Sie als letzten Punkt `0:Solver`.

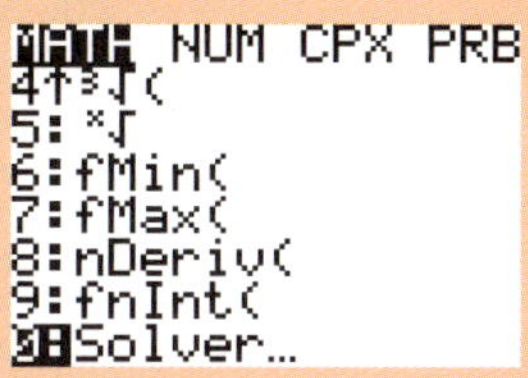

Abb. 1

Mit dieser Funktion ist es möglich, eine Gleichung nach jeder Variablen zu lösen. Drücken Sie nun [MATH] `0:Solver`. Bevor Sie die Solver-Funktion verwenden, müssen Sie die Gleichung so umformen, dass auf einer Seite 0 steht. Formen Sie $3x - 7 = 11$ zu $3x - 18 = 0$ um. Sie können als Trick auch das Gleichheitszeichen als Minus auffassen und die rechte Seite in Klammer setzen: $3x - 7 - (11) = 0$

Tipp: Geben Sie die Gleichung sofort ein, wenn der Bildschirm `eqn:0=` anzeigt. Sollte das nicht der Fall sein, drücken Sie die Cursor-Taste mit Pfeil nach oben und überschreiben Sie die dort angegebene Gleichung. Man kann diese auch mit [CLEAR] löschen.

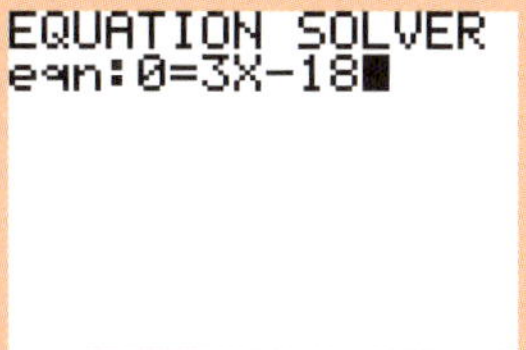

Abb. 2

Ihre Eingabe bestätigen Sie mit [ENTER]. Im nächsten Schritt lösen Sie bereits die Gleichung, indem Sie den Cursor neben `X=` stellen und die Tastenkombination [ALPHA] [SOLVE] (= orange Taste und Enter-Taste!) drücken. Sie erhalten die Lösung `X=6`. Der Taschenrechner speichert die errechnete Lösung 6 für die Variable X solange, bis Sie einen anderen Wert für X speichern. Die Anzeige `left-rt=0` ist eine interne Probe.

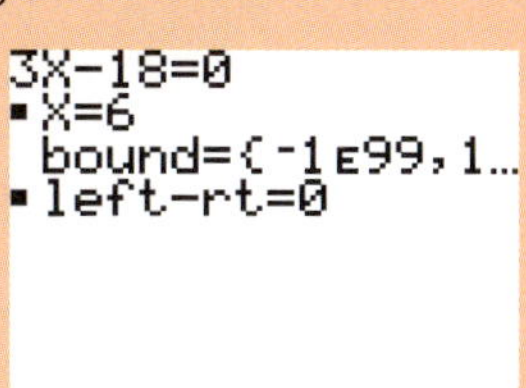

Abb. 3

Eine andere Möglichkeit ist, eine Gleichung ohne Taschenrechner zu lösen und den Taschenrechner zur Durchführung der Probe heranzuziehen.

Speichern Sie den Wert für X – in unserem Fall 6 mit der Tastenkombination 6 [STO▸] [ALPHA] [X] [ENTER] – am Hauptbildschirm. Am rechten Bildschirmrand erscheint 6. Geben Sie nun die linke Seite der Gleichung im Hauptbildschirm ein und bestätigen Sie die Eingabe mit [ENTER]. Geben Sie anschließend die rechte Seite der Gleichung ein und bestätigen Sie wieder mit [ENTER]. Der Taschenrechner hat den Wert der beiden Terme berechnet. Wenn diese gleich sind, haben Sie die Gleichung richtig gelöst.

Nun zu einem schwierigeren Beispiel, bei dem mehrere Umformungen nötig sind, bis man die Lösung ermittelt hat.

Achtung: $(3x+4)^2 = (3x+4)\cdot(3x+4)$

T

L 2: Lösen Sie die folgende Gleichung, führen Sie die Probe durch und geben Sie die Lösungsmenge an. Überprüfen Sie das Ergebnis auch mit der Solver-Funktion Ihres Taschenrechners. B

$(3x+4)^2 - 3\cdot(2x+5) = 9\cdot(x-4)\cdot(x+4) - 35$
- Terme ausrechnen. Achtung, Minus vor der Klammer!

$9x^2 + 24x + 16 - 6x - 15 = 9\cdot(x^2-16) - 35$
- Zusammenfassen

$9x^2 + 18x + 1 = 9x^2 - 144 - 35$
- Äquivalenzumformungen, um x und die Zahlen zu trennen. Subtrahieren Sie auf beiden Seiten $9x^2$ und 1. Sie sehen nun, dass die Gleichung tatsächlich linear ist, da die zweiten Potenzen von x auf beiden Seiten gleich oft auftreten.

$18x = -180$
- Dividieren Sie beide Seiten durch 18.

$x = -10$
- Lösung

Rechnen mit Termen und Binomen siehe Kapitel 8, Lerneinheit 1, und Kapitel 2, Lerneinheit 2

Probe: Setzen Sie für X nun die berechnete Zahl ein und berechnen Sie die beiden Terme:

linke Seite: $(3\cdot(-10)+4)^2 - 3\cdot(2\cdot(-10)+5) = (-26)^2 - 3\cdot(-15) = 676 + 45 = 721$

rechte Seite: $9\cdot((-10)-4)\cdot((-10)+4) - 35 = 9\cdot(-14)\cdot(-6) - 35 = 756 - 35 = 721$

linke Seite = rechte Seite $\Rightarrow L = \{-10\}$

Tipp: Wenn Sie diese Gleichung mit dem Taschenrechner lösen möchten, geben Sie am besten Folgendes ein:

```
eqn:0=(3x+4)^2-3(2x+5)-(9(x-4)(x+4)-35),
```

d. h., Sie machen aus dem Gleichheitszeichen ein Minus und setzen die rechte Seite der Gleichung in Klammer. Wenn Sie die Probe mit dem Taschenrechner machen möchten, speichern Sie –10 für X. Achtung: Verwenden Sie die Taste [(-)]!

T

L 3: Lösen Sie die folgende Gleichung mit Brüchen einmal ohne und einmal mit Taschenrechner: B

Lösung der Gleichung ohne Taschenrechner

Rechnen mit Brüchen, Vorzeichenregeln siehe Kapitel 8, Lerneinheit 1

Erweitern heißt Zähler und Nenner mit derselben Zahl multiplizieren.

$\frac{7x-13}{6} + 2 = \frac{5x-11}{12} - \frac{9-3x}{8}$
- Bilden Sie das kleinste gemeinsame Vielfache. 24 ist durch 6, 12, 8 teilbar.

$\frac{28x-52}{24} + \frac{48}{24} = \frac{10x-22}{24} - \frac{27-9x}{24}$
- Erweitern Sie jeden Bruch so, dass im Nenner 24 steht. Multiplizieren Sie die ganze Gleichung mit dem Hauptnenner 24. Achtung: Vor dem letzten Bruch steht ein Minus!

$28x - 52 + 48 = 10x - 22 - (27 - 9x)$
- Lösen Sie die Klammern auf und fassen Sie zusammen.

$28x - 4 = 10x - 22 - 27 + 9x$
$28x - 4 = 19x - 49$
- Addieren Sie auf beiden Seiten 4 und subtrahieren Sie auf beiden Seiten $19x$.

$9x = -45$
- Dividieren Sie beide Seiten der Gleichung durch 9.

$x = -5$
- Sie erhalten das Ergebnis.

Probe:
Setzen Sie –5 in die Angabe statt x ein und berechnen Sie die beiden Terme. Beachten Sie dabei die Vorzeichenregeln!

Testen Sie bei den vorgerechneten Beispielen Ihr Können und Wissen: Decken Sie die Lösungen ab und überprüfen Sie, ob Sie zu den gleichen Ergebnissen kommen.

linke Seite: $\frac{-35-13}{6}+2=\frac{-48}{6}+2=-8+2=-6$

rechte Seite: $\frac{-25-11}{12}-\frac{9+15}{8}=\frac{-36}{12}-\frac{24}{8}=-3-3=-6$

linke Seite = rechte Seite $\Rightarrow L=\{-5\}$

Eingabe der Gleichung in den Taschenrechner

Trennen Sie Zähler und Nenner eines Bruches sorgfältig! Der Taschenrechner braucht zum Ermitteln der exakten Lösung diese Informationen. Am besten trennt man Zähler und Nenner, indem man Klammern setzt:

```
eqn:0=(7x-13)/6+2-((5x-11)/12-(9-3x)/8)
```

L 4: Lösen Sie die Gleichung $\frac{1}{x}+\frac{4x}{x-2}=4$, speichern Sie die Lösung als X ab, führen Sie die Probe mit dem Taschenrechner durch und geben Sie die Lösungsmenge an. Erklären Sie die einzelnen Umformungsschritte. B C

$$\frac{1}{x}+\frac{4x}{x-2}=4 \qquad |\text{Erweitern auf Hauptnenner kgV}(x,(x-2))$$

$$\frac{x-2}{x(x-2)}+\frac{4x^2}{x(x-2)}=\frac{4x(x-2)}{x(x-2)} \qquad |\cdot x(x-2)$$

$$x-2+4x^2=4x^2-8x \qquad |-4x^2+8x+2$$

$$9x=2 \qquad |:9$$

$$x=\frac{2}{9}$$

Probe: linke Seite = rechte Seite = 4 … $L=\left\{\frac{2}{9}\right\}$

SbX

Sie finden die Lösung zu Ü 5 unter der ID: 1111.

Ü 5 ★: Lösen Sie die Gleichungen aus Ü 4 ohne oder mit Taschenrechner, dokumentieren Sie dabei Ihre Arbeitsschritte. Bilden Sie mögliche Fragen zu den in Ü 4 dargestellten Sachverhalten und erklären und beschreiben Sie das Ergebnis. A B C

a) Angabe: Das Vierfache einer Zahl und ihr Drittel ergeben 156.
Mögliche Frage:
Gleichung: $4x+\frac{1}{3}x=156$
Lösen Sie die Gleichung:
Beschreiben Sie das Ergebnis!

b) Angabe: Herr und Frau Jelinek geben von ihrem Geld ein Fünftel, ein Viertel und die Hälfte aus. Es bleiben ihnen noch 480 € übrig.
Mögliche Frage:
Gleichung: $\frac{1}{5}x+\frac{1}{4}x+\frac{1}{2}x+480=x$
Lösen Sie die Gleichung:
Beschreiben Sie das Ergebnis!

c) Angabe: Zwölf Liter 60%ige Salzlösung werden mit 3 Litern 40%iger Salzlösung gemischt.
Mögliche Frage:
Gleichung: $12\cdot 0{,}6+3\cdot 0{,}4=15x$
Lösen Sie die Gleichung:
Beschreiben Sie das Ergebnis!

d) Angabe: Ein Installateur kann eine Arbeit für ein Haus alleine in 20 Tagen erledigen, ein anderer benötigt für den gleichen Auftrag 30 Tage.
Mögliche Frage:
Gleichung: $\frac{1}{20}+\frac{1}{30}=\frac{1}{x}$
Lösen Sie die Gleichung:
Beschreiben Sie das Ergebnis!

Viele Fragestellungen aus Arbeitswelt und Alltag lassen sich in lineare Gleichungen fassen.

Musikgenuss – im Abo günstiger.

e) Angabe: Eine Familie kauft 4 Konzertabonnements im Internet. Der Gesamtpreis beträgt 183 € inklusive 3 € Versandspesen.
Mögliche Frage:
Gleichung: $4x + 3 = 183$
Lösen Sie die Gleichung:
Beschreiben Sie das Ergebnis!

f) Angabe: Dominik und Peter wohnen 10 km voneinander entfernt. Sie gehen einander mit 5 km/h entgegen, wobei Peter 30 Minuten später weggeht.
Mögliche Frage:
Gleichung: $5t + 5 \cdot (t - 0{,}5) = 10$
Lösen Sie die Gleichung:
Beschreiben Sie das Ergebnis!

3 Umformen von Formeln

Anwendungsaufgaben aus Geometrie, Physik und Wirtschaft

Zur Lösung von Problemen ist es oft erforderlich, Formeln aus Geometrie, Physik oder Wirtschaft heranzuziehen und diese nach der gesuchten Variablen umzuformen. Beachten Sie dabei: Eine Formel ist nichts anderes als eine Gleichung. Es gelten die gleichen Regeln wie beim Lösen einer Gleichung – Äquivalenzumformungen. Wollen Sie die Formel nach einer bestimmten Variablen auflösen, betrachten Sie alle anderen Variablen als festen Zahlenwert.

Wie viel Laufmeter Maschendraht müssen Sie kaufen?

L 5: Ein rechteckiger Platz mit der Fläche von 500 m² soll mit Draht eingezäunt werden. Die Länge einer Seite beträgt 20 m. Berechnen Sie die Länge der anderen Seite und wie viel Meter Draht man für den Zaun braucht. B

Verwenden Sie zur Lösung des Beispiels die Flächenformel für das Rechteck $A = ab$. In der Übung formen wir diese Flächenformel zuerst so um, dass die gesuchte Größe direkt berechnet werden kann. Natürlich können Sie auch in die Formel $A = ab$ einsetzen und dann umformen. Sie erhalten so die Länge der zweiten Seite.

$A = ab$

$b = \frac{A}{a}$ $\quad b = \frac{500}{20}$ $\quad b = 25$

Die Länge der zweiten Seite beträgt 25 m.

Zur Berechnung des zweiten Teils der Aufgabe ist es nötig, den Umfang des Rechtecks zu ermitteln.

$u = 2 \cdot (a + b)$ $\quad u = 2 \cdot (25 + 20)$ $\quad u = 90$

Für den Zaun braucht man 90 m Draht.

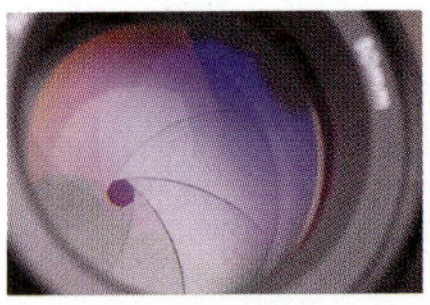
Die Linse eines Fotoapparates

L 6: Linsengleichung: Mit der Linsengleichung oder Abbildungsgleichung kann man die optische Abbildung einer idealen Linse berechnen. Formen Sie diese Gleichung so um, dass Sie die Variable g ausdrücken. B

g … Gegenstandsweite
b … Bildweite
f … Brennweite

$\frac{1}{g} + \frac{1}{b} = \frac{1}{f}$

- gbf ist der gemeinsame Nenner – das kleinste gemeinsame Vielfache. Erweitern Sie jeden Bruch mit dem fehlenden Faktor auf den Hauptnenner.

$\frac{bf}{gbf} + \frac{gf}{gbf} = \frac{gb}{gbf}$

- Multiplizieren Sie die Gleichung mit dem Hauptnenner.

$bf + gf = gb$

- Sortieren Sie; d.h.: alle Terme, die die gesuchte Variable – in diesem Fall g – beinhalten, sollen auf einer Seite stehen, die übrigen auf der anderen Seite der Gleichung. Verwenden Sie dazu Äquivalenzumformungen.

$bf = gb - gf$

- Heben Sie die gesuchte Variable heraus.

$bf = g(b - f)$	● Dividieren Sie durch den Ausdruck in der Klammer.
$g = \frac{bf}{b - f}$	● Sie erhalten die Lösung.

Wichtig: Am Ende der Umformungen darf die gesuchte Variable nur auf einer/der linken Seite der Gleichung stehen. Im anderen/rechten Term der Gleichung darf die gesuchte Variable nicht mehr vorkommen – so wie die Variable x bei einer „normalen" Gleichung.

Sonderfälle

Sonderfälle, die beim Lösen von Gleichungen auftreten können:

- Eine Gleichung, die immer wahr ist, z.B.: $2x = x + x$
  Diese Gleichung gilt für alle Werte der Definitionsmenge $L = D$.
- Eine Gleichung, die niemals wahr ist, z.B.: $3x = 3x + 4$
  Diese Gleichung ist für alle Werte der Definitionsmenge unlösbar $L = \{\ \}$.

Beim Lösen einer Gleichung kann es vorkommen, dass eine gefundene Lösung nicht in der Grundmenge enthalten ist und die Lösungsmenge daher die **leere Menge** ist. Hier einige Beispiele dafür:

Die Gleichung $3x = 1$ hat über der Grundmenge $\mathbb{Z}$ keine Lösung: $L = \{\ \}$; über der Grundmenge $\mathbb{Q}$ ist die Lösungsmenge $L = \{\frac{1}{3}\}$.

Die Gleichung $x^2 = 4$ hat über der Grundmenge $\mathbb{N}$ nur eine Lösung: $L = \{2\}$; über der Grundmenge $\mathbb{Z}$ gibt es zwei Lösungen: $L = \{-2, 2\}$.

Eine weitere Möglichkeit ist, dass in eine Gleichung nicht alle Werte der Grundmenge sinnvoll eingesetzt werden können, zum Beispiel:

Die Gleichung $\frac{1}{x} = \frac{1}{5}$ soll über der Grundmenge $\mathbb{R}$ gelöst werden. Da der Nenner eines Bruchs nie 0 sein darf, besteht die Definitionsmenge aus allen reellen Zahlen außer 0: $D = \mathbb{R}\backslash\{0\}$, $L = \{5\}$.

Üben

SbX ID: 1112

SbX
Sie finden die Lösungen zu Ü 6 unter der ID: 1112.

Ü 6 ★★: Welche der vier Gleichungen passt am besten zum Text? Es muss nicht immer nur eine Antwort richtig sein. A

a) Das Doppelte einer Zahl und ihr Drittel ergeben 70.

$2 + x + \frac{1}{3} = 70$ $\qquad 2x + \frac{x}{3} = 70$ $\qquad 2x + \frac{1}{3} = 70$ $\qquad 2x + \frac{1}{3}x = 70$

b) Addiert man zum Fünftel einer Zahl 6 und dividiert die Summe durch 7, erhält man 8.

$\frac{x}{5} + 6 : 7 = 8$ $\qquad \frac{x}{5} + 6 = 7 \cdot 8$ $\qquad 6 + \frac{x}{5} : 7 = 8$ $\qquad \left(6 + \frac{x}{5}\right) : 7 = 8$

SbX
Lernen Sie das virtuelle Musterunternehmen H2Ö kennen. Nähere Informationen finden Sie unter der ID: 1112.

H₂Ö Trink.Wasser.

Ü 7 ★★: Finden Sie Lösungen für die unten beschriebenen Situationen. Geben Sie eine lineare Gleichung als mathematisches Modell an, lösen Sie diese Gleichung – mit oder ohne Technologieeinsatz – und interpretieren Sie das Ergebnis! A B C

a) Die H2Ö GmbH erhielt im Jahr 2005 den Österreichischen Innovationspreis für Klein- und Mittelbetriebe. Der Betrag wurde so auf die Abteilungen aufgeteilt: Die Abteilung Produktion erhielt die Hälfte, Logistik ein Fünftel, IT/Prozessmanagement ein Viertel sowie Marketing und Vertrieb die restlichen 2.000 €. Wie hoch war der Preis?.

✔ 40.000 €

b) Für die drei besten Verbesserungsvorschläge wurde eine zusätzliche Prämie von insgesamt 3.000 € ausgeschüttet. Sie wurde auf die drei Preisträger im Verhältnis 5 : 3 : 2 aufgeteilt. Berechnen Sie die Höhe der einzelnen Prämien in Euro.

✔ 1.: 1.500 €, 2.: 900 €, 3.: 600 €

c) Im darauffolgenden Jahr wurde die Prämie von 3.000 € so auf die drei Preisträger aufgeteilt, dass jeder um 200 € weniger erhielt als der vorige. Wie hoch waren in diesem Fall die einzelnen Beträge?

✔ 1.: 1.200 €, 2.: 1.000 €, 3.: 800 €

d) Die H2Ö GmbH bietet einen Sprachkurs für ihre Mitarbeiter an. Die Hälfte der Interessenten will Spanisch lernen, ein Drittel Französisch, ein Achtel Italienisch, und eine Angestellte kann sich nicht zwischen Japanisch und Russisch entscheiden. Wie viele Personen wollen am Sprachkurs teilnehmen?

✔ 24

e) Berechnen Sie, wie viel Prozent Fruchtanteil in einer Mischung von 8 kg 22%igem Apfel-Birnen-Konzentrat mit 6 kg 15%igem Konzentrat enthalten sind!

✔ 19%

Masse des gelösten Stoffs = Massenanteil · Masse der Lösung

f) Mit wie viel Liter 30%igem Fruchtsaft müssen 5 l 15%iger Fruchtsaft gemischt werden, damit 20%iger Fruchtsaft entsteht?

✔ 2,5 l

Leistung = Arbeit : Zeit

g) Der Platz vor dem Firmensitz der H2Ö GmbH soll gereinigt werden. Zwei Arbeiter stehen zur Verfügung. Der eine könnte die Reinigungsarbeiten in 10 Minuten erledigen, der andere würde sie in 15 Minuten schaffen. Wie lange dauert die Reinigung, wenn beide zusammen arbeiten?

✔ 6 Minuten

h) Zur Herstellung von Werbeprospekten der H2Ö GmbH sind 2 Maschinen im Einsatz: Maschine 1 benötigt für die gesamte Arbeit 4 Stunden. Beide Maschinen zusammen benötigen 2 Stunden und 24 Minuten. Wie lange braucht die 2. Maschine, wenn Maschine 1 nicht benützt werden kann?

✔ 6 h

Weg = Geschwindigkeit · Zeit

i) Herr Berger verlässt um 17 Uhr den Betrieb und fährt mit dem Fahrrad mit 10 km/h nach Hause. Zur gleichen Zeit fährt seine Frau mit dem Auto von ihrer 24 km entfernten Wohnung weg, um ihn abzuholen. Sie kommt ihm mit 50 km/h entgegen. Wann und wo treffen die beiden einander?

✔ 17:24 Uhr, 4 km von der Firma entfernt

j) Ein Lastwagen der H2Ö GmbH fährt mit 80 km/h zu einem Kunden. Auf der Rückfahrt erreicht er wegen eines Verkehrsstaus nur eine Durchschnittsgeschwindigkeit von 40 km/h. Insgesamt braucht er für den Hin- und Rückweg 2 h 15 min. Wie lang ist eine Strecke?

✔ 60 km

Ü 8 ★–★★: Formen Sie folgende Gleichungen ohne Taschenrechner um, geben Sie bei jedem Umformungsschritt die verwendeten Regeln an, führen Sie die Probe durch und geben Sie die Lösungsmenge an. B

a) ★ $3x+5=26$ ✔ 7

b) ★ $8x-15=57$ ✔ 9

c) ★ $8x+3\cdot(x-3)=3x+15$ ✔ 3

d) ★ $4x(x-1)=(x+1)\cdot(4x+2)$ ✔ $-\frac{1}{5}$

Achtung: $(1+x)^2=(1+x)\cdot(1+x)$

e) ★★ $(1+x)^2=(2-x)^2$ ✔ $\frac{1}{2}$

f) ★ $\frac{x}{2}-5=4$ ✔ 18

g) ★ $\frac{x}{4}+\frac{x}{3}=2$ ✔ $\frac{24}{7}$

h) ★ $\frac{x+7}{3}-\frac{4-x}{4}-3=\frac{3x}{8}$ ✔ 8

i) ★ $x-\frac{3x}{5}=\frac{3}{4}+\frac{x}{2}$ ✔ –7,5

j) ★★ $\frac{(x+2)^2}{3}-\frac{(x+3)^2}{5}=\frac{2\cdot(x+4)^2}{15}$ ✔ $-\frac{39}{14}$

Variablen und Terme siehe Kapitel 8, Lerneinheit 1, Rechnen mit Potenzen siehe Kapitel 2, Lerneinheit 1

Ü 9 ★–★★: Oft braucht man Formeln aus der Geometrie, Technik oder Physik zur Lösung von Sachsituationen. Formen Sie in den folgenden Beispielen die Formeln nach der gesuchten Variablen um. B

a) ★ Umfang eines Rechtecks: $u = 2\cdot(a+b)$ $a =$ ✔ $\frac{u-2b}{2}$

b) ★ Fläche eines Rechtecks: $A = ab$ $b =$ ✔ $\frac{A}{a}$

c) ★ Umfang eines Quadrats: $u = 4s$ $s =$ ✔ $\frac{u}{4}$

d) ★ Fläche eines Quadrats: $A = s^2$ $s =$ ✔ $\sqrt{A}$

Beachten Sie, dass, sofern man sich auf nichtnegative Zahlen beschränkt, auch das Wurzelziehen auf beiden Seiten eine Äquivalenzumformung ist und den Wert der Gleichung nicht verändert.

e) ★★ Fläche eines rechtwinkeligen Dreiecks: $A = \frac{ab}{2}$ $b =$ ✔ $\frac{2A}{a}$

f) ★★ Zinsrechnung: $K_1 = K_0\left(1+\frac{p}{100}\right)$ $p =$ ✔ $\left(\frac{K_1}{K_0}-1\right)\cdot 100$

g) ★★ Zinseszinsrechnung: $K_1 = K_0\left(1+\frac{p}{100}\right)^n$ $K_0 =$ ✔ $\frac{K_1}{\left(1+\frac{p}{100}\right)^n}$

Schwieriger ist der Zinsfuß p zu berechnen: $p =$ ✔ $\left(\sqrt[n]{\frac{K_1}{K_0}}-1\right)\cdot 100$

h) ★★ Oberfläche eines Zylinders: $O = 2r^2\pi + 2r\pi h$ $h =$ ✔ $\frac{O-2r^2\pi}{2r\pi}$

SbX
Sie finden Ü 10 mit automatischer Aufgabenkontrolle unter der ID: 1112.

Ü 10 ★: Wählen Sie den Text aus, der am besten zur Gleichung passt, und erklären Sie Ihre Entscheidung. D

$2x+2\cdot(x+3)=30$	Addiert man zum Viertel einer Zahl das Fünftel derselben Zahl, so erhält man 35.
$(x+3)+x+(x-3)=39$	Der Umfang eines Rechtecks beträgt 30 cm. Die Länge ist um 3 cm größer als die Breite. Berechnen Sie die Längen der Seiten.
$\frac{1}{4}x+\frac{x}{5}=35$	Die Zahl 39 soll in drei Summanden zerlegt werden, wobei jeder Summand um 3 kleiner ist als der vorige.
$30^2+(x-18)^2=x^2$	Von einem rechtwinkeligen Dreieck kennt man die Seite a mit 30 cm und weiß, dass die Hypotenuse um 18 cm länger ist als die Seite b. Berechnen Sie die Längen der Seiten des Dreiecks.

SbX
ID: 1112

Weitere Übungsbeispiele zu dieser Lerneinheit finden Sie in SbX.

Sichern

Gleichung

Werden 2 Terme durch ein Gleichheitszeichen gegenübergestellt/verbunden, so spricht man von einer Gleichung.

lineare Gleichung

Eine lineare Gleichung hat die Form: $ax+b=0$.

Äquivalenzumformungen

Gleichungen sind mithilfe von Äquivalenzumformungen leicht zu lösen, da man sich an einige wenige genau definierte Regeln halten kann. Beim Lösen wählt man aus einer Definitionsmenge jene Werte aus, die beim Einsetzen für die Variable die Gleichung erfüllen.

Äquivalenzumformungen:
für alle $A, B, C \in \mathbb{R}$ gilt:

$A = B \Leftrightarrow A + C = B + C$
$A = B \Leftrightarrow A - C = B - C$
$A = B \Leftrightarrow A \cdot C = B \cdot C \qquad C \neq 0$
$A = B \Leftrightarrow A : C = B : C \qquad C \neq 0$

Lösen von Gleichungen

Viele Rechnungen kann man an einen Taschenrechner (z.B.: TI-82 STATS) oder an ein Computerprogramm auslagern.

Wichtig bei allen Berechnungen ist, das geeignete mathematische Modell zu finden, den Lösungsweg zu argumentieren und die Lösung zu interpretieren.

Formeln

Formeln sind **Gleichungen mit zwei oder mehreren Variablen.** Möchte man die Gleichung nach einer dieser Variablen umformen, verwendet man ebenfalls Äquivalenzumformungen. Die anderen Variablen werden wie feste Zahlenwerte behandelt.

Wissen

SbX ID: 1114

SbX
Die Lösungen finden Sie unter der ID: 1114.

W 1: Lösen Sie folgende Gleichung und erklären Sie alle Umformungen, die nötig sind, um zu einem Ergebnis zu kommen. B C

$$\frac{3x}{x-1} + \frac{1}{x} = 3$$

Lösen Sie die Gleichung mit dem Taschenrechner oder einem Computerprogramm.

Führen Sie die Probe sowohl mit als auch ohne Technologieeinsatz durch und erklären Sie die einzelnen Schritte.

W 2: Wie viel Milch mit einer Temperatur von 4° C muss man in 0,2 l Kaffee mit 74° C schütten, wenn der Milchkaffee eine Temperatur von 60° C haben soll? Geben Sie eine geeignete Gleichung für dieses alltägliche Problem an. Lösen Sie die Gleichung und interpretieren Sie den Sachverhalt. A B C

Ein kurzer Wissens-Check, bevor's weitergeht!

Wissens-Check

	☺	😐	☹
Ich kann Texte in mathematische Terme und Gleichungen umwandeln.			
Ich kann lineare Gleichungen in einer Variablen lösen.			
Ich kann Formeln aus Geometrie und Physik nach der gesuchten Variablen umformen.			
Ich kann Lösungen einer Gleichung mithilfe der Probe überprüfen.			
Ich kann eine Gleichung mit dem Taschenrechner lösen.			

Lerneinheit 2
Arithmetische Folgen und Reihen

Wenn Zahlen in regelmäßigen Abständen aufeinanderfolgen – wenn man zum Beispiel regelmäßig einen bestimmten Betrag spart oder eine Strecke in gleich große Teile teilt –, spricht man von einer arithmetischen Folge.

Sie lernen hier:
- **was man in der Mathematik unter einer Folge versteht**
- **was eine arithmetische Folge ist**
- **wie man die Glieder einer arithmetischen Folge und ihre Summe berechnet**

SbX Alle SbX-Inhalte zu dieser Lerneinheit finden Sie unter der ID: 1120.

Lernen

1 Was ist eine Folge?
Viele Zahlen folgen einem Gesetz.

Bei manchen Aufgaben in Intelligenztests wird verlangt, eine Zahlenfolge fortzusetzen, zum Beispiel:

a) 10, 13, 16, 19 …
b) 5, 10, 20, 40 …
c) 1, 4, 9, 16 …
d) $1, \frac{1}{2}, \frac{1}{3}, \frac{1}{4} \ldots$
e) 1, 1, 2, 3, 5 …

Hätten Sie's gekonnt? Natürlich kann man jede dieser Folgen auf viele verschiedene Arten fortsetzen, aber hier geht es darum, ein möglichst einfaches Bildungsgesetz zu finden. Hier sind nun die Antworten:

a) 22, 25 …	Jede Zahl ist um 3 größer als die vorige.
b) 80, 160 …	Jede Zahl ist das Doppelte der vorigen.
c) 25, 36 …	Es handelt sich um die Folge der Quadratzahlen.
d) $\frac{1}{5}, \frac{1}{6} \ldots$	Hier haben wir die Kehrwerte der natürlichen Zahlen vor uns.
e) 8, 13 …	Jede Zahl ist die Summe ihrer beiden Vorgänger.

Die Folge aus der letzten Aufgabe ist übrigens unter dem Namen **Fibonacci-Folge** bekannt. Sie tritt zum ersten Mal in einer Aufgabe des italienischen Mathematikers Leonardo von Pisa, genannt Fibonacci, auf und hat viele interessante Eigenschaften.

In der Mathematik bezeichnet man solche geordneten Zahlenfolgen einfach als **Folgen.** Sie können aus endlich oder unendlich vielen Gliedern bestehen. Zum Unterschied von Mengen kommt es dabei auf die Reihenfolge an und eine Zahl kann auch mehrfach vorkommen.

Explizite Darstellung: Das *n*-te Glied wird direkt aus *n* berechnet.

Für das *n*-te Folgenglied schreibt man meist a_n, also a_1, a_2, a_3 … (*n* ist der sogenannte **Index**). Manchmal ist es günstiger, die Nummerierung mit a_0 zu beginnen. Wenn möglich, versucht man eine Rechenvorschrift zu finden, aus der sich a_n berechnen lässt. Bei Folge c) wäre das z.B. $a_n = n^2$, bei Folge d) $a_n = \frac{1}{n}$.

T Grafische Darstellung von Folgen mit dem TI-82 STATS

1. Möglichkeit:

- Öffnen Sie das Menü [STAT] → `EDIT`.
- Geben Sie in der Spalte L1die Werte für *n* ein (1, 2, 3 …), in der Spalte L2 die dazugehörigen Folgenglieder a_1, a_2, a_3 …

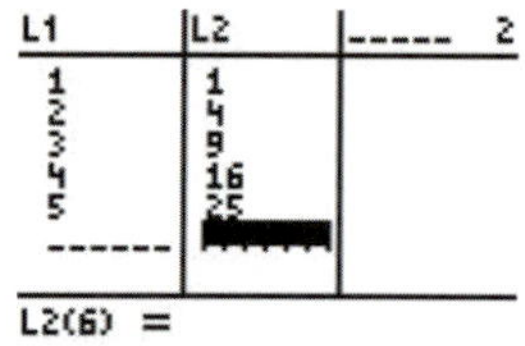

Abb. 1

- Öffnen Sie das Menü [2nd] [STAT PLOT]. Drücken Sie [1] oder setzen Sie den Cursor auf `1` und drücken Sie [ENTER].
- Wählen Sie folgende Einstellungen:
  `On, Type: Scatter` (erstes Bild), `Xlist:L1, Ylist:L2`

Abb. 2

- Drücken Sie [GRAPH] (eventuell müssen Sie die [WINDOW]-Einstellungen anpassen).

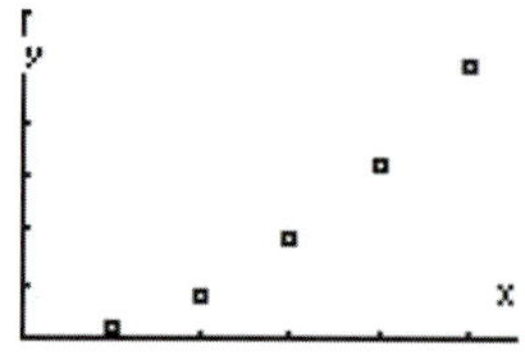

Abb. 3

2. Möglichkeit:

Wenn Sie das Bildungsgesetz der Folge kennen, können Sie die Folgenglieder vom Rechner berechnen lassen.

- Öffnen Sie das Menü [MODE], wählen Sie `Seq` (Folge) und `Dot` (Punkte). Mit [ENTER] bestätigen!

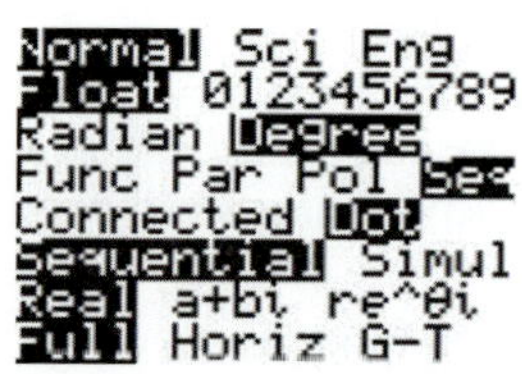

Abb. 4

Rekursive Darstellung: Jedes Folgenglied wird aus dem vorigen berechnet.

- Drücken Sie [Y=], wählen Sie eine beliebige Folge und geben Sie das Bildungsgesetz ein, z.B. $u(n) = n^2$. Mit `nMin` können Sie auswählen, ob die Nummerierung bei 1 oder 0 beginnen soll. Wenn die Folge rekursiv gegeben ist, geben Sie bei `u(nMin)` das Anfangsglied an, z.B. `u(n)=u(n-1)+3, u(nMin)=10`. n erhalten Sie mit der Taste [X,T,Θ,n].

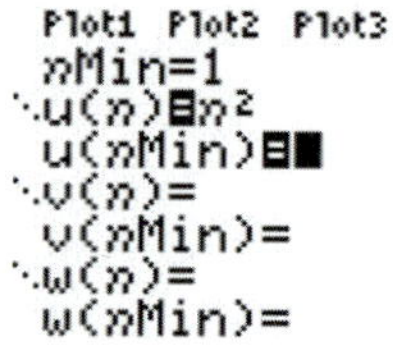

Abb. 5

- In der Tabellenanzeige ([2nd] [TABLE]) können Sie die Folgenglieder ablesen.
- Drücken Sie [GRAPH]. Die Folgenglieder werden als Punkte angezeigt.

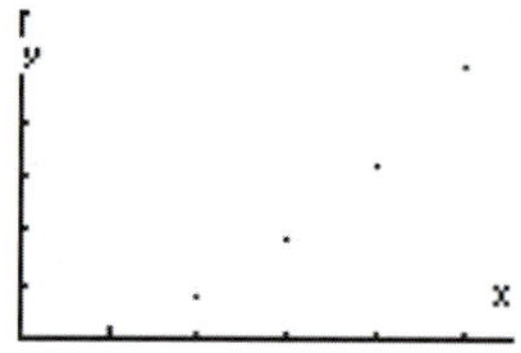

Abb. 6

2 Arithmetische Folgen

Der Unterschied ist für alle gleich.

Unter den in Input 1 vorgestellten Folgen ist die Folge a) am einfachsten aufgebaut: Man erhält das nächste Folgenglied, wenn man zum vorigen eine Konstante k addiert. Mit anderen Worten: Die Differenz je zweier aufeinanderfolgender Glieder ist konstant. Eine solche Folge heißt **arithmetische Folge.**

Wie hoch muss der Lagerarbeiter die Kisten heben?

L 1: Auf eine 15 cm hohe Palette werden 29 cm hohe Bierkisten gestapelt. Wie hoch ist ein Turm aus 1, 2, 3, 4, 5 …, n Kisten? B

1 Kiste: $15 + 29 =$?
2 Kisten: $44 + 29 =$?
3 Kisten: ?
4 Kisten: ?
5 Kisten: ?

Ein Turm aus n Kisten ist also $15 + 29n$ cm hoch.

Zeichnet man diese Werte in ein Koordinatensystem ein, so sieht man: Die entsprechenden Punkte liegen auf einer Geraden.

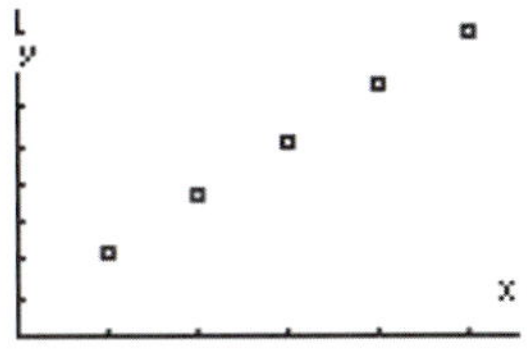

Abb. 7

In diesem Fall werden die Folgenglieder immer größer – man sagt, die Folge ist **monoton steigend.** Die Konstante k kann auch negativ sein, dann ist die Folge **monoton fallend.**

L 2: Frau Baric hat 100 € in der Kassa und entnimmt jeden Tag 15 €. Wie viel ist nach 1, 2, 3, 4, 5 …, n Tagen noch übrig? B

nach 1 Tag: ?
nach 2 Tagen: ?
nach 3 Tagen: ?
nach 4 Tagen: ?
nach 5 Tagen: ?

Nach n Tagen sind noch $100 - 15n$ € in der Kassa.

Zeichnet man die Punkte in ein Koordinatensystem ein, stellt sich heraus: Auch hier liegen alle Punkte auf einer Geraden.

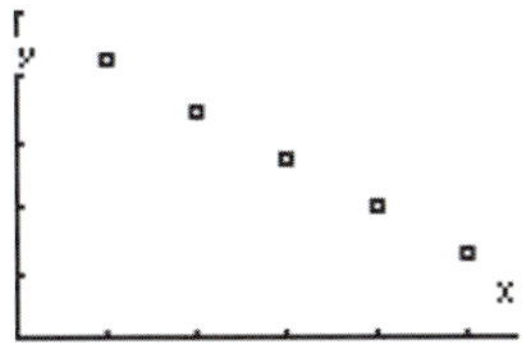

Abb. 8

Bis jetzt haben wir, um z.B. das 5. Folgenglied zu berechnen, alle vorhergehenden Glieder ausgerechnet. Schneller geht es mit der Formel:

Berechnung des n-ten Gliedes

$$a_n = a_1 + (n-1) \cdot k$$

Zwischen der ersten und der n-ten Zahl liegen $(n-1)$ Schritte, also muss $(n-1)$-mal die Konstante addiert werden.

(Wenn man die Nummerierung mit a_0 beginnt, wird die obige Formel zu $a_n = a_0 + n \cdot k$.)

Arithmetische Folgen treten auf, wenn ein vorgegebener Abstand gleichmäßig unterteilt werden soll.

Die Höhen der Sprossen bilden eine arithmetische Folge.

L 3: Eine Leiter hat 9 Sprossen in gleichmäßigen Abständen. Die erste Sprosse ist 30 cm vom Boden entfernt, die letzte 2,10 m. Berechnen Sie die Höhe der anderen Sprossen! B

Zwischen 9 Sprossen liegen 8 Zwischenräume, wir müssen daher den Abstand zwischen erster und letzter Sprosse durch 8 teilen:

$$k = \frac{(210 - 30)}{8} = 22{,}5\text{ cm}$$

$$a_n = 30 + (n - 1) \cdot 22{,}5$$

Die Sprossen sind also 30 cm, 52,5 cm, 75 cm, 97,5 cm, 120 cm, 142,5 cm, 165 cm, 187,5 cm und 210 cm hoch.

3 Arithmetische Reihen

Summen in Folge

Carl Friedrich Gauß (1777–1855) war einer der bedeutendsten Mathematiker der Neuzeit. Neben wichtigen Arbeiten in allen Gebieten der Mathematik war er auch an der Vermessung von Braunschweig und an der Erfindung des Telegrafen beteiligt.

Carl Friedrich Gauß bekam in der Volksschule die Aufgabe, alle Zahlen von 1 bis 60 zu addieren. Der Lehrer dachte, dass die Kinder damit einige Zeit beschäftigt sein würden. Doch Gauß fand das Ergebnis in wenigen Sekunden mit folgender Überlegung:

$$1 + 2 + 3 + \ldots + 58 + 59 + 60 = (1 + 60) + (2 + 59) + (3 + 58) + \ldots$$
$$= 61 + 61 + 61 + \ldots = 30 \cdot 61 = 1830$$

Die meisten Schülerinnen und Schüler hätten wahrscheinlich so gerechnet:

$$s_1 = 1$$
$$s_2 = 1 + 2 = 3$$
$$s_3 = 1 + 2 + 3 = 6$$
$$s_4 = 1 + 2 + 3 + 4 = 10$$

usw.

Die Teilsummen s_n (Summe der ersten n Glieder) bilden also wieder eine Folge; man bezeichnet sie als **arithmetische Reihe.**

Mit dem Trick von Gauß kann man die Teilsummen schneller berechnen: Man zählt das erste und letzte, das zweite und vorletzte … Folgenglied zusammen und erhält so $\frac{n}{2}$-mal dasselbe Ergebnis. Die Summe einer arithmetischen Reihe beträgt daher:

Summe der arithmetischen Reihe

$$s_n = \frac{(a_1 + a_n) \cdot n}{2}$$

In Worten: erstes plus letztes Folgenglied mal Anzahl der Glieder, durch 2.

Zahlen der Form $1 + 2 + \ldots + n = \frac{n \cdot (n + 1)}{2}$ heißen **Dreieckszahlen.**

Abb. 9 zeigt die Veranschaulichung der 4. Dreieckszahl $1 + 2 + 3 + 4 = 10$.

Abb. 9

L 4: Eine Sportlerin bereitet sich auf einen Marathonlauf vor. Am ersten Tag läuft sie 4000 m. Sie hat vor, drei Wochen lang ihre Leistung täglich um 500 m zu steigern. Welche Strecke legt sie in den drei Wochen insgesamt zurück? B

Am 21. Tag läuft sie $4000 + 20 \cdot 500 = 14000$ m. Die Gesamtstrecke beträgt daher

$$(4000 + 14000) \cdot \frac{21}{2} = 189000\text{ m} = 189\text{ km}.$$

Üben

Ü 1 ★: Welche dieser Folgen sind arithmetisch? A

a) 50, 45, 40, 35 …
b) 10, 12, 15, 17 …
c) 1, 3, 5, 7 …
d) $-2{,}4$; $-2{,}2$; -2; $-1{,}8$ …
e) 16, 12, 10, 9 …
f) $a-3b$, $a-b$, $a+b$, $a+3b$ …
g) a, a^2, a^3, a^4 …

✔ a), c), d), f)

Eine vielversprechende Folge

Ü 2 ★: Jemand will an einer Kletterwand 7 Vorsprünge in gleichmäßigen Höhenabständen anbringen. Der erste Vorsprung soll in 1,2 m Höhe, der letzte in 6 m Höhe angebracht werden. Berechnen Sie die Höhe der dazwischenliegenden Vorsprünge! A B

✔ 2 m, 2,8 m, 3,6 m, 4,4 m, 5,2 m

Ü 3 ★: In einem Supermarkt werden Konservendosen aufgestapelt. In der obersten Reihe steht nur eine Dose, in jeder weiteren Reihe um eine mehr als in der vorigen. Aus wie vielen Dosen besteht ein Stapel mit 10 Reihen? A B

✔ 55

Lineare Abschreibung siehe Lerneinheit 3

Ü 4 ★: Eine Maschine hat einen Neuwert von 12.000 €. Sie soll in 5 Jahren linear abgeschrieben werden (d. h., der Buchwert wird jedes Jahr um den gleichen Betrag kleiner). Welchen Wert hat die Maschine nach 1, 2, 3, 4 Jahren? (Wenn die Maschine nach 5 Jahren nicht verkauft oder verschrottet wird, bleibt sie mit einem symbolischen Erinnerungswert von 1 € in der Bilanz stehen.) A B

✔ 9.600 €, 7.200 €, 4.800 €, 2.400 €

Rechnen, nicht zählen!

Ü 5 ★: Ein Stapel Rohre besteht aus 6 Reihen. In der untersten Reihe liegen 10 Rohre, in jeder weiteren um ein Rohr weniger als in der vorigen. Wie viele Rohre befinden sich insgesamt im Stapel? A B

✔ 45

Ü 6 ★★: In einem Veranstaltungssaal sind die Sitze im Halbkreis so aufgestellt, dass jede Reihe um 4 Plätze mehr enthält als die vorige. In der ersten Reihe gibt es 36 Plätze, in der letzten 80. Wie viele Reihen und wie viele Plätze stehen insgesamt zur Verfügung? A B

✔ 12; 696

Ü 7 ★: Bei einem Wettbewerb werden 10 Preise vergeben. Der 1. Preis beträgt 3.000 €, jeder weitere Preisträger erhält um 200 € weniger als der vorige. A B

a) Wie hoch ist der 10. Preis? ✔ 1.200 €
b) Berechnen Sie die Summe aller Preise. ✔ 21.000 €

Sichern

Folge

Eine **Folge** ist eine geordnete Zahlenfolge. Für das n-te Folgenglied schreibt man a_n.

arithmetische Folge

Bei einer **arithmetischen Folge** ist die Differenz k je zweier aufeinanderfolgender Glieder konstant. Sie wird durch eine lineare Funktion beschrieben. Das Bildungsgesetz lautet:

$a_n = a_1 + (n-1)\cdot k$ bzw. $a_n = a_0 + n\cdot k$

arithmetische Reihe

Eine **arithmetische Reihe** ist die Folge der Teilsummen der Glieder einer arithmetischen Folge. Diese Summe kann man mit folgender Formel berechnen:

$$s_n = \frac{(a_1 + a_n) \cdot n}{2}$$

Wissen

SbX ID: 1124

SbX Die Lösungen finden Sie unter der ID: 1124.

W 1: Eine Folge beginnt mit den Zahlen 2, 4, 8 … Geben Sie drei mögliche Fortsetzungen an und erklären Sie jeweils das Bildungsgesetz! D

Weitere Übungsbeispiele zu diesem Thema finden Sie in Kapitel 3, Lerneinheit 1: Geometrische Folgen.

W 2: Welche der folgenden Aussagen beschreiben arithmetische Folgen? A D

a) Die Miete für eine Wohnung steigt jährlich um denselben Betrag.
b) Die Miete für eine Wohnung steigt jährlich um denselben Prozentsatz.
c) Die Seitenlänge eines Quadrats wird jeweils um 1 erhöht – geben Sie den Flächeninhalt an!
d) Auf einem Straßenabschnitt sollen in gleichen Abständen Lampen montiert werden.

Ein kurzer Wissens-Check, bevor's weitergeht!

Wissens-Check

	☺	😐	☹
Ich kann den Unterschied zwischen einer Menge und einer Folge (im mathematischen Sinn) erklären.			
Ich erkenne eine arithmetische Folge.			
Ich kann eine arithmetische Folge bilden.			
Ich kann die Summe einer arithmetischen Reihe berechnen.			

Lerneinheit 3
Lineare Funktionen

SbX
Alle SbX-Inhalte zu dieser Lerneinheit finden Sie unter der ID: 1130.

Sehr allgemein versteht man unter einer Funktion die Zuordnung einer Reihe von Elementen einer Menge zu jenen einer anderen Menge. Bereits 1800 v. Chr. stellten die Babylonier Zuordnungen in Form von Tabellen dar und berechneten damit Quadratzahlen, Flächen, Volumina u.v.m.

Nikolaus von Oresme, Bischof von Lisieux und Mathematiker, stellte im 14. Jahrhundert Zusammenhänge zwischen zwei Größen grafisch dar und führte die Begriffe „longitudo" und „latitudo", vergleichbar mit Abszisse („*x*-Achse") und Ordinate („*y*-Achse") des Koordinatensystems, ein. Die Verwendung von Variablen begann im 16. Jahrhundert und Gottfried Wilhelm Leibniz (1646–1716) verwendete in einem Manuskript das erste Mal den Begriff Funktion.

Sie lernen hier:
- **lineare Funktionen als Modell für Probleme aus dem Alltag, für Wirtschaft oder Naturwissenschaften heranzuziehen, diese grafisch in einem Koordinatensystem darzustellen und Werte zu berechnen**
- **mithilfe des Taschenrechners oder eines Computerprogramms (z.B. GeoGebra, Excel ...) grafische Darstellungen zu erstellen und besondere Werte zu berechnen**
- **lineare Gleichungssysteme grafisch und rechnerisch zu lösen**
- **Aufgaben aus der Wirtschaft zu lösen (Tariffunktionen, Kosten- und Preistheorie, lineare Abschreibung)**

Hinweis: Grundlagen zu Funktionen werden im Kapitel 8, Basiswissen, Lerneinheit 6 erklärt.

Lernen

SbX ID: 1131

1 Vom Text zur Funktion
Zusammenhänge in der Sprache der Mathematik

Gottfried Wilhelm Leibniz verwendete erstmals den Begriff Funktion.

Zusammenhänge von Größen spielen sowohl in der Mathematik als auch in vielen ihrer praktischen Anwendungsbereiche eine wichtige Rolle: Eine beobachtete Größe verändert sich – welcher Vorgang liegt dieser Beobachtung zugrunde? Wie ändert sich Größe A, wenn sich Größe B ändert? Solche Fragestellungen treten in den Naturwissenschaften und in der Wirtschaft häufig auf. Eine Vielzahl dieser Vorgänge und Zusammenhänge kann in der mathematischen Sprache der Funktionen beschrieben, modelliert und verstanden werden.

Im Folgenden werden Beispiele für solche Zusammenhänge beschrieben und die Möglichkeit einer grafischen Darstellung vorgestellt.

In den Naturwissenschaften werden viele Zusammenhänge – zum Beispiel zwischen Temperaturanstieg und Rückgang der Gletscher – modelliert und mit Funktionen beschrieben.

SbX
Sie finden die Lösung zu Ü 1 unter der ID: 1131.

Ü 1 ★: Die Tages-/Nachttemperatur hängt vom Zeitpunkt ab, an dem sie gemessen wird, oder anders gesagt: Jedem Zeitpunkt wird eine Temperatur zugeordnet. Jemand misst die Außentemperatur zwischen 6 Uhr morgens und 18 Uhr abends alle 2 Stunden und erhält folgende Werte: C D

Tageszeit	6	8	10	12	14	16	18
Temperatur in ° C	3	7	10	13	12	10	8

- Fassen Sie die Informationen aus dieser Tabelle zusammen.
- Zeichnen Sie diese Werte in ein Koordinatensystem ein.
- Welche Temperatur hatte es um 7 Uhr oder um 17 Uhr?
- Ist es sinnvoll, die Punkte miteinander zu verbinden? Wie könnte man die Punkte verbinden?

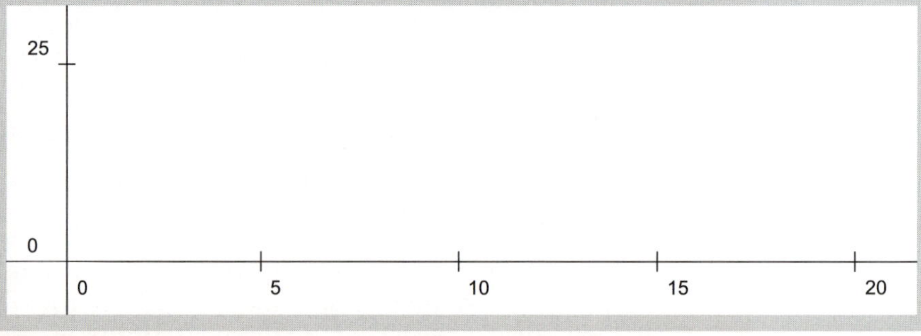

Abb. 1

SbX
Weitere Übungen zum Koordinatensystem finden Sie unter der ID: 1131.

Koordinatensystem

Das Koordinatensystem
Punkte können mithilfe eines Koordinatensystems festgelegt werden. Im 18. Jh. wurde der Begriff Koordinate – als Lageangabe – eingeführt und immer öfter verwendet. Das kartesische Koordinatensystem geht auf den Philosophen **René Descartes** (latinisierte Namensform: Renatus Cartesius) zurück, der bereits im 17. Jh. damit arbeitete. In dieser Form des Koordinatensystems schneiden die beiden Achsen einander im rechten Winkel.

René Descartes (1596–1650), bedeutender Philosoph, Mathematiker und Physiker

Ü 2 ★: Die durchschnittliche Temperatur kann von der geografischen Lage, dem Tag oder der Tageszeit abhängig sein. In Abbildung 2 sehen Sie eine Gegenüberstellung der Temperaturen aus den Monaten Juli und August der Jahre 2008 und 2009. Diese grafische Darstellung ermöglicht einen sehr anschaulichen Vergleich der Werte der beiden Jahre. C D

Interpretieren Sie diese Grafik. Stellen Sie sich dabei folgende Fragen: Welche Werte sind auf der *x*-Achse, welche auf der *y*-Achse eingetragen? Welche Unterschiede und Gemeinsamkeiten sehen Sie? An welchen Tagen war es 2008 heißer als 2009?

Beachten Sie: Das Bild einer grafischen Darstellung ist vom gewählten Maßstab abhängig. Verschiedene Maßstäbe führen zu unterschiedlichen Bildern.

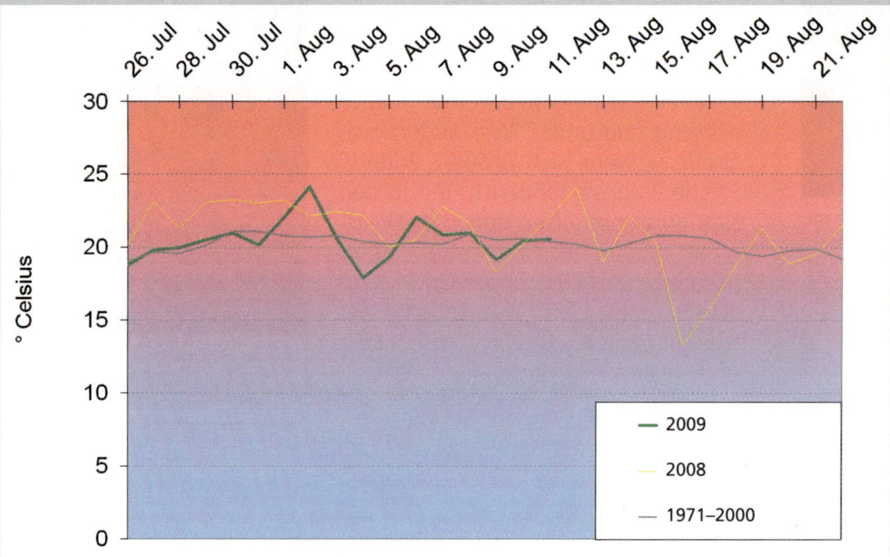

Abb. 2 Quelle: Zentralanstalt für Meteorologie und Geodynamik, http://www.zamg.ac.at/

SbX
Sie finden die Lösung zu Ü 2 unter der ID: 1131.

L 1: Das Volumen eines Quaders ist abhängig von der Grundfläche und der Höhe. Es wird mit der Formel $V = a \cdot b \cdot h$ berechnet, wobei meist a und b die Seitenlängen der Grundfläche des Quaders sind und h die Höhe. Zur Berechnung des Volumens benötigt man keine Funktion. Möchte man aber wissen, wie sich das Volumen bei unterschiedlicher Höhe, aber gleicher Grundfläche verändert, ist eine funktionale Darstellung sinnvoll. A C

Setzen wir $a = 3$ cm und $b = 2$ cm, dann beträgt die Grundfläche $A = 2 \cdot 3 = 6$ cm².

Zu den mathematischen Begriffen zum Thema Funktion siehe Seite 22 und Kapitel 8, Lerneinheit 6.

Fasst man nun das Volumen als Funktion auf, die von der Höhe abhängig ist, erhält man: $V(h) = f(h) = 6 \cdot h$. Das ist eine **Funktionsgleichung.** Sie können aus dieser Gleichung verschiedene Werte für das Volumen berechnen, je nachdem welche Zahl Sie für h einsetzen; z.B. $h = 4$, dann folgt daraus $V(4) = f(4) = 6 \cdot 4 = 24$. Das Volumen beträgt also 24 cm³.

Setzen Sie für die Höhe einen anderen Wert ein, so verändert sich das Volumen; es ist in diesem Beispiel abhängig von der gewählten Höhe.

T

Zur Veranschaulichung dieses Beispiels können Sie auch einen grafikfähigen Taschenrechner wie den TI-82 STATS oder ein Computerprogramm (GeoGebra, Excel …) einsetzen.

Welche Werte sind auf der x-Achse, welche auf der y-Achse einzutragen?

Grafische Darstellung:

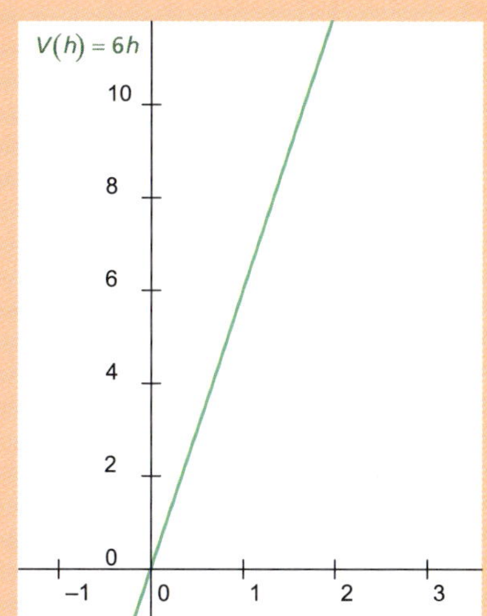

Abb. 3

Die Beziehung zwischen h und V kann man auch in einer **Wertetabelle** zusammenstellen:

h	$V(h)$
1	6
2	12
3	18
4	24
5	30

Wie Sie sehen, bilden die Werte für V eine arithmetische Folge. Die Höhe muss aber keine ganze Zahl sein. V nimmt daher nicht nur die Werte in der Tabelle, sondern auch alle Zwischenwerte an. Sie dürfen daher in der grafischen Darstellung eine durchgehende Linie zeichnen.

Wie viel kosten die selbst gepflückten Erdbeeren wirklich?

L 2: Ein Kilo selbst gepflückte Erdbeeren kostet am Erdbeerfeld 3 €. Lesen Sie aus der Zeichnung ab, wie viel Sie für 2; 4; 7 kg zahlen müssten. Wie kann man diese Werte berechnen? Stellen Sie eine allgemein gültige Formel auf. In diesem Fall ist der Preis abhängig von der Menge, die Sie kaufen. A C

Eine allgemein gültige Gleichung lautet daher: $p = 3x$, wobei p der Preis ist und x als Variable für die Mengeneinheiten steht. Man kann statt p auch die in der Funktionslehre üblichere Variable y nehmen.

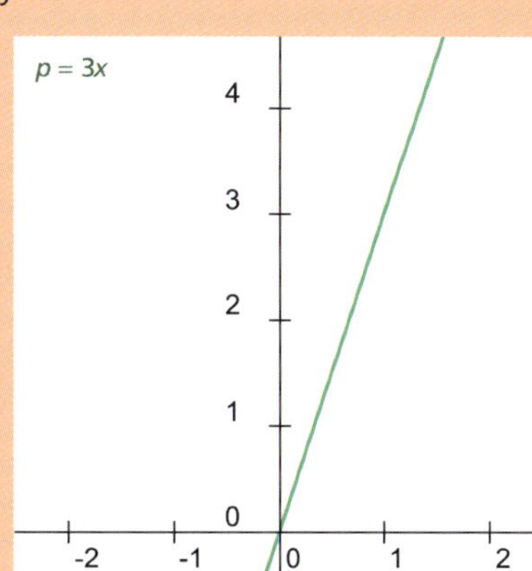

Abb. 4

L 3: Ein Kilo selbst gepflückte Erdbeeren kostet am Erdbeerfeld 3 €. Wie viel zahlen Sie, wenn Sie 3,50 € als Zusatzkosten (Fahrt etc.) mit einberechnen? Stellen Sie für die Kosten eine Gleichung auf. Lesen Sie aus der Zeichnung ab, wie viel Sie für 2; 4; 7 kg zahlen müssten. Geben Sie Gemeinsamkeiten und Unterschiede der beiden Graphen in Abb. 4 und Abb. 5 an. A C D

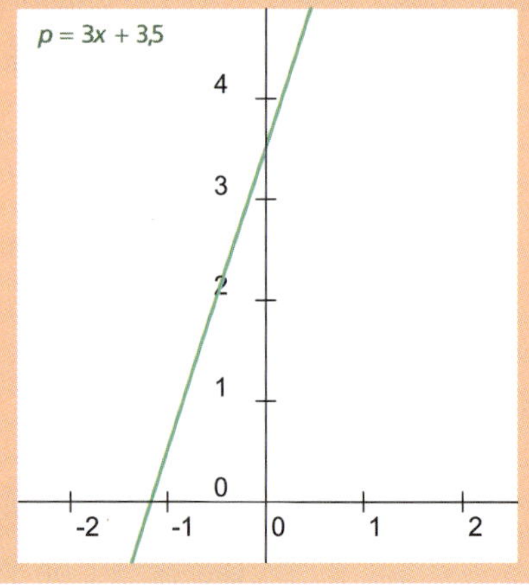

Abb. 5

Siehe dazu auch Lerneinheit 2: Arithmetische Folgen und Reihen.

Andere Möglichkeiten, bei denen eine Funktion ein gutes Modell für einen Sachverhalt ist:

- Der Wert eines Sparbuches – geht man von einer einmaligen Einzahlung und einem festen Einlagezeitraum aus – ist z.B. abhängig vom Zinssatz.
- Eine Ware wird zu einem bestimmten Preis, z.B. 45 €, verkauft. Berechnen Sie den Erlös für 4; 5; 7; 10; 20 Stück. Zwischen der verkauften Menge und dem Erlös besteht ein Zusammenhang.

Lesen Sie auch nach bei den Themen Statistik, Regression in Kapitel 7, Lerneinheit 1.

Ü 3 ★: Finden Sie selbst Beispiele, bei denen Zusammenhänge zwischen Daten am besten mithilfe einer Funktion veranschaulicht werden können. A C

Wie kann man Zusammenhänge als Funktionen darstellen?

Eine Möglichkeit der Darstellung wurde bereits erwähnt. **Grafisch** kann man Funktionen am besten mithilfe eines **Koordinatensystems** darstellen. Sie können die einzelnen Werte oder Punkte einzeichnen, bei entsprechender Angabe auch verbinden.

Arithmetisch können Sie die Werte, die Sie gegenüberstellen oder miteinander verknüpfen möchten, **als Zahlenpaar, als Punkte, aber auch in einer Tabelle** darstellen.

„Ein Bild sagt oft mehr als tausend Worte." – Ein Zitat, das den Chinesen zugeschrieben wird, taucht schriftlich das erste Mal 1921 in einer Fachzeitschrift der Werbebranche auf, die auf die Verwendung und die Bedeutung von Bildern in der Werbung hinweisen möchte.

Meist dienen Werte aus dem Bereich der Statistik als Grundlage für den jeweiligen Sachverhalt. Wird der Sachverhalt in den reellen Zahlen oder einem Teilintervall von diesen dargestellt und nicht nur für punktuelle Angaben, ist der Funktionsgraph eine Linie. Sie können die Zusammenhänge als **Funktionsterm** bzw. als **Funktionsgleichung** angeben.

Es gibt viele verschiedene Funktionen. Zu Beginn wollen wir den einfachsten Typ einer Funktion betrachten, nämlich eine lineare Funktion. Wir wollen nun überlegen, wie eine **lineare Funktion** aussieht.

Wenn, wie in L 3, 1 kg Erdbeeren 3 € kostet, dann kosten 4 kg Erdbeeren $3 \cdot 4$ €, also 12 €; oder allgemein: x kg kosten $3x$ €. $3x$ nennt man **Funktionsterm.**

Möchten Sie den Preis ermitteln, den Sie zahlen müssen, so schreiben Sie am besten eine Gleichung an: $p = 3x$. Diese Darstellung nennt man **Funktionsgleichung.** Aus L 3 können wir ablesen, dass noch Zusatzkosten von 3,50 € berechnet werden müssen. Der Preis lässt sich in diesem Fall als $p = 3x + 3{,}5$ darstellen.

Wichtig bei all diesen Beispielen ist, dass die Abhängigkeiten oder die Zuordnung eindeutig sind. Eine Funktion kann man mit einer Eingabe-Ausgabe-Maschine vergleichen. Zu jedem eingegebenen Wert wird genau ein Ausgabewert ermittelt.

Funktion – Definitionen

Unter einer Funktion versteht man die eindeutige Zuordnung von Elementen einer Menge D **(Definitionsmenge)** zu Elementen einer zweiten Menge W **(Wertemenge).** Eine lineare Funktion stellt diesen Zusammenhang in Form einer linearen Gleichung dar. Eine Funktion heißt **lineare Funktion,** wenn der Graph der Funktion im rechtwinkeligen Koordinatensystem eine Gerade ist. Sie heißt auch Funktion erster Ordnung oder Funktion ersten Grades.

Siehe auch Lerneinheit 2: Arithmetische Folgen und Reihen

Die Funktionsgleichung lautet allgemein:

$y = f(x) = kx + d$ oder auch $y = f(x) = ax + b$,

wobei x das Argument/die Stelle/die unabhängige Variable und y der Funktionswert/die abhängige Variable ist. Die übrigen Buchstaben stehen für beliebige Zahlen.

Der höchste Exponent von x ist 1, deshalb nennt man die Funktion auch **Funktion erster Ordnung.**

Schreibweisen für Funktionen

Es gibt unterschiedliche Schreibweisen für die gleiche Funktion, z.B.:

$f(x) = kx + d \Leftrightarrow y = kx + d \Leftrightarrow x \mapsto kx + d$

Funktionen siehe Kapitel 8, Lerneinheit 6

L 4: Berechnen von Punkten einer Funktionsgleichung B C D

Berechnen Sie 5 Punkte der Funktion $y = 2x - 3$:

Setzen Sie für x eine Zahl ein und ermitteln Sie den dazupassenden y-Wert. Eine Möglichkeit, diese Berechnungen übersichtlich zu gestalten, ist das Anlegen einer Tabelle.

Wenn nichts anderes vorgegeben ist, können Sie in der Funktionsgleichung beliebige Werte für x einsetzen und den passenden y-Wert berechnen. Man kann bei einer linearen Funktion auch den Wert für die y-Koordinate vorgeben und den dazupassenden x-Wert berechnen.

Berechnen einzelner Punkte einer linearen Funktion

x-Wert vorgegeben	0	3	4	–3
y-Wert	$2 \cdot 0 - 3 = -3$	$2 \cdot 3 - 3 = 3$	$2 \cdot 4 - 3 = 5$	$2 \cdot (-3) - 3 = -9$

Man kann diese Werte als Punkte angeben: $A(0|-3)$; $B(3|3)$; $C(4|5)$; $D(-3|-9)$.

Geben Sie nun einen Wert für die y-Koordinate vor: z.B.: 5 und berechnen Sie die passende x-Koordinate.

Setzen Sie diesen Wert statt y ein, erhalten Sie $5 = 2x - 3$. Durch Äquivalenzumformungen berechnen Sie die x-Koordinate:

$$
\begin{aligned}
5 &= 2x - 3 && |+3 \\
8 &= 2x && |:2 \\
4 &= x \\
x &= 4
\end{aligned}
$$

Der gesuchte Punkt lautet $E(4|5)$.

Überlegen Sie, wie viele Punkte unbedingt nötig sind, um eine Gerade eindeutig festzulegen, und begründen Sie Ihre Entscheidung.

✔ 2

Siehe auch Lerneinheit 2: Arithmetische Folgen und Reihen

Zeichnen Sie nun die Punkte aus L 4 in ein Koordinatensystem ein und verbinden Sie diese mit einer geraden Linie. Sie erhalten folgendes Bild:

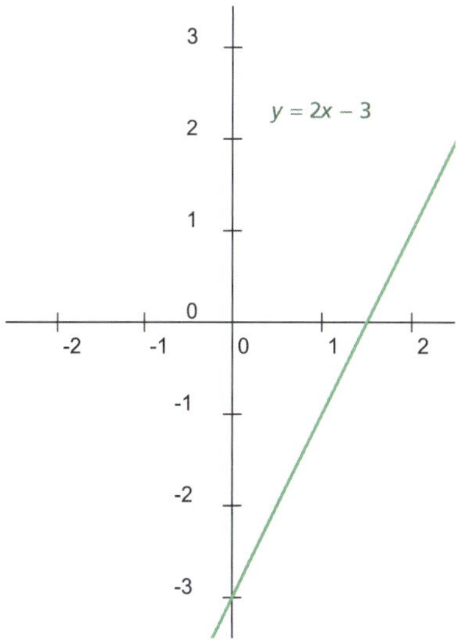

Abb. 6

Im Folgenden üben Sie das Zeichnen linearer Funktionen mithilfe von angegebenen Punkten oder mithilfe von Anstieg und Achsabschnitt. Sie erfahren, welche Bedeutung den einzelnen Teilen einer linearen Funktion zukommt.

SbX
Sie finden die Lösung zu Ü 4 unter der ID: 1131.

Ü 4 ★: Stellen Sie die folgenden 4 Funktionen grafisch dar und vergleichen Sie die Ergebnisse. Welche Gemeinsamkeiten oder Unterschiede fallen Ihnen auf? C D

$y_1 = 2x - 3$
$y_2 = 2x + 3$
$y_3 = -2x - 3$
$y_4 = -2x + 3$

Der Wert k **einer linearen Funktion** gibt die **Steigung (auch Anstieg genannt)** an. Wenn x um 1 zunimmt, nimmt $f(x)$ um k zu. Ist $k > 0$, also positiv, so verläuft die Gerade nach rechts oben – sie ist steigend; ist $k < 0$, also negativ, verläuft die Gerade nach links unten – sie ist fallend; ist $k = 0$, so ist die Gerade waagrecht. Man kann den Wert k mithilfe des Steigungsdreiecks an jeder Stelle der Funktion einzeichnen. Der Anstieg einer linearen Funktion ist überall gleich, man sagt auch: Der Anstieg ist konstant.

Der Wert d **einer linearen Funktion** gibt den **Abschnitt auf der y-Achse** an. Dieser Wert kann ermittelt werden, wenn man in der Gleichung für $x = 0$ einsetzt.

$y = kx + d$

Sie können mit diesem Wissen die Funktion rasch zeichnen.

L 5: Zeichnen Sie den Graph der Funktion $y = 2x - 3$ in das Koordinatensystem ein, verwenden Sie die Werte k und d. Aus der Funktionsgleichung kann man die Werte für k und d ablesen: $k = 2$ und $d = -3$. B C D

Tragen Sie zu Beginn den Wert von d (in diesem Fall beträgt $d = -3$) auf der y-Achse ein und zeichnen Sie von diesem Punkt den Anstieg ein. Am besten zeichnen Sie vom Punkt $(0|-3)$ eine Einheit nach rechts und von dort im rechten Winkel den Wert für k ein. In diesem Fall ist $k = 2$, also größer 0; zeichnen Sie daher 2 Einheiten nach oben. Verbinden Sie nun die beiden Punkte, die Sie erhalten haben.

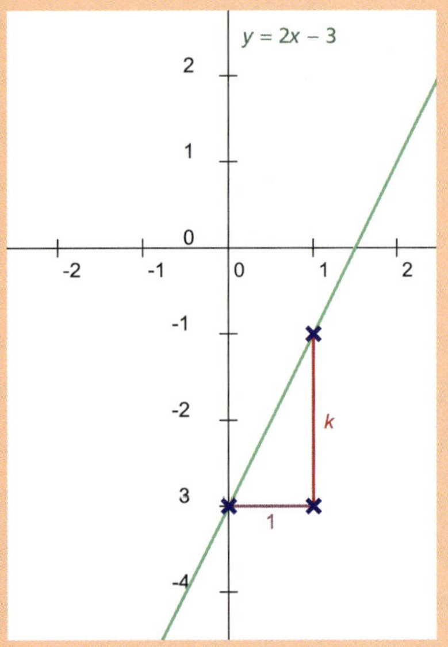

Abb. 7

L 6: Zeichnen Sie den Graph der Funktion $y = -2x + 3$ in das Koordinatensystem ein. Verwenden Sie die Werte k und d. Aus der Funktionsgleichung kann man die Werte für k und d ablesen: $k = -2$ und $d = +3$. B C D

Beginnen Sie wieder so, dass Sie d auf der y-Achse einzeichnen, in diesem Fall bei +3. Von dort zeichnen Sie eine Einheit nach rechts, aber jetzt 2 Einheiten hinunter (k ist in diesem Fall negativ, d.h., die Funktion ist fallend).

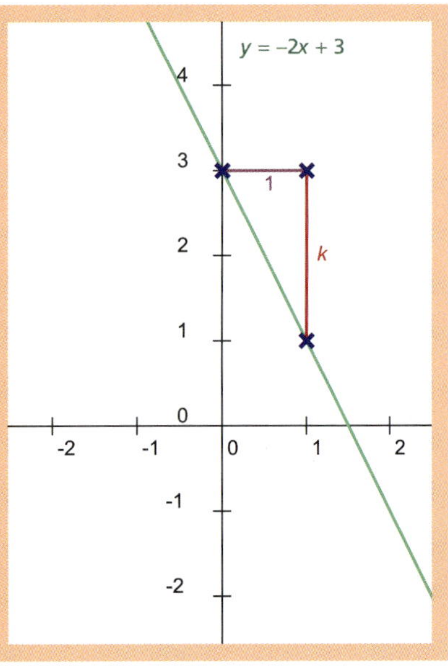

Abb. 8

SbX
Weitere Übungen zum Zeichnen einer Funktion finden Sie unter der ID: 1131.

Ist $k > 0$, also positiv, so verläuft die Gerade nach rechts oben – sie ist monoton steigend; ist $k < 0$, also negativ, verläuft die Gerade nach links unten – sie ist monoton fallend.

Wenn $k = 0$ ist, so ist die Gerade waagrecht.

Wenn k ein Bruch/eine Dezimalzahl ist, können Sie folgende Überlegungen anstellen:

Für den Anstieg müssen Sie 1 nach rechts und …	$1 \rightarrow$	$k = \frac{Z}{N} \uparrow$	… k hinaufgehen.
Wenn aber der Wert von k durch den Bruch schlecht zu konstruieren ist, können Sie auch auf beiden Seiten mit dem Nenner multiplizieren:			
Sie gehen daher N nach rechts und …	$N \rightarrow$	$Z \uparrow$	… Z hinauf.

$\cdot N$ $\cdot N$

Besondere Punkte einer Funktion

In der grafischen Darstellung der Funktion $y = 2x - 3$ sehen Sie zwei besondere Punkte. Der Graph der Funktion schneidet sowohl die x-Achse als auch die y-Achse. Den Schnittpunkt des Graphen der Funktion mit der y-Achse berechnet man, indem man für $x = 0$ einsetzt. Den Schnittpunkt mit der x-Achse berechnet man, indem man $y = 0$ setzt. Diesen Wert kann man als Punkt darstellen: Sei x der Wert, an dem die Gerade die x-Achse schneidet, dann bezeichnet man den Punkt $N(x|0)$ als **Nullstelle.** Bei vielen Berechnungen ist dieser Wert von großer Bedeutung.

Nullstelle

Eine **Nullstelle** ist der Schnittpunkt des Graphen einer Funktion mit der x-Achse und jener x-Wert, bei dem die y-Koordinate = 0 ist.

Vergleichen Sie: Die allgemeine Form einer **linearen Gleichung** lautet: $ax + b = 0$; die Lösung wird mithilfe von Äquivalenzumformungen ermittelt.

Setzen Sie in die Angabe der allgemeinen Gleichung für $f(x) = 0$, so erhalten Sie eine lineare Gleichung.

L 7: Berechnen Sie für die Funktion $y = 2x - 3$ die Nullstelle. B

Die Nullstelle ist jener x-Wert, bei dem die Funktion die x-Achse schneidet. Der Punkt liegt auf der x-Achse, daher hat die y-Koordinate des Punktes den Wert 0.

Setzen Sie in der Angabe: $y = 0$, erhalten Sie folgende lineare Gleichung:

$$0 = 2x - 3 \quad |+3$$
$$3 = 2x \quad |:2$$
$$\frac{3}{2} = x$$

Die Nullstelle hat die Koordinaten $N\left(\frac{3}{2}|0\right)$.

Zusammenfassung

Eine **Gerade** ist durch 2 Angaben eindeutig bestimmt. Dafür gibt es mehrere Möglichkeiten:
- 2 beliebige Punkte,
- den Achsenabschnitt und den Anstieg,
- einen beliebigen Punkt und den Anstieg,
- den Achsenabschnitt und einen Punkt, der nicht auf der y-Achse liegt.

Die **allgemeine Geradengleichung** lautet: $y = kx + d$.

L 8: Bestimmen Sie die Gleichung einer Geraden, wenn ein Punkt und der Anstieg gegeben sind. Eine Gerade geht durch den Punkt $A(2|3)$ und hat den Anstieg $k = -5$. B
Geben Sie die Gleichung der Geraden an.

Setzen Sie die gegebenen Bestimmungsstücke in die allgemeine Form der Geradengleichung ein und berechnen Sie die fehlende Größe.

In diesem Beispiel kennen Sie die Koordinaten eines Punktes $(x|y) = (2|3)$ und den Anstieg $k = -5$.

$$3 = (-5) \cdot 2 + d$$
$$3 = -10 + d \quad |+10$$
$$13 = d$$

Die Gleichung der Geraden lautet: $y = -5x + 13$.

Mehr über Gleichungssysteme in 2 oder mehreren Variablen erfahren Sie in Lerneinheit 4.

L 9: Bestimmen Sie die Gleichung einer Geraden, wenn 2 Punkte gegeben sind. Gegeben sind die Punkte $A(-1|-2)$ und $B(3|8)$. B

Eine Möglichkeit, die Gleichung der Geraden zu ermitteln, ist, beide Punkte in die allgemeine Geradengleichung $y = kx + d$ einzusetzen.

I: $-2 = (-1) \cdot k + d$
II: $8 = 3k + d$

Mathematisch liegt hier ein Gleichungssystem in 2 Variablen vor. Sie können ein Gleichungssystem in 2 Variablen auf 3 verschiedene Arten lösen. In diesem Fall ist es am besten, das Eliminationsverfahren anzuwenden.

I: $-2 = (-1) \cdot k + d$ — • Subtrahieren Sie die erste Gleichung von der zweiten.
II: $8 = 3k + d$

$10 = 4k$ — • Dividieren Sie beide Seiten durch 4.

$\frac{10}{4} = k$

I: $-2 = \frac{5}{2} \cdot (-1) + d$ — • Setzen Sie nun in eine der beiden Gleichungen den Wert für k ein.

$-2 = -\frac{5}{2} + d$ — • Fassen Sie zusammen.

$-2 + \frac{5}{2} = d$ — • Addieren Sie auf beiden Seiten.

$\frac{1}{2} = d$

Die Gleichung der Geraden lautet $y = \frac{5}{2}x + \frac{1}{2}$.

2 Grafische Darstellung linearer Funktionen

Berechnen von besonderen Punkten mit dem TI-82 STATS

Die Funktion $y = 2x - 3$ eignet sich gut, um den Grafikmodus des TI-82 STATS auszuprobieren.

Es gibt natürlich auch andere Möglichkeiten (Excel, GeoGebra ...), um grafische Darstellungen von Funktionen an technische Geräte oder Computerprogramme auszulagern.

SbX
Eine Einführung zum Arbeiten mit dem TI-82 STATS finden Sie unter der ID: 1111.

Grafische Darstellung einer Funktion

Rufen Sie mit der Taste [Y=] den Funktionseditor auf. Hier besteht die Möglichkeit, 10 verschiedene Funktionen einzugeben. Es können eine oder mehrere definierte Funktionen gleichzeitig gezeichnet werden.

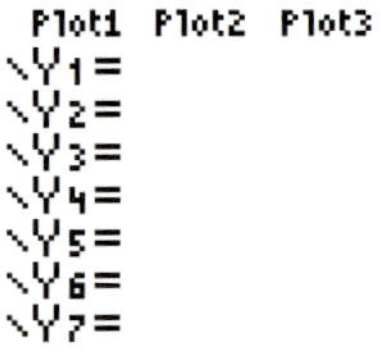

Abb. 9

Geben Sie nun bei $y_1 =$ die obige Funktion ein. Die Variable x kann am besten über die Taste [X,T,Θ,n] direkt eingegeben werden. Sobald Sie die Eingabe der Funktion abgeschlossen haben, ist das Gleichheitszeichen unterlegt. Das unterlegte Gleichheitszeichen bedeutet, dass die Funktion aktiviert ist und am Grafikbildschirm gezeichnet wird. Möchten Sie die Funktion deaktivieren oder aktivieren, setzen Sie den Cursor auf das Gleichheitszeichen und drücken Sie [ENTER].

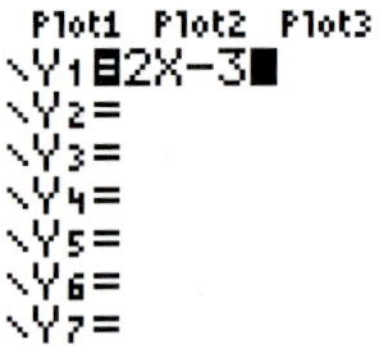

Abb. 10

Für die Darstellung von Funktionen stehen verschieden Grafikstile zur Verfügung. Diese werden mithilfe der Cursortasten ausgewählt. Stellen Sie den Cursor auf das Symbol links neben der Funktion und drücken Sie die [ENTER]-Taste, wenn Sie eine andere Darstellung wünschen.

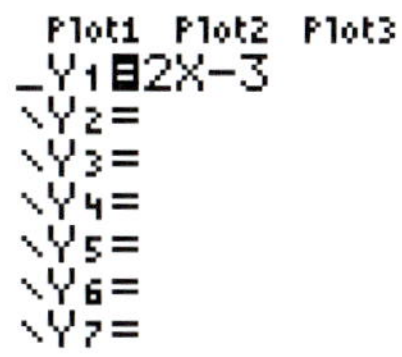

Abb. 11

Eine Funktion wird grafisch dargestellt, wenn Sie die Taste [GRAPH] drücken.

Während ein Graph gezeichnet wird, kann mit [ENTER] der Zeichenvorgang unterbrochen oder durch nochmaliges Drücken von [ENTER] fortgesetzt werden. Beim Drücken der Taste [GRAPH] wird die letzte Funktion noch einmal gezeichnet, sofern seit der letzten Anzeige des Graphen nichts geändert wurde. Ist ein Graph eingeblendet, kann man mit den Cursortasten Punkte im Koordinatensystem bestimmen. Die Koordinaten der Punkte können Sie am unteren Bildschirmrand ablesen.

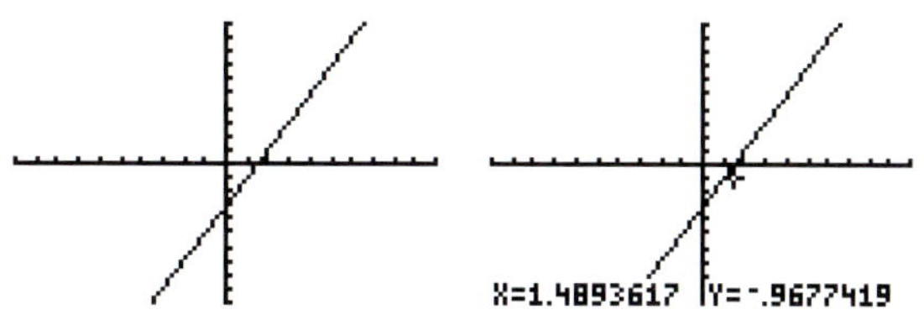

Abb. 12

Ermitteln von Punkten mithilfe des Taschenrechners

Drücken Sie die Taste [TRACE]. Am oberen Bildschirmrand erscheint nun die Funktionsgleichung, am unteren Rand des Grafikfensters werden die Werte der x- und y- Koordinate angezeigt. Geben Sie über den Ziffernblock einen Wert für x ein, z.B.: $x = 3$, und bestätigen Sie diese Eingabe mit [ENTER]. Sie können dann den passenden *y*-Wert ablesen.

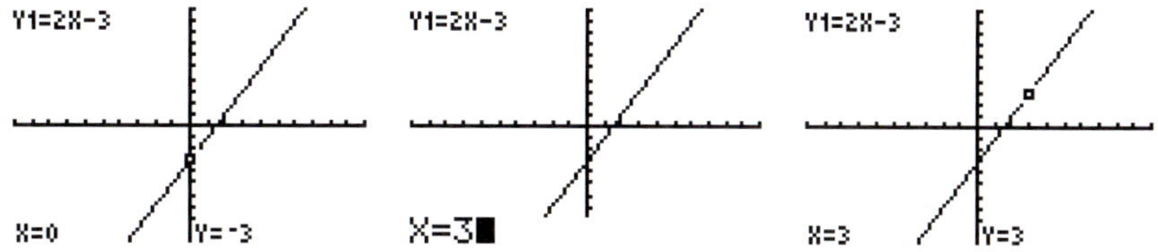

Abb. 13

Zur Funktion Solver siehe Lerneinheit 1: Lineare Gleichungen.

Sie können nur Punkte ermitteln, wenn Sie für *x* eine Zahl eingeben. Möchten Sie für *y* eine Zahl eingeben, müssen Sie auf eine andere Möglichkeit der Berechnung (Solver) zurückgreifen.

Der Taschenrechner gibt über die Tastenfolge [2nd] [TABLE] eine Tabelle an, in der Sie mit den Cursortasten [▲][▼] verschiedene Werte ablesen können. Den ersten Wert der Tabelle `TblStart` und die Abstände der *x*-Werte `ΔTbl` verstellt man über die Tastenkombination [2nd] [TBLSET]. Den Wert `TblStart` können Sie auch verändern, indem Sie mit [▲] in der *x*-Spalte nach oben scrollen.

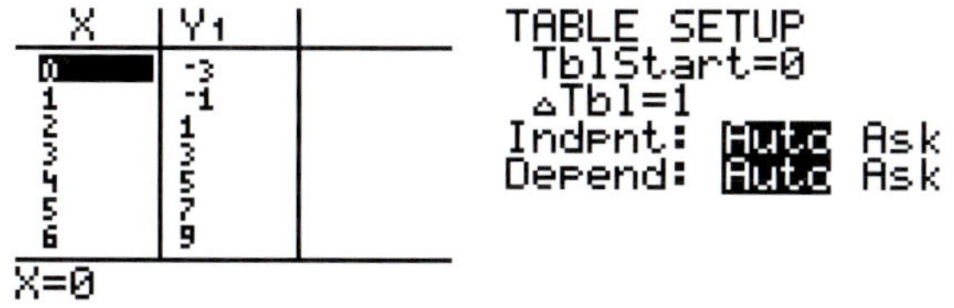

Abb. 14

Das Grafikfenster ist standardmäßig so eingestellt, dass Sie die *x*- und die *y*-Achse von −10 bis +10 am Bildschirm sehen können. Wenn Sie einen Punkt ermitteln müssen oder wollen, dessen *x*-Wert größer als +10 oder kleiner als −10 ist, ist es erforderlich die Achsen zu verändern.

Beispiel: Berechnen Sie den Punkt $P(20|y)$. Drücken Sie die Taste [WINDOW] (Abb. 15a) und verstellen Sie den Wert `Xmax` auf eine Zahl, die größer oder gleich 20 ist, z.B. `Xmax=30` (Abb. 15b). Schalten Sie mit [GRAPH] direkt ins Grafikfenster. Mit [TRACE] erhalten Sie $x = 20$ und $y = 37$ (Abb. 15c und 15d).

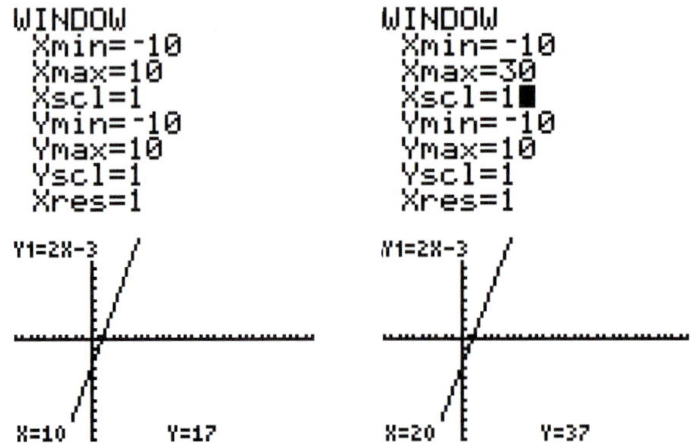

Abb. 15

Berechnen der Nullstelle einer Funktion

Auf Seite 25 haben Sie bereits eine Nullstelle ermittelt, indem Sie eine lineare Gleichung gelöst haben. Diese Arbeit kann Ihnen der Taschenrechner entweder mit der Solver-Funktion oder mit dem Menü `Calculate` abnehmen. Drücken Sie die Tastenfolge [2nd][CALC] und wählen Sie aus den einzelnen Menüpunkten `2:zero` aus. Die Auswahl eines Untermenüs erfolgt entweder durch Auswahl mit den Cursortasten und Bestätigung mit [ENTER] oder indem Sie die gewünschte Zahl (2) im Ziffernblock eingeben.

Abb. 16

Achten Sie immer darauf, dass der Wert der *y*-Koordinate einmal negativ und einmal positiv ist. Ist die *y*-Koordinate bei `left bound` positiv, muss sie bei `right bound` negativ sein oder umgekehrt.

Der Taschenrechner springt automatisch in das Grafikfenster. Am oberen Bildschirmrand ist die Funktionsgleichung angegeben, am unteren sehen Sie die *x*- und *y*-Werte des Cursors. Sie müssen nun den Bereich, in dem sich die Nullstelle befindet, eingrenzen. Sie werden gefragt: `left bound?` (Abb. 17a). Bewegen Sie den Cursor so weit nach links, dass er eindeutig links von der Nullstelle ist, und bestätigen Sie mit [ENTER] (Abb. 17b). Die nächste Frage klärt die rechte Grenze – `right bound` – ab: Bewegen Sie den Cursor nach rechts, bis dieser eindeutig nach der Nullstelle steht, und drücken Sie [ENTER] (Abb. 17c). Sie überspringen die Frage `guess?` mit [ENTER] (Abb. 17d) und erhalten am unteren Bildschirmrand die Koordinaten der Nullstelle (Abb. 17e).

$x = \frac{3}{2} \quad y = 0$

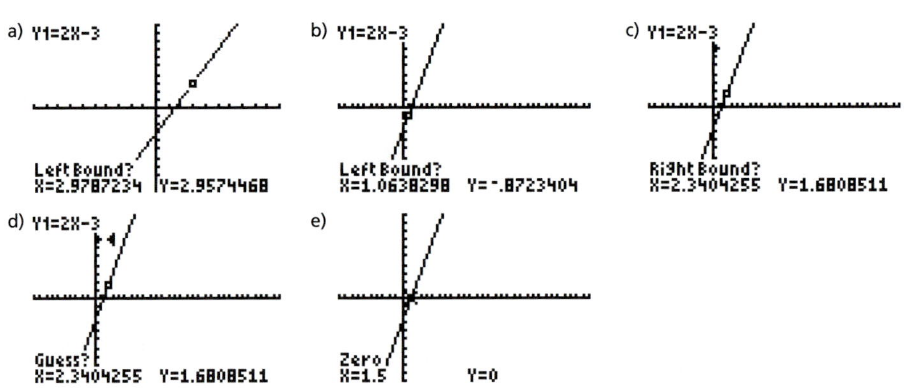

Abb. 17

3 Tarif-/Kostenfunktion und lineare Abschreibung

Wirtschaftsmathematik in Beruf und Alltag

Ein wichtiger Bereich, in dem Funktionen eine große Rolle spielen, ist die Wirtschaftsmathematik. Aus Ihrem persönlichen oder beruflichen Alltag kennen Sie vielleicht einige der in den folgenden Beispielen geschilderten Problemstellungen: Wie viel der Gesamtkosten entfallen auf ein produziertes Stück? Welches Tarifmodell ist geeignet – abhängig vom Verbrauchsverhalten? Wie hoch ist der Buchwert einer Anlage und wann ist sie vollständig abgeschrieben?

L 10: Ein Betrieb zahlt für Strom eine monatliche Grundgebühr von 5,70 € und für eine kWh 0,10 €. Wie hoch sind die monatlichen Stromkosten für 100, 200 und 500 kWh? A B C D

Stellen Sie die Situation zuerst grafisch dar.

Die monatlichen Stromkosten setzen sich aus den verkauften kWh mal dem Preis/kWh und der monatlichen Grundgebühr zusammen: $K(x) = 0{,}1x + 5{,}7$.

Man nennt die Grundgebühr von 5,70 € Fixkosten und die Kosten/Stück mal der Stückzahl $0{,}10x$ € die variablen oder proportionalen Kosten.

Man spricht in diesem Fall von einer **Tariffunktion.**

Vergleichen Sie mit den Werten *k* und *d* der allgemeinen Funktionsgleichung.

Berechnen Sie zuerst die Tarife für 100, 200 und 500 kWh, indem Sie diese Zahlen für *x* einsetzen und die *y*-Werte – den Tarif – ermitteln.

$K(100) = 0{,}1 \cdot 100 + 5{,}7 = 15{,}7$
$K(200) = 0{,}1 \cdot 200 + 5{,}7 = 25{,}7$
$K(500) = 0{,}1 \cdot 500 + 5{,}7 = 55{,}7$

SbX **Übungen zum Verstellen im Window-Modus finden Sie unter der ID: 1131.**

Stellen Sie die Funktion grafisch dar. Verstellen Sie die Achsen des Koordinatensystems, sodass Sie alle zu berechnenden Werte am Bildschirm sehen können. Aus der Angabe wissen Sie, dass Sie den Wert für 500 kWh ermitteln sollen, aus Ihren händischen Berechnungen wissen Sie, dass der Tarif für die angegebenen kWh unter 100 € liegt. Drücken Sie die Taste WINDOW und geben Sie statt `Xmax=10` den Wert 700, statt `Ymax=10` den Wert 100 ein. Die Werte `Xscl` und `Yscl` geben die Schrittweite auf den Achsen an. Sie können diese entweder an ihren Maßstab anpassen oder gleich 0 setzen.

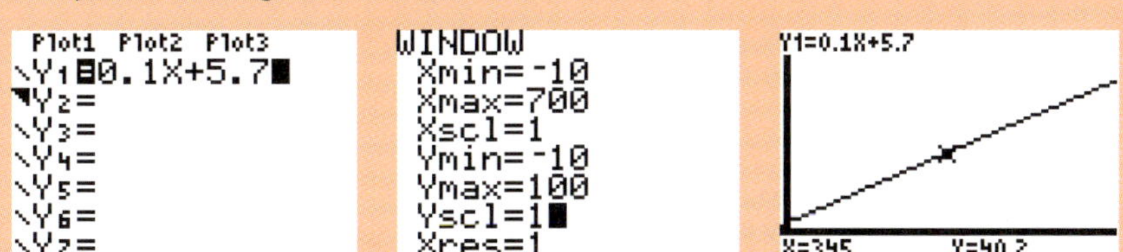

Abb. 18

Sie können nun aus der Funktion verschiedene Werte ablesen.

Erklären Sie den Wert $(0|5{,}7)$. Welche Bedeutung hat dieser Wert für das Beispiel?

Ein Blick auf die Abrechnung zeigt: Auf den Stromverbrauch selbst entfällt nur ein relativ kleiner Teil der Kosten.

Ü 5 ★: Bei der letzten monatlichen Abrechnung Ihres Stromanbieters betrug die Gesamtrechnung 36,64 €. Davon entfielen 6,40 € auf die Zählergebühr, der Rest auf die 336 kWh, die Sie verbraucht haben. Wie hoch sind die Kosten für 1 kWh? A B

✔ 0,09 €/kWh

Begriffe aus der Wirtschaftsmathematik!

L 11: Ein Betrieb hat monatliche Fixkosten von 95.000 €. Wie hoch sind die monatlichen Gesamtkosten, wenn die Produktion von einem Stück 2,50 € kostet? A B

Stellen Sie den Sachverhalt grafisch dar.

Die Gesamtkosten setzen sich aus den Kosten für die Produktionseinheit mal der Stückzahl $2{,}5x$ und den Fixkosten 95.000 € zusammen.

$K(x) = 2{,}5x + 95000$. Man nennt diese Funktion **Kostenfunktion.**

Kostenfunktion

Gesamtkosten:	Summe der variablen Kosten und der Fixkosten
Gesamtkostenfunktion:	$K(x)$: funktionaler (= formelmäßiger) Zusammenhang zwischen erzeugter Menge und den dadurch entstehenden Gesamtkosten. $K(x) = k_v \cdot x + F$

Weitere Beispiele aus der Wirtschaftsmathematik finden Sie in Kapitel 5, Lerneinheit 3.

L 11: Fortsetzung: Stellen Sie die Größen der Achsen passend ein. Sie wissen aus der Angabe, dass die Fixkosten 95.000 € betragen. Das heißt, wenn der Betrieb nicht produziert, fallen trotzdem Kosten in der Höhe von 95.000 € an. Bei der Herstellung einer Ware fallen zusätzliche Kosten an. Die Kosten sind auf der *y*-Achse abzulesen. Bei diesen Zahlen kann man annehmen, dass der Betrieb eine große Stückzahl eines Produktes herstellen kann. (Siehe Abbildung 19 auf der nächsten Seite.)

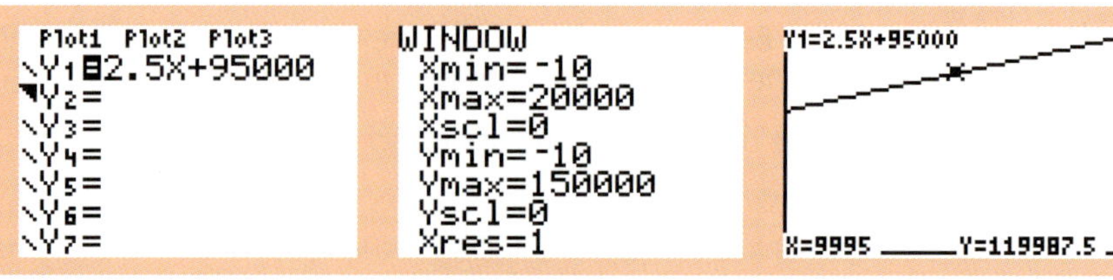

Abb. 19

Ü 6 ★★: Bei einer Monatsproduktion von 150 000 kg Zucker betragen die Gesamtkosten eines Betriebes 180.000 €. Wie hoch sind die fixen Kosten des Betriebes, wenn die proportionalen Kosten 0,05 €/kg betragen? Zeichnen Sie die Kostenfunktion. A B

✔ 172.500 €

Ü 7 ★★: Wie hoch sind die proportionalen Kosten eines Betriebes, wenn er 25 000 Stück bei Gesamtkosten in der Höhe von 250.000 € produziert und mit 95.000 € Fixkosten rechnen muss? A B

✔ 6,2

T

L 12: Ein zweiter Betrieb stellt das gleiche Produkt wie in Aufgabe L 11 her, stellt aber andere Gesamtkosten fest. Die auf eine Produktionseinheit anfallenden Kosten betragen 5 €, die Fixkosten 70.000 €. Vergleichen Sie die Kostenverläufe der beiden Firmen und stellen Sie fest, bei welcher Stückzahl die Gesamtkosten gleich hoch sind. A D

Gesamtkostenfunktion aus L 11: $K(x) = 2{,}5x + 95000$
Gesamtkostenfunktion aus L 12: $K(x) = 5x + 70000$

Schnittpunkt zweier Funktionen

Stellen Sie zuerst beide Funktionen grafisch dar:

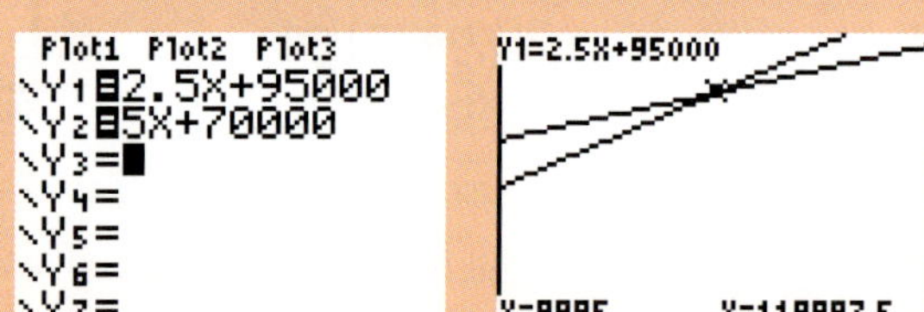

Abb. 20

Erklären Sie, was auf dem Bildschirm zu sehen ist.

Tipp: Mit den Cursortasten ▲▼ können Sie zwischen den Funktionen „springen".

Sie erkennen, dass bis zum Schnittpunkt die Funktion `Y2` unterhalb der Funktion `Y1` liegt, nach dem Schnittpunkt ist es umgekehrt. Interpretieren Sie diesen Sachverhalt.

Berechnen Sie den Schnittpunkt: Die *x*- und *y*-Koordinaten des Schnittpunkts müssen beide Gleichungen erfüllen. Sie können den Schnittpunkt ermitteln, indem Sie die beiden Gleichungen gegenüberstellen.

I: $K(x) = 2{,}5x + 95000$
II: $K(x) = 5x + 70000$

Eine ausführliche Anleitung zum Thema Lösen von Gleichungssystemen mit zwei oder mehreren Variablen siehe Lerneinheit 4.

$2{,}5x + 95000 = 5x + 70000.$

Sie können nun die *x*-Koordinate mithilfe von Äquivalenzumformungen berechnen.

$$2{,}5x + 95000 = 5x + 70000 \quad |-2{,}5 - 70000$$
$$25000 = 2{,}5x \quad |:2{,}5$$
$$x = 10000$$

Die *y*-Koordinate des Schnittpunktes erhalten Sie, indem Sie den *x*-Wert in eine der beiden Gesamtkostenfunktionen einsetzen.

entweder: $K(10000) = 2{,}5 \cdot 10000 + 95000 \qquad K(10000) = 120000$
oder: $K(10000) = 5 \cdot 10000 + 70000 \qquad K(10000) = 120000$

Die Kosten sind also bei einer Produktion von 10 000 Stück gleich hoch und betragen 120.000 €.

Sie können die Lösung des Problems auch mit dem Taschenrechner ermitteln.

Drücken Sie die Tasten [2nd] und [CALC]. Im Menü `CALCULATE` finden Sie das Untermenü `5:intersect`. Sie werden nun gefragt, welche Funktionen Sie schneiden möchten. Bei der Abfrage nach `first curve?` und `second curve?` können Sie, solange Sie nur zwei Funktionen aktiviert haben, gleich mit [ENTER] bestätigen. Der Schnittpunkt der beiden Funktionen ist am unteren Bildschirmrand abzulesen.

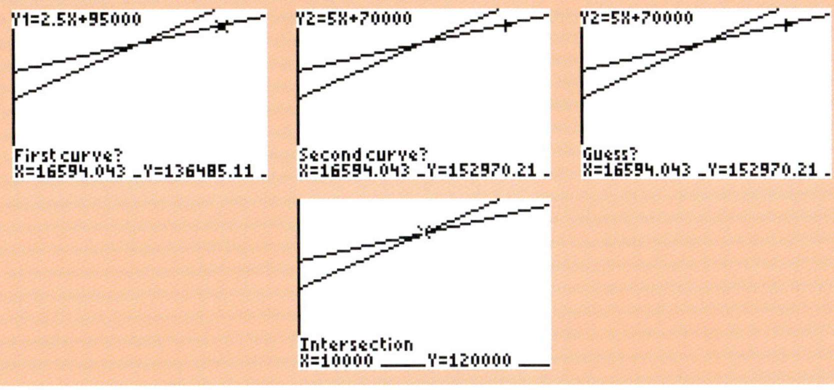

Abb. 21

L 13: Ein Betrieb hat die Gesamtkostenfunktion $K(x) = 3{,}5x + 40000$. Berechnen Sie die Höhe der Produktionskosten pro Mengeneinheit. B

Angenommen der Betrieb produziert 1000 Stück, so betragen die Gesamtkosten:

$K(1000) = 3{,}5 \cdot 1000 + 40000 \qquad K(x) = 43500$

Teilen Sie diesen Betrag jetzt auf die 1000 Stück auf, so fallen pro Stück 43500 : 1000 also 43,50 € an Kosten an.

Begriffe aus der Wirtschaftsmathematik!

Achtung: In diesem Fall sind nicht die proportionalen Kosten gemeint, sondern alle Kosten (inklusive Fixkosten) sollen aufgeteilt werden. Man nennt diese die **Durchschnittskosten.**

Die **Durchschnittskostenfunktion** erhalten Sie, indem Sie die Kostenfunktion durch die Stückzahl dividieren.

Durchschnittskostenfunktion

$K(x) = k_v x + F \qquad |:x$

$\frac{K(x)}{x} = k_v + \frac{F}{x}$

Für $\frac{K(x)}{x}$ schreibt man kürzer $\overline{K}$.

L 14: Wie hoch sind die durchschnittlichen Kosten bei 70%iger Auslastung? B

Setzen Sie in die Gleichung die Stückzahl ein. Wenn der Betrieb 1000 Stück produzieren kann, stellt er bei 70%iger Auslastung nur $1000 \cdot 0{,}7 = 700$ Stück her.

$\frac{K(x)}{x} = k_v + \frac{F}{x}$

$\frac{K(700)}{700} = 3{,}5 + \frac{40000}{700}$

$\frac{K(700)}{700} \approx 60{,}64$

Die durchschnittlichen Kosten bei 70%iger Auslastung betragen etwa 60,64 €.

SbX
Eine andere Möglichkeit, das Beispiel zu lösen, finden Sie unter der ID: 1131.

L 15: Die produzierte Ware wird zu einem Preis von 70 € verkauft. Berechnen Sie, wie hoch der Gewinn ist, wenn alle 1000 Stück verkauft werden können. A B

Unter Gewinn versteht man die Differenz zwischen Einnahmen/Erlös und Ausgaben. Verkaufen Sie eine Ware zu 70 €, so nehmen Sie bei einem verkauften Stück 70 € ein, bei 2 verkauften Stück 70 € · 2 also 140 €. Verkaufen Sie 1000 Stück, so beträgt der Erlös:

$E(1000) = 70 \cdot 1000 = 70000.$

Ziehen Sie von den Einnahmen die Gesamtkosten ab, also $K(1000) = 43500$, so erhalten Sie einen Gewinn in der Höhe von $70000 - 43500 = 26500$.

Der Gewinn bei einem Verkauf von 1000 Stück beträgt 26.500 €.

Zur Berechnung von Erlös und Gewinn wie im obigen Beispiel wird die **Erlös- und Gewinnfunktion** benötigt:

Erlös- und Gewinnfunktion

Allgemein gilt:

$E(x) = px$ p … Preis der Ware

$G(x) = E(x) - K(x)$ oder $G(x) = px - (k_v x + F)$

In diesem Abschnitt gehen wir immer von einem konstanten Preis aus.

$G(x) > 0$: Gewinn
$G(x) < 0$: Verlust
$G(x) = 0$: Gewinnschwelle oder Break-even-Point

Das Ergebnis $E(x) - K(x)$ kann größer 0 sein, dann spricht man von Gewinn; ist es kleiner 0, dann spricht man von Verlust; oder es ist gleich 0: dann sind alle Ausgaben durch Einnahmen gedeckt.

L 16: Eine Produktionsanlage kostet 23.400 €. In der Buchhaltung rechnet man mit einer Nutzungsdauer von 15 Jahren. Berechnen Sie den Buchwert nach 5; 7; 9 Jahren. Wie lautet die Gleichung für die **lineare Abschreibung?** A B C D

Der Wert der Produktionsanlage sinkt jedes Jahr um den gleichen Betrag. Der jährliche Wertverlust beträgt $\frac{23400}{15}$ €, das sind 1.560 €.

Den Buchwert berechnet man mit folgender Formel:

$B = A - \frac{A}{N}x$

B … Buchwert
A … Anschaffungswert
N … Nutzungsdauer
x … Jahre

Setzen Sie nun für x die drei Werte 5; 7 und 9 ein und ermitteln Sie den jeweiligen Buchwert.

$B = 23400 - 1560 \cdot 5$ $B(5) = 15600$

$B = 23400 - 1560 \cdot 7$ $B(7) = 12480$

$B = 23400 - 1560 \cdot 9$ $B(9) = 9360$

In diesem Fall ist der Anstieg negativ, die Funktion ist fallend.

Konstruieren Sie die Funktion $B = 23400 - \frac{23400}{15}x$ **ohne Taschenrechner.**

Zeichnen Sie ein Koordinatensystem und wählen Sie passende Einheiten für die x- und die y-Achse. Beachten Sie, dass in diesem Fall $d = 23400$ und $k = \frac{-23400}{15} = -1560$ beträgt.

Konstruieren Sie die Funktion $B = 23400 - \frac{23400}{15}x$ **mit dem Taschenrechner.**

Geben Sie die Funktionsgleichung bei `Y1=` ein und ermitteln Sie die verschiedenen Buchwerte. In der Mitte finden Sie eine mögliche Einstellung im Menü WINDOW.

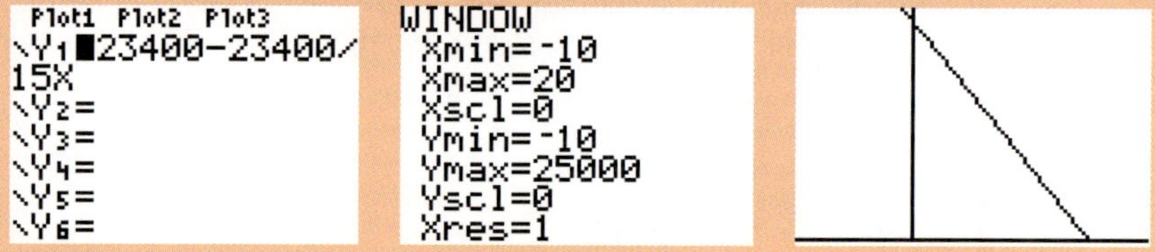

Abb. 22

Erklären Sie anhand der Zeichnung den Graph der Funktion. Welche Bedeutung hat die Nullstelle in diesem Beispiel? Welche Koordinaten hat die Nullstelle?

✔ $N(15|0)$

Ü 8 ★★: Erklären Sie, was die Buchwertformel bedeutet und wie man auf diese Formel kommt. C D

Üben

SbX ID: 1132

Ü 9 ★: Berechnen Sie für die unten angegebenen Funktionen die fehlenden Koordinaten der Punkte: $A(3|y)$; $B(-4|y)$; $C(x|4)$; $D(x|-5)$ und erklären Sie, wie Sie diese Werte berechnet haben. B D

a) $y_1 = 2x + 5$ ✔ $A(3|11)$; $B(-4|-3)$; $C\left(-\frac{1}{2}|4\right)$; $D(-5|-5)$

b) $y_2 = -4x + 7$ ✔ $A(3|-5)$; $B(-4|23)$; $C\left(\frac{3}{4}|4\right)$; $D(3|-5)$

c) $y_3 = -3x - 4$ ✔ $A(3|-13)$; $B(-4|8)$; $C\left(-\frac{8}{3}|4\right)$; $D\left(\frac{1}{3}|-5\right)$

d) $y_4 = 5x - 2$ ✔ $A(3|13)$; $B(-4|-22)$; $C\left(\frac{6}{5}|4\right)$; $D\left(-\frac{3}{5}|-5\right)$

SbX **Sie finden die Lösungen zu Ü 10 unter der ID: 1132.**

Ü 10 ★: Berechnen Sie für folgende Funktionen die Nullstellen und geben Sie das Ergebnis als Punkt an. Erklären Sie alle Umformungen, die Sie durchführen müssen. Führen Sie zur Kontrolle die Aufgaben mit dem Taschenrechner durch und überprüfen Sie, ob Ihre Ergebnisse stimmen. B C

$y_1 = 2x + 5$
$y_2 = -4x + 7$
$y_3 = -3x - 4$
$y_4 = 5x - 2$

Ü 11 ★: Zeichnen Sie die Funktionen $y_1 = 2x + 5$; $y_2 = -4x + 7$; $y_3 = -3x - 4$; $y_4 = 5x - 2$ in ein Koordinatensystem und markieren Sie das Steigungsdreieck sowie die Schnittpunkte der Funktion mit den beiden Achsen. Beschriften Sie Ihre Zeichnung. Überprüfen Sie Ihre Zeichnung mit dem Taschenrechner oder einem Computerprogramm. B C

Ü 12 ★: Finden Sie die Gleichung der Geraden, wenn folgende Bestimmungsstücke gegeben sind: B C

- Ein Punkt und der Anstieg

a) $A(3|4)$ $k = -3$ ✔ $y = -3x + 13$
b) $B(-7|-5)$ $k = 2{,}5$ ✔ $y = 2{,}5x + 12{,}5$
c) $C(-3|8)$ $k = \frac{3}{4}$ ✔ $y = \frac{3}{4}x + 10{,}25$

- Zwei Punkte

a) $A(3|7)$ $B(4|8)$ ✔ $y = x + 4$
b) $C(-3|2{,}5)$ $D(4|-1)$ ✔ $y = -0{,}5x + 1$
c) $E(-3|2)$ $F(9|8)$ ✔ $y = 0{,}5x + 3{,}5$

Ü 13 ★★: Die H2Ö GmbH erhielt eine Abrechnung für das letzte Schulungstreffen der Mitarbeiterinnen und Mitarbeiter. Leider waren auf der Rechnung nur der Gesamtbetrag von 1.600 €, die Anzahl der Personen (25) und ein Fixbetrag von 250 €, der für Spesen verrechnet wurde, ausgewiesen. Berechnen Sie die proportionalen Kosten pro Mitarbeiterin oder Mitarbeiter. A B

✔ 54 €

Ü 14 ★★: Wie hoch waren die durchschnittlichen Kosten pro Mitarbeiterin oder Mitarbeiter aus Beispiel Ü 13? A B

✔ 64 €

Ü 15 ★: Interpretieren Sie folgende Tabelle und Grafik: A B

In den Jahren 2003–2007 wurden unterschiedlich viele Personen in Österreich mit der Bahn (ÖBB und Privatbahnen) transportiert. Die Statistik Austria erfasste jährlich die Anzahl der Fahrgäste. Lesen Sie aus der Grafik einige wichtige Punkte ab, stellen Sie eine Tabelle auf und nehmen Sie Stellung zur Verbindungslinie zwischen den Punkten.

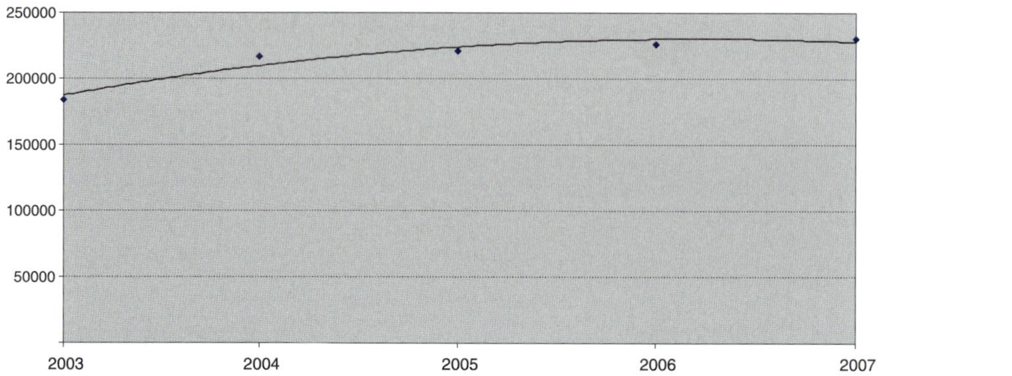

Abb. 23: Mit der Bahn beförderte Personen — Quelle: Statistik Austria, eigene Berechnung

Die Werte der „Statistik Austria"

2003	2004	2005	2006	2007
183 700	217 300	221 600	225 900	230 400

$H_2Ö$
Trink.Wasser.

SbX
Sie finden die Lösungen zu Ü 16 unter der ID: 1132.

Ü 16 ★★: Das Unternehmen H2Ö möchte den Telefonanbieter wechseln. Nach Einholung mehrerer Angebote stehen 3 Varianten zur Auswahl: A B D

A: Der Telefonanbieter A verlangt 750 € pro Monat für alle Telefonanlagen im Unternehmen.
B: Anbieter B würde 550 € als Fixbetrag und 0,10 € für jede telefonierte Minute verrechnen.
C: Anbieter C würde 400 € als Grundgebühr und 0,25 € für jede telefonierte Minute verrechnen.

Vergleichen Sie diese Angebote, stellen Sie alle drei Angebote grafisch dar und erklären Sie, unter welchen Bedingungen Angebot A, B oder C für das Unternehmen günstiger ist.

Ü 17 ★★: In der Glasmanufaktur werden in einem Monat 45 000 Gläser produziert. Die Fixkosten betragen 75.000 €. A B

a) Wie hoch sind die Gesamtkosten, wenn man mit 1,50 € pro Glas rechnet? ✔ 142.500 €

b) Wie hoch sind die durchschnittlichen Kosten pro Glas, wenn man von voller Auslastung der Kapazität ausgeht? Runden Sie auf zwei Stellen! ✔ 3,17 €

c) Wie hoch sind die durchschnittlichen Kosten, wenn man nur mit 60% Auslastung rechnen kann? Runden Sie auf 2 Stellen! ✔ 4,28 €

Ü 18 ★★: Verwenden Sie die Angaben aus Ü 16: Die Gläser sollen nun verkauft werden. Die Glasmanufaktur verlangt pro Glas einen Preis von 4 €. A B

a) Wie hoch ist der Gewinn, wenn alle 45 000 Gläser verkauft werden können? ✔ 37.500 €

b) Wie hoch ist der Gewinn, wenn bei 70% der Auslastung alle Gläser verkauft werden? ✔ 3.750 €

c) Wie viel Stück muss der Betrieb zu 4 € verkaufen, um alle Kosten zu decken? (Break-even-Point) ✔ 30 000

d) Was passiert, wenn der Betrieb weniger als die erforderliche Stückzahl verkauft?

e) Zu welchem Preis muss das Unternehmen ein Glas verkaufen, wenn es bei einem Verkauf von 30 000 Gläsern einen Gewinn in der Höhe von 5.000 € machen möchte? ✔ 4,17 €

f) Fassen Sie schriftlich zusammen, wie Sie die einzelnen Aufgaben berechnet haben und erklären Sie die Ergebnisse. Verwenden Sie dafür alle nötigen Begriffe aus dem Abschnitt Tarif-Kosten-Funktion.

Lohnt sich die Investition in die neue Anlage?

Ü 19 ★★: Das Unternehmen H2Ö kauft eine neue Abfüllanlage im Wert von 25.700 €. Für derartige Maschinen wird im Betrieb eine Nutzungsdauer von 15 Jahren angenommen. A B

a) Berechnen Sie den Buchwert nach 3, 7 und 11 Jahren. ✔ 20.560 €; 13.707 €; 6.853 €

b) Berechnen Sie, ob die Firma Gewinn oder Verlust macht, wenn die Abfüllanlage nach 12 Jahren um 5.200 € verkauft wird. ✔ +60

Stellen Sie den Sachverhalt grafisch dar und überprüfen Sie somit Ihre Ergebnisse.

Ü 20 ★★: Eine andere Maschine hat eine Nutzungsdauer von 10 Jahren und im 5. Jahr einen Buchwert von 2.720 €. Wie hoch war ihr Anschaffungswert? A B

✔ 5.440 €

Ü 21 ★★: Eine Maschine hat einen Anschaffungswert von 3.500 €. Im 3. Jahr beträgt der Buchwert 2.400 €. Berechnen Sie die Nutzungsdauer. Runden Sie auf ganze Jahre! A B

✔ 10 a

Sichern

Funktion

Unter einer Funktion versteht man die eindeutige Zuordnung von Elementen einer Menge D (Definitionsmenge) zu Elementen einer zweiten Menge W (Wertemenge).

Eine Funktion ist ein sehr gutes Modell zur Darstellung von Sachverhalten. Die große Bedeutung der Funktion liegt darin, dass Sachverhalte auch bildlich dargestellt werden können.

lineare Funktion (Funktion ersten Grades)

Eine Funktion heißt lineare Funktion, wenn der Graph der Funktion im rechtwinkeligen Koordinatensystem eine **Gerade** ist. Die allgemeine Gleichung einer linearen Funktion lautet $y = f(x) = kx + d$.

Nullstelle

Eine Nullstelle ist ein **Schnittpunkt des Graphen einer Funktion mit der x-Achse** bzw. ein x-Wert, an dem die y-Koordinate gleich 0 ist.

variable Kosten (proportionale Kosten)

Kosten, die von der Menge der erzeugten Produkte abhängen (z.B. Materialverbrauch, Akkordlöhne …)

Fixkosten

Kosten, deren Höhe von der Menge der erzeugten Produkte unabhängig ist (z.B. Miete, Grundgebühren für Strom, Telefon usw., teilw. Gehälter für Mitarbeiter)

Durchschnittskosten

Kosten pro Stück; alle Kosten, die bei der Produktion anfallen, werden auf die produzierten Einheiten aufgeteilt.

Erlös oder Einnahmen

Die Einnahmen sind im einfachsten Fall proportional zur Anzahl verkaufter Produkte. Es sind aber auch andere Modelle denkbar, etwa mit abnehmendem (Rabatt) oder zunehmendem Stückpreis (für Mangelwaren, die bewirtschaftet werden).

Bei konstantem Preis gilt: $E(x) = p \cdot x$

Gewinn

Überschuss des Erlöses über die Gesamtkosten, also $G(x) = E(x) - K(x)$.

Gewinnschwelle

Gewinnschwelle (oder englisch **Break-even-Point**) ist jene Produktionsmenge, bei der die Kosten gedeckt sind (bzw. $G(x) = 0$ ist). Bei linearen oder degressiven (= langsamer als linear wachsenden) Kostenfunktionen ist ab dieser Produktionsmenge immer ein Gewinn vorhanden, bei progressiven (= schneller als linear wachsenden) Kosten nicht: hier gibt es wegen der zunehmenden Durchschnittskosten einen bestimmten Punkt, an dem der Gewinn wieder = 0 wird bzw. dann negativ ist – die sogenannte **Gewinngrenze.**

Zu den Begriffen degressiv/progressiv siehe Kapitel 5, Lerneinheit 3.

Wissen

SbX ID: 1134

SbX
Die Lösungen finden Sie unter der ID: 1134.

2.5 3.3 3.4 3.5

W 1: Sie werden in Ihrem Unternehmen gebeten, Unterlagen für die nächste Besprechung vorzubereiten. Sie sollen sich inhaltlich mit folgendem Problem auseinandersetzen: A B D

Für eine ganztägige interne Schulung sollen ein Mittagessen und je ein Jausenbuffet vormittags und nachmittags vorbereitet werden. Die hausinterne Küche kann an diesem Tag den Auftrag nicht übernehmen. Sie müssen daher Angebote verschiedener Cateringfirmen einholen. Nach einigen Anrufen haben Sie 3 Angebote, die besonders interessant klingen.

Angebot A: Fixbetrag für allgemeine Tätigkeiten 200 €; pro Person 37 €
Angebot B: Fixbetrag in der Höhe von 350 € und pro Person 39 €
Angebot C: kein Fixbetrag, aber pro Person 65 €

Bereiten Sie nun rechnerische und grafische Unterlagen als Entscheidungshilfe für Ihren Vorgesetzten/Ihre Vorgesetzte vor. Liefern Sie dabei auch einige Argumente, wann und warum welches Angebot für Sie besser erscheint.

3.4

W 2: Von einer linearen Funktion kennen Sie die Gleichung $f(x) = -\frac{2}{7} + 2$. A D

Beschreiben Sie die Veränderung des Graphen dieser Funktion, wenn
- k kleiner wird und d gleich bleibt.
- d den Wert 0 annimmt und k gleich bleibt.
- k den Wert 0 annimmt und d gleich bleibt.
- k halbiert wird und d verdoppelt wird.

W 3: Welche Bedeutung hat bei der Formel zur Berechnung des Buchwertes $B = A - \frac{A}{N}x$ der Schnittpunkt mit der x-Achse? Welche Bedeutung hat in diesem Zusammenhang die Steigung? C D

Ein kurzer Wissens-Check, bevor's weitergeht!

Wissens-Check

	☺	😐	☹
Ich kenne den Begriff Funktion, insbesondere weiß ich, wie eine lineare Funktion und ihr Graph aussehen.			
Ich kann Punkte einer linearen Funktion berechnen.			
Ich weiß, was eine Nullstelle ist, und kann diese berechnen.			
Ich weiß, wann eine lineare Funktion steigend oder fallend ist.			
Ich kenne die Begriffe Tarif- und Kostenfunktion.			
Ich kann den Begriff lineare Abschreibung erklären und die grafische Darstellung dazu interpretieren.			
Ich kann Funktionsgraphen mit dem Taschenrechner zeichnen sowie Werte und Punkte einer Funktion berechnen.			
Ich kann das Grafikfenster des Taschenrechners passend zu den Aufgaben verstellen.			

Lerneinheit 4
Gleichungssysteme in zwei Variablen

SbX
Alle SbX-Inhalte zu dieser Lerneinheit finden Sie unter der ID: 1140.

Lineare Gleichungen in einer Variablen kann man nach dieser auflösen und die Lösungsmenge bestimmen. Viele Fragestellungen enthalten aber zwei oder mehrere Unbekannte. Oft kann man auch mehr als eine Gleichung aufstellen. Diese Lerneinheit untersucht Systeme mit zwei Variablen und zwei Gleichungen und gibt einen Ausblick auf Gleichungssysteme mit drei Variablen und drei Gleichungen.

Sie lernen hier:
- **lineare Gleichungssysteme aufzustellen**
- **lineare Gleichungssysteme zu lösen**
- **lineare Gleichungssysteme grafisch darzustellen**

Lernen

Lineare Funktionen siehe Lerneinheit 3

In der Lerneinheit über lineare Funktionen haben Sie bereits zwei Anwendungen zu diesem Thema kennengelernt. Wir haben den Schnittpunkt zweier Geraden berechnet und eine Geradengleichung aufgestellt, wenn zwei Punkte gegeben waren.

1 Vom Text zu den Gleichungen
Modellieren – Dokumentieren – Interpretieren

Eine bekannte historische Aufgabe demonstriert, wie sich aus der Textangabe ein Gleichungssystem mit zwei Variablen erstellen lässt:

Ein Kopf und 2 Füße je Fasan …

L 1: In einem Käfig befinden sich Hasen und Fasane. Sie haben zusammen 35 Köpfe und 94 Beine. Wie viele Hasen und Fasane sind im Käfig? A

Der erste Schritt ist – wie bei den Aufgaben mit einer Variablen – festzustellen, welche Größen gegeben sind und welche zu berechnen sind. Sie können für die Anzahl der Hasen die Variable x und für die Anzahl der Fasane die Variable y annehmen. Stellen Sie nun die erste Gleichung für die Köpfe (x Hasen + y Fasane haben 35 Köpfe) und die zweite Gleichung für die Füße (Hasen haben 4 und Fasane 2 Beine … x Hasen + y Fasane haben zusammen 94 Beine) auf.

Schreiben Sie beide Gleichungen untereinander und nummerieren Sie die Gleichungen zur besseren Übersicht.

I: $x + y = 35$
II: $4x + 2y = 94$

Es gibt verschiedene Möglichkeiten, ein System von zwei linearen Gleichungen mit zwei Variablen zu lösen. Jedes Verfahren führt zu einer **eindeutigen Lösung** – mit Ausnahme einiger Sonderfälle, die später noch beschrieben werden.

Wählen Sie das Lösungsverfahren passend zur Angabe.

2 Lösen eines Gleichungssystems in zwei Variablen

Eliminationsverfahren – Gleichsetzen – Substitution

Eliminationsverfahren

Angaben der Form
I: $ax + by = c$
II: $dx + ey = f$
kann man am besten mithilfe des **Eliminationsverfahrens** oder mithilfe von **Matrizen** lösen.

Matrizen siehe Kapitel 8, Lerneinheit 7

Formen Sie die Gleichungen so um, dass vor einer Variablen, die Sie beliebig wählen können, die gleiche Zahl steht. Die gleiche Zahl ist das (kleinste) gemeinsame Vielfache der beiden Zahlen. Im Fall aus L 1 müssen Sie das kgV$(1;4)$ für die Variable x oder das kgV$(1;2)$ für die Variable y bestimmen. Anschließend können Sie die beiden Gleichungen zusammenfassen, entweder addieren oder subtrahieren. Addieren Sie die beiden Gleichungen, wenn die Vorzeichen vor der gewählten Variablen unterschiedlich sind. Subtrahieren Sie, wenn die Vorzeichen vor der gewählten Variablen gleich sind.

Das Ziel der Umformung ist, ein Gleichungssystem in zwei Variablen zu lösen, indem man es auf eine bekannte Aufgabe, das Lösen einer Gleichung in einer Variablen, zurückführt.

Fortsetzung von L 1: B C

Elimination von x

- Multiplikation, um beide Gleichungen auf das gleiche Vielfache zu bringen

I: $x + y = 35 \quad |\cdot 4$
II: $4x + 2y = 94$

- Subtrahieren Sie eine Gleichung von der anderen. Hier ziehen wir die zweite von der ersten ab.

$4\cdot \text{I} = \text{I}'$: $4x + 4y = 140 \quad |-\text{II}$
II: $4x + 2y = 94$

$\text{I}' - \text{II} = \text{I}''$: $2y = 46 \quad |:2$
II: $4x + 2y = 94$

$\frac{1}{2}\text{I}'' = \text{I}'''$: $y = 23$
II: $4x + 2y = 94$

- Setzen Sie nun den berechneten Wert in eine der beiden ursprünglichen Gleichungen ein, um die zweite Variable zu berechnen.

I''': $y = 23$
II: $4x + 2\cdot 23 = 94$

II: $4x + 46 = 94 \quad |-46$
$4x = 48$
$x = 12$

Elimination von y

I: $x + y = 35 \quad |\cdot 2$
II: $4x + 2y = 94$

$2\cdot \text{I} = \text{I}'$: $2x + 2y = 70 \quad |-\text{II}$
II: $4x + 2y = 94$

$\text{I}' - \text{II} = \text{I}''$: $-2x = -24 \quad |:(-2)$
II: $4x + 2y = 94$

$-\frac{1}{2}\text{I}'' = \text{I}'''$: $x = 12$
II: $4x + 2y = 94$

I''': $x = 12$
II: $4\cdot 12 + 2y = 94$

II: $48 + 2y = 94$
$2y = 46 \quad |:2$
$y = 23$

- Die Lösungsmenge $L = \{(12|23)\}$ wird als Zahlenpaar angegeben. Geometrisch kann das Ergebnis als Schnittpunkt zweier Geraden aufgefasst werden.

Im Käfig sind also 12 Hasen und 23 Fasane.

Wie viele Hasenfüße?

Ein weiteres Beispiel:

L 2: Finden Sie die Lösung für folgendes Gleichungssystem mit 2 Variablen: B

I: $4x - 3y = -23 \quad |\cdot 4$
II: $2x + 4y = 16 \quad |\cdot 3$

I': $16x - 12y = -92$
II': $6x + 12y = 48$

Sie sehen, dass vor der Variablen y in der ersten Gleichung +12 und in der zweiten –12 steht. Addieren Sie nun beide:

$$\text{I}' + \text{II}'\text{:}\quad 22x = -44 \qquad |:22$$
$$x = -2$$

Setzen Sie –2 für x in eine der beiden Gleichungen der Angabe ein, erhalten Sie $y = 5$.

$L = \{(-2|5)\}$

Probe: Setzen Sie beide Zahlen, die Sie ermittelt haben, in die Angabe ein und überprüfen Sie, ob das Ergebnis der linken Seite der Gleichung jeweils mit der rechten Seite übereinstimmt.

I: linke Seite: $4 \cdot (-2) - 3 \cdot (5) = -8 - 15 = -23$ rechte Seite: –23

II: linke Seite: $2 \cdot (-2) + 4 \cdot (5) = -4 + 20 = 16$ rechte Seite: 16

Die Terme stimmen überein, daher ist $L = \{(-2|5)\}$.

Eine andere Möglichkeit, Gleichungssysteme mit zwei oder mehreren Variablen zu lösen, ist die Matrizenrechnung. Diese Arbeit können Sie auch an ein Computerprogramm oder an einen Taschenrechner (hier im Beispiel an den TI-82 STATS) auslagern.

T Lösen eines Gleichungssystems in zwei Variablen mit dem Taschenrechner

Drücken Sie die Taste [MATRX] und starten Sie den Menüpunkt `EDIT`. Hier geben Sie zuerst die Struktur der Matrix an. In dieser Lerneinheit werden ausschließlich zwei Gleichungen in zwei Variablen behandelt. Es sind also immer zwei Zeilen und drei Spalten (x-Spalte, y-Spalte und die Spalte, in der nur die Zahlen stehen). **Geben Sie die Gleichungen immer in der Form an, dass zuerst die *x*, dann die *y* und nach dem Gleichheitszeichen die Zahlen stehen.**

	x-Spalte	y-Spalte	Zahlen
1. Gleichung	$4x$	$-3y$	$= -23$
2. Gleichung	$2x$	$+4y$	$= 16$

Geben Sie nur Zahlen in die Matrix ein. Achten Sie auf die richtige Eingabe des Vorzeichen-Minus [(-)]!

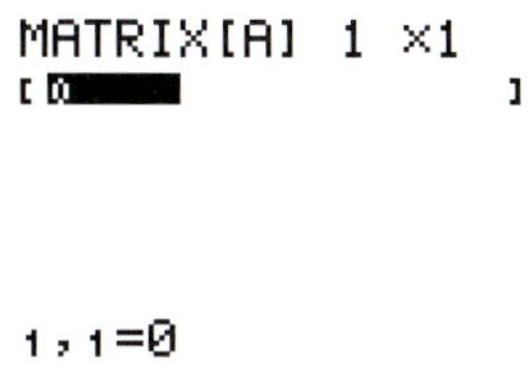

Abb. 1

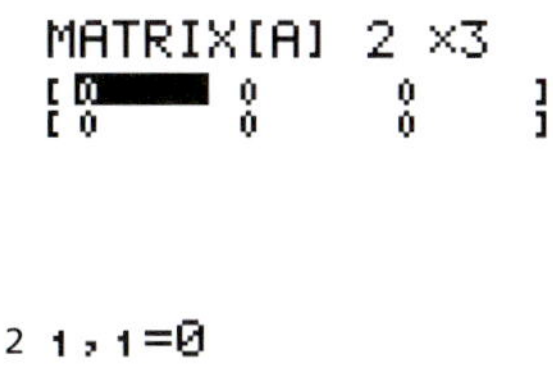

Abb. 2

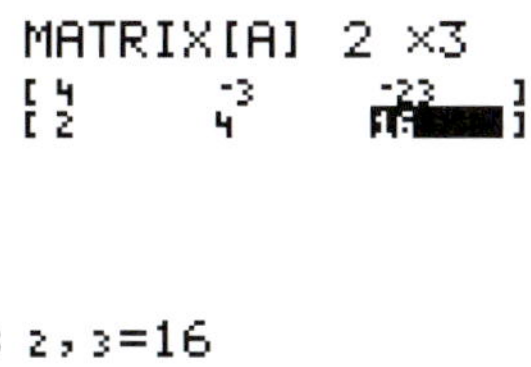

Abb. 3

Berechnen Sie nun den Wert der erweiterten Matrix, indem Sie in den Hauptbildschirm wechseln und nochmals das Programm [MATRX] aufrufen. Unter [MATRX] `:math` finden Sie `B:rref`. Bestätigen Sie mit [ENTER]. Sie gelangen automatisch in den Hauptbildschirm. Sie müssen nun nochmals das Programm [MATRX] aufrufen und die Matrix, die Sie in eine Lösung überführen, wählen. In diesem Beispiel ist es die Matrix [A]. Am Hauptbildschirm erscheint nach dem Drücken der [ENTER]-Taste die Lösung.

Abb. 4

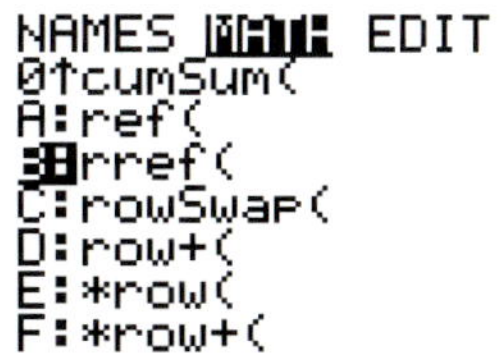

Abb. 5

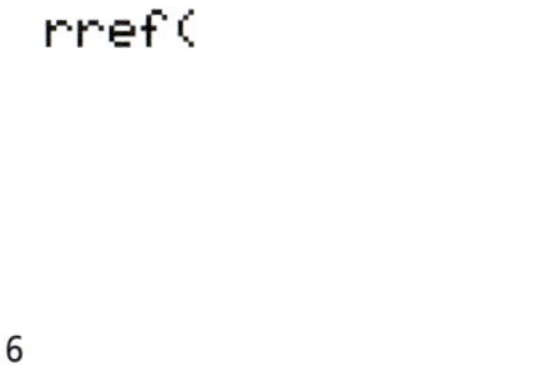

Abb. 6

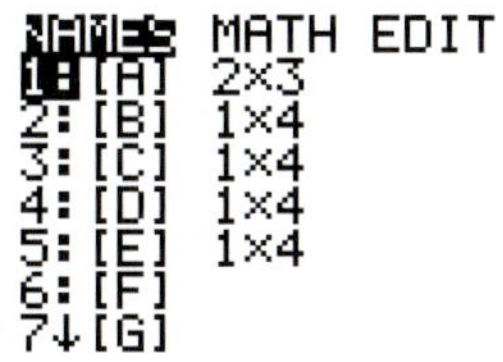

Abb. 7

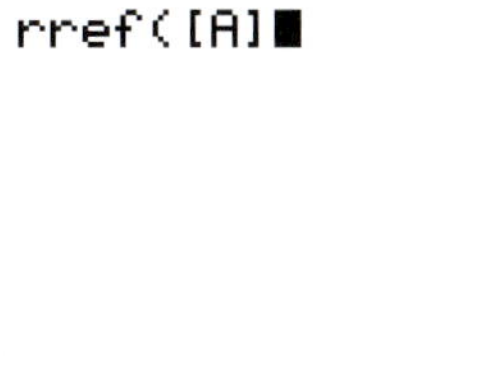

Abb. 8

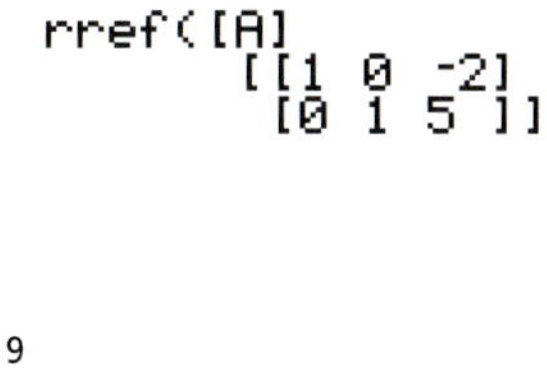

Abb. 9

Stellen Sie sich zum Ablesen der Lösung nochmals die Ausgangssituation der zwei Gleichungen vor und setzen Sie nun die entsprechenden Zahlen der Lösungsmatrix ein.

	x-Spalte	y-Spalte	Zahlen
1. Gleichung	$1x$	$0y$	$=-2$
2. Gleichung	$0x$	$1y$	$=5$

Sie können die Lösung ablesen.

Gleichsetzungsverfahren

Angaben der Form:
$y_1 = ax + b$ und $y_2 = cx + d$
kann man am besten mithilfe des Gleichsetzungsverfahrens lösen.

Lineare Funktionen siehe Lerneinheit 3

In der Lerneinheit zu den linearen Funktionen haben Sie erfahren, dass man den Schnittpunkt zweier Funktionen berechnen kann, indem man die beiden Funktionsterme gleichsetzt.

L 3: Bestimmen Sie den Schnittpunkt der beiden Funktionen. Oder anders gesagt: Lösen Sie das Gleichungssystem: B C

I: $y_1 = 3x + 11$

II: $y_2 = -\frac{3}{2}x + 2$

Setzen Sie die beiden Terme gleich. Sie erhalten wieder eine Gleichung in einer Variablen:

$$3x + 11 = -\frac{3}{2}x + 2 \quad | \cdot 2$$
$$6x + 22 = -3x + 4 \quad | +3x - 22$$
$$9x = -18 \quad | :9$$
$$x = -2$$

Den zweiten Wert ermitteln Sie durch Einsetzen von –2 für x in eine der beiden Gleichungen der Angabe.

$x = -2$ in Gleichung I eingesetzt: $y_1 = 3 \cdot (-2) + 11 = -6 + 11 = 5$

$x = -2$ in Gleichung II eingesetzt: $y_2 = -\frac{3}{2}x + 2 = -\frac{3}{2} \cdot (-2) + 2 = 3 + 2 = 5$

Sie sehen, dass Sie für y den gleichen Wert erhalten – egal in welche Gleichung Sie einsetzen.

$L = \{(-2|5)\}$

Schnittpunkte zweier Funktionen siehe Lerneinheit 3

Diese Aufgabe können Sie auch grafisch lösen, indem Sie den Schnittpunkt der beiden Funktionen ermitteln. Sie können zur Lösung des Problems auch ein Computerprogramm oder den Taschenrechner heranziehen.

Einsetzungsmethode

Für andere Angaben von Gleichungssystemen – wie jene im folgenden Beispiel – empfiehlt sich die **Einsetzungsmethode – Substitution.**

L 4: Lösen Sie folgendes Gleichungssystem: B

I: $3x + 4y = 7$

II: $y = -\frac{2}{3}x + 2$

Ersetzen Sie nun das y der ersten Gleichung durch den Term $-\frac{2}{3}x + 2$. Sie erhalten wieder eine Gleichung in einer Variablen:

Lineare Gleichungen siehe Lerneinheit 1

$3x + 4 \cdot \left(-\frac{2}{3}x + 2\right) = 7$ ● Lösen Sie nun diese Gleichung.

$3x - \frac{8}{3}x + 8 = 7$

$\frac{1}{3}x + 8 = 7 \quad |-8$

$\frac{1}{3}x = -1$

$x = -3$

$y = -\frac{2}{3} \cdot (-3) + 2$

$y = 4$

$L = \{(-3|4)\}$

Sonderfälle linearer Gleichungssysteme in zwei Variablen

Im Regelfall hat ein lineares Gleichungssystem mit 2 Variablen genau eine eindeutige Lösung, nämlich ein Zahlenpaar $(x|y)$. $L = \{(x|y)\}$

Sonderfall 1

L 5: Das folgende Gleichungssystem in 2 Variablen ist zu lösen. Formen Sie beide Gleichungen so um, dass sie die Form $y = kx + d$ haben, und berechnen Sie die Schnittpunkte. B C

I: $2x - 3y = 12$ $\quad y = \frac{2}{3}x - 4$

II: $2x - 3y = 24$ $\quad y = \frac{2}{3}x - 8$

Sie sehen aus der Angabe, dass in beiden Gleichungen dieselben Zahlen vor den Variablen stehen. Stellen Sie beide Gleichungen als Funktionen dar, so erkennen Sie aus der Zeichnung, dass beide Geraden denselben Anstieg haben. Dieses Gleichungssystem hat keine Lösung. Die beiden Geraden verlaufen **parallel und haben keinen Schnittpunkt.**

$L = \{\ \}$

Sonderfall 2

L 6: Das folgende Gleichungssystem in 2 Variablen ist zu lösen – oder anders formuliert: Bestimmen Sie den Schnittpunkt der beiden Geraden. B C

I: $2x - 3y = 4$ $\quad y = \frac{2}{3}x - \frac{4}{3}$

II: $6x - 9y = 12$ $\quad y = \frac{2}{3}x - \frac{4}{3}$

Sie sehen aus der Angabe, dass die zweite Gleichung das Dreifache der ersten Gleichung ist. Formen Sie so um, dass beide Gleichungen die Form $y = kx + d$ haben, so erkennen Sie, dass die beiden Gleichungen ident sind. In diesem Fall gibt es **unendlich viele Lösungspunkte,** nämlich alle Punkte der Geraden.

3 System linearer Gleichungen mit drei oder mehr Variablen

Mehr Unbekannte, mehr Gleichungen

Gleichungen mit drei Variablen der Form $ax + by + cz = d$ stellen – sofern a, b, c nicht alle gleichzeitig null sind – grafisch eine Ebene im Raum dar. Am besten löst man ein derartiges Gleichungssystem mithilfe des Eliminationsverfahrens oder mithilfe der Matrizenrechnung (Taschenrechner).

L 7: Lösen Sie das folgende lineare Gleichungssystem mit 3 Variablen: B

I: $2x+5y-7z=-46$
II: $-4x+3y+4z=3$
III: $6x-y+5z=40$

Um ein solches Gleichungssystem zu lösen, muss man zuerst eine Variable eliminieren. Wählen Sie eine der drei Variablen aus, z.B. die Variable z.

- Nehmen Sie die erste und zweite Gleichung. Multiplizieren Sie die erste Gleichung mit 4 und die 2. Gleichung mit 7. $\text{kgV}(4;7)=28$. Sie erhalten:

  $4\cdot\text{I}$: $8x+20y-28z=-184$
  $7\cdot\text{II}$: $-28x+21y+28z=21$

  Sie sehen, dass vor der Variablen z dieselbe Zahl (28) steht, aber einmal –28, das andere Mal +28. Addieren Sie nun beide Gleichungen.

  $\text{IV}=4\cdot\text{I}+7\cdot\text{II}$: $-20x+41y=-163$

  Die Variable z kommt in dieser Gleichung nicht mehr vor.

- Nehmen Sie nun zwei andere Gleichungen der Angabe – entweder die erste und die dritte oder die zweite und die dritte. Die Auswahl kann willkürlich erfolgen, aber oft findet man für die Variable, die eliminiert werden soll, „gute" Vielfache, sodass das Rechnen einfacher wird. Z.B. gilt für die zweite und dritte Gleichung: multiplizieren Sie die zweite Gleichung mit 5 und die dritte mit 4. Sie erhalten:

  $5\cdot\text{II}$: $-20x+15y+20z=15$
  $4\cdot\text{III}$: $24x-4y+20z=160$

  Fassen Sie wieder zusammen. Diesmal steht vor der Variablen z in beiden Gleichungen +20. Subtrahieren Sie daher eine Gleichung von der anderen, um Ihr Ziel zu erreichen, dass die Variable z in der neuen Gleichung nicht mehr aufscheint.

  $\text{V}=5\cdot\text{II}-4\cdot\text{III}$: $-44x+19y=-145$

  Sie haben als Ergebnis 2 Gleichungen in 2 Variablen:

  IV: $-20x+41y=-163$
  V: $-44x+19y=-145$

- Gehen Sie nun so vor wie bei der Lösung zweier Gleichungen in 2 Variablen. Multiplizieren Sie Gleichung IV mit 19 und Gleichung V mit 41, um die Variable y zu eliminieren.

  $19\cdot\text{IV}$: $-380x+779y=-3097$
  $41\cdot\text{V}$: $-1804x+779y=-5945$

- Subtrahieren Sie die beiden Gleichungen voneinander. (Vor $779y$ steht in beiden Gleichungen +, daher eine von der anderen abziehen.)

  $1424x=2848 \quad |:1424$
  $x=2$

- Setzen Sie nun für $x=2$ in die 1. und 2. Gleichung der Angabe ein. Sie erhalten 2 neue Gleichungen:

  $4+5y-7z=-46$
  $-8+3y+4z=3$

  Dieses Gleichungssystem lösen Sie, nachdem Sie die Zahlen zusammengefasst haben.

  $5y-7z=-50 \quad |\cdot 3$
  $3y+4z=11 \quad |\cdot 5$

  $15y-21z=-150$
  $15y+20z=55$ ● Subtrahieren Sie eine Gleichung von der anderen.

  $-41z=-205 \quad |:(-41)$
  $z=5$

- Die dritte Variable ermitteln Sie, indem Sie für x und für y in eine Gleichung der Angabe einsetzen.

  $6\cdot(2)-y+5\cdot(5)=40$
  $12-y+25=40$
  $-y=3$
  $y=-3$

- Nun kennen Sie die Lösungswerte für alle drei Variablen und können die Probe durchführen und die Lösungsmenge angeben.

Probe:

I: linke Seite: $2 \cdot (2) + 5 \cdot (-3) - 7 \cdot (5) = 4 - 15 - 35 = -46$ rechte Seite: –46

II: linke Seite: $-4 \cdot (2) + 3 \cdot (-3) + 4 \cdot (5) = -8 - 9 + 20 = 3$ rechte Seite: 3

III: linke Seite: $6 \cdot (2) - (-3) + 5 \cdot (5) = 12 + 3 + 25 = 40$ rechte Seite: 40

$L = \{(2|-3|5)\}$

Sie können ein Gleichungssystem mit mehreren Gleichungen und Variablen auch mit einem Computerprogramm oder einem Taschenrechner lösen. Verwenden Sie den TI-82 STATS, drücken Sie wieder die Taste [MATRX] und geben bei `EDIT` [A] die Zahlen des Gleichungssystems ein. Achtung: Verändern Sie die Anzahl der Zeilen und Spalten entsprechend ihrer Angabe. Die Lösung erfolgt wieder über [MATRX] `:math:rref` [A].

Üben

SbX ID: 1142

Ü 1 ★: Lösen Sie folgende lineare Gleichungssysteme in 2 Variablen, führen Sie die Probe durch und geben Sie die Lösungsmenge an. B

a) I: $x = y - 7$
II: $x = 5y - 23$ ✔ $L = \{(-3|4)\}$

b) I: $x = -3y - 17$
II: $x = 5y + 39$ ✔ $L = \{(4|-7)\}$

c) I: $y = 17 + 2x$
II: $y = 3x + 24$ ✔ $L = \{(-7|3)\}$

d) I: $y = 29 - 3x$
II: $y = 7x - 61$ ✔ $L = \{(9|2)\}$

Ü 2 ★: Lösen Sie die Gleichungssysteme und geben Sie die Lösungsmenge an. Überprüfen Sie Ihre Lösungen mit einem geeigneten Computerprogramm oder mit dem Taschenrechner. Beschreiben Sie, welche Möglichkeiten Sie haben, um die Lösungen zu überprüfen! B D

a) I: $4x + 3y = 14$
II: $2x - y = 12$ ✔ $L = \{(5|-2)\}$

b) I: $-4x - y = 40$
II: $x + 5y = 9$ ✔ $L = \{(-11|4)\}$

c) I: $12x + 9y = 15$
II: $4x + 3y = 5$ ✔ unendlich viele Lösungen

d) I: $14x - 8y = 10$
II: $-21x + 15y = 60$ ✔ $L = \{(15|25)\}$

e) I: $4x - 6y = 7$
II: $6x - 9y = 10$ ✔ keine Lösung

Ü 3 ★★: Lösen Sie die Gleichungssysteme und führen Sie die Probe durch: B

a) I: $2x + 3y + 5 = 5x + 6y - 1$
II: $x - 4y - 2 = 2x - 2y$ ✔ $L = \{(6|-4)\}$

b) I: $3 \cdot (x + 5) = 2 \cdot (2y - 1)$
II: $4 \cdot (3x - 6) = 3 \cdot (y + 4)$ ✔ $L = \{(5|8)\}$

c) I: $2 \cdot (2x + 3y) = 3 \cdot (3x - y) + 5$
II: $4 \cdot (3x - 4y) = 2 \cdot (x + y) - 10$ ✔ unendlich viele Lösungen

H₂Ö Trink. Wasser.

Ü 4 ★★: Stellen Sie für die beschriebenen Situationen Gleichungen auf, ermitteln Sie die Lösung mit oder ohne Technologieeinsatz und interpretieren Sie das Ergebnis. A B C D

a) Die H2Ö GmbH plant, eine neue Saftmischung herzustellen. Dazu werden zwei Mischungen getestet:
Für Mischung 1 werden 2 l Apfelsaft mit 1 l Birnensaft zu einem 40%igen Apfel-Birnensaft gemischt. Für Mischung 2 werden 4 l Apfelsaft mit 3 l Birnensaft zu einem 39%igen Saft gemischt. Berechnen Sie den Prozentsatz beider Sorten.

✔ 43,5%; 33%

b) Im Handel werden eine Kiste Apfelsaft und drei Kisten Birnensaft zu 60 € verkauft. Ein anderes Mal werden drei Kisten Apfelsaft und 2 Kisten Birnensaft für 68 € verkauft. Berechnen Sie den Preis für je eine Kiste Apfelsaft bzw. Birnensaft.

✔ 12 €;16 €

c) Ein Gast bestellt im Restaurant 4 alkoholfreie Getränke und 3 Kaffees und zahlt 19 €, an einem anderen Tisch werden für 5 Getränke und 6 Kaffees 31,40 € bezahlt. Ermitteln Sie den Preis für ein alkoholfreies Getränk und für einen Kaffee.

✔ 2,20 €; 3,40 €

d) Zur Herstellung von neuen Glasgebinden sind in der Glasmanufaktur zwei Produktionslinien, P1 und P2, im Einsatz. Sie erzeugen die beiden Produkte G1 und G2. In einer Woche werden in P1 500 Stück G1 und 125 Stück G2 hergestellt. In der anderen Produktionslinie werden von G1 300 Stück und von G2 400 Stück produziert. Die gesamte Wochenarbeitszeit beträgt in P1 400 und in P2 500 Stunden. Wie lange ist die Produktionszeit für 1 Stück G1 und G2?

✔ 0,6 h; 0,8 h bzw. 36 min; 48 min

e) Für einen Produktionsvorgang wird Wasser mit einer bestimmten Temperatur benötigt. Mischt man 2 l kaltes Wasser mit 3 l heißem Wasser, so erhält man eine Mischung mit 60°C. Eine Mischung von 4 l kaltem und 1 l heißem Wasser hat eine Temperatur von 30°C. Bestimmen Sie die Temperatur des „kalten" und des „heißen" Wassers.

✔ 15°C; 90°C

Ü 5 ★★: Stellen Sie folgende Sachverhalte rechnerisch und grafisch dar, erklären Sie die Zeichnungen, finden Sie die Lösungen und interpretieren Sie das Ergebnis. A B C

a) Jemand fährt mit einem Boot donauaufwärts mit einer mittleren Geschwindigkeit von 17 km/h und donauabwärts mit 23 km/h. Wie groß sind die Eigengeschwindigkeit des Bootes und die Fließgeschwindigkeit der Donau?

✔ 20 km/h; 3 km/h

b) Ein Autofahrer und ein Motorradfahrer wohnen 360 km voneinander entfernt und fahren einander entgegen. Wenn sie beide um 8:00 h wegfahren, treffen sie einander um 10:00 h. Fährt der Autofahrer erst um 9:30 h weg, so begegnen sie einander um 11:00 h. Berechnen Sie die mittleren Geschwindigkeiten beider Fahrzeuge!

✔ 120 km/h; 60 km/h

c) Skizzieren Sie die Problemstellung aus b) in einem Koordinatensystem. Ergänzen Sie die Skizze um folgendes „Szenario": Die beiden wohnen 360 km voneinander entfernt und fahren mit gleicher Geschwindigkeit in dieselbe Richtung.

Ü 6 ★★: Lösen Sie die folgenden Gleichungssysteme über der Grundmenge $\mathbb{R} \times \mathbb{R} \times \mathbb{R}$: B

a) I: $x + y + z = 1$
II: $17x + y - 7z = 9$
III: $4x + 2y + z = 3$

✔ unendlich viele Lösungen

b) I: $x + 3y + 2z = 7$
II: $2x - y - 4z = -1$
III: $3x + 4y = 9$

✔ $L = \{(7|-3|4{,}5)\}$

c) I: $8x - 5y + 4z = 2$
II: $7x + 13z = 25$
III: $2x - 5z = 42$

✔ $L = \{(11|14|-4)\}$

SbX
ID: 1142

Weitere Übungsbeispiele zu dieser Lerneinheit finden Sie in SbX.

Sichern

Lösen von Gleichungssystemen in mehreren Variablen

Ein Gleichungssystem kann **eindeutig** gelöst werden, wenn die **Anzahl der Variablen** mit der **Anzahl der Gleichungen** übereinstimmt.

Sonderfälle

Verlaufen die Geraden **parallel** und haben keinen Schnittpunkt, so hat das Gleichungssystem **keine Lösung.** Sind die Geraden **ident,** so gibt es **unendlich viele** Lösungen.

Lösungsverfahren

Je nach Fragestellung stehen das **Gleichsetzungsverfahren,** die **Eliminationsmethode** oder das **Einsetzungsverfahren** (Substitution) zur Verfügung.

Matrizenrechnung

Gleichungssysteme in zwei oder mehr Variablen können Sie auch mittels Matrizenrechnung lösen.

rechnerische Lösung – grafische Lösung

Rechnerische Lösung	Grafische Lösung $y = kx + d$	
I: $ax + by = c$ II: $dx + ey = f$ $x = \ldots \vert y = \ldots$ eine eindeutige Lösung $L = \{(x \vert y)\}$	Schnittpunkt zweier Geraden 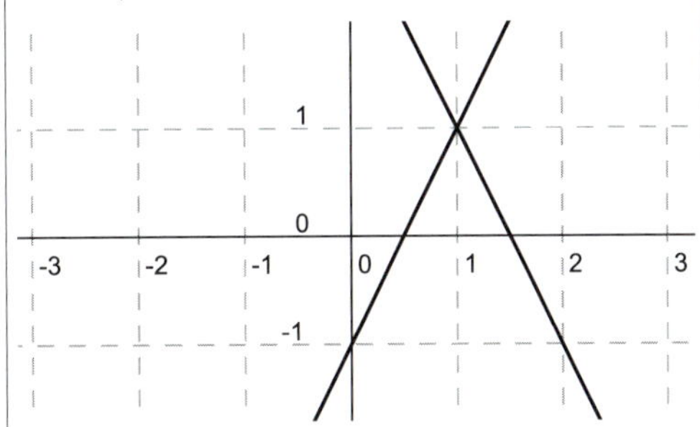 eine eindeutige Lösung $S = (x \vert y)$	$k_{I} \neq k_{II}$
I: $ax + by = c$ II: $max + mby = mc \quad m \neq 0$ I = II oder das Ergebnis lautet: $0 = 0$ Die beiden Gleichungen sind ident, eine ist ein Vielfaches der anderen: $L = \{I\}$ oder $L = \{II\}$	Die beiden Geraden fallen zusammen. 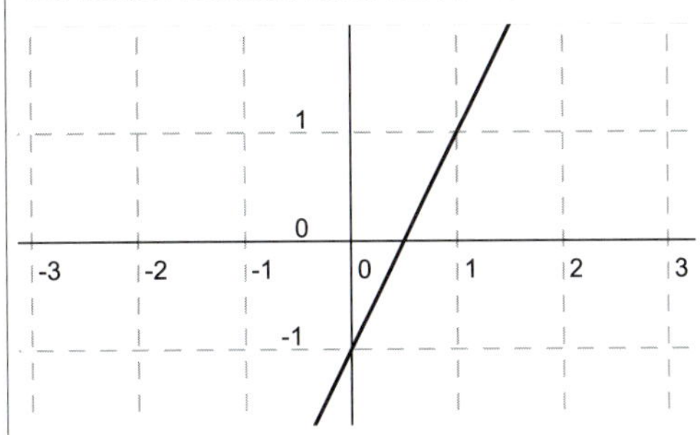 Es gibt unendlich viele Schnittpunkte.	$k_{I} = k_{II}$ $d_{I} = d_{II}$
I: $ax + by = c$ II: $max + mby = f \quad m \neq 0, f \neq mc$ Das Ergebnis ist eine falsche Aussage, z.B.: $0 = 5$. Die beiden Gleichungen haben keine Lösung, die Lösungsmenge ist leer. $L = \{\ \}$	Die beiden Geraden verlaufen parallel. 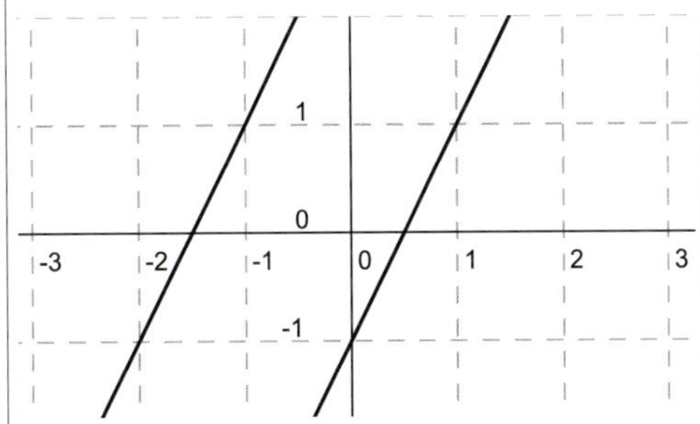 Es gibt keinen Schnittpunkt.	$k_{I} = k_{II}$ $d_{I} \neq d_{II}$

Wissen

SbX ID: 1144

SbX
Die Lösungen finden Sie unter der ID: 1144.

W 1: Wählen Sie aus Ihrem beruflichen Umfeld eine geeignete Situation aus und beschreiben Sie diese als ein System von 2 Gleichungen in 2 Variablen. Fertigen Sie mit dem Taschenrechner oder händisch eine Skizze zur Veranschaulichung an und lösen Sie das Problem. Halten Sie schriftlich alle Schritte fest, die nötig sind, um zur Lösung zu kommen, und stellen Sie die Lösung vor. A B C D

W 2: Ändern Sie die Angabe so ab, dass Sie keine oder unendlich viele Lösungen erhalten. B C

a) I: $3x + 4y = -9$
II: $2x - 3y = 11$

b) $y_1 = \frac{3}{4}x + 7 \qquad y_2 = \frac{3}{2}x + 16$

W 3: Ändern Sie die Angabe so ab, dass Sie genau eine Lösung erhalten: B C

I: $3x + 5y = 8$
II: $6x + 10y = 16$

W 4: Skizzieren Sie das Gleichungssystem aus W 3 in einem Koordinatensystem. Beschreiben Sie, wie Sie die Graphen verändern müssen, sodass die unterschiedlichen Lösungsmöglichkeiten (genau eine Lösung, keine Lösung, unendlich viele Lösungen) zutreffen. B C D

Ein kurzer Wissens-Check, bevor's weitergeht!

Wissens-Check

	☺	😐	☹
Ich kann ein System von zwei linearen Gleichungen mit zwei Variablen auf verschiedene Arten lösen.			
Ich kann lineare Gleichungen aus Sachsituationen aufstellen.			
Ich kann zwei lineare Gleichungen mit dem Taschenrechner oder einem geeigneten Computerprogramm grafisch darstellen.			
Ich kann die Lösung interpretieren.			

SbX
Alle SbX-Inhalte zu dieser Lerneinheit finden Sie unter der ID: 1150.

Lerneinheit 5
Lineare Ungleichungen

Eine Ungleichung ist ein mathematischer Ausdruck, bei dem mathematische Terme durch Relationszeichen verbunden werden.

Für je zwei reelle Zahlen gilt genau eine der folgenden Beziehungen:
$a < b$ a ist kleiner als b oder
$a > b$ a ist größer als b oder
$a = b$ a ist so groß wie b

Sie lernen hier:
- **lineare Ungleichungen zu lösen**
- **eine Lösungsmenge für lineare Ungleichungen anzugeben**
- **eine lineare Ungleichung grafisch darzustellen und zu lösen**
- **lineare Optimierungsaufgaben grafisch darzustellen und zu lösen**

Lernen

1 Lösen linearer Ungleichungen in einer Variablen
Klammern auflösen – Zusammenfassen – Äquivalenzumformungen

Vor dem Lösen linearer Ungleichungen ist es sinnvoll, noch einmal einen Überblick über die verschiedenen Relationszeichen zu gewinnen:

Relationszeichen

Relationszeichen	Beispiel	
$<$ kleiner als	$a < b$	a ist kleiner als b
$\leq$ kleiner oder gleich	$a \leq b$	a ist kleiner oder gleich b
$>$ größer als	$a > b$	a ist größer als b
$\geq$ größer oder gleich	$a \geq b$	a ist größer oder gleich b

Eine Ungleichung lösen heißt, Werte für die Variable zu finden, die die Ungleichung erfüllen. Zum Lösen von Ungleichungen verwendet man ebenso wie beim Lösen von Gleichungen Äquivalenzumformungen.

Lösen linearer Gleichungen, Äquivalenzumformungen siehe Lerneinheit 1

L 1: Lösen Sie folgende lineare Ungleichung und geben Sie die Lösungsmenge an: B

$$11x - 5 > 2x + 13 \quad |+5-2x$$
$$9x > 18 \quad |:9$$
$$x > 2$$

Wichtig: Lautet die Lösung der Ungleichung $x > 2$, gehört 2 nicht mehr zur Lösungsmenge. Die Lösungsmenge besteht aus allen Zahlen, die größer als 2 sind (z.B.: bei der Definitionsmenge $\mathbb{N}$ beginnt sie mit 3).

Bei einer Gleichung besteht die Lösungsmenge L meist aus einem einzigen Wert, bei Ungleichungen hingegen besteht die Lösungsmenge meist aus mehreren Elementen. Wie bei Gleichungen ist die Lösungsmenge von der Definitionsmenge abhängig.

Nehmen wir an, dass die Ungleichung $11x - 5 > 2x + 13$ im Bereich der natürlichen Zahlen gelöst werden soll, so sind alle natürlichen Zahlen größer als 2 mögliche Lösungen, aber nur diese Zahlen.

Man kann die Lösungsmenge im **aufzählenden Verfahren** angeben: $L = \{3, 4, 5, 6, 7 \ldots\}$.

Ist die Definitionsmenge die Menge der reellen Zahlen, wäre es unmöglich, alle Werte, die Lösung dieser Ungleichung sind, im aufzählenden Verfahren anzugeben. Besser ist in diesem Fall das **beschreibende Verfahren:** $L = \{x \in \mathbb{R} \mid x > 2\}$.

Intervalle siehe Kapitel 8, Lerneinheit 4

Eine weitere Möglichkeit, die Lösung einer Ungleichung anzuschreiben, ist die **Intervallschreibweise** $L =]2;\infty[$. Die verkehrt angeordneten Klammern weisen darauf hin, dass das Intervall offen ist, die Randpunkte also nicht im Intervall enthalten sind. Es sind nur jene x Lösung, die größer als 2 sind (bei ∞ wird das Intervall immer offen geschrieben). Grafisch kann man so ein Intervall auf der Zahlengeraden darstellen. Die Lösungsmenge besteht aus allen Punkten rechts von 2. (Der nicht ausgefüllte Punkt bedeutet, dass 2 nicht zur Menge gehört.)

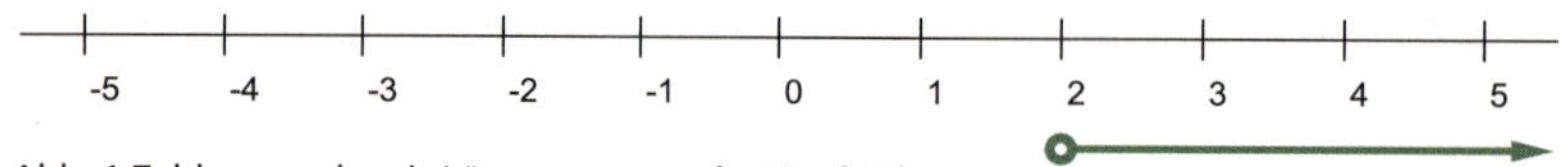

Abb. 1 Zahlengerade mit Lösungsmenge der Ungleichung

Binomische Formeln siehe Kapitel 2, Lerneinheit 2

L 2: Lösen Sie die Ungleichung und geben Sie die Lösungsmenge an: B

$(3x+4)^2 - (3x-2)\cdot(3x+2) > 26x+40$ ● Lösen Sie die binomischen Formeln auf.

$9x^2+24x+16-(9x^2-4) > 26x+40$ ● Lösen Sie die Klammer auf. Achtung! Minus vor der Klammer!

$9x^2+24x+16-9x^2+4 > 26x+40$ ● Fassen Sie zusammen.

$24x+20 > 26x+40 \quad |-26x-40$ bzw. $-24x-20$

$-2x > 20 \quad |:(-2)$

$x < -10$

Die Lösungsmenge ist bei diesem Beispiel für die Grundmenge $\mathbb{N}$ die leere Menge (es gibt keine negativen natürlichen Zahlen); für $\mathbb{R}$ würde die Lösungsmenge alle Zahlen < -10 umfassen.

Zahlenmengen siehe Kapitel 8, Lerneinheit 4

$L = \{\ \}$ für die Zahlenmenge $\mathbb{N}$

$L = \{x \in \mathbb{R} \mid x < -10\}$ für die Zahlenmenge $\mathbb{R}$

Das Beispiel zeigt eine wichtige Regel, die beim Lösen von Ungleichungen zu beachten ist:

Änderung des Ungleichheitszeichens

Wird eine Ungleichung mit einer negativen Zahl multipliziert oder durch diese dividiert, so dreht sich das Ungleichheitszeichen um.
Aus $>$ wird $<$ und aus $<$ wird $>$.
Dasselbe gilt auch, wenn das Relationszeichen $\geq$ oder $\leq$ heißt.

Warum das so ist, kann man an einem einfachen Beispiel demonstrieren.

Gegeben sei zum Beispiel die Ungleichung $-3 < 3$. Tauschen die beiden Zahlen ihre Plätze, man multipliziert also diese Relation mit -1, so entsteht folgende Relation: $3 > -3$. Hätte man das Relationszeichen nicht umgedreht, so wäre die entstandene Aussage falsch.

Im nächsten Beispiel wird das Lösen von Ungleichungen mit Einsatz eines grafikfähigen Taschenrechners demonstriert.

Übungen zum Zeichnen linearer Funktionen siehe Lerneinheit 3

Bei dieser grafischen Darstellung werden die Grenzgeraden gezeichnet.

L 3: Lösen Sie folgende lineare Ungleichung rechnerisch und grafisch, indem Sie die beiden Terme als Funktionsgraphen darstellen und deren Schnittpunkt berechnen. Begründen Sie, warum der x-Wert dieses Schnittpunktes eine Intervallgrenze der Lösungsmenge der Ungleichung und der y-Wert das Ergebnis der Probe ist: B D

$5x - 2\cdot(4x+8) < 6x+11$ ● Formen Sie die Ungleichung um nach x:

$x > -3$

Wäre dies eine Gleichung, könnten Sie jetzt für $x = -3$ eine Probe durchführen. Der Wert der Probe wäre: linke Seite $= -7$ und rechte Seite $= -7$. Das bedeutet, dass Ihre Lösung stimmt, der Wert $x = -3$ ist Lösung der dazupassenden Gleichung. Wenn Sie in die Ungleichung eine Zahl > -3 einsetzen, zum Beispiel $x = 0$, erhalten Sie eine wahre Aussage $(-16 < 11)$. Für einen Wert < -3 (z.B. $x = -5$) erhalten Sie eine falsche Aussage $(-1 < -19)$.

Lösen der Ungleichung mit dem TI-82 STATS:

Lösen linearer Gleichungen mit dem Taschenrechner siehe Lerneinheit 1; Finden von Schnittpunkten zweier Funktionen siehe Seite 30–31

Diese Ungleichung können Sie im Taschenrechner so lösen, wie Sie es beim Lösen einer Gleichung gesehen haben: Entweder Sie verwenden die Funktion MATH `0:solver`, oder Sie fassen die Gleichung als Gegenüberstellung zweier Terme auf und ermitteln den Schnittpunkt zweier Geraden.

Geben Sie bei y_1 und y_2 beide Terme (Abb. 2) in den Taschenrechner ein und ermitteln Sie den Schnittpunkt der beiden Graphen. Sie sollten das Zahlenpaar $x = -3$, $y = -7$ erhalten. Der Wert für y entspricht dem Ergebnis der Probe!

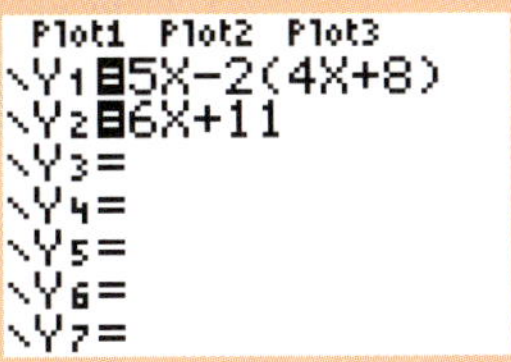

Abb. 2

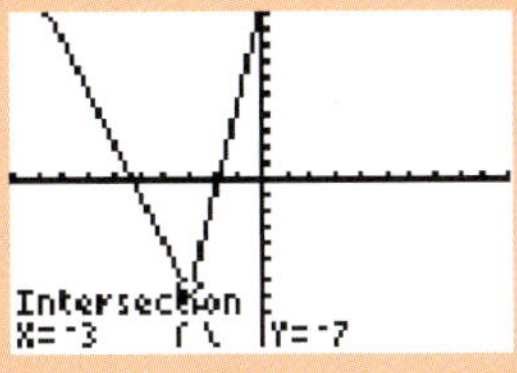

Abb. 3

Sie sehen, dass rechts vom Schnittpunkt (d.h. $x > -3$) die Gerade Y_1 unterhalb von Y_2 liegt (d.h. $Y_1 < Y_2$). Die Lösungsmenge der Ungleichung ist daher das Intervall $]-3, \infty[$.

Lösungsmenge einer linearen Ungleichung

! Die Lösungsmenge einer linearen Ungleichung kann als Intervall auf der Zahlengeraden dargestellt werden.

Ü 1 ★: Berechnen Sie die Zahlen, die Lösung der Ungleichung $y_1 < y_2$ über $\mathbb{R}$ sind. Überprüfen Sie Ihre Rechnung mit dem Taschenrechner oder einem geeigneten Computerprogramm. **B**

$y_1 = 3x - 4$

$y_2 = -4x + 10$

✔ $L = \{x \in \mathbb{R} \mid x < 2\}$

2 Lineare Ungleichungen in zwei Variablen

Grafische Darstellung, Lösungsmenge

Zunächst soll die grafische Darstellung linearer Ungleichungen in zwei Variablen geübt werden.

T

L 4: Zeichnen Sie die Graphen der unten angegebenen Funktionen mithilfe des Taschenrechners. Die grafische Darstellung einer solchen Relation ist eine Halbebene, bei der jeweils zu entscheiden ist, ob der Rand zur Ebene gehört oder nicht. **B** **C**

$y_1 < 2x \qquad y_2 > 7x - 9 \qquad y_3 \geq -5x + 5$

Geben Sie zuerst die drei Funktionen bei Y = ein und stellen Sie alle drei im Grafikfenster dar. Anschließend schalten Sie zwei der drei Funktionen aus, sodass nur eine Funktion im Grafikfenster zu sehen ist. Stellen Sie den Cursor auf das Symbol vor y_1 und wählen Sie die geeignete Form aus.

Cursor auf = stellen und ENTER drücken.

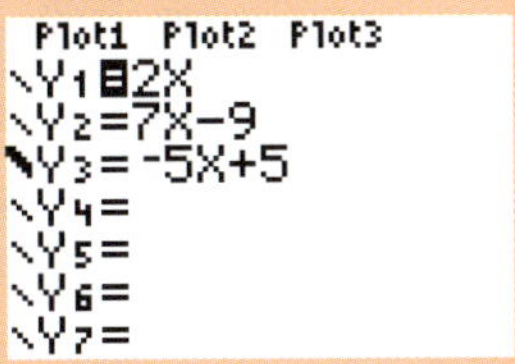

Abb. 4

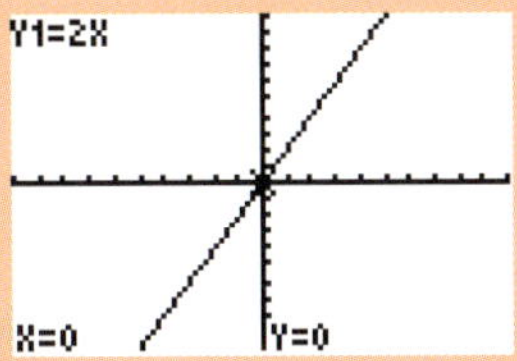

Abb. 5

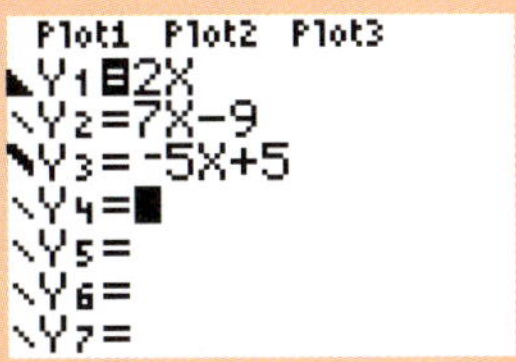

Abb. 6

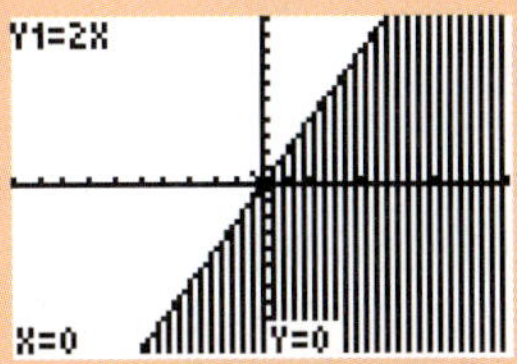

Abb. 7

Wiederholen Sie diesen Vorgang noch zweimal.

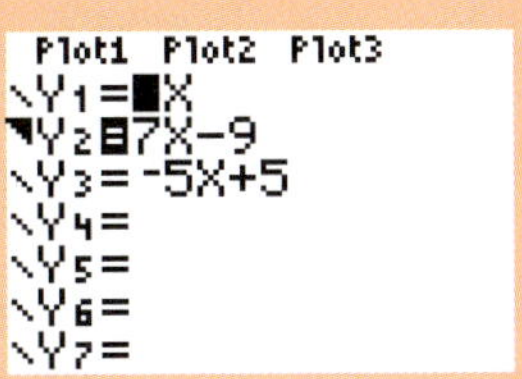

Abb. 8

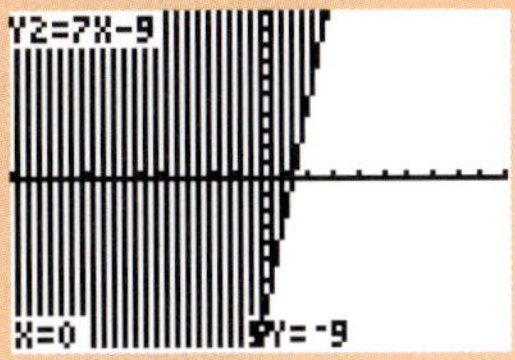

Abb. 9

Abb. 10
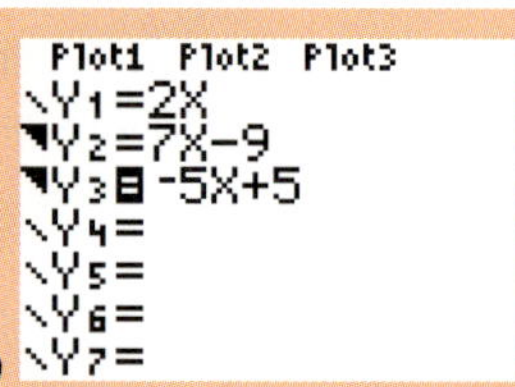

Abb. 11
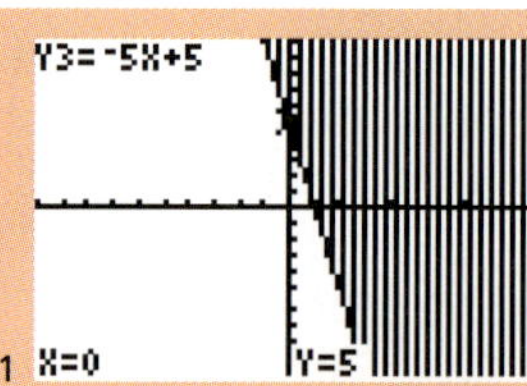

Erklären Sie die einzelnen Abbildungen.

Sie können am Bildschirm den Unterschied zwischen > und ≥ bzw. < und ≤ nicht sehen (es werden ja nur die zugehörigen Gleichungen in den Taschenrechner getippt). Wichtig ist es, am Relationszeichen zu erkennen, ob die Grenzgerade dazugehört (≤, ≥) oder nicht (<, >): Betrachten Sie dazu die zweite und dritte Funktion in diesem Beispiel.

Lineare Ungleichungen in zwei Variablen

Die Aussageformen

$ax + by < c$
$ax + by \leq c$
$ax + by > c$
$ax + by \geq c$
$ax + by \neq c$

sind **lineare Ungleichungen in 2 Variablen** (x und y). Nach Festlegen einer Grundmenge G kann man die Menge aller Zahlenpaare in $G \times G$ ermitteln, die die Ungleichung in eine wahre Aussage überführen. Im Fall $G = \mathbb{R}$ ist diese Lösungsmenge für die ersten vier Fälle eine Halbebene. Die Grenzgerade gehört zur Lösungsmenge dazu, wenn die Relation ≤ oder ≥ ist. Sie gehört nicht dazu, wenn die Relation < oder > ist.

3 Lineare Optimierung

Anwendungen aus der Wirtschaft

L 5: Sie beraten einen Landwirt. Dieser möchte auf 70 ha seiner landwirtschaftlichen Fläche Gerste und Erdäpfel anbauen. Bei Gerste betragt der Arbeitsaufwand 7 h/ha, bei Erdäpfeln 21 h/ha. Der Landwirt kann für diesen Teil seiner Arbeit im Jahr höchstens 980 h aufwenden. A B C

Der Anbau von 1 ha Gerste kostet ihn 1.000 €, der Anbau von 1 ha Erdäpfel 500 €. Der Landwirt hat insgesamt 60.000 € zur Verfügung. Beim Verkauf erwirtschaftet er für die Gerste einen Gewinn von 2.000 €/ha, für die Erdäpfel 1.250 €/ha.

Wie viel sollte er von jeder Frucht anbauen, um einen möglichst großen Gewinn zu erzielen?

lineare Optimierung

Diese Art von Aufgabe nennt man **lineare Optimierung.** Sie ist in der Mathematik erst seit wenigen Jahrzehnten üblich – Fragestellungen aus der Wirtschaft haben noch keine lange Tradition. Erst vor 70 Jahren entwickelte G. B. Dantzig die Simplexmethode zur Lösung von Fragestellungen dieser Art. Der russische Mathematiker Leonid W. Kantorowitsch veröffentlichte im Jahr 1939 die ersten Arbeiten zu dieser Methode.

In dieser Lerneinheit werden nur Aufgaben mit zwei Variablen vorgestellt. Sie können grafisch gelöst werden: die Nebenbedingungen können als Ungleichungen geschrieben und durch Halbebenen dargestellt werden. Der zulässige Bereich für die Lösung ist der Durchschnitt dieser Halbebenen.

Der **Hauptsatz der linearen Optimierung** besagt, dass die beste/die optimale Lösung in einer Ecke des Vielecks liegt, das durch das Schneiden der Halbebenen definiert wird.

Fortsetzung L 5:

Festlegen der Variablen:

x: Fläche, die mit Gerste bebaut wird
y: Fläche, die mit Erdäpfeln bebaut wird

Aufstellen der Ungleichungen:

Stellen Sie die Nebenbedingungen in der Form von linearen Ungleichungen dar und zeichnen Sie die entsprechenden Grenzgeraden in ein Koordinatensystem ein. Der Durchschnitt aller Halbebenen bildet den „zulässigen Bereich" (grün). Alle Punkte, die in diesem Bereich liegen, kommen als Lösungen infrage.

Anbaufläche:	I: $x+y\le 70$	$y\le -x+70$
Arbeitszeit:	II: $7x+21y\le 980$	$y\le -\frac{1}{3}x+\frac{140}{3}$
Kosten:	III: $1000x+500y\le 60000$	$y\le -2x+120$

Immer gilt: $x\ge 0$ und $y\ge 0$

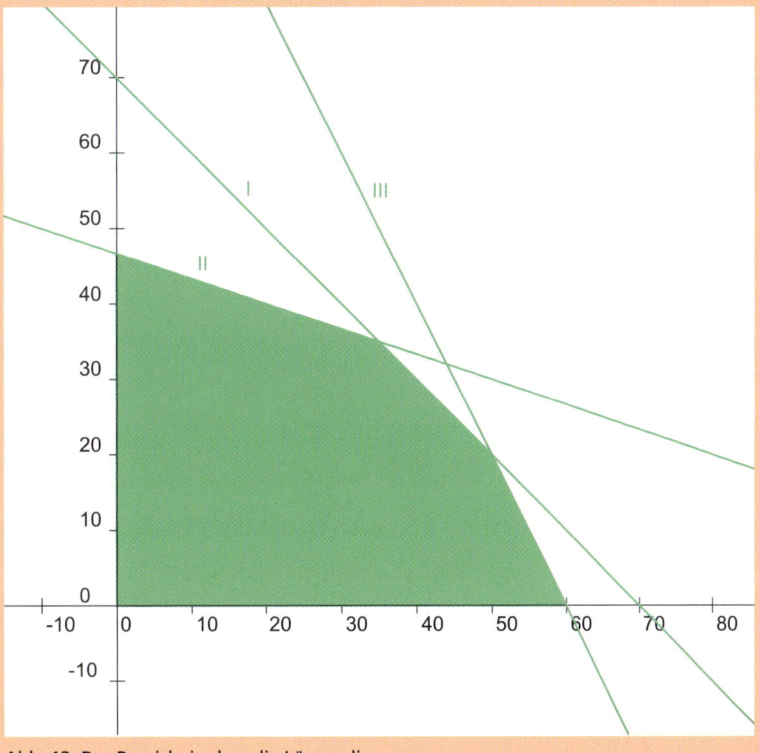

Abb. 12: Der Bereich, in dem die Lösung liegen muss

Zielfunktion:

Das Ziel des Bauern ist es, möglichst viel Gewinn zu machen: $z=2000x+1250y$.

Alle Punkte, für die z konstant ist, liegen auf einer Geraden. Zeichnen Sie einige solche Geraden ein:

$z=0$: $\quad y=-\frac{8}{5}x$

$z=25000$: $\quad y=-\frac{8}{5}x+20$

$z=50000$: $\quad y=-\frac{8}{5}x+40$

Sie können sich diese Geraden als Höhenlinien auf einer Landkarte vorstellen. Je größer der Gewinn, umso höher liegt die entsprechende Gerade. Wie Sie in Abb. 13 sehen, sind alle Höhenlinien parallel. Es genügt daher, eine davon zu zeichnen (z.B. $z=0$, eine Gerade durch den Koordinatenursprung) und so weit wie möglich parallel nach oben zu verschieben, sodass sie den zulässigen Bereich gerade noch berührt. Diese Gerade geht durch den Schnittpunkt der Geraden I und III.

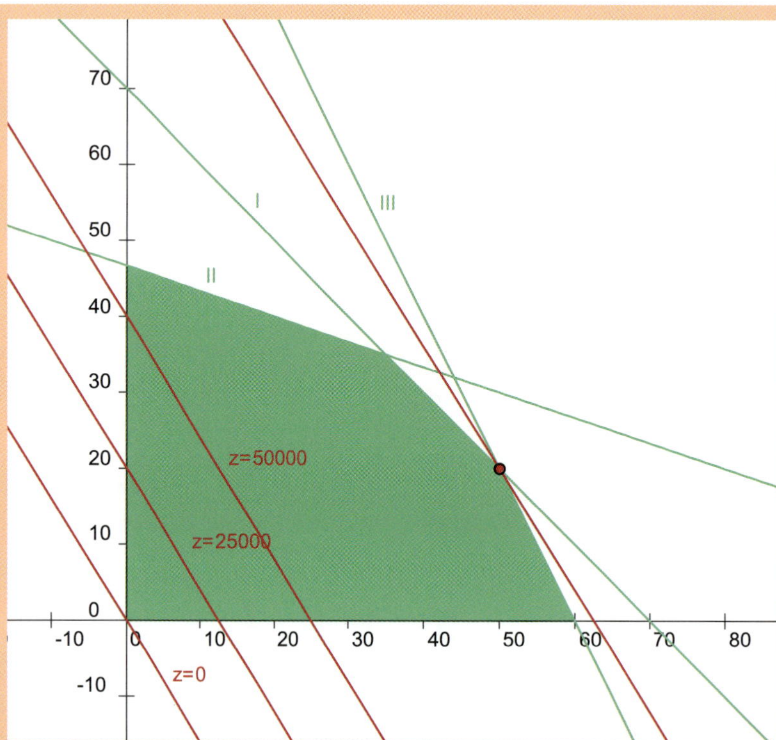

Abb. 13: Die optimale Lösung

Wir müssen also folgendes Gleichungssystem lösen:

I: $x + y = 70$

III: $1000x + 500y = 60000$

$x = 50,\ y = 20$

Der Bauer sollte also 50 ha Gerste und 20 ha Erdäpfel anbauen. Sein Gewinn beträgt dann $z = 2000 \cdot 50 + 1250 \cdot 20 = 125000$ €.

T Das Ungleichungssystem aus L 5 lässt sich mit dem Taschenrechner wie folgt lösen:

Zeichnen Sie die Grenzgeraden und eine Höhenlinie der Zielfunktion.

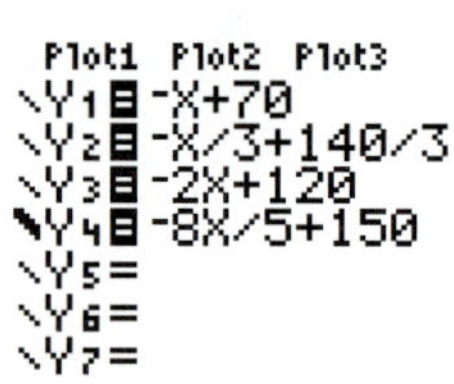

Abb. 14

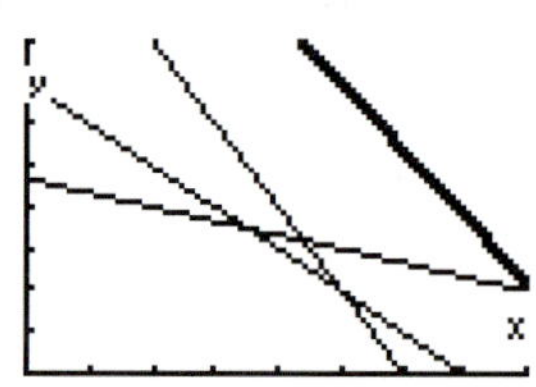

Abb. 15

Ermitteln Sie den Schnittpunkt der Funktionen Y1 und Y3 ([2nd] [CALC] → intersect).

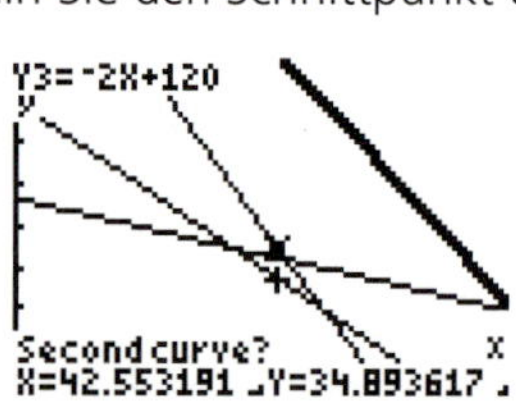

Abb. 16

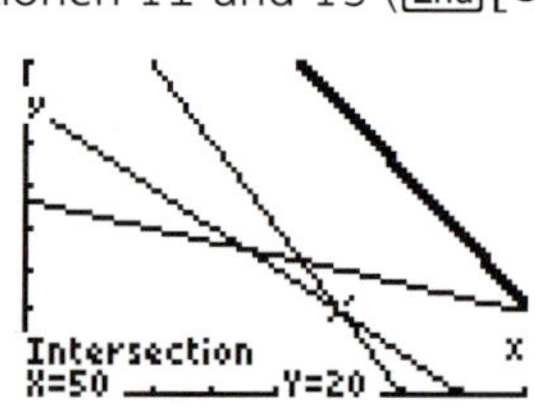

Abb. 17

Sie können auch die Halbebenen schraffieren – das kann allerdings unübersichtlich werden.

Abb. 18

Sie können auch alle Eckpunkte des zulässigen Bereichs berechnen und die Werte in die Zielfunktion einsetzen, um zu sehen, für welche Lösung sich der maximale Gewinn ergibt.

Maximumaufgabe – Minimumaufgabe

Im vorigen Beispiel sollte die Zielfunktion (also der Gewinn) maximal werden. Bei manchen Aufgaben ist auch das Minimum einer Funktion (z.B. der Kosten) gesucht.

Mineraldüngung mathematisch optimiert

L 6: Der Landwirt aus L 5 muss die Gerstenfelder düngen. Eine Bodenuntersuchung hat ergeben, dass er pro Hektar mindestens 60 kg Stickstoff (N), 105 kg Phosphor (P) und 120 kg Kalium (K) braucht. Er hat zwei NPK-Düngermischungen zur Auswahl. Ein Sack (100 kg) von Mischung A enthält 6 kg Stickstoff, 12 kg Phosphor und 18 kg Kalium. Mischung B enthält je 15 kg Stickstoff, Phosphor und Kalium pro Sack. Beide Mischungen kosten 300 €/t. Wie muss der Bauer die beiden Düngermischungen kombinieren, damit seine Kosten möglichst niedrig sind? A B C

Festlegen der Variablen:

x: Menge von Dünger A
y: Menge von Dünger B

Nebenbedingungen:

Stickstoff:	I: $6x + 15y \geq 60$	$y \geq -0{,}4x + 4$
Phosphor:	II: $12x + 15y \geq 105$	$y \geq -0{,}8x + 7$
Kalium:	III: $18x + 15y \geq 120$	$y \geq -1{,}2x + 8$
Nichtnegativitätsbedingung:		$x \geq 0,\ y \geq 0$

Der zulässige Bereich liegt in diesem Fall oberhalb der Grenzgeraden. Er erstreckt sich also nach rechts oben ins Unendliche.

Zielfunktion: $z = 30x + 30y$

Die Kosten sollen minimal werden. Es gilt also die am tiefsten liegende Parallele zu suchen, die den zulässigen Bereich gerade noch berührt. Man sieht, dass die Lösung der Schnittpunkt der Geraden II und III ist:

II: $12x + 15y = 105$
III: $18x + 15y = 120$

$x = 2{,}5;\ y = 5$

Der Bauer braucht also pro Hektar 2,5 Säcke (250 kg) von Dünger A und 5 Säcke (500 kg) von Dünger B. Das kostet ihn $30 \cdot 2{,}5 + 30 \cdot 5 = 225$ €.

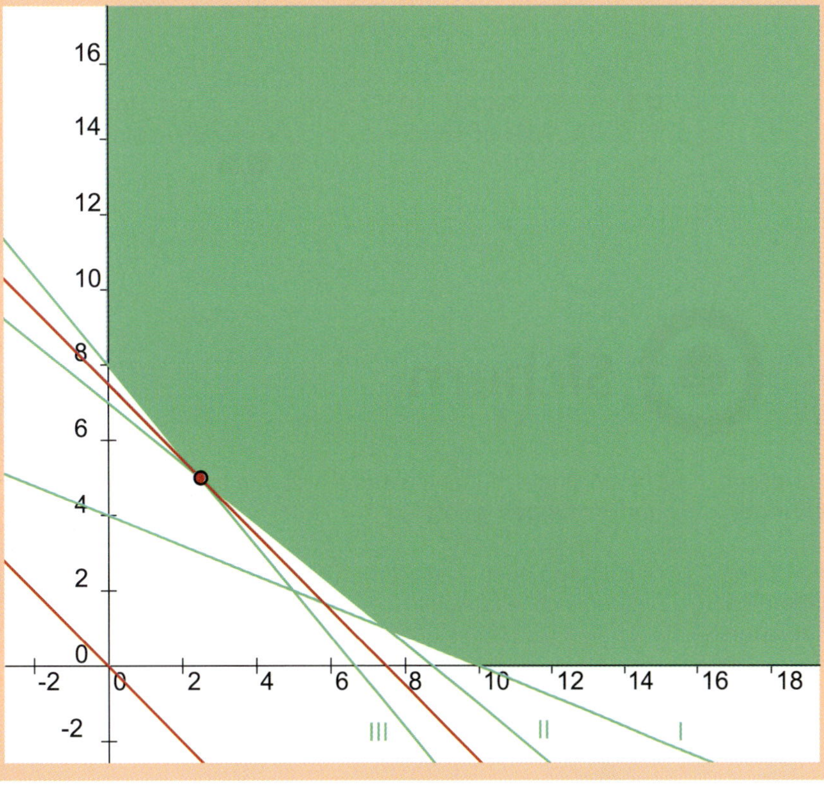

Abb. 14

Extremwertberechnungen siehe Kapitel 6, Lerneinheit 3

Bei diesen Aufgaben war die Zielfunktion eine lineare Funktion. Auch die Nebenbedingungen ließen sich als lineare Ungleichungen ausdrücken (daher die Bezeichnung „lineare Optimierung"). Sie sind ein Sonderfall von Problemen, bei denen das Maximum oder Minimum einer beliebigen Funktion gesucht ist. Solche Aufgaben lassen sich im Allgemeinen nur mithilfe der Differentialrechnung lösen.

Üben

SbX ID: 1152

SbX Sie finden die Lösungen zu Ü 2 und Ü 3 unter der ID: 1152.

Ü 2 ★–★★: Lösen Sie folgende Ungleichungen über der Definitionsmenge ℕ bzw. ℝ, geben Sie die Lösungsmenge passend zu den angegebenen Definitionsmengen im aufzählenden oder beschreibenden Verfahren an und stellen Sie die Lösung grafisch auf der Zahlengeraden dar. B C

a) ★ $5x - 12 \leq 2x + 18$
b) ★ $5x + 17 > 7x + 34$
c) ★ $-6x + 3 > 4 \cdot (2 - 7x) + 17$
d) ★ $3 \cdot (5x - 22) < 2 \cdot (4x - 12)$
e) ★★ $(x - 1) \cdot (x + 2) \leq (x + 3) \cdot (x + 6)$
f) ★★ $(x + 2) \cdot (x - 2) - (x - 2)^2 \leq 14$

Ü 3 ★: Stellen Sie folgende Ungleichungen in 2 Variablen grafisch als Halbebenen im Koordinatensystem dar. Überprüfen Sie Ihre Zeichnungen mithilfe des Taschenrechners. B C

a) $y < 2x - 3$
b) $y > 3x - 4$
c) $y \leq -2x + 5$
d) $y \geq 7x + 4$
e) $y \leq -4x + 2{,}5$

Ü 4 ★: Stellen Sie die Lösungsmenge dieses Ungleichungssystems grafisch dar und berechnen Sie den Schnittpunkt der zugehörigen Geraden. B C

a) $y_1 \geq 5x - 7$ $\quad y_2 \leq -3x + 9$ ✔ $S(2|3)$
b) $y_3 > -\frac{1}{2}x + 7$ $\quad y_4 < \frac{3}{4}x - 5$ ✔ $S(9{,}6|2{,}2)$

Ü 5 ★★: Ein Betrieb hat Gesamtkosten in der Höhe von 25.000 €. Die Fixkosten betragen 11.000 €. Wie hoch dürfen die proportionalen Kosten maximal sein, wenn 4 000 Stück in einem Monat produziert werden sollen? A B C

✔ 3,5 €/Stück

Sichern

Lösen linearer Ungleichungen

Lineare Ungleichungen werden – so wie auch lineare Gleichungen – mithilfe von **Äquivalenzumformungen** gelöst.

Änderung der Ungleichheitszeichen

Multipliziert oder dividiert man eine Ungleichung mit einer **negativen Zahl,** so verändern sich die Ungleichheitszeichen.

grafische Darstellung

Die Lösung einer linearen Ungleichung in einer Variablen kann mittels Intervall auf dem Zahlenstrahl dargestellt werden.

Die grafische Lösung linearer Ungleichungssysteme in mehreren Variablen erfolgt durch das Schneiden von Halbebenen.

lineare Optimierung

Mit der Methode der linearen Optimierung können wirtschaftliche Fragestellungen bearbeitet werden.

Wissen

SbX ID: 1154

SbX
Die Lösungen finden Sie unter der ID: 1154.

W 1: In einer Fabrik werden zwei verschiedene Fruchtsaftgetränke erzeugt. Eine Flasche „Fruchtdrink" enthält 0,2 l Apfelsaft und 0,1 l Orangensaft. Eine Flasche „Vitamindrink" enthält je 0,1 l Apfel-, Orangen- und Karottensaft. Pro Tag stehen insgesamt 120 l Apfelsaft, 80 l Orangensaft und 50 l Karottensaft zur Verfügung. Der Gewinn für eine Flasche „Fruchtdrink" beträgt 0,3 €, für eine Flasche „Vitamindrink" 0,4 €. Wie viel muss von jeder Getränkesorte erzeugt werden, damit der Gewinn maximal wird? A B C

Optimal versorgt – jedenfalls mit Eiweiß, Fett und Kohlenhydraten

W 2: Ein Hundezüchter hat zwei verschiedene Futtermischungen zur Auswahl. Eine Portion (100 g) von Mischung A enthält 60 g Eiweiß, 30 g Kohlenhydrate und 10 g Fett. Eine Portion von Mischung B enthält 20 g Eiweiß, 60 g Kohlenhydrate und 10 g Fett. Der Tagesbedarf eines Welpen beträgt mindestens 240 g Eiweiß, 300 g Kohlenhydrate und 80 g Fett. Eine Portion von Mischung A kostet 0,50 €, von Mischung B 0,20 €. In welchem Verhältnis muss der Züchter das Futter zusammenstellen, damit die Gesamtkosten möglichst niedrig werden? A B C

W 3: Eine Maschine soll innerhalb von 5 Jahren abgeschrieben werden. Der Anschaffungswert betrug 15.000 €. Berechnen Sie die Höhe der jährlichen Abschreibung und nach welchem Jahr man die Maschine verkaufen muss, um mindesten 5.500 € Gewinn zu machen. A B C

W 4: Die Gesamtkosten einer Produktion betragen 152.000 €, davon sind 95.000 € Fixkosten und die proportionalen Kosten betragen 4,75 €. Zu welchem Preis muss man 12 000 Stück verkaufen, um mehr als 37.000 € Gewinn zu machen? A B C

Ein kurzer Wissens-Check, bevor's weitergeht!

Wissens-Check

	☺	😐	☹
Ich kann lineare Ungleichungen lösen.			
Ich kann die Lösungsmenge einer linearen Ungleichung in verschiedenen Formen angeben.			
Ich kann lineare Ungleichungen mit dem Taschenrechner oder einem geeigneten Computerprogramm grafisch darstellen.			
Ich kann Anwendungsbeispiele aus der Wirtschaft (lineare Optimierung) lösen.			

2 Potenz- und Polynomfunktionen

Im 16. Jahrhundert gab es unter Mathematikern einen Wettstreit um das Lösen von Gleichungen dritten Grades, auch kubische Gleichungen genannt. Die Babylonier konnten quadratische Gleichungen immerhin rezeptartig lösen.

Heute ist eine Mathematik ohne Polynomfunktionen nicht mehr vorstellbar. Ihre Anwendungsgebiete reichen weit in zahlreiche wissenschaftliche Disziplinen, in die Technik und Wirtschaft hinein.

Sie lernen in diesem Kapitel:

- Gleichungen zweiten und höheren Grades richtig zu lösen
- eine quadratische Gleichung oder Funktion als mathematisches Modell zur Lösung eines alltäglichen oder berufsfeldspezifischen Problems heranzuziehen
- Grafiken zu interpretieren
- sich über Lösungswege Gedanken zu machen, die Lösung zu begründen und zu erklären

Lerneinheit 1: Rechnen mit Potenzen

Lerneinheit 2: Quadratische Gleichungen und Funktionen

Lerneinheit 3: Lösen von Gleichungen höheren Grades

Lerneinheit 1

Rechnen mit Potenzen

SbX
Alle SbX-Inhalte zu dieser Lerneinheit finden Sie unter der ID: 1210.

„Quadratisch, praktisch, gut!"

„Die Kubik" bezeichnen den Hubraum eines Motors in Kubikzentimetern.

Potenzen sind eine der wichtigsten Kurzschreibweisen der Mathematik. Bekannt aus dem Alltag ist vor allem der Begriff Quadrat – er ist offenbar so einprägsam, dass er sogar zum Markenslogan wurde.

Zweite Potenzen von ganzen Zahlen nennt man auch Quadratzahlen, weil der Flächeninhalt eines Quadrats mit Seitenlänge *s* genau s^2 beträgt.

Unter Motorbegeisterten wiederum ist eine der am häufigsten gestellten Fragen jene nach „den Kubik".

Die dritte Potenz heißt auch Kubik (lateinisch *Cubus:* Würfel), weil der Rauminhalt eines Würfels mit Seitenlänge *s* gerade s^3 beträgt.

Sie lernen hier:
- **Potenzen als abgekürzte Schreibweise der Multiplikation kennen**
- **wie man mit Potenzen rechnet.**

Lernen

SbX ID: 1211

Potenz: Pharmazie: Maß für die Konzentration eines Wirkstoffs, bei der eine Wirkung auftritt Biologie: Fähigkeit einer Zelle zur Entwicklungsleistung Sexualwissenschaft: Fähigkeit zur Erektion Philosophie: Innewohnende Kraft (aus: Brockhaus, Leipzig-Mannheim 2008)

1 Potenz – der Begriff

Was Mathematiker, Pharmazeuten, Biologen, Sexualwissenschaftler und Philosophen gemeinsam haben

Stellen wir uns folgende drei Fragen:
- „Was ist ein m?"
- „Was ist ein m^2?"
- „Was ist ein m^3?"

Zu diesen Fragen gibt es sehr viele richtige Antworten (z.B.: 1 m ist eine Länge, 1 m^2 ist eine Fläche …). Unter anderem sind aber m, m^2, m^3 Abkürzungen für einen Meter, einen Quadratmeter, einen Kubikmeter.

Dieser Quadratmeter ist aber auch selbst eine Abkürzung: Quadratmeter bedeutet eigentlich Meter mal Meter oder kurz geschrieben $m^2 = m \cdot m$.

Auch der Kubikmeter ist eine Abkürzung: Kubikmeter bedeutet eigentlich Meter mal Meter mal Meter oder kurz geschrieben $m^3 = m \cdot m \cdot m$.

Dieser Gedanke ist die Grundlage der Potenzrechnung.

Kapitel 8, Lerneinheiten 1: Variablen und Terme, und 4: Mathematische Symbole

Das bedeutet nun allgemein:

Hochzahl = Exponent

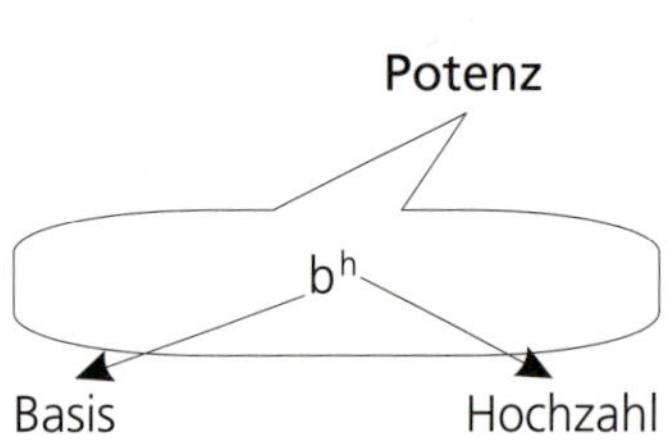

2 Rechnen mit Potenzen

Grundlegende Rechenregeln

Potenzen müssen bei unterschiedlichen Berechnungen, so etwa beim Lösen von Gleichungen, addiert, subtrahiert, multipliziert oder dividiert werden – so wie andere Terme auch. Dazu werden einige Rechenregeln benötigt.

$$x + x + x = 3\,x$$

$$x^2 + x^2 + x^2 = 3\,x^2$$

$$x^3 + x^3 + x^3 = 3\,x^3$$

Addieren und Subtrahieren

Potenzen mit **gleicher Basis** und **gleicher Hochzahl** kann man **addieren/subtrahieren.**

Schwieriger wird es schon, wenn unterschiedliche Hochzahlen auftreten:

$$x + x^2 + x^3$$

$x + x^2 + x^3$ kann man nicht durch „Zusammenrechnen" vereinfachen!

L 1: Vereinfachen eines Terms mit unterschiedlichen Hochzahlen B

$x^3 + 4x^2 - 8x^3 - 6x + 5x^3 + 12x - x^2 - 8x^2$

- Man sucht immer jene Potenzen, die sowohl die gleiche Basis als auch die gleiche Hochzahl haben.

$x^3 - 8x^3 + 5x^3 + 4x^2 - x^2 - 8x^2 - 6x + 12x$

- Dann ordnet man die Variablen nach fallenden Potenzen (d.h. die Variable mit der größten Hochzahl schreibt man zuerst).

$-2x^3 - 5x^2 + 6x$

- Jetzt rechnet man zusammen und erhält das Ergebnis.

Man kann Potenzen aber auch multiplizieren und dividieren.

$x^3 \cdot x^2$ ● ist die Abkürzung von …

$(x \cdot x \cdot x) \cdot (x \cdot x)$ ● das ist aber nicht anderes als …

x^5

zusammengefasst $x^3 \cdot x^2 = x^5$

$x^3 : x^2$ ● ist die Abkürzung von …

$(x \cdot x \cdot x) : (x \cdot x)$ ● das ist aber nicht anderes als …

$\frac{x \cdot x \cdot x}{x \cdot x}$ ● wenn man nun $x \cdot x$ kürzt

x ● oder „kompliziert" geschrieben x^1

zusammengefasst $x^3 : x^2 = x$

Wenn man nun diese beiden Berechnungen betrachtet und dabei besonderes Augenmerk auf die Hochzahlen legt, so stellt man Folgendes fest:

Multiplizieren und Dividieren

Potenzen mit **gleicher Basis** kann man multiplizieren/dividieren:
Beim **Multiplizieren** von Potenzen werden die **Hochzahlen addiert.**
Beim **Dividieren** von Potenzen werden die **Hochzahlen subtrahiert.**

L 2: Multiplizieren von Potenzen B

$u^{11} \cdot u^4 \cdot t^2 \cdot t^5 \cdot u^2 = u^{11+4+2} \cdot t^{2+5} = u^{17} \cdot t^7$

„Jedes mit jedem"

Bei Klammerausdrücken wie im folgenden Beispiel L 3 müssen Sie beachten, dass Sie „jedes mit jedem" multiplizieren/dividieren!

Kapitel 8, Lerneinheit 1 Variablen und Terme

L 3: Multiplizieren von Termen, die Potenzen enthalten B

$$(2a^2 + 4c)\cdot(5a^2 - 2c^2) = 2a^2\cdot 5a^2 - 2a^2\cdot 2c^2 + 4c\cdot 5a^2 - 4c\cdot 2c^2$$
$$= 2\cdot 5a^{2+2} - 2\cdot 2a^2c^2 + 4\cdot 5a^2c - 4\cdot 2c^{1+2}$$
$$= 10a^4 - 4a^2c^2 + 20a^2c - 8c^3$$

Tipp: Ordnen Sie – soweit möglich – nach dem Alphabet und nach fallenden Potenzen!

„Sonderfälle" bei der Division

Dividieren durch Subtrahieren der Hochzahl	Dividieren durch Kürzen
$x^3 : x^7 = x^{3-7} = x^{-4}$	$x^3 : x^7 = \frac{x^3}{x^7} = \frac{1}{x^4}$

Dies lässt sich allgemein wie folgt ausdrücken:

Hochzahl ist negativ

$$b^{-h} = \frac{1}{b^h}$$

Man kann auch sagen, dass Potenzen mit einer negativen Hochzahl, die im Zähler stehen, in den Nenner wandern und dann eine positive Hochzahl haben, wobei die Basis niemals Null sein darf.

Dividieren durch Subtrahieren der Hochzahl	Dividieren durch Kürzen
$x^3 : x^3 = x^{3-3} = x^0$	$x^3 : x^3 = \frac{x^3}{x^3} = 1$

Allgemein geschrieben:

Hochzahl ist 0

$$b^0 = 1$$

SbX **Sie finden die Lösung unter der ID: 1211.**

Ü 1 ★: Vereinfachen Sie so weit wie möglich: B

$a^3 \cdot f^4 \cdot d^7 \cdot f^6 \cdot d^3 \cdot f^2 \cdot a^5 =$

Ein Trick: Wenn man durch eine Potenz mit negativer Hochzahl dividiert, kann man auch mit der gleichen Potenz mit positiver Hochzahl multiplizieren, weil:

Kehrwert bilden = Zähler und Nenner vertauschen

$\ldots : b^{-h} =$

$\ldots : \frac{1}{b^h} =$ durch einen Bruch dividieren = mit dem Kehrwert multiplizieren

$\ldots \cdot b^h$

Jetzt fehlen nur noch das Potenzieren und das Wurzelziehen von Potenzen.

Mathematik für Angeber: Wurzelziehen = Radizieren (Latein: *Radix* = Wurzel)

Nehmen wir folgendes Beispiel:

$(x^2)^3 =$ • ist die Abkürzung von …

$(x\cdot x)\cdot(x\cdot x)\cdot(x\cdot x) =$

$x\cdot x\cdot x\cdot x\cdot x\cdot x = x^6$ • ohne Klammern geschrieben und berechnet

Potenzen potenzieren

Beim **Potenzieren** von Potenzen werden die **Hochzahlen multipliziert.**

Eine weitere Überlegung:

- $\sqrt{25} = 5$ • fragt nach jener positiven Zahl, die „hoch zwei" genau 25 ergibt.
- $\sqrt[3]{8} = 2$ • fragt nach jener positiven Zahl, die „hoch drei" genau 8 ergibt.
- $\sqrt[3]{x^6} = x^2$ • fragt nach jenem Term, der „hoch drei" genau x^6 ergibt; aus dem obigen Beispiel sieht man, dass das x^2 ist.

Wenn man nun diese Berechnungen betrachtet und dabei besonderes Augenmerk auf die Hochzahlen legt, so stellt man Folgendes fest:

Wurzeln aus Potenzen

Beim **Wurzelziehen** von Potenzen werden die **Hochzahlen dividiert.**

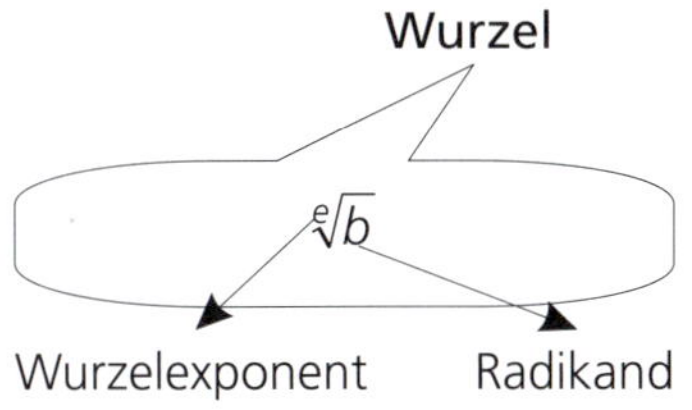

Der Radikand (oder auch Wurzelbasis genannt) darf im Bereich der reellen Zahlen niemals negativ sein.

L 4: Wurzelziehen und Potenzieren B

$$(x^4)^3 \cdot (x^2)^2 : \sqrt[4]{x^{20}} = x^{4\cdot 3} \cdot x^{2\cdot 2} : x^{20:4}$$
$$= x^{12} \cdot x^4 : x^5$$
$$= x^{12+4-5} = x^{11}$$

„Sonderfälle" beim Wurzelziehen

Wurzelziehen, wenn die Hochzahl nicht restlos teilbar ist:	
$\sqrt[4]{x^3} = x^{3:4} = x^{\frac{3}{4}}$	$\sqrt[4]{x} = x^{1:4} = x^{\frac{1}{4}}$

Allgemein geschrieben:

Hochzahl ist ein Bruch

$$\sqrt[e]{b^h} = b^{\frac{h}{e}}$$

L 5: Wurzeln, Potenzen und Brüche B

$$(3a^4b^3)^2 \cdot \sqrt[5]{8a^5b^{12}} = 3^2 \cdot (a^4)^2 \cdot (b^3)^2 \cdot 8^{1:5}a^{5:5}b^{12:5}$$
$$= 9a^8b^6 8^{\frac{1}{5}} ab^{\frac{12}{5}}$$
$$= 9 \cdot 8^{\frac{1}{5}} a^9 b^{\frac{42}{5}}$$

- Achtung! $(3a^4b^3)^2$ ist die Abkürzung von $(3a^4b^3)\cdot(3a^4b^3)$. Daher müssen sowohl 3, a^4 und b^3 jeweils hoch zwei genommen werden!

Vorzeichen beim Potenzieren

Beim Potenzieren muss man zusätzlich noch auf die Vorzeichen achten.

$(-1)^2 = (-1)\cdot(-1) = +1$ oder besser 1
$(-1)^3 = (-1)\cdot(-1)\cdot(-1) = -1$
$(-1)^4 = (-1)\cdot(-1)\cdot(-1)\cdot(-1) = 1$
usw.

Allgemein geschrieben:

Potenzen und Vorzeichen

(negative Basis)$^{\text{gerade Hochzahl}}$ = positiv
(negative Basis)$^{\text{ungerade Hochzahl}}$ = negativ

SbX
Sie finden Ü 2 mit automatischer Aufgabenkontrolle unter der ID: 1211.

Ü 2 ★: Ordnen Sie zu: Zu jedem Term der linken Spalte gibt es in der rechten Spalte eine Lösung. B

a) $(-x)^2 \cdot x^5 =$	$4x^4$ x^6
b) $(-x)^3 \cdot (-x)^4 =$	$4x^{12}$ $12x^6$
c) $(-x)^2 \cdot (-x)^4 =$	$-x^7$ $-4x^6$
d) $(2x)^2 \cdot (-x)^{10} =$	$12x^3$ x^7
e) $3x \cdot (-2x)^2 =$	$-x^5$

Im Wissen um mathematische Abkürzungen kann man $(a+b)^2$ folgendermaßen lösen:

$(a+b)^2 = (a+b)\cdot(a+b) = a^2 + ab + ab + b^2 = a^2 + 2ab + b^2$

oder sich die binomischen Formeln merken:

binomische Formeln

SbX
Beim Berechnen von höheren Potenzen hilft das Pascal'sche Dreieck. Mehr dazu unter der ID: 1211.

1. $(a+b)^2 = (-a-b)^2 = a^2 + 2ab + b^2$
2. $(a-b)^2 = (b-a)^2 = a^2 - 2ab + b^2$
3. $(a+b)\cdot(a-b) = a^2 - b^2$

- Anwendung auch bei 2 Minus in der Klammer
- Anwendung bei nur 1 Minus in der Klammer
- Anwendung bei Plus in der einen Klammer und Minus in der anderen Klammer

L 6: Anwendung der binomischen Formeln B

1. $(-2c-3d^3)^2 = (-2c)^2 + 2\cdot(-2c)\cdot(-3d^3) + (-3d^3)^2 = 4c^2 + 12cd^3 + 9d^6$
2. $(2c-3d^3)^2 = (2c)^2 - 2\cdot(2c)\cdot(3d^3) + (3d^3)^2 = 4c^2 - 12cd^3 + 9d^6$
3. $(2c-3d^3)\cdot(2c+3d^3) = (2c)^2 - (3d^3)^2 = 4c^2 - 9d^6$

Üben

SbX ID: 1212

SbX
Sie finden die Lösungen zu Ü 3 bis Ü 8 unter der ID: 1212.

Ü 3 ★★: Vereinfachen Sie so weit wie möglich: B

a) $c^{-3} \cdot z^{-6} \cdot a^{-8} \cdot z^{-4} \cdot c^{10} =$
b) $u^9 \cdot s^{-11} \cdot v^8 \cdot v^{-4} \cdot s^7 \cdot u^2 =$
c) $a^3 : f^4 \cdot d^7 : f^{-6} \cdot d^3 \cdot f^2 : a^5 =$
d) $c^{-3} : z^{-6} : a^{-8} \cdot z^{-4} : c^{10} =$
e) $u^9 : s^{-11} : v^8 : v^{-4} : s^7 : u^2 =$

Ü 4 ★★: Vereinfachen Sie so weit wie möglich: B

a) $3c^2 - 2b^2 - c^2 + b^2 - 3b^2 =$ ___c^2___b^2
b) $-z^2 + 2z^3 - 5z^2 - 7z^3 + z^2 =$ ___z^2___z^3
c) $4b^2 - 2b^3 + b^3 - 3b^2 + b^2 =$ ___b^2___b^3
d) $5cz^2 - cy^2 - 5cy^2 - 3cz^2 =$ ___cz^2___cy^2
e) $2zy^2 - 3z^2y + 5zy^2 - 2z^2y =$ ___zy^2___z^2y

Ü 5 ★★: Vereinfachen Sie so weit wie möglich: B

a) $(3\cdot z)^2 =$
b) $(-3s)^2 =$
c) $(6c)^2 =$
d) $(2y)^3 =$
e) $(2zy)^4 =$
f) $(rs)^5 =$
g) $(hy)^4 =$
h) $(2h)^4 =$
i) $(-4f)^3 =$

Ü 6 ★★: Vereinfachen Sie so weit wie möglich: B

a) $6c \cdot 2c^2 - 4c^2 \cdot 3c =$
b) $(3r)^2 - 3r^2 =$
c) $t^4 - (2t)^4 =$
d) $2c \cdot 3c - (2c)^2 =$
e) $(2t)^3 - t \cdot (2t)^2 =$
f) $5k \cdot 3k - (4k)^2 =$
g) $(2c)^3 - (2c)^2 \cdot 3c =$

SbX
Sie finden Ü 7 mit automatischer Aufgabenkontrolle unter der ID: 1212.

Ü 7 ★★: Ordnen Sie zu: je ein Term der linken Spalte passt zu einem Term der rechten Spalte. B

a) $(2a-b)^2$	$(2a+b)\cdot(2a-b)$
b) $4a^2 - b^2$	$(a+2b)^2$
c) $a^2 + 4ab + 4b^2$	$(2a+2b)\cdot(2a-2b)$
d) $(a-2b)\cdot(a+2b)$	$(a-2b)^2$
e) $4a^2 - 4b^2$	$4a^2 - 8ab + 4b^2$
f) $a^2 - 4ab + 4b^2$	$4a^2 - 4ab + b^2$
g) $(a+2)^2$	$a^2 - 4b^2$
h) $(2a-2b)^2$	$a^2 + 4a + 4$

Erinnerung: „Jedes mit jedem"

Ü 8 ★★: Vereinfachen Sie so weit wie möglich: B

$4a(2a+5b)+(5b-2a)^2 =$

SbX
ID: 1211

Weitere Übungsbeispiele zu dieser Lerneinheit finden Sie im SbX.

Sichern

Faustregel

„Hochzahlen eine Rechnungsstufe niederer als die Potenzen!"

$...^n$	$\sqrt{...}$
Potenzen werden **potenziert,** indem man die **Hochzahlen multipliziert.** ↓	Potenzen werden **radiziert,** indem man die **Hochzahlen dividiert.** ↓
·	:
Potenzen werden **multipliziert,** indem man die **Hochzahlen addiert.** ↓	Potenzen werden **dividiert,** indem man die **Hochzahlen subtrahiert.** ↓
+	−

Potenzen …
… potenzieren/ radizieren
… multiplizieren/ dividieren

$(b^h)^e = b^{h\cdot e}$ $\quad \sqrt[e]{b^h} = b^{\frac{h}{e}}$

$b^h \cdot b^e = b^{h+e}$ $\quad b^h : b^e = b^{h-e}$

binomische Formeln

$(a+b)^2 = (-a-b)^2 = a^2 + 2ab + b^2$
$(a-b)^2 = (b-a)^2 = a^2 - 2ab + b^2$
$(a+b)\cdot(a-b) = a^2 - b^2$

Wissen

SbX ID: 1214

SbX
Die Lösungen finden Sie unter der ID: 1214.

W 1: Erklären Sie mit eigenen Worten: D
Welche Potenzen darf man addieren?
Wie und unter welcher Voraussetzung multipliziert man Potenzen?

W 2: Finden Sie die jeweils richtige Lösung und versuchen Sie die Fehler der falschen Lösungen zu erklären (mehrere richtige Antworten möglich). D

a) $3\frac{a^{-2}}{b}=\frac{b}{3a^2}$ $\quad 3\frac{a^{-2}}{b}=\frac{3}{a^2b}$ $\quad 3\frac{a^{-2}}{b}=3\frac{a}{b^2}$ $\quad 3\frac{a^{-2}}{b}=3\frac{1}{a^2b}$

b) $\left(\frac{1}{a}\right)^{-3}=-a^{-3}$ $\quad \left(\frac{1}{a}\right)^{-3}=a^3$ $\quad \left(\frac{1}{a}\right)^{-3}=-a^3$ $\quad \left(\frac{1}{a}\right)^{-3}=a^{-3}$

W 3: Lösen Sie die Gleichungen: B

$(4a-5)^2=(5a+1)^2-(3a+8)^2$
$(6a+2)^2+(5+8a)^2=(10a-1)^2$

W 4: Vereinfachen Sie so weit wie möglich: B

$x^2-\left[(x+y)^2-2xy\right]=$
$(x+2y)^2+(x-2y)^2=$
$(r+s)^2+(r+s)\cdot(r-s)-2s\cdot(r+s)=$

W 5: Überlegen Sie, ob die folgenden Terme addiert/subtrahiert werden können und wählen Sie die richtige(n) Antwort(en). A

$5b^2+3b^3=$
- ❑ Die Terme können nicht addiert werden, weil die Hochzahlen der Variablen nicht gleich sind.
- ❑ Die Terme können addiert werden, weil beide Ausdrücke positiv sind.
- ❑ Die Terme können nicht addiert werden, weil die Koeffizienten nicht gleich sind.
- ❑ Die Terme können addiert werden, weil beide Terme die gleiche Variable enthalten.

$7c^2-12c^2=$
- ❑ Die Terme können nicht subtrahiert werden, weil 7 kleiner als 12 ist.
- ❑ Die Terme können subtrahiert werden, weil sie die gleiche Variable enthalten.
- ❑ Die Terme können subtrahiert werden, weil die Ausdrücke die gleiche Hochzahl der gleichen Variablen enthalten.

$6a^3-4a^3=$
- ❑ Die Terme können nicht subtrahiert werden, weil sie verschiedene Variablen enthalten.
- ❑ Die Terme können nicht subtrahiert werden, weil die Koeffizienten (= Zahlen vor der Variablen) verschieden sind.
- ❑ Die Terme können subtrahiert werden, weil beide Ausdrücke die gleiche Hochzahl aufweisen.
- ❑ Die Terme können subtrahiert werden, weil die Ausdrücke die gleiche Hochzahl der gleichen Variablen enthalten.
- ❑ Die Terme können nur subtrahiert werden, weil 6 größer als 4 ist.

W 6: Kreuzen Sie die richtige(n) Antwort(en) an. A

a) $(2s-1)^2$
- ❑ $(2s-1)\cdot(2s-1)$
- ❑ $(2s)^2-2\cdot 2s+(-1)^2$
- ❑ $4s^2-4s+1$
- ❑ $4s^2-4s-1$

b) $(2-m)^2$
- ❑ m^2-4m+4
- ❑ $2^2-2\cdot 2\cdot m+(-m)^2$
- ❑ $(m-2)^2$
- ❑ $(2-m)\cdot(2-m)$

c) $(a+5)^2$

- ❑ $a^2+2\cdot 5a+25$
- ❑ $a^2+10a+25$
- ❑ $a^2+5a+10$
- ❑ $a^2+10a+5^2$

d) $(3a+2)^2$

- ❑ $9a^2+12a+4$
- ❑ $(3a)^2+2\cdot 3a\cdot 2+2^2$
- ❑ $9a^2+6a+4$
- ❑ $(3a+2)\cdot(3a+2)$

e) $(3s-2t)^2$

- ❑ $9s^2+12st+4t^2$
- ❑ $(3s)^2-12st+(-2t)^2$
- ❑ $(3s-2t)\cdot(3s-2t)$
- ❑ $9s^2-12st+4t^2$

f) $(3a+4b)^2$

- ❑ $(3a)^2+2\cdot 3a\cdot 4b+(4b)^2$
- ❑ $9a^2+24ab+16b^2$
- ❑ $(3a+4b)\cdot(3a+4b)$
- ❑ $(3a)^2+2\cdot 3\cdot 4\cdot ab+(4b)^2$

Ein kurzer Wissens-Check, bevor's weitergeht!

Wissens-Check

	☺	😐	☹
Ich weiß, welche Potenzen addiert/subtrahiert werden dürfen und wie man diese Potenzen addiert/subtrahiert.			
Ich kann Potenzen multiplizieren/dividieren (Stichwort: binomische Formeln).			
Ich kann Potenzen potenzieren und die Wurzel aus Potenzen ziehen.			

SbX
Alle SbX-Inhalte zu dieser Lerneinheit finden Sie unter der ID: 1220.

Lerneinheit 2

Quadratische Gleichungen und Funktionen

Die ersten Lösungen für quadratische Gleichungen mit Variablen, wie z.B. $x^2 - 6x = 8$, wurden in babylonischen mathematischen Schriften (ca. 2000 v. Chr.) gefunden. Den Babyloniern waren sowohl negative wie komplexe Lösungen noch fremd, doch ihre Methode zum Finden der positiven reellen Lösungen ist dem heutigen „Ergänzen auf ein vollständiges Quadrat" ähnlich.

Sie lernen hier:
- **die grafische Darstellung von quadratischen Funktionen, sogenannten Parabeln, und deren Verwendung in den Gebieten des Brückenbaues, der Fernsehtechnik, u.a.**
- **den Zusammenhang zwischen dem Rechnen mit quadratischen Gleichungen und dem Zeichnen von quadratischen Funktionen**
- **das Lösen von quadratischen Gleichungen**
- **wie man einfache Gleichungen höheren Grades auch ohne Taschenrechner lösen kann**

Lernen

SbX ID: 1221

1 Quadratische Funktion – Parabel

Was haben Satellitenantennen und Brücken gemeinsam?

Wir alle kennen die Form einer Satellitenantenne – diese Form nennt man Parabel. Diese Parabel ist die grafische Darstellung einer quadratischen Funktion.

Die „Standardparabel" heißt: $y = x^2$.

Man kann natürlich auch $f(x) = x^2$ schreiben. Bei mehreren Funktionen schreibt man dann $f(x)$, $g(x)$ usw. oder $f_1(x)$, $f_2(x)$ usw.

Auch bei der Parabel wird, wie bei jeder anderen Funktion, jedem x-Wert ein y-Wert zugeordnet. Für die Angabe $y = x^2$ bedeutet das, dass jede y-Koordinate berechnet wird, indem man die x-Koordinate hoch zwei nimmt.

Funktionen siehe Kapitel 8, Lerneinheit 6

L 1: Die Wertetabelle der Standardparabel im Intervall $[-3; 3]$ lautet: C

x	y
–3	9
–2	4
–1	1
0	0
1	1
2	4
3	9

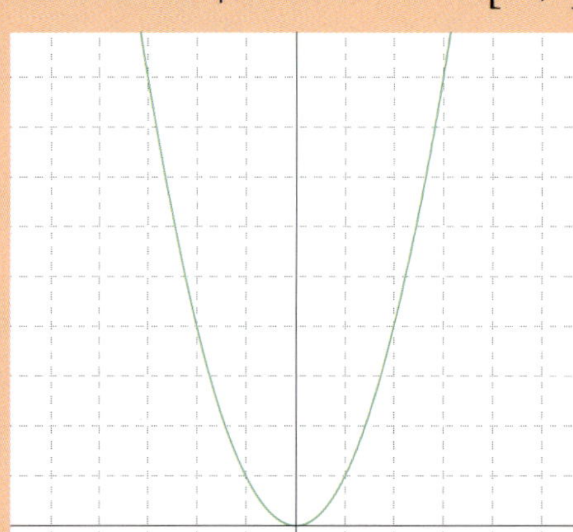

Abb. 1

Warum hätte man für die x-Koordinate die Zahlen –3, –2, –1 nicht extra einsetzen müssen?

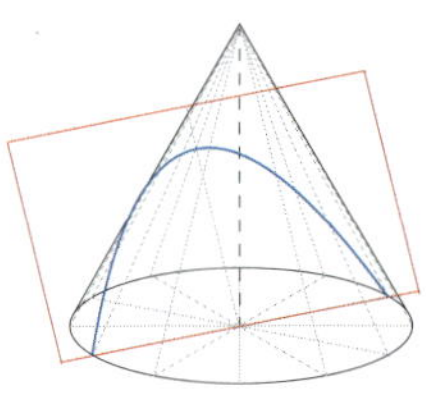

Die Parabel ist ein sogenannter Kegelschnitt, d.h.: wenn man einen Kegel wie abgebildet durchschneidet, so hat die Schnittfläche die Form einer Parabel.

Nun gibt es außer dieser „Standardparabel" noch unendlich viele andere Parabeln. Mithilfe der folgenden Übung können wir erkennen, wie diese aus der Standardparabel entstehen.

SbX Sie finden die Lösung zu Ü1 unter der ID: 1221.

Ü 1 ★★: Zeichnen Sie die jeweils in einer Zeile angegebenen Funktionen in ein gemeinsames Koordinatensystem (auf dem Taschenrechner oder dem PC). Beschreiben Sie die Gemeinsamkeiten und die Unterschiede der jeweiligen Funktionen. Was fällt Ihnen auf? Führen Sie dies für a), b), usw. durch. B C D

a) $f_1(x) = x^2$	$f_2(x) = 2x^2$	$f_3(x) = 0{,}3x^2$
b) $f_4(x) = x^2$	$f_5(x) = -x^2$	
c) $f_6(x) = x^2$	$f_7(x) = x^2 - 3$	$f_8(x) = x^2 + 4$
d) $f_9(x) = x^2$	$f_{10}(x) = (x+2)^2$	$f_{11}(x) = (x-4)^2$

Versuchen Sie nun aus Ihren Gedanken und Beschreibungen allgemeine Regeln zu finden. Schreiben Sie diese auf!

Verschieberegeln für quadratische Funktionen

Wie Sie in Ü 1 schon gesehen haben, hat sich die Form der Parabel meist nicht wirklich geändert, wohl aber ihre Lage im Koordinatensystem: Sie ist verschoben worden.

Eine quadratische Funktion hat die grafische Darstellung einer **Parabel:**

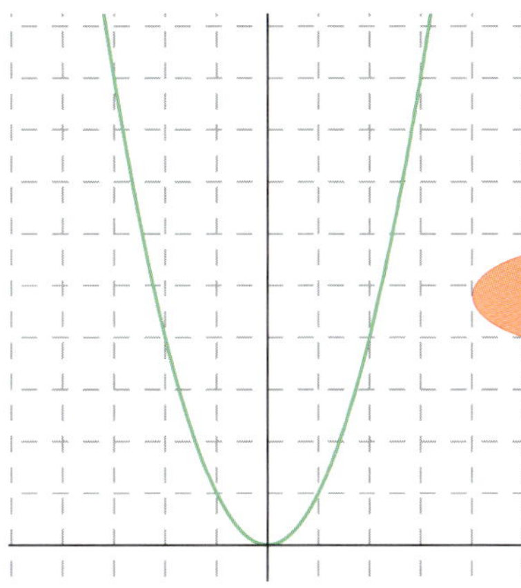

Abb. 2

$a > 0$

$y = ax^2$

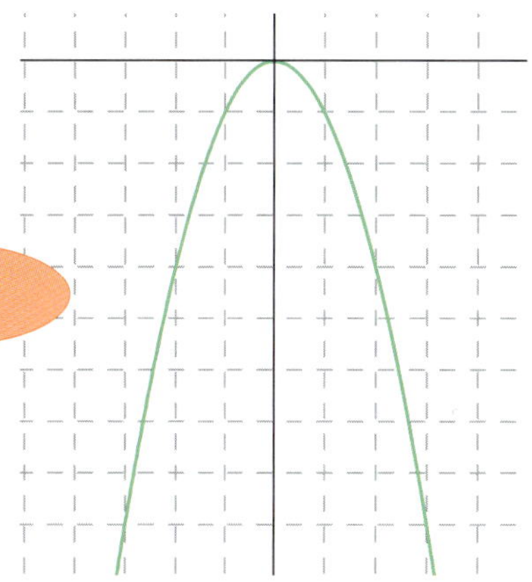

Abb. 3

$a < 0$

Form der Parabel

$a > 0$	Die Parabel ist nach oben geöffnet.
$a < 0$	Die Parabel ist nach unten geöffnet.
$a > 1,\ a < -1$	Die Parabel wird schmäler.
$-1 < a < 0,\ 0 < a < 1$	Die Parabel wird breiter.

Diese **Parabel** kann entlang der y-Achse verschoben werden: (im Folgenden $a > 0$)

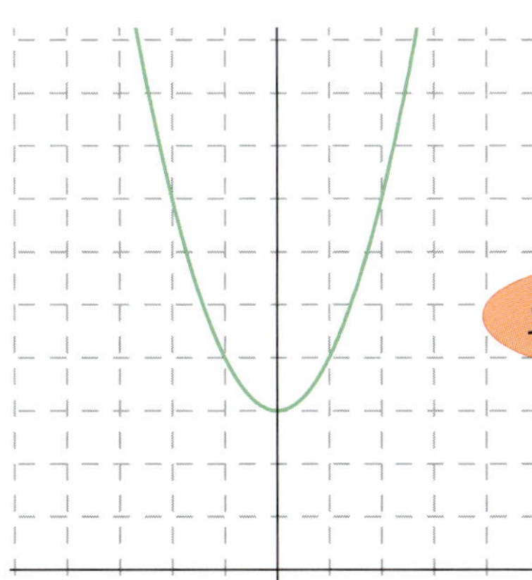

Abb. 4

$c > 0$

$y = ax^2 + c$

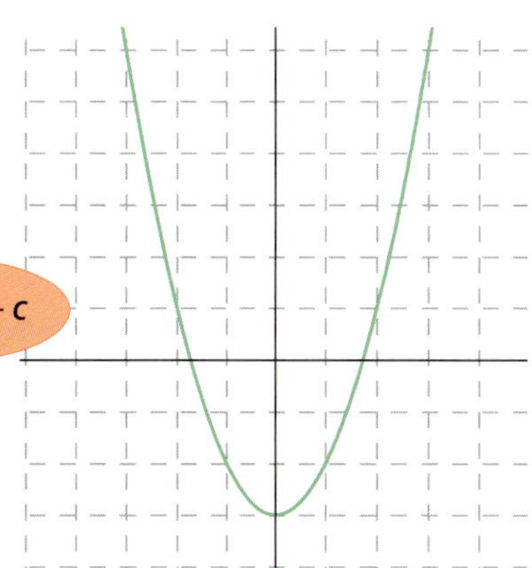

Abb. 5

$c < 0$

Verschiebung nach oben oder nach unten

$c > 0$	Die Parabel ist nach oben verschoben (um den Wert c).
$c < 0$	Die Parabel ist nach unten verschoben (um den Wert c).

Diese **Parabel** kann entlang der x-Achse verschoben werden: (im Folgenden $a > 0$)

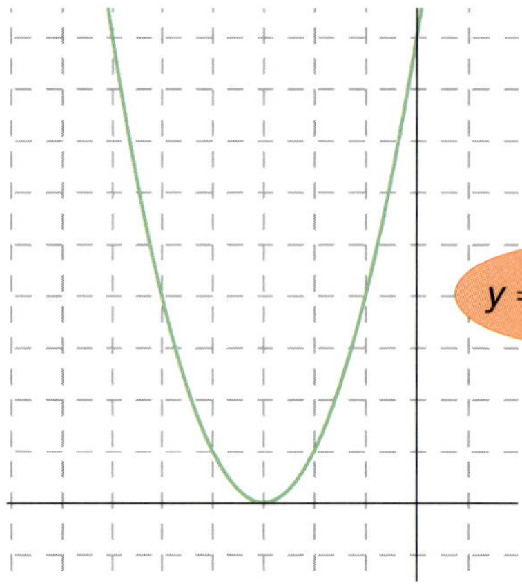

Abb. 6

$b > 0$

$y = a(x+b)^2$

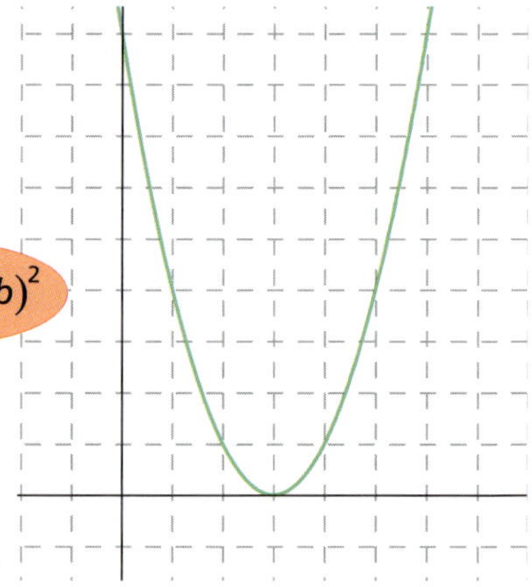

Abb. 7

$b < 0$

Verschiebung nach links oder nach rechts

$b > 0$	Die Parabel ist nach links verschoben (um den Wert b).
$b < 0$	Die Parabel ist nach rechts verschoben (um den Wert b).

Nun sollte es kein Problem sein, beispielsweise eine Skizze für die Funktion $f(x) = (x-3)^2 + 2$ zu zeichnen.

Wenn nun diese Funktionsgleichung ausgerechnet ist:

$$f(x) = (x^2 - 6x + \underbrace{9) + 2}$$

ergibt sich $f(x) = x^2 - 6x + 11$, wobei

$x^2 - 6x + 9$ ein sogenanntes „vollständiges Quadrat" ist.

„Vollständiges Quadrat": Bezeichnung für die ausgerechnete binomische Formel

Wenn die Funktion in dieser ausgerechneten Form gegeben ist, muss man sie in der oben aufgeschriebenen Form darstellen. Erst dann kann man sie skizzieren.

Das bedeutet nun:

L 2: Ergänzen auf ein vollständiges Quadrat A B

$f(x) = x^2 - 6x + 11$

$f(x) = \underbrace{(x^2 - 6x + 9)} - \underbrace{9 + 11}$

$f(x) = (x-3)^2 + 2$

- $x^2 - 6x$ entspricht dem ausgerechneten $x^2 - 2 \cdot x \cdot b$ der binomischen Formel $(x-b)^2$
- $\Rightarrow$ b muss den Wert 3 haben
- durch das Ergänzen auf ein vollständiges Quadrat ist der Wert 9 dazugekommen
- $\Rightarrow$ 9 muss wieder abgezogen werden

Ü 2 ★★★: Formen Sie die Funktion in die Form $f(x) = (x+b)^2$ um. A B

$f(x) = x^2 + 6x + 9$

Fertigen Sie dann eine Skizze der Funktion an und kontrollieren Sie mit dem Taschenrechner.

✔ $(x+3)^2$

Ü 3 ★★★: Formen Sie die Funktion so um, dass Sie eine Skizze der Funktion anfertigen können und kontrollieren Sie mit dem Taschenrechner. A B

$h(x) = x^2 - 4x + 1$ ✔ $(x-2)^2 - 3$

Eigenschaften von quadratischen Funktionen

Monotonie & Nullstellen

Sehen wir uns die Funktion $f(x) = x^2 + 2x - 2$ an.

Ergänzen auf ein vollständiges Quadrat

Für eine Skizze haben wir sie auf $f(x) = (x+1)^2 - 3$ umgeformt.

Daher ist die Funktion im Vergleich zur Standardparabel um ▒ nach links/rechts und um ▒ nach oben/unten verschoben.

Funktionen siehe Kapitel 8, Lerneinheit 6, Mathematische Symbole siehe Kapitel 8, Lerneinheit 4

Beschreiben Sie (in Worten), wie die Funktion aussieht!

(Stellen Sie sich vor, Sie stehen an dem am weitesten links gelegenen Punkt der Skizze und gehen los. Zuerst gehen Sie bergab, bis ...)

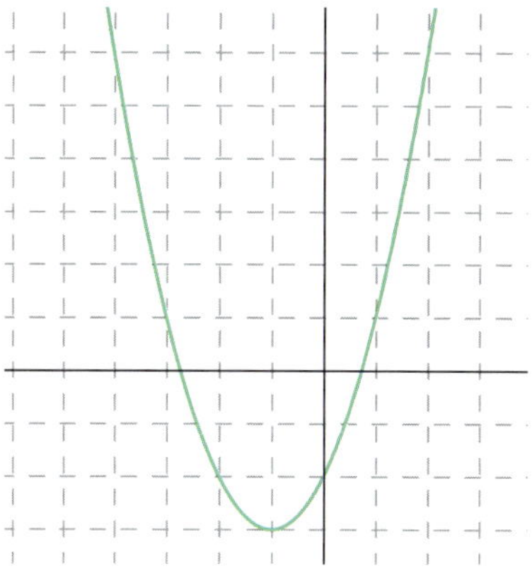

Abb. 8

Umgangssprachlich		Mathematisch	
von … bis $x = -1$	bergab	$x < -1$ oder $]-\infty;-1[$	(streng) monoton fallend
von $x = -1$ bis …	bergauf	$x > -1$ oder $]-1;\infty[$	(streng) monoton steigend
bei $x = -1$	weder bergab noch bergauf	$x = -1$	keine Steigung

Im Scheitel ist die Steigung Null.

Im Punkt $(-1|-3)$ gibt es daher keine Steigung.

Die Funktion $f(x) = (x+1)^2 - 3$ ist eine um 1 nach links und um 3 nach unten geschobene Standardparabel. Der Punkt $S(-1|-3)$ heißt **Scheitelpunkt** der Parabel.

Tiefpunkt und Hochpunkt

Dieser Scheitelpunkt wird auch als Tiefpunkt oder Hochpunkt bezeichnet.

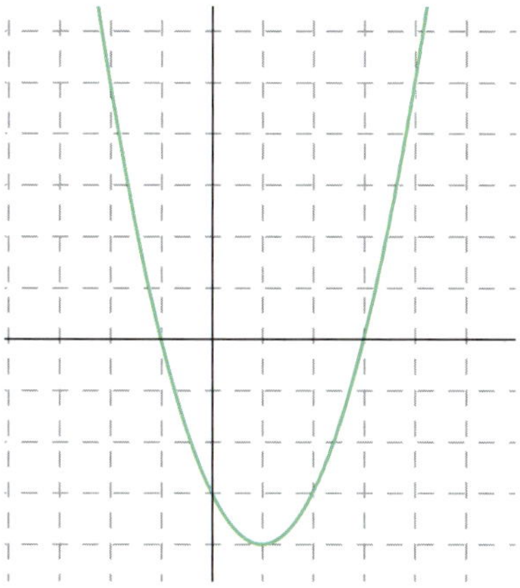

Abb. 9

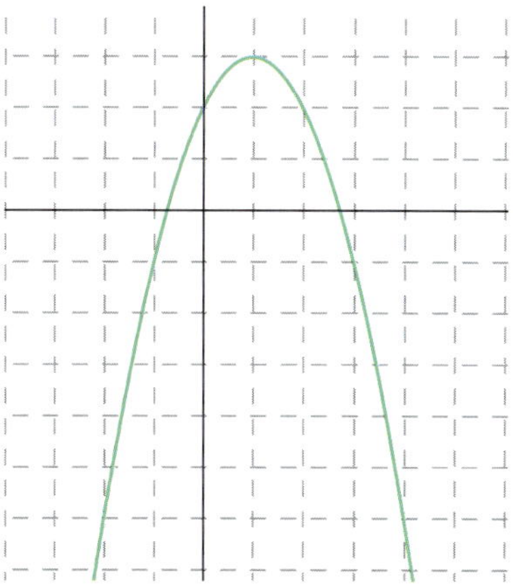

Abb. 10

Nullstelle

In der Beschreibung einer Funktion kann es außerdem hilfreich sein anzugeben, wo die Funktion die x-Achse schneidet. Diese Schnittpunkte mit der x-Achse heißen **Nullstellen.**

Nun ist eine quadratische Funktion in der Form: $f(x) = (x+1) \cdot (x-3)$ gegeben.

Tipp zum Anfertigen einer Skizze: Ausrechnen und Ergänzen auf ein vollständiges Quadrat ist besser als eine Wertetabelle anzulegen.

Vergleichen Sie nun die Nullstellen mit der Angabe:

Siehe Input 2: Quadratische Gleichungen

$$f(x) = (x+1) \cdot (x-3)$$

gleiche Zahlenwerte
unterschiedliches
Vorzeichen

$N_1(-1|0)$ $N_2(3|0)$

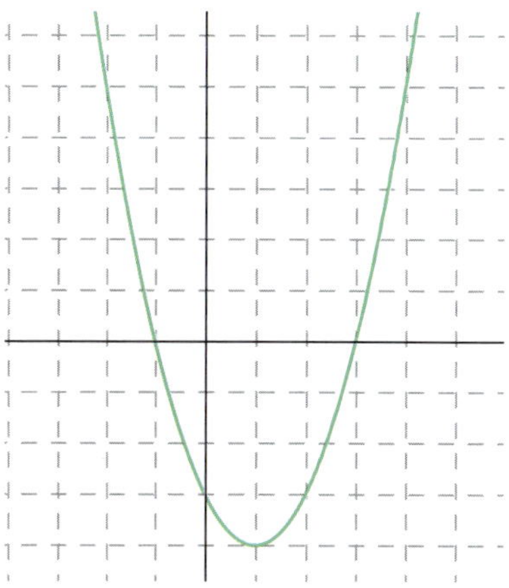

Abb. 11

2 Quadratische Gleichungen

Das rechnerische Gegenüber der quadratischen Funktion

SbX
Eine Anleitung zum Lösen quadratischer Gleichungen mit dem TI-82 STATS finden Sie unter der ID: 1221.

Eine Gleichung, bei der die Variable mit „hoch zwei" vorkommt, nennt man quadratische Gleichung. Sie ist der rechnerische Partner zur quadratischen Funktion.

Wenn wir 3^2 berechnen, so ergibt das 9. Das bedeutet also, dass die Lösung der Gleichung $x^2 = 9$ die Zahl 3 wäre, oder? Was passiert aber, wenn wir $(-3)^2$ rechnen? Das Ergebnis ist auch 9. Was ist nun die Lösung der Gleichung $x^2 = 9$, die Zahl 3 oder −3?

Die Antwort ist, dass beide Zahlen Lösung der Gleichung sind, da ihr Quadrat die Zahl 9 liefert.

Berechnen Sie nun die Lösung der Gleichung: $z^2 = 25$.

Sie sind sicherlich auf die Zahlen +5 und −5 gekommen. Da es hier zwei Lösungen gibt, schreibt man $z_1 = -5$ und $z_2 = 5$. Die Schreibweise für „Faule" lautet: $z_{1,2} = \pm 5$.

Berechnen Sie nun die Lösung der Gleichung $x^2 = 11$. Ohne Taschenrechner ist das nur sehr schwer möglich, aber wir können die Lösung abschätzen. $3^2 = 9$ und $4^2 = 16$, daher muss die Lösung unserer Gleichung zwischen 3 und 4 liegen. Formal können wir aber schreiben: $x_{1,2} = \pm\sqrt{11}$.

Damit sind wir bei der einfachsten Form einer quadratischen Gleichung:

Lösen durch Wurzelziehen

$ax^2 + c = 0$

Um diese Gleichung zu lösen, bringt man c auf die andere Seite und dividiert danach durch a. Die Lösungen für x erhält man dann mithilfe der Quadratwurzel.

L 3: Lösen wir nun die Gleichung: B

a) $x^2 - 100 = 0 \quad |+100$

$x^2 = 100 \quad |\sqrt{}$

$x_{1,2} = \pm 10$

b) $2x^2 + 200 = 0 \quad |-100$

$2x^2 = -200 \quad |:2$

$x^2 = -100$

Keine Lösungen im reellen Zahlenraum, wohl aber im komplexen Zahlenraum.

Komplexe Zahlen siehe Kapitel 8, Lerneinheit 4

Faktoren: die Zahlen, die multipliziert werden
Produkt: das Ergebnis einer Multiplikation

Produkt-Null-Satz

Als kleine Kopfrechenübung zwischendurch:

$4 \cdot 5 \cdot 2 \cdot 0 =$? $\qquad 8 \cdot 9 \cdot 0 \cdot 2 \cdot 6 =$? $\qquad 6 \cdot 5 \cdot 0 \cdot 2 =$? $\qquad 11 \cdot 0 \cdot 8 =$?

Wozu sollten wir das berechnen, wenn das **Ergebnis** doch ohnehin **immer 0** ist, falls bei einer Multiplikation **ein Faktor 0** ist? Man nennt diese simple Erkenntnis auch **„Produkt-Null-Satz"**.

Das bedeutet aber, dass eine Lösung der Gleichung $(x-2) \cdot x = 0$ immer $x = 0$ sein muss. Die andere Lösung erhält man, wenn man x so wählt, dass der Ausdruck in der Klammer null wird. Die Gleichung hat also die beiden Lösungen $x_1 = 0$ und $x_2 = 2$.

Wenn nun diese Gleichung in der ausmultiplizierten Form gegeben ist, nämlich $x^2 - 2x = 0$, so haben wir eine neue Form der quadratischen Gleichung, die man dadurch löst, dass man x heraushebt.

$$x \cdot (x-2) = 0$$

ausmultiplizieren → heraushebt ←

$$x^2 - 2x = 0$$

(ausmultiplizieren / herausheben)

Lösen durch Herausheben

$ax^2 + bx = 0$

Ein Produkt ist genau dann null, wenn zumindest ein Faktor gleich null ist. Eine quadratische Gleichung der Form $ax^2 + bx = 0$ hat daher die Lösung $x_1 = 0$. Durch Herausheben von x erhält man $x \cdot (ax + b) = 0$. Der verbleibende Klammerausdruck wird dann gleich null gesetzt und man erhält die zweite Lösung x_2.

L 4: Im obigen Beispiel würde das Folgendes bedeuten: B

$x^2 - 2x = 0$ | x herausheben

$x \cdot (x - 2) = 0$

$x = 0$ oder $x - 2 = 0$

$x_1 = 0$ oder $x_2 = 2$

Ü 4 ★: Lösen Sie die Gleichung: B

$x^2 - 5x = 0.$

✔ $x_1 = 0,\ x_2 = 5$

L 5: Da sich diese Lösungsmethode bewährt hat, versuchen wir sie auf das nachfolgende Beispiel anzuwenden. B

$(x + 2) \cdot (x - 3) = 0$

$x + 2 = 0$ oder $x - 3 = 0$

$x_1 = -2$ oder $x_2 = 3$

Wenn nun diese Gleichung aus L 5 ausgerechnet ist: $x^2 - x - 6 = 0$, dann ist dieser Lösungsweg (Produkt-Null-Satz) nicht der einfachste; wir wählen daher folgenden:

Ergänzen auf ein vollständiges Quadrat siehe Seite 68.

L 6: Lösen durch „Ergänzen auf ein vollständiges Quadrat" A B

$$x^2 - x - 6 = 0$$

$$x^2 - 2 \cdot \frac{1}{2} x + \frac{1}{4} - \frac{25}{4} = 0 \qquad \bullet \text{ vollständiges Quadrat}$$

$$\left(x - \frac{1}{2}\right)^2 - \frac{25}{4} = 0 \qquad \left| + \frac{25}{4}\right.$$

$$\left(x - \frac{1}{2}\right)^2 = \frac{25}{4} \qquad \left| \sqrt{}\right.$$

$$\left(x - \frac{1}{2}\right) = \frac{5}{2} \text{ oder } \left(x - \frac{1}{2}\right) = -\frac{5}{2}$$

$$x_1 = 3 \text{ oder } x_2 = -2$$

Zum einfachen Lösen solcher Gleichungen gibt es daher zwei sehr ähnliche Lösungsformeln.

Lösungsformeln für quadratische Gleichungen

Tipp: Man kann immer sowohl die kleine als auch die große Lösungsformel verwenden, wenn man die Angabe entsprechend umformt.

SbX

Eine Erklärung, wie man darauf kommt, finden Sie unter der ID: 1221.

$x^2 + px + q = 0$	$ax^2 + bx + c = 0$
Verwenden der **„kleinen Lösungsformel"** …	Verwenden der **„großen Lösungsformel"** …
$x_{1,2} = -\frac{p}{2} \pm \sqrt{\left(\frac{p}{2}\right)^2 - q}$	$x_{1,2} = \frac{-b \pm \sqrt{b^2 - 4 \cdot a \cdot c}}{2 \cdot a}$
… wenn vor x^2 die Zahl 1 steht.	… wenn vor x^2 eine andere Zahl steht.
ACHTUNG! Wenn p oder q negativ ist, dann muss sowohl das Vorzeichen der Zahl als auch das der Formel berücksichtigt werden.	ACHTUNG! Wenn a, b oder c negativ ist, dann muss sowohl das Vorzeichen der Zahl als auch das der Formel berücksichtigt werden.

Der Ausdruck unter der Wurzel (im Folgenden mit D bezeichnet) wird **Diskriminante** genannt. Abhängig vom Wert der Diskriminante können folgende Fälle auftreten:

$D < 0$ Die Wurzel aus einer negativen Zahl kann in $\mathbb{R}$ nicht gezogen werden, daher ist keine reelle Lösung möglich: $L = \{\ \}$

$D = 0$ Die Wurzel aus 0 ist 0, es existiert daher nur eine (Doppel-)Lösung. $L = \{x_{1,2}\}$

$D > 0$ Man zieht die Wurzel und rechnet weiter. Es gibt zwei unterschiedliche Lösungen: $L = \{x_1, x_2\}$

François Viète (1540–1603) gilt als „Vater der Algebra".

Sie wissen schon, dass sich die Gleichung $(x+2)\cdot(x-3)=0$ mithilfe des „Produkt-Null-Satzes" berechnen lässt; die Lösungen sind –2 und 3. Für dieselbe Angabe in ausgerechneter Form $x^2-x-6=0$ ist es leichter eine Lösungsformel zu verwenden. Das bedeutet aber, dass man x^2-x-6 ebenso als $(x+2)\cdot(x-3)$ schreiben kann.

Diese Überlegung geht auf **Vieta** zurück.

Satz von Vieta

Es gilt:
$x^2+px+q=(x-x_1)\cdot(x-x_2)$
$ax^2+bx+c=a\cdot(x-x_1)\cdot(x-x_2)$,
wenn x_1, x_2 die Lösungen der zugehörigen Gleichung sind.

Komplexe Zahlen siehe Kapitel 8, Lerneinheit 4

Die Erweiterung dieses Satzes gilt als der **„Fundamentalsatz der Algebra"**: Eine Gleichung *n*-ten Grades hat im Zahlenraum der komplexen Zahlen genau *n* Lösungen. Carl Friedrich Gauß erstellte 1799 im Rahmen seiner Dissertation den ersten vollständigen Beweis für diesen Satz.

3 Zusammenhänge zwischen quadratischen Gleichungen und Funktionen

Rechnen und grafisch darstellen

Das nächste Ziel lautet: Erkennen des Zusammenhangs zwischen dem Lösen von quadratischen Gleichungen und der grafischen Darstellung der Gleichung als Funktion.

SbX
Sie finden die Lösung zu Ü 5 unter der ID: 1221.

Ü 5 ★★: Gegenüberstellen von Gleichung und Funktion B C D

a) Lösen Sie die folgenden Gleichungen … … und stellen Sie die folgenden Funktionen grafisch dar:

$5x^2=0$	$f_1(x)=5x^2$
$0{,}5x^2=0$	$f_2(x)=0{,}5x^2$
$-2x^2=0$	$f_3(x)=-2x^2$

Wenn Sie die Lösungen der Gleichungen mit dem Schnittpunkt der Funktion mit der *x*-Achse vergleichen, was fällt Ihnen auf?
Zeichnen Sie jetzt alle drei Funktionen in ein Koordinatensystem und beschreiben Sie die Unterschiede zwischen den einzelnen Funktionen.

b) Lösen sie die folgenden Gleichungen … … und stellen Sie die folgenden Funktionen grafisch dar:

$3x^2-48=0$	$f_1(x)=3x^2-48$
$x^2+5=0$	$f_2(x)=x^2+5$
$\frac{1}{3}x^2-3=0$	$f_3(x)=\frac{1}{3}x^2-3$
$4x^2+1=0$	$f_4(x)=4x^2+1$
$-4x^2+196=0$	$f_5(x)=-4x^2+196$
$-0{,}5x^2-15=0$	$f_6(x)=-0{,}5x^2-15$

Wenn Sie die Lösungen der Gleichungen mit dem/n Schnittpunkt(en) der Funktion mit der *x*-Achse vergleichen, was fällt Ihnen auf?
Zeichnen Sie jetzt alle sechs Funktionen in ein Koordinatensystem und vergleichen Sie diese mit der Funktion $f(x)=x^2$. Beschreiben Sie die Unterschiede!

c) Verfahren Sie wie in a) und b)!

$(x-2)^2=0$	$f_1(x)=(x-2)^2$
$(x+3)^2=0$	$f_2(x)=(x+3)^2$
$(x+2)\cdot(x-3)=0$	$f_3(x)=(x+2)\cdot(x-3)$
$(x-4)\cdot(x+2)=0$	$f_4(x)=(x-4)\cdot(x+2)$
$(x+2)^2-25=0$	$f_5(x)=(x+2)^2-25$
$x^2+28-10x=0$	$f_6(x)=x^2+28-10x$

Wenn Sie die Lösungen der Gleichungen mit dem/n Schnittpunkt(en) der Funktion mit der x-Achse vergleichen, was fällt Ihnen auf?
Zeichnen Sie jetzt alle fünf Funktionen in ein Koordinatensystem und vergleichen Sie diese mit der Funktion $f(x) = x^2$. Beschreiben Sie die Unterschiede!
Stellen Sie eine allgemeine Vermutung auf.

Allgemein gilt:

quadratische Funktion – quadratische Gleichung

Das Lösen einer **quadratischen Gleichung** entspricht dem Auffinden der Nullstellen einer **quadratischen Funktion.**

Üben

SbX ID: 1222

Ü 6 ★: Lösen Sie die folgenden quadratischen Gleichungen! Überlegen Sie bei jeder Gleichung, welche Lösungsmethode die am besten geeignete wäre und warum! B D

$x^2 - 121 = 0$ ✔ $L = \{-11; 11\}$

Ü 7 ★: (wie Ü 6) B D

$x^2 - 6x + 8 = 0$ ✔ $L = \{2; 4\}$

Ü 8 ★: (wie Ü 6) B D

$2x^2 + x - 15 = 0$ ✔ $L = \{-3; 2{,}5\}$

Ü 9 ★: (wie Ü 6) B D

$7x^2 - 2x = 0$ ✔ $L = \left\{0; \frac{2}{7}\right\}$

Ü 10 ★: (wie Ü 6) B D

$0{,}5x^2 + 4x = 0$ ✔ $L = \{-8; 0\}$

Ü 11 ★: (wie Ü 6) B D

$3x^2 = 200$ ✔ $L = \{-8{,}16; 8{,}16\}$

Ü 12 ★★: (wie Ü 6) B D

$10x^2 - 21x + 8 = 0$ ✔ $L = \{0{,}5; 1{,}6\}$

Ü 13 ★★: (wie Ü 6) B D

$5x^2 + 70 = 0$ ✔ nicht lösbar in $\mathbb{R}$

Ü 14 ★★: (wie Ü 6) B D

$4x^2 + 4x = 0$ ✔ $L = \{-1; 0\}$

Ü 15 ★★: (wie Ü 6) B D

$-2x + x^2 = 8$ ✔ $L = \{-2; 4\}$

Ü 16 ★★: (wie Ü 6) B D

$4x^2 + 14x - 280 = 28 - 2x$ ✔ $L = \{-11; 7\}$

SbX
Sie finden die Lösungen zu Ü 17 bis Ü 20 unter der ID: 1222.

Ü 17 ★★: Skizzieren Sie folgende Funktionen: B C D

$f(x) = (x-1)^2 + 2$ $\quad g(x) = (x-1)^2 - 3$ $\quad h(x) = -(x-1)^2 + 2$

Beschreiben Sie mit Worten die Unterschiede und die Gemeinsamkeiten der Funktionen.

Ü 18 ★★: Fertigen Sie eine Skizze an und dokumentieren Sie Unterschiede und Gemeinsamkeiten der Funktionen. B C D

$f(x) = (x+1)^2 + 2$ $\qquad$ $g(x) = (x+2)^2 + 2$ $\qquad$ $h(x) = -x^2 + 2$

Ü 19 ★★: (wie Ü 17) C

$f_1(x) = (x-1)^2$ $\qquad$ $f_2(x) = 3 \cdot (x-1)^2$

$f_3(x) = 0{,}5 \cdot (x-1)^2$ $\qquad$ $f_4(x) = -2 \cdot (x-1)^2$

Ü 20 ★★: Ordnen Sie zu (schreiben Sie den richtigen Buchstaben ins passende Quadrat): C

a) $y = 0{,}5x^2$ $\qquad$ c) $y = (x-3)^2$ $\qquad$ e) $y = (x+3)^2 - 3$

b) $y = (x+3)^2$ $\qquad$ d) $y = x^2 - 3$ $\qquad$ f) $y = 5x^2$

Ergänzen Sie die fehlenden Funktionsgleichungen!

1.
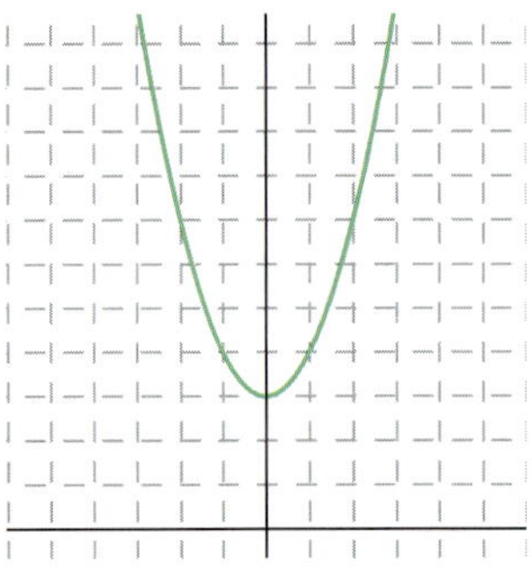

2.
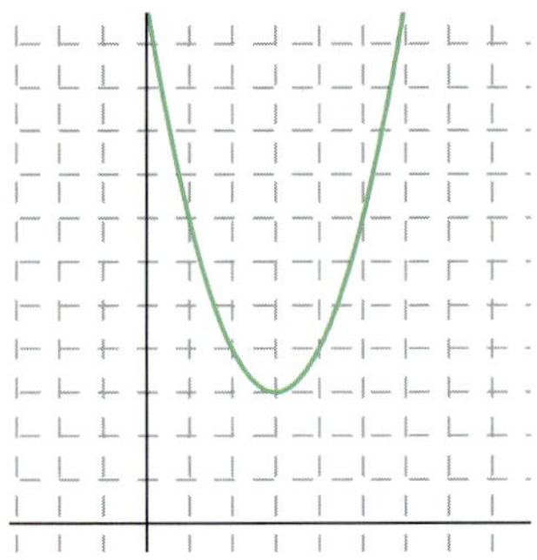

3.
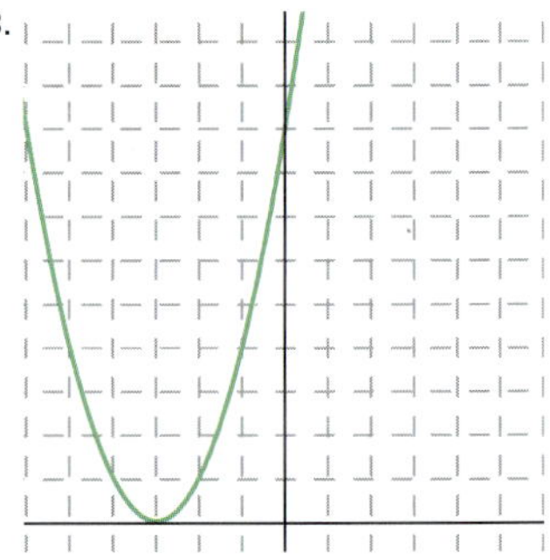

4.
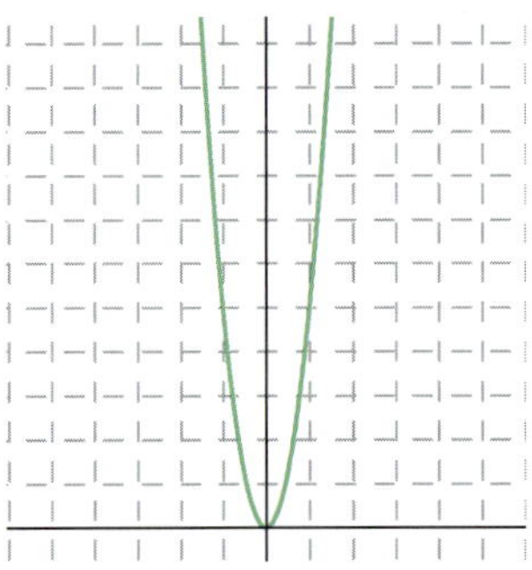

5.
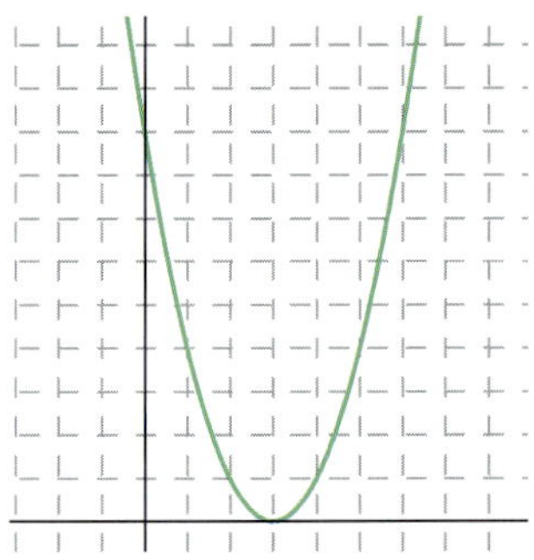

6.
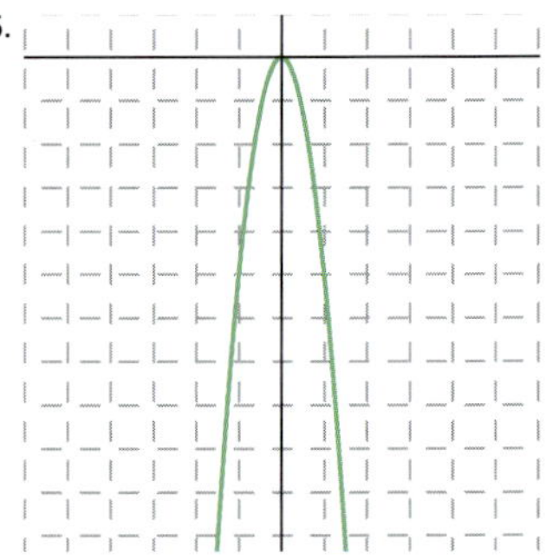

7.
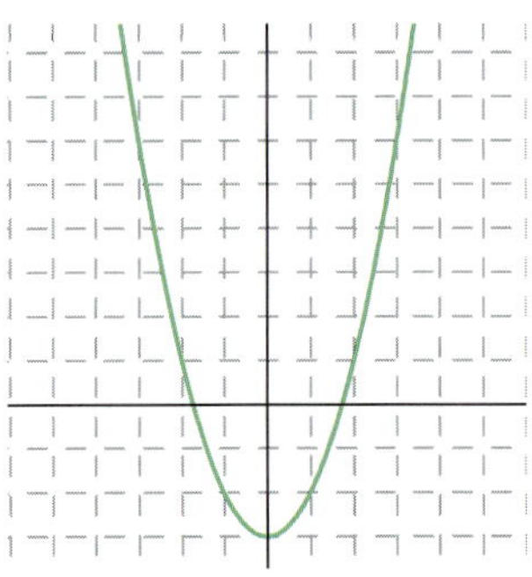

8.
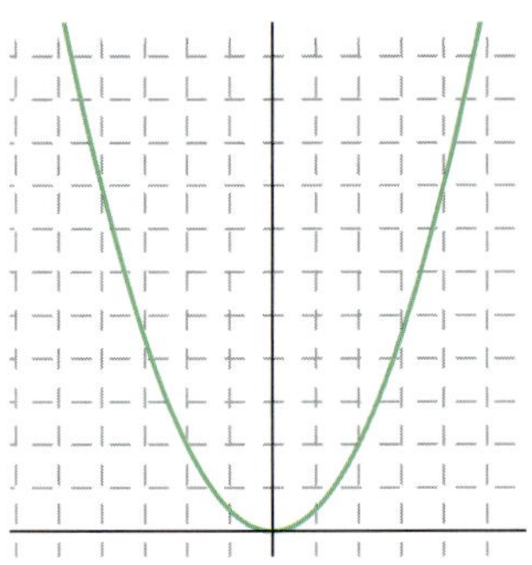

9.
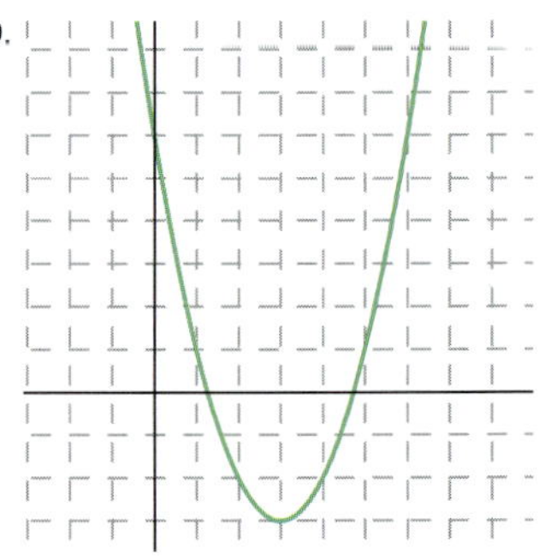

10.
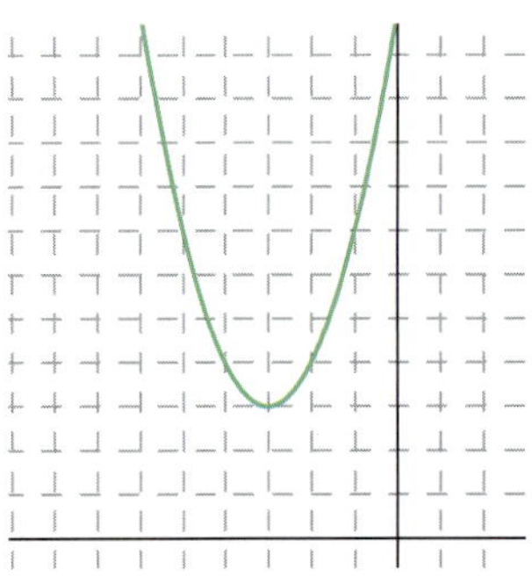

11.
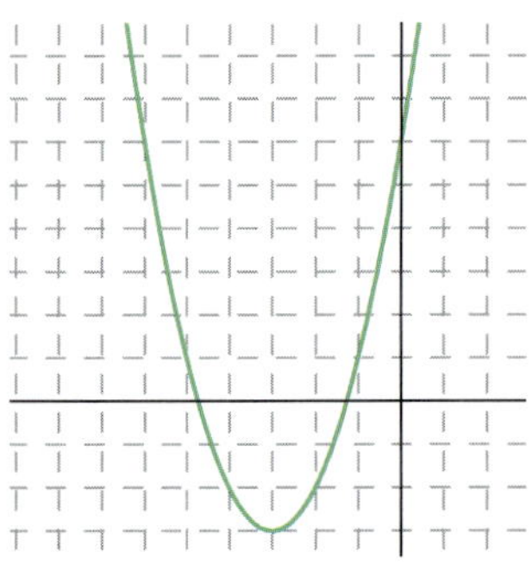

12.
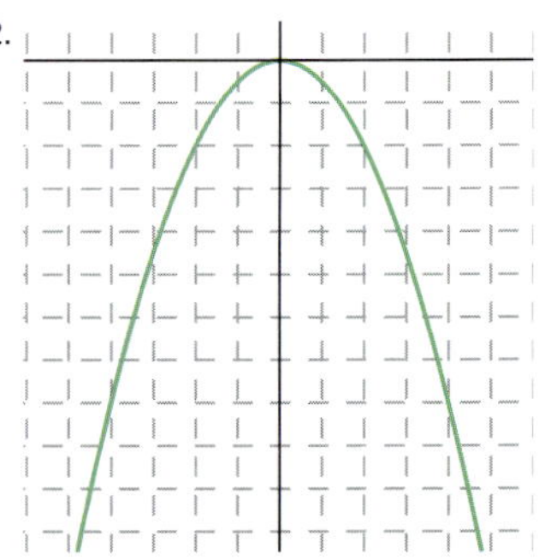

Ü 21 ★★★: Auch die Bögen von Brücken haben oft die Form einer Parabel. Ein Brückenbogen hat eine Höhe von 30 m und eine Spannweite von 100 m. Fertigen Sie eine beschriftete Skizze an. Geben Sie eine Funktionsgleichung $b(x)$ an, die diesen Brückenbogen beschreibt. A B

✔ $b(x) = -\frac{3}{250}x^2 + 30$

SbX ID: 1222.

Weitere Übungsbeispiele zu dieser Lerneinheit finden Sie in SbX.

Sichern

Funktion

Eine **Funktion** ordnet jeder x-Koordinate genau eine y-Koordinate zu.

Man schreibt: $y = \dots$

$f(x) = \dots$

$x \mapsto \dots$

Parabel

Eine quadratische Funktion hat die Form einer **Parabel.**

Die quadratische Funktion kann verschoben/in der Form verändert werden.

$y = a(x+b)^2 + c$

Koeffizienten

Die Zahlen vor den Variablen nennt man auch **Koeffizienten.**

Verschieberegeln

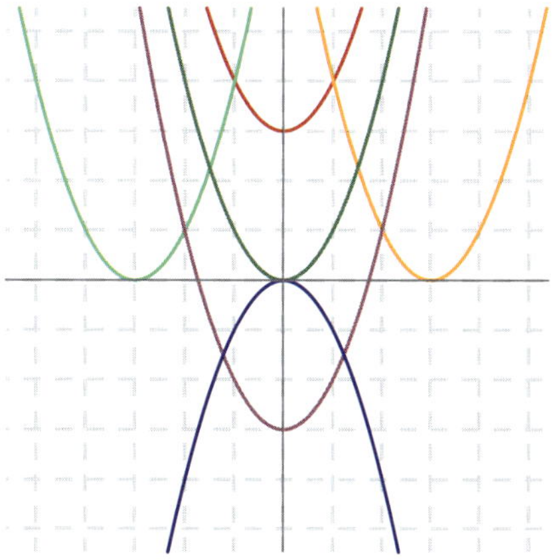

Abb. 13

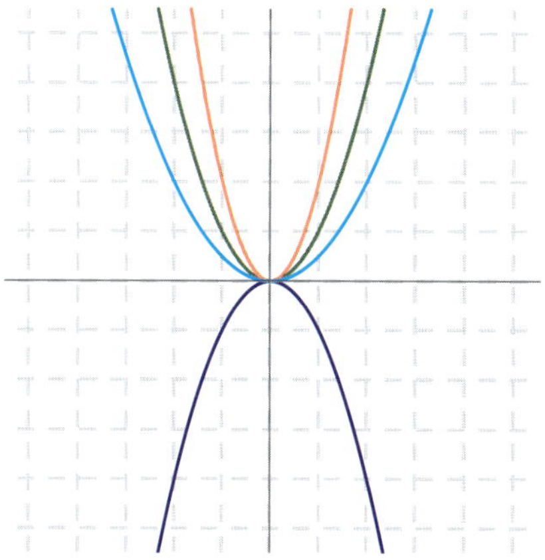

Abb. 14

$a > 0 / a < 0$	Die Parabel ist nach oben/unten geöffnet.
$b > 0 / b < 0$	Die Parabel ist nach links/nach rechts verschoben.
$c > 0 / c < 0$	Die Parabel ist nach oben/nach unten verschoben.
$a > 1$, $a < -1$	Die Parabel wird schmäler.
$-1 < a < 0$, $0 < a < 1$	Die Parabel wird breiter.

rechnerische Lösung

$ax^2 + c = 0$	Wurzelziehen	
$ax^2 + bx = 0$	Herausheben	
$ax^2 + bx + c = 0$	Lösungsformel	$x_{1,2} = \frac{-b \pm \sqrt{b^2 - 4 \cdot a \cdot c}}{2 \cdot a}$
$x^2 + px + q = 0$	Lösungsformel	$x_{1,2} = -\frac{p}{2} \pm \sqrt{\left(\frac{p}{2}\right)^2 - q}$

2 Potenz- und Polynomfunktionen

grafische Lösung

Rechnerisch	Grafisch	
2 Lösungen $x_1 = \ldots$ $x_2 = \ldots$	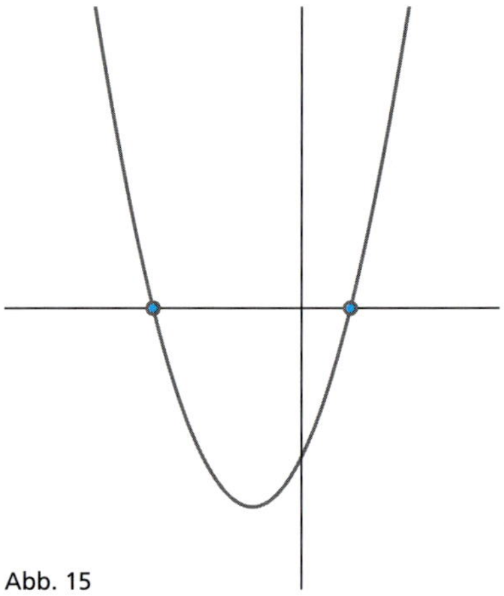 Abb. 15	2 Schnittpunkte mit der x-Achse 2 Nullstellen
1 Lösung	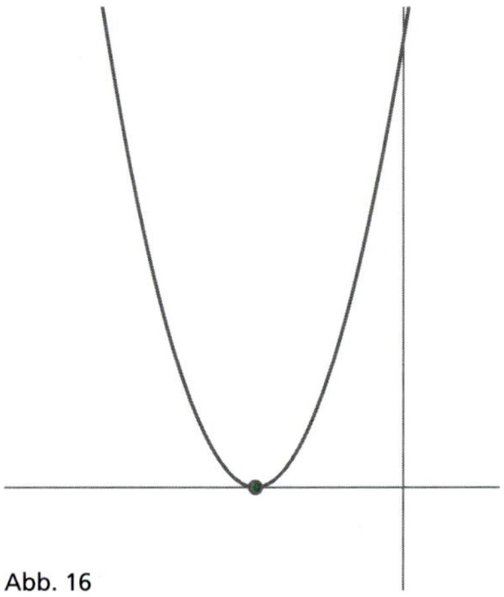 Abb. 16	1 Schnittpunkt mit der x-Achse 1 Nullstelle
0 Lösungen	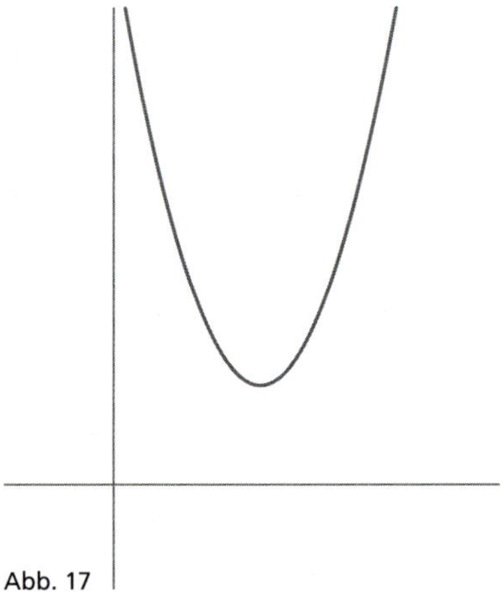 Abb. 17	0 Schnittpunkte mit der x-Achse 0 Nullstellen

Wissen

SbX ID: 1224

SbX Die Lösungen finden Sie unter der ID: 1224.

W 1: Erklären Sie den Unterschied zwischen einer linearen und einer quadratischen Funktion. C D

W 2: Wie verändert sich der Graph einer quadratischen Funktion abhängig von der Zahl vor x^2? C D

W 3: Ergänzen Sie: Die Standardparabel ist nach unten verschoben, wenn … D

W 4: Wie muss man die Angabe $y = x^2 - 9x + 12$ verändern, damit man ohne Wertetabelle eine Skizze zeichnen kann? Fertigen Sie eine Skizze an! A C

W 5: Skizzieren Sie: $y = (x-4)\cdot(x+2)$ B

W 6: Skizzieren Sie: $f(x) = -2x^2 + 5{,}5$ B

W 7: Skizzieren Sie: $g(x) = (x+5)^2$ B

3.6 3.11

W 8: Eine Parabolantenne hat einen Durchmesser von 1 m und eine Tiefe von 20 cm. Fertigen Sie eine beschriftete Skizze an.
Geben Sie eine Funktionsgleichung $a(x)$ an, die die Antennenform beschreibt. A B

3.6 3.11

W 9: Stahlbrücken haben eine ähnliche Form wie Steinbrücken – eine Parabel trägt mithilfe von senkrechten Stützen die Brücke. A B
Bei einer Stahlbrücke beträgt die Scheitelpunkthöhe der Parabel 45 m. Die vierte Stütze ist von der Mitte der Parabel 50 m entfernt und 30 m hoch (siehe Bild), die mittlere Stütze 5 m.
Fertigen Sie eine beschriftete Skizze an.Geben Sie eine Funktionsgleichung $b(x)$ an, die diesen Brückenbogen beschreibt.

W 10: Erklären Sie den Unterschied zwischen einer linearen und einer quadratischen Gleichung. D

W 11: Beschreiben Sie den Zusammenhang zwischen der Anzahl der Lösungen einer quadratischen Gleichung und der Lage einer quadratischen Funktion im Koordinatensystem. D

W 12: Kann man „alle Arten" von quadratischen Gleichungen mithilfe einer Lösungsformel berechnen? Erklären Sie anhand folgender Beispiele: A D

a) $x^2 - 100 = 0$ b) $x^2 + 5x = 0$ c) $(x-8)\cdot(x+2) = 0$ d) $x^2 + 2x + 3 = 0$

2.11 3.6 3.11

W 13: Eine Glasvase hat innen die Form eines Paraboloids und außen die Form eines Zylinders. Die Gesamthöhe beträgt 16 cm, die Innenhöhe 15 cm. Am oberen Rand der Vase beträgt der Durchmesser 12 cm. A B

Stellen Sie eine Parabelgleichung für diesen Querschnitt auf.

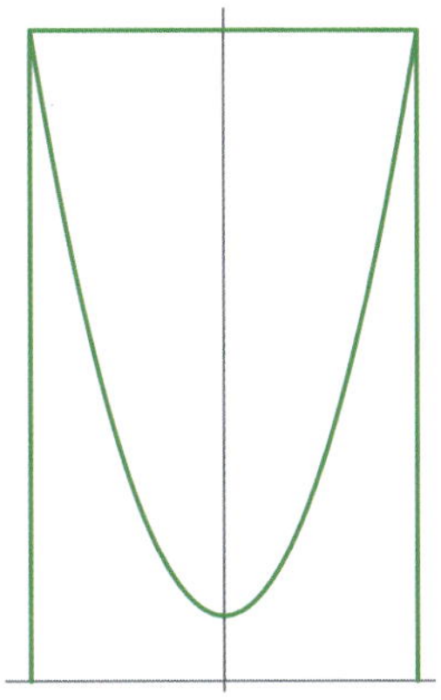

Abb. 25

2 Potenz- und Polynomfunktionen

Wissen Sie, wie lang Ihr Bremsweg bei Schneefahrbahn ist?

W 14: Laut Angabe des Herstellers ist die Bremsverzögerung einer Limousine ca. 30% besser als die eines Geländewagens. A B C D

Die physikalische Formel zur Berechnung des Bremsweges lautet: $s_b = \frac{v^2}{2a}$, wobei a die Bremsverzögerung ist.

Die Bremsverzögerung ist abhängig von der Straßenbeschaffenheit.

Trockener Asphalt: $a = 8$ m/s²
Nasser Asphalt: $a = 6$ m/s²
Sand: $a = 4–5$ m/s²
Schnee: $a = 1–3$ m/s²

- Berechnen Sie für eine Geschwindigkeit von 50 km/h den Unterschied der Bremswege eines Pkw bei trockenem bzw. nassem Asphalt und bei Schnee.
- Berechnen Sie für eine Geschwindigkeit von 50 km/h den Unterschied der Bremswege eines Geländewagens bei trockenem bzw. nassem Asphalt und bei Schnee.
- Um wie viel Prozent ist der Bremsweg des Geländewagens jeweils länger?
- Ist es zum prozentuellen Vergleich der Bremswege nötig, die einzelnen Bremswege zu errechnen? Begründen Sie!

2.11 3.6 3.9 4.6

W 15: A B C D

a) Ordnen Sie die Graphen der Funktionen den Funktionsgleichungen zu.
b) Lesen Sie aus den grafischen Darstellungen die Anzahl der Nullstellen heraus und berechnen Sie diese.
c) Ermitteln Sie bei jeder Funktion den Scheitel und geben Sie an, ob es sich um einen Tief- oder Hochpunkt handelt.
d) Erklären Sie die Begriffe Nullstelle, Tiefpunkt, Hochpunkt.

$f_1(x) = -x^2$ $f_2(x) = x^2 + 2$ $f_3(x) = x^2 - 2$ $f_4(x) = (x+2)^2$

$f_5(x) = (x-2)^2$ $f_6(x) = (x+3)^2 - 4$ $f_7(x) = x^2 + 6x + 15$

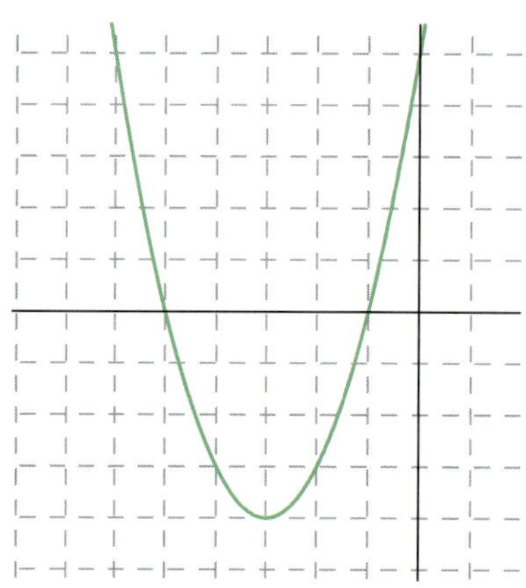

Abb. 18

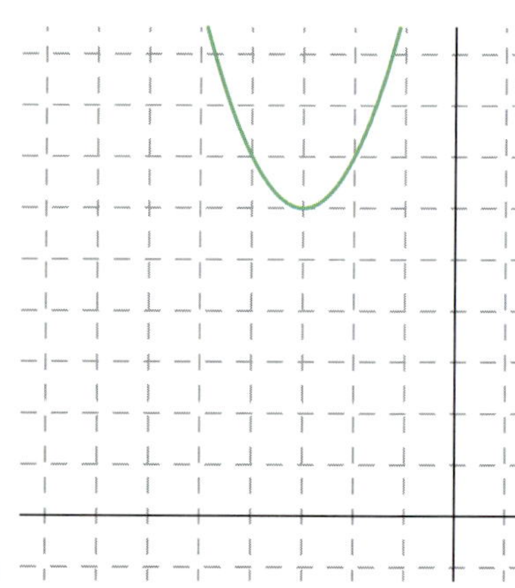

Abb. 19

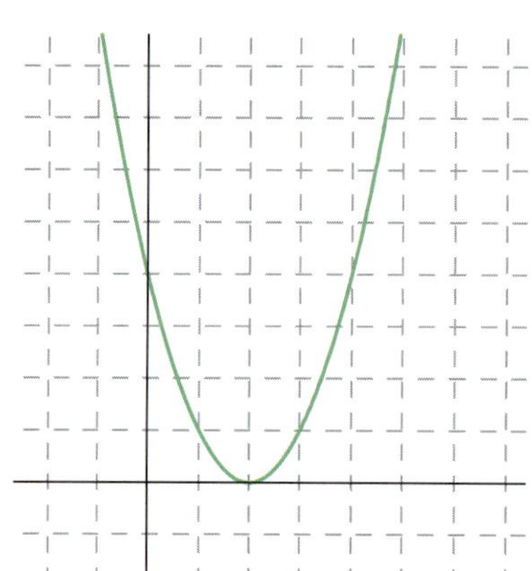

Abb. 20

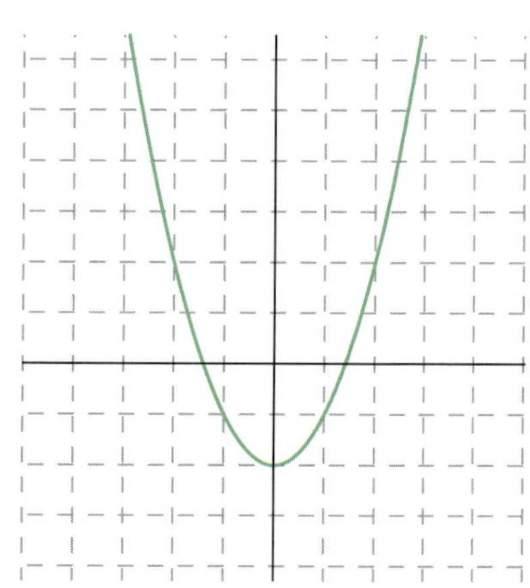

Abb. 21

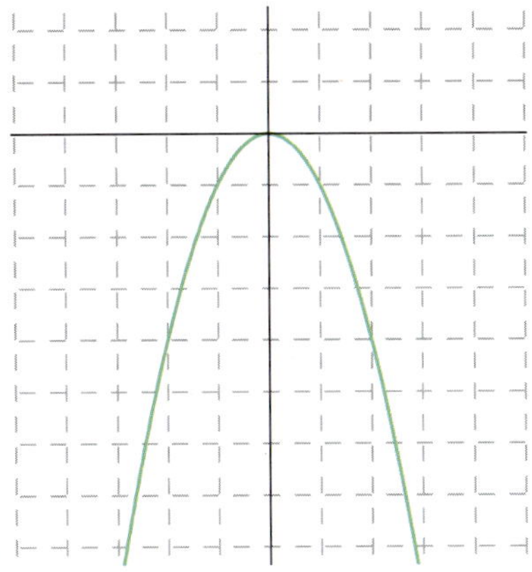

Abb. 22

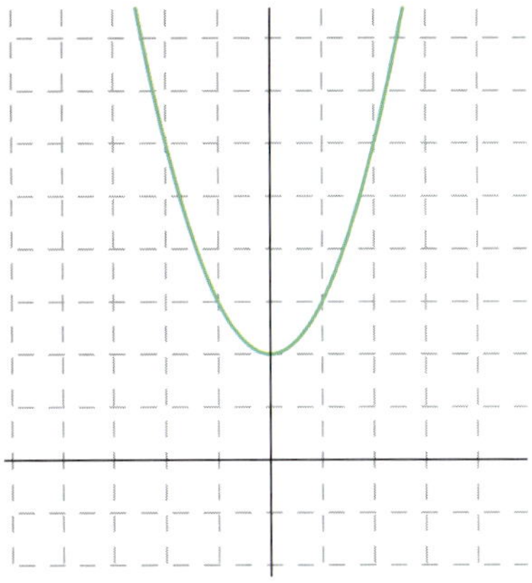

Abb. 23

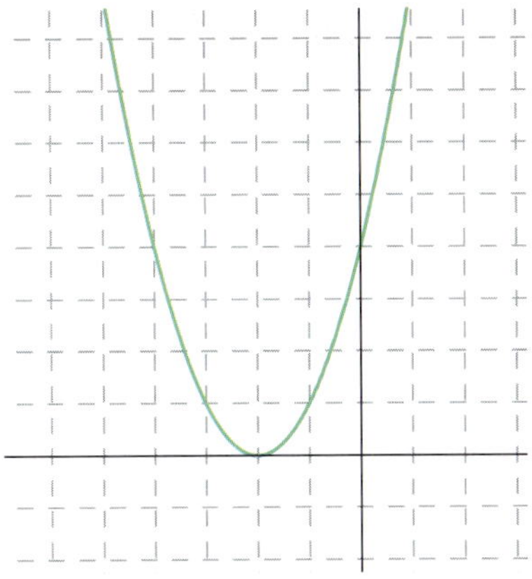

Abb. 24

Ein kurzer Wissens-Check, bevor's weitergeht!

Wissens-Check

	☺	😐	☹
Ich kann eine Parabel skizzieren.			
Ich kann aus der Funktionsgleichung einer Parabel erkennen, ob sie nach oben/unten verschoben ist.			
Ich kann aus der Funktionsgleichung einer Parabel erkennen, ob sie nach links/rechts verschoben ist.			
Ich erkenne anhand der Funktionsgleichung, ob die Parabel nach oben/unten geöffnet ist.			
Ich kann eine Funktionsgleichung so umformen, dass ich die unterschiedlichen „Verschieberegeln“ anwenden kann.			
Ich kann eine quadratische Gleichung lösen.			
Ich kenne den Zusammenhang zwischen den errechneten Lösungen quadratischer Funktionen und den Nullstellen.			
Ich kann eine quadratische Gleichung aufstellen.			

SbX

Zusätzliche und erweiternde Lerninhalte zu den Themen aus Lerneinheit 2 finden Sie unter der ID: 1224.

Lerneinheit 3

Lösen von Gleichungen höheren Grades

SbX
Alle SbX-Inhalte zu dieser Lerneinheit finden Sie unter der ID: 1230.

Descartes stellte 1637 den Zusammenhang zwischen dem Grad einer Gleichung und der Zahl ihrer Lösungen fest. Noch heute gibt es nur für Gleichungen bis zum Grad vier eine Formel zum Berechnen der Lösung. Um Nullstellen von Polynomfunktionen zu finden, gibt es unterschiedliche Näherungsverfahren, die sich dank der modernen Technologie auch ohne viel Rechenarbeit anwenden lassen.

Sie lernen hier:
- **wie man Polynomfunktionen in einzelne Linearfaktoren zerlegt**
- **einen grafikfähigen Taschenrechner zur Lösung der Aufgabe heranzuziehen**
- **das Newton'sche Näherungsverfahren**

Lernen

SbX ID: 1231

1 Gleichungen und Funktionen höheren Grades

Eine kurze Einführung

Wenn in einer Gleichung Hochzahlen vorkommen, deren Grad größer als zwei ist, so spricht man von einer Gleichung höheren Grades. So wäre zum Beispiel $x^3 = 8$ eine Gleichung dritten Grades, deren Lösung sich einfach im Kopf feststellen lässt.

So wie bei den quadratischen Gleichungen lassen sich auch hier die Lösungen von Gleichungen dritten, vierten … Grades als Schnittpunkte der Polynomfunktion dritten, vierten … Grades mit der x-Achse beschreiben.

Mithilfe eines grafikfähigen Taschenrechners lassen sich die unterschiedlichsten Funktionen auch grafisch darstellen.

Grafische Darstellung

Eigenschaften von Funktionen siehe Kapitel 8, Lerneinheit 6

SbX
Sie finden die Lösung zu Ü 1 unter der ID: 1231.

Ü 1 ★★: Stellen Sie folgende Funktionen jeweils in einem gemeinsamen Koordinatensystem dar und beschreiben Sie das Aussehen der Funktionen. Versuchen Sie auch Gemeinsamkeiten zu finden. B C D

a) $f_1(x) = x^3$, $f_2(x) = x^3 + x^2$, $f_3(x) = x^3 + x^2 + x$, $f_4(x) = x^3 + x^2 + x + 1$

b) $f_1(x) = x^3$, $f_2(x) = x^3 + x^2$, $f_3(x) = x^3 + x^2 + x$, $f_4(x) = x^3 + 1$, $f_5(x) = x^3 + x^2 + 1$, $f_6(x) = x^3 + x^2 + x + 1$

c) $f_1(x) = x^3$, $f_2(x) = x^3 - x^2$, $f_3(x) = x^3 + x^2$

d) $f_1(x) = x^4$, $f_2(x) = x^4 + x^3$, $f_3(x) = x^4 + x^3 + x^2$, $f_4(x) = x^4 + x^3 + x^2 + x$, $f_5(x) = x^4 - x^3$, $f_6(x) = x^4 - x^3 + x^2$, $f_7(x) = x^4 - x^3 + x^2 - x$

e) $f_1(x) = x^4$, $f_2(x) = x^4 - x^2$, $f_3(x) = x^4 + x^2$, $f_4(x) = x^4 - 4x^2 + 1$

Wie viele Nullstellen haben die Funktionen? Streichen Sie Unzutreffendes!
Die Funktionen dritten Grades haben 0, 1, 2, 3, 4, 5 Nullstellen.
Die Funktionen vierten Grades haben 0, 1, 2, 3, 4, 5 Nullstellen.

Lösen von Gleichungen höheren Grades

Zur Wiederholung hier noch einmal der Produkt-Null-Satz:

Produkt-Null-Satz

Hat ein Faktor in einem Produkt den Wert Null, so hat auch das Produkt selbst den Wert Null.

Mit diesem Wissen ausgestattet lässt sich auch die folgende Gleichung leicht lösen:

L 1: B

$$(x-3)\cdot(x+6)\cdot(x-2)=0$$

$x-3=0$ $\quad$ $x+6=0$ $\quad$ $x-2=0$ $\quad$ ● denn sobald ein Faktor Null ist …

$x=3$ $\quad$ $x=-6$ $\quad$ $x=2$

Damit erhält man drei Lösungen: $L=\{-6;2;3\}$

SbX
Sie finden die Lösung zu Ü 2 unter der ID: 1231.

Lösungsformel für quadratische Gleichungen siehe Kapitel 2, Lerneinheit 2

Ü 2 ★★: Lösen Sie nun folgende Gleichungen: B

a) $(x-3)\cdot(x^2+4x-12)=0$

b) $(x^2+3x-18)\cdot(x-2)=0$

c) Vergleichen Sie die Lösungen mit dem Beispiel L 1 und versuchen Sie, die noch fehlende dritte Angabe zu finden:
$(\ldots)\cdot(\ldots)=0$

Siehe auch Kapitel 8, Lerneinheit 1: Variablen und Terme

Wenn man nun die linke Seite der Gleichung $(x-3)\cdot(x+6)\cdot(x-2)=0$ ausmultipliziert, so kommt man auf $x^3+x^2-24x+36$; daher muss die Gleichung $x^3+x^2-24x+36=0$ auch -6; 2; 3 als Lösungen haben.

Jetzt kann man folgende Überlegungen anstellen:

$$x^3+x^2-24x+36=(x-3)\cdot(x-2)\cdot(x+6)$$ ● daraus folgt:

$$(x^3+x^2-24x+36):(x-3)=(x-2)\cdot(x+6)$$
$$(x^3+x^2-24x+36):(x-3)=(x^2+4x-12)$$ ● oder:

$$(x^3+x^2-24x+36):(x-2)=(x-3)\cdot(x+6)$$
$$(x^3+x^2-24x+36):(x-2)=(x^2+3x-18)$$ ● oder:

$$(x^3+x^2-24x+36):(x+6)=(x-2)\cdot(x-3)$$
$$(x^3+x^2-24x+36):(x+6)=(x^2-5x+6)$$

Wenn man also **eine** Lösung kennt, so kann man diese abspalten, zum Beispiel mit einer Polynomdivision.

Zuvor noch ein „Ausflug in die Volksschule": Dividieren Sie 152 : 4 von Hand.

Wahrscheinlich werden sie folgendermaßen gerechnet haben.

152 : 4 = 38	vier geht in 15 dreimal
32	drei Rest, zwei herunter; vier geht in 32 achtmal
0 R	null Rest

Was haben Sie dabei aber wirklich gerechnet?

152 : 4 = 38	vier geht in 15 dreimal
12	drei mal vier ist 12; auf 15 fehlen genau
32	drei Rest, zwei herunter; vier geht in 32 achtmal
32	acht mal vier ist 32; auf 32 fehlen genau
0 R	null Rest

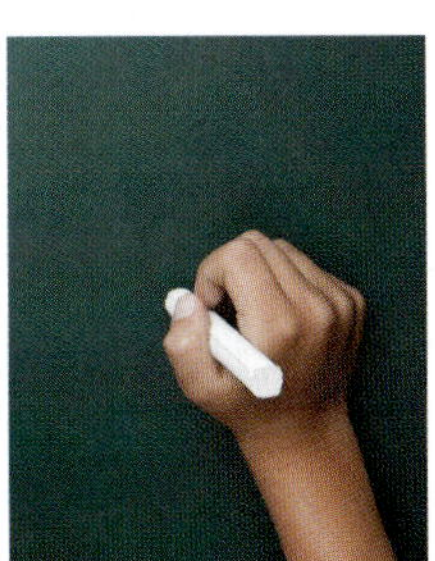

Wie war das noch einmal …

Anmerkung: die Frage „auf … fehlen" kann man dadurch berechnen, dass man aus dem +32 ein −32 macht, also das Vorzeichen ändert.

Die **Zwischenzeilen** schreibt man meist nicht hin, da es leicht möglich ist, sich diese zu merken. Wenn man aber ein Polynom durch ein Binom dividiert, so ist es sinnvoll diese Zwischenzeile anzuschreiben.

Wenn wir nun das Beispiel von vorhin betrachten, nämlich $x^3 + x^2 - 24x + 36 = 0$, so wissen wir bereits, dass **eine** mögliche **Lösung +3** beträgt und das Ergebnis der Polynomdivision $(x^3 + x^2 - 24x + 36):(x - 3)$ der Term $(x^2 + 4x - 12)$ ist.

Von Hand berechnet ginge das folgendermaßen:

$(x^3 + x^2 - 24x + 36):(x - 3) = (x^2 + 4x - 12)$	x geht in x^3 x^2-mal
$\underset{-\ +}{x^3 - 3x^2}$	x^2 mal x ist x^3, x^2 mal -3 ist $-3x^2$
$4x^2 - 24x$	$-4x^2$ R. $-24x$ herunter, x geht in $-4x^2$ $+4x$-mal
$\underset{-\ +}{4x^2 - 12x}$	$4x$ mal x ist $4x^2$, $4x$ mal -3 ist $-12x$
$-12x + 36$	$-12x$ R. $+36$ herunter, x geht in $-12x$ -12-mal
$\underset{+\ -}{-12x + 36}$	-12 mal x ist $-12x$, -12 mal -3 ist 36
0 R	null Rest

Warum wurde durch $(x - 3)$ dividiert, wenn eine Lösung +3 ist?

Der von Carl Friedrich Gauß erstmals vollständig bewiesene Fundamentalsatz der Algebra besagt:

Fundamentalsatz der Algebra

Es gilt:

$ax^3 + bx^2 + cx + d = a(x - x_1)\cdot(x - x_2)\cdot(x - x_3)$,

wenn x_1, x_2, x_3 die Lösungen der Gleichung $ax^3 + bx^2 + cx + d = 0$ sind.

Falls es eine **ganzzahlige Lösung** einer Gleichung gibt, so ist diese **Teiler des absoluten Gliedes** (= „Zahl ohne Variable").

SbX

Eine weitere Lösungsmethode ist das Horner-Schema, das unter der ID: 1231 erklärt wird.

Für die praktische Anwendung bedeutet das, dass man bei einer Gleichung dritten Grades nur eine Lösung kennen muss, um durch eine Polynomdivision auf eine Gleichung zweiten Grades zu kommen, die wiederum durch die kleine/große Lösungsformel berechnet wird.

Man kann Gleichungen höheren Grades auch grafisch/rechnerisch mit dem Taschenrechner lösen.

L 2: Lösen Sie: B

$x^3 + x^2 - 24x + 36 = 0$

- Suchen eines ganzzahligen Teilers von 36: z.B.: $\pm1; \pm2; \pm3; \pm4; \pm6; \pm9; \pm12; \pm18; \pm36$
- Durch Einsetzen berechnen, ob die linke Seite 0 ergibt.

$x = 1$:
$1^3 + 1^2 - 24\cdot1 + 36 \neq 0$

$x = -1$:
$(-1)^3 + (-1)^2 - 24\cdot(-1) + 36 \neq 0$

$x = 2$:
$2^3 + 2^2 - 24\cdot2 + 36 = 0$

$\Rightarrow x_1 = 2$

- Erst bei 2 ergibt sich 0 als Lösung.

$(x^3 + x^2 - 24x + 36):(x - 2) = x^2 + 3x - 18$

$x^2 + 3x - 18 = 0$

$x_{2,3} = -\frac{3}{2} \pm \sqrt{\left(\frac{3}{2}\right)^2 - (-18)}$

$\Rightarrow x_2 = -6,\ x_3 = 3$

- Polynomdivision durch $(x - 2)$
- Es ergibt sich eine quadratische Gleichung, die – gleich null gesetzt – die restlichen Lösungen liefert.

Viel leichter lässt sich eine Gleichung z.B. dritten Grades lösen, wenn man kein absolutes Glied hat (d.h., das absolute Glied ist null).

L 3: Lösen Sie: $x^3 + x^2 - 6x = 0$ und skizzieren Sie die Funktion $f(x) = x^3 + x^2 - 6x$. B

$x(x^2 + x - 6) = 0$ — Herausheben von x

$x_1 = 0 \qquad (x^2 + x - 6) = 0$ — Produkt-Null-Satz

$x_{2,3} = -\frac{1}{2} \pm \sqrt{\left(\frac{1}{2}\right)^2 + 6}$

$x_2 = -3$

$x_3 = 2$

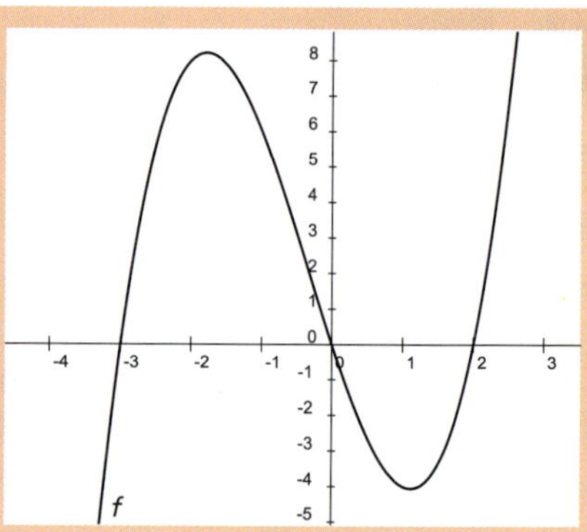

Abb. 1

2 Näherungsweises Lösen von Gleichungen

Was tun, wenn die Lösungen „krumme" Zahlen sind?

Nicht immer gibt es bei Gleichungen höheren Grades ganzzahlige Lösungen. Solche Gleichungen kann man im Allgemeinen nur näherungsweise lösen, zum Beispiel mit dem Taschenrechner. Als Beispiel suchen wir die Lösungen der Gleichung $x^3 - 6x^2 + 20 = 0$.

- Zeichnen Sie den Graphen der Funktion $y = x^3 - 6x^2 + 20$. Sie sehen, dass diese Funktion drei Nullstellen hat, die Gleichung hat also drei Lösungen. Eine davon liegt zwischen 2 und 3.
- Drücken Sie [2nd] [CALC] • `zero` • [ENTER].

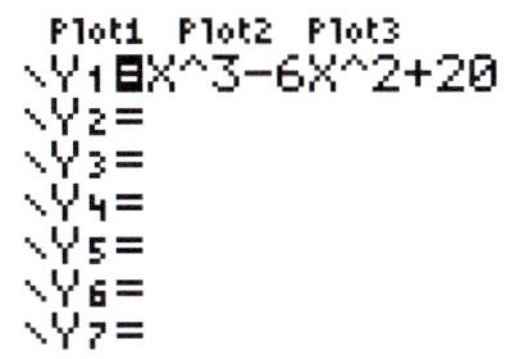

Abb. 1

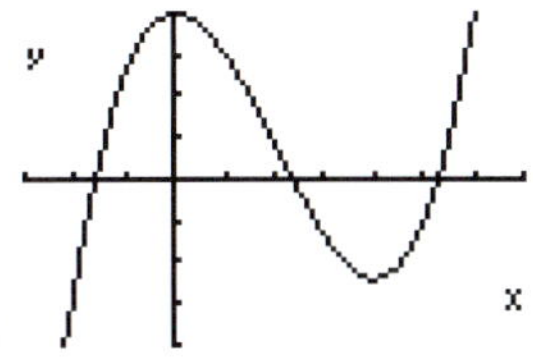

Abb. 2

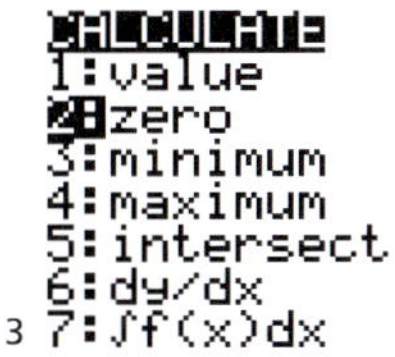

Abb. 3

- Geben Sie die Grenzen des Intervalls ein, in dem die gesuchte Nullstelle liegt: `LeftBound?` X=2, `RightBound?` X=3. (Die Abfrage `Guess?` können Sie überspringen.) Drücken Sie [ENTER].
- Der Rechner gibt die Lösung an: x = 2,3365088.

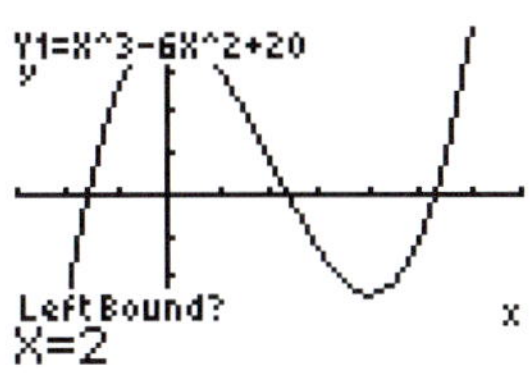

Abb. 4

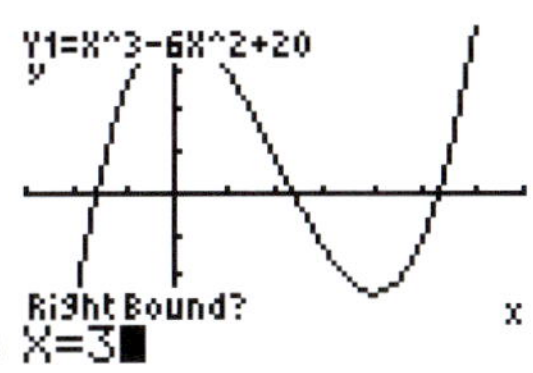

Abb. 5

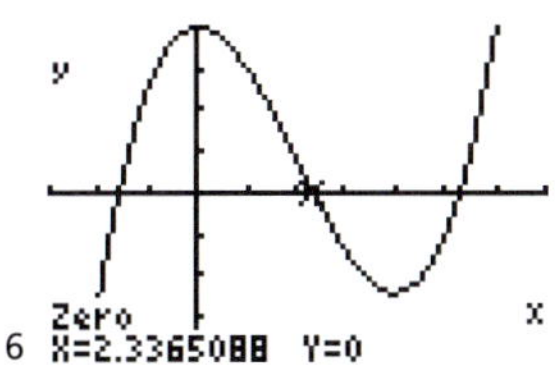

Abb. 6

- Um alle Lösungen zu finden, wiederholen Sie diese Schritte für die anderen beiden Nullstellen.

Sie können die Gleichung auch mit dem Solver des Rechners lösen:

- Wählen Sie im Menü [MATH] den Menüpunkt `Solver`.
- Geben Sie die Gleichung ein: 0 = X^3-6X^2+20
- Wählen Sie als Schätzwert X=2 und drücken Sie [ALPHA] [SOLVE].

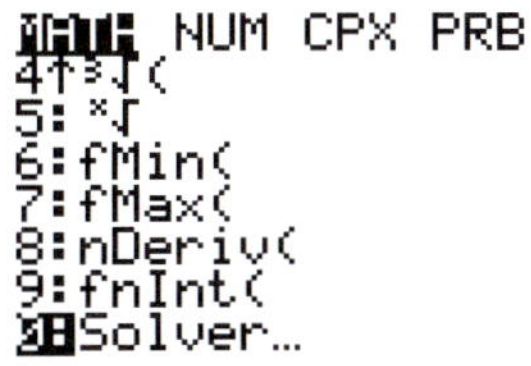

Abb. 7

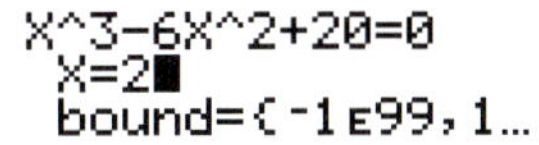

Abb. 8

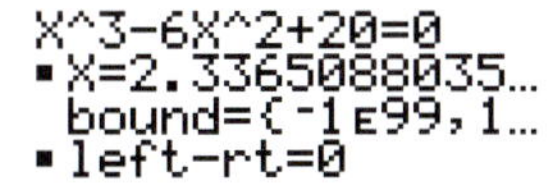

Abb. 9

SbX **Newton'sches Näherungsverfahren siehe ID: 1231.**

Siehe Kapitel 6 Differentialrechnung

Linktipp: www.mathematik.ch/anwendungenmath/Cardano/FormelCardano.php

Auch in diesem Fall sollten Sie zuerst die Funktion zeichnen, um herauszufinden, wie viele Lösungen es gibt und wie groß sie ungefähr sind.

Eine sehr effektive Lösungsmethode ist auch das Newton'sche Näherungsverfahren. Dafür benötigt man die Differentialrechnung.

Es gibt auch noch eine weitere Formel zur Berechnung von Gleichungen dritten Grades, die Formel von Cardano. Sie ist allerdings heute, da man Gleichungen mit einem Taschenrechner lösen kann, nur mehr von theoretischem Nutzen.

3 Kostenfunktionen

Anwendungen für die Praxis

Die Kostenfunktion ist ein Modell zur Darstellung von Kosten im Verhältnis zur produzierten Menge, das der Realität sehr nahe kommt. Kosten steigen im Allgemeinen nicht linear – denken Sie etwa an Überstunden oder den Energieverbrauch. Häufig können solche nicht linear wachsenden Kosten mit einer Funktion dritten Grades beschrieben werden.

Einen weiteren Input zu Kostenfunktionen finden Sie in Kapitel 5, Lerneinheit 3, und in Kapitel 1, Lerneinheit 3.

Die **Kostenfunktion** gibt die Gesamtkosten an:

$K(x) = ax^3 + bx^2 + cx + d$

Die **Erlösfunktion** gibt den Erlös an, den das Unternehmen mit dem Produkt erzielen kann. Es errechnet sich in diesem Fall durch Preis mal Menge:

$E(x) = px$

Als **Gewinnschwelle** – auch **Nutzenschwelle** oder **Break-even-Point** genannt – bezeichnet man jenen Punkt, an dem Kosten und Erlös gleich hoch sind:

$K(x) = E(x)$

Üben

SbX ID: 1232

SbX
Sie finden die Lösungen zu Ü 3 bis Ü 8 unter der ID: 1232.

Ü 3 ★: Lösen Sie folgende Gleichung durch Berechnung und Zeichnung! Erklären Sie, wie Sie vorgegangen sind. B D

$x^3 - x^2 = 0$

Ü 4 ★★: Lösen Sie folgende Gleichung durch Berechnung und kontrollieren Sie mithilfe einer grafischen Darstellung am Taschenrechner! B

$3x^3 + 14x^2 - 7x - 10 = 0$

Ü 5 ★★: Lösen Sie folgende Gleichung durch Berechnung und kontrollieren Sie mithilfe einer grafischen Darstellung am Taschenrechner! B

$x^3 - 8x^2 + 21x - 18 = 0$

Ü 6 ★★: Lösen Sie folgende Gleichung durch Berechnung und kontrollieren Sie mithilfe einer grafischen Darstellung am Taschenrechner! Beschreiben Sie in Worten, wie Sie vorgegangen sind und überlegen Sie, ob Sie den einfachsten Rechenweg gegangen sind! B C D

$3 \cdot (x - 4) \cdot (x + 7) \cdot (x - 0{,}5) = 0$

Schnittpunkte: jene Punkte, die sowohl auf $f(x)$ als auch auf $g(x)$ liegen $\Rightarrow f(x) = g(x)$

Ü 7 ★★: Berechnen Sie die Schnittpunkte der beiden Polynomfunktionen: B

$f(x) = x^3 + 11x^2 - 3 \qquad g(x) = 2x^2 + 5$

Ü 8 ★★: Lösen Sie die folgende Gleichung durch Berechnung und kontrollieren Sie mithilfe einer grafischen Darstellung am Taschenrechner! B

$x^3 = x^2 - 4x$

SbX
ID: 1232.

Weitere Übungsbeispiele zu dieser Lerneinheit finden Sie in SbX.

Sichern

Lösen von Gleichungen höheren Grades

Zum Lösen einer Gleichung höheren Grades muss zumindest eine Lösung durch „Probieren" gefunden werden. Gibt es eine **ganzzahlige Lösung** einer Gleichung, so ist diese **Teiler des absoluten Gliedes** (= „Zahl ohne Variable").

Gleichungen dritten Grades – Lösungsweg

Bei einer Gleichung dritten Grades muss man nur eine Lösung kennen. Der Lösungsweg führt über die **Polynomdivision** zu einer Gleichung zweiten Grades. Diese löst man mit der **kleinen oder der großen Lösungsformel.**

Fundamentalsatz der Algebra

Es gilt: $ax^3+bx^2+cx+d=a(x-x_1)\cdot(x-x_2)\cdot(x-x_3)$, wenn x_1, x_2, x_3 die Lösungen der Gleichung $ax^3+bx^2+cx+d=0$ sind.

Produkt-Null-Satz

Ein Produkt ist genau dann null, wenn mindestens ein Faktor null ist.

Wissen

SbX ID: 1234

SbX Die Lösungen finden Sie unter der ID: 1234.

W 1: Ermitteln Sie die Nullstellen der folgenden Funktion: $f(x)=x(x+1)\cdot(x-3)$. B D

Skizzieren Sie einen möglichen Kurvenverlauf ohne Wertetabelle oder grafische Darstellung am Taschenrechner. Beschreiben Sie Ihre Vorgangsweise.

3.11

W 2: Sie sind Unternehmerin/Unternehmer. Für das Produkt, das Sie anbieten, gibt es am Markt zahlreiche Konkurrenzprodukte. Die Nachfrage nach dieser Art von Produkt ist hoch. Aufgrund der vorhandenen Konkurrenzsituation ergibt sich deshalb der Erlös durch Zusammenspiel von Angebot und Nachfrage. Dieser hat sich bei einem Preis von 900 Cent pro Stück eingependelt. Die Kostenfunktion $K(x)$ lautet: A B C D

$K(x)=0{,}001x^3-0{,}75x^2+200x+9000$ (Angaben in Cent)

a) Berechnen Sie den Erlös E und die Kosten K für 10 Stück, 50 Stück.
b) Geben Sie den Erlös in Abhängigkeit von der produzierten Menge x an und bezeichnen Sie den Term $E(x)$.
c) Wenn Sie den Erlös um die Kosten vermindern, erhalten Sie den Gewinn. Geben Sie den Gewinn in Abhängigkeit von x an und bezeichnen Sie ihn mit $G(x)$.
d) Zeichnen Sie die Kostenfunktion K und die Erlösfunktion E in das Koordinatensystem ein. Markieren Sie den Gewinnbereich und beschreiben Sie, woran Sie den Gewinnbereich erkennen.

W 3: Gegeben sei eine Polynomfunktion dritten Grades. Erklären Sie anhand von Beispielen und Skizzen, wie viele reelle Nullstellen eine solche Funktion besitzen kann. A C D

W 4: Gegeben sei eine Polynomfunktion $f(x)$ dritten Grades. Stellen Sie folgende Sachverhalte durch eine Skizze dar und erklären Sie, wie Sie vorgegangen sind. B C D

a) $f(x)=0$
b) $f(x)=g(x)$ mit $g(x)=x^2+px+q$
c) $f(x)=h(x)$ mit $h(x)=kx+d$
d) $f(x)=x$

2.11 3.6

W 5: Die H2Ö GmbH will ihren Biofruchtsirup Birne aus einer anderen Birnensorte als bisher herstellen. Die Kosten für die Herstellung des Biofruchtsaftes lassen sich durch die Funktion: $K(x) = 0{,}001x^3 - 0{,}9x^2 + 210x + 11800$ beschreiben. Die Erlösfunktion lautet $E(x) = 230x$ (Kosten und Erlös in Cent). A B D

Bestimmen Sie die Schnittpunkte der beiden Funktionen miteinander. Überlegen und erklären Sie, welche Bedeutung diese Schnittpunkte haben.

2.11 3.6

W 6: Aufgrund einer Anfrage aus Dubai überlegt die H2Ö GmbH, reinstes Quellwasser in getönte Glasflaschen abzufüllen und in die VAE zu liefern. Die Kosten für dieses neuartige Projekt lassen sich mit $K(x) = 0{,}002x^3 - 0{,}15x^2 + 115x + 16250$ abschätzen. Der voraussichtliche Erlös könnte 1.600 Cent/l betragen. Stellen Sie die Kosten- und die Erlösfunktion grafisch dar (benutzen Sie den Taschenrechner!) und geben Sie jene Mengengrenzen an, innerhalb derer dieses Angebot zu einem Verlust/Gewinn werden könnte. Argumentieren Sie, welche der ermittelten Grenzen wirtschaftlich gesehen Sinn macht. A B D

H₂Ö Trink. Wasser.

Ein kurzer Wissens-Check, bevor's weitergeht!

Wissens-Check

	☺	😐	☹
Ich kenne den Zusammenhang zwischen der grafischen Darstellung einer Polynomfunktion höheren Grades und dem rechnerischen Lösen der zugehörigen Gleichung und kann diesen erklären.			
Ich weiß, wie man ganzzahlige Lösungen findet und abspaltet.			
Ich kann anhand einer grafischen Darstellung Lösungen ablesen.			
Ich kann eine Gleichung mit dem Taschenrechner lösen.			
Ich kann die Funktion am Taschenrechner grafisch darstellen.			
Ich kann die Begriffe Kosten- und Erlösfunktion und Gewinnschwelle erklären.			

3 Exponential- und Logarithmusfunktionen

Der britische Nationalökonom Thomas Malthus veröffentlichte vor ca. 200 Jahren einen berühmten Aufsatz über das Wachstum der Bevölkerung. Er vertrat die Theorie, dass die Bevölkerung exponentiell ansteigt, die zur Verfügung stehenden Nahrungsmittel aber höchstens linear. Das führt seiner Meinung nach zwangsläufig zu Hungersnöten, Elend und sozialen Unruhen.

Wir Menschen sind gewohnt, linear zu denken: wenn eine Größe in einer bestimmten Zeit um einen bestimmten Betrag anwächst, dann wächst sie in der doppelten Zeit um den doppelten Betrag. In der Realität sind Wachstumsvorgänge aber meist viel komplexer. Das führt dazu, dass wir uns leicht verschätzen, egal ob es sich um das Bevölkerungswachstum oder die finanzielle Belastung durch einen Kredit handelt. Viele dieser Vorgänge lassen sich durch Exponentialfunktionen beschreiben.

Sie lernen in diesem Kapitel:
- was Exponential- und Logarithmusfunktionen sind
- wie man Gleichungen löst, bei denen die Unbekannte im Exponenten steht
- die wichtigsten Modelle, um Wachstums- und Abnahmevorgänge zu beschreiben
- die Grundlagen der Finanzmathematik, zum Beispiel die Berechnung von Sparguthaben oder Krediten

SbX
Alle SbX-Inhalte zu dieser Lerneinheit finden Sie unter der ID: 1310.

Eine EU-Richtlinie sieht vor, die Glühbirne bis 2012 abzuschaffen.

Lerneinheit 1

Geometrische Folgen und Reihen

Glühbirnen sind derzeit in folgenden Stärken erhältlich: 15 W, 25 W, 40 W, 60 W, 100 W, 150 W. Warum eigentlich gerade diese Zahlen und nicht z.B. 20, 40, 60, 80, 100? Zwischen 20 und 40 braucht man offenbar eher eine Zwischenstufe als zwischen 80 und 100. Aufeinanderfolgende Werte haben hier ungefähr das gleiche Verhältnis (1:1,5 bis 1:1,67). Es gibt viele andere Beispiele für Zahlenfolgen, bei denen es auf das Verhältnis aufeinanderfolgender Zahlen ankommt. Wenn es konstant ist, spricht man von einer geometrischen Folge.

Sie lernen hier:
- **was eine geometrische Folge ist und wozu man sie braucht**
- **wie man die Summe einer geometrischen Reihe berechnet**

Lernen

SbX ID: 1311

1 Geometrische Folgen

Grenzenloses Wachstum?

Arithmetische Folgen siehe Kapitel 1, Lerneinheit 2: Die Differenz aufeinanderfolgender Glieder ist konstant.

Der Überlieferung zufolge wollte der indische König Shehram dem Erfinder des Schachspiels, Sessa Ebn Daher, zum Lohn für seine Erfindung einen Wunsch gewähren. Sessa wünschte sich die Summe der Weizenkörner, die man erhält, wenn man auf das erste Feld des Schachbretts ein Korn legt, auf das nächste zwei, auf das dritte vier usw., also auf jedes Feld doppelt so viel wie auf das vorhergehende. Es stellte sich heraus, dass seine Forderung unerfüllbar war.

Einer Legende nach wurde das Schachspiel in Indien erfunden.

Für die Anzahl der Weizenkörner erhält man nämlich die Folge

1, 2, 4, 8, 16, 32, 64, 128, 256, 512, 1024 …
(eine grafische Darstellung der ersten fünf Folgenglieder siehe rechts).

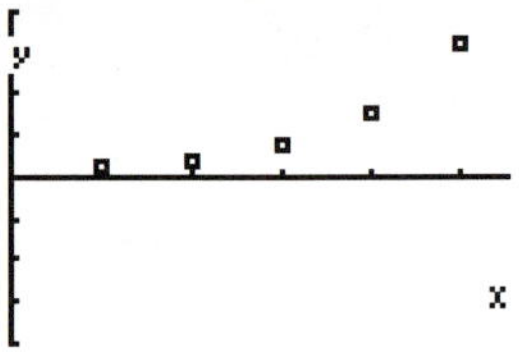

Auf dem 64. Feld müssten dann $2^{63} = 9223372036854775808$ Körner liegen (also $9{,}22 \cdot 10^{18}$ oder 9,22 Trillionen)!

Wir haben diese Folge erhalten, indem wir jede Zahl mit einer Konstanten, nämlich 2, multipliziert haben, um die nächste zu erhalten. Eine solche Folge nennt man **geometrische Folge.** Hier ist also der Quotient zweier aufeinanderfolgender Glieder konstant; wir bezeichnen ihn mit q.

Einige weitere Beispiele für geometrische Folgen:

- 80, 40, 20, 10, 5 …
  $q = \frac{1}{2}$
- 1, –2, 4, –8, 16 …
  $q = -2$
- 80, –40, 20, –10, 5 …
  $q = -\frac{1}{2}$

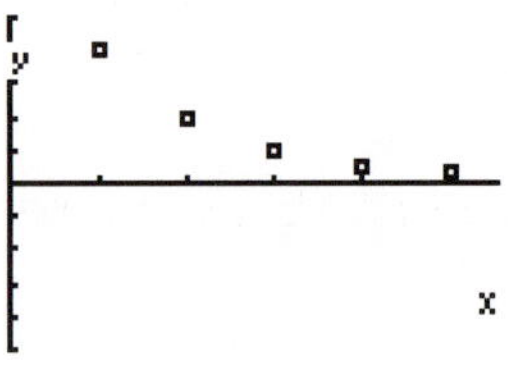

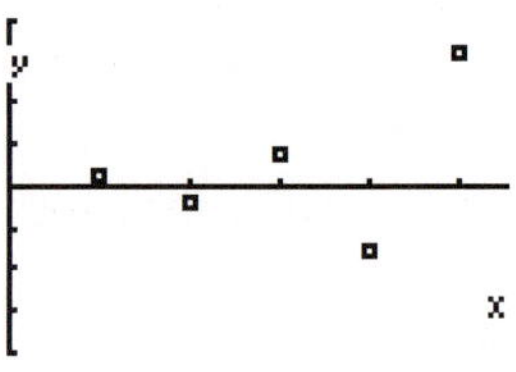

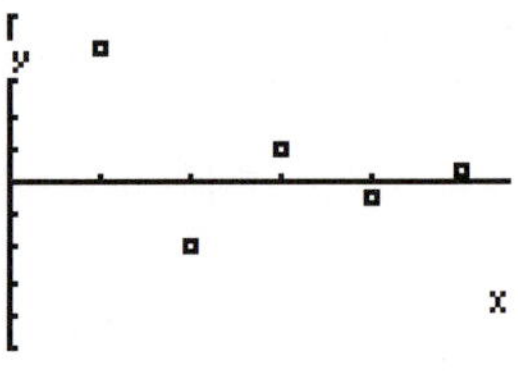

SbX **Sie finden die Lösung zu Ü 1 unter der ID: 1311.**

Mathematische Schreibweise: $\lim_{n\to\infty} a_n = 0$ (*limes* = Grenze, Grenzwert)

Ü 1 ★: Beschreiben Sie mit eigenen Worten die verschiedenen Möglichkeiten für den Verlauf der Folge ($q > 1$, $q = 1$, $0 < q < 1$, $q = 0$, $-1 < q < 0$, $q = -1$, $q < -1$)! D

Wenn $|q|$ zwischen 0 und 1 liegt, nähern sich die Folgenglieder immer mehr dem Wert 0. Man sagt, 0 ist der **Grenzwert** der Folge.

Die Formel zur Berechnung des n-ten Gliedes einer geometrischen Folge lautet

Formel zur Berechnung des n-ten Gliedes

$a_n = a_1 \cdot q^{n-1}$.

Wenn man die Nummerierung mit a_0 beginnt, ändert sich die obige Formel zu $a_n = a_0 \cdot q^n$.

L 1: Ein Sportler trainiert für einen Marathonlauf. Er legt am ersten Tag 5000 m zurück und steigert seine Leistung jeden Tag um 10%. Wie weit läuft er jeweils an den ersten vier Tagen? B

Am zweiten Tag legt er 110% der Strecke des ersten Tages zurück, also das 1,1-Fache. Ebenso läuft er an jedem folgenden Tag 1,1-mal so weit wie am vorigen ($q = 1{,}1$), wir erhalten also die Folge

✔ 5000, 5500, 6050, 6655 ...

Ü 2 ★: Bei einem Wettbewerb werden fünf Preise vergeben. Der erste Preis beträgt 2.500 €, jeder weitere Preis ist um 20% niedriger als der vorige. Geben Sie die Höhe aller Preise an. B

✔ 2500, 2000, 1600, 1280, 1024

In der Praxis steht man oft vor der Aufgabe, zwischen zwei Werte eine Reihe anderer Werte mit konstantem Verhältnis einzufügen:

Frequenz: Anzahl der Schwingungen pro Sekunde (z.B. bei einer schwingenden Saite), wird in der Einheit Hz (Hertz) angegeben.

L 2: In der Musik empfindet man den Abstand zweier Töne als gleich groß, wenn ihre Frequenzen dasselbe Verhältnis haben. Die doppelte Frequenz entspricht einem Intervall von einer Oktave. Bei der heute üblichen gleichschwebend-temperierten Stimmung teilt man eine Oktave in 12 gleich große Halbtöne. Bestimmen Sie, ausgehend vom Kammerton a' mit 440 Hz, die Frequenzen aller Halbtöne zwischen a' und a"! B

Da die Frequenz nach 12 Schritten auf das Doppelte ansteigt, muss $q^{12} = 2$ sein, also $q = \sqrt[12]{2} \approx 1{,}06$, und wir erhalten die Folge der Frequenzen (gerundet):

✔ 440, 466, 494, 523, 554, 587, 622, 659, 698, 740, 784, 831, 880

Die Längen der Pfeifen bilden, ebenso wie die Frequenzen, eine geometrische Folge.

Geometrische Folgen treten also überall dort auf, wo Zahlen im gleichen Verhältnis aufeinanderfolgen sollen. Außer den anfangs erwähnten Glühbirnen werden beispielsweise auch elektrische Widerstände nur in bestimmten Stärken verkauft. Bei der Normreihe E6 liegen zwischen einem Wert und seinem Zehnfachen sechs Schritte; es ist also $q = \sqrt[6]{10}$, und man erhält die gerundeten Werte: 10 Ω, 15 Ω, 22 Ω, 33 Ω, 47 Ω, 68 Ω, 100 Ω ... Weitere Unterteilungen ergeben die Normreihen E12 und E24.

2 Geometrische Reihen

Summe der Glieder einer geometrischen Folge

Kehren wir noch einmal zur Geschichte vom Schachbrett zurück. Sessa wollte ja als Belohnung die Summe aller Weizenkörner.

Wie viele Weizenkörner würde Sessa als Belohnung bekommen?

Insgesamt liegen

auf dem ersten Feld	$s_1 = 1$	= 1 Korn
auf den ersten zwei Feldern	$s_2 = 1 + 2$	= 3 Körner
auf den ersten drei Feldern	$s_3 = 1 + 2 + 4$	= 7 Körner
auf den ersten vier Feldern	$s_4 = 1 + 2 + 4 + 8$	= 15 Körner

usw.

Die Teilsummen s_n bilden also wieder eine Folge; man bezeichnet sie als **geometrische Reihe.**

3 Exponential- und Logarithmusfunktionen

Statt 64 Zahlen zu addieren, können wir diese Summe auch mit folgendem Trick berechnen: Wir ziehen von der doppelten Summe die einfache Summe ab.

$$\begin{array}{rl} 2s = & \quad 2^1 + 2^2 + 2^3 + \ldots + 2^{63} + 2^{64} \\ -s = & -(1 + 2^1 + 2^2 + 2^3 + \ldots + 2^{63} \qquad) \\ \hline s = & -1 \qquad\qquad\qquad\qquad\qquad + 2^{64} \end{array}$$

Wie Sie sehen, heben sich fast alle Summanden auf, und es bleibt nur $2^{64} - 1$ übrig. Das ist $18446744073709551615 \approx 1{,}84 \cdot 10^{19}$. Da 1 kg Weizen ca. 30 000 Körner enthält, wären das etwa $6 \cdot 10^{11}$ t Weizen – das entspricht dem 1000-Fachen der gesamten Welternte!

Genauso erhält man die allgemeine Formel für die Summe der ersten n Glieder:

Summe der ersten n Glieder

$$s_n = a_1 \cdot \frac{q^n - 1}{q - 1} = a_1 \cdot \frac{1 - q^n}{1 - q}.$$

Die zweite Form erhält man, indem man den Bruch mit –1 erweitert.

L 3: Welche Strecke legt der Sportler aus Beispiel L 1 an den ersten vier Trainingstagen insgesamt zurück? B

✔ $s_5 = 5000 \cdot \frac{1{,}1^4 - 1}{1{,}1 - 1} = 23205$ m

Ü 3 ★: Berechnen Sie die Summe aller Preise aus Beispiel Ü 2, A B

- indem Sie alle Zahlen addieren
- mit der Formel für die geometrische Reihe!

✔ 8.404 €

3 Unendliche geometrische Reihen

Achilles und die Schildkröte

das Pa|ra|do|xon, -s/Paradoxa: Widersprüchlichkeit, (scheinbare) Widersinnigkeit

Der griechische Philosoph Zenon von Elea (ca. 490–430 v. Chr.) erfand folgendes Paradoxon:

Achilles läuft mit der Schildkröte um die Wette. Er ist zehnmal so schnell wie sie und gibt ihr 100 m Vorsprung. Wenn Achilles diese Strecke zurückgelegt hat, ist die Schildkröte 10 m vor ihm. Hat er auch diese Strecke überwunden, hat sie immer noch 1 m Vorsprung. Weil er immer zuerst die Stelle erreichen muss, an der sie vorher war, kann er sie nie einholen.

Der Held der griechischen Mythologie Achilles läuft mit der Schildkröte um die Wette.

Griechische Mythologie = Geschichten der Götter und Helden im antiken Griechenland

Sehen wir uns dieses Argument genauer an:

Achilles legt $100 + 10 + 1 + 0{,}1 + \ldots$ m zurück. Das ist eine geometrische Reihe mit dem Quotienten $\frac{1}{10}$.

Die Summe der ersten n Glieder beträgt also $s_n = 100 \cdot \frac{1 - \left(\frac{1}{10}\right)^n}{1 - \frac{1}{10}} = \frac{1000}{9} \cdot \left(1 - \left(\frac{1}{10}\right)^n\right)$.

$\left(\frac{1}{10}\right)^n$ nähert sich aber immer mehr dem Wert 0. Der ganze Ausdruck hat also den Grenzwert $\frac{1000}{9} = 111\frac{1}{9}$. Achilles muss also nur 111,111... m laufen, bis er die Schildkröte eingeholt hat. Dazu braucht er natürlich auch nur eine endliche Zeit. Wenn er wie ein heutiger Spitzensportler die 100 Meter in 10 Sekunden läuft, überholt er die Schildkröte nach $11\frac{1}{9}$ Sekunden.

Das Gleiche gilt für alle geometrischen Folgen, deren Glieder sich 0 nähern: die Folge der Teilsummen hat einen endlichen Grenzwert. Man kann also sagen, dass die Summe von unendlich vielen Zahlen einen endlichen Wert ergibt, die **Summe der unendlichen geometrischen Reihe:**

Summe der unendlichen geometrischen Reihe

$$s = \frac{a_1}{1-q} \quad \text{für} \quad |q| < 1.$$

Üben

Ü 4 ★: Welche dieser Folgen sind geometrische Folgen? Begründen Sie Ihre Überlegungen. D

a) 80, 120, 180, 270 …
b) 100, 80, 60, 40 …
c) 1, $^1/_2$, $^1/_3$, $^1/_4$ …
d) 1200, 600, 300, 150 …
e) 1, −1, 1, −1 …
f) a^3, a^2b, ab^2, b^3

✔ a, d, e, f

Ü 5 ★: Zu einer fünfteiligen Vortragsreihe kommen am ersten Abend 160 Personen, an jedem weiteren Abend B

a) 1,5-mal so viel, ✔ 160, 240, 360, 540, 810
b) halb so viel, ✔ 160, 80, 40, 20, 10
c) um 20% mehr, ✔ 160, 192, 230, 276, 332
d) um 10% weniger als beim vorigen Mal. ✔ 160, 144, 130, 117, 105

Berechnen Sie die Anzahl der Zuhörer an allen Abenden. Runden Sie, wenn nötig, auf Ganze.

Ü 6 ★: Eine Investition mit einem Neuwert von 10.000 € wird degressiv abgeschrieben, das heißt, der Wert nimmt jedes Jahr um 30% ab. Berechnen Sie den Restwert nach 1, 2, 3, 4 Jahren. Geben Sie eine Formel für den Restwert nach n Jahren an. A B

✔ 7.000, 4.900, 3430, 2401; $R(n) = 10000 \cdot 0{,}7^n$

Blendenzahlen bilden eine geometrische Folge.

Ü 7 ★★: Die Blendenzahlen an einem Kameraobjektiv bilden eine geometrische Folge. Bei einem Objektiv gibt es sieben Einstellungen für die Blende, von 2 bis 16. Ermitteln Sie alle Blendenzahlen. A B

✔ 2; 2,8; 4; 5,6; 8; 11; 16

Diese Werte sind in der Praxis üblich, obwohl hier nicht immer korrekt gerundet wurde.

Ü 8 ★★: Sterne werden nach ihrer scheinbaren Helligkeit in Größenklassen eingeteilt, die eine geometrische Folge bilden. Ein Stern 1. Größe ist dabei 100-mal so hell wie ein Stern 6. Größe. Berechnen Sie die Helligkeiten der 1. bis 6. Größenklasse (1. Größe = 100%). A B

✔ $q \approx 0{,}4$; 100%, 40%, 16%, 6,3%, 2,5%, 1%

Ü 9 ★★: Ein Kind baut einen Turm aus 8 Plastikwürfeln. Die Seitenlänge des 1. Würfels beträgt 12 cm, jeder weitere hat die 0,8-fache Seitenlänge des vorigen. A B

Wenn die Seitenlänge mit dem Faktor k multipliziert wird, ergibt sich das k^3-fache Volumen.

a) Welche Seitenlänge hat der 8. Würfel? ✔ 2,52 cm
b) Welches Volumen hat der 1. bzw. 8. Würfel? ✔ 1728 cm, 15,94 cm
c) Wie hoch ist der Turm? ✔ 49,93 cm
d) Berechnen Sie die Summe der Volumina aller 8 Würfel! ✔ 3524,26 cm
e) Wie hoch könnte der Turm maximal werden, wenn beliebig viele, immer kleinere Würfel zur Verfügung stünden? ✔ 60 cm

Sichern

geometrische Folge

Bei einer **geometrischen Folge** ist das Verhältnis (der Quotient q) je zweier aufeinanderfolgender Glieder konstant. Das Bildungsgesetz lautet
$a_n = a_1 \cdot q^{n-1}$ bzw. $a_n = a_0 \cdot q^n$.

geometrische Reihe

Eine **geometrische Reihe** ist die Folge der Teilsummen der Glieder einer geometrischen Folge. Diese Summe kann man mit folgender Formel berechnen:

$$s_n = a_1 \cdot \frac{q^n - 1}{q - 1} = a_1 \cdot \frac{1 - q^n}{1 - q}.$$

unendliche geometrische Reihe

Wenn $|q|$ kleiner als 1 ist, hat die Summe der **unendlichen geometrischen Reihe** den Wert

$$s = \frac{a_1}{1 - q}.$$

Wissen

SbX ID: 1314

SbX
Die Lösungen finden Sie unter der ID: 1314.

W 1: Woran erkennt man eine geometrische Folge? D

W 2: Beschreiben Sie den Unterschied zwischen einer arithmetischen und einer geometrischen Folge. D

W 3: Geben Sie die ersten 5 Glieder der geometrischen Folge mit $a_1 = 100$, $q = 0{,}8$ an. B

W 4: Was ist eine geometrische Reihe, und wie berechnet man sie? D

W 5: Wann hat eine unendliche geometrische Reihe eine endliche Summe? D

T **W 6:** Herr Achatz und Frau Ecker arbeiten in derselben Firma und beginnen beide mit einem Jahresgehalt von 15.000 €. Sie entscheiden sich für verschiedene Gehaltsmodelle: Das Gehalt von Herrn Achatz steigt jedes Jahr um 500 €, das von Frau Ecker nimmt jährlich um 3% zu. A B D

- Geben Sie eine Formel für beide Jahresgehälter im n-ten Jahr an.
- In welchem Jahr verdient Frau E. zum ersten Mal mehr als Herr A.?
- Geben Sie für beide Modelle eine Formel für das gesamte Einkommen in den ersten n Jahren an.
- Nach wie vielen Jahren ist ihr gesamtes Einkommen höher als das von Herrn A.?
- Für welches Gehaltsmodell würden Sie sich entscheiden? Begründen Sie Ihre Wahl.

T **W 7:** Die H2Ö GmbH kauft eine neue Büroeinrichtung um 20.000 €, die Nutzungsdauer wird mit 8 Jahren angenommen. Der buchhalterische Wert nimmt jedes Jahr um einen bestimmten Betrag ab. A B

- Bei linearer Abschreibung wird für jedes Jahr der Nutzungsdauer derselbe Betrag abgeschrieben. Geben Sie eine Formel für den Restwert nach n Jahren an und berechnen Sie den Wert nach 1, 2, … 8 Jahren.
- Bei geometrisch-degressiver Abschreibung wird jedes Jahr derselbe Prozentsatz abgeschrieben. Angenommen, der jährliche Abschreibungsbetrag beträgt 25%. Geben Sie auch hier eine Formel für den Restwert nach n Jahren an und berechnen Sie den Restwert nach 1, 2, … 8 Jahren.
- Damit die Anschaffung nach der Nutzungsdauer vollständig abgeschrieben ist, wechselt man meist von degressiver zu linearer Abschreibung, wenn der lineare Abschreibungsbetrag für die restliche Nutzungsdauer höher wird als der degressive. In welchem Jahr ist das der Fall, und wie hoch sind dann die restlichen Abschreibungsbeträge?

H₂Ö Trink.Wasser.

Ein kurzer Wissens-Check, bevor's weitergeht!

Wissens-Check

	☺	😐	☹
Ich erkenne eine geometrische Folge.			
Ich kann eine geometrische Folge bilden.			
Ich kann die Summe einer geometrischen Reihe berechnen.			

Lerneinheit 2

Exponential- und Logarithmusfunktionen

SbX
Alle SbX-Inhalte zu dieser Lerneinheit finden Sie unter der ID: 1320.

In diesem Kapitel lernen Sie eine neue Art von Funktionen kennen. Weil die Variable im Exponenten steht, bezeichnet man sie als Exponentialfunktionen. Mit solchen Funktionen kann man beispielsweise das Bevölkerungswachstum oder den radioaktiven Zerfall beschreiben.

Sie lernen hier:
- **was eine Exponentialfunktion und ihre Umkehrung ist**
- **wie man Gleichungen löst, bei denen die Hochzahl gesucht ist**

Lernen

SbX ID: 1321

1 Exponentialfunktionen

Grenzenloses Wachstum, die zweite

Stellen Sie sich eine Bakterienkultur in einem Labor vor. Die Bakterien haben dort optimale Lebensbedingungen und verdoppeln in einer Stunde ihre Anzahl. Am Anfang des Experiments enthält die Kultur 1000 Bakterien. Wir suchen jetzt eine Funktion, die uns die Anzahl nach t Stunden angibt. Diese Anzahl bezeichnen wir mit $N(t)$.

t	$N(t)$
0	1000
1	$2000 = 1000 \cdot 2$
2	$4000 = 1000 \cdot 2^2$
3	$8000 = 1000 \cdot 2^3$

Anzahl nach t Stunden

Das ist eine geometrische Folge mit dem Quotienten 2. Die allgemeine Formel für die Anzahl nach t Stunden lautet: $N(t) = N_0 \cdot 2^t$.

Dabei ist der Anfangswert N_0 (sprich N-Null) gleich 1000.

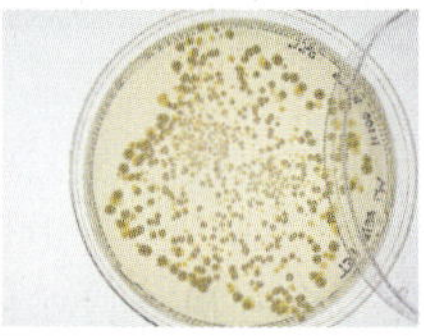

Bakterienkultur

Was ist aber, wenn t keine ganze Zahl ist? Wir können davon ausgehen, dass die Anzahl der Bakterien nicht sprunghaft, sondern gleichmäßig steigt (es teilen sich nicht alle gleichzeitig). In Kapitel 2, Lerneinheit 1, Rechnen mit Potenzen haben wir auch Potenzen mit negativen und gebrochenen Hochzahlen definiert. Unsere Formel bleibt daher sinnvoll, wenn wir für t eine beliebige Zahl einsetzen:

$2^0 = 1$, das heißt, am Beginn des Versuchs gibt es N_0 Bakterien;

$2^{-1} = \frac{1}{2}$, das heißt, die Anzahl eine Stunde vor Versuchsbeginn war $\frac{N_0}{2}$;

$2^{\frac{1}{2}} = \sqrt{2}$, das heißt, in einer halben Stunde wächst die Anzahl um den Faktor $\sqrt{2}$.

Rechnen mit Potenzen siehe Kapitel 2, Lerneinheit 1

Wir haben hier eine neue Art von Funktionen kennengelernt. Man bezeichnet sie als **Exponentialfunktionen,** weil die Variable im Exponenten steht. Wenn wir die Variable – wie üblich – wieder mit x bezeichnen, können wir definieren:

Definition Exponentialfunktion

Eine Exponentialfunktion ist eine Funktion
$f: \mathbb{R} \to \mathbb{R}, f(x) = a^x$
mit einer beliebigen positiven Basis a.

Abbildung 1 zeigt die Graphen einiger Exponentialfunktionen mit Basis größer 1. Man sieht, dass die Kurven alle durch den Punkt $(0|1)$ gehen, weil $a^0 = 1$ für alle a. Nach rechts steigen sie steil an (stärker als jede Potenzfunktion), links nähern sie sich der x-Achse. Dazwischen nimmt die Funktion alle positiven, reellen Werte an.

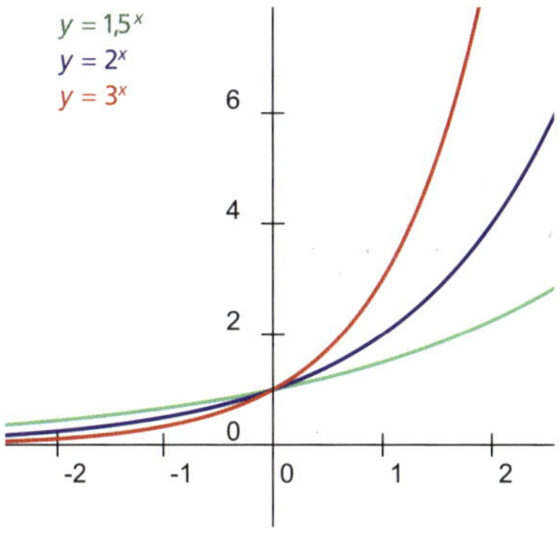

Abb. 1

Leonhard Euler (1707–1783) war einer der bedeutendsten Mathematiker der Neuzeit. Geboren in der Schweiz, unterrichtete er in St. Petersburg und in Berlin. Er leistete wichtige Beiträge zu fast allen Teilgebieten der Mathematik.

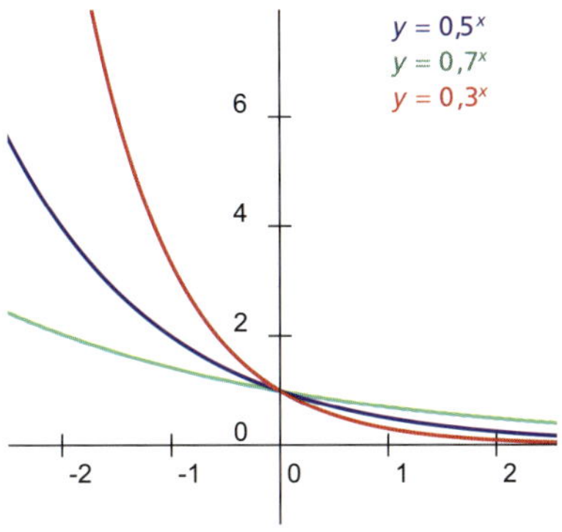

Abb. 2

Wenn wir eine Basis zwischen 0 und 1 wählen, ist es umgekehrt: der Graph steigt nach links steil an, rechts nähert er sich der x-Achse. Abbildung 2 zeigt solche Graphen. Mit der Basis 1 erhält man einfach die konstante Funktion $y = 1$.

Wie man sieht, ist die Steigung der Kurve im Schnittpunkt mit der y-Achse umso größer, je größer die Basis ist. Diejenige Funktion, bei der diese Steigung 1 beträgt, bezeichnet man als **natürliche Exponentialfunktion.** Die Kurve berührt also dort die Gerade mit der Gleichung $y = x + 1$. Die Basis dieser Funktion ist die **Euler'sche Zahl** e**:**

Euler'sche Zahl

$e = 2{,}71828\ldots$

Diese Zahl ist eine der wichtigsten Konstanten in der Mathematik.

SbX **Wie man auf diese Zahl kommt, können Sie unter der ID: 1321 nachlesen.**

2 Logarithmen

Eine praktische Rechenhilfe

Kehren wir noch einmal zu unserem Beispiel mit den Bakterien zurück. Die Anzahl nach t Stunden beträgt $N(t) = 1000 \cdot 2^t$. Jetzt stellen wir uns die Frage: Wann enthält die Kultur 5000 Bakterien? Wir müssen also folgende Gleichung lösen:

$$1000 \cdot 2^t = 5000$$
$$2^t = 5$$

Diese Gleichung können wir mit den bisher bekannten Methoden nicht lösen. Gesucht ist die Zahl, mit der man 2 potenzieren muss, um 5 zu erhalten. Wir führen für diese Hochzahl einen neuen Begriff ein: $t = {}^2\log 5$ (Logarithmus von 5 zur Basis 2).

Definition Logarithmus

Der **Logarithmus** einer Zahl x zur Basis a ist diejenige Hochzahl, mit der man die Basis potenzieren muss, um x zu erhalten:
$y = {}^a\log x \Leftrightarrow x = a^y$.

Die Logarithmusfunktion ist also die **Umkehrung der Exponentialfunktion.** Als Basis kann man jede beliebige positive Zahl außer 1 wählen. Da a^x nur positive Werte annehmen kann, ist der Logarithmus **nur für positive Zahlen** definiert.

SbX
Die Lösung zu Ü 1 finden Sie unter der ID: 1321.

Ü 1 ★: Berechnen Sie die Logarithmen im Kopf: B

${}^{2}\log 8 = ?$,	weil $2^{?} = 8$
${}^{3}\log 9 = ?$,	weil $3^{?} = 9$
${}^{10}\log 100000 = ?$,	weil $10^{?} = 100000$
${}^{5}\log 1 = ?$,	weil $5^{?} = 1$
${}^{4}\log \frac{1}{4} = ?$,	weil $4^{?} = \frac{1}{4}$

In der Praxis verwendet man nur die Basen 10 (dekadischer Logarithmus) und e (natürlicher Logarithmus), in der Informatik auch 2 (dyadischer oder binärer Logarithmus).

lg (logarithmus generalis):	dekadischer Logarithmus (Basis 10)
ln (logarithmus naturalis):	natürlicher Logarithmus (Basis e)
ld (logarithmus dualis):	dyadischer Logarithmus (Basis 2); manchmal auch lb

Den dekadischen und den natürlichen Logarithmus findet man auch auf dem Taschenrechner, wobei der dekadische Logarithmus oft einfach mit LOG abgekürzt wird.

Jetzt können wir aber noch immer nicht ${}^{2}\log 5$ berechnen. Dazu brauchen wir die Rechengesetze für Logarithmen. Weil ein Logarithmus eine Hochzahl ist, sind das einfach die Rechengesetze für Potenzen, nur etwas anders formuliert:

Rechengesetze für Logarithmen

${}^{a}\log(x \cdot y) = {}^{a}\log x + {}^{a}\log y$	Der Logarithmus eines Produkts ist die Summe der Logarithmen der Faktoren.
${}^{a}\log(x : y) = {}^{a}\log x - {}^{a}\log y$	Der Logarithmus eines Quotienten ist die Differenz der Logarithmen von Dividend und Divisor.
${}^{a}\log(x^{r}) = r \cdot {}^{a}\log x$	Der Logarithmus einer Potenz ist das Produkt des Exponenten mit dem Logarithmus der Basis.

Weiters gilt $\quad {}^{a}\log 1 = 0 \quad {}^{a}\log a = 1.$

SbX
Die Lösung zu Ü 2 finden Sie unter der ID: 1321.

Ü 2 ★: $\lg 2 \approx 0{,}301$, $\lg 3 \approx 0{,}477$. Berechnen Sie mit dieser Information lg 4, lg 5, lg 6, lg 8 und lg 9 (ohne Taschenrechner)! A B

$4 = 2^2 \Rightarrow \lg 4 = 2 \cdot \lg 2 = ?$

$5 = 10 : 2 \Rightarrow \lg 5 = \lg 10 - \lg 2 = ?$

$6 = 2 \cdot 3 \Rightarrow \lg 6 = \lg 2 + \lg 3 = ?$

$8 - 2^3 \Rightarrow \lg 8 = ?$

$9 = 3^2 \Rightarrow \lg 9 = ?$

Auch der früher unentbehrliche Rechenschieber hatte logarithmische Skalen.

Bei großen Zahlen ist es einfacher, mit Logarithmen zu rechnen als mit den ursprünglichen Zahlen – alle Rechenarten werden um eine Stufe heruntergesetzt. Daraus erklärt sich die enorme Bedeutung der Logarithmen: vor den Zeiten des Computers wurden alle größeren Berechnungen mithilfe von Logarithmentafeln durchgeführt.

Exponentialgleichungen

Für uns ist vor allem die dritte Rechenregel von Bedeutung. Mit ihrer Hilfe kann man den Exponenten „herunterholen". Das ist die einzige Möglichkeit, um Exponentialgleichungen zu lösen (also Gleichungen, bei denen die Unbekannte im Exponenten steht), wie z.B. unsere Gleichung von vorhin:

L 1: Berechnen von $t = {}^{2}\log 5$ B

$2^t = 5$	• Wir bilden auf beiden Seiten den Logarithmus …
$\log 2^t = \log 5$	• … und wenden die 3. Rechenregel an.
$t \cdot \log 2 = \log 5$	• Das ist jetzt eine lineare Gleichung.
	• Wir dividieren beide Seiten durch log 2.
$t = \frac{\log 5}{\log 2} \approx 2{,}3219\ldots$	

Dabei ist es egal, ob man mit dekadischen oder natürlichen Logarithmen rechnet! In solchen Fällen schreiben wir log ohne Angabe einer Basis.

Nach 2,32 h, also ca. 2 h 20 min, haben sich die Bakterien auf 5000 vermehrt.

Kompliziertere Gleichungen formt man mithilfe der Rechenregeln um, oder man isoliert die Potenz vor dem Logarithmieren.

Ü 3 ★★: Lösen Sie die folgenden Gleichungen (geben Sie die Ergebnisse auf 3 Dezimalen genau an): B

- $7 \cdot 2^x = 23$
- $0{,}3^x + 1{,}5 = 3{,}6$
- $5 \cdot 3^x = 12 \cdot 2^x$

✔ Ergebnisse (nicht in dieser Reihenfolge): –0,616; 2,159; 1,716

Wenn in einer Gleichung e^x vorkommt, verwendet man den natürlichen Logarithmus, weil gilt: $\ln e = 1$.

L 2: Rechnen mit dem natürlichen Logarithmus B

$$5 \cdot e^x = 21 \quad |:5$$
$$e^x = 4{,}2 \quad |\ln$$
$$x \cdot \ln e = \ln 4{,}2$$
$$x = \ln 4{,}2 \approx 1{,}435$$

Weitere Anwendungen des Logarithmus:

Logarithmische Skalen

Wenn man einen großen Wertebereich grafisch darstellen will, ist es oft günstiger, eine logarithmische Skala zu verwenden. Die Wellenlängen von elektromagnetischen Strahlen reichen z.B. von wenigen fm bis zu einigen tausend km. Wenn man das in einem linearen Maßstab darstellen würde, wäre in den Bereichen der kürzeren Wellen überhaupt nichts zu erkennen. Mit einer logarithmischen Skala erhält man eine übersichtliche Darstellung.

Für solche Zwecke gibt es eigenes Zeichenpapier mit einer logarithmischen Einteilung.

Die Physiologen Ernst Theodor Weber und Gustav Theodor Fechner entdeckten, dass die subjektive Stärke von Sinneseindrücken um denselben Betrag wächst, wenn sich der Reiz im selben Verhältnis ändert **(Webner-Fechner'sches Gesetz).** So hört man z.B. in der Musik zwischen zwei Tönen dasselbe Intervall, nämlich eine Oktave, wenn sich die Frequenz verdoppelt.

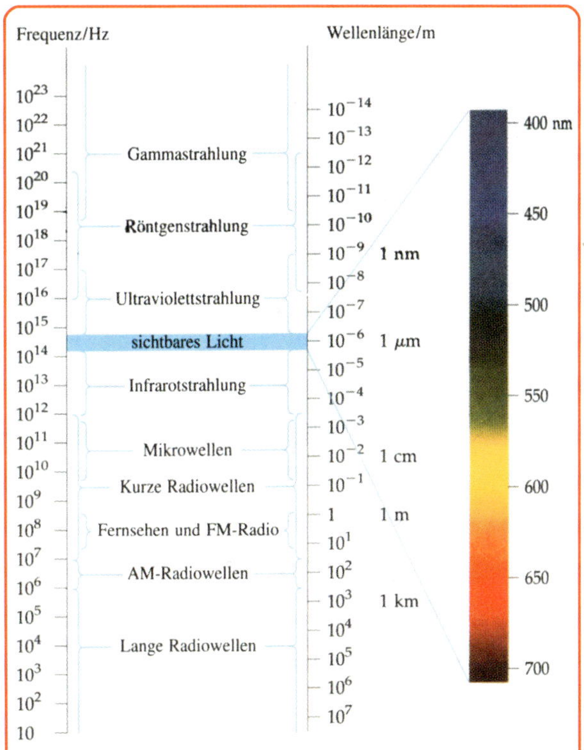

Das Spektrum elektromagnetischer Strahlung (rechts das für den Menschen sichtbare Licht).

Bei anderen Wahrnehmungen wie Lautstärke oder Lichtstärke ist es genauso (wenn schon 2 Kerzen brennen und eine dritte angezündet wird, empfindet man die Änderung genauso stark, wie wenn zu 10 brennenden Kerzen 5 weitere kommen).

Wenn eine geometrische Zahlenfolge gegeben ist, bilden die Logarithmen eine arithmetische Folge. Daher kommt auch der Name „Logarithmus": griech. *logos* = Verhältnis, *arithmos* = Zahl. Die subjektive Wahrnehmung verhält sich also logarithmisch zur objektiven Stärke des Reizes. Bei der Dezibel-Skala, mit der die Lautstärke angegeben wird, entspricht eine Zunahme um 1 Bel = 10 Dezibel dem zehnfachen Schalldruck. Eine Verdopplung des Schalldrucks bedeutet daher eine Zunahme der Lautstärke um ca. 3 dB, weil $\lg 2 \approx 0{,}3$.

Üben

Ü 4 ★: Zerlegen Sie in einzelne Logarithmen: B

a) $\log\left(\frac{ab}{c}\right)$ ✔ $\log a + \log b - \log c$

b) $\log\left(\frac{b}{ac}\right)$ ✔ $\log b - \log a - \log c$

c) $\log(x^2yz^3)$ ✔ $2\log x + \log y + 3\log z$

d) $\log\left(\frac{x^4z}{a^2}\right)$ ✔ $4\log x + \log z - 2\log a$

e) $\log\left(\frac{2a^3}{bc^2}\right)$ ✔ $\log 2 + 3\log a - \log b - 2\log c$

f) $\log\left(\frac{ab^3c^2}{5x^2y}\right)$ ✔ $\log a + 3\log b + 2\log c - \log 5 - 2\log x - \log y$

Ü 5 ★: Lösen Sie die folgenden Exponentialgleichungen: B

a) $3^x = 10$ ✔ 2,096
b) $5^x = 166$ ✔ 3,176
c) $2{,}5^x = 0{,}01$ ✔ –5,026
d) $3^{x+1} = 5$ ✔ 0,465
e) $0{,}2^{x-3} = 27$ ✔ 0,952
f) $1{,}1^{5x} = 9$ ✔ 4,611
g) $17^{3x} = 0{,}4$ ✔ –0,108
h) $5^{2x-1} = 12$ ✔ 1,272

Ü 6 ★★: Wie Ü 5: B

a) $3 \cdot 4^x = 1{,}8$ ✔ –0,368
b) $5 \cdot 3^{x+2} = 72$ ✔ 0,428
c) $4^x - 18 = 7$ ✔ 2,322
d) $0{,}25^x + 0{,}8 = 2{,}3$ ✔ –0,292
e) $3 \cdot 10^x = 47$ ✔ 1,195
f) $10^{3x-2} = 117$ ✔ 1,356
g) $15 \cdot e^{2x} = 66$ ✔ 0,741
h) $1 - e^{5x} = 0{,}3$ ✔ –0,071

Sichern

Exponentialfunktionen

Eine **Exponentialfunktion** ist eine Funktion der Form $y = a^x$. Ihre Umkehrung ist der **Logarithmus** zur Basis *a*. Die Basis des natürlichen Logarithmus ist **die Euler'sche Zahl** $e = 2{,}71828\ldots$

Rechenregeln für Logarithmen

Rechenregeln für Logarithmen:

$^a\log(x \cdot y) = {}^a\log x + {}^a\log y$

$^a\log(x : y) = {}^a\log x - {}^a\log y$

$^a\log(x^n) = n \cdot {}^a\log x$

Exponentialgleichungen lösen

Exponentialgleichungen, d.h. Gleichungen, bei denen die Hochzahl gesucht ist, löst man durch Logarithmieren.

Wissen

SbX ID: 1324

SbX
Die Lösungen finden Sie unter der ID: 1324.

W 1: Dokumentieren Sie die wichtigsten Eigenschaften einer Exponentialfunktion. Erklären Sie, wann eine Exponentialfunktion wachsend und wann sie fallend ist. D

W 2: Begründen Sie die Rechenregeln für Logarithmen. Warum ist es einfacher, mit Logarithmen zu rechnen? D

W 3: Ordnen Sie die folgenden Funktionen den entsprechenden Graphen zu und beschreiben Sie Ihre Überlegungen: B D

$y = 2^x$, $y = 5^x$, $y = \left(\frac{1}{3}\right)^x$, $y = 0{,}8^x$.

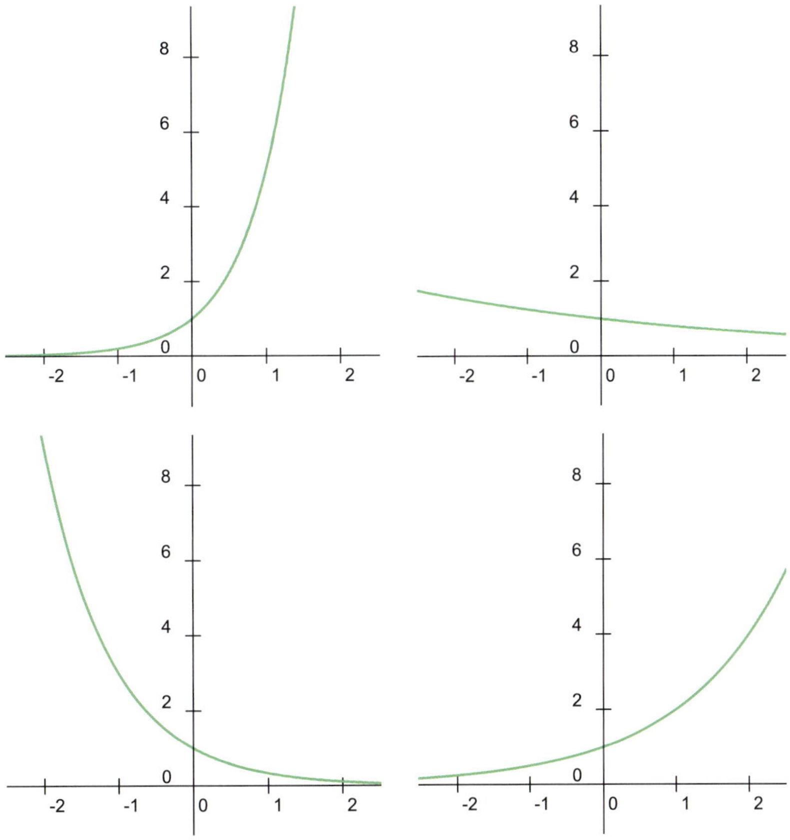

Abb. 3

2.12 3.7

W 4: Die Schallintensität *I* wird in W/m² gemessen, die Lautstärke *L* in dB (Dezibel). Für zwei verschiedene Lautstärken gilt: A B C D

$$L_2 - L_1 = 10 \cdot \lg\left(\frac{I_2}{I_1}\right) \qquad \text{(lg: Logarithmus zur Basis 10)}$$

a) Zeigen Sie, dass eine Zunahme der Lautstärke um 10 dB der zehnfachen Schallintensität entspricht.
b) Welche dB-Zunahme entspricht der doppelten Schallintensität?
c) 0 dB entsprechen einer Schallintensität von 10^{-12} W/m² (das ist ein Geräusch, das gerade noch gehört werden kann). Ein Pkw, der in 10 m Entfernung vorbeifährt, erzeugt eine Lautstärke von ca. 70 dB. Wie hoch ist die Schallintensität?
d) Ab einer ständigen Lärmbelastung von 85 dB kann es zu Gehörschäden kommen. Vergleichen Sie diese Lärmbelastung mit der eines Pkw in 10 m Entfernung.

Ein kurzer Wissens-Check, bevor's weitergeht!

Wissens-Check

	☺	😐	☹
Ich weiß, was eine Exponentialfunktion ist und wie ihr Graph aussieht.			
Ich weiß, was ein Logarithmus ist.			
Ich kann die Rechenregeln für Logarithmen anwenden.			
Ich kann eine Exponentialgleichung lösen.			

SbX
Alle SbX-Inhalte zu dieser Lerneinheit finden Sie unter der ID: 1330.

Lerneinheit 3
Wachstums- und Abnahmemodelle

Mithilfe von Exponentialfunktionen können viele natürliche Vorgänge realistisch dargestellt werden, wie zum Beispiel das Bevölkerungswachstum, der radioaktive Zerfall, die Abkühlung einer heißen Flüssigkeit, aber auch die Ausbreitung eines Gerüchts oder die Verbreitung von Mobiltelefonen. Mit mathematischem Wissen kann man, ausgehend von gewissen (vereinfachten) Annahmen, für solche Vorgänge Modelle erstellen. Mittels Experimenten muss man dann untersuchen, wie gut diese Modelle der Wirklichkeit entsprechen.

Wenn eine Größe in jeder Zeiteinheit um denselben Betrag zu- oder abnimmt, kann sie durch eine lineare Funktion beschrieben werden. Man spricht dann von linearem Wachstum. Dieses Modell kommt aber in der Natur nur selten vor. Meist hängt die Zu- oder Abnahme irgendwie von der bereits vorhandenen Menge ab. Wir erhalten daher verschiedene Wachstumsmodelle, je nachdem, wie dieser Zusammenhang aussieht.

Sie lernen hier:
- **was man unter exponentiellem Wachstum, exponentieller Abnahme versteht**
- **wie man beispielsweise Bevölkerungswachstum oder radioaktiven Zerfall berechnen kann**

Lernen

SbX ID: 1331

1 Exponentielles Wachstum
Vermehrung unter optimalen Bedingungen

Lineare Funktionen siehe Kapitel 1, Lerneinheit 3

Oft ist die Zunahme proportional zum vorhandenen Bestand (je mehr Tiere oder Menschen schon da sind, umso mehr Nachwuchs bekommen sie). Das heißt, die Anzahl nimmt pro Zeiteinheit um denselben Faktor zu. Wir haben im Beispiel mit den Bakterien gesehen, dass sich dabei eine Exponentialfunktion ergibt, die man allgemein so schreiben kann:

Exponentialfunktion

$N(t) = N(0) \cdot a^t$.

Statt $N(0)$ ist auch die Schreibweise N_0 möglich.

Dabei ist t die Zeit, $N(t)$ die Menge nach der Zeit t und $N(0)$ der Anfangswert. a bezeichnet man als **Wachstumsfaktor**; bei einer Zunahme ist er größer als 1. Wenn die Zunahme p Prozent beträgt, ist $a = 1 + \frac{p}{100}$.

L 1: Ein Land hat 5 Millionen Einwohner; die jährliche Bevölkerungszunahme beträgt 2 %. Geben Sie das Modell einer Wachstumsfunktion an! Wie groß wird die Bevölkerung in 10 Jahren sein? Berechnen Sie, wann das Land 8 Millionen Einwohner haben wird. A B

$a = 1 + \frac{2}{100}$, also lautet die Wachstumsfunktion

$N(t) = 5 \cdot 1{,}02^t$ (in Millionen).

Die Einwohnerzahl in 10 Jahren beträgt

$N(10) = 5 \cdot 1{,}02^{10} \approx 6{,}1$ Mio.

Für die dritte Frage müssen wir eine Exponentialgleichung lösen:

$$5 \cdot 1{,}02^t = 8 \quad |:5$$
$$1{,}02^t = 1{,}6 \quad |\log$$
$$t \cdot \log 1{,}02 = \log 1{,}6 \quad |:\log 1{,}02$$
$$t = \frac{\log 1{,}6}{\log 1{,}02} \approx 23{,}7, \text{ also in ca. 24 Jahren.}$$

λ: griechischer Buchstabe lambda

Eine einheitlichere Darstellung bekommt man, wenn man als Basis immer e verwendet. Wir können die Basis a immer in der Form $e^{\ln a}$ schreiben. Wenn wir $\ln a = \lambda$ (Lambda, griechischer Buchstabe für l) setzen, erhalten wir die Wachstumsfunktion in der Form

Wachstumsfunktion

$$N(t) = N(0) \cdot e^{\lambda t}.$$

Die Konstante λ bezeichnet man als **Wachstumskonstante.** Sie ist umso größer, je schneller die Zunahme stattfindet. λ gibt ungefähr (aber nicht genau!) die prozentuelle Zunahme pro Zeiteinheit an.

„Wie die Kaninchen" ist keine präzise Angabe für eine Wachstumsrate.

L 2: In einem bestimmten Gebiet haben sich die Kaninchen in 5 Jahren von 400 auf 500 Tiere vermehrt. A B

a) Ermitteln Sie die Wachstumskonstante λ.
b) Ermitteln Sie die prozentuelle Zunahme pro Jahr.
c) Wann wird sich die Population verdoppelt haben?
d) Stellen Sie die Funktionsgleichung grafisch dar.

Zur Erinnerung: $\ln e = 1$

a) Wir setzen in die allgemeine Funktionsgleichung ein:

$$500 = 400 \cdot e^{5\lambda} \quad |:400$$
$$1{,}25 = e^{5\lambda} \quad |\ln$$
$$\ln 1{,}25 = 5\lambda \quad |:5$$
$$\lambda = \frac{\ln 1{,}25}{5} \approx 0{,}0446/a$$

(Der Zusatz /a – pro Jahr – bedeutet, dass sich die Konstante auf ein Jahr bezieht.)

Eine mögliche Wachstumsfunktion lautet also
$N(t) = 400 \cdot e^{0{,}0446t}$.

b) Der Wachstumsfaktor ist $a = e^{\lambda} \approx 1{,}0456$, die jährliche Zunahme beträgt also 4,56 %.

Eine zweite mögliche Wachstumsfunktion lautet also
$N(t) = 400 \cdot 1{,}0456^t$.

Laut Bildungsstandard Angewandte Mathematik müssen Sie Wachstums- und Abnahmeprozesse nach beiden Formeln berechnen können: $N(t) = N(0) \cdot a^t$, $N(t) = N(0) \cdot e^{\lambda t}$.

c) Schließlich berechnen wir noch die Verdopplungszeit:

$$800 = 400 \cdot e^{\lambda t} \quad |:400$$
$$2 = e^{\lambda t} \quad |\ln$$
$$\ln 2 = \lambda t \quad |:\lambda$$
$$t = \frac{\ln 2}{\lambda} \approx 15{,}53\ \text{a}$$

Die Anzahl der Kaninchen verdoppelt sich also in ca. 15,5 Jahren.

d)

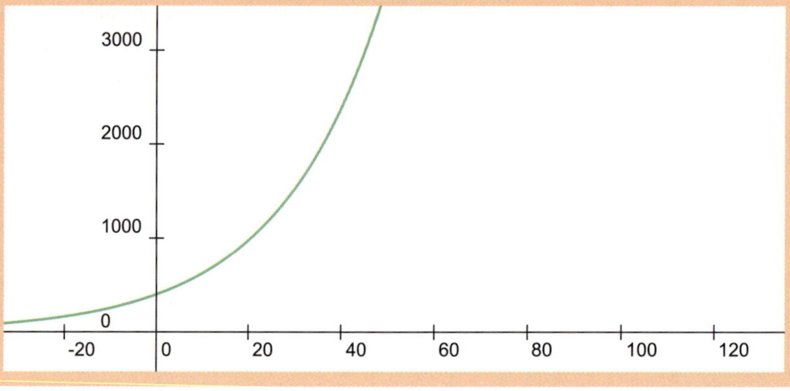

Abb. 1

Die Verdopplungszeit hängt nicht vom Anfangswert ab!

Wir hätten die letzte Gleichung auch allgemein ansetzen können: $2 \cdot N_0 = N_0 \cdot e^{\lambda t}$. Nach Division durch N_0 hätten wir dasselbe Ergebnis erhalten. Das gilt für alle exponentiellen Wachstumsprozesse: Die Zeit, in der eine bestimmte Menge um einen Faktor zunimmt (also sich verdoppelt, verdreifacht, verzehnfacht …), ist vom Anfangswert unabhängig.

Wenn wir im vorigen Beispiel versuchen, die Anzahl der Kaninchen nach 100 Jahren zu berechnen, erhalten wir $N(100) = 34694$. Dieser Wert ist natürlich völlig unrealistisch. Das Modell des exponentiellen Wachstums ist also nur dann brauchbar, wenn $N(t)$ relativ klein ist, das heißt, wenn sich die Population ungehindert vermehren kann.

Noch drastischer zeigt sich die geradezu explosive Zunahme am folgenden Gedankenspiel:

SbX
Sie finden die Lösung zu Ü1 unter der ID: 1330.

Ü 1 ★: Angenommen, jemand hätte vor 2000 Jahren einen Euro zu 1 % Zinseszinsen angelegt. Ermitteln Sie den Geldbetrag, den die Erben heute hätten. B

2 Exponentielle Abnahme

Beispiel: Radioaktiver Zerfall

Auch wenn eine Größe pro Zeiteinheit um denselben Faktor abnimmt, kann dies durch eine Exponentialfunktion dargestellt werden. a ist in diesem Fall kleiner als 1. Die allgemeine Zerfallsfunktion lautet:

Allgemeine Zerfallsfunktion

$N(t) = N(0) \cdot e^{-\lambda t}$ mit $\lambda = -\ln a$.

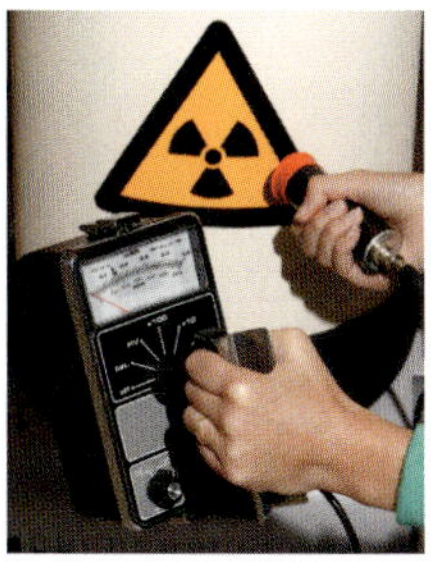

Geiger-Müller-Zähler zur Messung von radioaktiver Strahlung

Ein typisches Beispiel ist der **radioaktive Zerfall:** Viele Atome sind instabil und zerfallen mit einer gewissen Wahrscheinlichkeit. Dabei senden sie radioaktive Strahlung aus, sodass sich der Zerfall mit geeigneten Instrumenten nachweisen lässt. Man kann nicht vorhersagen, wann ein bestimmtes Teilchen zerfällt, aber man kann statistisch die Anzahl der restlichen Teilchen sehr genau berechnen. Je größer die Menge eines radioaktiven Elements ist, umso mehr Atome zerfallen pro Zeiteinheit.

Auch hier gilt: Die Zeit, nach der nur mehr die Hälfte der ursprünglichen Menge übrig ist, hängt nicht vom Anfangswert ab. Man gibt daher meist diese Zeit, die sogenannte **Halbwertszeit,** an.

Isotope sind verschiedene Sorten eines chemischen Elements, die sich in ihrer Massenzahl unterscheiden. Oft ist nur ein Isotop eines Elements stabil, die anderen sind radioaktiv.

L 3: Das Jod-Isotop ^{131}I zerfällt mit einer Halbwertszeit von ca. 8 Tagen. Berechnen Sie die Zerfallskonstante λ. Wie viel Prozent einer vorhandenen Jodmenge zerfallen pro Tag? A B

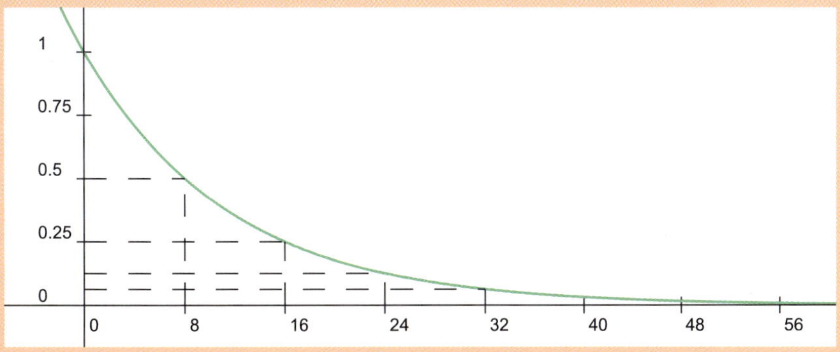

Abb. 2

In der wissenschaftlichen Schreibweise steht die Massenzahl des Isotops links oben vor dem Zeichen des Elements: ^{131}I (sprich: I-131).

Nach 8 Tagen ist von der Anfangsmenge $N(0)$ nur mehr die Hälfte $\frac{N(0)}{2}$ übrig:

$$\frac{N(0)}{2} = N_0 \cdot e^{-8\lambda} \quad |:N(0)$$
$$0{,}5 = e^{-8\lambda} \quad |\ln$$
$$\ln 0{,}5 = -8\lambda \quad |:(-8)$$
$$\lambda = \frac{\ln 0{,}5}{-8} \approx 0{,}0866/\mathrm{d}$$

Der Abnahmefaktor beträgt $a = e^{-\lambda} = 0{,}917$. Nach einem Tag sind also noch 91,7% der ursprünglichen Menge übrig, das heißt, 8,3% sind zerfallen. (Bei Abnahme um p Prozent gilt: $a = 1 - \frac{p}{100}$.)

3 Exponential- und Logarithmusfunktionen

Die biologische Halbwertszeit ist die Zeit, nach der die Hälfte einer bestimmten Substanz (Medikamente, Nikotin …) aus dem Körper ausgeschieden ist. Auch beim Preis von Gebrauchtwagen spricht man von einer Halbwertszeit (ca. 4–5 Jahre).

Der Luftdruck nimmt in der Höhe ab. Deshalb benutzen Bergsteiger/innen in großen Höhen normalerweise Atemgeräte.

Ü 2 ★★: Auch der Luftdruck nimmt mit der Höhe exponentiell ab. In 5,5 km Höhe ist er nur noch halb so groß wie auf Meereshöhe. Geben Sie eine Funktion für den Luftdruck p in der Höhe h an. Wie hoch ist der Luftdruck auf dem Großglockner (3797 m) sowie auf dem Mount Everest (8848 m) in Prozent des Drucks auf Meeresniveau? A B

✔ Druckfunktion: $p(h) = p(0) \cdot e^{-0{,}13 \cdot h}$; Großglockner: 62%, Mount Everest: 33%

3 Beschränktes Wachstum/beschränkte Abnahme

Kein unbeschränktes Wachstum in der Natur

Wir haben gesehen, dass Exponentialfunktionen sehr schnell wachsen. In der Natur ist unbeschränktes Wachstum nicht möglich. Begrenzte Nahrungsvorräte oder Platzmangel setzen dem Bestand eine natürliche Grenze.

Wir betrachten jetzt ein Modell, bei dem das Wachstum umso langsamer verläuft, je näher die vorhandene Menge an der Kapazitätsgrenze G liegt. Genauer gesagt ist die Zunahme proportional zur Differenz $G - N(t)$. Wir ersetzen daher in der Gleichung für exponentielle Abnahme $N(t)$ durch $G - N(t)$ und N_0 durch $G - N_0$:

$G - N(t) = (G - N_0) \cdot e^{-\lambda t}$

Das können wir umformen zur Funktionsgleichung

beschränktes Wachstum

$$N(t) = G - (G - N(0)) \cdot e^{-\lambda t}$$

L 2 (Fortsetzung): Angenommen, in dem vorhin erwähnten Gebiet können maximal 2000 Kaninchen leben. Die Funktionsgleichung nach dem Modell für beschränktes Wachstum lautet dann A B

$N(t) = 2000 - (2000 - 400) \cdot e^{-\lambda t} = 2000 - 1600 \cdot e^{-\lambda t}$

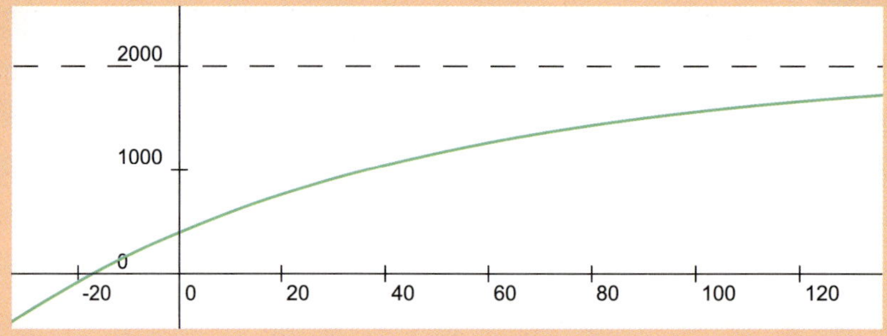

Abb. 3

Wir setzen $N(5) = 500$ ein, um die Konstante λ zu erhalten:

$$\begin{aligned}
500 &= 2000 - 1600 \cdot e^{-5\lambda} && \mid +1600 \cdot e^{-5\lambda} - 500 \\
1600 \cdot e^{-5\lambda} &= 1500 && \mid :1600 \\
e^{-5\lambda} &= 0{,}9375 && \mid \ln \\
-5\lambda &= \ln 0{,}9375 && \mid :(-5) \\
\lambda &= \frac{\ln 0{,}9375}{-5} \approx 0{,}0129/\text{a}
\end{aligned}$$

Die Wachstumsfunktion lautet also $N(t) = 2000 - 1600 \cdot e^{-0{,}0129t}$.

Wenn wir probehalber $N(t) = 0$ setzen, erhalten wir $t = -17{,}3$. Vor 17,3 Jahren hätte es nach dieser Annahme also gar keine Kaninchen gegeben. Das ist offensichtlich unmöglich. Das Modell des beschränkten Wachstums hat also auch seine Grenzen. Es liefert vor allem dann brauchbare Ergebnisse, wenn $N(t)$ in der Nähe der Kapazitätsgrenze liegt.

Mit einer solchen Funktion kann man beispielsweise auch die Temperatur beschreiben, wenn eine kalte Flüssigkeit sich auf die Umgebungstemperatur erwärmt. Auch hier ist die Erwärmungsgeschwindigkeit proportional zur Differenz zwischen Flüssigkeits- und Umgebungstemperatur. Wenn wir die Temperatur mit $T(t)$ bezeichnen, die Anfangstemperatur mit T_0 und die Umgebungstemperatur mit T_U, lautet die entsprechende Funktion $T(t) = T_U - (T_U - T_0) \cdot e^{-\lambda t}$.

Beschränkte Abnahme

Analog dazu ist die Situation, wenn die Flüssigkeit am Anfang wärmer ist als die Umgebung. Dann kühlt sie umso schneller ab, je größer die Temperaturdifferenz zur Umgebung ist. Die Temperatur kann dann durch folgende Funktion beschrieben werden:

$T(t) = T_U + (T_0 - T_U) \cdot e^{-\lambda t}$

4 Logistisches Wachstum

Das realistischste Modell

Das Modell des logistischen Wachstums (von franz. *logis* – Wohnung, Lebensraum) verbindet beide Annahmen: Das Wachstum ist einerseits umso schneller, je größer der bereits vorhandene Bestand ist, andererseits umso langsamer, je mehr sich der Bestand der Kapazitätsgrenze nähert. Man kann zeigen, dass sich unter diesen Annahmen folgende Funktion ergibt:

logistisches Wachstum

$$N(t) = \frac{N(0) \cdot G}{N(0) + (G - N(0)) \cdot e^{-\lambda t}}.$$

SbX
Eine Herleitung dieser Funktion finden Sie unter der ID: 1331.

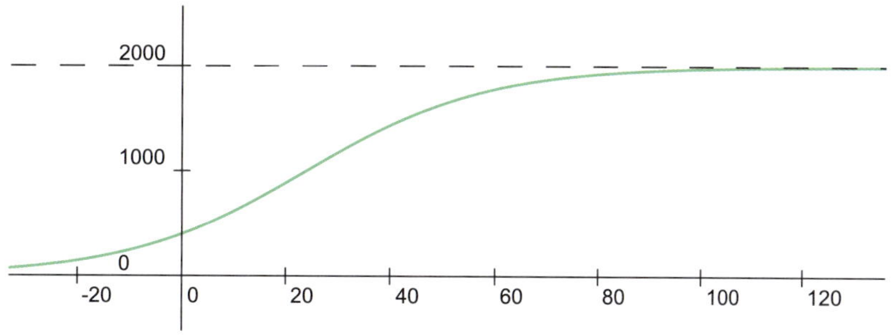

Abb. 4

Wie man sieht, ist der Graph dieser Funktion s-förmig gekrümmt – die Wachstumsgeschwindigkeit nimmt zunächst zu, bis der halbe Grenzwert erreicht ist, dann verzögert sich das Wachstum wieder.

L 2 (Fortsetzung): Wir betrachten wieder das Beispiel mit den Kaninchen ($N(0) = 400$, $N(5) = 500$, $G = 2000$), nehmen aber diesmal an, dass es sich um logistisches Wachstum handelt. B

$$500 = \frac{400 \cdot 2000}{400 + 1600 \cdot e^{-5\lambda}} = \frac{2000}{1 + 4 \cdot e^{-5\lambda}} \qquad | \cdot (1 + 4e^{-5\lambda})$$

$$500 + 2000 \cdot e^{-5\lambda} = 2000 \qquad | -500$$

$$2000 \cdot e^{-5\lambda} = 1500 \qquad | :2000$$

$$e^{-5\lambda} = 0{,}75 \qquad | \ln$$

$$-5\lambda = \ln 0{,}75 \qquad | :(-5)$$

$$\lambda = \frac{\ln 0{,}75}{-5} \approx 0{,}0575/a$$

(Das ist übrigens die Summe der Konstanten aus den beiden anderen Modellen.)

Logistische Funktionen ergeben sich auch beim Verkauf von neuen Gütern wie z.B. Mobiltelefonen (wenn der Markt schon stark gesättigt ist, kaufen immer weniger Leute das Produkt) oder bei der Verbreitung von Nachrichten (wenn die meisten Menschen die Nachricht schon kennen, gibt es immer weniger Uninformierte, die sie noch erfahren können).

3 Exponential- und Logarithmusfunktionen

Üben

In Österreich werden 3,3 Millionen Hektar forstwirtschaftlich genutzt.

Ü 3 ★★: Ein Wald enthält ca. 6000 m^3 Holz. Der Holzbestand nimmt pro Jahr um 3% zu. A B D

a) Wie viel Holz enthielt der Wald vor 10 bzw. vor 5 Jahren? Wie hoch wird der Holzbestand in 10 bzw. 5 Jahren sein? Stellen Sie das Wachstum im Zeitraum $[-10, 10]$ grafisch dar. Beschreiben Sie den Verlauf mit eigenen Worten.

✔ $N(-10) = 4465\ m^3$, $N(-5) = 5176\ m^3$, $N(5) = 6956\ m^3$, $N(10) = 8063\ m^3$

b) Der Waldbesitzer plant, 1000 m^3 Holz zu schlägern. Wann wird der Wald den heutigen Holzbestand wieder erreicht haben? ✔ in 6,2 Jahren

Ü 4 ★★: Die Mongolei hat ca. 3 Millionen Einwohner. Die Bevölkerung wächst um 1,5% pro Jahr. A B

a) Berechnen Sie die Wachstumskonstante λ. ✔ $\lambda = 0{,}01489/a$
b) Ermitteln Sie die Einwohnerzahl der Mongolei in 20 Jahren, wenn die Wachstumsrate gleich bleibt. ✔ ca. 4 Mio.
c) In welchem Zeitraum verdoppelt sich die Bevölkerung? ✔ in 46,6 Jahren
d) Bestimmen Sie die Zeitspanne, innerhalb derer die Bevölkerung auf 5 Millionen wächst. ✔ in 34,3 Jahren

Ü 5 ★★: Eine Stadt hatte vor 20 Jahren 40 000 Einwohner, jetzt sind es 60 000. Wir nehmen an, dass die Bevölkerung exponentiell zunimmt. A B

a) Berechnen Sie die Wachstumskonstante λ und die jährliche Zunahme in Prozent. ✔ $\lambda = 0{,}0203/a$; 2,05%
b) Wie viele Einwohner wird die Stadt in 10 Jahren haben? (Runden Sie auf 100.) Welcher prozentuellen Zunahme entspricht das? ✔ 73500; 22,5%
c) Wann wird die Einwohnerzahl die 100 000er-Grenze überschreiten? ✔ in 25 Jahren

Ü 6 ★★: Im 19. Jahrhundert benutzte man in Australien Kamele für den Lastentransport. In den 1920er Jahren wurden sie freigelassen und haben sich seitdem stark vermehrt. Heute gibt es dort ca. 600 000 wildlebende Kamele. Ihre Anzahl verdoppelt sich ca. alle 8 Jahre. A B

a) Die Zunahme der Kamele kann durch die Funktion $N(t) = N_0 \cdot e^{\lambda t}$ angenähert werden. Berechnen Sie die Konstante λ. ✔ $\lambda = 0{,}0866/a$
b) Berechnen sie die prozentuelle jährliche Zunahme. ✔ 9%
c) Wie viele Kamele müssten vor 80 Jahren freigelassen worden sein, wenn sie sich die ganze Zeit im selben Tempo wie jetzt vermehrt hätten? (Tatsächlich waren es ca. 20 000.) ✔ 586
d) Ermitteln Sie, wie lange es dauert, bis es 1 Million Kamele gibt. ✔ in ca. 6 Jahren

Ü 7 ★★: Hefe kann unter optimalen Bedingungen ihre Masse in 2 Stunden verdoppeln. A B

a) Berechnen Sie die Wachstumskonstante λ. ✔ $\lambda = 0{,}3466/h$

b) Ein Hefewürfel wiegt 42 g. Wie groß ist die Masse nach 5 Stunden? Um wie viel nimmt die Masse in der ersten bzw. in der fünften Stunde zu? Erklären Sie das Ergebnis!

✔ $N(5) = 238$ g; $N(1) - N(0) = 17{,}4$ g, $N(5) - N(4) = 69{,}6$ g

c) Nach welcher Zeit wäre der Hefewürfel auf 1 kg angewachsen? ✔ in 9,15 h

Ü 8 ★★★: Großbritannien hatte im Jahr 2008 ca. 61 Millionen Einwohner und eine jährliche Wachstumsrate von 0,3%, Tansania hatte 40 Millionen Einwohner und eine Wachstumsrate von 2,1% pro Jahr. Wann werden beide Staaten gleich viele Einwohner haben, wenn die Bevölkerung mit derselben Geschwindigkeit weiter wächst? Bestimmen Sie die Einwohnerzahl zu diesem Zeitpunkt. A B

✔ in 23,7 Jahren (2032), 65,5 Mio.

Ü 9 ★★★: Madagaskar und Australien hatten im Jahr 2008 je ca. 20 Millionen Einwohner, aber die Bevölkerung von Madagaskar nahm um 3% pro Jahr zu, die von Australien nur um 0,8%. Wann wird die Einwohnerzahl von Madagaskar doppelt so groß sein wie die von Australien, wenn die jährlichen Wachstumsraten gleich bleiben? Geben Sie auch die Einwohnerzahlen an. A B

✔ in 32,1 Jahren (2040), 51,7 Mio. bzw. 25,8 Mio.

Ü 10 ★★: Eine Aspirin-Brausetablette enthält 400 mg ASS (Acetylsalicylsäure). Pro Stunde werden 20% des Wirkstoffs aus dem Körper ausgeschieden. A B

a) Welche Wirkstoffmenge ist nach 2, 4, 6, 8 und 10 h noch übrig? Wie viel wird in den ersten beiden Stunden bzw. in den letzten beiden Stunden dieses Zeitraums ausgeschieden? Stellen Sie die Abnahme grafisch dar.

✔ $N(2) = 256$ mg, $N(4) = 164$ mg, $N(6) = 105$ mg, $N(8) = 67$ mg, $N(10) = 43$ mg; $N(0) - N(2) = 144$ mg, $N(8) - N(10) = 24$ mg

b) Die Abnahme kann durch die Funktion $N(t) = N_0 \cdot e^{-\lambda t}$ dargestellt werden. Ermitteln Sie die Konstante λ. ✔ $\lambda = 0{,}223$/h

c) Wie groß ist die biologische Halbwertszeit (d.h. die Zeit, nach der nur mehr die Hälfte der ursprünglichen Wirkstoffmenge im Körper verbleibt)? ✔ 3,1 h

d) Nach welcher Zeit sind von einer Tablette nur mehr 10 mg übrig? ✔ nach 16,5 h

Ü 11 ★★: Das Kohlenstoffisotop ^{14}C zerfällt mit einer Halbwertszeit zwischen 5730 und 5750 Jahren. Es wird in kleinen Mengen in allen lebenden Organismen abgelagert. Daher lässt sich mit seiner Hilfe das Alter von Fossilien bestimmen (Radiokarbonmethode). A B

a) Berechnen Sie die Zerfallskonstante λ. ✔ $\lambda = 0{,}0001205$/a – 0,000121/a

b) Wie viel Prozent einer vorhandenen Menge ^{14}C zerfallen in 100 bzw. 1000 Jahren?

✔ 1,198% – 1,202%, 11,356% – 11,394%

c) In einem Holzbalken aus einer urzeitlichen Siedlung wurde ein ^{14}C-Gehalt von 65% der ursprünglichen Menge gemessen. Wann wurde das Haus gebaut?

✔ vor ca. 3560 bis 3570 Jahren

d) Geben Sie an, wie alt das Fundstück höchstens sein darf, damit sein Alter mit der ^{14}C-Methode bestimmt werden kann, wenn man noch 0,1% des ursprünglichen ^{14}C-Gehalts messen kann.

✔ ca. 57 000 Jahre

Ü 12 ★★: Das Technetium-Isotop ^{99m}Tc wird für Untersuchungen der Schilddrüse verwendet. Bei einem Versuch wurden nach 4 Stunden noch 63% der ursprünglichen Aktivität gemessen. A B

a) Ermitteln Sie die Zerfallkonstante λ. ✔ $\lambda = 0{,}1155$/a

b) Berechnen Sie die Halbwertszeit von ^{99m}Tc. ✔ 6 h

c) Wie lange dauert es, bis nur mehr 1% der ursprünglichen Aktivität messbar ist? ✔ 39,9 h

Was bleibt?

Ü 13 ★★: Nikotin wird aus dem menschlichen Körper mit der biologischen Halbwertszeit von ca. 90 Minuten ausgeschieden. A B

a) Berechnen Sie die Zerfallskonstante λ. ✔ $\lambda = 0{,}00770$/min

b) Wie viel Prozent einer vorhandenen Nikotinmenge werden in einer Stunde ausgeschieden? ✔ 37%

c) Wie lange dauert es, bis nur mehr 5% der ursprünglichen Nikotinmenge übrig sind? ✔ ca. 6,5 h

Ü 14 ★★: DDT (Dichlordiphenyltrichlorethan) war in den 1940er bis 1960er Jahren ein beliebtes Insektenbekämpfungsmittel. In der Natur wird DDT mit einer Halbwertszeit von mindestens 10 Jahren abgebaut (der genaue Wert ist unbekannt). Weil es sich in der Nahrungskette anreichert, ist es inzwischen in den meisten Industriestaaten (auch in Österreich) verboten. Nur zur Malariabekämpfung darf es noch eingesetzt werden. A B

a) In einem Haus wurden 10 g DDT auf die Wände gesprüht. Wie viel ist davon nach 5 Jahren noch vorhanden, wenn man eine Halbwertszeit von 15 Jahren annimmt? Berechnen sie, nach wie vielen Jahren nur mehr 1 g übrig ist.

✔ 7,9 g; ca. 50 Jahre

b) Aus dem menschlichen Körper wird DDT mit der biologischen Halbwertszeit von einem Jahr ausgeschieden. Um welchen Prozentsatz nimmt die DDT-Belastung in einem Monat ab? Wie lange dauert es, bis nur mehr 1% der ursprünglichen Menge übrig ist?

✔ 5,6%; 6,6 Jahre

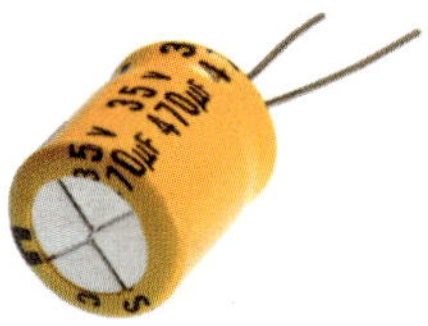

Kondensator

Ü 15 ★★: Wenn an einen Kondensator eine Gleichspannung angelegt wird, fließt zunächst noch Strom. Die Stromstärke nimmt ständig ab, bis der Kondensator vollständig geladen ist. Diese Abnahme kann durch die Funktion $I(t) = I_{max} \cdot e^{-t/\tau}$ beschrieben werden. τ (tau) ist die sogenannte Zeitkonstante. A B

a) Angenommen, $\tau = 5$ s. Wie hoch ist die Stromstärke nach 1 s, 5 s und 10 s? Stellen Sie den Verlauf der Stromstärke in den ersten 10 Sekunden grafisch dar.

✔ $I(1) = 0{,}82 \cdot I_{max}$, $I(5) = 0{,}37 \cdot I_{max}$, $I(10) = 0{,}14 \cdot I_{max}$

b) Wann beträgt die Stromstärke nur mehr 50%, 10% bzw. 1% des Maximalwertes? ✔ nach 3,5 s, 11,5 s, 23 s

Ü 16 ★★: Wenn sich eine Spule in einem Gleichstromkreis befindet, steigt die Stromstärke nach dem Einschalten nur allmählich auf ihren Höchstwert an. Die Zunahme wird durch die Funktion $I(t) = I_{max} \cdot \left(1 - e^{-t/\tau}\right)$ beschrieben. A B

a) Angenommen, $\tau = 2$ s. Wie hoch ist die Stromstärke nach 1 s, 2 s und 5 s? Stellen Sie den Verlauf der Stromstärke in den ersten 5 Sekunden grafisch dar.

✔ $I(1) = 0{,}39 \cdot I_{max}$, $I(2) = 0{,}63 \cdot I_{max}$, $I(5) = 0{,}92 \cdot I_{max}$

b) Wann erreicht die Stromstärke 50%, 90% bzw. 95% des Maximalwertes? ✔ nach 1,4 s, 4,6 s, 6 s

Durchschnittliche Beschleunigung: Geschwindigkeitsdifferenz durch Zeitdifferenz

Ü 17 ★★: Eine Stahlkugel mit 4 cm Radius fällt ins Wasser. Die Geschwindigkeit nach t Sekunden wird annähernd durch die Funktion $v(t) = 25 \cdot \left(1 - e^{-0{,}4t}\right)$ beschrieben. A B

a) Wie schnell fällt die Kugel nach 2, 4, 6, 8 und 10 Sekunden? Wie hoch ist die durchschnittliche Beschleunigung in den ersten beiden Sekunden bzw. in den letzten beiden Sekunden dieses Zeitraums?

✔ 13,77 m/s, 19,95 m/s, 22,73 m/s, 23,98 m/s, 24,54 m/s;
$\frac{v(2) - v(0)}{2} = 6{,}88$ m/s², $\frac{v(10) - v(8)}{2} = 0{,}28$ m/s²

b) Errechnen Sie die Zeitspanne, nach der die Geschwindigkeit 99% ihres Maximalwertes (25 m/s) erreicht. ✔ nach 11,5 s

Ü 18 ★★: Die Temperaturdifferenz zwischen einer heißen (bzw. kalten) Flüssigkeit und ihrer Umgebung nimmt exponentiell ab. Die Temperatur nach der Zeit t kann durch die Funktion $T(t) = T_U + (T_0 - T_U) \cdot e^{-\lambda t}$ beschrieben werden (T_U ist die Umgebungstemperatur). A B

a) Das Wasser in einer Badewanne hat sich in 8 Minuten von 60° C auf 45° C abgekühlt. Die Raumtemperatur im Badezimmer beträgt 22° C. Wie lange dauert es noch, bis das Wasser auf Badetemperatur (35° C) abgekühlt ist?

✔ $\lambda = 0{,}0628$/min; 9,1 min

b) Ein Glas Milch aus dem Kühlschrank (4° C) hat sich bei einer Raumtemperatur von 20° C in 5 Minuten auf 10° C erwärmt. Wann wird die Temperatur 18° C betragen?

✔ $\lambda = 0{,}094$/min; in 17,1 min

Wenn eine Menge m_1 eines Stoffes mit der Temperatur T_1 und eine Menge m_2 mit der Temperatur T_2 gemischt werden, beträgt die Temperatur der Mischung $\frac{m_1 T_1 + m_2 T_2}{m_1 + m_2}$ (gewichtetes Mittel).

Ü 19 ★★★: Eine Tasse kochend heißer Kaffee (100° C) kühlt bei Zimmertemperatur (20° C) in 10 Minuten auf 30° C ab. Herr M. mischt drei Teile Kaffee mit einem Teil Milch aus dem Kühlschrank (4° C). Er kann entweder die Milch sofort dazugeben und danach 3 Minuten warten oder die Milch erst nach 3 Minuten dazugeben. Welche Temperatur hat der Milchkaffee in beiden Fällen? Erklären Sie das Ergebnis! A B D

✔ 50° C, 48° C

Ü 20 ★★★: In einem Ort mit 1200 Einwohnern kennen anfangs 10 Personen ein Gerücht. Nach t Tagen sind es ungefähr $N(t)=\frac{1200}{1+119\cdot e^{-0,4t}}$ Personen. A B C D

a) Wie viele Personen kennen das Gerücht nach einer Woche, nach zwei und nach drei Wochen? Skizzieren Sie den Verlauf der Funktion im Intervall $[0,21]$.

✔ $N(7)=146$, $N(14)=833$, $N(21)=1169$

b) Wie viele Menschen erfahren das Gerücht am 7., am 14. und am 21. Tag? Erklären Sie das Ergebnis mit eigenen Worten!

✔ $N(7)-N(6)=44$, $N(14)-N(13)=109$, $N(21)-N(20)=15$

c) Wann ist das Gerücht im halben Ort bekannt? Wie lange dauert es, bis 99% der Einwohner davon wissen? ✔ 12 Tage, 24 Tage

Ü 21 ★★★: Ein neues Internetforum hatte bei seiner Eröffnung 100 Mitglieder. Die Anzahl der Mitglieder nach t Monaten lässt sich näherungsweise durch folgende Formel beschreiben: A B C D

$$N(t)=\frac{20000}{1+200\cdot e^{-0,5t}}.$$

a) Stellen Sie den Verlauf grafisch dar. Bestimmen Sie anhand dieser Skizze eine sinnvolle obere Grenze dieses Modells und erklären Sie diese Grenze unter Zuhilfenahme mathematischer Überlegungen.

✔ 20 000

b) Wie viele Mitglieder hat das Forum nach einem Jahr bzw. nach zwei Jahren? ✔ $N(12)=13\,371$, $N(24)=19\,975$

c) Wann kann man das 10 000. Mitglied begrüßen? ✔ nach ca. 10,6 Monaten

Nach einem Artikel von Bernd Marin im „Standard" vom 23. 12. 2005 nehmen die Demografen derzeit an, dass die Erdbevölkerung 2075 ca. 9,2 Milliarden betragen wird.

Ü 22 ★★★: 1960 lebten auf der Erde ca. 3 Mrd. Menschen, 2000 waren es ca. 6 Mrd. A B C D

a) Angenommen, die Weltbevölkerung vermehrt sich exponentiell. Bestimmen Sie die Wachstumskonstante λ. Wie viel Prozent beträgt das jährliche Wachstum? Wann wird die Erde 15 Milliarden Bewohner haben?

✔ $\lambda=0{,}0173/a$; 1,75%; ca. 2053

b) Angenommen, die Bevölkerung nähert sich dem Grenzwert 10 Milliarden. Bestimmen Sie in diesem Modell die Konstante λ. Wie viele Einwohner wird die Erde im Jahr 2075 haben? Argumentieren sie die Wahl Ihres Modells.

✔ $\lambda=0{,}0313/a$; 9,4 Mrd.; logistisches Modell

Sichern

Die wichtigsten Modelle für natürliche Wachstums- und Abnahmevorgänge sind:

exponentielles Wachstum

Exponentielle/s Wachstum/Abnahme: $N(t)=N(0)\cdot e^{\lambda t}$ bzw. $N(t)=N(0)\cdot e^{-\lambda t}$

Wachstum: $\lambda>0$, $a>1$ Abnahme: $\lambda<0$, $0<a<1$

Die Zu- oder Abnahmegeschwindigkeit ist proportional zur vorhandenen Menge.

beschränktes Wachstum

Beschränktes Wachstum: $N(t)=G-(G-N(0))\cdot e^{-\lambda t}$

Die Zunahmegeschwindigkeit ist proportional zur Differenz zwischen Bestand und Kapazitätsgrenze.

logistisches Wachstum

Logistisches Wachstum: $N(t)=\frac{N(0)\cdot G}{N(0)+(G-N(0))\cdot e^{-\lambda t}}$

Die Zunahmegeschwindigkeit ist sowohl zur vorhandenen Menge als auch zur Differenz zwischen Bestand und Kapazitätsgrenze proportional.

Wissen

SbX ID: 1334

SbX
Die Lösungen finden Sie unter der ID: 1334.

W 1: Erklären Sie die wichtigsten Wachstums- und Abnahmemodelle und geben Sie je ein Beispiel an. C D

2.12 3.7 3.11
Mit W 2 lösen Sie eine komplette Reifeprüfungsaufgabe!

Kapitel 7, Lerneinheit 1: Lineare Regression

Der belgische Mathematiker Pierre-François Verhulst entwickelte anhand dieser Daten das Modell des logistischen Wachstums und erstellte eine Prognose für 1940, die auf 1% genau war.

W 2: Die Bevölkerung der USA betrug bei den ersten Volkszählungen (gerundet): A B C D

1790	1800	1810	1820	1830	1840
$3{,}9 \cdot 10^6$	$5{,}3 \cdot 10^6$	$7{,}2 \cdot 10^6$	$9{,}6 \cdot 10^6$	$12{,}8 \cdot 10^6$	$17{,}1 \cdot 10^6$

- Stellen Sie die Daten grafisch dar.
- Gehen Sie zuerst von einem linearen Wachstum aus und ermitteln Sie (durch Probieren) eine möglichst gute Näherungsformel für dieses Wachstum.
- Wie lautet eine Näherungsformel für die Bevölkerungsveränderung auf der Basis von exponentiellem Wachstum?
- Wie groß ist der jährliche Zuwachs bei beiden Modellen?
- Welches Modell passt besser zu den Daten? Begründen Sie!
- Wie viele Menschen müssten bei beiden Modellen im Jahr 2000 in den USA gelebt haben? Tatsächlich waren es ca. $275 \cdot 10^6$. Erklären Sie an diesem Beispiel die Grenzen beider Modelle!

3.7 3.11

W 3: In einem bestimmten Gebiet lebten im Jahr 2000 ca. 500 Tauben. Bis 2005 haben sie sich auf ca. 800 vermehrt. Biologen nehmen an, dass in dem Gebiet insgesamt für ca. 2000 Tauben Platz ist. A B C D

Modellieren Sie eine Wachstumsfunktion (ausgehend vom Jahr 2000), schätzen Sie die Anzahl der Tauben im Jahr 2012 und berechnen Sie, wann sich die Population auf 1500 vermehrt haben wird, unter der Annahme von
- linearem Wachstum,
- exponentiellem Wachstum,
- beschränktem Wachstum,
- logistischem Wachstum!

Begründen Sie, welches Modell Ihrer Ansicht nach am realistischsten erscheint.

Mit W 3 haben Sie eine komplette Reifeprüfungsaufgabe gelöst!

W 4: Beschreiben Sie die wichtigsten Eigenschaften von Exponentialfunktionen und von linearen Funktionen. Fertigen Sie jeweils auch Skizzen an. C D

Ein kurzer Wissens-Check, bevor's weitergeht!

Wissens-Check

	☺	😐	☹
Ich kenne die wesentlichen Eigenschaften des Modells lineares Wachstum/lineare Abnahme. Ich weiß, wann man dieses Modell verwendet.			
Ich erkenne, wann einer Datenmenge ein exponentielles Wachstum oder ein exponentieller Zerfall entspricht.			
Ich kenne die Eigenschaften und die Anwendungsmöglichkeiten des beschränkten und des logistischen Wachstums.			
Ich weiß um die mathematischen Grenzen von Wachstumsmodellen.			

Lerneinheit 4
Finanzmathematik

SbX
Alle SbX-Inhalte zu dieser Lerneinheit finden Sie unter der ID: 1340.

Eine Anwendung von Exponentialfunktionen, mit der wahrscheinlich jeder einmal zu tun hat, sind Sparbücher, Geldanlagen, Kredite – kurz, alles, was mit Zinsen zu tun hat. In der Finanzmathematik geht es häufig darum, Zahlungen, die zu verschiedenen Zeitpunkten stattfinden, zu vergleichen.

Sie lernen hier:
- **wie man die Verzinsung eines Kapitals berechnet**
- **was eine Rente ist und wie man sie berechnet**

Lernen

SbX ID: 1341

1 Zinsen und Zinseszinsen

Geld vermehrt sich

SbX
Eine Anleitung zur Zinseszins- und Rentenrechnung mit dem TI-82 STATS finden Sie unter der ID: 1341.

Wenn jemand Geld übrig hat, kann er damit zweierlei tun: er kann es in ein Geschäft investieren, also zum Beispiel Waren kaufen und (hoffentlich) mit Gewinn wieder verkaufen; oder er kann es verleihen. Weil er dabei auf seinen eigenen Gewinn verzichtet, ist es üblich, dass er dafür einen gewissen Betrag als „Miete" verlangt (ähnlich, wie wenn man eine Wohnung oder ein Auto vermietet). Daher werden praktisch seit den Anfängen der menschlichen Wirtschaft für verliehenes Geld Zinsen bezahlt. Wenn man Geld auf ein Sparbuch legt, leiht man es der Bank und erhält dafür Zinsen.

Der Film „Let's make money" (Österreich 2008) nimmt das internationale Finanzsystem kritisch unter die Lupe.
© Allegro Film/Let's make MONEY

Aus diesem Grund darf man Zahlungen, die zu verschiedenen Zeitpunkten getätigt werden, nicht einfach addieren, sondern muss auch die jeweiligen Zeitpunkte berücksichtigen. 1.000 € sofort sind mehr wert als 1.000 € in einem Jahr, denn wenn ich jetzt 1.000 € besitze, kann ich sie anlegen und bekomme dafür Zinsen. (Dabei ist der Wertverlust durch die Inflation noch gar nicht berücksichtigt.) Deswegen gilt:

Äquivalenzprinzip der Finanzmathematik

Zahlungen dürfen nur dann verglichen/addiert/subtrahiert werden, wenn sie zuvor auf denselben Stichtag bezogen wurden!

In diesem Abschnitt lernen wir einige Methoden dafür kennen.

Wir klären zuerst einige wichtige Begriffe:
K_0: Barwert (Anfangskapital)
K_n: Endwert (Kapital nach n Jahren)
n: Laufzeit (Zeit, während der das Kapital verzinst wird)
p: Zinsfuß (z. B. $p = 6$)
i: Zinssatz (z. B. $i = 6\% = 0{,}06$; von engl. *interest rate*)

Verwechseln Sie nicht Zinsfuß und Zinssatz: $i = \frac{p}{100}$

Der **Nominalzinssatz** ist der Zinssatz, der „auf dem Papier steht". Als **Effektivzinssatz** bezeichnet man die Zinsen, die man für ein angelegtes Kapital tatsächlich pro Jahr erhält bzw. für einen Kredit zahlen muss (einschließlich aller Nebenkosten).

Lineare (einfache) Verzinsung

Bei der einfachsten Art der Zinsberechnung werden die Zinsen erst am Ende der Laufzeit berechnet und dem Kapital zugeschlagen. Wenn z.B. 100 € zu 6% Jahreszinsen (p. a. = per anno, pro Jahr) angelegt werden, wächst das Kapital jedes Jahr um 6 €. Die Auszahlungssumme beträgt also

nach 1 Jahr ______ €
nach 2 Jahren ______ €
nach 3 Jahren ______ €
nach 4 Jahren ______ €
usw.

Wie Sie sehen, ergibt sich eine arithmetische Folge bzw. eine lineare Funktion. Allgemein lässt sich das Endkapital nach folgender Formel berechnen:

Berechnung des Endkapitals

$K_n = K_0 \cdot (1 + i \cdot n)$

Diese Methode ist nur bei privaten Geldgeschäften von Bedeutung; Banken verwenden sie für Laufzeiten von weniger als einem Jahr.

Exponentielle Verzinsung (Zinseszinsen)

Normalerweise werden die Zinsen am Ende einer Zinsperiode (meist ein Jahr) dem Kapital zugeschlagen. Im nächsten Jahr werden sie mitverzinst, man spricht daher von Zinseszinsen. Für ein Anfangskapital von 100 € und einen Jahreszinssatz von 6% ergeben sich daher folgende Endwerte:

nach 1 Jahr ______ €
nach 2 Jahren ______ €
nach 3 Jahren ______ €
nach 4 Jahren ______ €
usw.

Hier erhalten wir also eine geometrische Folge bzw. eine Exponentialfunktion.

Allgemein kann man den Endwert mit folgender Formel berechnen:

$K_n = K_0 \cdot (1 + i)^n$

$1 + i$ ist der sogenannte **Aufzinsungsfaktor.** Wenn wir ihn mit q bezeichnen, erhält die Formel die einfachere Form

Zinseszinsformel

$K_n = K_0 \cdot q^n \qquad q = 1 + i = 1 + \frac{p}{100}$

Zur Berechnung des Barwerts können wir sie umformen:

Barwert

$K_0 = K_n \cdot q^{-n}$

Die Berechnung des Endwerts bezeichnet man als **Aufzinsen,** die Berechnung des Barwerts als **Abzinsen.**

L 1: Einige Anwendungsbeispiele: A B

- Auf welchen Wert wächst ein Kapital von 5.000 € bei einer Verzinsung von $i = 4\%$ in 6 Jahren an?
  $K_6 = 5000 \cdot 1{,}04^6 = 6.326{,}60$ €
- Welchen Betrag muss man zu einem Zinssatz von $i = 5\%$ anlegen, wenn man in 3 Jahren 2.000 € abheben will?
  $K_0 = 2000 \cdot 1{,}05^{-3} = 1.727{,}68$ €
- Jemand leiht sich 8.000 € aus und zahlt nach 4 Jahren 9.000 € zurück. Welchem Zinssatz entspricht das?
  $9000 = 8000 \cdot q^4 \Rightarrow q = \sqrt[4]{\left(\frac{9000}{8000}\right)} \approx 1{,}03 \Rightarrow i \approx 3\%$

- In welcher Zeit verdoppelt sich ein Kapital bei einer Verzinsung von 5,5%?

$$2 \cdot K_0 = K_0 \cdot 1{,}055^n \Rightarrow n = \frac{\ln(2)}{\ln(1{,}055)} \approx 12{,}95 \Rightarrow \text{in ca. 13 Jahren}$$

Mit der KESt – wie auch mit anderen Steuern – werden z.B. Schulen, Gesundheitswesen, Straßenbau, Polizei ... finanziert.

In Österreich werden von Zinserträgen 25% Kapitalertragsteuer abgeführt. Der Effektivzinssatz beträgt daher nur das 0,75-Fache des nominellen Zinssatzes. Das soll hier nicht berücksichtigt werden.

Ü 1 ★: In der Zeichentrick-Serie "Futurama" wird der Pizzabote Fry versehentlich für 1000 Jahre eingefroren. Nach dem Auftauen stellt er fest, dass die 93 Cent auf seinem Konto inzwischen auf 4,3 Milliarden Dollar angewachsen sind. Welche Verzinsung hat er bekommen? **B**

✔ 2,25%

Ü 2 ★: 2.500 € werden 3 Jahre mit 4,5% verzinst. Berechnen Sie das Endkapital. **B**

✔ 2.852,92 €

Ü 3 ★: Ein Geldbetrag ist mit 3% Verzinsung in 5 Jahren auf 6.028,23 € angewachsen. Wie hoch war der ursprüngliche Betrag? **B**

✔ 5.200 €

Ü 4 ★★: 1.000 € werden 2 Jahre mit 6%, danach 3 Jahre mit 5% verzinst. Berechnen Sie den Endwert. Wie hoch ist die durchschnittliche Verzinsung (das heißt, bei welchem Zinssatz hätte sich in 5 Jahren derselbe Endwert ergeben)? **B**

✔ 1.300,71 €; $i \approx 5{,}4\%$

Mehrere Ein- und Auszahlungen können auch getrennt aufgezinst und am Ende addiert bzw. subtrahiert werden.

Das gute alte Sparbuch hat noch nicht ausgedient.

L 2: Auf einem Sparbuch mit 3% Verzinsung wurden folgende Zahlungen getätigt: **A** **B**

Datum	Posten	Betrag	Kontostand
01.01.05	Einzahlung	2.000,00	2.000,00
31.12.05	Zinsen	60,00	2.060,00
01.01.06	Auszahlung	–1.200,00	860,00
31.12.06	Zinsen	25,80	885,80
01.01.07	Einzahlung	1.500,00	2.385,80
31.12.07	Zinsen	71,57	2.457,37
31.12.08	Zinsen	73,72	2.531,09

Wenn wir die Zahlungen getrennt aufzinsen, erhalten wir denselben Endbetrag:
$2000 \cdot 1{,}03^4 - 1200 \cdot 1{,}03^3 + 1500 \cdot 1{,}03^2 \approx 2531{,}10$
Der Unterschied von 1 Cent entsteht durch das zwischenzeitliche Runden.

Solche Zahlungen kann man auch durch einen Zeitstrahl übersichtlich darstellen:

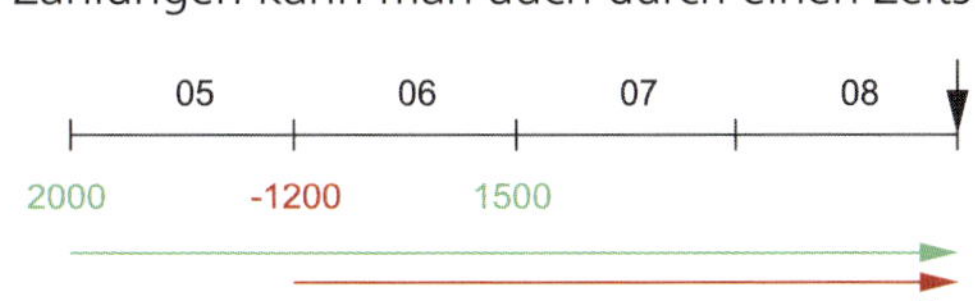

Abb. 1

Genauso geht man vor, wenn verschiedene Zahlungsreihen verglichen werden sollen. Bei exponentieller Verzinsung hängt das Ergebnis nicht vom Bezugszeitpunkt (dem Zeitpunkt, auf den alle Zahlungen auf- oder abgezinst werden) ab. Wir können ihn daher so wählen, wie es für die Rechnung am günstigsten ist.

L 3: Für eine Immobilie liegen zwei Angebote vor: A bietet 20.000 € sofort und weitere 10.000 € in zwei Jahren, B bietet 30.000 € in einem Jahr. Welches Angebot ist – bei einer Verzinsung von 5% – für die Verkäuferin günstiger? A B

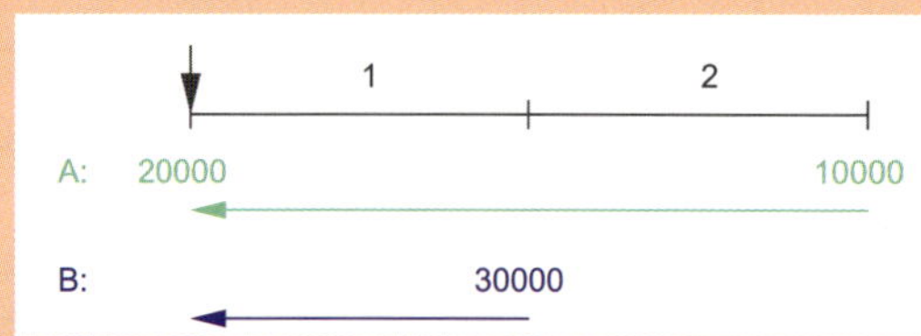

Abb. 2

Als Bezugszeitpunkt wählen wir den jetzigen Zeitpunkt ($t = 0$), also müssen wir die zweite Rate von A durch zwei Jahre abzinsen, die Zahlung von B durch ein Jahr:
A: $20000 + 10000 \cdot 1{,}05^{-2} \approx 29.070{,}29$
B: $30000 \cdot 1{,}05^{-1} \approx 28.571{,}42$

Die Verkäuferin sollte sich also für Angebot A entscheiden.

Ü 5 ★: Für eine Immobilie bieten: A B
A: 50.000 € sofort, 20.000 € in zwei Jahren;
B: 36.000 € sofort, 32.000 € in einem Jahr.

Welchen zusätzlichen, sofort zahlbaren Betrag müsste B bieten, damit sein Angebot dem von A gleichwertig wird? Rechnen Sie mit $i = 4\%$.

✔ 1.721,89 €

Ü 6 ★: Eine Schuld von 8.000 €, die mit $i = 8\%$ verzinst wird, soll in drei Raten zurückgezahlt werden: 3.000 € nach zwei Jahren, 3.000 € nach drei Jahren. Wie hoch ist die dritte Rate, die nach vier Jahren fällig ist? A B

✔ 4.144,71 €

Staatlich anerkannte Schuldenberatung

Im Jahr 2009 wurden 52 613 Personen mit Schuldenproblemen von den 10 staatlich anerkannten Schuldenberatungen in Österreich unterstützt. www.schuldnerberatung.at

L 4: Eine Schuld von 10.000 € soll in drei Raten von je 4.000 € zurückgezahlt werden, die jeweils nach einem, zwei und drei Jahren fällig sind. Welchem Zinssatz entspricht das? A B

Wir wählen als Bezugszeitpunkt den Zeitpunkt der dritten Rate. Da die Auszahlung und die Rückzahlungen gleich viel wert sein müssen, erhalten wir die Gleichung
$10000 \cdot q^3 = 4000 \cdot q^2 + 4000 \cdot q + 4000$.

Diese Gleichung können wir nur mit elektronischen Hilfsmitteln lösen und erhalten $q = 1{,}097$, also $i = 9{,}7\%$.

Unterjährige Verzinsung

Franz hat sein Bankkonto um 1.000 € überzogen. Die Bank verrechnet 12% Sollzinsen p. a. Franz rechnet daher damit, dass er in einem Jahr 120 € Überziehungszinsen zahlen muss. Zu seiner Überraschung sieht er am Ende des Jahres, dass ihm (abgesehen von den Kontoführungsgebühren) ca. 125 € abgezogen wurden.

Des Rätsels Lösung: Die Zinsen wurden alle drei Monate verrechnet und im nächsten Quartal mitverzinst. In der Praxis (vor allem bei Krediten) werden die Zinsen oft nicht jährlich zum Kapital geschlagen, sondern halbjährlich (p. sem. = pro Semester), vierteljährlich (p. qu. = pro Quartal) oder monatlich (p. m. = pro Monat). Die Anzahl der Zinsperioden pro Jahr bezeichnen wir mit m, den entsprechende Periodenzinssatz mit i_m. Für die Berechnung gibt es zwei Möglichkeiten:

Relativer unterjähriger Zinssatz:

nominell – relativ

Der **nominelle** Jahreszinssatz wird einfach durch die Anzahl der Zinsperioden dividiert:
$$i_m = \frac{i}{m}$$

Dabei ist die **effektive** Verzinsung (also die Zinsen, die man tatsächlich erhält) allerdings höher. Wir betrachten als Beispiel einen nominellen Jahreszinssatz von $i = 6\%$ und berechnen den Endwert nach jeweils einem Jahr:

- halbjährliche Verzinsung: $i_2 = 3\%$
  $K_1 = K_0 \cdot 1{,}03^2 = K_0 \cdot 1{,}0609$, d.h. effektive Verzinsung 6,09%
- vierteljährliche Verzinsung: $i_4 = 1{,}5\%$
  $K_1 = K_0 \cdot 1{,}015^4 = K_0 \cdot 1{,}0614$, d.h. effektive Verzinsung 6,14%
- monatliche Verzinsung: $i_{12} = 0{,}5\%$
  $K_1 = K_0 \cdot 1{,}005^{12} = K_0 \cdot 1{,}0617$, d.h. effektive Verzinsung 6,17%

Bei dieser Berechnungsmethode kann man also verschiedene Periodenzinssätze nicht gut vergleichen.

Konformer unterjähriger Zinssatz:

effektiv – konform

Nach der international üblichen Methode wird der unterjährige Zinssatz so berechnet, dass sich der **gleiche Effektivzins** ergibt wie bei jährlicher Verzinsung. Den entsprechenden Periodenzinssatz bezeichnet man als **konformen** unterjährigen Zinssatz. Es muss also gelten:

konformer unterjähriger Zinssatz

$$(1 + i_m)^m = 1 + i$$

Bei einem jährlichen Effektivzinssatz von $i = 6\%$ erhalten wir die konformen unterjährigen Zinssätze:

- halbjährlich:
  $(1 + i_2)^2 = 1{,}06 \Rightarrow i_2 = \sqrt{1{,}06} - 1 \approx 0{,}0296 = 2{,}96\%$
- vierteljährlich:
  $(1 + i_4)^4 = 1{,}06 \Rightarrow i_4 = \sqrt[4]{1{,}06} - 1 \approx 0{,}0147 = 1{,}47\%$
- monatlich:
  $(1 + i_{12})^{12} = 1{,}06 \Rightarrow i_{12} = \sqrt[12]{1{,}06} - 1 \approx 0{,}0049 = 0{,}49\%$

Ü 7 ★: Berechnen Sie die konformen Halbjahres-, Quartals- und Monatszinssätze für $i = 4\%$. B

✔ $i_2 \approx 1{,}98\%$, $i_4 \approx 0{,}99\%$, $i_{12} \approx 0{,}33\%$

Ü 8 ★: Berechnen Sie den effektiven Jahreszinssatz für a) $i_2 = 2{,}5\%$; b) $i_4 = 2\%$; c) $i_{12} = 1\%$. B

✔ 5,06%, 8,24%, 12,68%

Achtung: Wir werden im Folgenden immer mit **konformen unterjährigen Zinssätzen** rechnen.

Die Zinseszinsformel kann unverändert übernommen werden, wenn für n die Anzahl der Zinsperioden eingesetzt wird. Es ist empfehlenswert, den Aufzinsungsfaktor $q_m = 1 + i_m$ im Speicher des Taschenrechners zu speichern.

L 5: Berechnen Sie den Endwert eines Kapitals von 1.500 € nach 2 Jahren und 3 Monaten. Die Effektivverzinsung beträgt $i = 5\%$ p. a., die Zinsen werden vierteljährlich verrechnet. A B

Wir berechnen zuerst den Quartalszinssatz:
$q_4 = 1 + i_4 = \sqrt[4]{1{,}05} \approx 1{,}01227$.

2 Jahre und 3 Monate sind 9 Quartale, daher ist
$K_n = 1500 \cdot 1{,}01227^9 \approx 1674{,}05$ €.

Das gleiche Ergebnis erhalten wir, wenn wir die Laufzeit als Bruchteil eines Jahres angeben und mit dem Jahreszinssatz rechnen:
$K_{2,25} = 1500 \cdot 1{,}05^{2,25} \approx 1674{,}05$ €.

3 Exponential- und Logarithmusfunktionen

2 Rentenrechnung

Mäßig, aber regelmäßig

Definition

Als **Rente** bezeichnet man in der Finanzmathematik eine Reihe von gleich hohen Zahlungen (Raten) in regelmäßigen Zeitabständen. Das können gleichbleibende Spareinlagen sein, aber auch Kreditraten oder Zahlungen aus einer privaten Pensionsvorsorge.

vorschüssig – nachschüssig

vorschüssige Rente: die Zahlungen erfolgen jeweils am Beginn einer Rentenperiode, z.B. eines Jahres

nachschüssige Rente: die Zahlungen erfolgen jeweils am Ende einer Rentenperiode

Die Altersrente ist ein Beispiel für eine Rentenzahlung.

Diese Unterscheidung ist nicht unbedingt nötig, weil man z.B. das Ende des Jahres 2008 mit dem Beginn des Jahres 2009 gleichsetzen kann. Man kann daher jede Rente wahlweise als vor- oder nachschüssig auffassen.

Wir können den Endwert oder Barwert einer Rente mit den Methoden aus dem vorigen Abschnitt berechnen, indem wir jede Zahlung einzeln auf- bzw. abzinsen. Da die Raten aber gleich hoch sind, ergeben sich einfachere Formeln. Wir nehmen zunächst an, dass die Zahlungen jährlich erfolgen.

Endwert einer Rente

Endwert

Der **Endwert** einer Rente ist der Wert, auf den die Zahlungen (z.B. Spareinlagen) am Ende des Rentenzeitraums angewachsen sind.

L 6: Frau Moser legt am Ende jedes Jahres 500 € auf ein Sparbuch mit der Verzinsung $i = 3\%$. Wie hoch ist ihr Guthaben nach 6 Jahren? A B

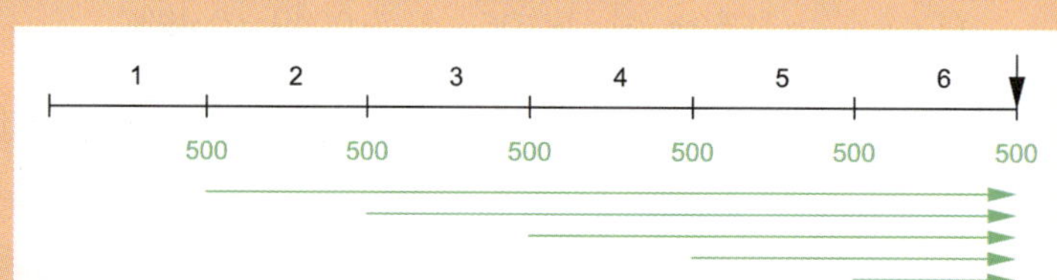

Abb. 3

Es handelt sich hier um eine nachschüssige Rente (E_N = Endwert nachschüssig). Wir zinsen alle Einzahlungen auf das Ende des 6. Jahres auf und beginnen dabei mit der letzten:
$E_N = 500 + 500 \cdot 1{,}03 + 500 \cdot 1{,}03^2 + 500 \cdot 1{,}03^3 + 500 \cdot 1{,}03^4 + 500 \cdot 1{,}03^5 = 3234{,}20$ €

Die Rechnung wird wesentlich einfacher, wenn wir die Formel für die geometrische Reihe verwenden ($a_1 = 500$, $q = 1{,}03$, $n = 6$):

$$E_N = 500 \cdot \frac{1{,}03^6 - 1}{1{,}03 - 1} \approx 3234{,}2$$

Geometrische Reihen siehe Lerneinheit 1

Den **Endwert einer nachschüssigen Rente** (das heißt, den Wert am Tag der letzten Zahlung) kann man also mit der Summenformel für die geometrische Reihe berechnen:

Endwert nachschüssig

$$E_N = R \cdot \frac{q^n - 1}{q - 1}.$$

R: Rate
$q = 1 + i = 1 + \frac{p}{100}$: Aufzinsungsfaktor
n: Laufzeit, Anzahl der Raten

Aus dieser Grundformel erhält man durch Auf- oder Abzinsen den Wert zu jedem beliebigen anderen Zeitpunkt. Die folgenden Formeln sind Spezialfälle, die besonders häufig benötigt werden.

Der Endwert einer **vorschüssigen Rente** ist der Wert am Ende des letzten Jahres. Weil die letzte Rate aber am Beginn des Jahres eingezahlt wird, müssen wir die Grundformel noch durch ein Jahr aufzinsen und erhalten

Endwert vorschüssig

$$E_V = R \cdot q \cdot \frac{q^n - 1}{q - 1}.$$

Ü 9 ★: Berechnen Sie den Endwert einer a) nachschüssigen, b) vorschüssigen Rente von 800 € durch 10 Jahre bei einer Verzinsung von 4% p. a. B

✔ a) 9.604,89 €; b) 9.989,08 €

Barwert einer Rente

Definition Barwert

Der **Barwert** einer Rente ist der Wert aller Zahlungen am Beginn des Rentenzeitraums.

Das ist also bei einem Sparbuch der Betrag, den man am Anfang statt aller Raten zahlen müsste, um am Ende das gleiche Guthaben wie bei Ratenzahlung zu haben. Bei einem Kredit ist der Barwert die Kreditsumme, die man am Anfang ausbezahlt bekommt. Dieser Betrag muss zur Summe aller Kreditraten gleichwertig sein.

Um den Barwert zu erhalten, müssen wir einfach den Endwert durch n Jahre abzinsen. Für den **Barwert einer nachschüssigen Rente** ergibt sich daher

$$B_N = R \cdot \frac{q^n - 1}{q - 1} \cdot q^{-n}.$$

Das kann man vereinfachen zu

Barwert nachschüssig

$$B_N = R \cdot \frac{1 - q^{-n}}{q - 1}.$$

Ebenso erhält man für den **Barwert einer vorschüssigen Rente:**

Barwert vorschüssig

$$B_V = R \cdot q \cdot \frac{1 - q^{-n}}{q - 1}.$$

Ü 10 ★: Berechnen Sie den Barwert einer a) nachschüssigen, b) vorschüssigen Rente von 1.200 € durch 8 Jahre bei einer Verzinsung von 5% p. a. B

✔ a) 7.755,86 €; b) 8.143,65 €

Berechnung von Rate, Laufzeit und Zinssatz

L 7: Ein Kredit von 12.000 € soll in 10 nachschüssigen Jahresraten zurückgezahlt werden. Die Verzinsung beträgt 8% p. a. Wie hoch ist eine Rate? A B

Wir setzen in die Formel für den Barwert ein und lösen die Gleichung nach R auf:

$$12000 = R \cdot \frac{1 - 1{,}08^{-10}}{0{,}08}$$

$$R = \frac{12000 \cdot 0{,}08}{1 - 1{,}08^{-10}} \approx 1788{,}35\,€$$

L 8: Wie viele Raten sind für den Kredit aus dem vorigen Beispiel zu zahlen, wenn eine Rate 2.000 € beträgt? A B

$$12000 = 2000 \cdot \frac{1 - 1{,}08^{-n}}{0{,}08}$$

- Umformen ergibt

$$1{,}08^{-n} = 0{,}52$$

- Weil die Unbekannte im Exponenten steht, müssen wir logarithmieren.

$$-n \cdot \ln(1{,}08) = \ln(0{,}52)$$

$$n = -\frac{\ln(0{,}52)}{\ln(1{,}08)} \approx 8{,}5$$

Es sind also 8 Vollraten und eine niedrigere Schlussrate zu zahlen.

Die Schlussrate ist meist ein Jahr nach der letzten Vollrate fällig. Wir berechnen daher am besten den Endwert von 9 Vollraten:

$$E_N = 2000 \cdot \frac{1{,}08^9 - 1}{0{,}08} \approx 24.975{,}12\,€$$

3 Exponential- und Logarithmusfunktionen

Die Kreditsumme, durch 9 Jahre aufgezinst, beträgt $K_9 = 12000 \cdot 1{,}08^9 \approx 23988{,}06$ €. (Diesen Betrag wäre man also nach 9 Jahren schuldig, wenn man überhaupt nichts zurückzahlt.) Mit 9 Vollraten würde man also um 987,06 € zu viel zahlen. Wir ziehen diesen Betrag daher von der letzten Rate ab und erhalten für die Schlussrate 1.012,94 €.

T

L 9: Herr Bauer erhält ein Angebot für folgende Sparform: Er zahlt fünf Jahre lang zu Jahresbeginn 1.000 € ein und erhält am Ende des fünften Jahres 6.000 € ausbezahlt. Welcher Verzinsung entspricht das? A B

Es handelt sich hier um den Endwert einer vorschüssigen Rente, wir setzen also in die entsprechende Formel ein:

$$6000 = 1000 \cdot q \cdot \frac{q^n - 1}{q - 1}$$

Diese Gleichung können wir z.B. mit der Solve-Funktion des Taschenrechners lösen. Das Ergebnis ist $q = 1{,}0614$, das heißt: $i = 6{,}14\%$.

Unterjährige Renten

Die angegebenen Formeln gelten nur, wenn Renten- und Zinsperiode gleich lang sind . Wenn die Zahlungen beispielsweise monatlich erfolgen, aber die Jahreszinsen angegeben sind, muss man erst den konformen Monatszinssatz berechnen. q bedeutet dann den unterjährigen Aufzinsungsfaktor (also $1 + i_m$), n die Anzahl der Raten.

Rentenumwandlungen

Alle Teilrenten und Zahlungen auf denselben Zeitpunkt beziehen

„Checkliste" für Rentenumwandlungen

Oft wird zu einer Rente eine andere, äquivalente Rente gesucht. Beispielsweise soll zuerst ein Guthaben angespart werden, das dann in gleichbleibenden Raten ausgezahlt wird (die klassische Rente im Sinn von Altersvorsorge). Diese Aufgaben können mit den schon bekannten Methoden gelöst werden, wenn man ein paar Grundsätze beachtet:

- Wenn sich etwas ändert (Rate, Zinssatz …), wird die Rente in mehrere Teilrenten zerlegt.
- Alle Teilrenten und einmaligen Zahlungen werden auf denselben Zeitpunkt bezogen.
- Die Summe aller Einzahlungen muss der Summe aller Auszahlungen gleichwertig sein.

L 10: Frau Huber hat 20.000 € geerbt und zu einem Zinssatz von $i = 5\%$ angelegt. Zusätzlich legt sie 10 Jahre lang am Ende jedes Jahres 1.000 €, danach weitere 5 Jahre lang 1.500 € an. Von dem ersparten Geld möchte sie 12 Jahre lang am Anfang jedes Monats einen bestimmten Betrag abheben. Wie hoch ist dieser Betrag? A B

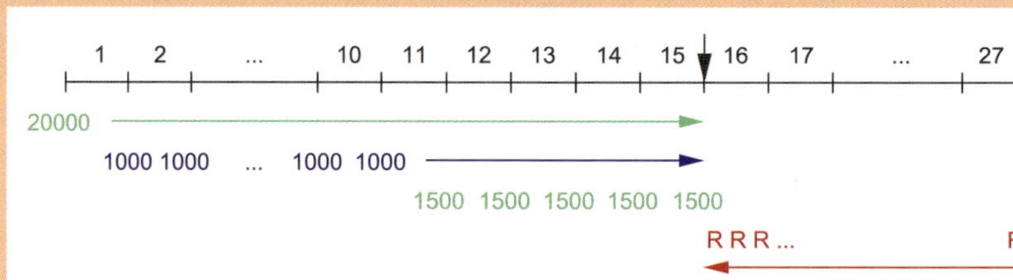

Abb. 4

Wir wählen als Bezugszeitpunkt den Beginn der Auszahlungen. Die 20.000 € müssen daher durch 15 Jahre aufgezinst werden:

$$K_{15} = 20000 \cdot 1{,}05^{15} = 41.578{,}56$$

$$E_N \cdot 1{,}05^5 = 1000 \cdot \frac{1{,}05^{10} - 1}{0{,}05} \cdot 1{,}05^5 \approx 16.052{,}93$$

- Der Endwert der ersten Rente (1.000 €) wird durch 5 Jahre aufgezinst.

$$E_N = 1500 \cdot \frac{1{,}05^5 - 1}{0{,}05} = 8288{,}45$$

- Dazu kommt noch der Endwert der zweiten Rente (1.500 €).

Die Summe aller Einzahlungen beträgt daher (am Ende des 15. Jahres) 65.919,94 €.

Diese Summe ist gleichzeitig der Barwert der Auszahlungen. Weil es sich um $12 \cdot 12 = 144$ Monatsraten handelt, müssen wir den konformen Monatszinssatz (bzw. den Aufzinsungsfaktor) berechnen:

$$q_{12} = \sqrt[12]{1{,}05} = 1{,}00407$$

- Wir setzen in die Formel für den Barwert ein und lösen nach R auf.

$$65.919{,}94 = R \cdot q_{12} \cdot \frac{1 - q_{12}^{-144}}{q_{12} - 1}$$

$$R = \frac{65.919{,}94 \cdot (q_{12} - 1)}{q_{12} \cdot \left(1 - q_{12}^{-144}\right)} \approx 603{,}56$$

Frau Huber kann also monatlich ca. 600 € abheben.

Üben

SbX ID: 1342

Ü 11 ★: Berechnen Sie den Endwert des Kapitals: B D

a) $K_0 = 600$ €, $i = 4\%$, Laufzeit 5 Jahre ✔ 729,99 €
b) $K_0 = 1100$ €, $i = 5{,}5\%$, Laufzeit 7 Jahre ✔ 1.600,15 €
c) $K_0 = 1500$ €, $i = 3\%$, Laufzeit 10 Jahre ✔ 2.015,87 €
d) $K_0 = 2250$ €, $i = 3{,}5\%$, Laufzeit 8 Jahre ✔ 2.962,82 €
e) $K_0 = 1000$ €, $i_2 = 3\%$, Laufzeit 4 Jahre ✔ 1.266,77 €
f) $K_0 = 5000$ €, $i_4 = 2\%$, Laufzeit 3 Jahre 9 Monate ✔ 6.729,34 €
g) Erklären Sie, was es bedeutet, den Endwert eines Kapitals zu errechnen.

Ü 12 ★: Berechnen Sie den Barwert: B D

a) $K_4 = 2.813{,}77$ €, $i = 3\%$, Laufzeit 4 Jahre ✔ 2.500,00 €
b) $K_{10} = 384{,}03$ €, $i = 2{,}5\%$, Laufzeit 10 Jahre ✔ 300,00 €
c) $K_6 = 2.000$ €, $i = 4\%$, Laufzeit 6 Jahre ✔ 1.580,63 €
d) $K_9 = 4200$ €, $i = 5\%$, Laufzeit 9 Jahre ✔ 2.707,36 €
e) $K_3 = 1350$ €, $i_4 = 1{,}5\%$, Laufzeit 3 Jahre ✔ 1.129,12 €
f) $K_n = 1118{,}60$ €, $i_{12} = 0{,}75\%$, Laufzeit 1 Jahr 3 Monate ✔ 1.000,00 €
g) Erklären Sie, was es bedeutet, den Barwert eines Kapitals zu errechnen.

Ü 13 ★: Berechnen Sie den Zinssatz: B

a) $K_0 = 3000$ €, $K_6 = 3700$ € ✔ 3,56%
b) $K_0 = 6400$ €, $K_4 = 8000$ € ✔ 5,74%
c) $K_0 = 2500$ €, $K_{10} = 3700$ € ✔ 4%
d) $K_0 = 1400$ €, $K_7 = 1600$ € ✔ 1,93%

Ü 14 ★: In welcher Zeit wächst ein Kapital K_0 beim angegebenen Zinssatz auf den Endwert K_n an? B

a) $K_0 = 5000$ €, $K_n = 10000$ €, $i = 8\%$ ✔ 9 Jahre
b) $K_0 = 2750$ €, $K_n = 4000$ €, $i = 5{,}5\%$ ✔ 7 Jahre
c) $K_0 = 1500$ €, $K_n = 1900$ €, $i = 6\%$ ✔ 4 Jahre
d) $K_0 = 3000$ €, $K_n = 4400$ €, $i_2 = 3\%$ ✔ 6,5 Jahre

Ü 15 ★★: Ein Kapital von 1.000 € wird drei Jahre lang mit 4% verzinst, danach für ein Jahr mit 5% und zwei Jahre mit 3%. Berechnen Sie den Endwert und die durchschnittliche Verzinsung. A B

✔ 1.253,04 €; 3,83%

3 Exponential- und Logarithmusfunktionen

Wem verkaufen Sie die Wohnung?

Ü 16 ★★: Für eine Immobilie liegen zwei Angebote vor. Welches Angebot ist bei $i = 4\%$ für den Verkäufer günstiger? Ermitteln Sie jenen zusätzlichen, sofort zahlbaren Betrag, durch den das niedrigere Angebot dem höheren gleichwertig wird. A B

a) A: 50.000 € sofort, 20.000 € in zwei Jahren
B: 36.000 € sofort, 32.000 € in einem Jahr ✔ A; 1.721,89 €
b) A: 20.000 € sofort, je 10.000 € in einem und in zwei Jahren
B: 25.000 € in einem Jahr, 15.000 € in drei Jahren ✔ A; 1.487,54 €
c) A: 24.000 € in einem Jahr, 10.000 € in zwei Jahren
B: je 12.000 € sofort, in einem und in drei Jahren ✔ B; 1.883,93 €

Ü 17 ★★: Herr Bauer will ein Auto um 24.000 € kaufen. Er kann zwischen zwei Zahlungsvarianten wählen: Wenn er den ganzen Kaufpreis sofort zahlt, erhält er 1.000 € Barzahlerbonus. Stattdessen kann er auch je ein Drittel des Kaufpreises jetzt, in einem und in zwei Jahren zahlen. A B

a) Für welche Variante soll er sich entscheiden, wenn er mit einem Zinssatz von 3% rechnet? ✔ Barzahlung
b) Berechnen Sie den Zinssatz, bei dem die beiden Varianten gleichwertig sind. ✔ 4,41%

Ü 18 ★★: Ein Pfandbrief wird zu folgenden Bedingungen angeboten: Der Ausgabepreis beträgt 980 €. Der Wertpapierinhaber erhält vier Jahre lang am Ende jedes Jahres 50 € Zinsen ausbezahlt. Nach 4 Jahren kann er den Pfandbrief zum Nennwert von 1.000 € zurückgeben. Wie hoch ist der Gewinn (bezogen auf das Ende des 4. Jahres) bei einem Zinssatz von 3%? A B

✔ 106,18 €

H_2Ö

Trink.Wasser.

Ü 19 ★★: Die H2Ö GmbH plant den Kauf einer zusätzlichen Flaschenreinigungsmaschine zum Preis von 47.000 €. Die Maschine hat eine voraussichtliche Nutzungsdauer von fünf Jahren. Aufgrund der höheren Kapazität werden folgende zusätzliche Einnahmenüberschüsse erwartet: A B

Jahr	1	2	3	4	5
Einnahmenüberschuss	10.000 €	12.000 €	14.000 €	14.000 €	11.000 €

a) Wie hoch ist der Gewinn – bezogen auf den Zeitpunkt des Kaufes – gegenüber einer reinen Veranlagung mit 6% Zinsen? (Nehmen Sie an, dass die Einnahmenüberschüsse jeweils am Ende des Jahres anfallen, und berechnen Sie die Barwerte.) ✔ 4.177,74 €
b) Lohnt sich die Anschaffung, wenn man 10% Verzinsung annimmt? ✔ Nein
c) Bei welchem Zinssatz sind der Kaufpreis und die Einnahmenüberschüsse gleichwertig? ✔ 9,12%

Ü 20 ★★: Eine andere Maschine kostet 40.000 €. Die geschätzten Einnahmenüberschüsse betragen in den ersten drei Jahren je 11.000 €, im vierten und fünften Jahr je 12.500 €. Am Ende des fünften Jahres wird die Maschine verschrottet, wobei 3.000 € Verschrottungskosten anfallen. A B

a) Wie hoch ist in diesem Fall der Gewinn (Barwert) bei einem Zinssatz von 6%? ✔ 6.403,25 €
b) Bei welchem Zinssatz sind Einnahmen und Ausgaben gleichwertig? ✔ 11,75%

Ü 21 ★: Berechnen Sie die Endwerte der folgenden Renten: B

a) 600 € am Ende jedes Jahres, Laufzeit 8 Jahre, $i = 6\%$ ✔ 5.938,48 €
b) 800 € am Ende jedes Jahres, Laufzeit 5 Jahre, $i = 4\%$ ✔ 4.333,06 €
c) 500 € am Beginn jedes Jahres, Laufzeit 10 Jahre, $i = 5\%$ ✔ 6.603,39 €
d) 1.200 € am Beginn jedes Jahres, Laufzeit 6 Jahre, $i = 7{,}5\%$ ✔ 9.344,79 €
e) 300 € am Beginn jedes Halbjahres, Laufzeit 4 Jahre, $i_2 = 2{,}5\%$ ✔ 2.686,36 €
f) 400 € am Ende jedes Quartals, Laufzeit 2,5 Jahre, $i_4 = 2\%$ ✔ 4.379,89 €
g) 100 € am Beginn jedes Quartals, Laufzeit 5 Jahre, $i = 6\%$ ✔ 2.338,78 €
h) 70 € am Ende jedes Monats, Laufzeit 5 Jahre, $i = 6\%$ ✔ 4.864,01 €

Ü 22 ★: Berechnen Sie die Barwerte der folgenden Renten: B

a) 800 € am Ende jedes Jahres, Laufzeit 9 Jahre, $i = 4\%$ ✔ 5.948,27 €
b) 1.500 € am Ende jedes Jahres, Laufzeit 6 Jahre, $i = 5\%$ ✔ 7.613,54 €
c) 2.000 € am Beginn jedes Jahres, Laufzeit 5 Jahre, $i = 7{,}5\%$ ✔ 8.698,65 €
d) 600 € am Beginn jedes Jahres, Laufzeit 12 Jahre, $i = 3\%$ ✔ 6.151,57 €
e) 500 € am Ende jedes Quartals, Laufzeit 4 Jahre, $i_4 = 2{,}5\%$ ✔ 6.527,50 €
f) 250 € am Beginn jedes Monats, Laufzeit 5 Jahre, $i_{12} = 1{,}5\%$ ✔ 9.992,74 €
g) 1.200 € am Beginn jedes Halbjahres, Laufzeit 7,5 Jahre, $i = 5\%$ ✔ 15.258,77 €
h) 700 € am Ende jedes Quartals, Laufzeit 8 Jahre, $i = 6\%$ ✔ 17.773,89 €

Ü 23 ★: Herr Auer will in 5 Jahren 20.000 € ansparen. Wie hoch muss eine Rate sein? B

a) jährlich nachschüssig, $i = 4\%$ ✔ 3.692,54 €
b) jährlich vorschüssig, $i = 3\%$ ✔ 3.657,37 €
c) vierteljährlich vorschüssig, $i = 4{,}5\%$ ✔ 889,09 €
d) monatlich nachschüssig, $i = 6\%$ ✔ 287,83 €

Ü 24 ★: Ein Kredit von 30.000 € soll in 6 Jahren zurückgezahlt werden. Wie hoch ist eine Rate? B

a) jährlich vorschüssig, $i = 6{,}5\%$ ✔ 5.818,83 €
b) jährlich nachschüssig, $i = 8\%$ ✔ 6.489,46 €
c) halbjährlich nachschüssig, $i = 7{,}5\%$ ✔ 3.137,90 €
d) monatlich vorschüssig, $i_{12} = 1\%$ ✔ 580,70 €

Ü 25 ★: Frau Berger legt am Ende jedes Jahres 1.500 € auf ihr Sparbuch. Wie lange dauert es bei einer Verzinsung von $i = 4\%$, bis sie 10.000 € angespart hat? A B

✔ ca. 6 Jahre

Ü 26 ★★: Ein Kredit von 25.000 € wird in nachschüssigen Quartalsraten von 1.200 € zurückgezahlt. Die vierteljährlichen Zinsen betragen $i_4 = 2\%$. Berechnen Sie die Laufzeit des Kredits. (Eine etwaige Restrate wird gleichzeitig mit der letzten Vollrate bezahlt.) A B

✔ 6 Jahre 9 Monate

Ü 27 ★★: Ein Kredit von 50.000 € soll in 10 vorschüssigen Jahresraten zu 7.000 € zurückgezahlt werden. Berechnen Sie den Effektivzinssatz. A B

✔ 8,4%

Ü 28 ★★: Frau Wagner hat bereits 7.800 € gespart. Sie zahlt am Ende jedes Jahres weitere 600 € ein. Wie groß ist ihr Guthaben nach 8 Jahren? ($i = 3\%$) A B

✔ 15.216,21 €

Ü 29 ★★: Herr Schmidt hat 14.000 € geerbt und zum Zinssatz von 4,5% angelegt. Er hebt 5 Jahre lang am Anfang jedes Jahres 2.500 € ab. Wie hoch ist sein Guthaben am Ende des 5. Jahres? A B

✔ 3.154,32 €

Ü 30 ★★: Ein Kredit von 16.000 € soll durch nachschüssige Monatsraten von 240 € getilgt werden. Die jährlichen Zinsen betragen 9%. Welcher Betrag ist nach 3 Jahren noch ausständig? A B

✔ 10.896,16 €

Ü 31 ★★: Herr Gruber ist verpflichtet, seiner Ex-Frau 10 vorschüssige Jahresraten zu 7.000 € zu bezahlen. Er will stattdessen zwei Jahre nach Fälligkeit der ersten Rate einen einmaligen Betrag zahlen. Berechnen Sie diesen, wenn man eine Verzinsung von $i = 5\%$ annimmt. A B

✔ 62.572,10 €

Ü 32 ★★★: Herr Jäger zahlt 5 Jahre lang am Ende jedes Jahres 1.000 € ein, danach 5 Jahre lang je 1.500 € und 8 Jahre lang je 2.000 € ($i = 4\%$). Ermitteln Sie sein Guthaben. A B

✔ 38.565,94 €

3 Exponential- und Logarithmusfunktionen

Ü 33 ★★: Frau Glaser legt 15 Jahre lang am Ende jedes Monats 100 € auf ein Konto, das mit $i = 5{,}5\%$ verzinst wird. Sie will von dem ersparten Geld 12 nachschüssige Jahresraten beziehen. Berechnen Sie die Höhe der Rate. A B

✔ 3.197,96 €

Ü 34 ★★: Herr Bauer will 25 Jahre lang am Beginn jedes Monats einen bestimmten Betrag einzahlen, damit er danach 18 Jahre lang eine vorschüssige Quartalsrente von 1.000 € beziehen kann. Wie hoch müssen die Einzahlungen sein? ($i = 3\%$) A B

✔ 126,05 €

Bei der Anschaffung eines Pkw lohnt es sich, die tatsächlichen Kosten genau zu berechnen.

Ü 35 ★★★: Familie Moser will einen Pkw um 20.000 € anschaffen. Sie können bar zahlen – dazu müssten sie einen Kredit zu 9% Jahreszinsen aufnehmen – oder den Wagen leasen. Dabei würden sie eine Anzahlung von 6.000 € leisten, danach drei Jahre lang vorschüssige Monatsraten von 165 € und am Ende einen Restwert von 10.060 € zahlen. A B

a) Für welche Variante sollte die Familie sich entscheiden? ✔ Leasing

b) Ermitteln Sie den Zinssatz, bei dem Barzahlung und Leasing gleichwertig sind. ✔ 5,71%

SbX ID: 1342

Weitere Übungsbeispiele finden Sie im SbX.

Sichern

Zinsen

Für Geldbeträge, die verliehen werden, wird jährlich ein **Zinssatz *i*** berechnet. Die Zinsen werden normalerweise vom Anfangskapital berechnet und am Ende einer Zinsperiode dem Kapital zugeschlagen (dekursive Verzinsung).

Äquivalenzprinzip der Finanzmathematik

Zahlungen dürfen nur dann verglichen/addiert/subtrahiert werden, wenn sie zuvor auf denselben Stichtag auf- oder abgezinst wurden. Zwei Zahlungsreihen heißen äquivalent, wenn die Summe der Einzahlungen (Leistungen) gleichwertig zur Summe der Auszahlungen (Gegenleistungen) ist.

Zinseszinsformel

Die Verzinsung erfolgt im Allgemeinen exponentiell, das heißt $K_n = K_0 \cdot q^n$.

Den Wert $q = 1 + i = 1 + \frac{p}{100}$ bezeichnet man als **Aufzinsungsfaktor.**

unterjährige Verzinsung

Wenn die Zinsen mehrmals pro Jahr verrechnet werden, rechnet man mit dem konformen unterjährigen Zinssatz i_m:

$(1 + i_m)^m = 1 + i$.

Renten

Eine **Rente** ist eine Reihe von gleich hohen Zahlungen (Raten) in regelmäßigen Zeitabständen. Endwert und Barwert einer nachschüssigen bzw. vorschüssigen Rente kann man mit folgenden Formeln berechnen:

	nachschüssig	vorschüssig
Endwert	$E_N = R \cdot \frac{q^n - 1}{q - 1}$	$E_V = R \cdot q \cdot \frac{q^n - 1}{q - 1}$
Barwert	$B_N = R \cdot \frac{1 - q^{-n}}{q - 1}$	$B_V = R \cdot q \cdot \frac{1 - q^{-n}}{q - 1}$

Wissen

SbX ID: 1344

SbX
Die Lösungen finden Sie unter der ID: 1344.

W 1: Erklären Sie die Begriffe: Zinssatz, Aufzinsungsfaktor, Barwert, Endwert. D

W 2: Begründen Sie, warum man alle Zahlungen einer Zahlungsreihe auf denselben Stichtag beziehen muss. D

W 3: Was versteht man unter dem Effektivzinssatz? D

W 4: Was ergibt den höheren Endwert: 10% Zinsen durch ein Jahr oder 1% Zinsen durch 10 Jahre? Schätzen Sie, ohne zu rechnen! A B

3.7 3.11

W 5: Frau Klug hat bei der „Millionenshow" 75.000 € gewonnen. A B

Sie hat vor 5 Jahren einen Kredit über 20.000 € zum Jahreszinssatz von 7,5% aufgenommen. Seitdem hat sie monatliche nachschüssige Raten von 240 € gezahlt. Jetzt möchte sie die restliche Kreditsumme auf einmal zurückzahlen. Wie hoch ist diese Restschuld?

Außerdem will sie ein neues Auto kaufen. Sie kann sich aussuchen, ob sie sofort 17.000 € zahlen will oder drei Raten von je 6.000 € jetzt, in einem und in zwei Jahren. Welchem Zinssatz entspricht das?

Den Rest des Geldes möchte Frau Klug für ihre Pensionsvorsorge sparen. Angenommen, sie legt 45.000 € zum Jahreszinssatz von 4% an und beginnt in 15 Jahren, zu Beginn jedes Jahres 6.000 € abzuheben. Wie lange reicht das Geld?

Welchen Betrag müsste sie stattdessen einzahlen, wenn sie – ebenfalls beginnend in 15 Jahren – zuerst 10 Jahre lang je 5.500 €, danach 10 Jahre lang je 5.000 € abheben will? ($i = 4\%$)

Mit W 5 haben Sie eine komplette Reifeprüfungsaufgabe gelöst!

Ein kurzer Wissens-Check, bevor's weitergeht!

Wissens-Check

	☺	😐	☹
Ich kann Endwert und Barwert eines Kapitals berechnen.			
Ich kann aus Bar- und Endwert eines Kapitals den Zinssatz berechnen.			
Ich kann die Zeit berechnen, in der ein Kapital verzinst wurde.			
Ich erkenne, ob der Endwert oder der Barwert einer Rente gefragt ist.			
Ich kann Endwert und Barwert einer Rente berechnen.			
Ich kann die Rate einer Rente berechnen.			
Ich kann die Laufzeit einer Rente berechnen.			
Ich kann eine Rente in eine andere, gleichwertige umwandeln.			

4 Trigonometrische Funktionen – Trigonometrie

Die Anfänge der Trigonometrie liegen ein wenig im Dunkeln. Was wir aber wissen ist, dass die Griechen und Araber einen entscheidenden Anteil an der Entwicklung dieses Teilgebietes der Mathematik hatten und auch eine altägyptische Quelle – das Papyrus Rhind – Überlegungen bezüglich der Winkel in einer Pyramide beinhaltet.

Im europäischen Raum erlangte die Trigonometrie ihren Stellenwert durch Johann Müller aus Königsberg in Franken, der sich nach seiner Heimatstadt Regiomontanus nannte und von 1436–1476 lebte. Er machte die Trigonometrie zu einem selbständigen Zweig der Mathematik.

Bereits im ersten Drittel des 15. Jahrhunderts wurde der Jakobstab erfolgreich zur Ortsbestimmung eines Kometen verwendet. Trotz der erheblichen Vereinfachung durch Regiomontanus konnte er sich in der Seefahrt erst ab dem 16. Jahrhundert durchsetzen.

Im Bereich der Geodäsie (Vermessung) kann man, ausgehend von Punkten in bekannten Positionen, andere Punkte anpeilen und daraus trigonometrisch deren Positionen bestimmen. In der Astronomie lassen sich auf entsprechende Weise die Entfernungen von Planeten, Monden und nahegelegenen Fixsternen ermitteln. Ähnlich groß ist die Bedeutung der Trigonometrie für die Navigation von Flugzeugen und Schiffen.

In der Physik dienen Sinus- und Cosinus-Funktion dazu, Schwingungen und Wellen mathematisch zu beschreiben. Entsprechendes gilt für den zeitlichen Verlauf von elektrischer Spannung und elektrischer Stromstärke in der Wechselstromtechnik.

Sie lernen in diesem Kapitel:
- die Zusammenhänge von Längen und Winkeln
- wie man mithilfe von Winkelfunktionen Längen berechnet
- wie Landschaftsvermessung funktioniert
- über Flugzeuge, Straßen, Steigungen und Fotoapparate

SbX
Alle SbX-Inhalte zu dieser Lerneinheit finden Sie unter der ID: 1410.

Lerneinheit 1
Trigonometrische Funktionen

Der Begriff Trigonometrie kommt aus dem Griechischen (*trígonon* „Dreieck" und *métron* „Maß"). Mithilfe der Trigonometrie kann man Zusammenhänge zwischen Längen von Strecken und Größen von Winkeln herstellen.

Sie lernen hier:
- **wofür die Abkürzungen tan, sin und cos stehen**
- **welcher Zusammenhang zwischen Seitenlängen und Winkelgrößen besteht**
- **wie man im rechtwinkeligen Dreieck Seiten und Winkel berechnet**
- **wie man im allgemeinen Dreieck Seiten und Winkel berechnet**
- **wie man aus dem in Grad gemessenen Winkel eine Funktion im kartesischen Koordinatensystem zeichnet**

Lernen

SbX ID: 1411

1 Winkelfunktionen im rechtwinkeligen Dreieck
Von Katheten und Hypotenuse

Notwege für Lkw

Sie machen Urlaub in den Tiroler Bergen und müssen dazu über die Zirler-Bergstraße fahren. Diese weist laut der Beschilderung am Straßenrand eine Steigung von 16% auf, weshalb es auch in der Talrichtung sogenannte „Notwege" für Lkw gibt, deren Bremsen zu heiß geworden sind.

Was aber bedeutet nun diese Steigung von 16%? Unter welchem Winkel steigt diese Straße im Schnitt an?

Bevor diese Fragestellung in L 1 gelöst wird, einige Grundlagen dazu.

Wenn man 100 m in der Horizontalen zurücklegt, überwindet man einen Höhenunterschied von 16 m. Um den Winkel zu berechnen, benötigt man die Trigonometrie.

Nehmen Sie an, Sie hätten auf dem Bildschirm Ihres Laptops ein Dreieck, das Sie mittels Beamer auf einer Projektionsfläche darstellen. Für Sie ist es noch immer dasselbe Dreieck, weil es gleich aussieht. Dieses gleiche Aussehen entsteht dadurch, dass zwar alle Seiten größer sind, aber eben im gleichen Ausmaß größer – z.B.: alle Seiten sind auf das 3-Fache vergrößert.

zur Erinnerung: Winkelsumme im Dreieck = 180°

Die Winkel hingegen sind gleich geblieben.

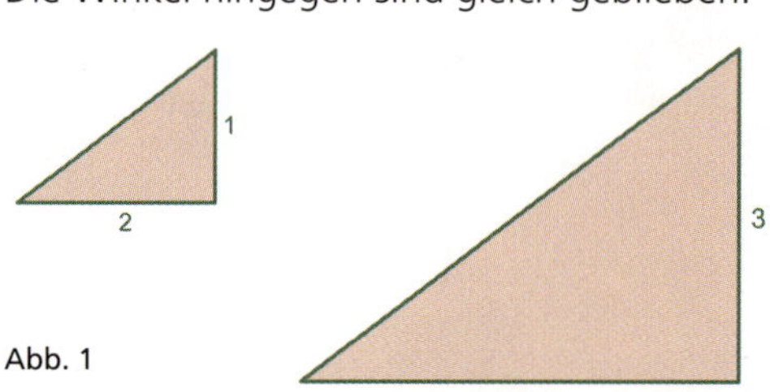

Abb. 1

Betrachtet man nun die Abmessungen, so verhalten sich die beiden Katheten des kleineren Dreiecks so wie 2 : 1 und die des größeren so wie 6 : 3. Sie haben dasselbe Seitenverhältnis und alle Winkel sind gleich geblieben.

Rechtwinkelige Dreiecke siehe Kapitel 8, Lerneinheit 5

Man kann die Seite c auch als Strecke *AB* bezeichnen.

Betrachten wir nun folgendes Dreieck:

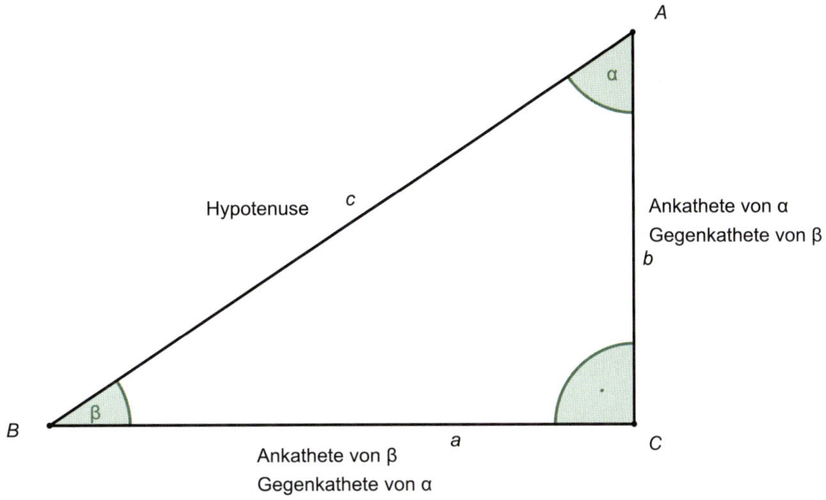

Abb. 2

rechtwinkeliges Dreieck

Eine Kathete heißt **Ankathete,** wenn sie am **Winkel ankommt.**
Eine Kathete heißt **Gegenkathete,** wenn sie dem **Winkel gegenüberliegt.**
Die **Hypotenuse** liegt immer **gegenüber** dem **rechten Winkel.**

Folgende Seitenverhältnisse sind am gebräuchlichsten:

Sinus $\sin\angle = \frac{\text{Gegenkathete}}{\text{Hypotenuse}}$

Cosinus $\cos\angle = \frac{\text{Ankathete}}{\text{Hypotenuse}}$

Tangens $\tan\angle = \frac{\text{Gegenkathete}}{\text{Ankathete}}$

SbX

Sie finden die Lösungen zu Ü 1 und Ü 2 unter der ID: 1411.

Ü 1 ★: Bestimmen Sie zuerst die An- und Gegenkathete und die Hypotenuse. A

Ergänzen Sie dann:

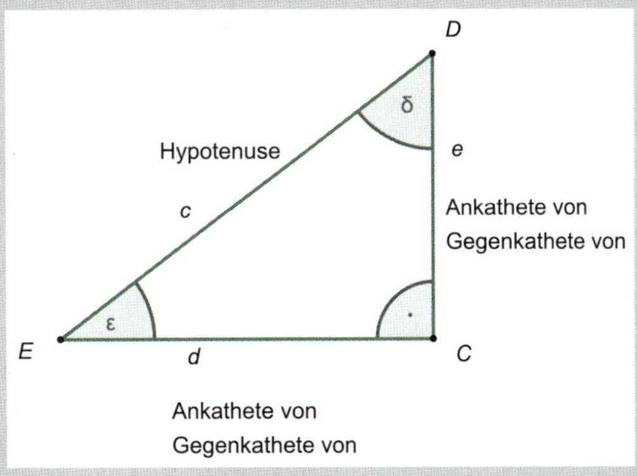

Abb. 3

Achtung: das Winkelmaß muss Degree sein – vgl. die Taschenrechner-Anleitung!

$\sin\varepsilon =$ ______ $\tan\varepsilon =$ ______ $\tan\delta =$ ______

Ü 2 ★: Ergänzen Sie: A

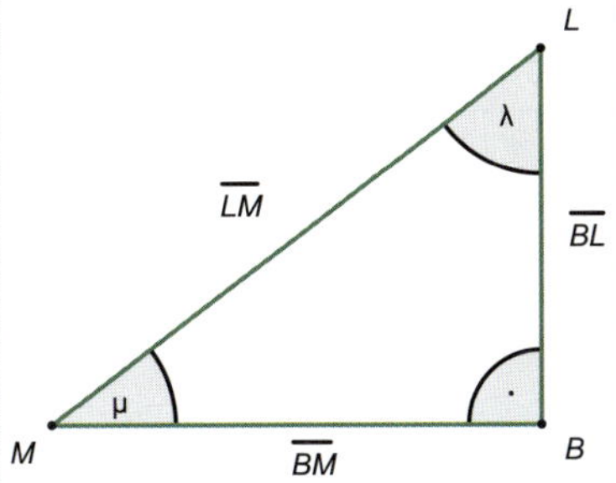

Abb. 4

$\sin\lambda =$ ______ $\cos\lambda =$ ______ $\cos\mu =$ ______

Es geht steil bergauf!

L 1: Die in der Einleitung erwähnte Zirler-Bergstraße weist laut der Beschilderung am Straßenrand eine Steigung von 16% auf. Unter welchem Winkel steigt diese Straße im Schnitt an? A B

16% Steigung bedeutet: 100 m waagrecht und 16 m senkrecht.

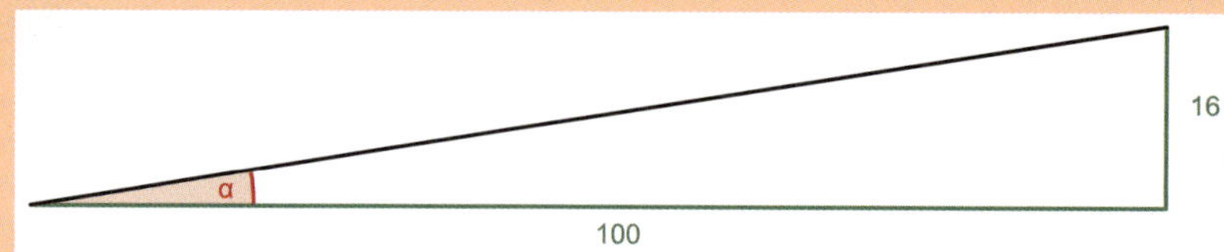

Abb. 5

Bei manchen Taschenrechnermodellen heißt die Taste für inverse Funktionen nicht [2nd], sondern [INV].

$\tan\alpha = \frac{16}{100}$ $\quad | \tan^{-1}$ (Der tan-Wert ist bekannt: $\tan^{-1}$ oder [2nd][TAN] am Taschenrechner.)

$\alpha = 9{,}09°$ Der Steigungswinkel beträgt 9,09°.

Tipp: Markieren Sie gegebene Größen und gesuchte Größen in unterschiedlichen Farben.

L 2: Von einem rechtwinkeligen Dreieck kennt man die Strecke $\overline{BM} = 7$ cm und $\mu = 60°$. Berechnen Sie die fehlenden Seiten und Winkel. A B

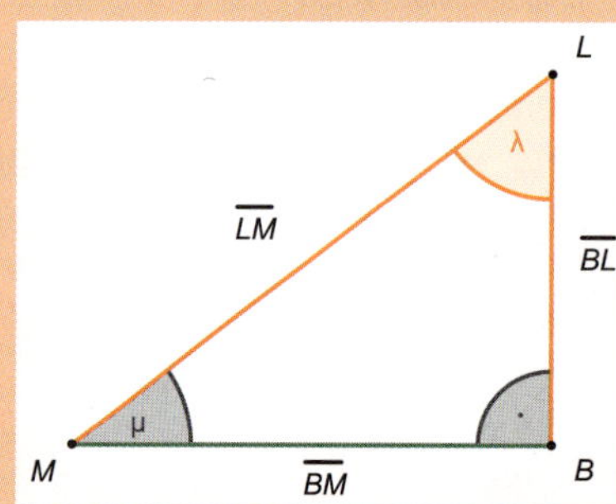

Abb. 6

1. Möglichkeit:

$\tan\mu = \frac{\overline{BL}}{\overline{BM}} \quad | \cdot \overline{BM}$

$\overline{BM} \cdot \tan\mu = \overline{BL}$

$\Rightarrow \overline{BL} = 12{,}12$ cm

$\overline{LM}^2 = \overline{BL}^2 + \overline{BM}^2 \quad | \sqrt{}$

$\overline{LM} = \pm\sqrt{\overline{BL}^2 + \overline{BM}^2}$

$\Rightarrow \overline{LM} = 14$ cm

- Eine negative Lösung ist nicht möglich, da es sich um eine Länge handelt.

$\lambda = 180 - \mu - 90°$

$\Rightarrow \lambda = 30°$

2. Möglichkeit:

$\cos\mu = \frac{\overline{BM}}{\overline{LM}} \quad | \cdot \overline{LM}$

$\overline{LM} \cdot \cos\mu = \overline{BM} \quad | : \cos\mu$

$\overline{LM} = \frac{\overline{BM}}{\cos\mu}$

$\Rightarrow \overline{LM} = 14$ cm

$\overline{LM}^2 = \overline{BL}^2 + \overline{BM}^2$

$\overline{BL} = \pm\sqrt{\overline{LM}^2 - \overline{BM}^2}$

$\Rightarrow \overline{BL} = 12{,}12$ cm

$\lambda = 180 - \mu - 90°$

$\Rightarrow \lambda = 30°$

Frei nach dem Motto „Alle Wege führen nach Rom" gibt es auch in der Trigonometrie viele Rechenwege, die zum Ergebnis führen.

Diese Redensart stammt von Alanus de Insulis (ca. 1120–1202): „Mille viae ducunt hominem per saecula Romam – Tausend Wege führen die Menschen immerfort nach Rom."

SbX
Sie finden die Lösungen zu Ü 3 und Ü 4 unter der ID: 1411.

Ü 3 ★★: Man kennt die Strecke $\overline{ED}$ mit 67 mm und den Winkel $\varepsilon = 41°$. Berechnen Sie den Umfang des Dreiecks. A B

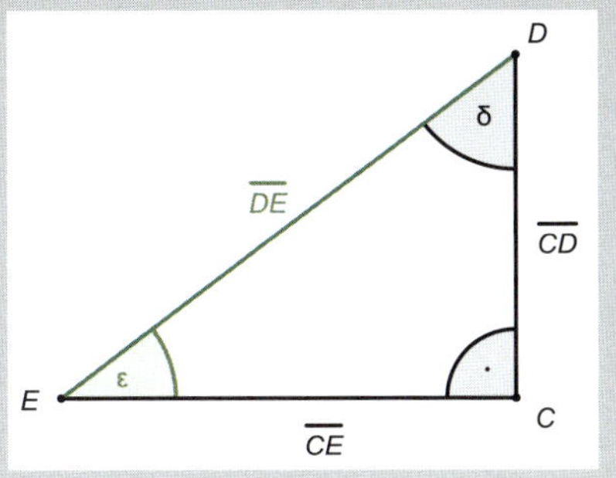

Abb. 7

Zur richtigen Beschriftung siehe Seite 283.

Ü 4 ★★: Von einem rechtwinkeligen Dreieck (ABC, $\gamma = 90°$) sind die Seite $\overline{AB} = 54$ m und der Winkel $\alpha = 57°$ bekannt. Fertigen Sie eine Skizze an und berechnen sie die fehlenden Seiten und Winkel. A B

2 Winkelfunktionen im Einheitskreis

Warum ein halber Winkel nicht gleich einer halben Länge ist

Das Wiener Riesenrad hat einen Durchmesser von 61 m.

Um 12:00 Uhr sitzen wir in der Gondel, auf die der Pfeil hinweist. 10 Minuten später sind wir am höchsten Punkt angelangt. Dabei haben wir einen Höhenunterschied von 30,5 m zurückgelegt und uns um 90° gedreht.

Um 12:05 Uhr hatten wir uns um 45° gedreht bei einem Höhenunterschied von wie vielen Metern?

Wenn man nun eine Skizze anfertigt, sieht das folgendermaßen aus:

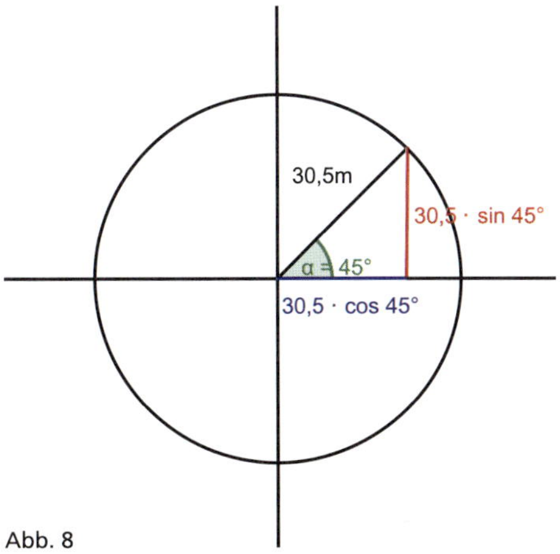

Abb. 8

Anmerkung: Der Höhenunterschied nach 10 Minuten entspricht genau dem Radius. Der Höhenunterschied nach 5 Minuten lässt sich durch $30{,}5 \cdot \sin 45°$ berechnen – er beträgt 21,57 m und nicht die Hälfte von 30,5 m. Warum?

Legen Sie ihrem Arm ganz flach auf den Tisch. Heben Sie dann die Hand, während der Ellbogen am Tisch bleibt – Sie sehen, dass der Höhenunterschied der Hand zuerst schneller zunimmt als später. Man kann auch sagen, dass die Höhe der Hand über dem Tisch dem Sinuswert des Winkels entspricht.

Sehen wir uns nun Sinus, Cosinus und Tangens im Einheitskreis an (jenem Kreis, dessen Radius 1 Einheit beträgt):

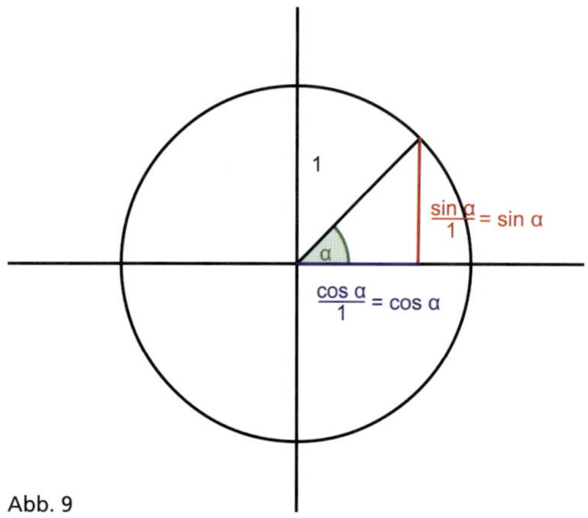

Abb. 9

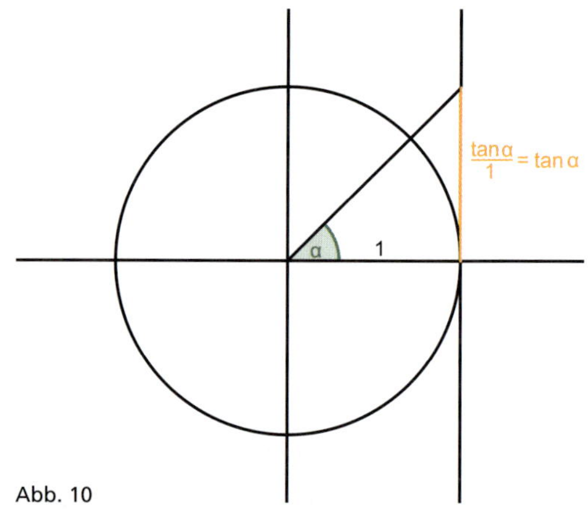

Abb. 10

Winkel werden immer gegen den Uhrzeigersinn von der positiven *x*-Achse weg gemessen.

Ü 5 ★★★: Zeichnen Sie in den vorgegebenen Einheitskreis die Winkel 30°, 60°, 0°, 90° ein. Zeichnen Sie die Sinus- und Cosinuswerte ein. A C

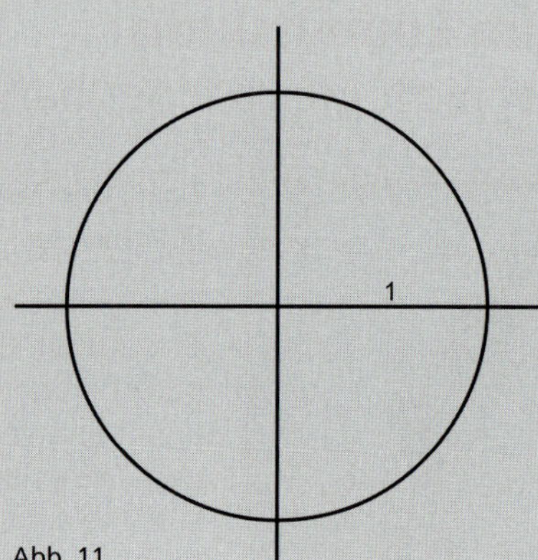

Abb. 11

Wie groß ist der Sinuswert von 0° und 90°?
Wie groß ist der Cosinuswert von 0° und 90°?

✔ $\sin 0° = 0, \sin 90° = 1, \cos 0° = 1, \cos 90° = 0$

Wenn man nun das kleine Dreieck (Katheten $\cos\alpha$, $\sin\alpha$) mit dem großen Dreieck (Katheten 1, $\tan\alpha$) vergleicht, so sieht man, dass:

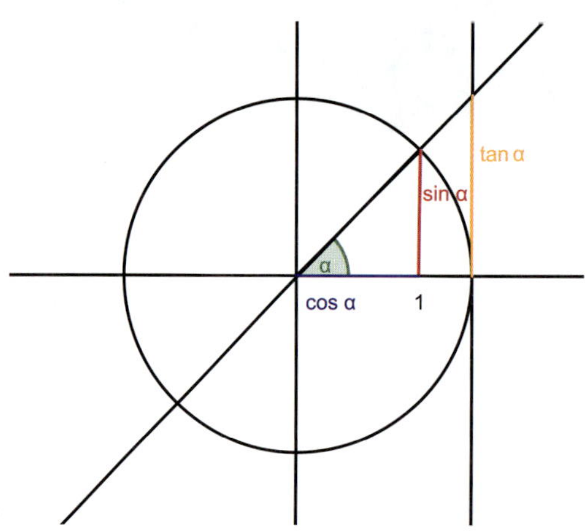

Abb. 12

$$\frac{\sin\alpha}{\cos\alpha} = \frac{\tan\alpha}{1}$$

Trigonometrische Grundbeziehung 1

$$\tan\alpha = \frac{\sin\alpha}{\cos\alpha}$$

Achtung: tan 90° und tan 270° gibt es nicht!

Da aber der $\cos 90° = 0$ ist und man durch 0 nicht dividieren kann, ist der tan für 90° nicht definiert (analog für 270°).

Wenn nun der Sinus-, Cosinus- oder Tangenswert gegeben ist, muss man mithilfe der [2nd]- oder [INV]-Taste den Winkelwert berechnen.

SbX
Sie finden die Lösungen zu Ü 6 unter der ID: 1411.

Ü 6 ★: Berechnen Sie: $\sin 150° =$ ______ B

Nehmen Sie den errechneten Sinuswert und ermitteln Sie mit dem Taschenrechner und der $\sin^{-1}$- Funktion den Winkel – das Ergebnis ist ______, aber nicht 150°.

Die Erklärung liefert uns der Einheitskreis:

L 3: Erklären Sie mithilfe des Einheitskreises, warum $\sin 30° = \sin 150°$ ist. D

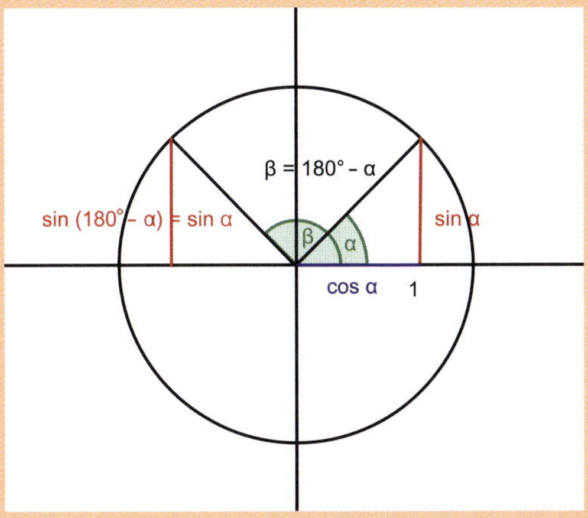

Abb. 13

Achtung: $\sin\alpha = \sin(180° - \alpha)$

Man kann erkennen, dass der Sinuswert von 30° und der Sinuswert von 150° gleich groß sind.

Das bedeutet aber, dass man bei der Berechnung mittels Sinus darauf achten muss, ob der Winkel spitz oder stumpf ist.

Dabei hilft Folgendes weiter:

Betrachtet man die Seiten, so gilt: $b < a < c$
Daher gilt auch für die Winkel: $\beta < \alpha < \gamma$

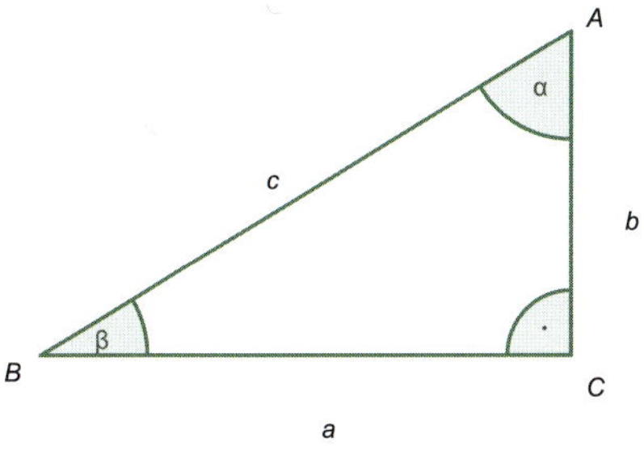

Abb. 14

Allgemein:

Größenverhältnis von Winkeln und Seiten

Dem größten Winkel liegt die längste Seite gegenüber, dem zweitgrößten Winkel die zweitgrößte Seite und dem kleinsten Winkel die kürzeste Seite.

Besser nur spitze Winkel mit Sinus berechnen!

In der Praxis bedeutet das, dass man nur jene **Winkel** mit dem **Sinus** ausrechnen sollte, die **spitz** sind.

Zeichen Sie nun noch die Winkel 150°, 240°, 300° ein und markieren Sie die zugehörigen Sinus- und Cosinuswerte.

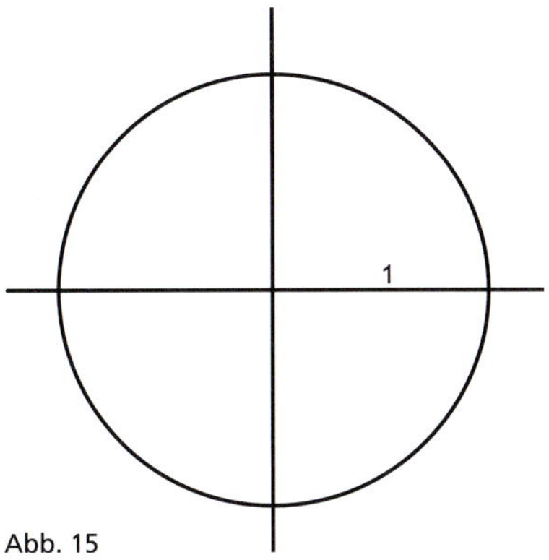

Abb. 15

Sie sehen, dass weder der Sinuswert noch der Cosinuswert größer als 1 Einheit oder kleiner als −1 Einheit sind.

Mathematisch bedeutet das:

Sinus-/Cosinuswerte

$-1 < \sin\alpha < 1 \qquad -1 < \cos\alpha < 1$

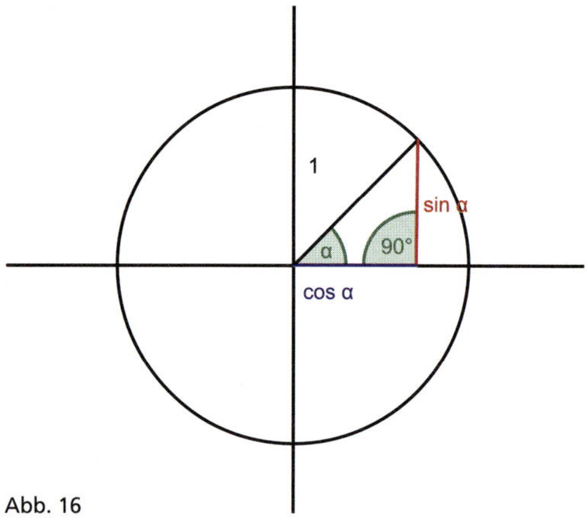

Abb. 16

Rechtwinkelige Dreiecke siehe Kapitel 8, Lerneinheit 5

„Winkel trifft Pythagoras"

Der Lehrsatz des Pythagoras besagt: Hypotenuse^2 = Kathete$_1^2$ + Kathete$_2^2$, das bedeutet also hier:

Trigonometrische Grundbeziehung 2

$\sin^2\alpha + \cos^2\alpha = 1$

3 Winkelfunktionen im Koordinatensystem

Schwingungen in Mathematik und Natur

Gehen wir noch einmal zum Riesenrad zurück:

Die Bewegung, welche die Gondel zurücklegt, kann man entweder durch die Winkelöffnung beschreiben oder durch den Weg, den die Gondel zurücklegt. Dieser Weg ist ein Teil eines Kreisbogens.

Mathematisch betrachtet gibt es nun zwei unterschiedliche Arten, Winkel zu messen:

Winkelmaß	Bogenmaß
gibt die Winkelöffnung an: **„Winkelmaß"**	gibt den Winkelbogen an: **„Längenmaß"**
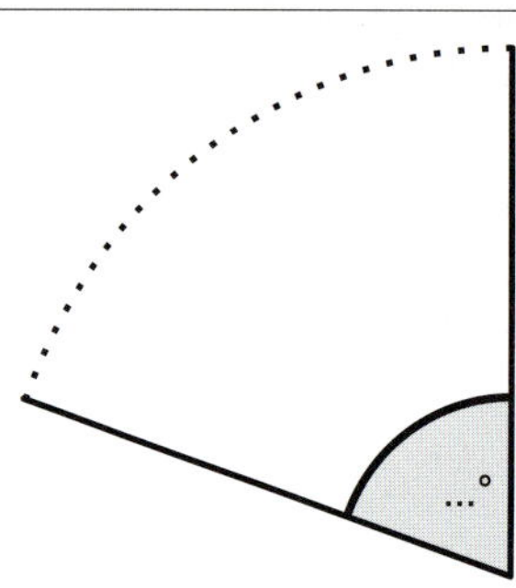 Abb. 17	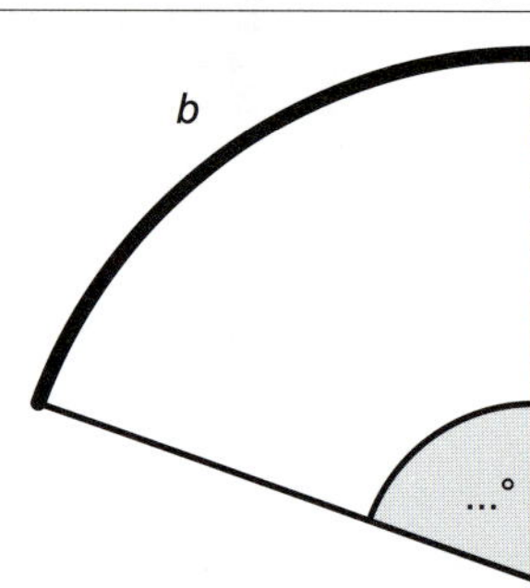 Abb. 18
in Grad gemessen **360° = eine ganze Umdrehung**	in Radiant gemessen **2π = eine ganze Umdrehung** ($U_{Kreis} = 2r\pi$ und der Radius beträgt 1)
: 360 1° · α	: 360 $\frac{2\pi}{360} = \frac{\pi}{180}$ · α
$\alpha° = \frac{\pi \cdot \alpha}{180}$ rad	

Wenn man nun ein Koordinatensystem zeichnet, in dem auf der *x*-Achse die Winkel in Radiant angegeben werden und auf der *y*-Achse die zugehörigen Sinus- und Cosinuswerte, so sieht das folgendermaßen aus:

SbX Mehr Informationen zu Sinus- und Cosinusschwingungen und eine interaktive GeoGebra-Anwendung dazu finden Sie unter der ID: 1411.

Sinusfunktion:

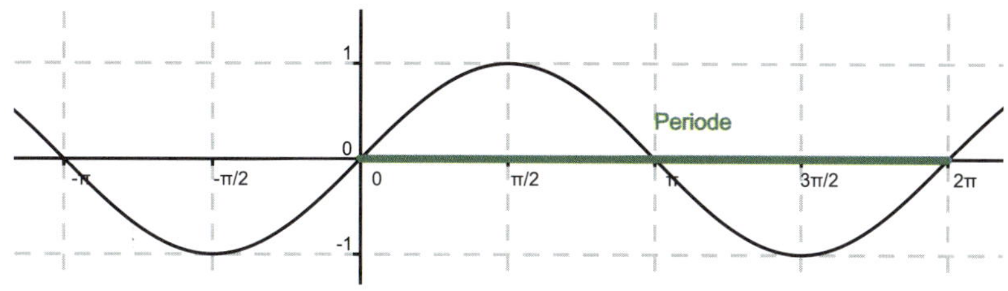

Abb. 19

Cosinusfunktion:

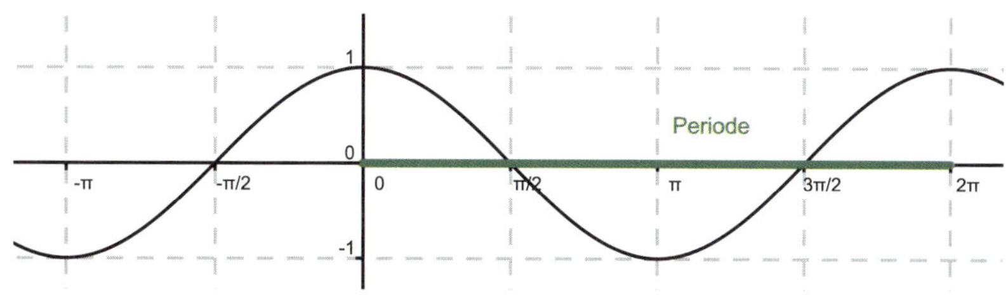

Abb. 20

Man sieht also, dass die Sinus- und die Cosinusfunktion zwei Schwingungsfunktionen sind, deren „Aussehen" alle 2π wiederkehrt (Periodenlänge 2π) .

„Fast periodisch" sind auch Herzfrequenz, Sauerstoffsättigung und Anzahl der Atemzüge (siehe Abbildung links).

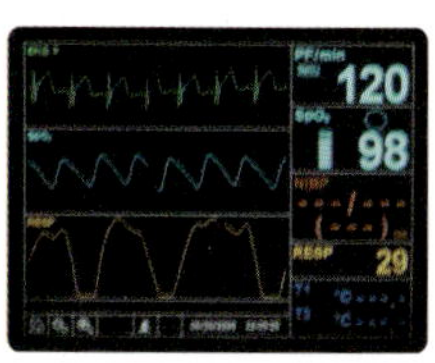

„Fast" periodische Schwingungen der Herzfunktion in einem EKG

4 Winkelsätze im allgemeinen Dreieck

Es geht auch ohne rechten Winkel

Hat man es nun nicht mit einem rechtwinkeligen, sondern mit einem allgemeinen Dreieck zu tun, so könnte man zur Winkel- und Seitenberechnung das Dreieck in rechtwinkelige Dreiecke zerteilen; oft ist das aber sehr mühsam und manchmal nicht möglich.

Die folgenden zwei Winkelsätze für das allgemeine Dreieck erleichtern die Berechnungen:

Sinussatz

$\frac{a}{\sin\alpha} = \frac{b}{\sin\beta} = \frac{c}{\sin\gamma}$ zur **Seitenberechnung**

$\frac{\sin\alpha}{a} = \frac{\sin\beta}{b} = \frac{\sin\gamma}{c}$ zur **Winkelberechnung**

Zum Lernen ist es leichter sich den Sinussatz „optisch" zu merken:

z.B.: $\frac{\text{Seite}_1}{\sin(\text{gegenüberliegender } \angle)} = \frac{\text{Seite}_2}{\sin(\text{gegenüberliegender } \angle)}$

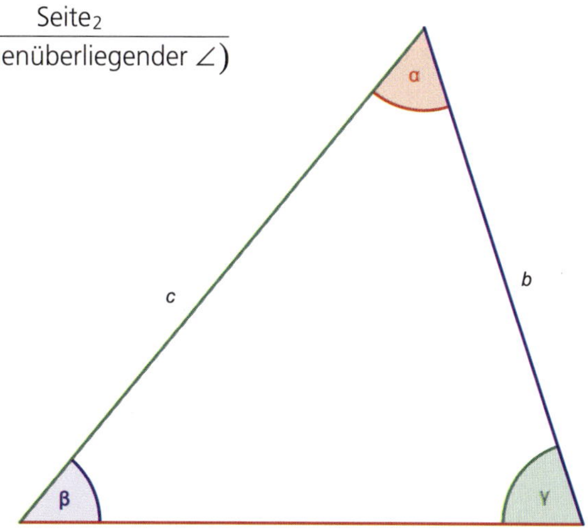

Abb 21

Cosinussatz

$a^2 = b^2 + c^2 - 2bc\cos\alpha$ zur **Seitenberechnung** und zur **Winkelberechnung**

Zum Lernen ist es leichter sich den Cosinussatz „optisch" zu merken:
z.B.: „Der Winkel α wird von b und c eingeschlossen."
„Der Winkel α liegt der Seite a gegenüber."

L 4: Gegeben ist ein Dreieck mit folgenden Abmessungen: $a = 6$ cm, $c = 15$ cm, $\gamma = 120°$ A B

Fertigen Sie eine Skizze an und berechnen Sie die fehlenden Seiten und Winkel.

Erinnerung: Markieren Sie gegebene Größen und gesuchte Größen in unterschiedlichen Farben.

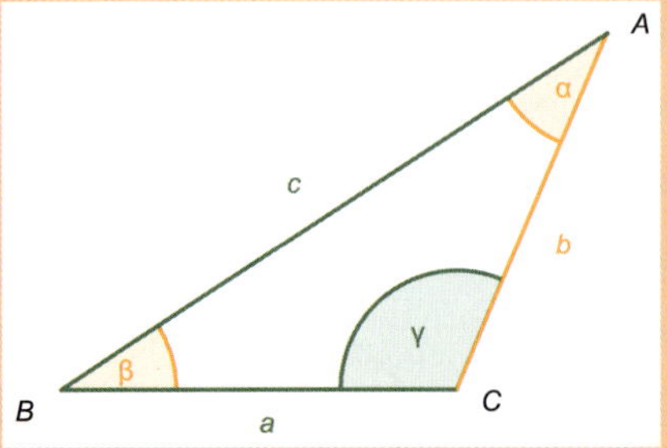

Abb. 22

$$\frac{\sin\alpha}{a} = \frac{\sin\gamma}{c} \qquad |\cdot a$$

$$\sin\alpha = \frac{a\cdot\sin\gamma}{c}$$

$$\sin\alpha = 0{,}3464101615 \qquad |\sin^{-1}$$

Hinweis: α speichern oder [ANS]-Taste verwenden

$$\alpha = 20{,}27°$$

$$\alpha + \beta + \gamma = 180° \qquad |-\alpha - \beta$$

$$\beta = 180° - (\alpha + \gamma)$$

$$\beta = 39{,}73°$$

$$\frac{b}{\sin\beta} = \frac{c}{\sin\gamma} \qquad |\cdot\sin\beta$$

$$b = \frac{c\cdot\sin\beta}{\sin\gamma}$$

$$b = 11{,}07 \text{ cm}$$

Ü 7 ★★: Gegeben ist ein Dreieck mit folgenden Abmessungen: $b = 28$ cm, $c = 30$ cm, $\gamma = 67{,}38°$ B

Fertigen Sie eine Skizze an und berechnen Sie die fehlenden Seiten und Winkel.

✔ $a = 26$ cm, $\alpha = 53{,}13°$; $\beta = 59{,}49°$

SbX

Sie finden die Lösung zu Ü 8 unter der ID: 1411.

Ü 8 ★★★: Berechnen von Winkeln und Seiten im Dreieck B C

a) Gegeben ist ein Dreieck mit folgenden Abmessungen: $a = 6$ cm, $c = 15$ cm, $\alpha = 20{,}27°$. Fertigen Sie eine Skizze an und berechnen Sie in folgender Reihenfolge die fehlenden Seiten und Winkel: γ, β, b.

b) Gegeben ist ein Dreieck mit folgenden Abmessungen: $a = 6$ cm, $b = 11{,}07$ cm, $c = 15$ cm. Fertigen Sie eine Skizze an und berechnen Sie in folgender Reihenfolge die fehlenden Winkel: γ, α, β.

Vergleichen Sie nun a) mit b) und mit L 4!

Winkel im Einheitskreis siehe Seite 129

Es ist nicht automatisch die Lösung von a) falsch, sondern sie ergäbe ein anderes Dreieck, weil: $\sin\gamma = \sin(180 - \gamma)$.

Tipp

Jener Winkel, welcher der **größten Seite gegenüberliegt,** sollte wenn möglich mit dem **Cosinussatz** (nicht mit dem Sinussatz) berechnet werden.

Mehr zum Dreieck siehe Kapitel 8, Lerneinheit 5

Den Flächeninhalt eines Dreiecks kann mithilfe der Formel $A = \frac{1}{2} \cdot c \cdot h_c$ (analog mit a, h_a ...) berechnet werden. Durch die Trigonometrie muss man die Höhe aber nicht explizit berechnen, sondern kann sie in die Formel integrieren:

Fläche eines Dreiecks

$$A = \frac{1}{2} \cdot a \cdot c \cdot \sin\beta \quad \text{oder} \quad A = \frac{1}{2} \cdot a \cdot b \cdot \sin\gamma \quad \text{oder} \quad A = \frac{1}{2} \cdot b \cdot c \cdot \sin\alpha$$

Zum Lernen ist es leichter sich die Flächeninhaltsformel „optisch" zu merken.

z.B.: $A = \frac{1}{2} \cdot \text{Seite}_1 \cdot \text{Seite}_2 \cdot \sin(\text{eingeschlossener Winkel})$

Üben

SbX ID: 1412

Fertigen Sie immer zuerst eine Skizze an!

Ü 9 ★★: In einem rechtwinkeligen Dreieck kennt man die Länge der beiden Katheten: $a = 81$ m, $b = 50{,}4$ m. Berechnen Sie die Winkel des Dreiecks, die Länge der Hypotenuse und seinen Flächeninhalt. B

✔ $\alpha = 58{,}11°$, $\beta = 31{,}89°$, $c = 95{,}4$ m, $A = 2041{,}2$ m²

Ü 10 ★★: In einem rechtwinkeligen Dreieck kennt man die Länge einer der Katheten: $a = 22{,}4$ cm und der Hypotenuse: $c = 42{,}4$ cm . Berechnen Sie die Winkel des Dreiecks, die Länge der anderen Kathete und seinen Flächeninhalt. B

✔ $\alpha = 31{,}89°$, $\beta = 58{,}11°$, $b = 36$ cm, $A = 403{,}2$ cm²

Ü 11 ★★: Von einem gleichschenkeligen Dreieck ($a = b$) kennt man die Seite $c = 450$ m und den Winkel: $\gamma = 79{,}20°$. Berechnen Sie die fehlenden Seiten, den Winkel α und den Flächeninhalt. B

✔ $a = 353$ m, $\alpha = 50{,}40°$, $A = 61\,200$ m²

Ü 12 ★★: Von einem Dreieck kennt man die Seiten $a = b = 388$ m und den Winkel $\gamma = 84{,}15°$. Berechnen Sie die fehlende Seiten, den Winkel α und den Flächeninhalt. B

✔ $c = 520$ m, $\alpha = 47{,}93°$, $A = 74\,880$ m²

SbX **Sie finden die Lösung zu Ü 13 unter der ID: 1412.**

Ü 13 ★★: Von einer geraden quadratischen Pyramide kennt man die Höhe auf die Grundfläche und die Höhe einer Seitenfläche. Berechnen Sie das Volumen der Pyramide und den Winkel zwischen der Seitenkante und der Grundfläche. $h = 391$ cm, $h_a = 409$ cm A B

Ü 14 ★: Eine Straße steigt unter einem Winkel von 15° an. Von einem Punkt P dieser Straße sieht man die Spitze eines Turmes am Ende der Straße unter dem Höhenwinkel von 27,5°. Fährt man entlang der Straße 86,4 m näher zum Turm, so misst man 39,6° zur Turmspitze. Berechnen Sie die Höhe des Turmes. A B

✔ 38,45 m

Ü 15 ★: Zwischen zwei Berggipfeln A und B liegt im Tal ein Ort C, wobei A, B und C in derselben Vertikalebene liegen. Von A aus erscheint C unter dem Tiefenwinkel von 19,53°, von B aus unter einem viel größeren, nämlich 30,67°. Der tiefer gelegene Gipfel A wird von B aus unter dem Tiefenwinkel von 14,37° gesehen. Berechnen Sie die Meereshöhe von A, wenn C 604 m über dem Meeresspiegel liegt und B auf einer Seehöhe von 1829,5 m liegt. A B

✔ 1008,16 m ü. M.

SbX ID: 1412

Weitere Übungsbeispiele zu dieser Lerneinheit finden Sie in SbX.

Sichern

rechtwinkeliges Dreieck

Sinus $\sin\angle = \dfrac{\text{Gegenkathete}}{\text{Hypotenuse}}$

Cosinus $\cos\angle = \dfrac{\text{Ankathete}}{\text{Hypotenuse}}$

Tangens $\tan\angle = \dfrac{\text{Gegenkathete}}{\text{Ankathete}}$

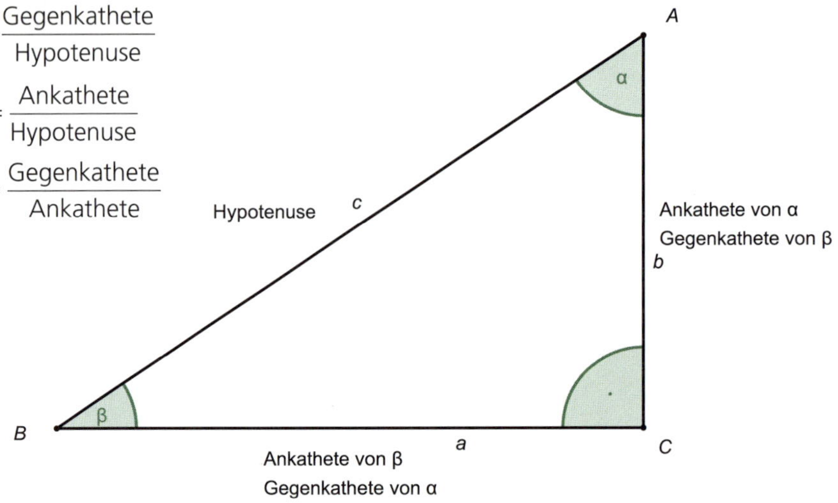

Abb. 23

allgemeines Dreieck

Sinussatz …

… zur Seitenberechnung

$$\frac{a}{\sin\alpha} = \frac{b}{\sin\beta} = \frac{c}{\sin\gamma}$$

… zur Winkelberechnung

$$\frac{\sin\alpha}{a} = \frac{\sin\beta}{b} = \frac{\sin\gamma}{c}$$

in Worten

$$\frac{\text{Seite}_1}{\sin(\text{gegenüberliegender } \angle)} = \frac{\text{Seite}_2}{\sin(\text{gegenüberliegender } \angle)}$$

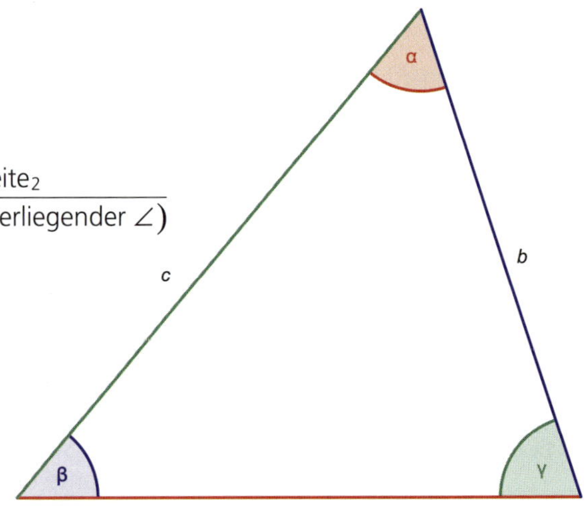

Abb. 24

Cosinussatz

$a^2 = b^2 + c^2 - 2bc\cos\alpha$

Berechnen des größten Winkels im Dreieck

Jener Winkel, welcher der **größten Seite gegenüberliegt,** sollte immer mit dem **Cosinussatz** (nicht mit dem Sinussatz) berechnet werden.

Trigonometrische Flächenformel

$A = \frac{1}{2} \cdot a \cdot c \cdot \sin\beta$

in Worten

$A = \frac{1}{2} \cdot \text{Seite}_1 \cdot \text{Seite}_2 \cdot \sin(\text{eingeschlossener Winkel})$

Wissen

SbX ID: 1414

SbX **Die Lösungen finden Sie unter der ID: 1414.**

W 1: Handelt es sich um wahre/falsche Aussagen? Erklären Sie, warum. D

a) $\frac{s}{e} = \frac{\sin\sigma}{\sin\varepsilon}$

$\frac{s}{\sin\sigma} = \frac{d}{\sin\varepsilon}$

b) $e^2 = \sqrt{d^2 + s^2 - 2ds\cos\varepsilon}$

c) $\cos\delta = -\frac{d^2 - s^2 - e^2}{2se}$

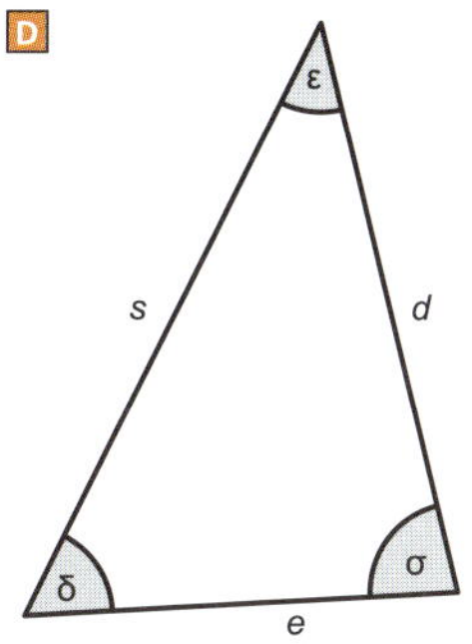

Abb. 24

W 2: Ergänzen Sie (siehe Abbildung 24): $e < \_\_ < \_\_ \Rightarrow \_\_ < \_\_ < \sigma$ D

a) Wenn e, s, σ gegeben sind, kann man die restlichen Winkel eindeutig/nicht eindeutig durch den Sinussatz berechnen, weil: …
b) Wenn d, s, δ gegeben sind, kann man die restlichen Winkel eindeutig/nicht eindeutig durch den Sinussatz berechnen, weil: …
c) Wenn e, d, σ gegeben sind, kann man die restlichen Winkel eindeutig/nicht eindeutig durch den Sinussatz berechnen, weil …

W 3: Von einem Trapez kennt man folgende Abmessungen: $a = 953$ m, $b = 148$ m, $\alpha = 9{,}53°$, $\beta = 18{,}92°$. Ermitteln Sie rechnerisch den Flächeninhalt. B

W 4: Von einem Trapez kennt man die Längen der beiden Parallelseiten, einer Diagonale und eines Winkels. Berechnen Sie den Umfang des Trapezes und begründen Sie, warum diese Angaben keine eindeutige Lösung ergeben können: $a = 182$ mm, $c = 51{,}2$ mm, $e = 163{,}53$ mm, $\beta = 60{,}8°$ D

W 5: Von einem Dreieck, das durch die Höhe h_c in zwei deckungsgleiche rechtwinkelige Dreiecke zerlegt wird, kennt man folgende Bestimmungsstücke: $c = 936$ m, $A = 72\,540$ m². Berechnen Sie die fehlenden Seiten und Winkel. B

W 6: Von einem rechtwinkeligen Dreieck kennt man die beiden Katheten: $a = 3$ cm, $b = 4$ cm. Berechnen Sie mithilfe des Cosinussatzes die Hypotenuse. Was fällt Ihnen auf? Begründen Sie die Besonderheit mithilfe des Einheitskreises. B D

W 7: Von einem rechtwinkeligen Dreieck kennt man die eine Kathete $a = 60$ cm und die Hypotenuse $c = 100$ cm. Berechnen Sie mithilfe des Sinussatzes den Winkel α. Was fällt Ihnen auf? Begründen Sie die Besonderheit mithilfe des Einheitskreises. B D

2.13

W 8: Die Firma Öko-Holz erstellt Wintergärten, deren Dachform ein Walmdach ist. Diese Dachform sorgt bei niedrigem Sonnenstand (Winter) für zusätzliche Wärme und bei hohem Sonnenstand (Sommer) verhindert sie die Überhitzung. Das Dach besteht aus witterungsresistentem Hartholz, nämlich Lärchenholz mit der Stärke 30 mm, das speziell behandelt ist. A B

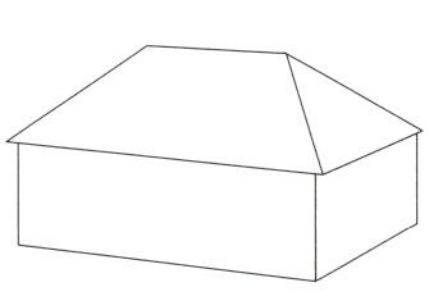
Walmdach

Auf einen schon bestehenden Dachstuhl kommt nun ein solches Walmdach, dessen Länge 19 m und dessen Breite 10 m beträgt. Die Höhe misst 4 m und die Länge des Firstes (Dachoberkante) ist 15 m.

Berechnen Sie die Neigungswinkel der Dachflächen und der Dachkanten zur Horizontalebene und die Fläche des Daches.

Ermitteln Sie die Kosten des Daches, wenn 1 m³ Holz 700 € (inkl. MwSt.) kosten und man aufgrund der Form um 8% mehr Holz als nötig kaufen muss. Für die Bearbeitung und Montage des Daches brauchen zwei Arbeiter je 50 Stunden, die zu einem Preis von 60 € (exkl. MwSt.) verrechnet werden.

Mit W 8 haben Sie eine komplette Reifeprüfungsaufgabe gelöst!

2.13

W 9: Ein Tal steigt unter einem Winkel von 3° an. Von einem Messpunkt *M* dieses Tales sieht man zwei in derselben Vertikalebene befindliche Berggipfel *A* und *B*. Steht man in *M*, so überragt der Berggipfel *B* den davor liegenden Gipfel *A* um 2,83° und der Gipfel *A* wird unter dem Höhenwinkel 18,75° gesehen. Geht man 2500 m auf die beiden Gipfel zu, so verschwindet der Gipfel *B* gerade hinter *A*, der nun unter dem Höhenwinkel von 24,17° gesehen wird. Berechnen Sie die Entfernung der beiden Bergspitzen voneinander (Luftlinie)! A B

W 10: Erklären Sie, warum bei der Winkelberechnung in einem Dreieck bei Verwendung von sin ein Entscheidungsproblem „spitz oder stumpf" auftreten kann. D

Ein kurzer Wissens-Check, bevor's weitergeht!

Wissens-Check

	☺	😐	☹
Ich kann die Begriffe Ankathete und Gegenkathete erklären.			
Ich kenne den Unterschied und die Gemeinsamkeiten zwischen dem Sinussatz und der Sinusfunktion.			
Ich kenne den Unterschied zwischen dem Cosinussatz und der Cosinusfunktion.			
Ich kenne die Voraussetzungen für die Anwendung einer Tangensfunktion.			
Ich weiß um die „Probleme", die bei der Berechnung von Winkeln mit dem Sinussatz entstehen können und weiß, wie ich diese umgehe.			

Lerneinheit 2
Physikalische und technische Anwendungen

SbX
Alle SbX-Inhalte zu dieser Lerneinheit finden Sie unter der ID: 1420.

Wir alle wissen, dass Autos in manchen Situationen eher zum Rutschen neigen als in anderen – mithilfe der Trigonometrie kann man dies genauer betrachten.

Wie man die Höhe von Flugzeugen berechnet oder sich überlegt, mit welchem Objektiv man am besten fotografieren soll und wann eine Lampe richtig hängt – all das lernen Sie in dieser Lerneinheit.

Sie lernen hier:
- **von der Kraft und ihrer Berechnung**
- **was Fotografie mit Mathematik zu tun hat**
- **wie die Lichtbrechung funktioniert**
- **warum man ohne Mathematik nicht fliegen kann**

Lernen

1 Allgemeine Begriffe
Was Autos, Keile und Lampen gemeinsam haben

Kraft

Eine Kraft wird durch ihre Richtung und ihre Größe charakterisiert.

Siehe auch Vektoren: Kapitel 8, Lerneinheit 7

Die Richtung kann man mithilfe eines Winkels beschreiben, die Größe der Kraft mithilfe einer Länge.

Kräfte werden meist in der Einheit Newton angegeben.

Newton

Ein **Newton** (N) ist die Kraft, die man benötigt, um einen ruhenden Körper von 1 kg Masse gleichförmig in 1 s auf die Geschwindigkeit von 1 m/s zu beschleunigen.

Brennweite

Unter der **Brennweite** versteht man den Abstand des Brennpunkts, auch Fokus genannt, von der ihm zugeordneten Linse. (Anmerkung: In einer Kamera gibt es mehrere Linsen, weswegen man nicht von der Linse sprechen kann.)

Bei Fotoapparaten hilft die Veränderung der Brennweite das Bild „näher zu ziehen".

So gilt bei Kleinbildkameras ein Objektiv mit 50 mm Brennweite als Normalobjektiv, eines mit kleinerer Brennweite als Weitwinkelobjektiv („man bekommt mehr auf ein Foto drauf") und eines mit größerer Brennweite als Teleobjektiv („man kann einzelne Details fotografieren").

Leistungseinheit kW

Ein **Kilowatt** (kW) ist eine Einheit der Leistung. Diese Einheit wird unter anderem bei der Leistungsangabe von Motoren verwendet, statt der früher üblichen Bezeichnung PS. 1 PS entspricht in etwa 0,74 kW.

Pferde leisten über einen längeren Zeitraum ungefähr 1 PS, können aber kurzfristig auch die Leistung von 15 PS aufbringen.

Reibung

Haftreibung entsteht dann, wenn zwei Körper einander berühren. Wenn man versucht, den einen Körper gegen den anderen zu verschieben, entsteht eine entgegengesetzte Kraft, die das Wegrutschen verhindern kann – die Haftreibung.

Abhängig von der Beschaffenheit der Fahrbahn geht die Haftreibung unter Umständen in Gleitreibung über und es kann weniger Kraft übertragen werden (Brems- oder Beschleunigungskräfte); das Fahrzeug rutscht.

Sehwinkel

Stellen Sie sich vor, Sie stehen auf einem Platz. Am Ende des Platzes steht eine Statue, die Sie betrachten. Dann wandern Ihre Blicke zu einem Reiseleiter, der in einiger Entfernung der Statue steht und offensichtlich Erklärungen dazu abgibt. Die Bewegung, die Ihre Augen/Ihr Kopf vollzogen haben, nennt man in der Mathematik **Sehwinkel.**

2 Die Praxis

Berechnen von Kräften und Winkeln

L 1: Ein Kanalrohr mit dem Durchmesser 150 cm geht in ein stärkeres mit dem Durchmesser 200 cm über. Das Verbindungsstück hat die Form eines Kegelstumpfes. Um einen optimalen Durchfluss zu gewährleisten, darf der Winkel α nur spitz sein. Berechnen Sie die minimale Länge x des Verbindungsstücks. A B

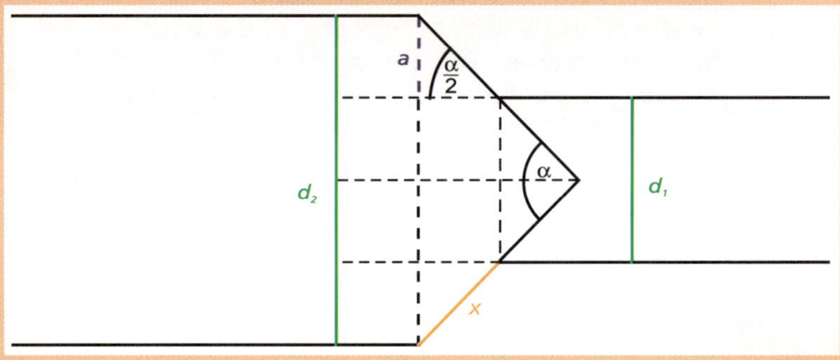

Abb. 1

$a = (200 - 150):2$

$a = 25\,\text{cm}$

$\sin 45 = \frac{25}{x} \quad |\cdot x : \sin 45$

$x = 35{,}36\,\text{cm}$

- weil α spitz ist $\Rightarrow \alpha < 90°$
  zwecks Vereinfachung zuerst $\alpha = 90°$

Da der Öffnungswinkel des Kegels aber maximal 90° betragen darf, bedeutet das, dass wenn der Winkel kleiner als 90° ist, die Länge von x größer wird.

Das Verbindungsstück muss daher mindestens 35,4 cm lang sein (in der Anwendung wahrscheinlich mindestens 35,5 cm).

Mächtige Baumstämme werden maschinell scheinbar mühelos gespalten.

L 2: Um etwas zu spalten, werden oft Keile verwendet. Mit der Kraft von $F_1 = 500$ N wird ein Keil in das zu spaltende Material getrieben. Der Öffnungswinkel des Keils beträgt $\alpha = 20°$. Welche Kraft F_2 wirkt auf jede der schrägen Flächen des Materials? A B

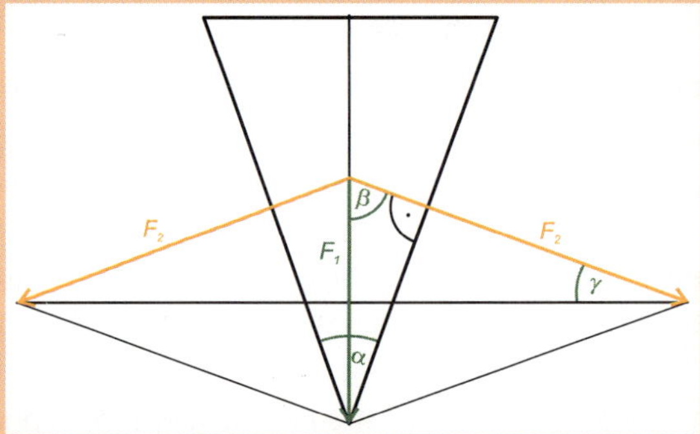

Abb. 2

- Im Deltoid (F_1 als Diagonale) sucht man $\frac{\alpha}{2}$.
- Da die Kraft F_2 normal auf die schräge Seitenfläche steht, kann man den Winkel β berechnen.
  $\beta = 180 - 90 - \frac{\alpha}{2}$

- Wegen der Winkelsumme gilt:
  $\gamma = 180 - 90 - \beta \Rightarrow \gamma = \frac{\alpha}{2} = 10°$
- Berechnen der Hypotenuse F_2:
  $\sin 10 = \frac{250}{F_2}$
  $F_2 \approx 1440$ N

Tipp: Wie man sieht, kann man die gesuchten Maße nicht immer mit nur einem Rechengang ermitteln. Daher ist es sinnvoll anhand einer Skizze (am besten in zwei Farben!) vor dem Beginn der Berechnung die einzelnen Rechenschritte zu überlegen, um das unnötige Berechnen von Größen zu vermeiden.

Trigonometrie und Fotografie

L 3: Bei Fotoapparaten gibt es einen „Sehwinkel". Er beschreibt, wie groß das zu fotografierende Objekt maximal sein darf, abhängig von der Entfernung der Kamera zum Objekt. A B C D

Eine Spiegelreflexkamera benützt einen Kleinbildfilm, der auch 35-mm-Film heißt. Dieser Namen kommt von der Breite des Negativstreifens; die Größe eines einzelnen Negatives beträgt allerdings 24 mm mal 36 mm (was oftmals zu erheblicher Verwirrung führt). Die Kamera in diesem Beispiel ist mit einem sogenannten Normalobjektiv von 50 mm Brennweite ausgestattet.

Ein Gebäude mit der Breite von 30 m und der Höhe von 17 m soll frontal aufgenommen werden. In welcher Entfernung vom Gebäude muss sich der Fotograf mindestens befinden, damit das Gebäude zur Gänze aufs Bild passt? Berechnen Sie zuerst den horizontalen (Bildbreite) und dann den vertikalen (Bildhöhe) Sehwinkel des Objektives.

Berechnung über Bildbreite 36 mm

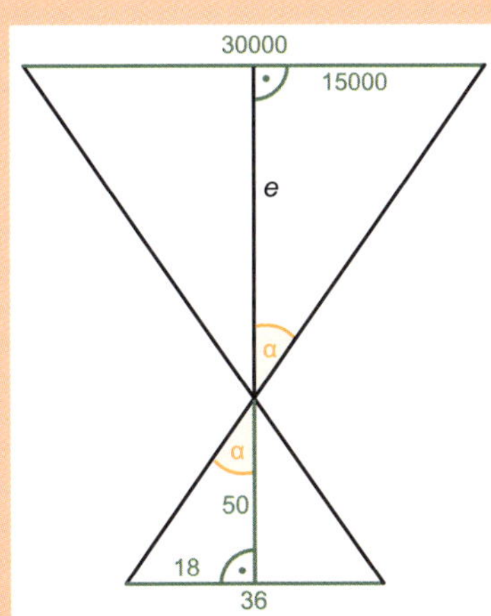

Abb. 3

$\tan\alpha = \frac{18}{50}$

horizontaler Sehwinkel: 39,6°

$\tan\alpha = \frac{15000}{e} \quad |:\tan\alpha \cdot e$

$e = 41666{,}67$ mm

$e = 42$ m

Berechnung über Bildhöhe 24 mm

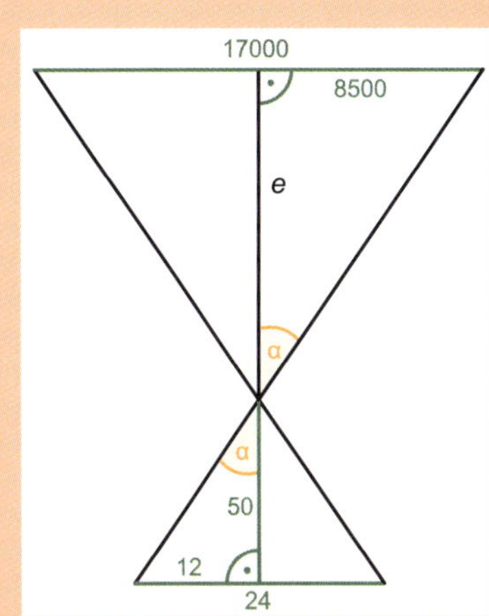

Abb. 4

$\tan\alpha = \frac{12}{50}$

vertikaler Sehwinkel: 27°

$\tan\alpha = \frac{8500}{e} \quad |:\tan\alpha \cdot e$

$e = 35416{,}67$ mm

$e = 35$ m

Da man das ganze Gebäude aufs Foto bringen will, muss man die größere Entfernung als Mindestentfernung annehmen.

Üben

SbX ID: 1422

Ü 1 ★★: Ein Keil wird mit der Kraft von 600 N in das zu spaltende Material getrieben. Der Öffnungswinkel des Keils beträgt 15°. Berechnen Sie die Kraft, die auf jede der schrägen Flächen des Materials wirkt. A B

✔ 2298 N

Ü 2 ★★★: „Wer sein Auto liebt, …" Ein Auto wird vom Fahrer und Beifahrer jeweils unter dem Winkel $\omega = 11°$ in Fahrtrichtung des Autos geschoben. Angenommen beide verwenden zum Schieben die gleiche Kraft von 190 N, wie groß ist dann die Kraft, mit der sich das Auto vorwärts bewegt? A B

✔ 373 N

Straßenlaternen in Cannes

Ü 3 ★★: Eine Lampe mit einem Gewicht von 100 N wird durch zwei Drähte gehalten, die jeweils einen Winkel von 15° mit der Waagrechten einschließen. Wie groß ist die Zugkraft an jedem der beiden Drähte? A B

✔ 193 N

Ü 4 ★★★: Eine Lampe übt auf die beiden Drähte, an denen sie befestigt ist, die Zugkräfte $F_1 = 130$ N und $F_2 = 150$ N aus, die einen Winkel von 100°19' miteinander einschließen. Welches Gewicht hat die Lampe? (1° = 60' [Minuten]) A B

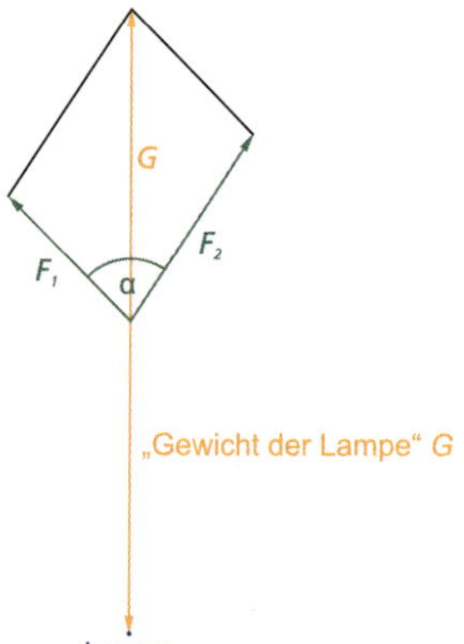

Abb. 5

✔ 180 N

SbX Sie finden die Lösung zu Ü 5 unter der ID: 1422.

Ü 5 ★★★: Zwei Teilkräfte $F_1 = 7$ N und $F_2 = 5$ N schließen einen Winkel von 65° ein. Berechnen Sie die daraus resultierende Gesamtkraft. A B

Ü 6 ★★★: Ein Wasserrohr mit dem Durchmesser 10 cm geht in ein stärkeres mit dem Durchmesser 12 cm über. Das Verbindungsstück hat die Form eines Kegelstumpfes. Um einen optimalen Durchfluss zu gewährleisten, darf der Öffnungswinkel des Kegels höchstens 80° betragen. Berechnen Sie die Länge v des Verbindungsstücks. A B

✔ mind. 1,6 cm

SbX ID: 1422

Weitere Übungsbeispiele zu dieser Lerneinheit finden Sie in SbX.

Sichern

Kraftstärke Die Kraftstärke lässt sich zeichnerisch als Länge der Strecke darstellen.

Kraftrichtung Die Kraftrichtung lässt sich zeichnerisch mithilfe von Winkeln darstellen.

Skizze Eine brauchbare Skizze ist ausreichend groß und der Realität entsprechend: stumpfe Winkel bleiben stumpf, spitze Winkel spitz und die Größenverhältnisse von Längen stimmen.

Wissen

SbX ID: 1424

SbX
Die Lösungen finden Sie unter der ID: 1424.

2.13

W 1: Die Haftreibung verhindert, dass ein Fahrzeug zu rutschen beginnt. Ein Geländeauto verliert bei nicht ganz trockenem Untergrund erst dann die Bodenhaftung und beginnt dann mit blockierenden Rädern talwärts zu rutschen, wenn die talwärts wirkende Kraft mehr als 50% der senkrecht auf den Untergrund wirkenden Kraft N ausmacht. Ermitteln Sie durch Berechnung den Steigungswinkel, bei dem sich das Auto gerade noch halten kann. A B

Abb. 6

2.13

W 2: Trifft ein Lichtstrahl aus der Luft schräg auf einen Körper aus Glas, so verändert er im Glas seine Richtung – man nennt das Brechung. Das Verhältnis $a:b$ ist für jeden beliebigen Einfallwinkel gleich, man sagt dazu Brechungszahl: $n = \frac{a}{b}$. A B D

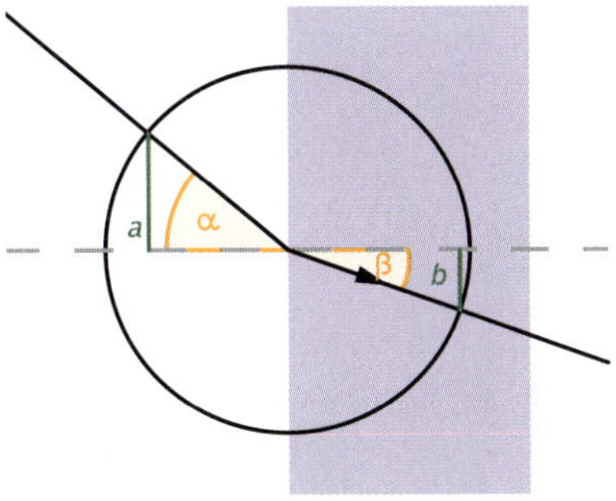

Abb. 7

Für den Übergang Luft-Glas beträgt dieser Wert $n = 1{,}5$.

a) Beweisen Sie durch Berechnung: $n = \frac{\sin\alpha}{\sin\beta}$

b) Ein Lichtstrahl trifft unter einem Winkel von 40° auf eine 50 mm dicke Glasplatte. Beweisen Sie durch Berechnung, dass der Lichtstrahl **hinter** der Glasplatte parallel zur anfänglichen Richtung ist, wobei die Brechungszahl Glas-Luft $\frac{1}{n}$ beträgt.

2.13

W 3: Eine Kraft F mit dem Betrag von 10 N soll in zwei Teilkräfte F_1 und F_2 zerlegt werden. Der Winkel zwischen F und F_1 beträgt 70°, jener zwischen F und F_2 30°. Ermitteln Sie die Größe der beiden Teilkräfte. A B

2.13

W 4: Ein zylinderförmiger Bleistift hat eine Gesamtlänge von 200 mm und einen Durchmesser von 10 mm. Der Durchmesser der Mine beträgt 3 mm und der Öffnungswinkel an der Spitze 26°. Welche Masse hat der ganze Bleistift, wenn die Dichte des Holzes 0,7 g/cm³ und die Dichte der Grafitmine 2,1 g/cm³ betragen? A B

2.13

W 5: Ihre Spiegelreflexkamera benützt einen Kleinbildfilm, die Größe eines einzelnen Negatives beträgt 24 mm mal 36 mm. Die Kamera ist mit zwei Objektiven ausgestattet: einem 24 mm Weitwinkelobjektiv und einem 180 mm Teleobjektiv. Sie wollen ein Gebäude mit der Breite von 50 m und der Höhe von 20 m frontal aufnehmen. A B C D

In welcher Entfernung vom Gebäude müssen Sie sich aufstellen, damit das Gebäude zur Gänze aufs Bild passt? Berechnen Sie zuerst den horizontalen (Bildbreite) und dann den vertikalen (Bildhöhe) Sehwinkel des Objektives.

Überlegen und begründen Sie anhand des Ergebnisses, wann es sinnvoll ist ein Weitwinkelobjektiv zu verwenden und wann ein Teleobjektiv.

2.13

W 6: In der Konstruktionsabteilung eines Autoherstellers wurde bei einem neuen Modell folgender Zusammenhang zwischen der Motorleistung P (in Watt) und der Geschwindigkeit v (in m/s) festgestellt: A B

$P = 0{,}5v^3 + (50 \cos \varepsilon + 20000 \sin \varepsilon) \cdot v$, wenn ε die Steigung der Straße als Winkel angibt.

a) Wie viele kW leistet der Motor, wenn die Fahrbahn eben ist?
b) Bei der Testfahrt auf einer Fahrbahn mit Steigung wurde eine Geschwindigkeit von 54 km/h und eine Leistung von 24 000 W gemessen. Berechnen Sie die Steigung der Fahrbahn in Prozent. (Benutzen Sie die Solver-Funktion des Taschenrechners.)

Ein kurzer Wissens-Check, bevor's weitergeht!

Wissens-Check

	☺	😐	☹
Ich kann aus einer Angabe die wichtigen Informationen herauslesen.			
Ich kann eine maßstabähnliche Skizze anfertigen.			
Ich kann die einzelnen Rechenschritte, die zur Lösung führen, überlegen, ohne sie sofort zu berechnen.			

SbX

Alle SbX-Inhalte zu dieser Lerneinheit finden Sie unter der ID: 1430.

Vermessung einst …

Lerneinheit 3
Vermessungsaufgaben

Ein weiteres wichtiges Anwendungsgebiet der Trigonometrie ist die Vermessung.

Schon bei den Römern gab es Landvermesser, sogenannte Agrimensores, deren Aufgabe es war, die Berechnung der Größe eines Lagers (etwa 25 ha pro Legion) durchzuführen und die Hauptachsen abzustecken. Auch die Vermessung und Verteilung des eroberten Landes war ihre Aufgabe. Einem Agrimensor war ein Soldat, Chorographarius, zugewiesen, der einen Plan erstellte, in dem die Grenzen und Besitzer eingetragen waren: den Kataster.

Ein 1732 in Virginia geborener Landvermesser stieg innerhalb der Armee zum Oberbefehlshaber der Revolutionstruppen auf. 1787 trat er als Delegierter Virginias in den Verfassungskonvent ein, wo er zu dessen Präsidenten erhoben wurde. Er gründete den Staatenbund der Vereinigten Staaten, dessen erster Präsident er, George Washington, im Jahre 1798 wurde.

Sie lernen hier:
- **was Höhen- und Tiefenwinkel sind**
- **wie man unregelmäßige Flächen berechnet**
- **wie man Winkelfunktionen und Winkelsätze in der Vermessung anwendet**

Lernen

1 Allgemeine Begriffe
Horizontale, Höhen- und Tiefenwinkel

… und jetzt

Um Berechnungen für den Bereich der Vermessung durchführen zu können, sind einige Begriffsdefinitionen erforderlich: **Höhen- und Tiefenwinkel** sind in Abb. 1 dargestellt:

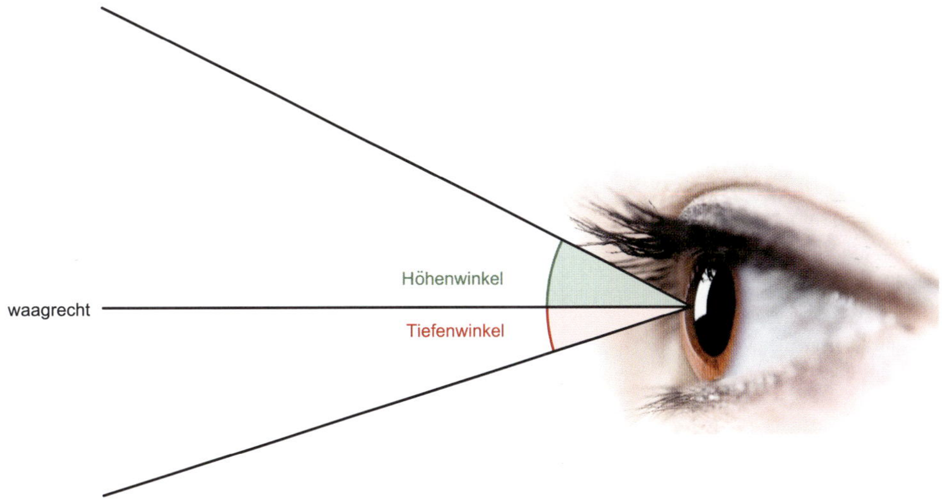

Abb. 1

Das bedeutet: sowohl um den Höhen- als auch den Tiefenwinkel zu ermitteln, muss zuerst die **Horizontale** angepeilt werden.

Für die **Notation von Winkeln und Strecken** gibt es unterschiedliche Schreibweisen:

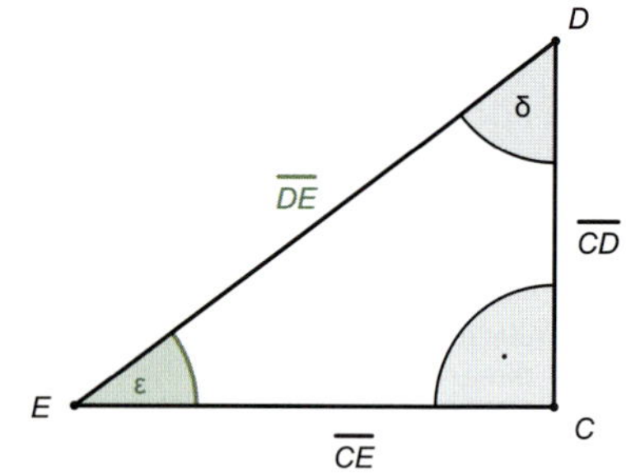

Abb. 2

Der Winkel ε lässt sich auch in der Form $\angle DEC$ schreiben, wobei der mittlere Buchstabe immer dem Scheitel entspricht.

2 Die Praxis

Vom Text zur Skizze – von der Skizze zur Lösung

Das Wichtigste bei Vermessungsaufgaben ist immer das genaue Verständnis der Angabe. Daher ist es sinnvoll, die Angabe zuerst einmal zu überfliegen, um einen Überblick zu erhalten, in welches Gebiet die Angabe gehört. Erst danach sollte man die Angabe noch mindestens einmal genau lesen, um herauszufiltern, welche Informationen von Bedeutung sind und was zu berechnen ist. Danach stellt man sich die gegebene Situation vor – jetzt kann man eine Skizze anfertigen.

Erinnern Sie sich daran, dass Höhen- und Tiefenwinkel immer von der Horizontalen ausgehen. Eine Skizze sollte so weit der Realität entsprechen, dass größere Längen im Original auch größere Längen in der Zeichnung sind. Stumpfe Winkel bleiben stumpf, spitze Winkel bleiben spitz. Am einfachsten ist es, wenn man die Skizze maßstabähnlich anfertigt: 6,2 m ≙ 6,2 cm, 58,34° ≙ 58° usw.

Eine für Vermessungsaufgaben wichtige Regel ist die „Z-Regel":

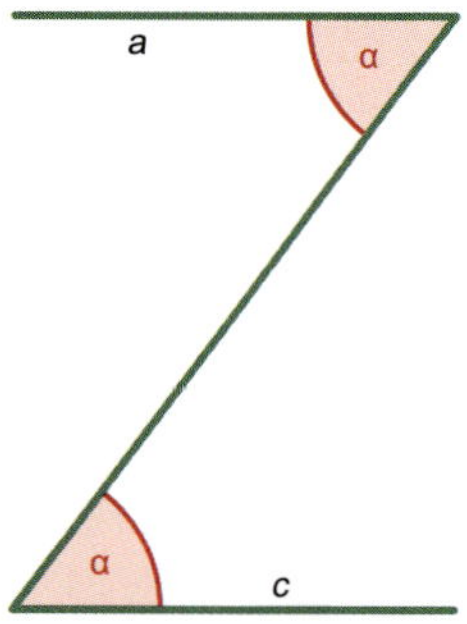

Weil *a* parallel zu *c* liegt, sind die beiden Winkel gleich groß.

Abb. 3

Auf die Perspektive kommt es an

L 1: Aus einem Segelflugzeug, das in 400 m Höhe über dem Boden segelt, sieht man die Spitze eines Kirchturms unter einem Tiefenwinkel von 25,2°, den Fuß unter dem Tiefenwinkel von 28,8°. 45 Sekunden später überfliegt das Flugzeug den Kirchturm. A B

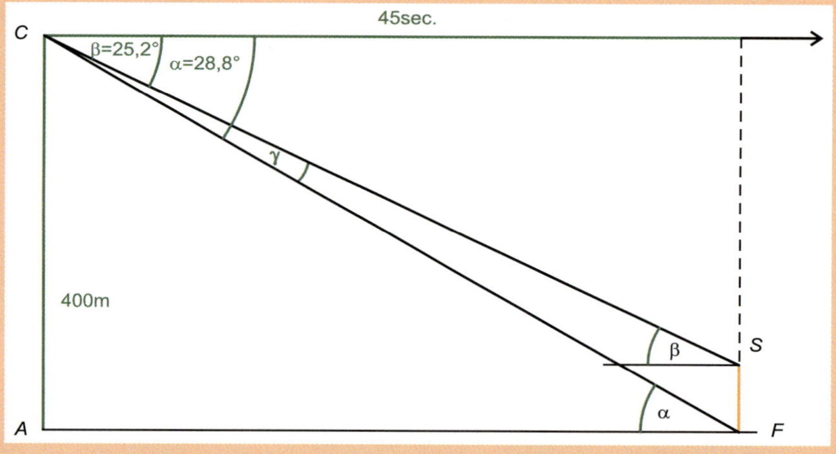

Abb. 4

Berechnen Sie die Geschwindigkeit des Segelflugzeuges unter der Annahme, dass es während dieser 45 Sekunden seine Höhe nicht verändert hat. Wie hoch ist der Kirchturm?

$\sin\alpha = \frac{\overline{AC}}{\overline{CF}} \qquad \Big| \cdot \overline{CF}, : \sin\alpha$

$\overline{CF} = \frac{\overline{AC}}{\sin\alpha}$

$\overline{CF} = 830{,}30 \text{ m}$

$\overline{AF}^2 = \overline{CF}^2 - \overline{AC}^2$

$\overline{AF} = \sqrt{\overline{CF}^2 - \overline{AC}^2}$

$\overline{AF} = 727{,}60 \text{ m}$ in 45 Sekunden

$\Rightarrow 970{,}13 \text{ m/min}$

$\Rightarrow 58208 \text{ m/h}$

$\approx 58 \text{ km/h}$

$\gamma = \alpha - \beta$

$\gamma = 3{,}6°$

$\frac{\overline{CF}}{\sin(\beta + 90)} = \frac{\overline{FS}}{\sin\gamma} \qquad \Big| \cdot \sin(\beta + 90)$

$\overline{FS} = \frac{\overline{CF} \cdot \sin\gamma}{\sin(\beta + 90)}$

$\overline{FS} = 57{,}62 \text{ m}$

Tipp: Auf gleiche Einheiten achten!

Eine häufige Falle sind die unterschiedlichen Einheiten in den Angaben. Achten Sie darauf, dass Sie alle Angaben in der gleichen Einheit haben, wenn Sie mit Ihren Berechnungen beginnen.

L 2: Um die Entfernung (Luftlinie) zweier nicht direkt zugänglicher Orte *C* und *D* zu berechnen, steckt man eine ebene Standlinie *AB* mit 50 m so ab, dass *A* in der Verlängerung von *CD* über *C* hinaus liegt. *AD* schließt mit *AB* einen Winkel von 102,33° ein. Es werden noch zusätzliche Winkel gemessen: $\angle ABC = 30{,}3°$, $\angle ABD = 52°$. Bestimmen Sie die Entfernung $\overline{CD}$. A B

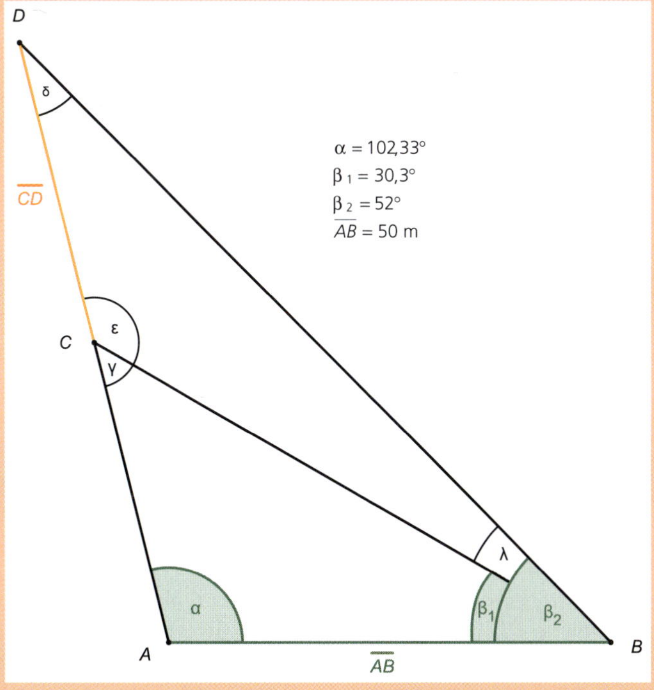

Abb. 5

$\gamma = 180 - \alpha - \beta_1$

$\gamma = 47{,}37°$

$$\frac{\overline{BC}}{\sin\alpha} = \frac{\overline{AB}}{\sin\gamma} \quad | \cdot \sin\alpha$$

$$\overline{BC} = \frac{\overline{AB} \cdot \sin\alpha}{\sin\gamma}$$

$$\overline{BC} = 66{,}39 \text{ m}$$

$$\varepsilon = 180 - \gamma$$
$$\varepsilon = 132{,}63°$$

$$\lambda = \beta_2 - \beta_1$$
$$\lambda = 21{,}7°$$

$$\delta = 180 - \varepsilon - \lambda$$
$$\delta = 25{,}67°$$

$$\frac{\overline{CD}}{\sin\lambda} = \frac{\overline{BC}}{\sin\delta} \quad | \cdot \sin\lambda$$

$$\overline{CD} = \frac{\overline{BC} \cdot \sin\lambda}{\sin\delta}$$

$$\overline{CD} = 56{,}67 \text{ m}$$

Üben

SbX ID: 1432

Der Flugplatz Spitzerberg in Niederösterreich.

Ü 1 ★★: Ein Segelflugzeug befindet sich im Landeanflug auf den Flugplatz Spitzerberg entlang einer Geraden, die um 16° zur waagrechten Landebahn geneigt ist. Vom Punkt F_1 der Flugbahn sieht man in der gleichen Vertikalebene mit dem Segelflugzeug ein Landefeuer L_1 unter dem Tiefenwinkel 33°. Nachdem der Segler 1,5 km entlang seiner Anflugbahn zurückgelegt hat, sieht er dasselbe Landefeuer unter einem Tiefenwinkel von 46°. Berechnen Sie die Flughöhe im Punkt F_1. Berechnen Sie die Entfernung vom Landepunkt zu diesem Zeitpunkt (gleichbleibende Anflugbahn vorausgesetzt). A B

✔ 1,8 km, 6,6 km

Ü 2 ★★: Eine Sportfliegerin fliegt bei ruhigem Wetter mit einer Geschwindigkeit von 260 km/h in Richtung N 17° W. Berechnen Sie die Richtung und die Geschwindigkeit, mit der sich das Sportflugzeug bewegt, nachdem Westwind mit einer Windgeschwindigkeit von 25 km/h eingesetzt hat. A B

✔ N 11,6° W, ≈ 254 km/h

Ü 3 ★★: Von einem 532 m hohen Berg erblickt man das diesseitige Ufer eines vorbeifließenden Flusses unter dem Tiefenwinkel von 18,77°, das gegenüberliegende Ufer unter dem Tiefenwinkel von 8,13°. Ermitteln Sie die Breite des Flusses an dieser Stelle. A B

✔ 2,16 km

SbX
Sie finden die Lösung zu Ü 4 unter der ID: 1432.

Ü 4 ★★: Von einem viereckigen Grundstück $ABCD$ kennt man die Seite $\overline{AB}$ mit 1600 m, die Seite $\overline{AD}$ mit 1166,2 m und $\overline{BC}$ mit 1264,9 m. Außerdem wurden zwei Winkel gemessen: $\angle ABC = 71{,}57°$ und $\angle DAB = 52{,}03°$. Bestimmen Sie den Flächeninhalt des Grundstücks. A B

Ü 5 ★★★: Die Endpunkte einer Standlinie AB sind unzugänglich, es kann aber in der Verlängerung der Strecke AB über B hinaus ein Punkt C abgesteckt werden, von dem aus eine 640 m lange Standlinie CD abgemessen werden kann. Von den Endpunkten dieser Standlinie können folgende Winkel gemessen werden: $\angle ACD = 88{,}5°$, $\angle CDB = 30{,}78°$, $\angle CDA = 70{,}37°$. Berechnen Sie die direkte Entfernung der Orte A und B voneinander. A B

✔ 1297 m

Ü 6 ★★★: Ein viereckiges Grundstück ABCD soll wegen einer Erbschaftsangelegenheit in zwei flächengleiche Teile getrennt werden. Es sind folgende Abmessungen bekannt: $\overline{AB} = 750$ m, $\overline{BC} = 400$ m, $\overline{AD} = 620$ m, $\angle BAD = 120{,}3°$, $\angle ABC = 78{,}2°$. Berechnen Sie zuerst die Länge der nicht ausgemessenen Seiten und Winkel. Ermitteln Sie durch Berechnung jene Teilungslinie g durch A, welche das Grundstück halbiert. Schneidet diese Linie die Grundstücksgrenze BC oder CD? Wie weit ist der Schnittpunkt von C entfernt? A B

✔ 991,5 m, 110,1°, 51,4°, 192,6 m

Ü 7 ★★: Aus einem Flugzeug erblickt man die beiden Orte A und B in derselben Richtung unter den Tiefenwinkeln $\alpha = 48{,}83°$ und $\beta = 30{,}47°$. Wie hoch fliegt die Maschine, wenn auf der Karte die Entfernung AB mit 4,11 cm abgelesen wird? (Maßstab 1 : 35 000) A B

✔ 1743 m

SbX
ID: 1432

Weitere Übungsbeispiele zu dieser Lerneinheit finden Sie in SbX.

Sichern

Höhenwinkel Tiefenwinkel

Um den **Höhen- und Tiefenwinkel** zu ermitteln, muss man zuerst die Horizontale anpeilen.

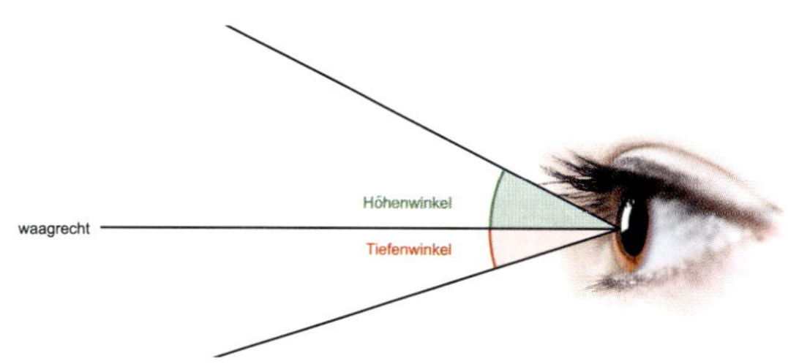

Bezeichnungen von Strecken und Winkeln

Strecke von E nach D: ED

Länge der Strecke von E nach D: $\overline{ED}$

Winkel zwischen ED und EC: $\angle DEC$

Z-Regel

Liegen zwei Geraden a und c parallel, so ist der Winkel α sowohl Höhen- als auch Tiefenwinkel.

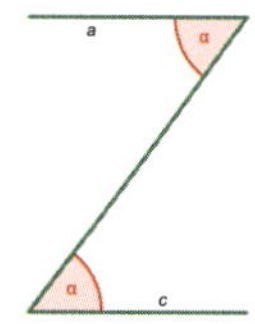

Wissen

SbX ID: 1434

SbX
Die Lösungen finden Sie unter der ID: 1434.

W 1: Ein Flugzeug fliegt in 2 km Höhe über dem Flachland bei windstillem Wetter. Ein Ort A, in dessen Richtung das Flugzeug fliegt, erscheint vom Flugzeug aus unter dem Tiefenwinkel von 18,43°. 20 Sekunden später hat das Flugzeug 500 m an Höhe verloren, der Ort A erscheint nun unter einem Tiefenwinkel von 45°. Berechnen Sie die (durchschnittliche) Geschwindigkeit in dieser Minute. In welcher Phase des Fluges befindet sich das Flugzeug – begründen Sie! A B

W 2: Zwischen den Orten A und B soll eine neue Autobahntrasse errichtet werden, die zwischen den Orten M und N durch einen Tunnel führt. Zur Berechnung der Tunnellänge werden von einem außerhalb der Trasse liegenden Punkt C folgende Daten gemessen: $\overline{CB} = 7200$ m, $\overline{CA} = 5750$ m, $\angle ACB = 102{,}3°$, $\angle ACM = 21{,}8°$, $\angle BCN = 30°$. Berechnen Sie die Tunnellänge. A B

W 3: Ein Segelflieger fliegt vom Flugplatz in Richtung S 42,00° O. Ein in 850 km Entfernung gelegenes Krankenhaus liegt vom Flugplatz in Richtung S 31,00° O. Welche Entfernung muss der Segelflieger zurücklegen, um im kürzesten Abstand am Krankenhaus vorbeizufliegen? A B

2.13

W 4: Eine Maschine der Tyrolean Airways fliegt Kurs Richtung Norden mit einer Geschwindigkeit in der Luft von 800 km/h. Von Osten her weht Wind mit einer Geschwindigkeit von 20 km/h. In welche Richtung muss die Pilotin steuern, damit die Maschine tatsächlich nach Norden fliegt und wie schnell fliegt sie dann über Grund? A B D

Während des Landeanfluges hat die Maschine nur mehr eine Geschwindigkeit in der Luft von 250 km/h. Die Bahn des Sinkfluges (Annahme: gleichmäßige Gerade) schließt mit der horizontalen Landebahn einen Winkel von 9° ein. Um wie viel Meter sinkt das Flugzeug pro Minute?

2.13

W 5: Ein viereckiges Grundstück *ABCD* soll in zwei unterschiedliche Nutzungsflächen geteilt werden. Auf der einen Hälfte sollen Biokräuter für Kräuterlimonaden zur Zulieferung an die H2Ö GmbH angebaut werden, die zweite soll zur Züchtung von Rosen dienen. Folgende Maße wurden genommen: $\overline{AB} = 40$ m, $\overline{BC} = 30$ m, $\overline{CD} = 60$ m und $\overline{AD} = 20$ m, $\angle BAD = 120°$. A B D

Berechnen Sie zuerst den Flächeninhalt des Grundstücks. Für die Aufteilung muss das Grundstück in zwei flächengleiche Teile geteilt werden. Aufgrund der örtlichen Gegebenheiten ist es sinnvoll, diese Teilung durch eine zu *AB* parallel verlaufende Teilungslinie vorzunehmen.

Berechnen Sie den Abstand dieser Parallelen zu *AB*. Begründen Sie, warum es sinnvoll ist, die Teilungslinie nicht durch eine Grundstücksecke laufen zu lassen.

Tipp: Lösen Sie die entstehende quadratische Gleichung mit der Solver-Funktion des Taschenrechners.

Mit W 5 haben Sie eine komplette Reifeprüfungsaufgabe gelöst!

2.13

W 6: Ein viereckiges Grundstück *ABCD* soll wegen einer Erbschaftsangelegenheit in zwei flächengleiche Teile getrennt werden. Es sind folgende Abmessungen bekannt: $\overline{AB} = 633$ m, $\overline{BC} = 615$ m, $\overline{AD} = 150$ m, $\angle BAD = 90°$, $\angle ABC = 115{,}6°$. A B

Ermitteln Sie durch Berechnung jene Teilungslinie *g* durch *A*, welche das Grundstück halbiert. Schneidet diese Linie die Grundstücksgrenze *BC* oder *CD*? Wie weit ist der Schnittpunkt von *C* entfernt?

Berechnen Sie den Preis für eine Grundstückshälfte, wenn 1 m^2 27 € kostet. Da eine Hälfte verkauft wird, muss ein Makler beauftragt werden, der 2,5% (exkl. MwSt.) vom Grundstückswert als Honorar erhält, das vom Käufer getragen wird. Wie viel muss ein möglicher Interessent zahlen?

Mit W 6 haben Sie eine komplette Reifeprüfungsaufgabe gelöst!

2.13

W 7: In einem Büro wird für einen Wandverbau eine ausziehbare Leiter gekauft. In einer Höhe von 2,8 m wird sie unter einem Steigungswinkel von 57° angelehnt, um die unteren Regale zu erreichen – wie lang muss sie daher mindestens sein? A B

Wenn man die oberen Regale erreichen will, die 60 cm darüber liegen, muss man die Leiter wegen der Kippgefahr weiter weg von der Wand aufstellen. Um wie viel muss man die Leiter verlängern, wenn sicherheitshalber der Steigungswinkel um 5% verkleinert wird?

Ein kurzer Wissens-Check, bevor's weitergeht!

Wissens-Check

	☺	😐	☹
Ich kann die Angabe in eine grafische Darstellung umwandeln.			
Ich weiß, welche Voraussetzungen man für die sin-, cos-, und tan-Funktion benötigt.			
Ich kann den Sinus- und Cosinussatz praktisch anwenden.			
Ich kann die einzelnen Rechenschritte, die zur Lösung führen, überlegen, ohne sie sofort zu berechnen.			

5 Differentialrechnung

Bereits in der Antike war das sogenannte Tangentenproblem bekannt. Man wollte eine Gerade so an eine beliebige Kurve legen, dass die beiden einander nur berührten. Erst gegen Ende des 17. Jahrhunderts gelang es zwei berühmten Mathematikern dieses Problem zu lösen: Gottfried Wilhelm Leibniz und Sir Isaac Newton. Leibniz ging den Weg des Tangentenproblems; Newton hingegen versuchte dem Rätsel der Momentangeschwindigkeit auf die Spur zu kommen – fast unvorstellbar, löst doch heute der Blick auf den Tacho oder das GPS dieses Problem.

Sie lernen in diesem Kapitel:
- das Legen einer Sekante an eine Funktion
- die Verwandlung einer Sekante in eine Tangente
- was der römische Grenzwall (Limes) mit all dem zu tun hat
- wie man mit Kurven über ihre Eigenschaften diskutiert
- das Berechnen von Extremen
- Kosten und Nutzen zu berechnen

Lerneinheit 1
Differentialquotient – Ableitung

SbX
Alle SbX-Inhalte zu dieser Lerneinheit finden Sie unter der ID: 1510.

Im 17. Jahrhundert kannte man zwar Kurven, konnte aber deren Steigung noch nicht allgemein rechnerisch ermitteln. Erst Gottfried Wilhelm Leibniz löste diese Herausforderung, indem er die Kurve nicht als „abgerundete Linie" betrachtete, sondern als eine Aneinanderfügung von unendlich kleinen Strecken. Jede dieser Strecken hat natürlich eine Steigung; diese Steigung entspricht dem Anstieg einer Sekante – einer Geraden zwischen zwei Punkten. Schiebt man nun diese beiden Punkte zueinander, sodass sie deckungsgleich sind, so entsteht eine Tangente. Was hier so einfach klingt, hat die Wissenschaft aber lange Zeit beschäftigt.

Sie lernen hier:
- **wie man aus einer Sekante eine Tangente macht**
- **wie man in einem beliebigen Punkt einer Kurve eine Tangente erstellt**
- **wieso Grenzen/Limiten manchmal sehr nützlich sein können**

Lernen

SbX ID: 1511

1 Anstieg einer Sekante
Von Kurven und Geraden

Kurven und Geraden haben es nicht nur Motorradfahrern angetan.

Den Begriff Anstieg oder Steigung kennen wir sowohl im Zusammenhang mit der prozentuellen Steigung einer Straße, deren Anstiegswinkel man berechnen kann, als auch durch den Anstieg einer linearen Funktion.

Zur Erinnerung: Da der Anstieg eine Art „Maßeinheit" ist, muss es eine einheitliche Definition geben, was der Anstieg ist.

Zeichnet man eine Gerade (lineare Funktion) mit der Angabe $y = kx + d$, geht man wie folgt vor:
- zuerst d hinauf oder hinunter – Stelle markieren
- dann 1 nach rechts
- dann k hinauf oder hinunter – Stelle markieren
- Durch Verbinden dieser beiden markierten Stellen entsteht die Gerade.

siehe Kapitel 4, Lerneinheit 1, und Kapitel 1, Lerneinheit 3

$d > 0$	$d \uparrow$
$d < 0$	$d \downarrow$
	$1 \rightarrow$
$k > 0$	$k \uparrow$
$k < 0$	$k \downarrow$

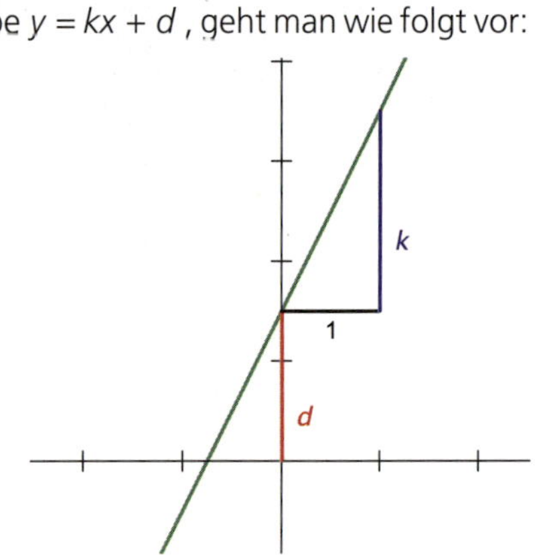

Abb. 1

Ü 1 ★: Zeichnen Sie eine Gerade durch die Punkte $T(1|3)$ und $U(3|7)$. Lesen Sie in Ihrer Grafik die Werte d und k ab. C

✔ $d = 1$, $k = 2$

Verbindet man nun zwei beliebige Punkte, die auf einer Funktion höheren Grades liegen, durch eine Gerade, so entsteht die sogenannte **Sekante.**

L 1: Man kennt die Funktionsgleichung einer Kurve $f(x) = x^3 - 3x - 2$ und zwei Punkte, die auf dieser Kurve liegen. $T(0|y_T)$ und $U(2|y_U)$. Legen Sie eine Sekante durch diese beiden Punkte. A B

$y = f(x)$: Daher kann man eine y-Koordinate berechnen, indem man die x-Koordinate einsetzt.

Eine Skizze (anhand einer Wertetabelle) oder eine Taschenrechner-Grafik sollte man immer zuerst anfertigen.

Weil $y_T = f(x_T)$ ist, setzt man die x-Koordinate 0 in die gegebene Funktion ein.

$y_T = 0^3 - 3 \cdot 0^2 - 2$

$y_T = -2$ $\Rightarrow T(0|-2)$

Wenn man nun 2 in $f(x)$ einsetzt,
so erhält man 0. $\Rightarrow U(2|0)$

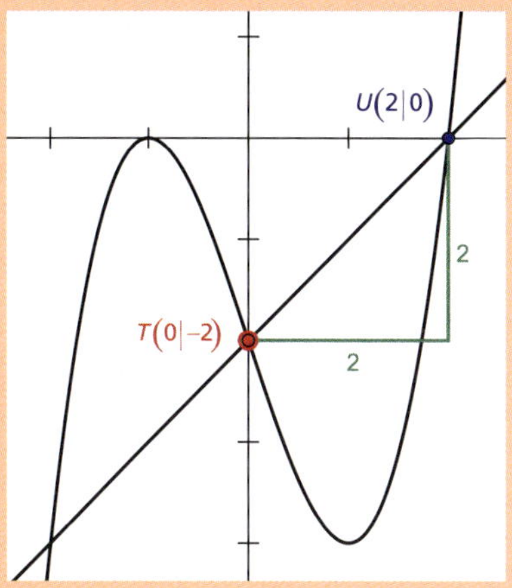

Abb. 2

Die **Gleichung der Sekante** lässt sich auf einige Arten berechnen:

Gleichungssysteme siehe Kapitel 1, Lerneinheit 4

1. Möglichkeit:
In die allgemeine Geradengleichung $y = kx + d$ setzt man die beiden Punkte T und U ein.

I: $-2 = 0k + d$ (T eingesetzt)

II: $0 = 2k + d$ (U eingesetzt)

Die Gleichung der Sekante lautet somit: $y = x - 2$

2. Möglichkeit:
Wir wissen: Wenn man 1 nach rechts geht, so ist jener Wert, den man hinauf/hinuntergehen muss, um zur Geraden zu kommen, gleich k.

		$1 \rightarrow$	$k \uparrow \downarrow$		
	Betrachtet man hier das Steigungsdreieck, so sieht man, dass man 2 nach rechts …	$2 \rightarrow$	$2 \uparrow$	… und 2 hinaufgeht. Um also auf $1 \rightarrow$ zu kommen, muss man …	
:2		$1 \rightarrow$	$1 \uparrow$		:2

Das bedeutet: $k = 1$.

Da $T(0|-2)$ ist, muss $d = -2$ sein.

Die Gleichung der Sekante lautet somit: $y = x - 2$.

Und nun ein Ausflug in die Formel 1: Obwohl die modernen Autos mit viel Sicherheitstechnik ausgestattet sind, passiert es manchmal, dass ein Rennfahrer aus der Kurve rutscht.

SbX
Sie finden die Lösung zu Ü 2 unter der ID: 1511.

Ü 2 ★: Sie sehen die Abbildung einer Kurve der Rennstrecke, die folgende Gleichung hat: A C

$r(x) = \frac{5}{9}x^2 - 5.$

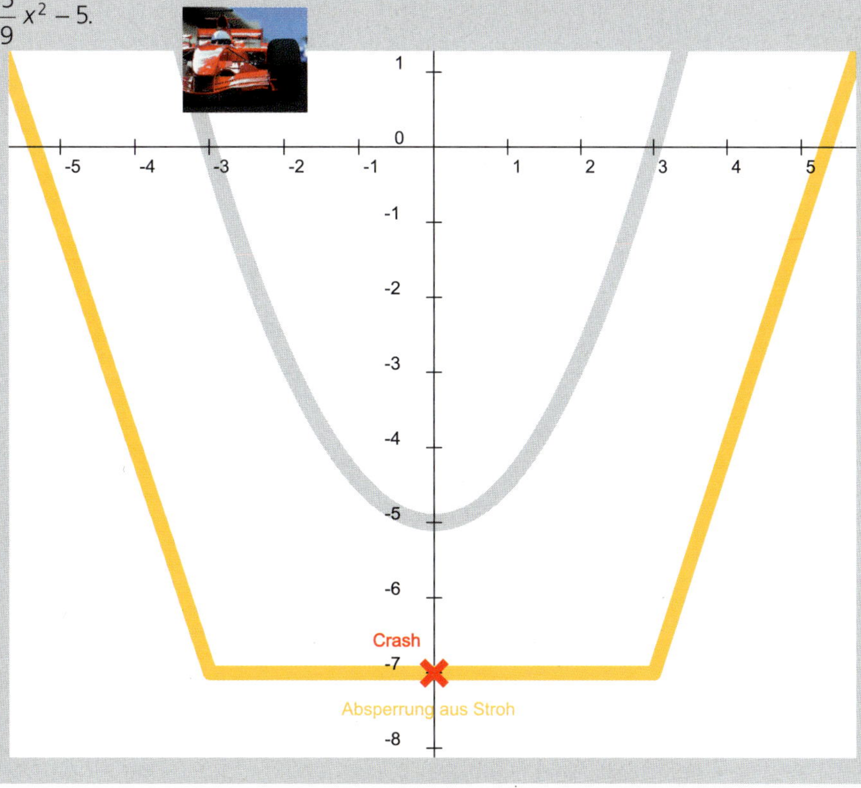

Abb. 3

„… und hofft auf einen gscheiten Bumsera. Weil durch einen spektakulären Crash wird ein Grand Prix erst richtig resch." (aus „Es lebe der Sport", R. Fendrich)

Es beginnt zu regnen, wodurch die Fahrbahn rutschig wird. Ein Fahrzeug rutscht von der Fahrbahn und landet in $(0|-7)$ in der Absperrung. Wo hat das Rennauto die Fahrbahn verlassen? Schätzen Sie und zeichnen Sie den Weg ein, den das Fahrzeug rutscht. Überlegen Sie nun, wie Sie auf diesen „Rutschweg" und den Punkt gekommen sind, an dem das Fahrzeug die Fahrbahn verlässt.

Möglicherweise haben Sie gefühlsmäßig das Auto tangential nach außen rutschen lassen. Das bedeutet, dass Sie jene Gerade berechnen müssen, die durch den Crashpunkt $(0|-7)$ geht und eine Tangente an die Kurve ist.

Damit sind wir schon mitten in der Differentialrechnung.

2 Anstieg einer Tangente
oder „Der Streit um die Entdeckung"

Es stellt sich das folgende Problem: Wie lege ich eine Tangente an eine Kurve?

Plagiat (lat. *plagium*, „Menschenraub"): geistiges Eigentum eines anderen, das man als das eigene ausgibt.

Dieses Problem wurde von Gottfried Wilhelm Leibniz gelöst; doch fast zeitgleich löste Sir Isaac Newton das gleiche Problem, nur dass er sich die Frage nach der Momentangeschwindigkeit stellte. Schon damals gab es wechselseitige Anschuldigungen wegen eines Plagiat-Verdachtes.

Doch nun zur Praxis: An die Kurve $f(x) = \ldots$ soll im Punkt $T(x_T|y_T)$ eine Tangente gelegt werden.

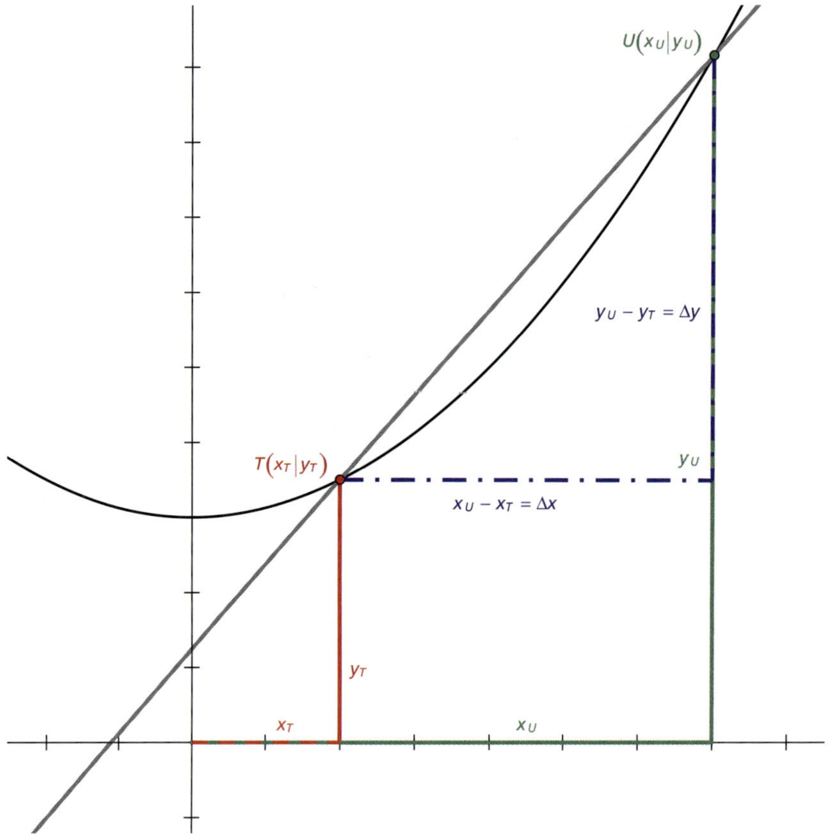

Abb. 4

Das Wichtigste neben den Koordinaten des Punktes, in dem man die Tangente legen will, ist die Steigung dieser Tangente, um dann in das bekannte $y = kx + d$ einzusetzen.

Zu Beginn legt man eine Sekante zwischen den Punkten $T(x_T|y_T)$ und $U(x_U|y_U)$.

Wir wissen: Wenn man 1 nach rechts geht, so ist jener Wert, den man hinauf-/hinuntergehen muss, um zur Geraden zu kommen, gleich k.

	Betrachtet man hier das Steigungsdreieck, so sieht man, dass man $x_U - x_T$ nach rechts und …	$x_U - x_T \rightarrow$	$y_U - y_T \uparrow$	… $y_U - y_T$ hinaufgeht. Um also auf $1 \rightarrow$ zu kommen, muss man …	
$:(x_U - x_T)$	auf beiden Seiten durch $x_U - x_T$ dividieren.	$1 \rightarrow$	$\frac{y_U - y_T}{x_U - x_T} \uparrow$	auf beiden Seiten durch $x_U - x_T$ dividieren.	$:(x_U - x_T)$
	Nun ist aber $x_U - x_T$ nicht anderes als die Differenz der x-Werte und $y_U - y_T$ die Differenz der y-Werte. In der Mathematik schreibt man für Differenz oft ein Δ – daher gibt es für die letzte Zeile auch folgende Schreibweise:				
	auf beiden Seiten durch Δx dividieren	$1 \rightarrow$	$\frac{\Delta y}{\Delta x}$	auf beiden Seiten durch Δx dividieren	

Δx sprich: „delta x“

Das bedeutet $k = \frac{\Delta y}{\Delta x}$.

Den Punkt U kann man jetzt auch mittels Δx anschreiben: $U(x_T + \Delta x | y_T + \Delta y)$. Damit hätten wir den **Anstieg der Sekante** – wir wollen aber eine **Tangente**.

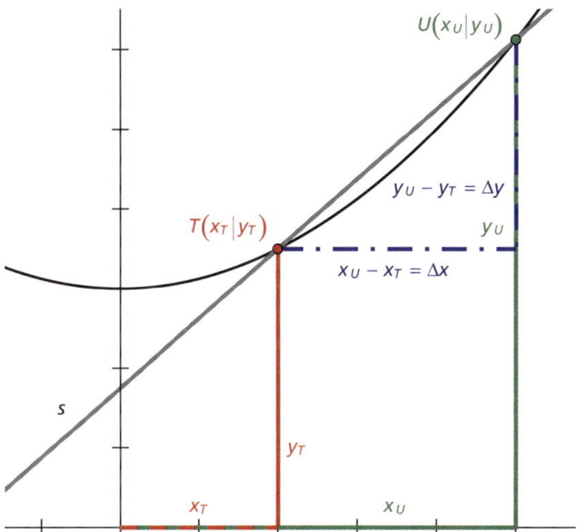

Abb. 5

Wenn man diesen Punkt U **näher** an den Punkt T **heranschiebt,** dann wird einerseits die Differenz der x-Werte immer kleiner (geht also gegen Null): $\Delta x \rightarrow 0$ und die dadurch entstehenden Sekanten sind der Tangente in T immer ähnlicher; wenn U genau auf T zu liegen kommt, dann wird die Sekante zur Tangente (siehe Abb. 5–7).

Mathematisch beschreibt man diese Idee folgendermaßen:

$$k_s = \frac{y_U - y_T}{x_U - x_T} = \frac{y_T + \Delta y - y_T}{x_T + \Delta x - x_T}$$

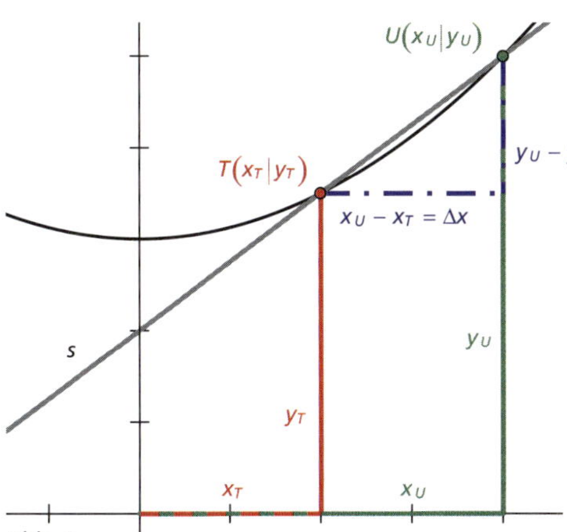

Abb. 6

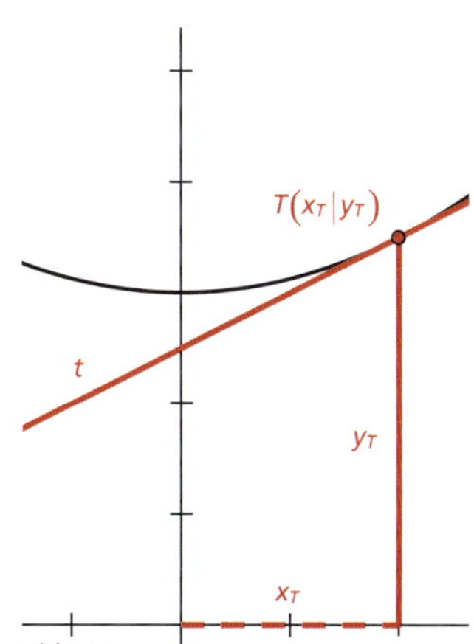

Abb. 7

Differenzenquotient

Anstieg einer Sekante – Differenzenquotient

$$k_s = \frac{\Delta y}{\Delta x} \quad \text{oder auch} \quad k_s = \frac{f(x_U) - f(x_T)}{x_U - x_T} = \frac{f(x_T + \Delta x) - f(x_T)}{\cancel{x_T} + \Delta x - \cancel{x_T}}$$

Limes (lat.) = Grenze

Dieses Näherschieben des Punktes $U(x_T + \Delta x | y_T + \Delta y)$ an den Punkt $T(x_T | y_T)$ wird mathematisch als **Limes** aufgeschrieben.

Differentialquotient

Anstieg einer Tangente – Differentialquotient

$$k_t = \lim_{\Delta x \to 0} \frac{\Delta y}{\Delta x} \quad \text{oder auch} \quad k_t = \lim_{\Delta x \to 0} \frac{f(x_T + \Delta x) - f(x_T)}{\Delta x}$$

zur Erinnerung: $y = f(x)$

Grau ist alle Theorie – gehen wir zurück zu unserem Beispiel:

L 2: An die Kurve $f(x)=\frac{1}{8}x^2+3$ soll im Punkt $T(2|3{,}5)$ eine Tangente gelegt werden. A B
Geraden-/Tangentengleichung: $y=kx+d$. Daher benötigt man den Anstieg k_t:

$$k_t=\lim_{\Delta x\to 0}\frac{f(x_T+\Delta x)-f(x_T)}{\Delta x}$$

- „f von $(2+\Delta x)$" ist y-Koordinate →

$$=\lim_{\Delta x\to 0}\frac{f(2+\Delta x)-f(2)}{\Delta x}$$

- $2+\Delta x$ in der Funktion statt x einsetzen

$$k_t=\lim_{\Delta x\to 0}\frac{\frac{1}{8}(4+4\Delta x+\Delta x^2)+3-3{,}5}{\Delta x}$$

- Achtung: noch kann man statt Δx nicht 0 einsetzen, weil sonst im Nenner 0 stünde.

$$=\lim_{\Delta x\to 0}\frac{0{,}5+0{,}5\Delta x+0{,}125\Delta x^2+3-3{,}5}{\Delta x}$$

- Daher rechnet man aus und formt um.

$$=\lim_{\Delta x\to 0}\frac{0{,}5\Delta x+0{,}125\Delta x^2}{\Delta x}$$

- Δx herausheben

$$=\lim_{\Delta x\to 0}\frac{\Delta x\cdot(0{,}5+0{,}125\Delta x)}{\Delta x}$$

- und kürzen

$$=\lim_{\Delta x\to 0}(0{,}5+0{,}125\Delta x)$$

- Statt Δx den Wert 0 einsetzen – man erhält:

$k_t=0{,}5$.

In die Tangentengleichung: $y=kx+d$ werden Punkt T und Anstieg k eingesetzt:
$3{,}5=0{,}5\cdot 2+d_T \Rightarrow d_T=2{,}5$

Die Tangentengleichung lautet daher: $y=0{,}5x+2{,}5$.

SbX
Eine genauere Erklärung des Limes (Grenzwert) finden Sie unter der ID: 1511.

Ü 3 ★: Legen Sie an die Kurve $f(x)=x^2-1$ im Punkt $T(3|8)$ eine Tangente. A B
✔ $y=6x-10$

Ihnen ist das mühsam erschienen? Mithilfe dieser Limes-Berechnungen lassen sich auch allgemeine Rechenregeln aufstellen, welche im folgenden Abschnitt erklärt werden.

Zusammenfassend sind folgende mathematische Ideen gleichbedeutend:

Ableiten einer Funktion

- die **Tangentensteigung** wird berechnet
- die **Sekante wird zur Tangente** (durch Zusammenschieben von zwei Punkten einer Funktion)
- der **Differenzenquotient wird zum Differentialquotienten**
- der **Limes** wird **gebildet** (die Differenz der x-Koordinaten geht gegen Null)

All das nennt die Mathematik: **Ableiten** oder **Bilden einer** (der ersten) **Ableitung.**

3 Ableitungen und Rechenregeln

Das 1× 1 der höheren Mathematik

Bei quadratischen Funktionen oder Funktionen vom Grad drei könnte man das Bilden des Limes noch händisch berechnen, vor allem dann, wenn man Spaß am rein mechanischen Rechnen hat. Ziel des Ableitens soll es aber sein, als eine Art Handwerkszeug für die Beschreibung von Eigenschaften der Funktionen (Hoch-/Tiefpunkt …) oder für das Berechnen etwa von minimalen Kosten oder maximalen Flächen zu dienen.

siehe Kapitel 8, Lerneinheit 6

$f'(x)$

Zu dieser ersten (bzw. später auch der zweiten) Ableitung sagt man **„f-Strich"** bzw. „f-2-Strich" und schreibt das $f'(x)$ bzw. $f''(x)$ manchmal auch y' bzw. y'' an.

$f'(x)$ ist daher die erste Ableitung der Funktion f, welche von der Variablen x abhängig ist.

$f''(x)$ ist daher die zweite Ableitung der Funktion f, welche von der Variablen x abhängig ist.

Potenzregel

SbX

Die Herleitung dieser Rechenregel finden Sie unter der ID: 1511.

Ableiten von x^n:

$f(x) = x^n \qquad f'(x) = n \cdot x^{n-1}$

Die **Hochzahl** wandert **nach vor** und wird **um eins reduziert.**

L 3: Bilden Sie die Ableitung der gegebenen Funktion. B

a) $f(x) = x^5 \Rightarrow f'(x) = 5x^4$

siehe Kapitel 2, Lerneinheit 1

b) $f(x) = \sqrt[3]{x^5}$ ● Wurzel besser zuerst in eine Hochzahl umwandeln

$f(x) = x^{\frac{5}{3}} \Rightarrow f'(x) = \frac{5}{3} x^{\frac{5}{3}-1} = \frac{5}{3} x^{\frac{2}{3}}$

L 4: Leiten Sie die Funktion $f(x) = x$ ab! A B C

Dokumentieren Sie anhand einer zeichengenauen Grafik den Zusammenhang zwischen Ihrem Ergebnis und dem Anstieg der Funktion.

Sonderfall

Betrachtet man nun folgende Funktion:

$f(x) = x,$ so könnte man das auch umständlicher schreiben, nämlich:

$f(x) = x^1.$

Wenn man nun die Rechenregel „die Hochzahl wandert vor und wird um eins reduziert" anwendet, ergibt das:

$(x)' = 1$

$f'(x) = 1 \cdot x^0,$ da aber x^0 gleich 1 ist, folgt

$f'(x) = 1.$

Anders überlegt: $f(x) = x$ ist eine Gerade mit dem Anstieg 1. Da die erste Ableitung den Anstieg angibt, muss $f'(x) = 1$ sein.

Konstantenregel

SbX

Die Herleitung dieser Rechenregel finden Sie unter der ID: 1511.

Ableiten von Zahl • x^n:

$f(x) = k \cdot x^n \qquad f'(x) = k \cdot n \cdot x^{n-1}$

Die **Konstante** bleibt beim Ableiten unverändert.

L 5: Bilden Sie die Ableitung der gegebenen Funktion. B

$f(x) = 3x^5 \Rightarrow f'(x) = 3 \cdot 5 \cdot x^4 = 15x^4$

Betrachtet man nun folgende Funktion:

$f(x) = 5,$ so könnte man das auch umständlicher schreiben, nämlich:

$f(x) = 5 \cdot x^0.$

L 6: Leiten Sie die Funktion $f(x) = 5$ ab! A B C

Dokumentieren Sie anhand einer zeichengenauen Grafik den Zusammenhang zwischen Ihrem Ergebnis und dem Anstieg der Funktion.

Wenn man nun die Rechenregel „die Hochzahl wandert vor und wird um eins reduziert" anwendet, ergibt das:

$(\text{Zahl})' = 0$

$f'(x) = 5 \cdot 0 \cdot x^{-1}.$ Ist bei einem Produkt auch nur ein Faktor 0, so ist auch das Produkt 0:

$f'(x) = 0$

Anders überlegt: $f(x) = 5$ ist eine Gerade, die parallel zur x-Achse verläuft, also den Anstieg 0 hat. Da die erste Ableitung den Anstieg angibt, muss $f'(x) = 0$ sein.

Allerdings sind die wenigsten Funktionen eingliedrig, die meisten enthalten Rechenzeichen wie Plus oder Minus.

Summen-/Differenzenregel

SbX

Herleitung siehe ID: 1511.

Ableiten von Summen/Differenzen:

$f(x) = g(x) \pm h(x) \qquad f'(x) = g'(x) \pm h'(x)$

Die **Terme** werden einzeln abgeleitet (einzeln der Reihe nach ableiten).

L 7: Bilden Sie die Ableitung der gegebenen Funktion. B

a) $f(x)=x^5+x^2+x \Rightarrow f'(x)=5x^4+2x+1$

b) $f(x)=4x^2+\frac{2}{x^3}-\frac{5}{3x^2}$ • Variable im Nenner besser zuerst in den Zähler bringen

$$f(x)=4x^2+2x^{-3}-\frac{5}{3}x^{-2} \Rightarrow f'(x)=4\cdot 2x^1+2\cdot(-3)x^{-4}-\frac{5}{3}\cdot(-2)x^{-3}$$

$$f'(x)=8x-\frac{6}{x^4}+\frac{10}{3x^3}$$

Achtung: bei x^{-3}: Hochzahl um 1 vermindern bedeutet $x^{-3-1}=x^{-4}$.

Quadratische Gleichungen siehe Kapitel 2, Lerneinheit 2

L 8: An die Funktion $f(x)=x^2-2x+3$ soll im Punkt $T(x_T>0|6)$ eine Tangente gelegt werden. A B

$6=x^2-2x+3$ • zuerst das fehlende x_T berechnen – Stichwort: $f(x)=y$

$x^2-2x-3=0$ • Stichwort: kleine Lösungsformel

$x_{1,2}=-\frac{-2}{2}\pm\sqrt{\left(\frac{-2}{2}\right)^2-(-3)}$

$x_1=-1 \quad x_2=3 \quad T(3|6)$

$t: y=kx+d$ • Gleichung der Tangente

$k=f'(x)=2x-2$ • der „allgemeine" Anstieg

$k_T=f'(3)=2\cdot 3-2=4$ • $k_T \triangleq$ dem Anstieg im Punkt T: $k_T=4$.

$t: 6=4\cdot 3+d_T$ • man kennt die x, y-Koordinate und k

$d_T=-6$

$t: y=4x-6$ • Tangente im Punkt T

Vor allem im Zusammenhang mit Schwingungen kommen die Sinus- und die Cosinusfunktion vor, die dann mit einer Variablen oft in Form eines Produktes oder eines Quotienten verbunden sind. Daher sind zwei weitere Ableitungsregeln nötig:

Produkt-/ Quotientenregel

Ableiten von Produkten/Quotienten:

$f(x)=g(x)\cdot h(x) \quad f'(x)=g'(x)\cdot h(x)+g(x)\cdot h'(x)$

„das **erste abgeleitet mal** dem **zweiten unabgeleitet** *plus* das **zweite abgeleitet mal** dem **ersten unabgeleitet**"

$f(x)=\frac{g(x)}{h(x)} \quad f'(x)=\frac{g'(x)\cdot h(x)-g(x)\cdot h'(x)}{h^2(x)}$

„(der **Zähler abgeleitet mal** dem **Nenner unabgeleitet** *minus* dem **Nenner abgeleitet mal** dem **Zähler unabgeleitet**) gebrochen **durch Nenner-Quadrat**"

SbX **Die Herleitung dieser Rechenregel finden Sie unter der ID: 1511.**

Cosinus- und Sinusfunktionen kann man folgendermaßen ableiten:

Kreisfunktionen

Ableiten von Kreisfunktionen:

$f(x)=\cos x \quad f'(x)=-\sin x$

$f(x)=\sin x \quad f'(x)=\cos x$

SbX **Das Pascal'sche Dreieck hilft beim Berechnen von $(...)^n$. Mehr dazu unter der ID: 1511.**

Erinnern wir uns an die binomischen Formeln, bei denen ein Ausdruck in einer Klammer hoch zwei genommen wurde – so ein geklammerter Ausdruck könnte aber auch hoch fünf oder sechs stehen und dann wäre ein Ausrechnen vor dem Ableiten sehr mühsam. Dafür gibt es eine letzte Rechenregel:

Kettenregel

Ableiten von Klammerausdrücken und anderen verketteten Funktionen:

$f(x)=g[h(x)] \quad f'(x)=g'[h(x)]\cdot h'(x)$

„außen abgeleitet mal innen abgeleitet"

L 9: Eine Schwingung hat die folgende Amplitudenfunktion. Berechnen Sie die erste Ableitung (Geschwindigkeit) dieser Funktion: B

$$a(x)=2\sin\left(\frac{\pi}{4}x\right)\Rightarrow a'(x)=2\cos\left(\frac{\pi}{4}x\right)\cdot\frac{\pi}{4}$$

$$a'(x)=\frac{\pi}{2}\cdot\cos\left(\frac{\pi}{4}x\right)$$

Ableiten: „sin wird zu cos – außen mal innen"

L 10: Eine Funktion hat die folgende Gleichung. Berechnen Sie die erste Ableitung: B

$$f(x)=4\sqrt[3]{x^2}\cdot(3x^2-5x)^4$$

- Die Wurzel ist besser zuerst als Hochzahl aufzuschreiben.

$$=4x^{\frac{2}{3}}\cdot(3x^2-5x)^4$$

- $4x^{\frac{2}{3}}=g(x)$ $\quad (3x^2-5x)^4=h(x)$

$$f'(x)=\underbrace{4\cdot\frac{2}{3}x^{\frac{2}{3}-1}}_{g'(x)}\cdot\underbrace{(3x^2-5x)^4}_{h(x)}+\underbrace{4\cdot x^{\frac{2}{3}}}_{g(x)}\cdot\underbrace{4\cdot(3x^2-5x)^{4-1}\cdot(3\cdot 2x-5)}_{h'(x)\text{ „äußere • innere"}}$$

$$f'(x)=\frac{8}{3}x^{-\frac{1}{3}}\cdot(3x^2-5x)^4+16x^{\frac{2}{3}}\cdot(3x^2-5x)^3\cdot(6x-5)$$

$$f'(x)=\frac{8}{3}x^{-\frac{1}{3}}\cdot(3x^2-5x)^4+x^{\frac{2}{3}}\cdot(3x^2-5x)^3\cdot(96x-80)$$

L 11: Berechnen Sie die erste Ableitung der Funktion $h(t)=t^3+2t^2+6t$. B

Erinnerung: Funktionen müssen nicht $f(x)$ heißen,

h … Name der Funktion $\quad t$ … unabhängige Variable

d.h.: man kann nach jedem Buchstaben ableiten

$$h'(t)=3t^2+4t+6$$

siehe Kapitel 3

Man kann aber nicht nur nach jenen Variablen ableiten, die als Basis verwendet werden, sondern auch nach Variablen, die in Form einer Hochzahl auftreten. Erinnern wir uns an die Euler'sche Zahl e.

Ableiten von $e^{\square}$

□ … beliebiger Ausdruck

$f(x)=e^{\square}\qquad f'(x)=e^{\square}\cdot\square'$

„außen abgeleitet mal innen abgeleitet"

L 12: Berechnen Sie die erste Ableitung der Funktion $f(x)=e^{\boxed{2x^3+4}}$. B

$$f'(x)=e^{\square}\cdot\square'$$

$$f'(x)=e^{2x^3+4}\cdot(6x^2)$$

Sonderfall

Wenn Sie nun die einfache Funktion $f(x)=e^x$ nach der oben beschriebenen Art ableiten, so werden Sie Folgendes sehen:

Ableiten von e^x

$f(x)=e^x\qquad f'(x)=e^x$

Lenin verwendete oft: „Vertraue, aber prüfe nach!"

Natürlich ist es möglich, sich die Ableitungen auch mithilfe von Taschenrechnern und Computern rechnen zu lassen, doch manchmal gilt auch hier „Vertrauen ist gut – Kontrolle ist besser" (frei nach Lenin).

Daher ist es nötig dieses 1 × 1 der Ableitungen ein wenig zu üben, damit das Folgende geschieht:

Üben

SbX ID: 1512

SbX
Sie finden die Lösungen zu Ü 4 bis Ü 7 unter der ID: 1512.

Ü 4 ★: Bilden Sie von der folgenden Funktion die erste Ableitung. B

$a(x) = 0{,}5x^4 - 3{,}2x^2 - \frac{2}{x^4}$

Ü 5 ★★: Berechnen Sie von der folgenden Funktion den Wert der ersten Ableitung an der Stelle $x = 4$. B

$b(x) = \sqrt{2x} + 5x$

(Achtung: $\sqrt{2x} = (2x)^{\frac{1}{2}}$. Da aber nur die Variable abgeleitet wird ist folgende Umformung der gegebenen Funktion weniger fehleranfällig: $\sqrt{2x} = (2x)^{\frac{1}{2}} = 2^{\frac{1}{2}} \cdot x^{\frac{1}{2}}$.)

Ü 6 ★★: Berechnen Sie den Anstieg der Tangente an die Funktion $f(x) = x^4 - 3x^2 - 2$ im Punkt $T(-1|-4)$. A B C

Fertigen Sie zuvor eine Skizze der Funktion an, markieren Sie den Punkt T und skizzieren Sie die dazugehörige Tangente – ist der Anstieg positiv oder negativ? Berechnen Sie erst dann den Anstieg.

Ü 7 ★: Bilden Sie von den folgenden Funktionen jeweils die erste Ableitung: B

a) $a(x) = (9x^3 + 2x^2 - x + 7)^6$

b) $b(x) = 5x^4 \cdot \sin x$

SbX
ID: 1512

Weitere Übungsbeispiele zu dieser Lerneinheit finden Sie im SbX.

Sichern

Differentialquotient

$k_t = \lim\limits_{\Delta x \to 0} \frac{\Delta y}{\Delta x}$ oder auch $k_t = \lim\limits_{\Delta x \to 0} \frac{f(x_T + \Delta x) - f(x_T)}{\Delta x}$

Bedeutung der Ableitung

Die **Tangentensteigung** wird berechnet.
Die **Sekante wird zur Tangente** (durch Zusammenschieben von zwei Punkten).
Der **Differenzenquotient wird zum Differentialquotienten.**
Der **Limes** wird **gebildet** (die Differenz der x-Koordinaten geht gegen Null).

Potenzregel

$f(x) = x^n \qquad f'(x) = n \cdot x^{n-1}$

Die **Hochzahl** wandert **nach vor** und wird **um eins reduziert.**

Konstantenregel

$f(x) = k \cdot x^n \qquad f'(x) = k \cdot n \cdot x^{n-1}$

Die **Konstante** bleibt beim Ableiten unverändert.

Summen-/Differenzenregel

$f(x) = g(x) \pm h(x) \qquad f'(x) = g'(x) \pm h'(x)$

Die **Terme** werden einzeln abgeleitet (einzeln der Reihe nach ableiten).

Produkt-/Quotientenregel

$f(x) = g(x) \cdot h(x) \qquad f'(x) = g'(x) \cdot h(x) + g(x) \cdot h'(x)$

„das **erste abgeleitet mal** dem **zweiten unabgeleitet** *plus* das **zweite abgeleitet mal** dem **ersten unabgeleitet**"

$f(x) = \frac{g(x)}{h(x)} \qquad f'(x) = \frac{g'(x) \cdot h(x) - g(x) \cdot h'(x)}{h^2(x)}$

„(der **Zähler abgeleitet mal** dem **Nenner unabgeleitet** *minus* dem **Nenner abgeleitet mal** dem **Zähler unabgeleitet**) gebrochen **durch Nenner-Quadrat**"

Ableiten von Kreisfunktionen	$f(x) = \cos x \quad f'(x) = -\sin x$ $f(x) = \sin x \quad f'(x) = \cos x$
Kettenregel	$f(x) = g[h(x)] \quad f'(x) = g'[h(x)] \cdot h'(x)$ „außen abgeleitet mal innen abgeleitet"
Ableiten von e^x	$f(x) = e^x \quad f'(x) = e^x$

Wissen

SbX ID: 1514

SbX Die Lösungen finden Sie unter der ID: 1514.

W 1: Erklären Sie anhand einer Skizze den Unterschied und den Zusammenhang zwischen dem Differenzen- und dem Differentialquotienten. D

W 2: Bilden Sie die erste Ableitung der Funktion $g(x) = \frac{5}{3}x^5 - \sqrt[3]{4x^2} - 9$. Beschreiben Sie die einzelnen Rechenschritte. B D

W 3: Fertigen Sie eine Skizze der Funktion $f(x) = 0{,}5x^2 + 2$ an. Berechnen Sie den Anstieg jener Sekante, die durch den Punkt $T(1|y_T)$ und den Punkt $U(x_U|4)$ geht, mithilfe des Differenzenquotienten. Wie hätten Sie hier den Anstieg noch (einfacher) ermitteln können? Ausgehend von diesem Differenzenquotienten berechnen Sie den Anstieg der Tangente in T mittels des Differentialquotienten. A B C D

W 4: Berechnen Sie die Gleichung der Tangente an die Funktion $b(x) = (x+1)\cdot(x-4)$ im Punkt $T(x_T|-6{,}5)$. Fertigen Sie eine Zeichnung der Funktion an und zeichnen Sie T ein – was fällt Ihnen auf? Zeichnen Sie nun die Tangente(n) ein! A B C D

4.3 4.4 4.7

W 5: Beim Moto-GP kommt ein Fahrer auf einer Ölspur zu Sturz. Der Streckenteil kann durch die Funktion $s(x) = -\frac{1}{2}x^2 + 2x$ beschrieben werden. Der Punkt, an dem der Fahrer stürzt, liegt bei $A\left(1\middle|\frac{3}{2}\right)$. A B D
Prallt der Fahrer gegen diese Absicherung des Sturzraumes, die längs der Funktion $a: y = x + \frac{3}{2}$ verläuft? Begründen Sie mittels Berechnung und erklären Sie die Zusammenhänge!

4.3 4.4 4.5

W 6: Das Wachstum einer Pflanze lässt sich annähernd durch folgende Funktion beschreiben (t: Zeit in Tagen; Ergebnis w in cm): A B C D

$$w(t) = \frac{6}{1 + 9e^{-0{,}38t}}.$$

Berechnen Sie die Größe der Pflanze nach 3, 14, 21, 56 Tagen. Vergleichen Sie die Größen und stellen Sie eine Vermutung die Größe betreffend auf.

Wächst die Pflanze nach 3 oder nach 14 Tagen schneller? (Wachstumsgeschwindigkeit entspricht $w'(t)$.) Erklären Sie, warum $w'(t)$ die Wachstumsgeschwindigkeit angibt.

Fertigen Sie eine Skizze an. Beschreiben und begründen Sie den Funktionsverlauf.

Mit W 6 haben Sie eine komplette Reifeprüfungsaufgabe gelöst!

Ein kurzer Wissens-Check, bevor's weitergeht!

Wissens-Check

	☺	😐	☹
Ich kenne den Unterschied zwischen einem Differenzen- und einem Differentialquotienten.			
Ich kenne die „Bedeutungen" des Differentialquotienten.			
Ich kann Ableitungen mithilfe der Ableitungsregeln bilden.			
Ich kann eine Tangente an einen Punkt einer Kurve legen.			

Lerneinheit 2

Die grafische Bedeutung der Ableitungen – Eigenschaften von Kurven

SbX
Alle SbX-Inhalte zu dieser Lerneinheit finden Sie unter der ID: 1520.

Sie können zaubern!

Mit Beschreibungen hat man es im Alltag ständig zu tun; „die nächste rechts abbiegen" oder „nach der Steilkurve gleich links"... Menschen sind es gewohnt, Eigenschaften von anderen zu erkennen und – abhängig von der eigenen Persönlichkeit – zu beurteilen. Was dem einen zusagt, ist dem anderen zuwider. Auch Kurven haben Eigenschaften, anhand derer man sie beschreiben kann – mit dem großen Vorteil, dass diese Eigenschaften, unabhängig von jeglicher persönlichen Vorliebe, absolut richtig sind. Eine der Eigenschaften ist die momentane Änderungsrate, die für eine sehr kurze, unendlich kleine Zeitspanne die Veränderung der gemessenen Größe angibt.

Sie lernen hier:

- **die grafische Bedeutung der einzelnen Ableitungen**
- **wie Sie „besondere" Eigenschaften von Funktionen erkennen und berechnen**
- **was das Lenken von Fahrzeugen mit den Ableitungen zu tun hat**
- **wie man Funktionen mit gewünschten Eigenschaften „aus dem Hut zaubert"**

Lernen

SbX ID: 1521

1 Funktionen und Ableitungen

Bedeutungen und Zusammenhänge

Sie kennen sicher die Situation: Sie beschreiben telefonisch Ihrer Freundin das Aussehen einer Hose und fragen sie, ob sie diese erwerben sollen. Einige Tage später zeigen Sie ihr dann stolz die neue Hose, doch Ihre Freundin ist schockiert: so hätte sie sich die Hose nie vorgestellt …

Angenommen, Sie müssten Ihrem Nachbarn die nebenstehend abgebildete Funktion nur mit Worten beschreiben, sodass dieser die Kurve möglichst gut nachzeichnen kann.

Überlegen Sie, wie Sie eine solche Beschreibung versuchen würden!

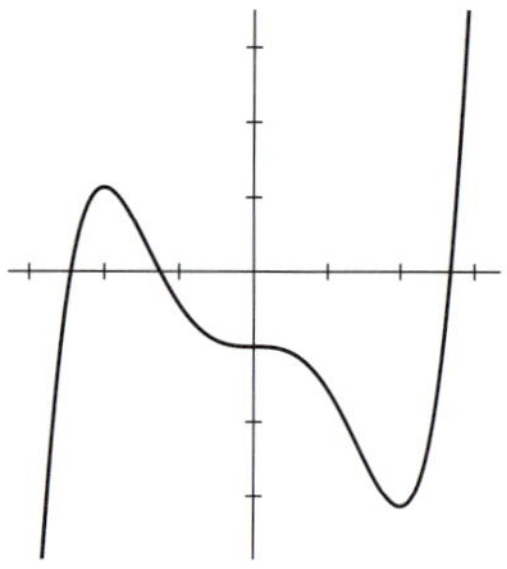

Abb .1

Dies sind Möglichkeiten, um das Aussehen der Funktion zu beschreiben:

- Wo schneidet sie die x-Achse?

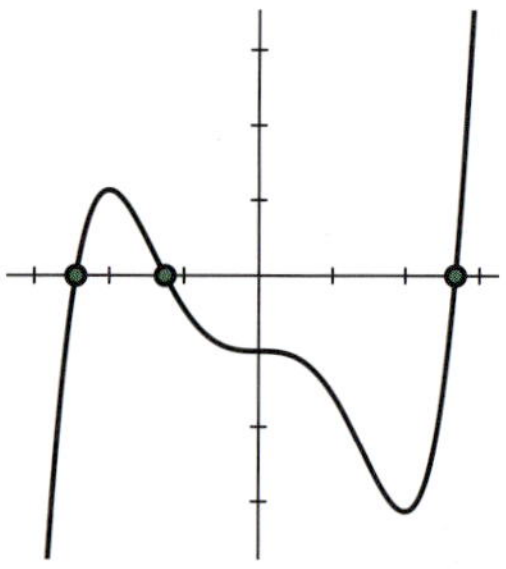

Abb. 2

- Wo fährt die Schildkröte auf dem Skateboard bergauf, wo bergab – wo ist sie ganz oben, wo ganz unten? (Erinnerung: ganz links beginnen)

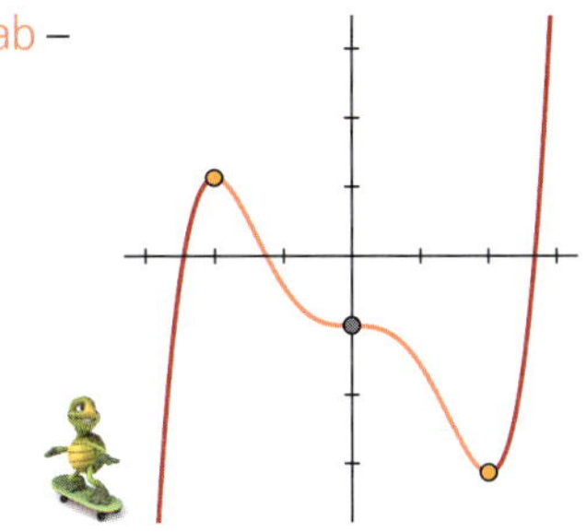

Abb. 3

- Wo lenkt die Schildkröte auf der Vespa nach rechts, wo nach links – wo steht der Lenker gerade?

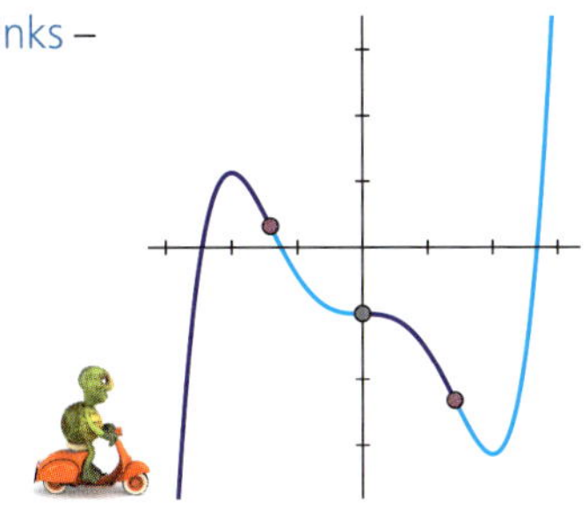

Abb. 4

All diese Merkmale lassen sich mithilfe der Funktion und ihren Ableitungen beschreiben.

Ableiten nach dem Matroschka-Prinzip

Das Bilden einer Ableitung (der ersten Ableitung) kennen Sie schon. Nun kann man aber dieses Ableiten wiederholen, man kann also die Ableitung noch einmal ableiten und diese Ableitung der Ableitung …

Dabei gibt es folgende Zusammenhänge:

$f(x)$	gegebene Funktion	ermittelt die y-Koordinaten (zu gegebenen x-Koordinaten)
$f'(x)$	erste Ableitung	ermittelt die Steigung „bergauf oder bergab"
$f''(x)$	zweite Ableitung	ermittelt die Krümmung „nach rechts oder nach links"

Gehen wir noch einmal zum Funktionsgraphen zurück und verbinden alle Merkmale miteinander.

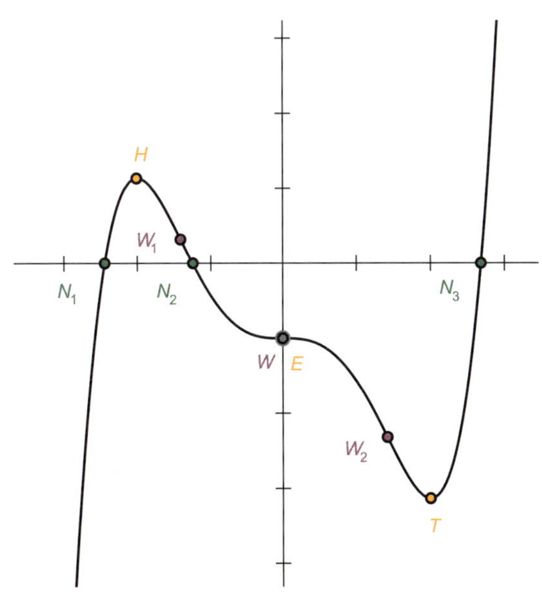

Abb. 5

Nullstellen

Die Punkte, an denen die Kurve die x-Achse schneidet, nennt man **Nullstellen.**
Alle Punkte der Funktion, die auf der x-Achse liegen, haben als **y-Koordinate** den **Wert 0.**
Das bedeutet: $\boldsymbol{f(x)=0}$.

Wenn nun zum Beispiel eine Funktion dritten Grades vorliegt, so ist auch die zugehörige Gleichung dritten Grades. Es kann in diesem Fall also maximal drei Lösungen (Nullstellen) geben.

Extremwerte

bergauf/bergab?

Die Punkte, an denen die Kurve **keine Steigung** hat, nennt man **Extremwerte.**
Die **Steigung** berechnet man mithilfe der **ersten Ableitung:** $k=f'(x)$. Das bedeutet: $\boldsymbol{f'(x)=0}$.

Beim Ableiten wird der Grad der Funktion um „eins vermindert": die erste Ableitung der oben erwähnten Funktion dritten Grades ist daher zweiten Grades – es kann daher maximal zwei Lösungen (Extremwerte) geben.

Punkte, die keine Steigung haben, können aber Hochpunkte/Tiefpunkte oder Sattelpunkte sein.

Wenn nun ein Punkt **keine Steigung** hat und die Kurve an dieser Stelle eine **Rechtskrümmung – negative Krümmung** aufweist (Stichwort: es wird nach rechts gelenkt), so handelt es sich um einen **Hochpunkt.**

Wenn ein Punkt **keine Steigung** hat und die Kurve an dieser Stelle eine **Linkskrümmung – positive Krümmung** aufweist, so handelt es sich um einen **Tiefpunkt.**

Da man die **Krümmung** mit der **zweiten Ableitung** berechnet, bedeutet das:

Extremwerte – Hoch-/Tiefpunkte

Hochpunkt	**Tiefpunkt**
$f'(x)=0$ **keine Steigung**	$f'(x)=0$ **keine Steigung**
$f''(x)<0$ **negative Krümmung**	$f''(x)>0$ **positive Krümmung**

links/rechts lenken?

Schließlich gibt es auch noch den Fall, dass die Kurve sowohl keine Steigung als auch keine Krümmung hat. Betrachten wir aber zuerst jene Punkte, die zwar keine Krümmung, aber eine Steigung haben:

Wendepunkte

Die Punkte, an denen die Kurve keine Krümmung hat nennt man **Wendepunkte.**
Die **Krümmung** berechnet man mithilfe der **zweiten Ableitung.**
Das bedeutet: $f''(x)=0$ **keine Krümmung**

Bei jedem Ableiten wird der Grad der Funktion um „eins vermindert": die 2. Ableitung der oben erwähnten Funktion 3. Grades ist daher 1. Grades – es kann maximal eine Lösung (Wendepunkt) geben.

An Wendepunkten ist auch $f'''(x)\neq 0$. Das soll hier aber nicht überprüft werden.

Nun gibt es aber auch Punkte, bei denen sowohl die Steigung als auch die Krümmung den Wert 0 haben (weder bergauf/bergab noch rechts/links lenken).

Sattelpunkte

Die Punkte, an denen die Kurve keine Steigung und keine Krümmung hat, nennt man **Sattelpunkte.**

$f'(x)=0$ **keine Steigung**

$f''(x)=0$ **keine Krümmung**

Wenn man nun diese Eigenschaften berechnet, eine Zeichnung anfertigt und jene Intervalle angibt, in denen die Kurve monoton wächst/fällt bzw. in denen die Kurve rechts/links gekrümmt ist, so nennt die Mathematik das Kurvendiskussion.

2 Kurvendiskussion

Über Eigenschaften lässt es sich gut diskutieren …

Wenn man die Eigenschaften von Polynomfunktionen diskutieren will, so möchte man meist die Nullstellen, Extremwerte und Wendepunkte wissen; manchmal ist auch eine Tangente (meist im Wendepunkt = Wendetangente) gefordert. Um das Aussehen einer Kurve noch genauer zu beschreiben, ist es nützlich zu wissen, wie es um die Monotonie und die Krümmung der Kurve bestellt ist.

Nun zur Praxis:

Gekrümmter Rücken, monotone Arbeit – in der Mathematik werden diese Begriffe „wertfrei" diskutiert.

L 1: Man kennt die Funktionsgleichung einer Kurve: B C D

$f(x) = \frac{1}{10} \cdot (x^5 - 9x^3)$

Berechnen Sie die Nullstellen, Extremwerte und Wendepunkte. Ermitteln Sie die Gleichung einer Wendetangente (Tangente im Wendepunkt) und geben Sie die Monotonie und Krümmung an (in Intervallschreibweise).

$f(x) = \frac{1}{10} \cdot (x^5 - 9x^3)$ ● Zuerst berechnet man am besten

$f'(x) = \frac{1}{10} \cdot (5x^4 - 27x^2)$ ● die erste Ableitung und

$f''(x) = \frac{1}{10} \cdot (20x^3 - 54x)$ ● die zweite Ableitung.

Zur Erinnerung: Eine Gleichung n-ten Grades hat max. n Lösungen.

NST.: (Nullstellen = Schnittpunkt mit der x-Achse $\Rightarrow y = f(x) = 0$)

$0 = \frac{1}{10} \cdot (x^5 - 9x^3) \quad | \cdot 10$ ● mit dem Taschenrechner; oder x^3 herausheben

$0 = x^3 \cdot (x^2 - 9)$

$x_{1,2,3} = 0 \quad x_4 = -3 \quad x_5 = 3$

Man ordnet die Nullstellen besser der Größe nach. $x_{1,2,3}$ bedeutet, dass diese Nullstelle eine sogenannte dreifache ist, die man der Einfachheit halber auch nur einmal schreiben kann:

$N_1(-3|0)$, $N_2(0|0)$, $N_3(3|0)$

$f'(x)$ … Steigung

EXT.: (Extremwerte = Punkte, die keinen Anstieg besitzen $\Rightarrow f'(x) = 0$)

$0 = \frac{1}{10} \cdot (5x^4 - 27x^2)$ ● Taschenrechner oder x^2 herausheben

$x_{1,2} = 0 \quad x_3 = -2{,}32 \quad x_4 = 2{,}32$

Jetzt hat man die x-Koordinaten jener Punkte, die keinen Anstieg besitzen – es fehlt jetzt noch die y-Koordinate. Da aber $y = f(x)$ ist, muss man für die fehlenden y-Koordinaten nur noch die x-Koordinaten in die Funktion einsetzen.

$f(-2{,}32) = \frac{1}{10} \cdot \left((-2{,}32)^5 - 9 \cdot (-2{,}32)^3\right) = 4{,}52$

$f(0) = 0$ ● Das hätten wir auch durch N_2 erkennen können.

$f(2{,}32) = -4{,}52$

Wir haben nun drei Punkte, deren Steigung den Wert 0 hat. Um zu erkennen, ob es sich dabei um Hoch-, Tief- oder Sattelpunkte handelt, kann man entweder die grafische Darstellung des Taschenrechners nutzen oder mittels der zweiten Ableitung die Art der Krümmung bestimmen.

$f''(-2{,}32) = -12{,}55 \quad \Rightarrow H(-2{,}32|4{,}52)$

$f''(0) = 0 \quad \Rightarrow S = N_2(0|0)$

$f''(-2{,}32) = 12{,}55 \quad \Rightarrow T(2{,}32|-4{,}52)$

$f''(x)$ … Krümmung

W.: (Wendepunkte = Punkte, die keine Krümmung besitzen $\Rightarrow f''(x) = 0$)

$0 = \frac{1}{10} \cdot (20x^3 - 54x)$

$x_1 = 0 \quad x_2 = -1{,}64 \quad x_3 = 1{,}64$ ● für die fehlenden y-Koordinaten in $y = f(x)$ einsetzen

$f(-1{,}64) = 2{,}8 \quad \Rightarrow W_1(-1{,}64|2{,}8)$

$f(1{,}64) = -2{,}8 \quad \Rightarrow W_2(1{,}64|-2{,}8)$

Für $x_1 = 0$ wissen wir schon, dass es sich um einen Sattelpunkt handelt.

Die Wendetangente im Punkt W_2 wird genauso berechnet.

Wendetangente: im Punkt $W_1(-1{,}64|2{,}8)$

$t_{W1}: y = kx + d$

$t_{W1}: 2{,}8 = k \cdot (-1{,}64) + d$

$k: f'(-1{,}64) = \frac{1}{10} \cdot \left(5 \cdot (-1{,}64)^4 - 27 \cdot (-1{,}64)^2\right)$

$k = -3{,}64$

$t_{W1}: 2{,}8 = -3{,}64 \cdot (-1{,}64) + d$

$d = -3{,}17$

$t_{W1}: y = -3{,}64x - 3{,}17$

Monotonie:

$]-\infty; -2{,}32[$ streng monoton steigend
$]-2{,}32; 0[$ streng monoton fallend
$]0; 2{,}32[$ streng monoton fallend
$]2{,}32; \infty[$ streng monoton steigend

auch möglich: $]-2{,}32; 2{,}32[$ monoton fallend: weil es bei $x = 0$ keine Steigung gibt – nur monoton, aber nicht streng monoton fallend

Krümmung:

$]-\infty; -1{,}64[$ rechts (negative Krümmung)
$]-1{,}64; 0[$ links (positive Krümmung)
$]0; 1{,}64[$ rechts (negative Krümmung)
$]1{,}64; \infty[$ links (positive Krümmung)

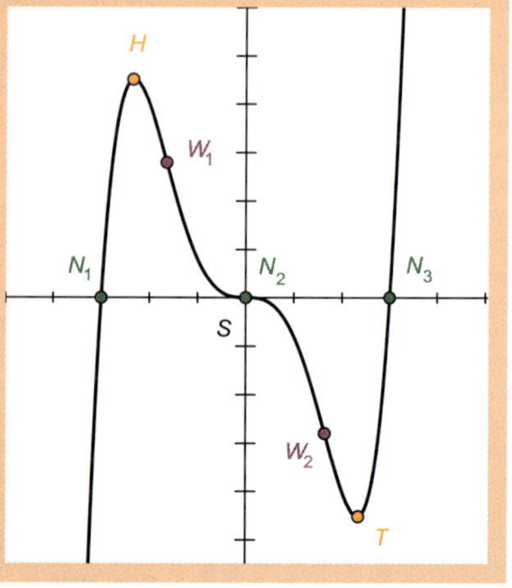

Abb. 6

SbX Sie finden die Lösung zu Ü 1 unter der ID: 1521.

Ü 1 ★: Diskutieren Sie die folgende Kurve – ermitteln Sie Nullstellen, Extremwerte, Wendepunkte, Wendetangente, Monotonie und Krümmung und fertigen Sie eine Zeichnung/Skizze an: A B C D

$f(x) = x^3 - 6x^2 + 9x - 4$

Verändern Sie die Angabe so (möglichst einfach), dass die Funktion eine bzw. drei Nullstellen hat.

3 Umkehraufgaben

Wer suchet, der findet.

Frankenstein und sein mathematisches Labor

Eigenschaften zu diskutieren – zum Glück nur jene von Funktionen – funktioniert schon ganz gut. Und umgekehrt – nach gewünschten Eigenschaften schaffen? Was im täglichen und gesellschaftlichen Leben vielleicht manchmal verlockend wäre, aber glücklicherweise nicht geht: Die Mathematik macht jedoch genau das möglich!

Sie können sich z.B. eine Funktion 4-ten Grades wünschen, die die x-Achse bei ± 4 schneidet, einen Hochpunkt in $(0|8)$ und einen Wendepunkt in $(2|y_W)$ hat.

L 2: Gesucht wird eine Polynomfunktion 4. Grades mit $N(\pm 4|0)$, $H(0|8)$, $W(2|y_W)$. A B

$f(x) = ax^4 + bx^3 + cx^2 + dx + e$ ● ist die allgemeine Gleichung einer Polynomfunktion 4. Grades: 5 Unbekannte ⇒ 5 Gleichungen

$f'(x) = 4ax^3 + 3bx^2 + 2cx + d$

$f''(x) = 12ax^2 + 6bx + 2c$

$N_1(-4\|0)$	I:	$f(-4) = 0$	● N_1 ist ein Punkt der Funktion
$N_2(4\|0)$	II:	$f(4) = 0$	● N_2 ist ein Punkt der Funktion
$H(0\|8)$	III:	$f(0) = 8$	● H ist ein Punkt der Funktion
	IV:	$f'(0) = 0$	● Hochpunkt hat keine Steigung
$W(2\|y_W)$	V:	$f''(2) = 0$	● Wendepunkt hat keine Krümmung

I: $a(-4)^4 + b(-4)^3 + c(-4)^2 + d(-4) + e = 0$
II: $a(4)^4 + b(4)^3 + c(4)^2 + d(4) + e = 0$
III: $a \cdot 0^4 + b \cdot 0^3 + c \cdot 0^2 + d \cdot 0 + e = 8$
IV: $4a \cdot 0^3 + 3b \cdot 0^2 + 2c \cdot 0 + d = 0$
V: $12a \cdot 2^2 + 6b \cdot 2 + 2c = 0$

Hier handelt es sich um eine symmetrische Funktion: x hat nur gerade Hochzahlen.

Das Lösen des Gleichungssystems mit dem Taschenrechner ergibt:

$a = \frac{1}{16}, b = 0, c = -\frac{3}{2}, d = 0, e = 8$

Die Funktionsgleichung lautet:

$f(x) = \frac{1}{16}x^4 - \frac{3}{2}x^2 + 8$

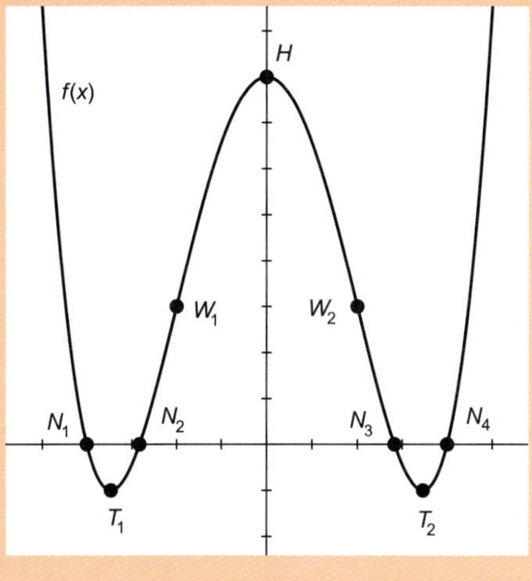

Abb. 7

Diese Funktion hat nur **gerade Hochzahlen** – daher liegt sie **symmetrisch zur *y*-Achse.**

SbX
Sie finden Ü 2 mit automatischer Aufgabenkontrolle unter der ID: 1521.

Die x-Koordinate eines Punktes heißt auch Stelle.

Ü 2 ★★: Ordnen Sie jeder Aussage der linken Spalte die passende(n) mathematische(n) Übersetzung(en) zu – bedenken Sie, dass es oft mehr als nur eine mathematische Übersetzung pro Zeile gibt. A

… geht durch $P(x_p \mid y_p)$	
… im Punkt $P(x_p \mid \ldots)$ beträgt die Steigung k_p	
… hat einen Extrempunkt in $P(x_p \mid y_p)$	
… hat an der Stelle x_p eine Extremstelle	
… hat einen Wendepunkt in $P(x_p \mid y_p)$	
… hat an der Stelle x_p eine Wendestelle	
… hat an der Stelle x_p die Wendetangente $y = k_p x + d_p$	
… hat einen Sattelpunkt in $P(x_p \mid y_p)$	
… schneidet die x-Achse an der Stelle x_p	
… hat die x-Achse als Tangente in x_p	
Übersetzungen: $f(x_p) = 0$, $f'(x_p) = 0$, $f''(x_p) = 0$, $f'(x_p) = k_p$, $f(x_p) = y_p$	

SbX
Sie finden die Lösungen zu Ü 3 und Ü 4 unter der ID: 1521.

Ü 3 ★: Der Graph einer Polynomfunktion dritten Grades hat im Ursprung $U(0 \mid 0)$ die Steigung 3 und in $T(6 \mid 0)$ einen Tiefpunkt. Ermitteln Sie die Funktionsgleichung und fertigen Sie eine Skizze an. A B

Ü 4 ★: Der Graph einer Polynomfunktion vierten Grades hat den Hochpunkt $(0 \mid 8)$, den Wendepunkt $(x_W \mid 3)$ und die Wendetangente $8x - 2y = -22$. Ermitteln Sie die Funktionsgleichung und fertigen Sie eine Skizze an. A B

4 Ableitungen – grafische Darstellung

Grafische Zusammenhänge

Dass die erste Ableitung einer Funktion die Steigung angibt und die zweite die Krümmung, wissen wir schon. Diese Zusammenhänge kann man jedoch auch grafisch darstellen.

Funktion – erste Ableitung

Wenn die Funktion **streng monoton steigt,** ist die **erste Ableitung positiv** $\Rightarrow$ Graph der ersten Ableitung liegt oberhalb der x-Achse.

Wenn die Funktion **keine Steigung** hat (H, T, S), so ist die **erste Ableitung Null** $\Rightarrow$ Graph der ersten Ableitung schneidet die x-Achse.

Wenn die Funktion **streng monoton fällt**, ist die **erste Ableitung negativ** $\Rightarrow$ Graph der ersten Ableitung liegt unterhalb der x-Achse.

Zusatzinformation: Dort, wo die Funktion am stärksten steigt/fällt, hat der Graph der ersten Ableitung einen Hoch-/Tiefpunkt (Ausnahme: Sattelpunkt).

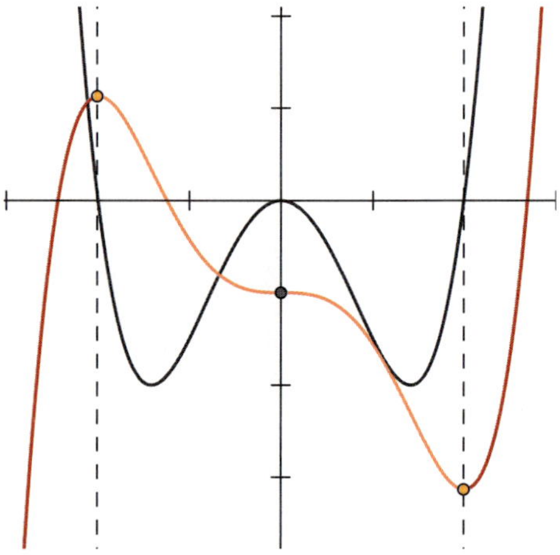

Abb. 8

Funktion – zweite Ableitung

Wenn sich die Funktion **rechts krümmt**, ist die **zweite Ableitung negativ** $\Rightarrow$ Graph der zweiten Ableitung liegt unterhalb der x-Achse.

Wenn die Funktion **keine Krümmung** hat (W, S), so ist die **zweite Ableitung Null** $\Rightarrow$ Graph der zweiten Ableitung schneidet die x-Achse.

Wenn sich die Funktion **links krümmt**, ist die **zweite Ableitung positiv** $\Rightarrow$ Graph der zweiten Ableitung liegt oberhalb der x-Achse.

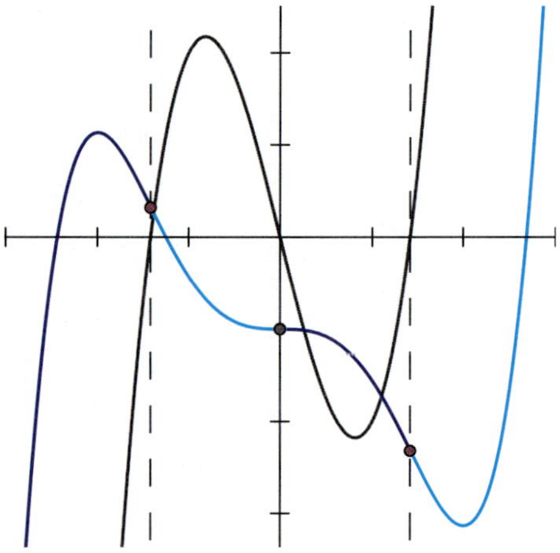

Abb. 9

SbX
Sie finden die Lösung zu Ü 5 unter der ID: 1521.

Ü 5 ★: Skizzieren Sie zum Graphen der Funktion A C
$f(x) = -0{,}25x^3 + 2{,}25x^2 - 3{,}75x - 6{,}25$
die grafische Darstellung der ersten und der zweiten Ableitung:

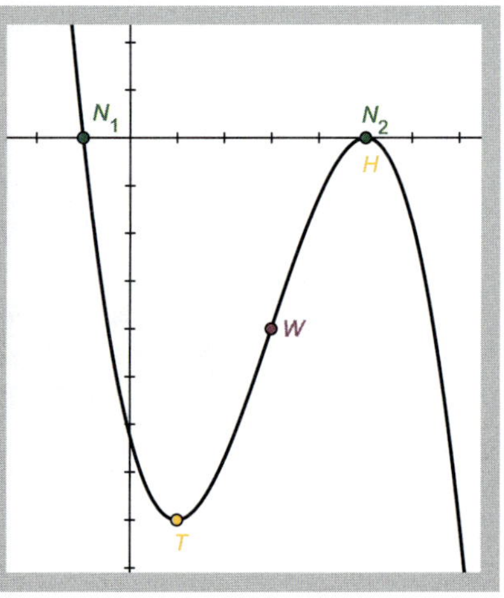

Abb. 10

Üben

SbX ID: 1522

Ü 6 ★: Diskutieren Sie die folgende Kurve: B

$f(x)=\frac{1}{4}x^3-\frac{3}{4}x^2-\frac{9}{4}x-\frac{5}{4}$

✔ $N_1(-1|0)$, $N_2(5|0)$; $H(-1|0)$; $T(3|-8)$; $W(1|-4)$; $t_W: 3x+y=-1$;
monoton steigend $]-\infty;-1[$; monoton fallend $]-1;3[$; monoton steigend $]3;+\infty[$;
Linkskrümmung $]1;+\infty[$; Rechtskrümmung $]-\infty;1[$

Ü 7 ★: Diskutieren Sie die folgende Kurve und skizzieren Sie einen möglichen Verlauf der ersten Ableitung: B C

$f(x)=-\frac{1}{8}x^3+\frac{3}{4}x^2-4$

✔ $N_1(-2|0)$, $N_2(4|0)$; $H(4|0)$; $T(0|-4)$; $W(2|-2)$; $t_W: 3x-2y=10$;
monoton fallend $]-\infty;0[$; monoton steigend $]0;4[$; monoton fallend $]4;+\infty[$;
Linkskrümmung $]-\infty;2[$; Rechtskrümmung $]2;+\infty[$

SbX
Sie finden die Lösung zu Ü 8 unter der ID: 1522.

Ü 8 ★★: Von einer quadratischen Funktion kennt man eine Nullstelle −1,5 sowie zwei Punkte: $P(-1|-1)$ und $Q\left(1\middle|-1\frac{2}{3}\right)$. B D

a) Stellen Sie den Funktionsterm auf!
b) Begründen Sie, warum die 1. Ableitung eine Gerade ist. Wo schneidet diese die x-Achse?

Ü 9 ★★: Der Graph einer Polynomfunktion dritten Grades besitzt den Wendepunkt $W(-1|2)$ und den Punkt $P(1|4)$. Der Anstieg der Tangente in P beträgt 9. Ermitteln Sie die Funktionsgleichung! B D

✔ $f(x)=x^3+3x^2$

SbX
Sie finden die Lösung zu Ü 10 unter der ID: 1522.

Ü 10 ★★: Skizzieren Sie einen möglichen Graphen einer Polynomfunktion mit A

a) nur einem Tiefpunkt,
b) nur einem Sattelpunkt,
c) einem Hoch- und einem Tiefpunkt.

Ü 11 ★★: Der Graph einer Polynomfunktion dritten Grades besitzt einen Wendepunkt $W(2|1)$ mit einer zur x-Achse parallelen Tangente und den Punkt $P(3|2)$. Wie lautet die Funktionsgleichung? A B

✔ $f(x)=x^3-6x^2+12x-7$

Sichern

Bedeutung von $f(x)$, $f'(x)$, $f''(x)$

$f(x)$	gegebene Funktion	ermittelt die y-Koordinaten (zu gegebenen x-Koordinaten)
$f'(x)$	erste Ableitung	ermittelt die Steigung „bergauf oder bergab“
$f''(x)$	zweite Ableitung	ermittelt die Krümmung „nach rechts oder nach links“

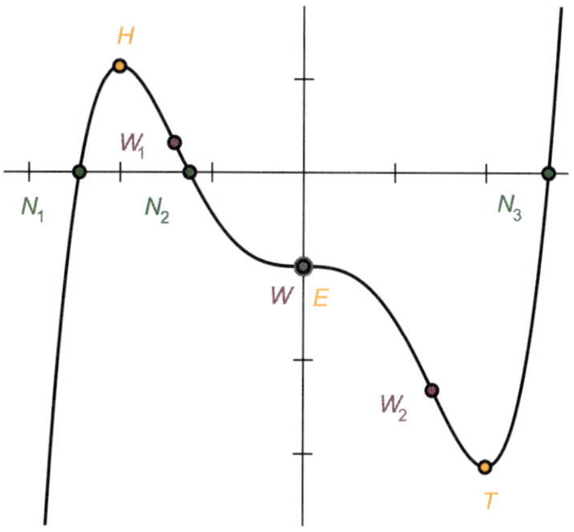

Abb. 11

Nullstellen

Die Punkte, an denen die Kurve die x-Achse schneidet, nennt man **Nullstellen.**
Alle Punkte auf der x-Achse haben als **y-Koordinate** den **Wert 0.** Das bedeutet: $f(x) = 0$.

Extremwerte: bergauf/ bergab?

Die Punkte, an denen die Kurve keine Steigung hat, nennt man **Extremwerte.**
Die **Steigung** berechnet man mithilfe der **ersten Ableitung:** $k = f'(x)$. Das bedeutet: $f'(x) = 0$.

Extremwerte – Hoch-/Tiefpunkte

Hochpunkt	Tiefpunkt
$f'(x) = 0$ **keine Steigung**	$f'(x) = 0$ **keine Steigung**
$f''(x) < 0$ **negative Krümmung**	$f''(x) > 0$ **positive Krümmung**

links/rechts lenken?

Wendepunkte

Die Punkte, an denen die Kurve keine Krümmung hat nennt man **Wendepunkte.**
Die **Krümmung** berechnet man mithilfe der **zweiten Ableitung.** Das bedeutet:
$f''(x) = 0$ **keine Krümmung**

Sattelpunkte

Die Punkte, an denen die Kurve keine Steigung und keine Krümmung hat, nennt man **Sattelpunkte.**
$f'(x) = 0$ **keine Steigung**
$f''(x) = 0$ **keine Krümmung**

Kurvendiskussion

Unter Kurvendiskussion versteht man das Ermitteln von:
Nullstellen, Extremwerten, Wendepunkten; sowie **Monotonie** und **Krümmung** – und das Anfertigen einer **Zeichnung.**

Wissen

SbX ID: 1524

SbX
Die Lösungen finden Sie unter der ID: 1524.

W 1: Man kennt die Gleichung einer Funktion: $f(x) = 0{,}5x^2 + 2x - 2$. B C D

a) Bestimmen sie jenen Punkt P, in dem die Tangente parallel zur Geraden $y = 2x + 3$ liegt.
b) Bestimmen Sie die Tangente, die durch den Punkt $Q(-2|-4)$ geht. Welche besondere Lage hat diese Tangente und was bedeutet das für Q?

4.3 4.5 4.6 4.7

W 2: Laut Angaben eines Autoherstellers lässt sich der Kraftstoffverbrauch eines bestimmten Pkw-Modells mit der Formel A B

$$k(x) = \frac{1}{700}x^2 - \frac{4}{25}x + 10{,}5$$

beschreiben, wobei x der Geschwindigkeit in km/h entspricht.

T

a) Wann ist der Kraftstoffverbrauch am geringsten und wie viel Liter beträgt er? Ermitteln Sie die Lösung mithilfe des Grafikprogrammes am Taschenrechner und beschreiben Sie, welche Überlegungen Sie dabei angestellt haben. Kontrollieren Sie durch Berechnung!
b) Erklären Sie die Bedeutung von $k(20)$ und $k(50)$. Legen Sie eine Gerade durch die Punkte $(20/y)$ und $(50/y)$ und beschreiben Sie die Bedeutung des Anstiegs dieser Gerade.

4.3 4.4 4.5

W 3: Beantworten Sie folgende Fragen zur grafischen Interpretation von Kurven. C

a) Was gibt die erste und die zweite Ableitung einer Funktion an?
b) Wie nennt man den Punkt, an dessen Stelle die Kurve keinen Anstieg besitzt, aber dafür linksgekrümmt ist?
c) Wie heißt ein Punkt, an dessen Stelle sowohl die Steigung als auch die Krümmung Null sind?
d) Wie viele Nullstellen, Extremwerte und Wendepunkte kann eine Polynomfunktion 4. Grades maximal haben – warum?
e) Wie heißt der Punkt, dessen Tangente waagrecht ist und an dessen Stelle die Funktion eine negative Krümmung hat?

4.5 4.6 4.7

W 4: Eine Patientin geht am 4. November mit 38°C Fieber zum Arzt, der ihr nach einer Untersuchung ein Medikament verordnet und sie krankschreibt. Die Fieberkurve (nach dem Arztbesuch) lautet ($t \in [0;6{,}4]$): A B C

$$f(t) = -\frac{1}{16}t^4 + \frac{2}{3}t^3 - \frac{21}{10}t^2 + \frac{9}{4}t + 38$$

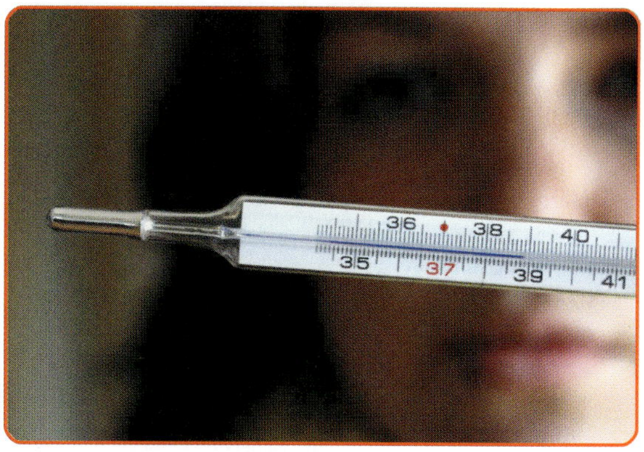

Beschreiben Sie den Verlauf des Fiebers und geben Sie eine Vermutung für den Temperaturverlauf ab. Wann (t in Tagen) wurde die höchste Temperatur gemessen und wie hoch war diese? Wann hatte die Patientin wieder ihre persönliche Normaltemperatur von 36,8°C? Ermitteln Sie diese Lösung mithilfe des Grafikprogrammes am Taschenrechner.

4.5 4.6 4.7
Mit W 5 haben sie eine komplette Reifeprüfungsaufgabe gelöst!

W 5: Der Graph einer Polynomfunktion dritten Grades, deren absolutes Glied gleich Null ist, geht durch den Punkt $P(8|8)$ und schneidet die x-Achse an der Stelle 6 mit einem Anstieg $k = 0$. Ermitteln Sie die Gleichung der Funktion und führen Sie anschließend eine Kurvendiskussion (+ Skizze) durch! A B

W 6: Der Graph einer Polynomfunktion 3. Ordnung hat im Punkt $T(4|-8)$ einen Tiefpunkt und an der Stelle x_1 eine Nullstelle mit der Tangente $9x - y = 54$. Berechnen Sie den Funktionsterm! A B

Ein kurzer Wissens-Check, bevor's weitergeht!

Wissens-Check

	☺	😐	☹
Ich kenne die Bedeutung der ersten und der zweiten Ableitung.			
Ich kann eine Kurvendiskussion durchführen.			
Ich kann gegebene Eigenschaften in mathematische Ausdrücke übersetzen.			

SbX
Alle SbX-Inhalte zu dieser Lerneinheit finden Sie unter der ID: 1530.

Lerneinheit 3
Praxis in Technik und Wirtschaft

Die Differentialrechnung ist ein wichtiges Instrument zur Bildung von mathematischen Modellen. Modelle dienen dazu, die Wirklichkeit abzubilden, Lösungen für Probleme zu suchen und diese zu analysieren.

In der Wirtschaft werden solche Modelle vor allem zur Berechnung von Kosten genutzt. Andere Anwendungen sind etwa die Berechnung einer möglichst ökonomischen Verpackungsgröße für ein gegebenes Volumen.

Sie lernen hier:
- **Kosten, Gewinn und Erlös zu vergleichen**
- **Verpackungen zu optimieren**
- **kurzum ... das Maximum herauszuholen**

Lernen

SbX ID: 1531

1 Die „klassische" Extremwertaufgabe und Technik
Warum optimale Lösungen manchmal doch nicht optimal sind

Die meisten heute gekauften Lebensmittel sind schon verpackt. Um zu vermeiden, dass Unternehmen ihre Produkte mit übergroßen Verpackungen scheinbar „aufwerten", gibt es die sogenannte ARA Verpackungsabgabe, die prozentuell von der Größe der Verpackung berechnet wird. Somit scheint es aus der Sicht eines Betriebes sinnvoll, eine möglichst kleine Verpackung zu wählen.

Je größer die Verpackung, desto größer die Verpackungsabgabe.

Zuerst ein paar Gedanken zum Thema möglichst klein/groß:

Zielfunktion

Bei Extremwertaufgaben sucht man Maxima oder Minima bei festgelegten Bedingungen (im obigen Fall also eine minimale Verpackung). Die dafür geeignete Funktion muss man selbst erstellen (hier: die Verpackung entspricht der Oberfläche) = **Zielfunktion.**

Da man einen Extremwert (Maximum, Minimum) sucht, muss man die erste Ableitung der Zielfunktion gleich Null setzen. Weil die Zielfunktion aber meist mehr als eine Unbekannte hat, weiß man zunächst nicht, nach welcher dieser Variablen man differenzieren soll.

Nebenbedingung

Daher drückt man die eine Variable durch die andere Variable im Zusammenhang mit gegebenen Größen aus – man erstellt eine **Nebenbedingung.**

Tipp: Beim Ausdrücken einer Variablen durch die andere darauf achten, dass die Potenzen in der Zielfunktion und der Nebenbedingung wenn möglich gleich sind.

Setzt man die erste Ableitung der Zielfunktion gleich Null, erhält man möglicherweise mehr als eine Lösung. In den meisten Fällen ist aber nur eine von diesen Lösungen in der Realität möglich. Wenn man sich nicht sicher ist, welche der Lösungen die richtige ist, so setzt man die möglichen Lösungen in die zweite Ableitung ein: Sie erinnern sich: 2. Ableitung kleiner Null bedeutet: Maximum/Hochpunkt; 2. Ableitung größer Null bedeutet: Minimum/Tiefpunkt.

Diese Überlegungen werden im ersten Beispiel umgesetzt.

L 1: Milch mit der Packungsmenge ein Liter soll in eine Verpackung in Form eines quadratischen Prismas abgefüllt werden. Wie muss man die Abmessungen wählen, damit der Materialverbrauch (Falze, Umschläge bleiben hier unberücksichtigt) möglichst klein wird? A B

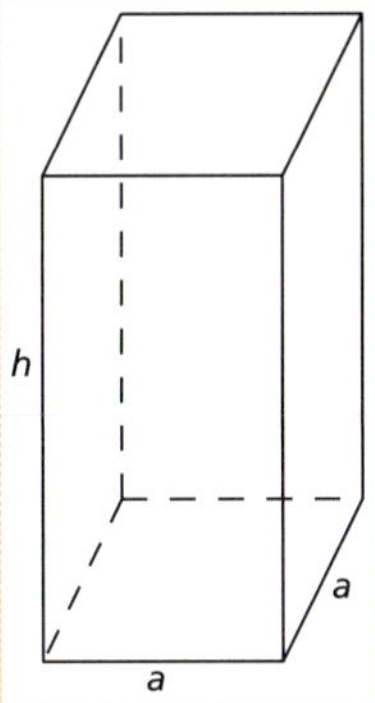

Abb. 1

Zielfunktion

ZF: Das Ziel ist eine minimale Oberfläche.

$O(a,h) = 2a^2 + 4ah$

- Da die Funktion noch 2 Variablen enthält, braucht man eine Nebenbedingung.

Nebenbedingung

NB: verbindet gegebene Größen mit gesuchten – bekannt ist das Volumen:
1 Liter = 1 dm^3 = 1000 cm^3.

$1000 = a^2 \cdot h$

- Zum Ausdrücken der Variablen vergleicht man die Potenzen in der NB und der ZF: a^2 könnte man zwar ausdrücken, müsste dann aber Wurzelziehen. h hat in der ZF und der NB die gleiche Potenz. $\Rightarrow h$ ausdrücken:

$h = \frac{1000}{a^2}$

Zielfunktion

ZF:

$O(a) = 2a^2 + 4a\frac{1000}{a^2}$

$O(a) = 2a^2 + \frac{4000}{a}$

- Erinnerung: zum Ableiten ist es leichter, die Variablen im Zähler stehen zu haben.

$O(a) = 2a^2 + 4000a^{-1}$

$O'(a) = 4a - 4000a^{-2}$

- Da die minimale Oberfläche gesucht ist, setzt man die 1. Ableitung gleich Null.

$0 = 4a - 4000a^{-2}$

$4a = 4000a^{-2} \quad | \cdot a^2 : 4$

$a^3 = 1000$

$a = 10 \qquad a = 10 \text{ cm}$

$h = \frac{1000}{10^2} \qquad h = 10 \text{ cm}$

So weit so gut. Die verpackungstechnisch optimale Lösung wäre demnach ein Würfel mit 10 cm Seitenlänge. Sehen Milchpackungen so aus? Warum nicht?

Eine Antwort-Idee: Stellen Sie sich vor, Sie müssten eine volle Milchpackung mit 10 cm Seitenlänge mit einer Hand umgreifen.

Bei dieser Extremwertberechnung war die Nebenbedingung eigentlich schon in der Angabe gegeben. Es gibt aber auch andere Arten von Extremwertaufgaben. Zunächst ein kleiner Exkurs:

Ü 1 ★: Bilden Sie jeweils die erste Ableitung der folgenden Funktionen und setzen Sie diese gleich Null. Vergleichen Sie dann die Angaben und Lösungen von a) bis d) miteinander und erklären Sie mit eigenen Worten den Unterschied und die Gemeinsamkeiten. B C

a) $f(x) = x^3 - 27x$

b) $g(x) = 5 \cdot (x^3 - 27x)$

c) $h(x) = -3 \cdot (x^3 - 27x)$

d) $i(x) = 2x^3 - 54x$

✔ $g(x), h(x), i(x)$ sind ein Vielfaches der Funktion $f(x)$. Die Lösungen, wenn man die erste Ableitung Null setzt, sind gleich: d.h., zum Nullsetzen der ersten Ableitung könnte man dieses Vielfache weglassen.

Markieren Sie gegebene Größen – gesuchte Größen in unterschiedlichen Farben.

L 2: Gegeben ist ein (gerader Kreis-)Kegel mit dem Radius 10 cm und der Höhe 40 cm. Diesem Kegel soll ein (gerader Kreis-)Zylinder so eingeschrieben werden, dass seine Mantelfläche maximal ist. A B

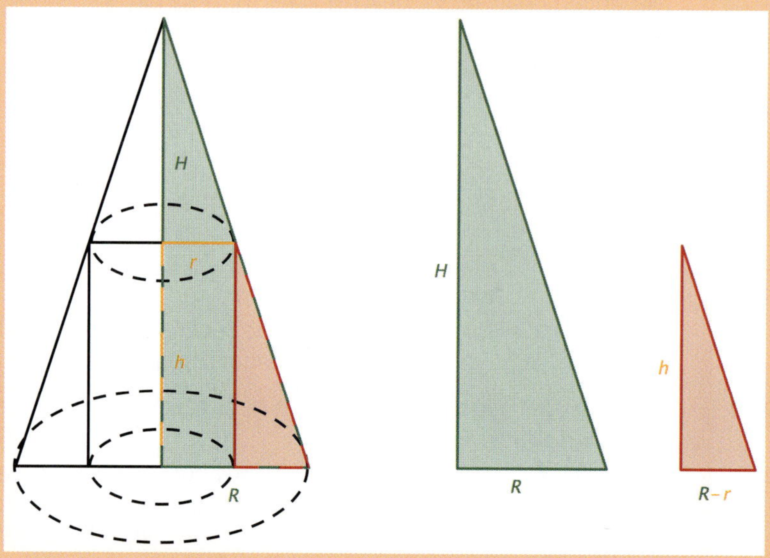

Abb. 2

Da man sowohl einen gegebenen als auch einen gesuchten Radius/Höhe hat, ist es sinnvoll, gegebene Größen in Blockbuchstaben zu schreiben. Mit Buchstaben rechnet es sich leichter, da man das lästige Eintippen in den Rechner erst am Ende machen muss.

ZF:

$M(r,h)=2r\pi h$

ähnliche Dreiecke … Strahlensatz

NB: Man findet hier die Nebenbedingung mithilfe von ähnlichen Dreiecken.

$\frac{H}{R}=\frac{h}{R-r}$

$\frac{H\cdot(R-r)}{R}=h$

- r und h haben in der ZF die gleiche Potenz wie in der NB, aber r ist komplizierter auszudrücken: $\Rightarrow h$ ausdrücken.

Vereinfachen der Zielfunktion

Siehe Ü 1

ZF:

$M(r)=2r\pi\frac{H\cdot(R-r)}{R}$

- Da die erste Ableitung gleich Null gesetzt wird, kann man die ZF vereinfachen, indem man alle Faktoren (Zahlen/Großbuchstaben, mit denen alles multipliziert/dividiert wird) weglässt.
- Da sich die Funktion ändert, sollte man sie auch umbenennen $\overline{M}(r)$.

$\overline{M}(r)=r\cdot(R-r)$

$\overline{M}(r)=Rr-r^2$

$\overline{M}'(r)=R-2r$

- Achtung: R ist wie eine Zahl, in diesem Fall 10 cm; daher wird nur nach den mit Kleinbuchstaben bezeichneten (gesuchten) Größen abgeleitet – also nach r.
- maximale Mantelfläche … $\overline{M}'(r)=0$

$0=R-2r$

$r=\frac{R}{2}$

$r=5\text{ cm}$

$h=\frac{H\cdot\left(R-\frac{R}{2}\right)}{R}$

$h=\frac{H\cdot\left(\frac{R}{2}\right)}{R}=\frac{HR}{2R}=\frac{H}{2}$

$h=20\text{ cm}$

In diesem Beispiel haben ähnliche Dreiecke – also die Anwendung des „Strahlensatzes" – zur Nebenbedingung geführt. In anderen Fällen definiert man die Nebenbedingung durch Anwendung des Lehrsatzes des Pythagoras.

SbX **Eine Erklärung der Strahlensätze finden Sie unter der ID: 1531.**

L 3: Gegeben ist eine Halbkugel mit dem Radius 10 cm. Dieser Halbkugel soll ein (gerader Kreis)-Zylinder so eingeschrieben werden, dass sein Volumen maximal ist. Argumentieren Sie, warum es trotz zweier rechnerischer Lösungen nur eine für die Problemstellung relevante Lösung gibt. A B D

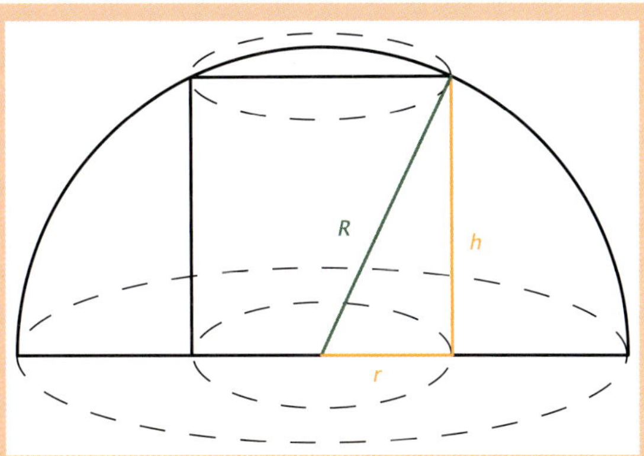

Abb. 3

ZF:

$V(r,h) = r^2 \pi h$

NB: mithilfe des Lehrsatzes des Pythagoras

$R^2 = r^2 + h^2$

- r hat in der ZF und der NB die gleiche Potenz, h nicht: ⇒ r^2 ausdrücken

$r^2 = R^2 - h^2$

Vereinfachen der Zielfunktion

ZF:

$V(h) = (R^2 - h^2)\pi h$

- ZF vereinfachen

$\overline{V}(h) = (R^2 - h^2)h$

- Da sich die Funktion ändert, sollte man sie auch umbenennen: $\overline{V}(h)$.

$\overline{V}(h) = R^2 h - h^3$

$\overline{V}'(h) = R^2 - 3h^2$

- Achtung: R ist wie eine Zahl, hier: 10 cm. Daher wird nur nach der mit Kleinbuchstaben bezeichneten (gesuchten) Größe abgeleitet – also nach h.

$0 = R^2 - 3h^2$

$R^2 = 3h^2$

$h = \pm \frac{R}{\sqrt{3}}$

$h_1 = \frac{10}{\sqrt{3}} \quad h_2 = -\frac{10}{\sqrt{3}}$

- Das ergibt nun 2 „optimale" Lösungen: eine ist positiv, eine ist negativ. Da h eine Höhe/Länge ist, kann sie nur positiv sein.

$h = 5{,}77$ cm

$r^2 = 10^2 - 5{,}77^2$

$r = 8{,}17$ cm

Weg – Geschwindigkeit – Beschleunigung

Im Rausch der Geschwindigkeit

Eine weitere Anwendung der Differentialrechnung ergibt sich aus dem Zusammenhang zwischen Weg und Geschwindigkeit. In der Differentialrechnung wird immer die **Veränderung** betrachtet. Somit ist leicht zu erkennen, dass die Veränderung des Weges s in Abhängigkeit von der Zeit t die Geschwindigkeit v ist.

Mathematisch geschrieben:

Weg′ = Geschwindigkeit

$s'(t) = v(t)$

Ändert sich nun die Geschwindigkeit v in Abhängigkeit von der Zeit t, ergibt diese Ableitung die Beschleunigung a.

Geschwindigkeit′ = Beschleunigung

$s''(t) = v'(t) = a(t)$

L 4: Ein Steinchen wird mit einer Geschwindigkeit von 15 m/s senkrecht in die Luft geworfen. Die Höhe kann folgendermaßen berechnet werden: A B

$h(t)=v_0 t-\frac{g}{2}t^2$ (g kann mit 10 m/s² angenommen werden.)

Berechnen Sie, wie lange der Stein fliegt, bis er seine maximale Höhe erreicht. Ermitteln Sie die maximal erreichbare Höhe.

$h'(t)=v(t)=v_0-gt$ — Geschwindigkeit = erste Ableitung der Höhe. Die maximale Höhe ist erreicht, wenn die Geschwindigkeit = 0.

$0=15-10t$ — Anfangsgeschwindigkeit $v_0=15$ einsetzen

$t=1{,}5$

Die maximale Höhe wird nach 1,5 Sekunden erreicht.

$h(1{,}5)=15\cdot 1{,}5-\frac{10}{2}\cdot 1{,}5^2=11{,}25$

Der Stein erreicht eine maximale Höhe von 11,25 m.

Bei den bisherigen Extremwertaufgaben waren vor allem Volumina, Ober-/Mantelflächen oder Geschwindigkeit und Beschleunigung in möglichst optimaler Ausnützung gefragt. Es gibt jedoch andere Anwendungen, bei denen man auch mittels einer ersten Ableitung versucht das Optimum zu erreichen.

2 Kosten- und Preisfunktion

Minimale Kosten bei maximalem Gewinn

Kostenfunktionen werden auch in Kapitel 1, Lerneinheit 3 behandelt.

Wenn man betrieblich wirtschaftlich rechnet, gibt es neben der Kostenfunktion auch noch etliche andere Parameter, die entscheiden, in welchem Rahmen sich die Produktion überhaupt lohnt. Lohnen bedeutet natürlich nicht nur keinen Verlust sondern auch Gewinn zu erzielen, denn das Einkommen eines Unternehmers ist der Gewinn, so wie das Einkommen eines Angestellten sein Gehalt ist.

Die Grundlagen

Kostenrechnung

Kostenfunktion	$K(x)=ax^3+bx^2+cx+d$ (bei s-förmigem Verlauf)	Gesamtkosten für die Produktion von x Stück bzw. Mengeneinheiten
variable Kosten	K_v	Kosten, die abhängig von der Stückzahl sind
fixe Kosten	K_f	Kosten, die unabhängig von der Stückzahl anfallen
Stückkosten	$\overline{K}=\frac{K(x)}{x}$	durchschnittliche Kosten pro Stück
variable Stückkosten	$\overline{K_v}=\frac{K_v(x)}{x}$	durchschnittliche Kosten pro Stück abhängig von der produzierten Menge
fixe Stückkosten	$\overline{K_f}=\frac{K_f(x)}{x}$	durchschnittliche Kosten pro Stück unabhängig von der produzierten Menge
Erlösfunktion	$E(x)=p\cdot x$ p … Verkaufspreis $E(x)=p(x)\cdot x$ $p(x)$ … Nachfragefunktion	Einnahmen aus den verkauften Produkten
Gewinnfunktion	$G(x)=E(x)-K(x)$	Der Gewinn ist die Differenz von Erlös und Kosten.
Grenzkosten	$K'(x)$	zusätzliche Kosten pro Stück (wenn ein Stück mehr produziert wird)

Die erste Ableitung gibt die momentane Änderungsrate an: die Änderung der Kosten nach der Stückzahl $\Rightarrow K'(x)$

Die folgenden drei Graphen zeigen drei typische Kostenverläufe:

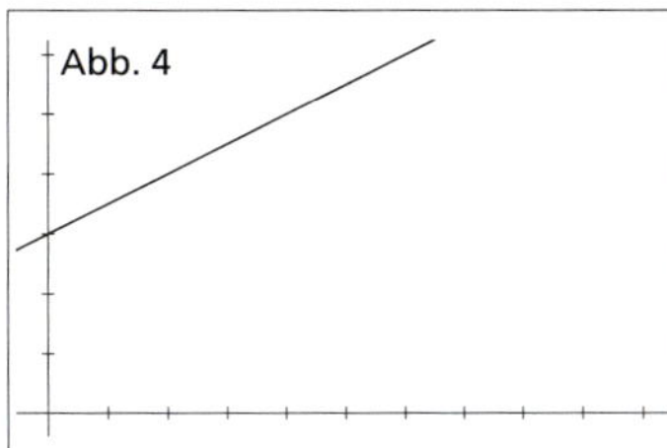	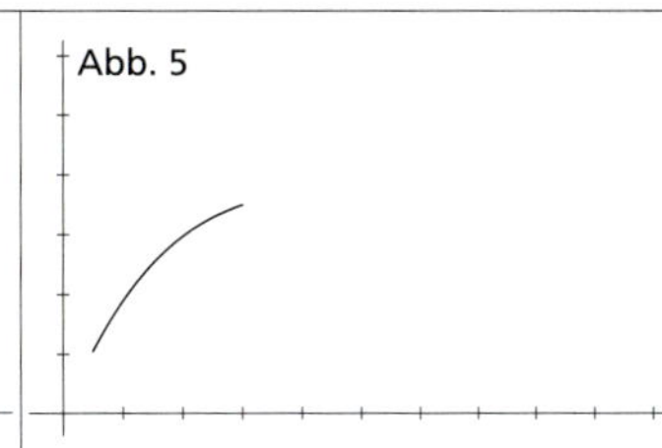	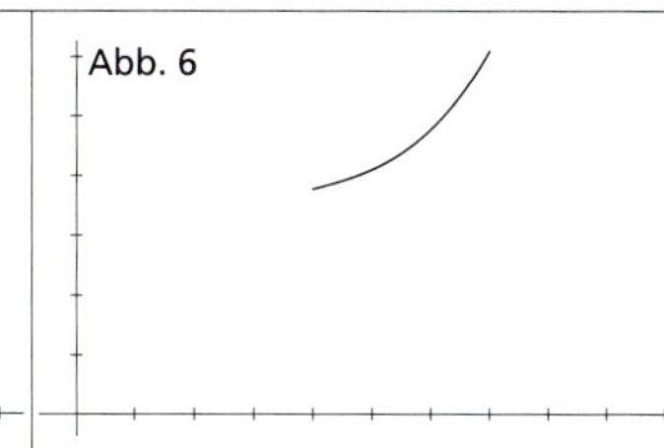
linear Die Grenzkosten sind konstant.	**degressiv** Die Grenzkosten werden geringer.	**progressiv** Die Grenzkosten werden höher.

In der Praxis ist der Kostenverlauf häufig gemischt: zuerst degressiv, bei höherer Stückzahl aber progressiv. Den Punkt, an dem die Kostenkurve sich von einem degressiven zu einem progressiven Verlauf wandelt, nennt man Kostenkehre:

Achtung: mit x wird immer eine Stückanzahl berechnet, bei der die gewünsche Eigenschaft eintritt.

Kostenkehre	$K''(x)=0$	Wechsel der Kosten von degressiv auf progressiv (oder umgekehrt); Wendepunkte der Kostenfunktion
Break-even-Point Nutzenschwelle	$K(x)=E(x)$, $G(x)=0$ 1. Schnittpunkt	Betrieb verlässt die Verlustzone und tritt in die Gewinnzone ein; 1. Nullstelle der Gewinnfunktion
Nutzengrenze	$K(x)=E(x)$, $G(x)=0$ 2. Schnittpunkt	Betrieb verlässt die Gewinnzone und tritt in die Verlustzone ein; 2. Nullstelle der Gewinnfunktion
Gewinnmaximum Nutzenmaximum	$G'(x)=0$	Menge, bei der der Gewinn maximal ist (maximale Differenz zwischen Erlös und Kosten)
Betriebsoptimum	$\overline{K}'(x)=0$	kostenoptimale Ausnutzung der Kapazität des Betriebes „langfristige Preisuntergrenze"; Ableitung der Stückkostenfunktion
Betriebsminimum	$\overline{K_v}'(x)=0$	absolute „kurzfristige Preisuntergrenze"

Mit diesen Grundbegriffen ausgestattet kann es losgehen mit der Kostenrechnung:

$H_2Ö$
Trink. Wasser.

L 5: Das Unternehmen H2Ö plant eine „Limited Edition", bestehend aus einer 1-Liter-Karaffe und sechs 0,25-Liter-Gläsern, zu produzieren. Die Besonderheit: in das Glas werden Goldfäden eingegossen, der Boden wird vergoldet. Die Kostenfunktion für die Herstellung dieses Premium-Produktes lautet: A B C

$K(x)=0{,}0093x^3-5{,}625x^2+1125x+20000.$

Der geplante Verkaufspreis liegt bei 600 €.

a) Erklären Sie anhand einer Skizze den Kostenverlauf und geben Sie die fixen und die variablen Kosten an.
b) Ermitteln sie den Break-Even-Point und, ab welcher Menge die H2Ö GmbH mit diesem Produkt wieder Verlust machen würde.
c) Bei welcher Produktionsmenge liegt das Gewinnmaximum?
d) Vergleichen Sie das Kostenoptimum mit dem Betriebsminimum und erklären Sie die Bedeutung dieser beiden Parameter.

(Anmerkung: Es gibt nur ganze „Limited Editions".)

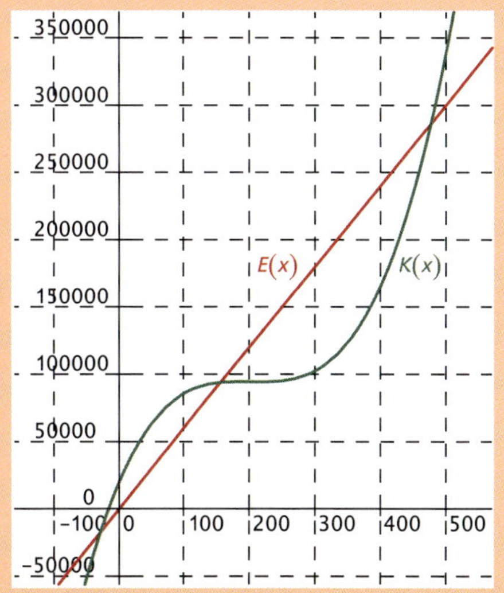

Abb. 7

$K'(x)=0{,}0279x^2-11{,}25x+11{,}25$
$K''(x)=0{,}0558x-11{,}25$

- Um die Kostenkehre zu berechnen, benötigt man $K''(x)$. Daher ist es daher ist es sinnvoll zuerst 2-mal abzuleiten.

a) $K(x) = \underbrace{0{,}0093x^3 - 5{,}625x^2 + 1125x}_{\text{variable Kosten}} + \underbrace{20000}_{\text{fixe Kosten}}$

Die Kosten sind bis zur Kostenkehre progressiv und dann degressiv.

$K''(x) = 0{,}0558x - 11{,}25$ ● Stichwort: Kostenkehre

$0 = 0{,}0558x - 11{,}25$

$x = 201{,}6$

Die Kostenkehre liegt zwischen 201 und 202 Stück.

b) $E(x) = 600x$

$K(x) = E(x)$ ● Stichwort: Nutzenschwelle/-grenze, Break-Even-Point

$0{,}0093x^3 - 5{,}625x^2 + 1125x + 20000 = 600x$

$0{,}0093x^3 - 5{,}625x^2 + 525x + 20000 = 0$

$x_1 = -28{,}79 \quad x_2 = 156{,}57 \quad x_3 = 477{,}06$

Der Break-even-Point liegt bei 157 Stück. Ab 477 Stück würde der Betrieb wieder Verlust machen.

c) $G(x) = E(x) - K(x)$

$G(x) = -0{,}0093x^3 + 5{,}625x^2 - 525x - 20000$

$G'(x) = -0{,}0279x^2 + 11{,}25x - 525$ ● Stichwort: Maximum: erste Ableitung

$0 = -0{,}0279x^2 + 11{,}25x - 525$

$x_1 = 53{,}86 \quad x_2 = 349{,}36$

$G(53{,}86) = -0{,}0093 \cdot (53{,}86)^3 + 5{,}625 \cdot (53{,}86)^2 - 525 \cdot (53{,}86) - 20000$

$G(53{,}86) = -33411{,}99$ € ● Einsetzen von x_1 ergibt einen Verlust. Also muss das Maximum bei x_2 sein.

Das Gewinnmaximum liegt bei 349 Stück und einem Gewinn von 85.576,7 €.

SbX
Mehr Information zu diesen Begriffen und ihrer Bedeutung erhalten Sie unter der ID: 1531.

d) Das Betriebsoptimum (die langfristige Preisuntergrenze) bezieht sich auf die Gesamtkosten. Das Betriebsminimum (die kurzfristige Preisuntergrenze) bezieht sich auf die variablen Kosten.

$\overline{K}(x) = K(x) : x$ ● Stichwort: Kosten pro Stück

$\overline{K}(x) = (0{,}0093x^3 - 5{,}625x^2 + 1125x + 20000) : x$

$\overline{K}(x) = 0{,}0093x^2 - 5{,}625x + 1125 + \frac{20000}{x}$

$\overline{K}'(x) = 0{,}0186x - 5{,}625 - \frac{20000}{x^2}$ ● Stichwort: Optimum: erste Ableitung

$0 = 0{,}0186x - 5{,}625 - \frac{20000}{x^2} \quad | \cdot x^2$

$0 = 0{,}0186x^3 - 5{,}625x^2 - 20000$

$x_1 = 313{,}37 \quad x_{2,3} \notin \mathbb{R}$

$\overline{K}(314) = 339{,}38$

$\overline{K_v}(x) = (0{,}0093x^3 - 5{,}625x^2 + 1125x) : x$ ● Stichwort: variable Kosten pro Stück

$\overline{K_v}(x) = 0{,}0093x^2 - 5{,}625x + 1125$

$\overline{K_v}'(x) = 0{,}0186x - 5{,}625$

$x = 302{,}42$

$\overline{K_v}(302) = 274{,}30$

Die langfristige Preisuntergrenze beträgt $\overline{K}(314) = 339{,}38$ €. Kurzfristig kann die H2Ö GmbH das Produkt auch um einen Preis von $\overline{K_v}(302) = 274{,}30$ € verkaufen, um zumindest die variablen Kosten zu decken.

Üben

SbX ID: 1532

Ü 2 ★★: Für die Produktion von Formelheften lautet die Funktion der Gesamtkosten A B $K(x)=\frac{9}{250}x^2+\frac{9}{5}x+350$. Die Preisfunktion lautet $p(x)=-\frac{3}{10000}x^2-\frac{2}{50}x+22$.

a) Wie viel Stück werden bei einem Stückpreis von 10,90 € verkauft? ✔ 137 Stück

b) Ermitteln Sie die Erlös- und die Gewinnfunktion.

✔ $E(x)=-0{,}0003x^3-0{,}04x^2+22x$, $G(x)=-0{,}0003x^3-0{,}076x^2+20{,}2x-350$

c) Wann ist der Erlös maximal – und wie groß sind dann der Gewinn und der Verkaufspreis?

✔ max Erlös: 118 Stk. zu je 13,10 €, 481,47 € Gewinn

d) Berechnen Sie den Bereich, innerhalb dessen der Betrieb Gewinn macht, und wann ist der Gewinn maximal? Berechnen Sie den Verkaufspreis und den Gewinn.

✔ Gewinnzone $[19;148]$, Preis 16,16 €, Gewinn 634,61 €

$H_2Ö$
Trink. Wasser.

Ü 3 ★★: Das Unternehmen H2Ö füllt für ein Hotel in den V.A.E. Quellwasser in Fläschchen zu 0,2 l ab. Die Kosten dafür lassen sich mit der Funktion $K(x)=0{,}000025x^2+0{,}5x+3000$ beschreiben. A B
Die maximale Produktionskapazität beträgt 50 000 Stück pro Tag. Der Verkaufspreis wird mit 2 € angesetzt.

a) Geben Sie die Erlös- und die Gewinnfunktion an.

✔ $E(x)=2x$, $G(x)=-0{,}000025x^2+1{,}5x-3000$

b) Bei welcher Stückzahl ist der Gewinn maximal und wie groß ist er dann?

✔ max. Gewinn bei 30 000 Stk., 19.500 €

c) Innerhalb welcher Grenzen macht die H2Ö GmbH mit diesem Exportprodukt Gewinn?

✔ Gewinnintervall $[2072;57928]$, aber Achtung: Produktionskapazität!
reales Gewinnintervall $[2072;50000]$

So kann ein Stadion auch aussehen. Modell des Nationalstadions Peking der Architekten Herzog & de Meuron

Ü 4 ★: Frank Stronach möchte als Sponsor ein neues Stadion errichten lassen, das für Laufbewerbe ebenso wie für Beachvolleyball und andere Sportarten geeignet ist. Die Laufbahn am Rande des Stadions soll eine Länge von 0,4 km aufweisen. Das Stadion soll nun so konzipiert werden, dass der rechteckige Platz in der Mitte einen möglichst großen Flächeninhalt aufweist. Berechnen Sie die Abmessungen des Stadions. A B

Abb. 8

✔ $l=100$ m, $b=31{,}83$ m

SbX
Sie finden die Lösungen zu Ü 5 bis Ü 8 unter der ID: 1532.

Ü 5 ★★: Berechnen Sie die Abmessungen eines Kanals, dessen Querschnittsfläche ein Rechteck mit daran angeschlossenem Halbkreis ist. Wie sind die Abmessungen zu wählen, wenn die Fläche 3 m² betragen soll und der Umfang dabei möglichst klein bleiben soll? A B

Ü 6 ★: Ein oben offener Karton mit quadratischer Grundfläche und einem Rauminhalt von 20 l soll so produziert werden, dass der Materialverbrauch minimal ist (Falze o. Ä. bleiben hier unberücksichtigt). Welche Maße hat der Karton? A B

Ü 7 ★★: Aus einer Leiste mit der Länge 180 cm und einem Querschnitt in Form eines gleichschenkeligen Dreiecks mit der Seitenlänge 30 mm und der Basis 50 mm soll eine möglichst große Leiste mit rechteckigem Querschnitt herausgeschnitten werden. Berechnen Sie den Abfall in Prozent! A B

Ü 8 ★★: In einer Tischlerei sollen aus vorhandenen Holzkugeln mit dem Durchmesser 300 mm Zylinder gefräst werden, sodass der Rauminhalt des Zylinders maximal wird. Berechnen Sie die Abmessungen des Zylinders. A B

SbX
ID: 1532

Weitere Übungsbeispiele zu dieser Lerneinheit finden Sie in SbX.

Sichern

Zielfunktion ZF

Man sucht Maxima oder Minima bei festgelegten Bedingungen. Die dafür geeignete Funktion muss man selbst erstellen = Zielfunktion.

Nebenbedingung NB

Mithilfe der Nebenbedingung verbindet man gesuchte mit gegebenen Größen und drückt die eine Variable durch die andere(n) aus.

Beim Ausdrücken einer Variablen durch die andere ist darauf zu achten, in welcher Potenz sie in der Zielfunktion und in der Nebenbedingung steht.

Finden von Nebenbedingungen

- **Nebenbedingung ist ein Teil der Angabe**
- mithilfe des **Lehrsatzes des Pythagoras**
- mithilfe des **Strahlensatzes**

(Weg)′ = Geschwindigkeit

Ändert sich der Weg s in Abhängigkeit von der Zeit t, so ergibt das die Geschwindigkeit v.
$s'(t) = v(t)$

(Geschwindigkeit)′ = Beschleunigung

Ändert sich die Geschwindigkeit v in Abhängigkeit von der Zeit, so ergibt das die Beschleunigung a:
$s''(t) = v'(t) = a(t)$

Kostenfunktion

$K(x) = ax^3 + bx^2 + cx + d$
Die Kostenfunktion beschreibt die Gesamtkosten für die Produktion von x Stück bzw. Mengeneinheiten (bei s-förmigem Verlauf).

variable Kosten

K_v
Variable Kosten sind Kosten, die abhängig von der Stückzahl sind.

fixe Kosten

K_f
Fixe Kosten fallen unabhängig von der Stückzahl an.

Stückkosten

$\overline{K} = \frac{K(x)}{x}$
durchschnittliche Gesamtkosten pro Stück

variable Stückkosten

$\overline{K_v} = \frac{K_v(x)}{x}$
Variable Stückkosten sind die durchschnittlichen Kosten pro Stück in Abhängigkeit von der produzierten Menge.

fixe Stückkosten

$\overline{K_f} = \frac{K_f(x)}{x}$
Die fixen Stückkosten sind die durchschnittlichen Kosten pro Stück unabhängig von der produzierten Menge.

Erlösfunktion

$E(x) = p \cdot x$ $\quad p$ … Verkaufspreis
Die Erlösfunktion beschreibt die Einnahmen aus den verkauften Produkten.
$E(x) = p(x) \cdot x$ $\quad p(x)$ … Nachfragefunktion

Gewinnfunktion
$G(x) = E(x) - K(x)$
Der Gewinn ist die Differenz von Erlös und Kosten.

Grenzkosten
$K'(x)$
Die Grenzkosten geben die zusätzlichen Kosten pro Stück an, wenn jeweils ein Stück mehr produziert wird.

typische Kostenverläufe
Beim **linearen Kostenverlauf** sind die Grenzkosten konstant.
Bei einem **degressiven** Kostenverlauf sinken die Grenzkosten mit zunehmender Stückzahl.
Ein **progressiver** Kostenverlauf bedeutet, dass die Grenzkosten bei steigender Produktionsmenge steigen.

Kostenkehre
$K''(x) = 0$
Punkt, an dem die Kosten von degressiv zu progressiv wechseln.

Break-even-Point
$K(x) = E(x)$ (1. Schnittpunkt der Kosten- mit der Erlösfunktion)
Am Break-Even-Point (Nutzenschwelle) verlässt ein Betrieb die Verlustzone und tritt in die Gewinnzone ein.

Nutzengrenze
$K(x) = E(x)$ (2. Schnittpunkt Kosten- mit der Erlösfunktion)
Die Nutzengrenze bezeichnet den Punkt, an dem ein Betrieb die Gewinnzone verlässt und in die Verlustzone eintritt.

Gewinnmaximum
$G'(x) = 0$
Menge, bei der der Gewinn maximal ist
Das Gewinnmaximum ist der Punkt, an dem der Abstand zwischen Erlös und Kosten maximal ist.

Betriebsoptimum
$\overline{K}'(x) = 0$
die hinsichtlich der Kosten optimale Ausnutzung der Kapazität des Betriebes (langfristige Preisuntergrenze)

Betriebsminimum
$\overline{K}_v'(x) = 0$
absolute „kurzfristige Preisuntergrenze"

Wissen

SbX ID: 1534

SbX
Die Lösungen finden Sie unter der ID: 1534.

4.5 4.6 4.7

W 1: Bei einer kubischen Gesamtkostenfunktion fallen bei einem Produktionsstillstand Kosten von 250 € an. Wenn 10 Mengeneinheiten produziert werden, betragen die Gesamtkosten 302 €. Der Übergang von degressiven zu progressiven Kosten liegt bei 25 Mengeneinheiten. Hier betragen die Gesamtkosten 350 €. A B

T Ermitteln Sie die Gleichung der Kostenfunktion und die Zone, innerhalb welcher die Produktion Gewinn abwirft, wenn der Erlös 27 €/Mengeneinheit beträgt.

4.5 4.6 4.7

W 2: Ein Produktionsunternehmen erzeugt Flachbildschirmfernseher, die Produktionsobergrenze liegt bei 500 Stück/Woche. Es wurde errechnet, dass sich der Produktpreis mit folgender Funktion beschreiben lässt: A B

$p(x) = -2x + 1400.$

Die gesamten Produktionskosten entsprechen der Funktion:

$$K(x) = \frac{3}{320}x^3 - \frac{45}{8}x^2 + 1125x + 120000$$

a) Geben Sie die Gewinn- und die Erlösfunktion an und skizzieren Sie alle drei Funktionen in ein Koordinatensystem.
b) Beschreiben Sie den Verlauf der Kostenfunktion innerhalb der produktionstechnischen Grenzen.
c) Errechnen Sie jene Menge und die Produktionskosten, bei der die Produktionskosten pro Stück minimal sind – welche Bedeutung hat dieser Wert?
d) Ermitteln Sie den maximalen Gewinn und den dazugehörigen Preis und Erlös. Vergleichen Sie diesen mit dem Gewinn, der bei maximalem Erlös erzielt wird – begründen Sie den Unterschied!
e) Welchen Preis würden Sie wählen – unter Berücksichtigung der psychologischen Preisgestaltung? Welchen Gewinn würde das Unternehmen bei diesem Verkaufspreis erzielen?

Mit W 2 haben Sie eine komplette Reifeprüfungsaufgabe gelöst!

4.5 4.6 4.7

W 3: Um eine Skulptur beim Transport in ein Kunstdepot zu schützen, wird eine Schutzhülle in Form eines Zylinders mit aufgesetzter Halbkugel benötigt, der am anderen Ende auch verschlossen ist. Das „Fassungsvermögen" muss 0,6 m³ betragen. A B

a) Berechnen Sie jene Abmessungen, die den geringsten Materialverbrauch haben (aus Kostengründen). Welche Abmessungen bieten Sie an? Berechnen Sie den Gesamtpreis bei einem Preis von 12,60 €/m².
b) Damit die Stabilität des Zylinders gewährleistet ist, muss der Radius der Halbkugel 40% der Zylinderhöhe betragen. Ermitteln Sie rechnerisch, ob Sie daher neue Maße benötigen und berechnen Sie gegebenenfalls auch diesen Preis. Geben Sie an, um wie viel die neue Verpackung teurer ist.

Mit W 3 haben Sie eine komplette Reifeprüfungsaufgabe gelöst!

W 4: Aus einem rechteckigen Stück Blech werden an den Ecken Quadrate herausgestanzt, damit aus dem verbleibenden Blech eine oben offene Schachtel gebogen werden kann. Welches Maß haben die Quadrate, wenn das Schachtelvolumen maximal sein soll? (Maße in cm) A B D

Welche der rechnerisch möglichen Lösungen für q nehmen Sie – begründen Sie!

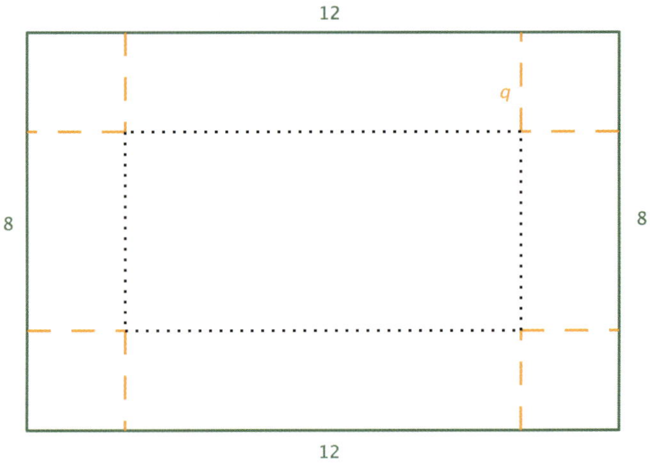

Abb. 9

4.5 4.6 4.7

W 5: Beim Ausbruch eines Vulkanes werden Lava, Asche und Gesteinsbrocken in die Luft geschleudert. Der Ätna in Sizilien, heute auf einer Höhe von 3352 m, begann 1788 seine heutige Form zu bilden. Sein Durchmesser beträgt 1 km an der Basis und 500 m am Gipfel, der sich heute 400 m über die Hochebene erhebt. Beim Ausbruch im Jahr 2002 wurde das Gestein mit einer Anfangsgeschwindigkeit von 120 m/s herausgeschleudert. A B C

Ausbruch des Ätna

a) Wie hoch war es an der höchsten Auswurfstelle, wenn die Höhe sich durch die Funktion $h(t) = v_o \cdot t - 5t^2$ berechnen lässt?
b) Berechnen Sie die Geschwindigkeit nach 10, 12, 15 Sekunden.
c) Welche dieser Geschwindigkeiten hätten Sie nicht errechnen müssen? Erklären Sie, warum!
d) Interpretieren Sie die Bedeutung der negativen Geschwindigkeit nach 15 Sekunden.

4.5 4.6 4.7

W 6: Ein Unternehmen produziert Handys mit Touchscreen. Bei der Herstellung entstehen Fixkosten von 35.000 € und folgende Gesamtkosten: A B C D

Stück	50	200	600
Gesamtkosten (€)	38.312,50	46.600,00	69.800,00

a) Dokumentieren und erklären Sie Ihren Lösungsweg, um auf eine Kostenfunktion dritten Grades zu kommen. Ermitteln Sie die Kostenfunktion dritten Grades. (Runden Sie gegebenenfalls auf die 5. Nachkommastelle.)
b) Geben Sie die Funktion der Stückkosten an und berechnen Sie, wann diese minimal sind.
c) Sie verkaufen das Handy zu einem Preis von 140 €. Geben Sie die Erlösfunktion und die Gewinnfunktion an. Wann macht das Unternehmen den maximalen Gewinn und wie hoch ist dieser? Innerhalb welcher Grenzen macht das Unternehmen überhaupt Gewinn?
d) Beschreiben Sie zwei unterschiedliche Wege, um jenen Bereich zu ermitteln, in dem das Unternehmen Gewinn macht.

Mit W 6 haben Sie eine komplette Reifeprüfungsaufgabe gelöst!

4.5 4.6 4.7

W 7: Bei der Herstellung von Dosen in Form eines Zylinders muss für den Falz der Radius des Bodens und des Deckels um je 6 mm größer sein als der Innenradius. Für zusätzliche Stabilität sorgen Wellen entlang des Mantels. Für diese Wellen muss das Blech des Mantels um 3% höher sein als die Innenhöhe. Die Dosen sollen 5 Liter fassen und einen minimalen Materialverbrauch haben. Berechnen Sie die Maße! A B

W 8: Bei einer atomaren Explosion entsteht eine Schockwelle vom Explosionszentrum weg. Für die Entfernung der Ausbreitung innerhalb der ersten 10 Sekunden gilt folgende Gleichung: B D
$s(t) = 1{,}6t^2 + 3{,}2t$. (t in Sekunden, $s(t)$ in km)

a) Berechnen Sie die durchschnittliche Ausbreitungsgeschwindigkeit im Zeitintervall $[5;10]$.
b) Ermitteln Sie die momentane Ausbreitungsgeschwindigkeit nach 10 Sekunden.
c) Stellen Sie Ihre Berechnungen aus a) und b) anhand einer Skizze dar und beschreiben Sie den Unterschied.

Ein kleiner Wissens-Check, bevor's weitergeht!

Wissens-Check

	☺	😐	☹
Ich weiß um den Zusammenhang von Minimum/Maximum und der ersten Ableitung.			
Ich kann Zielfunktionen und Nebenbedingungen aufstellen und vereinfachen.			
Ich weiß um die Bedeutung der Kosten-, Stückkosten-, Erlös- und Gewinnfunktion und kann diese berechnen.			
Ich kann den Gewinnbereich einer Kostenfunktion bestimmen und die langfristige und die kurzfristige Preisuntergrenze berechnen.			

6 Integralrechnung

Als Gottfried Wilhelm Leibniz das Tangentenproblem löste, erkannte er auch, dass ein anderes seit der Antike bekanntes Problem, das Berechnen von Flächen unter beliebigen Kurven, die Umkehrung des Tangentenproblems ist.

So konnte zwar schon Archimedes von Syrakus im 3. Jh. v. Chr. den Flächeninhalt einer Parabel sehr genau bestimmen, nicht aber den unter anderen krummlinig begrenzten Flächen.

Im 17. Jh. beschäftigte sich Johannes Kepler mit der Berechnung des Volumens von Weinfässern. Seine Erkenntnisse sind in der „Stereometrie der Weinfässer" niedergeschrieben. Der heutige Integralbegriff und seine Bedeutung sind erst seit rund 200 Jahren bekannt.

Sie lernen in diesem Kapitel:
- das Rückgängigmachen des Differenzierens
- wieso unendlich viele Kurven eine gemeinsame Ableitung haben
- die Berechnung von Flächen, die von Kurven begrenzt werden
- die Berechnung von Volumen von Drehkörpern
- welche Geschwindigkeit zu welcher Beschleunigung passt und was der Weg damit zu tun hat

SbX
Alle SbX-Inhalte zu dieser Lerneinheit finden Sie unter der ID: 1610.

Lerneinheit 1

Unbestimmtes Integral

Will man eine Addition rückgängig machen, so muss man subtrahieren. Die Addition ist also die Umkehroperation zur Subtraktion. Ebenso ist die Division die Umkehrung der Multiplikation, das Wurzelziehen die Umkehrung des Potenzierens und die Berechnung eines Logarithmus die Umkehrung zur Exponentialrechnung. Im Kapitel 5 haben wir uns mit der Differentialrechnung beschäftigt, ohne uns Gedanken über eine mögliche Umkehroperation zu machen. Das Ermitteln eines sogenannten unbestimmten Integrals ist die Umkehroperation zum Differenzieren.

Sie lernen hier:
- **wie man die Ableitung rückgängig macht**
- **wieso man aus einer abgeleiteten Funktion unendlich viele „Ursprungsfunktionen" machen kann**
- **wie man aus den Rechenregeln fürs Differenzieren leicht jene fürs Integrieren finden kann**

Lernen

SbX ID: 1611

1 Finden einer Stammfunktion

Die vielen Partner einer Ableitung

Die Ableitung kennen wir schon als momentane Änderungsrate, die man mittels Differenzieren bilden kann. Nun rechnen wir in die entgegengesetzte Richtung.

SbX
Sie finden die Lösung zu Ü 1 unter der ID: 1611.

Ü 1 ★: Grundlage des Differenzierens ist das Ableiten: B

a) Leiten Sie die Funktion ab: $F_1(x) = x^3 + 5x^2 - 7x + 3$

$F_1'(x) = f_1(x) =$?

b) Leiten Sie die Funktion ab: $F_2(x) = 7x^4 - \frac{1}{3}x^2 - \frac{1}{2}x$

$F_2'(x) = f_2(x) =$?

Die Funktionen $F_1(x)$ und $F_2(x)$ heißen **Stammfunktionen** der Funktionen $f_1(x)$ und $f_2(x)$.

Stammfunktion

Eine Funktion $F(x)$ heißt Stammfunktion der Funktion $f(x)$, wenn gilt: $F'(x) = f(x)$.

Bevor Sie die Stammfunktionen selbst suchen, überlegen Sie, wie Sie bisher differenziert haben – ein Beispiel zur Hilfe:

$y = 3x^2 \qquad y' = 3 \cdot 2x^1$

Allgemein gilt: Beim Differenzieren wird mit der Hochzahl multipliziert und dann wird die Hochzahl um eins vermindert.

Nun ist das Bilden einer Stammfunktion das Gegenteil von Differenzieren.

SbX Sie finden die Lösung zu Ü 2 unter der ID: 1611.

Ü 2 ★: Überlegen und beschreiben Sie, wie man aus $y' = 3 \cdot 2x^1$ die Funktion $y = 3x^2$ bilden könnte. D

Versuchen Sie Ihre Überlegungen allgemein auszudrücken: Beim Suchen einer Stammfunktion wird die Hochzahl (nicht um 1 vermindert, sondern) ______ und es wird (, statt mit der Hochzahl zu multiplizieren) ______.

Wir wissen jetzt:

Stammfunktion berechnen

Man muss die Hochzahl um eins vermehren und durch die vermehrte Hochzahl dividieren.

SbX Sie finden die Lösung zu Ü 3 unter der ID: 1611.

Ü 3 ★: Leiten Sie die folgenden Funktionen ab – zeichnen Sie sowohl die Funktionen als auch ihre Ableitungen in einem gemeinsamen Koordinatensystem! B C D

$F(x) = \frac{2}{3}x^3 + 1$ $\quad F'(x) = f(x) =$?

$G(x) = \frac{2}{3}x^3 - 2$ $\quad G'(x) = g(x) =$?

$H(x) = \frac{2}{3}x^3$ $\quad H'(x) = h(x) =$?

Vergleichen Sie die Stammfunktionen mit den Ableitungen. Beschreiben Sie Unterschiede und Gemeinsamkeiten.

Eine Funktion – viele Stammfunktionen

Die Funktion $f(x)$ ist die Ableitungsfunktion von $F(x)$, aber ebenso von $G(x)$, $H(x)$.

Man sieht also, dass es zu einer Funktion wie der oben gegebenen keine eindeutige Stammfunktion gibt. Es gibt unendlich viele solcher Stammfunktionen. Die Stammfunktionen haben das „gleiche Aussehen", aber sie sind entlang der y-Achse (nach oben/unten) verschoben.

SbX Sie finden die Lösung zu Ü 4 unter der ID: 1611.

Ü 4 ★: Bilden Sie zu $f(x) = 3x^2 + 2x$ nicht nur eine, sondern drei Stammfunktionen! A B

$F(x) =$?
oder $F(x) =$?
oder $F(x) =$?

… oder $F(x) = x^3 + x^2 + 2$

Um „alle" möglichen Stammfunktionen auf einmal aufzuschreiben, schreibt man anstelle einer beliebigen Zahl ganz allgemein $+c$.

Stammfunktionen

$F(x) + c$ sind alle möglichen Stammfunktionen von $f(x)$.

Um wie viel eine Stammfunktion entlang der y-Achse hinauf- oder hinunterverschoben ist (d.h., welche Zahl c wirklich ist), weiß man nur, wenn man eine weitere Eigenschaft (z.B. einen Punkt) der Funktion kennt.

Diese Umkehrung der Differentialrechnung nennt man Integralrechnung.

unbestimmtes Integral

Die Menge aller möglichen **Stammfunktionen $F(x) + c$** bezeichnet man auch als das **unbestimmte Integral** der Funktion $f(x)$.

Das Bilden einer Stammfunktion heißt daher integrieren.

SbX Sie finden die Lösung zu Ü 5 unter der ID: 1611.

Tipp: Auch bei den Extremwertaufgaben hat man nicht immer nach x abgeleitet.

siehe Kapitel 5, Lerneinheit 3

Ü 5 ★: Bilden Sie jeweils die erste Ableitung der unten angegebenen Funktionen. Vergleichen Sie dann die gegebenen Funktionen und die Ableitungen miteinander. Was ist die Besonderheit – erklären Sie diese! B C D

$f(x) = 2x^4y^3z^5$ —abgeleitet nach x→ $f'(x) =$?

$g(y) = 2x^3y^4z^5$ —abgeleitet nach ?→ $g'(y) =$?

$h(z) = \frac{4}{3}x^3y^3z^6$ —abgeleitet nach ?→ $h'(z) =$?

6 Integralrechnung

Man muss also wissen, nach welcher Variablen abgeleitet wurde, um zu wissen, nach welcher Variablen man integrieren muss.

Damit kommt man der mathematischen Schreibweise des Integrals schon sehr nahe:

Schreibweise des Integrals

$\int f(x)dx = F(x) + c$

$\int$ … Zeichen für das Integral

dx … sagt, nach welcher Variablen integriert werden muss

Der Ursprung dieses Zeichens wird in der Lerneinheit 2 erklärt.

2 Integration und Rechenregeln

Das große 1 × 1 der höheren Mathematik

Da die Integralrechnung die Umkehroperation der Differentialrechnung ist, sind die Rechenregeln teilweise sehr ähnlich. Wichtig beim Integrieren ist immer zu wissen, nach welcher Variablen integriert wird – wird nach t integriert, so heißt das Integral $\int \ldots dt$.

Potenzregel

Integrieren von x^n:

$f(x) = x^n \qquad \int f(x)dx = \frac{x^{n+1}}{n+1} + c$

Die **Hochzahl** wird **um eins vermehrt** und durch die vermehrte Hochzahl wird **dividiert.**

L 1: Bilden Sie jene Stammfunktion von $f(x) = x^4$, die durch den Punkt $P(5|35)$ geht. B

$\int x^4 dx = \frac{x^5}{5} + c$ ● allgemeine Gleichung aller Stammfunktionen

$F(x) = y = \frac{x^5}{5} + c$

$\frac{5^5}{5} + c = 35$ ● P eingesetzt, da die Funktion durch P geht

$c = -590$

$F(x) = y = \frac{x^5}{5} - 590$

Wenn die Hochzahl im Nenner einer Bruches steht, so ist es oft einfacher, diese erst in den Zähler des Bruches zu bringen und dann zu integrieren.

L 2: Bilden Sie eine Stammfunktion von $f(x) = \frac{1}{x^7}$; umgewandelt: $f(x) = x^{-7}$. B

$\int x^{-7} dx = \frac{x^{-6}}{-6} + c = -\frac{1}{6x^6} + c$

Nun gibt es auch den speziellen Fall, dass man x^{-1} integrieren soll; das wäre nach unserer Rechenregel x^0 dividiert durch 0: das ist aber nicht möglich. Da aber Folgendes gilt:

$f(x) = \ln(x) \Rightarrow f'(x) = \frac{1}{x}$

muss aus der Umkehrung folgen:

Sonderfall $\int \frac{1}{x} dx$

$\int \frac{1}{x} dx = \ln|x| + c$

Konstantenregel

Integrieren von Zahl • x^n:

$f(x) = k \cdot x^n \qquad \int f(x)dx = k \cdot \frac{x^{n+1}}{n+1} + c$

Die **Konstante** bleibt beim Integrieren unverändert.

Die folgende Funktion:

$f(x)=5$ könnte man auch umständlich anschreiben:

$f(x)=5\cdot x^0$.

Wendet man hier die Rechenregel „die Hochzahl wird um eins erhöht und durch die erhöhte Hochzahl dividiert" an, ergibt das:

$\int(\text{Zahl})\,dx$

$\int(\text{Zahl})dx = \text{Zahl}\cdot x + c$

L 3: Integrieren Sie die Funktion $f(x)=5$. B

$\int 5dx = \int 5x^0 dx = 5\frac{x^1}{1} + c = 5x + c$

Allerdings sind die wenigsten Funktionen eingliedrig. Meist enthalten sie Rechenzeichen wie Plus oder Minus.

Summen-/Differenzenregel

Integrieren von Summen/Differenzen:

$\int[f(x)\pm g(x)]dx = \int f(x)dx \pm \int g(x)dx$

Die **Terme** werden einzeln integriert (einzeln der Reihe nach integrieren).

Foucault'sches Pendel im Pariser Pantheon

Vor allem im Zusammenhang mit Schwingungen kommen Sinus- und Cosinusfunktionen vor, die dann mit einer Variablen oft in Form eines Produktes oder eines Quotienten verbunden sind. Daher wird eine weitere Ableitungsregel nötig:

Bei der Differentialrechnung hatten wir die Produktregel:

$$[f(x)\cdot g(x)]' = f'(x)\cdot g(x) + f(x)\cdot g'(x)$$

● Wenn man diese Gleichung auf beiden Seiten integriert, so erhält man

$$\int[f(x)\cdot g(x)]'dx = \int[f'(x)\cdot g(x) + f(x)\cdot g'(x)]dx$$

$$f(x)\cdot g(x) = \int f'(x)\cdot g(x)dx + \int f(x)\cdot g'(x)dx$$

● umformen ergibt schließlich

$$\int f(x)\cdot g'(x)dx = f(x)\cdot g(x) - \int f'(x)\cdot g(x)dx$$

Diese Rechenregel, die hilft Produkte zu integrieren, nennt man **partielles Integral.**

partielles Integral

Integrieren von Produkten (Quotienten)

$\int f(x)\cdot g'(x)dx = f(x)\cdot g(x) - \int f'(x)\cdot g(x)dx$

(Ein Quotient muss daher als Produkt aufgeschrieben werden.)

Wichtig dabei ist, dass jene Funktion als $g'(x)$ genommen wird, die sich beim Integrieren „kaum verändert", so zum Beispiel die Kreisfunktionen oder die Exponentialfunktionen.

Cosinus-, Sinus- und Exponentialfunktionen kann man folgendermaßen integrieren:

Integrieren von Kreis- und Exponentialfunktionen

$f(x)=\cos x$	$\int \cos x\,dx = \sin x + c$
$f(x)=\sin x$	$\int \sin x\,dx = -\cos x + c$
$f(x)=e^x$	$\int e^x dx = e^x + c$

L 4: Kreisfunktionen und Exponentialfunktionen integrieren B

a) Berechnen Sie: $\int \sin x\cdot 6x\,dx$

Wenn man $6x$ als $g'(x)$ wählt, so wird das beim Integrieren zu $3x^2$ – die x-Potenz nimmt zu; also wählt man $\sin x$ als $g'(x)$:

$\int \sin x\cdot 6x\,dx$

● $f(x)=6x$ $g(x)=-\cos x$

$f'(x)=6$ $g'(x)=\sin x$

$= 6x\cdot(-\cos x) - \int 6\cdot(-\cos x)dx$

$= -6x\cdot\cos x - 6\cdot(-\sin x) + c$

$= -6x\cdot\cos x + 6\cdot\sin x + c$

6 Integralrechnung

b) Berechnen Sie: $\int \frac{x}{2} \cdot e^x dx$

$\int \frac{x}{2} \cdot e^x dx$

- $f(x) = e^x \quad g(x) = \frac{x}{2}$

  $f'(x) = e^x \quad g'(x) = \frac{1}{2}$

$= e^x \cdot \frac{x}{2} - \int e^x \cdot \frac{1}{2} dx$

$= \frac{x}{2} \cdot e^x - \frac{1}{2} e^x + c$

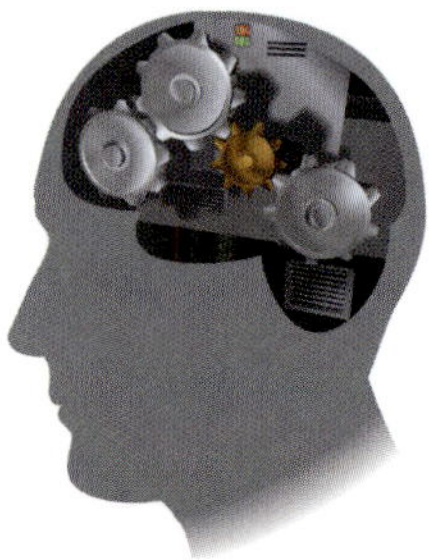

Ein Trick und die Rechenmaschine läuft!

Ähnlich der Kettenregel beim Ableiten gibt es auch eine spezielle Rechenregel für Ausdrücke wie $(\ldots)^n$ oder $\sqrt{\ldots}$ allerdings muss man beim Integrieren solcher Funktionen noch einen in der Mathematik sehr beliebten Trick anwenden, nämlich das Substituieren.

Siehe Kapitel 5, Lerneinheit 1

Sehen wir dazu noch einmal die Kettenregel an:

$f(x) = \left(4x^5 + 3x^2 + 2\right)^6$

$f(x) = 6 \cdot \left(4x^5 + 3x^2 + 2\right)^5 \times (4 \cdot 5x^4 + 3 \cdot 2x)$ äußere × innere Ableitung

Wenn man nun die nachfolgende Funktion integrieren will, so hat man wieder eine Art äußere und innere Funktion. Und jetzt kommt der Trick:

L 5: Integrieren Sie die Funktion $f(x) = (2x+6)^6$. B

$\int (2x+6)^6 dx =$

- Man benennt den Klammerausdruck um: man **substituiert** den Klammerausdruck: $2x + 6 = z$

$\int z^6 dx =$

- Da man einen Klammerausdruck mit x durch die Variable z ersetzt hat, muss man auch das dx **anpassen:**

  $z = 2x + 6$

  $\frac{dz}{dx} = 2$ (z nach x abgeleitet) $\Rightarrow dx = \frac{dz}{2}$

$z' = \frac{dz}{dx}$ … z wird nach x abgeleitet

$\int z^6 \frac{dz}{2} =$

$\frac{z^7}{7} \cdot \frac{1}{2} + c = \frac{(2x+6)^7}{7} \cdot \frac{1}{2} + c$

$= \frac{(2x+6)^7}{14} \cdot + c$

- Nicht vergessen: Substitution rückgängig machen!

Substitutionsregel

$\int f(g(x)) \cdot g'(x) dx = \int f(z) dz$

Einfacher ausgedrückt: in Anlehnung an die Kettenregel wird **„das Innere"** zu ***z*** umdefiniert und aus dem *dx* ein *dz* gebildet.

Üben

SbX ID: 1612

SbX

Sie finden die Lösungen zu Ü 6 bis Ü 11 unter der ID: 1612.

Ü 6 ★: Berechnen Sie: B

a) $\int \left(5x + \frac{3}{4}x^2\right) dx =$

b) $\int \left(7r^2 + \frac{3}{4r^4} - 2\sqrt{r}\right) dr =$

c) $\int \left(7t^5 - 4t + 8\right) dt =$

d) $\int \left(-\frac{9}{x^3} + \frac{3}{4}\sqrt[3]{x} + 2x^2\right) dx =$

Ü 7 ★★: Geben Sie drei mögliche Stammfunktionen an: B D

$f(x) = 4x + 2$

Zeichen Sie die Funktion $f(x)$ und die drei Stammfunktionen in ein Koordinatensystem und beschreiben Sie den Unterschied der Stammfunktionen.

Ü 8 ★★: Berechnen Sie (denken Sie an die Rechenregeln): B

a) $\int (4x+3)dx =$ b) $\int \frac{1}{(4-3x)^3}dx =$ c) $\int \sqrt{2x-5}dx =$

Ü 9 ★★: Berechnen Sie mittels Substitution (hier lässt sich vor dem Integrieren „etwas" wegkürzen): B

$\int (4x^2+3)^5 \cdot x\,dx$

Ü 10 ★: Berechnen Sie: B

a) $\int 5\sin x\,dx$ b) $\int (\cos x + 4x - 2\sin x)dx$

Ü 11 ★★: Geben Sie zwei mögliche Stammfunktionen an: A B

a) $\int 2x \cdot \sin x\,dx$ b) $\int \frac{x}{5} \cdot e^x dx$

Sichern

Stammfunktion

Eine Funktion $F(x)$ heißt Stammfunktion der Funktion $f(x)$, wenn gilt: $F'(x) = f(x)$.

Schreibweise des Integrals

$\int f(x)dx = F(x) + c$

$\int$ … Zeichen für das Integral

dx … sagt, nach welcher Variablen integriert werden muss

Potenzregel

Integrieren von x^n: Die **Hochzahl** wird um **eins vermehrt** und durch die vermehrte Hochzahl **dividiert.**

$f(x) = x^n \qquad \int f(x)dx = \frac{x^{n+1}}{n+1}$

Konstantenregel

Integrieren von **Zahl** $\cdot\, x^n$: Die **Konstante** bleibt beim Integrieren unverändert.

$f(x) = k \cdot x^n \qquad \int f(x)dx = k \cdot \frac{x^{n+1}}{n+1}$

Summen-/Differenzenregel

Integrieren von **Summen/Differenzen:** Die Terme werden einzeln integriert (einzeln der Reihe nach integrieren).

$\int [f(x) \pm g(x)]dx = \int f(x)dx \pm \int g(x)dx$

partielles Integral

Beim Integrieren von Quotienten muss der Quotient als Produkt aufgeschrieben werden.

$\int f(x) \cdot g'(x)dx = f(x) \cdot g(x) - \int f'(x) \cdot g(x)dx$

Als $g'(x)$ nimmt man meist $\sin x$, $\cos x$ oder auch e^x.

Integrieren von Kreisfunktionen

$f(x) = \cos x \qquad \int \cos x\,dx = \sin x + c$

$f(x) = \sin x \qquad \int \sin x\,dx = -\cos x + c$

Integrieren von Exponentialfunktionen

$f(x) = e^x \qquad \int e^x dx = e^x + c$

Substitutionsregel

$\int f(g(x)) \cdot g'(x)dx = \int f(z)dz$ („Das Innere wird zu z.")

Wissen

SbX ID: 1614

SbX
Die Lösungen finden Sie unter der ID: 1614.

W 1: Berechnen Sie auf zwei unterschiedliche Arten: $\int (4x+3)^2\,dx$. Dokumentieren und erklären Sie beide Lösungswege. B C D

W 2: Von einer Funktion kennt man den Graphen der ersten Ableitung $f'(x)$. Welche der folgenden Funktionen sind mögliche Stammfunktionen? Begründen Sie Ihre Entscheidung. B D

a) $f(x) = x^2 + 3$
b) $f(x) = x^2 + 3x$
c) $f(x) = x^2 + 3x - 1$
d) $f(x) = x^2 - 3x + 3$
e) $f(x) = x^2 - 3x$
f) $f(x) = x^2 - 3x - 1$

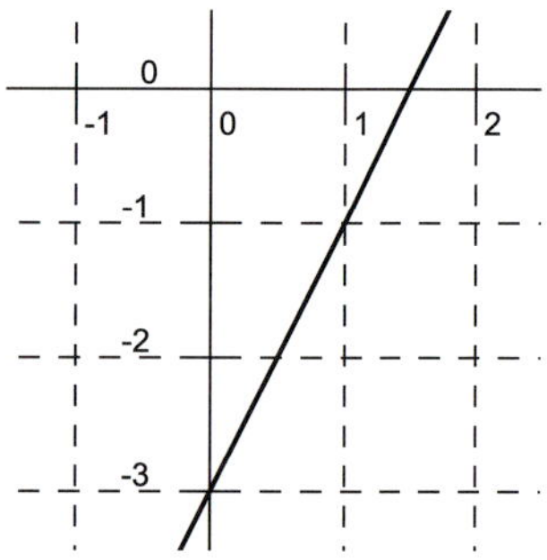

Abb. 1

W 3: Von einer Kurve kennt man die zweite Ableitung $f''(x) = 6x - 12$ und den Wendepunkt $W(2|-2)$ sowie eine Nullstelle bei $(-1|0)$. Ermitteln Sie die Gleichung der Kurve. A B

4.8

Mit W 4 und W 5 haben Sie je eine komplette Reifeprüfungsaufgabe gelöst!

W 4: Ein Auto beschleunigt aus dem Stand mit $a(t) = 3{,}2 - 0{,}16t + 0{,}002t^2$. B D

a) Wie lange beschleunigt das Auto?
b) Bestimmen Sie die Funktionsgleichung der Geschwindigkeit und die Höchstgeschwindigkeit.
c) Welchen Weg hat das Auto zum Zeitpunkt t zurückgelegt?
d) Berechnen Sie die Länge des Weges bis zum Erreichen der Höchstgeschwindigkeit.
e) Erklären Sie, warum $s'(t) = v(t)$ und $v'(t) = a(t)$ sind.

4.8

Siehe Kapitel 5, Lerneinheit 3

W 5: In einem Produktionsbetrieb lautet die Gleichung der Grenzkostenfunktion (1. Ableitung der Kostenfunktion): $0{,}003x^2 - 0{,}6x + 30$. Bei einer Produktion von 10 Mengeneinheiten rechnet die Firma mit Gesamtkosten von 1.271 €. A B

a) Stellen Sie die zugehörige Kostenfunktion auf.
b) Der Auftrag wird nur dann übernommen, wenn die Kostenkurve im degressiven Bereich bleibt. Innerhalb welcher Mengengrenzen ist dies der Fall?
c) Vergleichen Sie Betriebsoptimum und Betriebsminimum sowie jene Maximalmenge, die die Firma bereit ist zu produzieren – vergleichen Sie die Kosten und die Gewinne, wenn der Erlös bei 50 € pro Stück liegt. Begründen Sie, ob die Mengeneinschränkung der Firma sinnvoll ist.

4.8

W 6: Bei einem technischen Versuch wird ein Körper einmal beschleunigt, bis er die Versuchs-Maximalgeschwindigkeit von 45 m/s erreicht hat; danach wird der Körper abgebremst bis zum Stillstand. Die Geschwindigkeit dieses Körpers lässt sich ab einem bestimmten Zeitpunkt durch die folgende Funktion beschreiben: $v(t) = 30 - 0{,}3t^2$ (t in sec.) A B C D

a) Wird der Körper in dieser Versuchsphase gebremst oder beschleunigt? Begründen Sie!
b) Wann hat er seine maximale Geschwindigkeit bzw. den Stillstand erreicht?
c) Welchen Weg hat er bis dahin zurückgelegt?

Ein kurzer Wissens-Check, bevor's weitergeht!

Wissens-Check

	☺	😐	☹
Ich kenne die Bedeutung des Integrals und des „*dx*".			
Ich kann die unterschiedlichen Integrationsregeln anwenden.			
Ich kann den Zusammenhang zwischen einer Funktion und ihrer Ableitung mithilfe des Integrals erklären und weiß um die Bedeutung des „+*c*".			

Lerneinheit 2:
Flächen- und Volumsberechnung

SbX
Alle SbX-Inhalte zu dieser Lerneinheit finden Sie unter der ID: 1620.

Die Flächen von Rechtecken, Dreiecken und Vielecken lassen sich ebenso wie die Volumina von eckigen Gebilden mehr oder weniger einfach durch Zerlegungen berechnen. Wenn man allerdings eine Fläche berechnen will, die durch eine Kurve begrenzt wird, oder gar ein kurvenbegrenztes Drehvolumen, so braucht man dafür die Integralrechnung.

Sie lernen hier:
- **wie man Flächen berechnet, die von Kurven eingeschlossen werden, und was Rechtecke damit zu tun haben**
- **wie man aus rotierenden Flächen ein Volumen macht**
- **wie man Rotationsvolumina berechnet und welche Rolle der Zylinder dabei spielt**
- **warum Halbe nicht gleich Halbe ist**

Lernen

SbX ID: 1621

1 Vom Rechteck zum Flächeninhalt
Eine mathematische Sisyphosarbeit

Sisyphos ist ein Held der griechischen Mythologie.

Dass die Integralrechnung die Umkehroperation zur Differentialrechnung ist, wissen wir schon. Sie hat jedoch noch einige andere mindestens ebenso bedeutende Verwendungsmöglichkeiten. Mittels Integral kann man krummlinig begrenzte Flächeninhalte berechnen oder das Rotationsvolumen rechnerisch ermitteln.

Man kann die Länge von Kurvenbögen ebenso errechnen wie die Mantelflächen von rotierenden Körpern.

Als Strafe musste Sisyphos in der Unterwelt einen Felsen einen Hang hinaufrollen – kurz vor dem Ziel rollte der Fels wieder hinunter.

Zuerst noch ein kleiner Exkurs:

SbX
Sie finden die Lösung zu Ü 1 unter der ID: 1621.

Ü 1 ★: Zeichnen Sie die Funktion $f(x) = -0{,}5x + 5$. A B

a) Berechnen Sie nun die Fläche, welche von der Funktion und den beiden positiven Koordinatenachsen eingeschlossen wird – welche Form hat diese Fläche?
b) Berechnen Sie die Nullstelle dieser Funktion.
c) Bilden Sie die Stammfunktion der Funktion $f(x)$, also $\int f(x)dx$. $(c = 0)$
d) Setzen Sie in diese errechnete Stammfunktion die x-Koordinate der Nullstelle ein: was fällt Ihnen auf? Stellen Sie eine allgemeine Vermutung auf.

Sie haben sicherlich erkannt, dass der Flächeninhalt, den Sie zuerst berechnet haben, denselben Zahlenwert hatte wie das Integral mit der eingesetzten x-Koordinate. Damit sind wir bei einer der wichtigsten Anwendungen des Integrals, bei der Berechnung von Flächeninhalten.

Nehmen wir nun also eine Kurve, zum Beispiel

$$f(x)=\frac{1}{10}\cdot\left(x^3-20x^2+100x\right).$$

Diese Kurve schließt mit der x-Achse eine Fläche ein, deren Inhalt wir berechnen möchten. Eine Möglichkeit diese Fläche zu berechnen wäre, sie in einzelne Teile zu zerlegen (z.B. Rechtecke, Dreiecke …), um dann den Flächeninhalt annähernd genau zu bestimmen. So ähnlich waren auch die ersten historischen Versuche, Flächen, die von Kurven begrenzt werden, zu ermitteln.

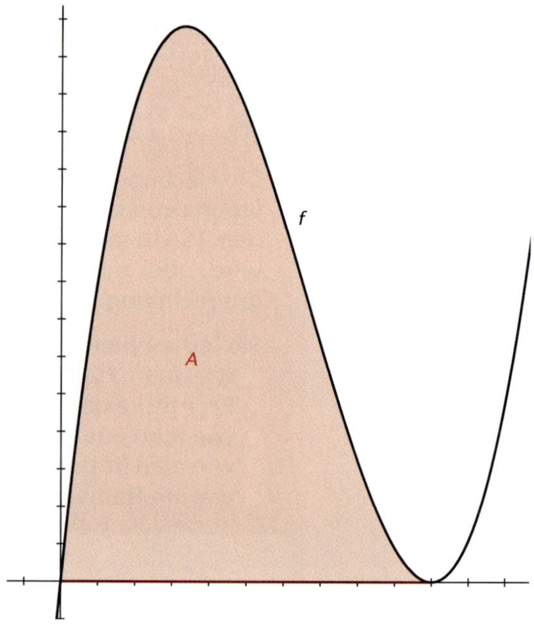

Abb. 1

Untersumme

Man wählt zunächst Rechtecke, die von unten an die Kurve stoßen und addiert dann diese Rechtecksflächen – man bildet also die **Untersumme**.

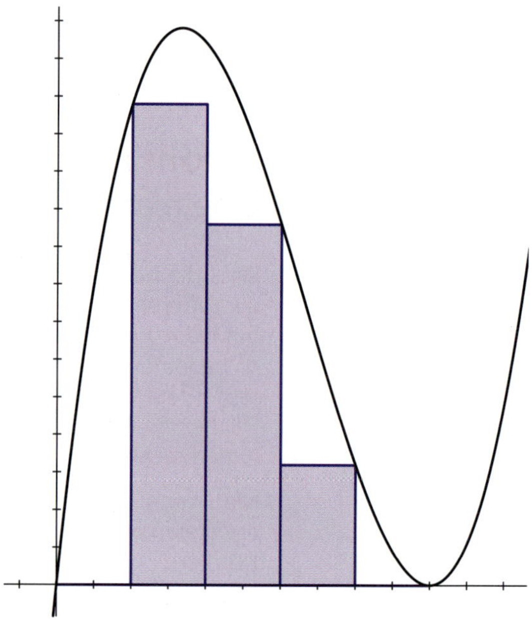

Abb. 2

Obersumme

Dann wählt man Rechtecke, die mit einer Ecke über die Kurve hinausragen die Kurve von oben berühren, und addiert dann diese Rechtecksflächen – man bildet also die **Obersumme**.

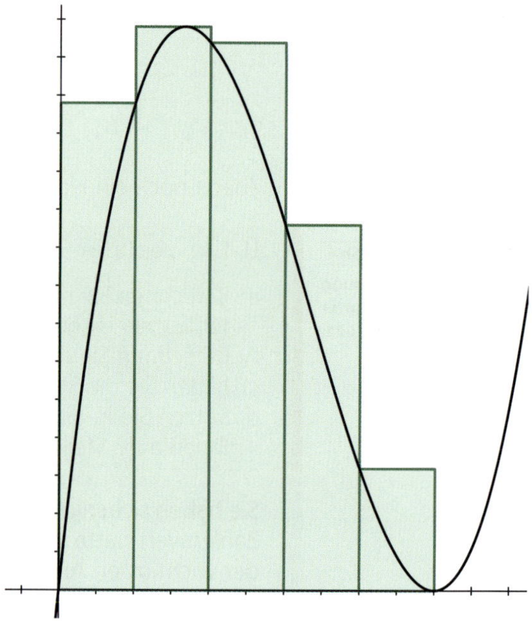

Abb. 3

Siehe Kapitel 5, Lerneinheit 2

Die Untersummen sind jedoch flächenmäßig zu klein, die Obersummen zu groß. Daher – ähnlich der Idee von der „Sekante zur Tangente" – verringert man die Rechtecksbreiten und damit die Ungenauigkeit.

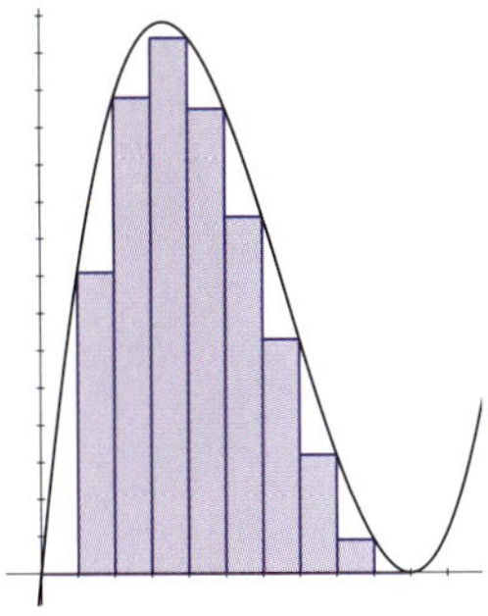

Abb. 2a

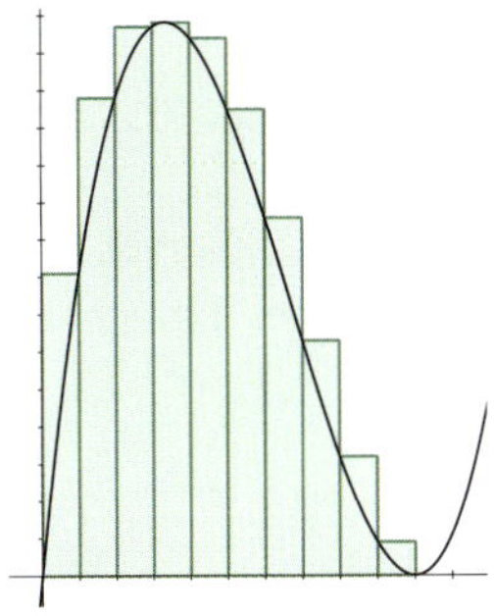

Abb. 3a

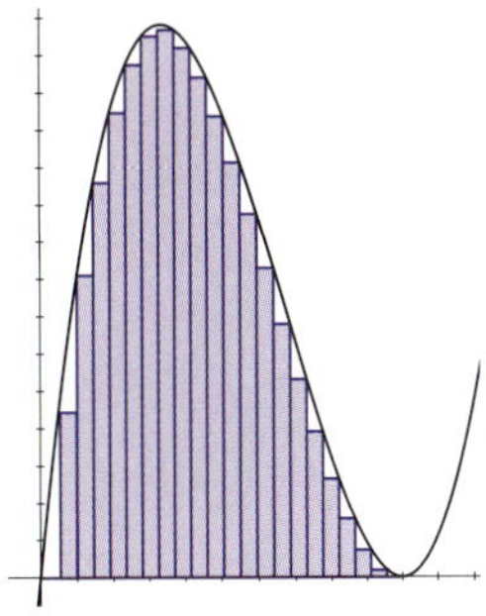

Abb. 2b

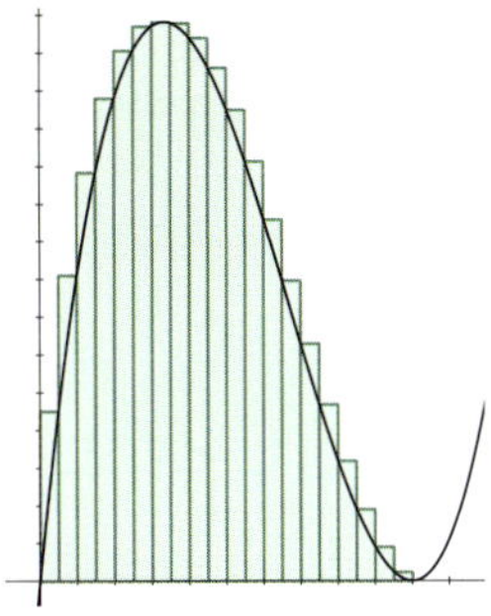

Abb. 3b

Man bildet also wieder einmal einen **Limes,** bei dem diesmal die Breite der Rechtecke gegen Null geht; genau in dem Moment, wo das der Fall ist, sind die Untersumme und die Obersumme gleich und entsprechen der Fläche unter der Kurve.

Integralzeichen

Das mathematische Zeichen für eine Summe: $\sum$ wird in Kombination mit dem Limes zum $\int$-Zeichen.

SbX
Sie finden die Lösung zu Ü 2 unter der ID: 1621.

Ü 2 ★: Zeichnen Sie die Funktion $f(x)=-\frac{1}{5}\cdot(x^2-10x)$. A B C D

a) Modellieren Sie einen Lösungsweg, um den Flächeninhalt zwischen der Funktion und der x-Achse zu ermitteln. Beschreiben Sie Ihre Überlegungen und berechnen Sie dann den Flächeninhalt.

b) Bestimmen Sie nun die Fläche, welche von der Funktion und der x-Achse eingeschlossen wird (wie in Ü 1).

c) Vergleichen Sie die Ergebnisse aus a) und b) und argumentieren Sie, wie Sie den Unterschied verringern könnten.

Wenn Sie die Funktion integriert haben und dann die x-Koordinate der Nullstelle eingesetzt haben, so sind Sie schon am richtigen Weg, denn die Funktion schneidet die x-Achse bei 0 und 10; wir setzen 10 ein und lassen 0 stillschweigend „unter den Tisch fallen". Was aber, wenn die eine Schnittstelle nicht bei 0 liegt …?

Flächeninhalte zwischen einer Kurve und der x-Achse

Ist eine Funktion $f(x)$ gegeben und ein Intervall [a,b], dann ist der **Flächeninhalt** zwischen der **Kurve** und der **x-Achse** in den **Grenzen a** und **b** wie folgt zu berechnen:

Hauptsatz der Integralrechnung

$$A=\int_a^b f(x)dx = [F(x)]_a^b = F(b)-F(a)$$

(b: obere Grenze; a: untere Grenze)

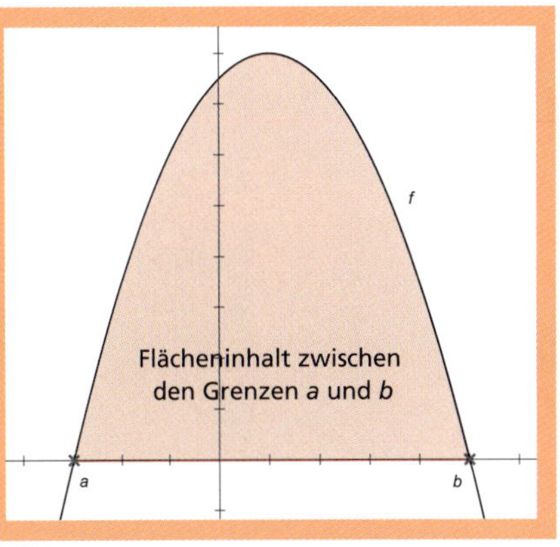

Abb. 4: „obere minus untere Grenze"

bestimmtes Integral

Wenn man beim Berechnen des Integrals Grenzen hat, also $\int_a^b f(x)dx$, so nennt man das ein **bestimmtes Integral.**

Dies können Sie im folgenden Beispiel anwenden.

6 Integralrechnung

Skizze nicht vergessen!

L 1: Berechnen Sie jenen Flächeninhalt, den die Kurve mit der x-Achse einschließt. B

$f(x)=\frac{1}{10}(x-1)\cdot(x-10)^2$

Fertigen Sie zuerst immer eine Skizze (mit dem Taschenrechner) an!

Um zu wissen, wo die Kurve die x-Achse schneidet, muss man Nullstellen berechnen (Stichwort: Produkt-Null-Satz):

$0=\frac{1}{10}(x-1)\cdot(x-10)^2$

$x_1=1 \qquad x_2=10$

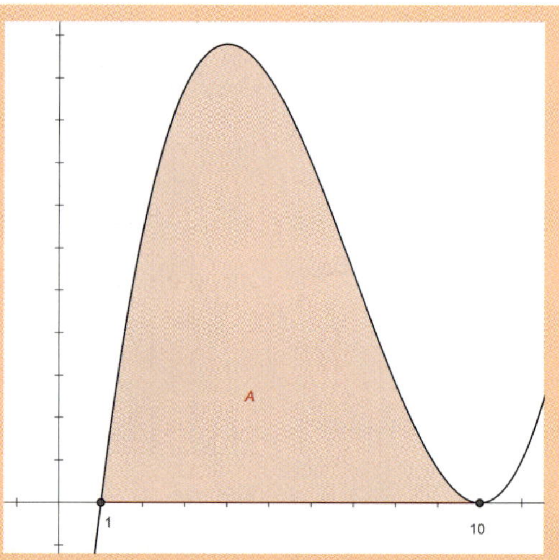

Abb. 5

$A=\int_1^{10}\frac{1}{10}\cdot(x-1)\cdot(x-10)^2dx$

- die Fläche liegt innerhalb der Grenzen $x=1$ und $x=10$

$A=\frac{1}{10}\int_1^{10}(x^3-21x^2+120x-100)dx$

- nach dem Integrieren fallen $\int$ und dx weg

$A=\frac{1}{10}\left[\frac{x^4}{4}-7x^3+60x^2-100x\right]_1^{10}$

- **„obere – untere Grenze":**

$A=\frac{1}{10}\left(\frac{10^4}{4}-7\cdot10^3+60\cdot10^2-100\cdot10\right)-\left(\frac{1^4}{4}-7\cdot1^3+60\cdot1^2-100\cdot1\right)$

$A=54{,}675_{FE}$

Somit können Sie jetzt Flächeninhalte, die von einer Kurve und der x-Achse eingeschlossen werden, berechnen.

Ü 3 ★: Berechnen Sie jene Fläche, die jeweils von der Kurve und der x-Achse zwischen der am weitesten links und der am weitesten rechts liegenden Nullstelle eingeschlossen wird. Fertigen Sie zuvor eine Skizze an. B

$f(x)=-x^2-2x+3 \qquad g(x)=x^3-4x$

✔ $A_f=10{,}67_{FE}$, $A_g=8_{FE}$

Wenn Sie als Ergebnis der Fläche, die von $g(x)$ und der x-Achse gebildet wird, den Wert 0 erhalten haben, haben Sie vermutlich

$\int_{-2}^{2}(x^3-4x)dx$

gerechnet. Die linke Fläche hat den Wert +4 und die rechte Fläche den Wert –4. Addiert ergeben diese Werte 0. Eine Fläche ist aber im Allgemeinen nicht negativ, das heißt also: beide Flächen haben den Wert 4. Die Gesamtfläche beträgt daher 8_{FE}.

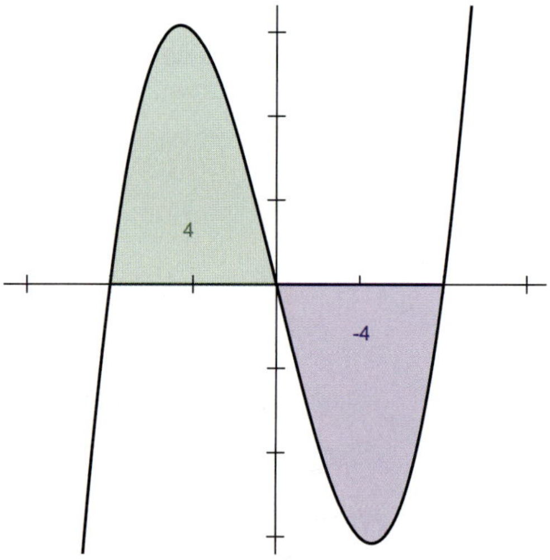

Abb. 6

Flächeninhalte unterhalb der x-Achse ergeben einen negativen Wert, Flächeninhalte oberhalb der x-Achse ergeben einen positiven Wert.

„negativer Flächeninhalt"

Über Nullstellen darf nicht hinweg integriert werden.
Ein Flächeninhalt unterhalb der x-Achse hat einen negativen Rechenwert.

Häufig sind Flächen jedoch von mehr als einer Kurve begrenzt.

Flächeninhalt zwischen zwei Kurven

Betrachten Sie die folgenden Funktionen:

$f(x) = -\frac{1}{2}x^2 + 2x \qquad g(x) = x^3 - 6x^2 + 9x$

Diesen Flächeninhalt gilt es in einzelne Teile zu zerlegen. Die einzelnen Flächenteile können dann addiert oder subtrahiert werden.

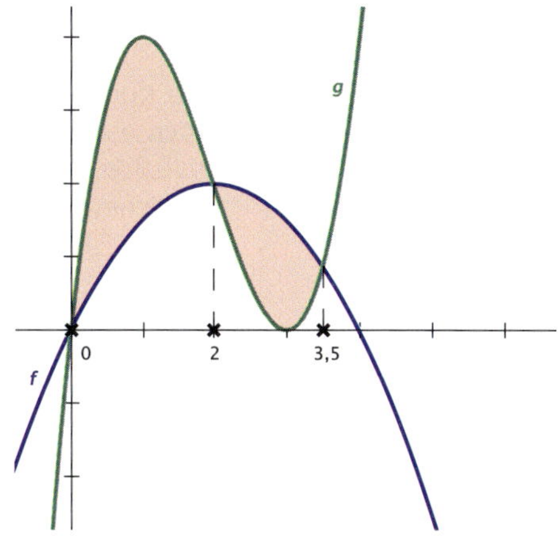

Abb. 7

Zuerst sollte immer eine Skizze gemacht werden, um zu sehen, wie die Fläche(n) aussehen, die berechnet werden sollen.

Die entscheidende Frage beim Berechnen dieser Flächeninhalte lautet: „Von welcher Kurve wird das Flächenstück von welcher Grenze bis zu welcher Grenze eingeschlossen?"

Da man den Flächeninhalt in Richtung x-Achse ermitteln will, braucht man x-Grenzen.

L 2: Berechnen Sie die Fläche, die von den beiden oben genannten Kurven eingeschlossen wird. B

$f(x) \cap g(x)$: • Ermitteln der Schnittpunkte

$-\frac{1}{2}x^2 + 2x = x^3 - 6x^2 + 9x$

$x_1 = 0 \qquad x_2 = 2 \qquad x_3 = 3{,}5$

Fläche = Fläche von 0 bis 2 + Fläche von 2 bis 3,5

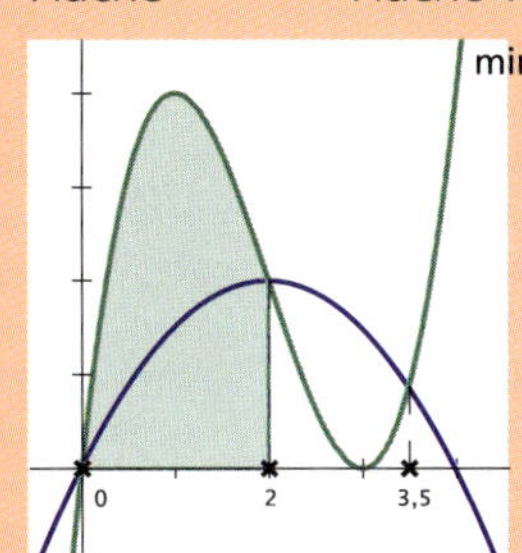

Abb. 8a

minus

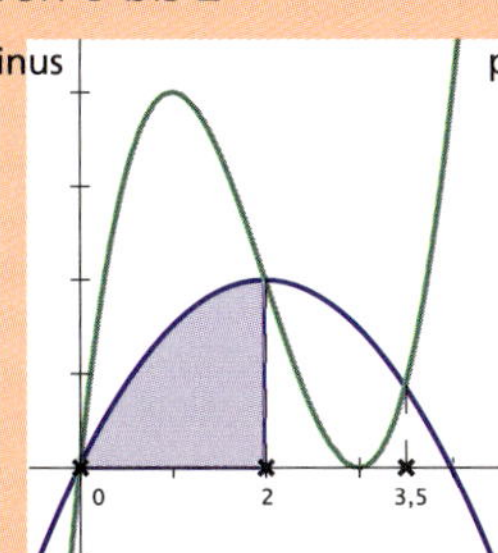

Abb. 8b

plus

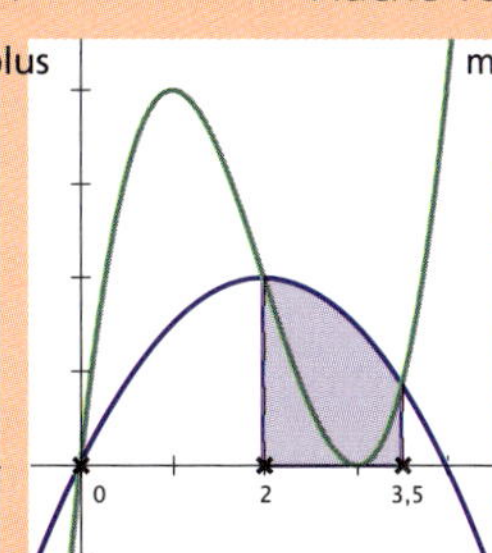

Abb. 8c

minus

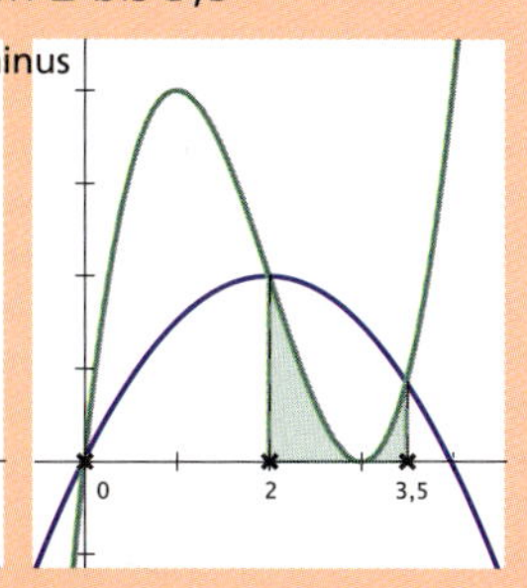

Abb. 8d

$$A = \int_0^2 f(x)dx - \int_0^2 g(x)dx + \int_2^{3,5} g(x)dx - \int_2^{3,5} f(x)dx$$

• oder kürzer

$$A = \int_0^2 (f(x) - g(x))dx + \int_2^{3,5} (g(x) - f(x))dx$$

$$A = \int_0^2 \left(-x^3 + \frac{11}{2}x^2 - 7x\right)dx + \int_2^{3,5} \left(x^3 - \frac{11}{2}x^2 + 7x\right)dx$$

$$A = \left[-\frac{x^4}{4} + \frac{11}{2 \cdot 3}x^3 - \frac{7}{2}x^2\right]_0^2 + \left[\frac{x^4}{4} - \frac{11}{2 \cdot 3}x^3 + \frac{7}{2}x^2\right]_2^{3,5}$$

• „obere minus untere"

$A = 4{,}88_{FE}$

Wo genau sind die Grenzen?

Ü 4 ★★: Zeigen und erklären Sie anhand einer Skizze, warum $\int_0^2 (g(x) - f(x))dx$ negativ ist. D

6 Integralrechnung

2 Vom Zylinder zum Rauminhalt

Eine Fläche dreht durch

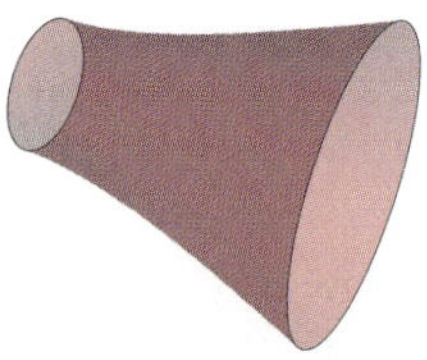

Vom Drehkörper und dem Rauminhalt

Eine Kurve kann mit der x-Achse eine Fläche einschließen. Lässt man diese Fläche um eine Achse rotieren (sich drehen), so entsteht ein **Rotationsvolumen.**

Um dieses Volumen zu berechnen, könnte man es – wie in Abb. 10 demonstriert – in einzelne Zylinder zerlegen, die sich um die x-Achse drehen. Die Summe dieser Zylinder ergäbe dann annähernd das gesuchte Volumen. Macht man – ähnlich dem Flächenintegral – die Höhe der Zylinder immer kleiner (Limes der Zylinderhöhe geht gegen Null), so kommt man auf das exakte Volumen.

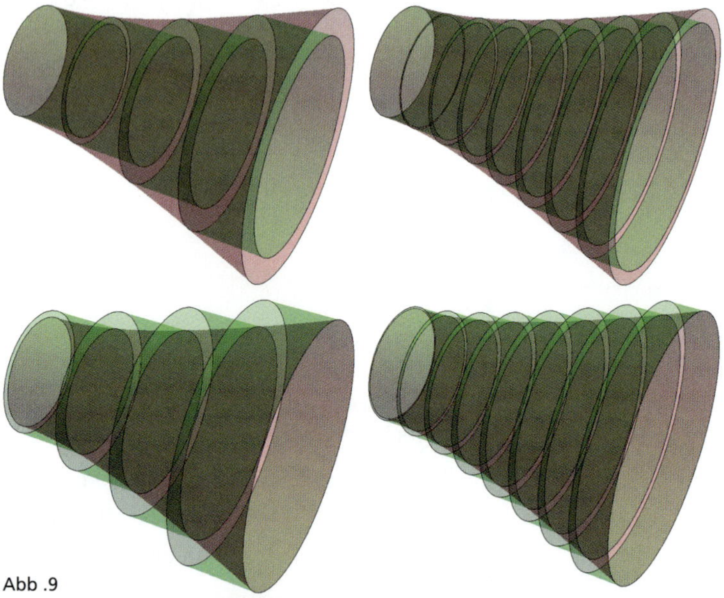

Abb .9

Rotation um die x-Achse

Lässt man eine Kurve um die x-Achse rotieren, so entsteht ein Rotationskörper. Um diesen Körper zu formen, muss man Grenzen festlegen: x_1, x_2.

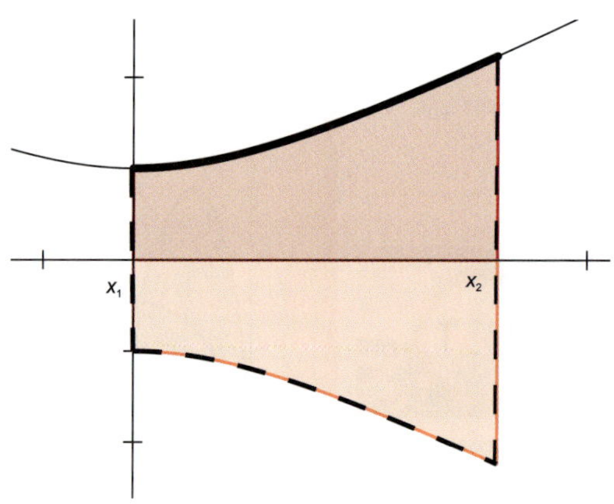

Abb. 10

Sie erinnern sich an die Volumsberechnung für den Zylinder:

$V = \pi \cdot r^2 \cdot h$

Der Radius entspricht der y-Koordinate. Die Höhe wird auf der x-Achse aufgetragen.

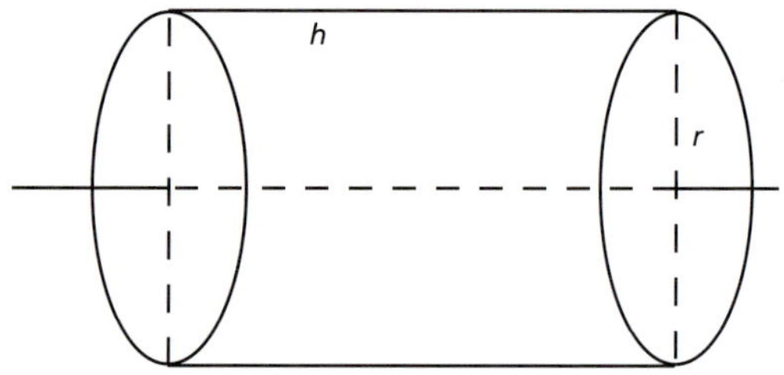

Abb. 11

Diese Volumsformel für die Rotation um die x-Achse lautet:

$$V_x = \pi \cdot \int_{x1}^{x2} y^2 \cdot dx$$

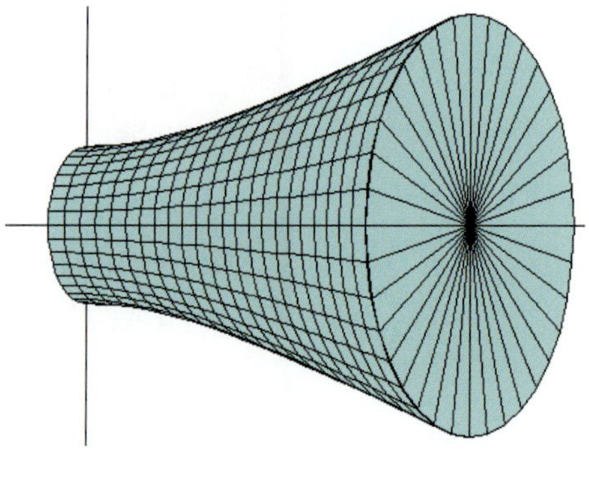

Abb. 12

Siehe Flächenintegral, Seite 195

Da man die unendliche Summe von Zylindern bildet, deren Höhe immer kleiner wird, schreibt man statt des Summenzeichens und des Limes wieder das Integralzeichen.

Das bedeutet mathematisch:

Volumen: Drehung um die x-Achse

$$V_x = \pi \cdot \int_{x1}^{x2} y^2 \cdot dx$$ x-Grenzen … y^2 ausdrücken

Rotationsvolumen: Drehung um die x-Achse

Tipp: Fertigen Sie zuerst eine Skizze an – formen Sie dazu auf $y = \ldots$ um!

L 3: Die von den Kurven k_1 und k_2 eingeschlossene Fläche rotiert um die x-Achse. Berechnen Sie das Volumen. B

k_1: $x^2 + y^2 = 25$ k_2: $y^2 = \frac{16}{3}x$

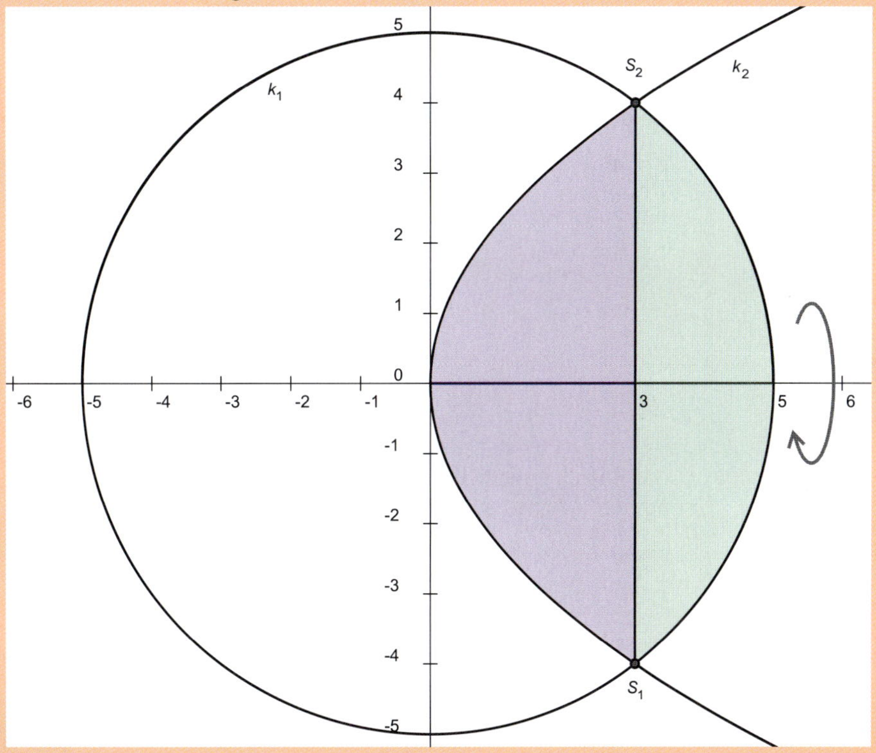

Abb. 13

- Berechnung der Grenzen:

$k_1 \cap k_2$

$x^2 + \frac{16}{3}x = 25$

$x_1 = 3$ ($x_2 = -8{,}33$ nicht möglich: siehe Abbildung)

$k_1 \cap x$-Achse: $x^2 + 0^2 = 25 \Rightarrow x_{1,2} = \pm 5$

$k_2 \cap x$-Achse: $0 = \frac{16}{3}x \Rightarrow \quad x = 0$

- Das Volumen muss zusammengesetzt werden:

$V_x = V_{k2} + V_{k1}$

$$V_{k2} = \pi \int_0^3 y_{k2}^2\,dx$$

$$= \pi \int_0^3 \frac{16}{3}x\,dx = \pi \left[\frac{16}{3} \cdot \frac{x^2}{2}\right]_0^3 = \pi\left(\left[\frac{16}{3} \cdot \frac{3^2}{2}\right] - \left[\frac{16}{3} \cdot 0^2\right]\right) = 24\,\pi_{\text{VE}}$$

$$V_{k1} = \pi \int_3^5 y_{k1}^2\,dx$$

$$= \pi \int_3^5 (25 - x^2)\,dx = \pi\left[25x - \frac{x^3}{3}\right]_3^5 = \pi\left(\left[25 \cdot 5 - \frac{5^3}{3}\right] - \left[25 \cdot 3 - \frac{3^3}{3}\right]\right) = \frac{52}{3}\,\pi_{\text{VE}}$$

$$V_x = \frac{124}{3}\,\pi_{\text{VE}}$$

Rotation um die y-Achse

Lässt man eine Kurve um die y-Achse rotieren, so entsteht ebenfalls ein Rotationskörper. Um diesen Körper zu formen, muss man Grenzen festlegen: y_1, y_2.

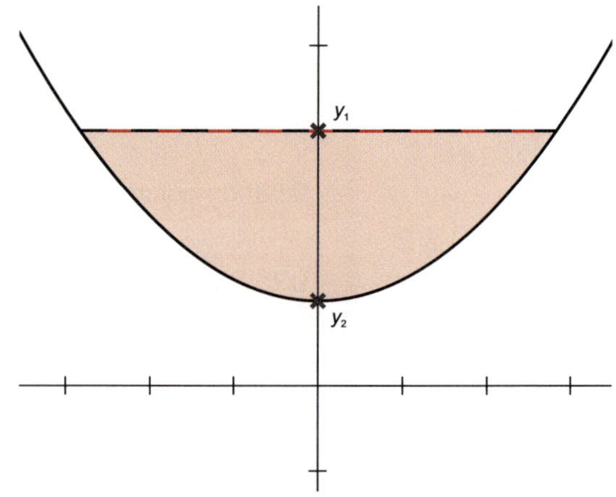

Abb. 14

Sie erinnern sich an die Volumsberechnung für den Zylinder:

$V = \pi \cdot r^2 \cdot h$

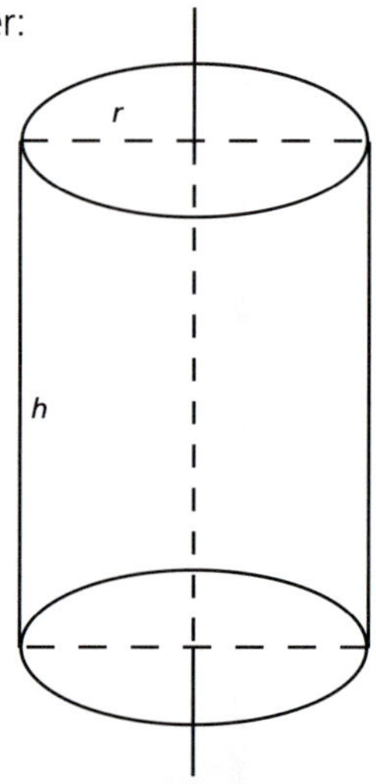

Der Radius entspricht der x-Koordinate. Die Höhe wird auf der y-Achse aufgetragen.

Abb. 15

Diese Volumsformel für die Rotation um die y-Achse lautet

$$V_y = \pi \cdot \int_{y1}^{y2} x^2 \cdot dy$$

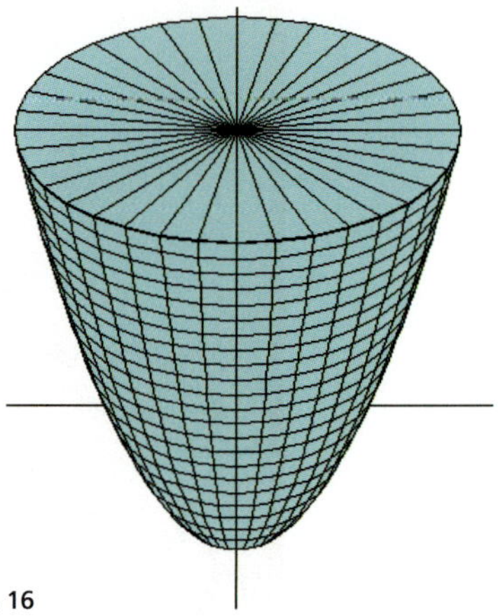

Abb. 16

Siehe auch Flächenintegral, Seite 195

Da man die unendliche Summe von Zylindern bildet, deren Höhe immer kleiner wird, schreibt man statt des Summenzeichens und des Limes wieder das Integralzeichen.

Das bedeutet mathematisch:

Volumen: Drehung um die y-Achse

$$V_y = \pi \cdot \int_{y1}^{y2} x^2 \cdot dy$$

y-Grenzen … x^2 ausdrücken

Rotationsvolumen: Drehung um die y-Achse

Viele Gefäße, z.B. Schalen oder Töpfe können mithilfe eines Rotationskörpers beschrieben und ihr Volumen somit rechnerisch ermittelt werden. Manchmal sind auch nur die Maße bekannt und es ist zuerst nötig, passende Kurvengleichungen aufzustellen.

Die innere Form der Vase nennt man auch Rotationsparaboloid.

L 4: Eine Glasvase hat den unten abgebildeten Längsschnitt.
Berechnen Sie das Volumen und die Masse der Vase bei einer Dichte von 2,8 g/cm³.
Wie hoch steht 1 l Wasser in der Vase? A B

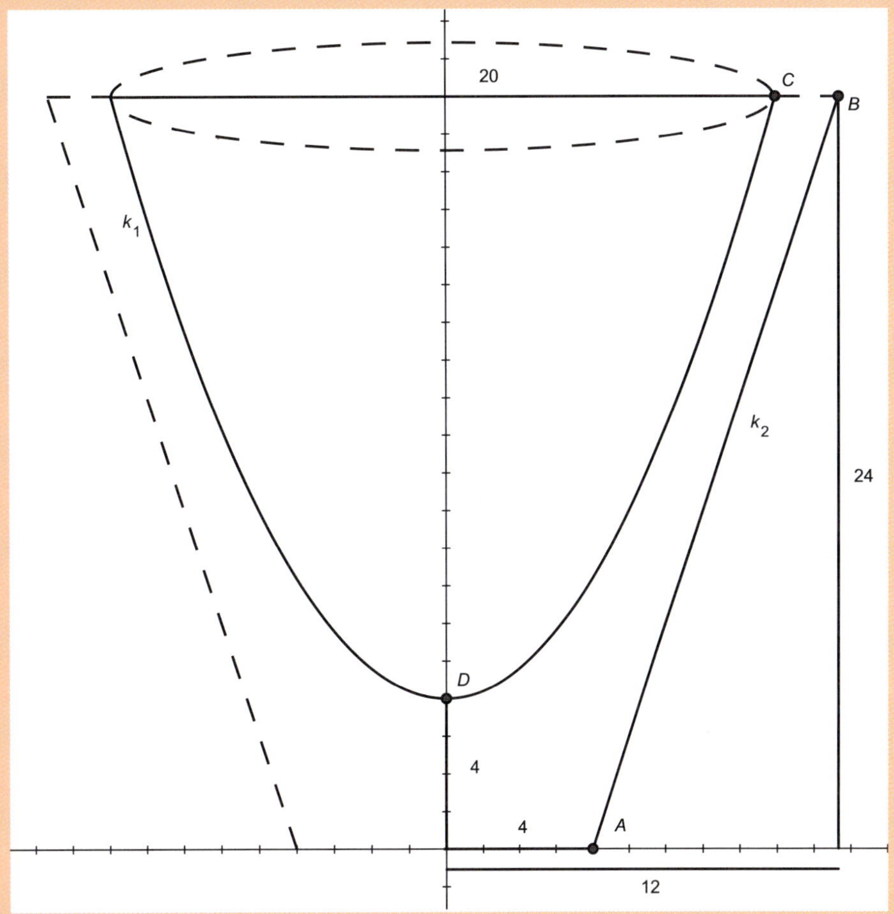

Abb. 17

Zuerst müssen die Kurven aufgestellt werden:

k_2: $y = kx + d$ — die Kurve enthält die Punkte $A(4|0)$, $B(12|24)$

I: $0 = k \cdot 4 + d$

II: $24 = k \cdot 12 + d$

$\Rightarrow k = 3,\ d = -12$

k_2: $y = 3x - 12$

Siehe Kapitel 2, Lerneinheit 2

k_1: $y = ax^2 + c$ — die Kurve enthält die Punkte $C(10|24)$; $D(0|4)$

I: $4 = a \cdot 0^2 + c$

II: $24 = a \cdot 10^2 + c$

$\Rightarrow a = 0{,}2,\ c = 4$

k_1: $y = 0{,}2x^2 + 4$

Rotation um die y-Achse $\Rightarrow$ y-Grenzen, x^2 ausdrücken

k_1: $y = 0{,}2x^2 + 4$ $\qquad$ k_2: $y = 3x - 12$

$x^2 = 5y - 20$ $\qquad$ $x^2 = \left(\frac{1}{3}y + 4\right)^2$

$V_y = V_{k2} - V_{k1}$

$$V_{k2} = \pi \int_0^{24} x_{k2}^2 \, dy$$

$$= \pi \int_0^{24} \left(\frac{1}{3}y + 4\right)^2 dy = \pi \int_0^{24} \left(\frac{1}{9}y^2 + \frac{8}{3}y + 16\right) dy = \pi \left[\frac{1}{27}y^3 + \frac{4}{3}y^2 + 16y\right]_0^{24} = 1664\pi \text{ cm}^3$$

$$V_{k1} = \pi \int_4^{24} x_{k1}^2 \, dy$$

$$= \pi \int_4^{24} (5y - 20) dy = \pi \left[\frac{5}{2}y^2 - 20y\right]_4^{24} = 1000\pi \text{ cm}^3$$

$V_y = 664\pi \text{ cm}^3 = 2086{,}02 \text{ cm}^3$

Masse:

ρ: griechischer Buchstabe rho

$m = V_y \cdot \rho$

$m = 2086{,}02 \cdot 2{,}8$

Die Masse der Vase beträgt 5,84 kg.

Wie hoch steht 1 l Wasser?

$\Rightarrow$ obere Grenze unbekannt ($= h$)

Tipp: Auf gleiche Maßeinheiten achten!

$1 \text{ l} = 1 \text{ dm}^3 = 1000 \text{ cm}^3$

$$1000 = \pi \int_4^h (5y - 20) dy = \pi \left[\frac{5}{2}y^2 - 20y\right]_4^h$$

- Man nennt diese unbekannte Grenze h.

$$1000 = \pi \left[\left(\frac{5}{2}h^2 - 20h\right) - \left(\frac{5}{2} \cdot 4^2 - 20 \cdot 4\right)\right]$$

- Durch Umformen kommt man auf

$$h^2 - 8h - \frac{2000 - 80\pi}{5\pi} = 0.$$

$h_1 = -7{,}28$

$h_2 = 15{,}28$

$h_{innen} = 11{,}28 \text{ cm}$

- unmögliche Lösung
- Achtung: die innere Höhe beträgt 15,28 − 4.

1 l Wasser steht in der Vase 11,28 cm hoch.

Üben

Ü 5 ★: Berechnen Sie den Flächeninhalt jenes Flächenstückes, das links vom Ursprung liegt und von den Kurven $f(x) = 0{,}1x^3 + 0{,}2x^2 - 1{,}5x$ und $g(x) = \frac{2}{15}x^2 + \frac{2}{3}x$ begrenzt wird. B

✔ $A = 14{,}2_{\text{FE}}$

Ü 6 ★★: Berechnen Sie den Inhalt jener Fläche, die von den beiden Kurven begrenzt wird. Dokumentieren Sie Ihren Lösungsweg genau. B C

$f(x) = x^3 - 3x + 1 \qquad g(x) = -1{,}5x^2 - 3x + 1$

✔ $A = 0{,}42_{\text{FE}}$

Ü 7 ★★: Es ist jener Flächeninhalt zu ermitteln, der von der Kurve, der Tangente und der y-Achse im Punkt $P(2|y)$ eingeschlossen wird. B

$f(x) = x^3 - 6x^2 + 8x$

✔ $A = 4_{\text{FE}}$

Ü 8 ★★: Die beiden Kurven $f(x) = x^2 - 4$, $g(x) = -2x^2 + 8$ schließen eine Fläche ein. Diese Fläche rotiert um die y-Achse. Berechnen Sie das Volumen. B

✔ $V = 24\pi_{\text{VE}}$

Sichern

Hauptsatz der Integralrechnung

$$A = \int_a^b f(x)dx = F(b) - F(a)$$

(b: obere Grenze, a: untere Grenze)

A beschreibt den **Flächeninhalt** zwischen der **Kurve** und der ***x*-Achse** in den **Grenzen *a*** und ***b*** („obere minus untere Grenze").

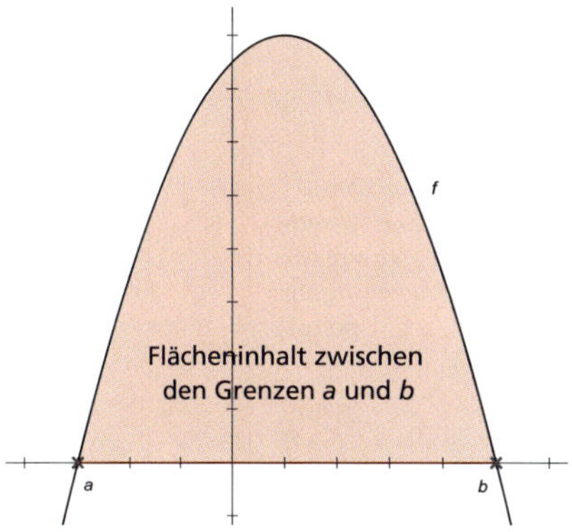

Abb. 18

„negativer Flächeninhalt"

Über Nullstellen darf nicht hinweg integriert werden.
Ein Flächeninhalt unterhalb der *x*-Achse hat einen negativen Rechenwert.

Volumen: Drehung um die *x*-Achse

Rotationsvolumen: Drehung um die *x*-Achse

$$V_x = \pi \cdot \int_{x1}^{x2} y^2 \cdot dx$$

x-Grenzen …
y^2 ausdrücken …
nach *x* integrieren ≙ *dx*

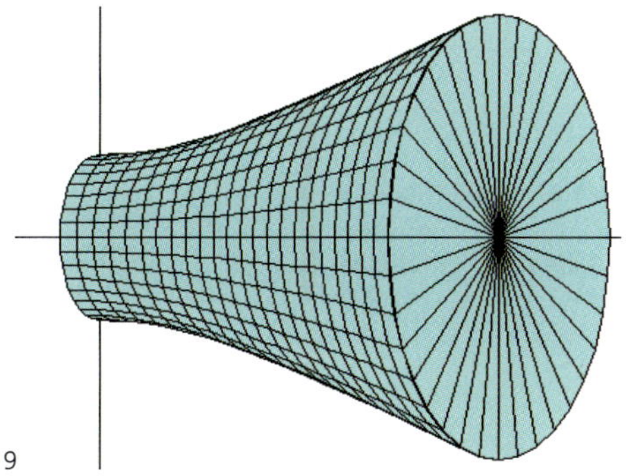
Abb. 19

Volumen: Drehung um die *y*-Achse

Rotationsvolumen: Drehung um die *y*-Achse

$$V_y = \pi \cdot \int_{y1}^{y2} x^2 \cdot dy$$

y-Grenzen …
x^2 ausdrücken …
nach *y* integrieren ≙ *dy*

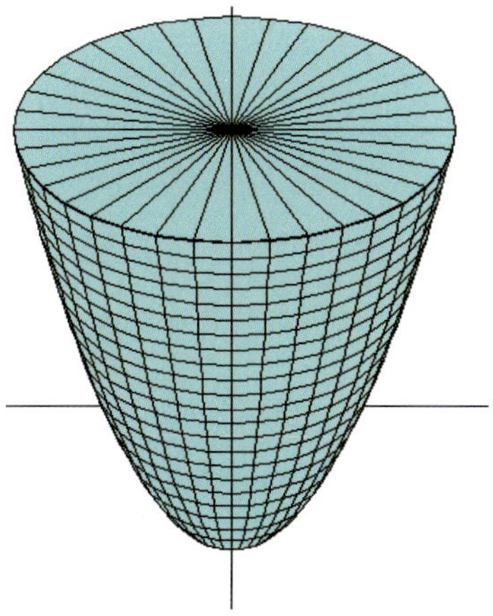
Abb. 20

Wissen

SbX ID: 1624

SbX
Die Lösungen finden Sie unter der ID: 1624.

W 1: Die beiden Kurven begrenzen ein Flächenstück, dessen Inhalt ermittelt werden soll: B C D

k_1: $y^2 = 3x$ k_2: $y^2 = 40 - 5x$.

Erklären Sie, warum die beiden Kurven keine Funktionen sind, und berechnen Sie den von beiden Kurven eingeschlossenen Flächeninhalt. Dokumentieren und begründen Sie Ihren Lösungsweg.

4.9 4.10

Mit W 2 haben Sie eine komplette Reifeprüfungsaufgabe gelöst!

W 2: A B C

a) Ermitteln Sie näherungsweise den abgebildeten Flächeninhalt – dokumentieren Sie dabei genau Ihre Überlegungen.
b) Stellen Sie die für eine Flächenberechnung mittels Integral nötigen Funktionsgleichung(en) auf.
c) Berechnen Sie den Inhalt der blauen Fläche.

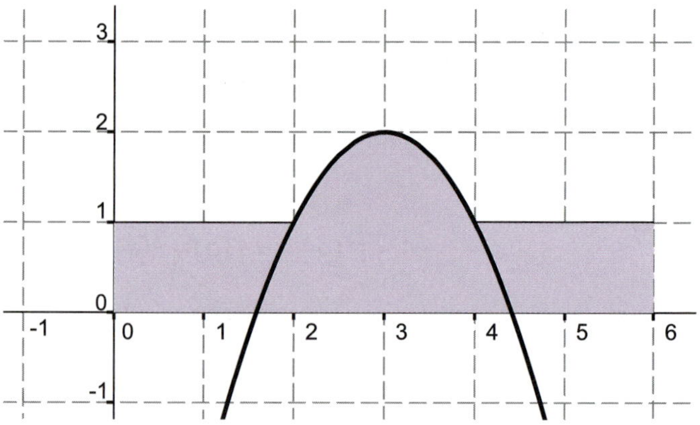

Abb. 21

4.11

W 3: Ein 5 km langer Kanalabfluss hat die Querschnittsform einer Parabel mit einer Höhe von 2 m und einem Durchmesser von $4 \cdot \sqrt{5}$ m. B D

a) Stellen Sie eine Gleichung auf, die den Kanal beschreibt.
b) Berechnen Sie die Querschnittsfläche des Kanals.
c) Welche Wassermenge enthält dieser Abfluss, wenn er bis 10 cm unter den Rand gefüllt ist?

4.11

Mit W 4 haben Sie eine komplette Reifeprüfungsaufgabe gelöst!

W 4: Die zweite Ableitung einer Funktion lautet: $f''(x) = 6x - 6$. Der Graph der ersten Ableitung enthält den Punkt $(3|9)$. Die Funktion $f(x)$ schneidet die y-Achse bei +4. B D

a) Ermitteln Sie die Funktionsgleichung und zeigen Sie die Übereinstimmung mit der Gleichung $f(x) = x^3 - 3x^2 + 4$.
b) Berechnen Sie den Inhalt jener Fläche, die von der Kurve und der Tangente im Punkt $(2|y)$ eingeschlossen wird. Fertigen Sie eine Skizze an. Begründen Sie, welche Besonderheit für die Berechnung dieses Flächeninhaltes vorliegt, und erklären Sie, welcher Rechenweg der „einfachste" ist.

W 5: A D

a) Argumentieren Sie ohne Berechnung, warum $\int_{-3}^{3}(x^3 - 9x)dx$ den Wert 0 annimmt.
b) Stellen Sie die Gleichung einer Funktion 3. Grades, die eine Nullstelle im Ursprung hat, so auf, dass $\int_{x1}^{x3}(x)dx > 0$, wenn $N_1(x_1|0)$ und $N_3(x_3|0)$ ist.

Ein kurzer Wissens-Check, bevor's weitergeht!

Wissens-Check

	☺	😐	☹
Ich kenne den Zusammenhang zwischen dem Integral und dem Berechnen von Flächeninhalten und Volumina.			
Ich kann mithilfe von Skizzen erklären, wann zusammengesetzte Flächen (Flächen von 2 Kurven begrenzt) addiert bzw. subtrahiert werden.			
Ich kann den Begriff „negativer Flächeninhalt" mittels einer Skizze erklären.			
Ich kenne den Unterschied in der Berechnung zwischen einem Rotationsvolumen, das bei Rotation um die x-Achse, und einem, das bei Rotation um die y-Achse entsteht.			

7 Statistik und Wahrscheinlichkeitsrechnung

Was hat der Zufall in einem Mathematikbuch zu suchen? Zufall ist doch das Unberechenbare, das, was man nicht berechnen kann. Niemand kann vorhersagen, welche Zahlen bei der nächsten Lottoziehung gewinnen – das ist reine Glückssache.

Es stellt sich aber heraus, dass sich selbst der Zufall mathematisch beherrschen lässt, wenn man nur genügend viele Fälle betrachtet. Das „Gesetz der großen Zahl" sorgt dafür, dass sich die Anzahl der Lottogewinne auf lange Sicht ziemlich genau abschätzen lässt. Ich kann auch nicht vorhersagen, ob ich heute einen Unfall haben werde – aber die Zahl der Unfälle in ganz Österreich ist ziemlich konstant. Das liefert die Grundlage für Versicherungen, Stadtplanung, Wettervorhersage und vieles mehr.

Im 17. Jahrhundert beschäftigten sich einige der bedeutendsten Mathematiker (Galilei, Fermat, Pascal, Bernoulli ...) mit Fragen des Glücksspiels, zum Beispiel: Wie ist der Gewinn gerecht aufzuteilen, wenn ein Spiel vorzeitig abgebrochen werden muss? Gleichzeitig wurde durch den Aufschwung des Handels mit Übersee das Versicherungswesen immer bedeutender – die Kaufleute wollten sich gegen Schiffsunglücke versichern, und da mussten die Prämien kalkuliert werden. Edmond Halley (vor allem als Astronom bekannt) stellte die ersten Sterbetafeln auf, die die Basis für Lebensversicherungen bildeten.

Aus dem modernen Leben ist die Statistik nicht mehr wegzudenken. Die beschreibende Statistik sammelt Daten und bereitet sie übersichtlich auf. Die beurteilende Statistik erstellt Prognosen für Politik und Wirtschaft. Dazu liefert ihr die Wahrscheinlichkeitsrechnung das Werkzeug.

Sie lernen hier:
- statistische Daten übersichtlich darzustellen, z. B. die Altersverteilung in einer Gruppe von Menschen
- die Wahrscheinlichkeit für bestimmte Ereignisse zu berechnen, z. B. Ihre Chancen im Lotto
- Behauptungen zu überprüfen, z. B. den tatsächlichen Wähleranteil einer bestimmten Partei im Vergleich mit den Meinungsumfragen

SbX
Alle SbX-Inhalte zu dieser Lerneinheit finden Sie unter der ID: 1710.

Lerneinheit 1
Beschreibende Statistik

„Statistik ist eine Zusammenfassung von Methoden, welche uns erlauben, vernünftige Entscheidungen im Falle von Ungewissheit zu treffen" (W. Allen Wallis, Harry V. Roberts 1956).

Sie lernen hier:
- **welche Arten von statistischen Daten es gibt**
- **Daten grafisch darzustellen**
- **eine Liste von Werten durch einige „typische" Zahlen zu charakterisieren**
- **einen Zusammenhang zwischen zwei Werten abzuschätzen**

Lernen

SbX ID: 1711

1 Von der Urliste zur Grafik
Daten gliedern und grafisch darstellen

L 1: In einem kleinen Unternehmen wurden einige Daten aller Mitarbeiterinnen und Mitarbeiter erhoben: B C

Nummer	Geschlecht	Alter	Wohnort	Bildungsstand	Bruttojahreseinkommen
1	m	45 J.	W	4	42.000 €
2	m	42 J.	W	4	39.000 €
3	w	39 J.	N	4	38.000 €
4	w	33 J.	W	3	23.000 €
5	m	25 J.	N	3	22.000 €
6	m	52 J.	W	3	36.000 €
7	m	54 J.	W	3	33.000 €
8	w	47 J.	N	3	31.000 €
9	m	45 J.	B	2	28.000 €
10	m	33 J.	W	2	26.000 €
11	w	36 J.	N	2	25.000 €
12	m	28 J.	N	2	21.000 €
13	m	25 J.	W	2	20.000 €
14	m	38 J.	W	2	19.000 €
15	w	40 J.	B	2	20.000 €
16	w	34 J.	W	2	21.000 €
17	m	48 J.	B	1	15.000 €
18	m	24 J.	N	1	10.000 €
19	w	55 J.	W	1	7.000 €
20	w	23 J.	W	1	7.000 €

Erklärung der Abkürzungen:
Geschlecht: m: männlich, w: weiblich
Wohnort: W: Wien, N: Niederösterreich, B: Burgenland
Bildungsstand: 1: Pflichtschule, 2: Mittlere Schule oder Lehre, 3: Höhere Schule, 4: Universität oder Fachhochschule

Eine solche Liste bezeichnet man als **Urliste.** Wir wollen jetzt diese Daten möglichst übersichtlich darstellen.

Zunächst stellen wir fest, dass ganz verschiedene Arten von Daten erhoben wurden:

nominale Daten

Eigenschaften wie „Geschlecht" oder „Wohnort" können nicht durch eine Zahl beschrieben werden. Es gibt auch keine bestimmte Reihenfolge. Solche Daten bezeichnet man als **Nominaldaten** (lat. *nomen:* Name, Bezeichnung). Weitere Beispiele: Augenfarbe, Automarke ...

ordinale Daten

Die verschiedenen Schulabschlüsse in der Spalte „Bildungsstand" können geordnet werden – Matura ist ein höherer Abschluss als Pflichtschule. Man kann die Rangplätze aber nicht addieren oder subtrahieren. Solche Daten heißen **Ordinaldaten** (lat. *ordo:* Ordnung, Reihenfolge). Weitere Beispiele: Schulnoten, Rangplätze bei einem Schirennen ...

metrische Daten

Alter und Jahreseinkommen können durch eine Zahl gemessen werden. Es ist auch sinnvoll, das Gesamteinkommen aller Mitarbeiter/innen oder die Einkommensdifferenz zweier Personen zu berechnen. Hier handelt es sich um **metrische Daten** (griech. *metron:* Maß). Weitere Beispiele: Größe, Gewicht, Temperatur ...

n: Umfang der Stichprobe

In der Statistik hat man es normalerweise mit Stichproben zu tun (hier: Mitarbeiterinnen und Mitarbeiter der Firma). Den Umfang der Stichprobe bezeichnen wir mit n. In unserem Beispiel ist $n = 20$.

H_i: absolute Häufigkeit
h_i: relative Häufigkeit

Eine erste Information besteht darin, wie oft die einzelnen Eigenschaften auftreten **(absolute Häufigkeit)** und welchen Anteil an der ganzen Stichprobe sie darstellen **(relative Häufigkeit).**

L 1 (Fortsetzung): Aus der Spalte „Geschlecht" ist zu entnehmen: in der Firma arbeiten 12 Männer und 8 Frauen. Die Eigenschaft „männlich" tritt also mit der absoluten Häufigkeit 12 auf, die Eigenschaft „weiblich" mit der absoluten Häufigkeit 8. Die Aussage „In der Firma arbeiten 12 Männer" ist aber nicht sehr aufschlussreich, wenn man die Gesamtzahl nicht kennt. Daher gibt man meist auch die relative Häufigkeit an, also den Anteil an der Gesamtheit: $\frac{12}{20} = 0{,}6 = 60\%$ aller Mitarbeiter sind männlich, $\frac{8}{20} = 0{,}4 = 40\%$ sind weiblich. B

Es gilt also:

relative Häufigkeit

$$h_i = \frac{H_i}{n}$$

(Das i steht für den Index, h_i kann also h_1, h_2, h_3 usw. bedeuten.)

SbX Sie finden die Lösung zu Ü 1 unter der ID: 1711.

Ü 1 ★: Ermitteln Sie aus den Angaben von L 1 die absoluten und relativen Häufigkeiten für die Wohnorte „Wien", „Niederösterreich" und „Burgenland" sowie für die verschiedenen Bildungsstände. B C

L 1 (Fortsetzung): Wenn ein Merkmal viele verschiedene Werte annehmen kann, wie z.B. das Alter, teilt man diese am besten in Klassen ein: 20–30 Jahre, 30–40 Jahre, 40–50 Jahre und 50–60 Jahre. Wir müssen nur festlegen, was mit Werten passiert, die genau auf der Klassengrenze liegen. Wir entscheiden uns dafür, sie zur unteren Klasse zu rechnen (30 Jahre zählt also zur Klasse 20–30). Wir erhalten B

	H_i	h_i
$20 < x \leq 30$	5	$0{,}25 = 25\%$
$30 < x \leq 40$	7	$0{,}35 = 35\%$
$40 < x \leq 50$	5	$0{,}25 = 25\%$
$50 < x \leq 60$	3	$0{,}15 = 15\%$

SbX Sie finden die Lösung zu Ü 2 unter der ID: 1711.

Ü 2 ★: Ermitteln Sie aus den Angaben zu L 1 die absoluten und relativen Häufigkeiten für die Einkommensklassen 0–5.000 €, 5.000–10.000 €, 10.000–15.000 € ..., 40.000–45.000 €. B C

Die Häufigkeiten der einzelnen Merkmale kann man am besten mit einem Kreisdiagramm (Tortendiagramm) oder Histogramm (Streifendiagramm) darstellen. Das Kreisdiagramm eignet sich

grafische Darstellung

dabei besser für nominale Daten, weil es keine Reihenfolge anzeigt. Für ordinale und metrische Daten verwendet man ein Histogramm.

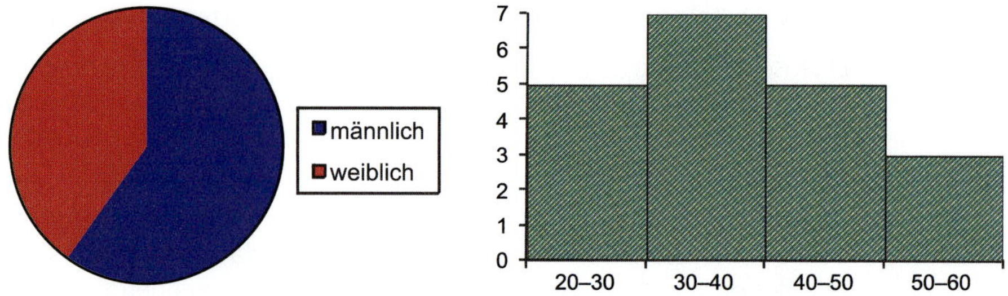

Abb. 1: Grafische Darstellung der Häufigkeitsverteilung von „Geschlecht" und „Alter"

Grafische Darstellungen mit dem TI-82 STATS

Am Beispiel der Werte für „Bildungsstand" soll hier gezeigt werden, wie Sie Histogramme zeichnen können.

- Drücken Sie [STAT] → `Edit`. Tragen Sie die einzelnen Werte in die Liste L1 und die entsprechenden Häufigkeiten in L2 ein.
- Drücken Sie [2nd] [STAT PLOT], wählen Sie einen Plot und folgende Einstellungen: `On`, `Type:` Histogramm (3. Bild), `Xlist: L1`, `Freq` (Häufigkeit): `L2`.
- Mit [GRAPH] lassen Sie sich das Histogramm anzeigen. Eventuell müssen Sie vorher die Window-Einstellungen anpassen (die Option `ZoomStat` im Menü [ZOOM] ist hier nicht so geeignet).

Abb. 2

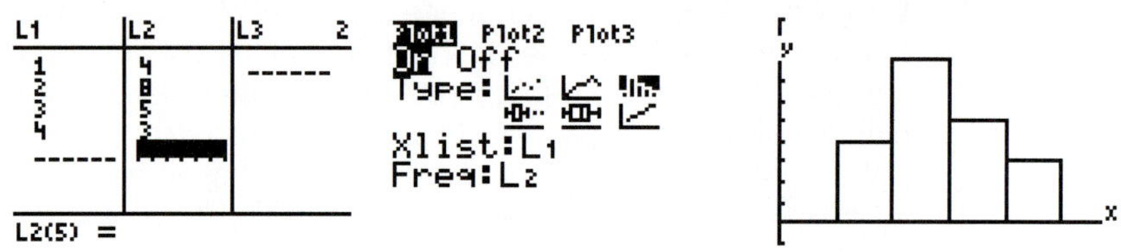

2 Zentralmaße

Einer für alle

Hat man eine Reihe von Daten ermittelt, so kann man folgende Fragen stellen:

- Wie hoch ist der Durchschnitt aller Werte?
- Wie stark weichen die einzelnen Werte vom Durchschnitt ab?

Von einem Durchschnittswert erwartet man, dass er eine Liste von Werten durch eine einzige Zahl „in der Mitte" möglichst gut charakterisiert. Wir werden aber sehen, dass es den optimalen Durchschnitt nicht gibt.

$\bar{x}$ sprich: „ x quer"

Der bekannteste Zentralwert ist der **Mittelwert** $\bar{x}$ (arithmetisches Mittel): man dividiert die Summe aller Werte durch ihre Anzahl.

Mittelwert (arithmetisches Mittel)

$$\bar{x} = \frac{1}{n}(x_1 + x_2 + \ldots + x_n)$$

L 1 (Fortsetzung): Das Durchschnittsalter aller Mitarbeiter und Mitarbeiterinnen in unserem Beispiel beträgt $\frac{1}{20} \cdot (45 + 42 + 39 + \ldots + 23) = 38{,}3$ Jahre. B

SbX **Sie finden die Lösung zu Ü 3 unter der ID: 1711.**

Ü 3 ★: Berechnen Sie mit den Angaben von L 1 den Mittelwert der Jahreseinkommen. B

Wenn Werte mehrmals vorkommen, kann man zur Berechnung des Mittelwerts auch die absoluten oder relativen Häufigkeiten verwenden:

Mittelwert aus Häufigkeiten berechnet

$$\bar{x} = \frac{1}{n}(x_1 \cdot H_1 + x_2 \cdot H_2 + \ldots) \quad \text{oder, weil} \quad \frac{H_i}{n} = h_i:$$

$$\bar{x} = x_1 \cdot h_1 + x_2 \cdot h_2 + \ldots$$

Manchmal sind die Daten schon in klassierter Form (d.h. in Klassen eingeteilt) gegeben. Man kann dann den Mittelwert näherungsweise berechnen, indem man als Werte die Klassenmitten verwendet.

L 1 (Fortsetzung): Wir nehmen in unserem Beispiel an, dass 5 Beschäftigte 25 Jahre alt sind, 7 sind 35 Jahre, 5 sind 45 Jahre und 3 sind 55 Jahre. Dann erhalten wir B

$\bar{x} = \frac{1}{20} \cdot (25 \cdot 5 + 35 \cdot 7 + 45 \cdot 5 + 55 \cdot 3) = 38$ bzw.

$\bar{x} = 25 \cdot 0{,}25 + 35 \cdot 0{,}35 + 45 \cdot 0{,}25 + 55 \cdot 0{,}15 = 38$,

also einen Wert, der ziemlich nahe beim genauen Mittelwert 38,3 liegt.

Den Mittelwert kann man nur bei metrischen Daten berechnen. Es wäre z.B. nicht sinnvoll, die verschiedenen Bildungsabschlüsse zu addieren. Außerdem ist das arithmetische Mittel nicht immer aussagekräftig. Wenn eine 46-jährige Lehrerin mit neun 6-jährigen Schülerinnen unterwegs ist, beträgt das „Durchschnittsalter" der Gruppe $\frac{1}{10} \cdot (46 + 9 \cdot 6) = 10$ Jahre. Der Mittelwert ist also sehr empfindlich gegenüber Ausreißern, das heißt, er kann durch sehr große oder kleine Werte stark verzerrt werden.

Median

In solchen Fällen benutzt man ein anderes Zentralmaß, den sogenannten **Median** (Zentralwert).

Wer will schon Durchschnitt sein ...

L 1 (Fortsetzung): Stellen Sie sich vor, alle Mitarbeiter/innen stellen sich, nach ihrem Alter geordnet, in einer Reihe auf. Wie alt ist die Person, die in der Mitte steht? Die geordnete Liste lautet: B

23 24 25 25 28 33 34 36 [38 39] 40 42 45 47 48 52 54 55

Die Liste enthält insgesamt 20 Werte, also eine gerade Anzahl. In der Mitte stehen also der 10. und 11. Wert. Das arithmetische Mittel dieser beiden Werte bezeichnet man als **Median:** $\tilde{x} = \frac{1}{2} \cdot (38 + 39) = 38{,}5$

Dieser Wert teilt die Liste in zwei gleich große Teile: die Hälfte aller Mitarbeiter/innen ist jünger als 38,5 Jahre, die Hälfte ist älter.

Wenn die Liste eine ungerade Anzahl von Werten enthält, ist der Median der mittlere Wert. Bei den Werten 3, 7, [9], 12, 14 wäre der Median 9.

$\tilde{x}$ sprich: „x Tilde"

Der Median $\tilde{x}$ ist also der Wert, der die geordnete Liste $x_1, x_2, \ldots, x_n$ in zwei gleiche Teile teilt: (mindestens) die Hälfte aller Werte ist kleiner oder gleich $\tilde{x}$, (mindestens) die Hälfte ist größer oder gleich. Die allgemeine Formel zur Berechnung lautet:

Median

$\tilde{x} = \frac{1}{2}(x_{n/2} + x_{n/2+1})$ für gerade n

$\tilde{x} = x_{(n+1)/2}$ für ungerade n

Dieses Zentralmaß ist leichter zu berechnen und robuster als das arithmetische Mittel. Wenn z.B. das Durchschnittseinkommen der Bevölkerung eines Landes angegeben wird, ist damit normalerweise das Medianeinkommen gemeint. Der Median kann auch bei ordinalen Daten angewendet werden.

SbX

Sie finden die Lösung zu Ü 4 unter der ID: 1711.

Ü 4 ★: Ermitteln Sie aus den Angaben von L 1 den Median von Bildungsstand und Jahreseinkommen. B

(Wie Sie Mittelwert und Median mit dem Taschenrechner berechnen, wird im nächsten Input erklärt.)

Modus

Bei Nominaldaten ist auch die Angabe eines Medians sinnlos. Hier kann man nur angeben, welche Eigenschaft am häufigsten vorkommt. Diesen Wert nennt man **Modus** bzw. Modalwert.

L 1 (Fortsetzung): Der Modus des Merkmals „Geschlecht" in unserem Beispiel ist „männlich", der von „Wohnort" ist „Wien". B

SbX

Information über weitere Mittelwerte finden Sie unter der ID: 1711.

3 Streuungsmaße

Wie sehr sind die Daten verstreut?

Ein beliebter Witz besagt: Wenn Sie eine Hand in die Kühltruhe und die andere auf die heiße Herdplatte legen, ergibt sich im Durchschnitt eine angenehme Temperatur. Dieses Beispiel zeigt, dass der Mittelwert nicht genügt, um eine statistische Verteilung zu charakterisieren. Man will auch wissen, wie stark die einzelnen Werte im Durchschnitt vom Mittelwert abweichen (im Statistikerjargon: wie stark sie um den Mittelwert streuen). Auch dafür gibt es verschiedene Kennzahlen.

Eine erste Idee: Wir berechnen den Durchschnitt der Abweichungen vom Mittelwert, also von $x_i - \bar{x}$. Allerdings sind diese Werte zum Teil positiv, zum Teil negativ, und ihre Summe ergibt 0. Man berechnet daher stattdessen den Mittelwert der quadrierten Abweichungen $(x_i - \bar{x})^2$, die sogenannte **Varianz,** und zieht daraus die Quadratwurzel. Das Ergebnis bezeichnet man als **Standardabweichung** σ (sigma; manchmal auch s):

Standardabweichung

$$\sigma = \sqrt{\frac{1}{n} \cdot \left[(x_1 - \bar{x})^2 + (x_2 - \bar{x})^2 + \ldots + (x_n - \bar{x})^2\right]}$$

L 1 (Fortsetzung): In unserem Beispiel erhalten wir für die Standardabweichung des Alters B

$$\sigma = \sqrt{\tfrac{1}{20} \cdot \left[(45 - 38{,}3)^2 + (42 - 38{,}3)^2 + \ldots + (23 - 38{,}3)^2\right]} \approx 9{,}9.$$

Das heißt, das Alter der Mitarbeiter/innen weicht durchschnittlich um 9,9 Jahre vom mittleren Alter (38,3 Jahre) ab.

σ: griechischer Buchstabe sigma

(Achtung: In vielen Büchern wird mit σ auch die Stichprobenstandardabweichung bezeichnet. Dabei wird durch $(n - 1)$ statt durch n dividiert. Achten Sie also immer darauf, welche Definition der Standardabweichung verwendet wird.)

Zur Ermittlung des Medians wurde die geordnete Liste in zwei gleiche Teile geteilt. Genauso kann man sie in Viertel teilen und erhält die sogenannten **Quartile** Q_1 (erstes bzw. unteres Quartil) und Q_3 (drittes bzw. oberes Quartil).

$x_1\ x_2\ x_3 \uparrow x_4\ x_5\ x_6 \uparrow x_7\ x_8\ x_9 \uparrow x_{10}\ x_{11}\ x_{12}$

$Q_1 \qquad Q_2 = \tilde{x} \qquad Q_3$

Es gilt also:

Quartile

Ein Viertel aller Werte ist kleiner als Q_1, drei Viertel sind größer.
Drei Viertel aller Werte sind kleiner als Q_3, ein Viertel ist größer.

Das zweite Quartil Q_2 ist also der Median.

L 1 (Fortsetzung): Die Quartile findet man (analog zum Median) als mittleren Wert bzw. als Mittelwert der beiden mittleren Zahlen in der oberen bzw. unteren Hälfte der geordneten Liste: B

23 24 25 25 [28 33] 33 34 36 38 | 39 40 42 45 [45 47] 48 52 54 55

In unserem Beispiel ist also $Q_1 = \frac{1}{2} \cdot (28 + 33) = 30{,}5$, $Q_3 = \frac{1}{2} \cdot (45 + 47) = 46$. Das bedeutet: ein Viertel aller Mitarbeiterinnen und Mitarbeiter ist jünger als 30,5 Jahre, ein Viertel ist älter als 46 Jahre, und die Hälfte liegt zwischen diesen beiden Werten.

(Leider ist die Vorschrift zur Berechnung der Quartile für den Fall, dass n ungerade ist, nicht ganz einheitlich. Manche Autoren zählen den Median zur oberen und zur unteren Hälfte, andere zu keiner von beiden. Wir halten uns an die zweite Methode, die auch vom TI-82 STATS verwendet wird. Weil man in der Praxis meist mit sehr vielen Werten zu tun hat, fällt dieser Unterschied nicht sehr ins Gewicht.)

Quartilsabstand

Der Quartilsabstand ist die Differenz $Q_3 - Q_1$ zwischen oberem und unterem Quartil, in unserem Beispiel: $46 - 30{,}5 = 15{,}5$ Jahre.

Spannweite

Die Differenz zwischen dem größten und kleinsten Wert ist die **Spannweite** (engl. *range*), in unserem Beispiel 55 – 23 = 32 Jahre. Dieser Wert ist besonders einfach zu berechnen, er ist allerdings auch extrem empfindlich gegenüber Ausreißern.

Boxplot

Das **Boxplot-Diagramm** ist eine grafische Darstellung, aus der man die Kennzahlen Median, Quartile und Spannweite mit einem Blick ablesen kann: Zeichnen Sie (auf einer Skala in passendem Maßstab) ein Rechteck, das vom unteren bis zum oberen Quartil reicht. Eine senkrechte Linie zeigt den Median an. Schließlich ziehen Sie noch Strecken vom linken Rand des Rechtecks bis zum kleinsten Wert und vom rechten Rand zum größten Wert.

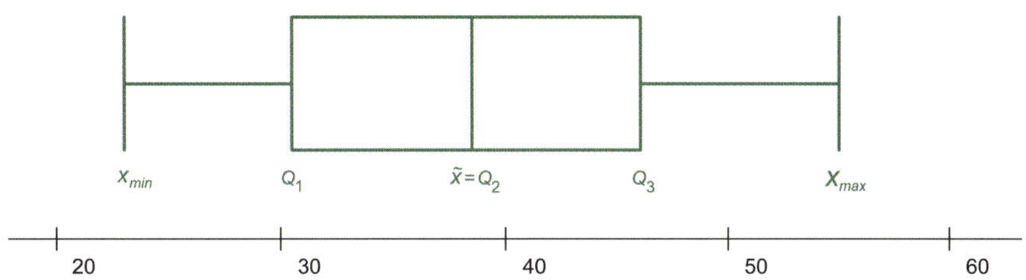

Abb. 3: Boxplot-Diagramm der Altersverteilung

SbX
Sie finden die Lösungen zu Ü 5 und Ü 6 unter der ID: 1711.

Ü 5 ★: Ermitteln Sie mit den Daten aus L 1 die Quartile von Bildungsstand und Jahreseinkommen. B

Ü 6 ★: Listen Sie für das Beispiel L 1 das Einkommen der männlichen und weiblichen Mitarbeiter getrennt auf. Ermitteln Sie Median und Quartile und zeichnen Sie je ein Boxplot-Diagramm in einer gemeinsamen Zeichnung. Was fällt Ihnen auf? B

T

Statistische Maßzahlen mit dem TI-82 STATS berechnen

SbX
Wenn Sie Mittelwert und Standardabweichung mit der Hand berechnen wollen, finden Sie dazu Tipps unter der ID: 1711.

- Drücken Sie [STAT] → `1:Edit` und schreiben Sie die einzelnen Werte in die Liste L1. Wenn Werte mehrmals vorkommen, tragen Sie die entsprechenden Häufigkeiten in L2 ein.
- Drücken Sie nochmals [STAT] und wählen Sie [CALC] → `1:1-Var Stats`, geben Sie [2nd][L1] ein (bzw. [2nd][L1][,][2nd][L2], wenn die Häufigkeiten in L2 stehen).
- Der Rechner zeigt an: Mittelwert ($\bar{x}$), Summe aller Werte (Σx), Summe aller quadrierten Werte (Σx^2), Stichprobenstandardabweichung (*Sx*), Standardabweichung (σx), Anzahl der Werte (*n*) sowie – wenn Sie mit den Cursortasten nach unten scrollen – Minimum (minX), unteres Quartil (Q_1), Median (Med), oberes Quartil (Q_3) und Maximum (maxX).

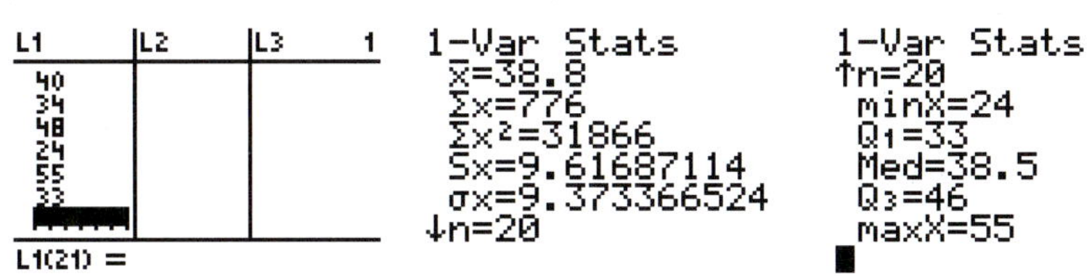

Abb. 4

Mit [2nd] [STAT PLOT] haben Sie übrigens auch die Möglichkeit, ein Boxplot-Diagramm zu zeichnen.

4 Lineare Regression

Gibt es einen Zusammenhang?

Bei der Betrachtung statistischer Daten stellt man häufig die Frage, ob zwischen zwei Merkmalen ein Zusammenhang besteht – eine sogenannte Korrelation.

L 1 (Fortsetzung): Wir wollen untersuchen, ob das Alter und das Einkommen miteinander zusammenhängen. Dazu fassen wir die Wertepaare als Koordinaten von Punkten auf (Alter: *x*, Einkommen in 1.000 €: *y*), die wir in ein Koordinatensystem einzeichnen: B C

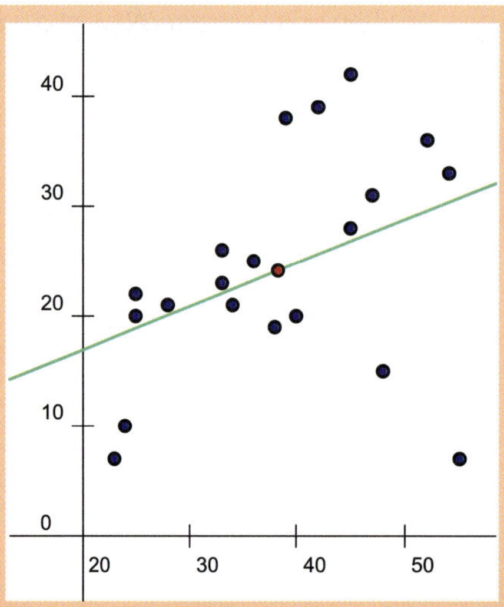

Abb. 5

Wir erhalten eine Punktwolke, die von links unten nach rechts oben verläuft. Offensichtlich gilt: je höher das Alter, umso höher wird auch das Einkommen. Diesen Zusammenhang kann man oft näherungsweise durch eine lineare Funktion darstellen. Wir suchen also eine Gerade, die eine möglichst gute Annäherung an die Punktwolke darstellt: das ist die sogenannte **Regressionsgerade.** Sie verläuft immer durch den Schwerpunkt $(\bar{x}|\bar{y})$ der Punktwolke (in der Zeichnung rot).

C. F. Gauß entwickelte für diese Art von Problemen die Methode **der kleinsten Quadrate:** die beste Annäherung ist die Gerade, für die die Summe der Quadrate der Fehler minimal wird (also die Summe der quadrierten Abstände aller Punkte von der Gerade, in y-Richtung gemessen). Die Gleichung dieser Geraden findet man mithilfe der Differentialrechnung. (Auf die genaue Berechnung wird hier nicht eingegangen.)

L 1 (Fortsetzung): Die allgemeine Geradengleichung lautet: $y = ax + b$. A B

Mit dem Taschenrechner oder einem geeigneten Computerprogramm erhält man in unserem Beispiel
$a \approx 0{,}4$, $b \approx 9$.

Die Gleichung der Regressionsgeraden lautet also näherungsweise
$y = 0{,}4x + 9$.

Einem Lebensjahr entsprechen also ca. 400 € zusätzliches Jahreseinkommen.

Um das Einkommen einer 40-jährigen Mitarbeiterin abzuschätzen, setzen wir $x = 40$:
$y = 0{,}4 \cdot 40 + 9 = 25$, also ca. 25.000 €.

Wenn Werte für x eingesetzt werden, die weit außerhalb des ursprünglichen Bereichs liegen (Extrapolation), ist Vorsicht geboten! Ein 100-jähriger Angestellter würde in diesem Beispiel 49.000 € verdienen.

Die lineare Regression wird auch oft bei Zeitreihen angewendet, wenn z.B. die zeitliche Änderung der Geburtenzahlen oder des Stromverbrauchs untersucht werden soll. Für x wird dann die Zeit eingesetzt. Auch hier muss man mit Vorhersagen vorsichtig umgehen.

Mark Twain (1835–1910), amerikanischer Schriftsteller

Mark Twain schreibt: „Binnen 170 Jahren hat sich der untere Mississippi um 240 Meilen verkürzt. Das macht im Durchschnitt $1\,^1/_3$ Meile pro Jahr. Daher sieht jeder Mensch, es sei denn, er ist blind oder ein Idiot, dass vor einer halben Million Jahren der untere Mississippi mehr als eine Million dreihunderttausend Meilen lang gewesen ist und in den Golf von Mexiko hinausragte wie ein Angelstock. Genauso sieht man sofort, dass heute in 742 Jahren der untere Mississippi nur noch eine Meile und dreiviertel messen wird."

Dampfschiff auf dem Mississippi

Eine Regressionsgerade kann man immer berechnen – ein Maß dafür, ob man damit wirklich eine brauchbare Näherung erhalten hat, ist der **Korrelationskoeffizient** r. Er liegt immer zwischen –1 und 1. Dabei bedeutet

Korrelationskoeffizient

$r > 0$: positiver Zusammenhang (je größer x, umso größer y)
$r < 0$: negativer Zusammenhang (je größer x, umso kleiner y)
$|r| = 1$: alle Punkte liegen auf einer Geraden
$|r| \approx 1$: starker Zusammenhang
$|r| \approx 0$: schwacher Zusammenhang

(Es ist nicht möglich, genau anzugeben, ab wann ein Zusammenhang „stark" ist – das kommt auf das aktuelle Problem an.)

Einige Beispiele:

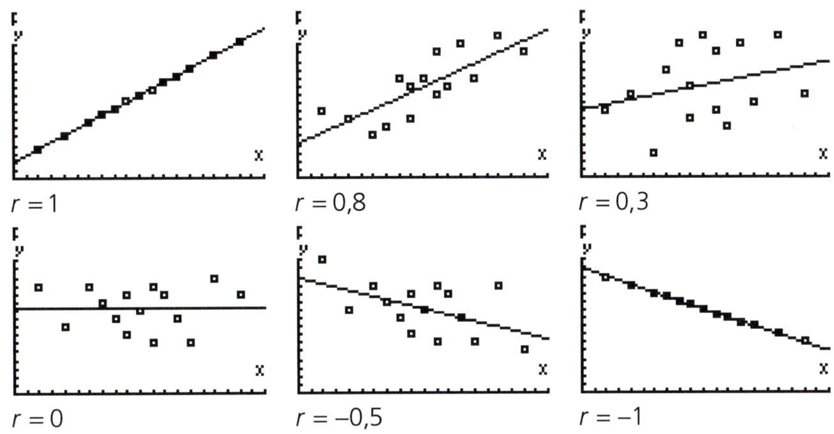

Abb. 6

Lineare Regression mit dem TI-82 STATS

SbX
Eine Erklärung, wie man die Regressionsgerade händisch berechnen kann, finden Sie unter der ID: 1711.

- Drücken Sie [STAT] → `1:Edit`, tragen Sie die x-Werte in die Liste L1 und die y-Werte in L2 ein.
- Wenn Sie die Punktwolke grafisch darstellen wollen, drücken Sie [2nd] [STAT PLOT], wählen einen Plot und folgende Einstellungen: `On`, Type: Streudiagramm (1. Bild), `Xlist: L1`, `Ylist: L2`. Drücken Sie [GRAPH].

Abb. 7

- Damit auch der Korrelationskoeffizient berechnet wird, müssen Sie im Katalog ([2nd] [CATALOG]) den Befehl `DiagnosticOn` auswählen. Bestätigen Sie zweimal mit [ENTER].
- Wählen Sie im Menü [STAT] → [CALC] den Punkt `4:LinReg(ax+b)`. Geben Sie ein: [2nd][L1][,][2nd][L2][,][VARS] → `Y-VARS` → `1:Function` → `Y1`. Dadurch wird das Ergebnis als Funktion Y_1 gespeichert.
- Sie erhalten: $a = 0{,}395\ldots$, $b = 8{,}989\ldots$, $r = 0{,}395\ldots$
- In der grafischen Darstellung wird jetzt auch die Regressionsgerade angezeigt.

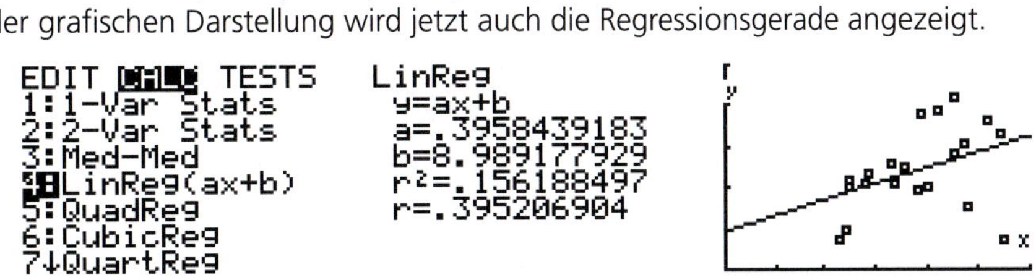

Abb. 8

Im vorigen Beispiel war der Zusammenhang nur mittelstark ($r \approx 0{,}4$). Das liegt daran, dass sowohl die Werte der Akademiker/innen als auch der Pflichtschulabsolvent/inn/en ziemlich weit von der Regressionsgeraden entfernt sind. Hier ist offensichtlich der Einfluss des Bildungsstands stärker als der des Alters.

SbX
Sie finden die Lösungen zu Ü 7 unter der ID: 1711.

Ü 7 ★★: Untersuchen Sie anhand der Daten des Beispiels L 1 noch einmal den Zusammenhang zwischen Alter und Einkommen, wobei Sie nur die Mitarbeiter mit Bildungsstand 2 und 3 (Lehre bzw. Fachschule und Matura) berücksichtigen. Welchen Wert erhalten Sie jetzt für den Korrelationskoeffizienten? Erklären Sie den Unterschied! B C D

siehe Beispiel W 2, Kapitel 3, Lerneinheit 3

Beim linearen Regressionsmodell haben wir angenommen, dass der Zusammenhang der gegebenen Werte näherungsweise durch eine lineare Funktion beschrieben werden kann. Diese Annahme liefert nicht immer gute Ergebnisse. Manchmal ergibt sich aus dem Streudiagramm oder aus sachlichen Gründen, dass eine andere Funktion eine bessere Näherung liefert. Ein Wachstumsprozess wird sich besser durch eine Exponentialfunktion darstellen lassen, ein periodischer Vorgang wie die Schwankungen der Temperatur im Lauf des Jahres durch eine Sinusfunktion. Für solche Probleme gibt es andere Regressionsmodelle, die hier nicht behandelt werden.

Korrelation vs. Kausalzusammenhang

Auch wenn man zwischen zwei Merkmalen eine hohe Korrelation festgestellt hat, kann die richtige Interpretation des Ergebnisses noch schwierig sein! Ein starker Zusammenhang bedeutet zunächst einmal nur, dass sich zwei Werte tendenziell in die gleiche bzw. entgegengesetzte Richtung entwickeln. Daraus folgt noch lange nicht, dass das eine die Ursache des anderen ist. Es gibt verschiedene Möglichkeiten:

- X ist die Ursache von Y.
- Y ist die Ursache von X.
- X und Y haben eine gemeinsame Ursache Z. Statistiker haben zum Beispiel festgestellt, dass eine starke Korrelation zwischen der Anzahl der Störche im Burgenland und der Geburtenzahl besteht. Deswegen wird aber niemand behaupten, dass der Storch die Kinder bringt. In Wahrheit ist die steigende Industrialisierung daran schuld, dass sowohl die Störche als auch die Kinderzahlen abgenommen haben.
- Die Korrelation ist zufällig. Statistiker haben einen Zusammenhang zwischen den Aktienkursen und der Länge der Damenröcke herausgefunden – diese Korrelation ist ein reines Zufallsprodukt. Wahrscheinlich ist so schon mancher Aberglaube entstanden.

Sorgt er für Kindersegen?

5 Manipulation mit Statistik

„Mit Statistiken kann man alles beweisen, auch das Gegenteil davon."

James Callaghan (1912–2005, ehemaliger britischer Premierminister)

Eine korrekt dargestellte Statistik liefert wichtige Informationen. Leider gibt es viele Möglichkeiten, die Interpretation bewusst oder unbewusst zu verfälschen. Sie kennen sicher selbst einige Beispiele.

Abschneiden der Skala

Die folgenden Grafiken zeigen die Entwicklung des Dollar-Euro-Kurses im September 2009.

Hier ist fast keine Veränderung sichtbar.

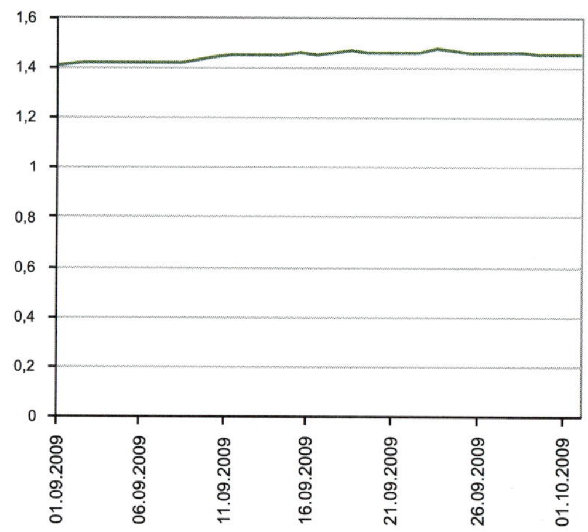

Abb. 9

Wenn man die y-Achse bei 1,42 beginnen lässt (s. Abb. 10), wirken die Kursschwankungen viel dramatischer.

So, wie in Abb. 11 dargestellt, wird aus einem steigenden ein fallender Trend.

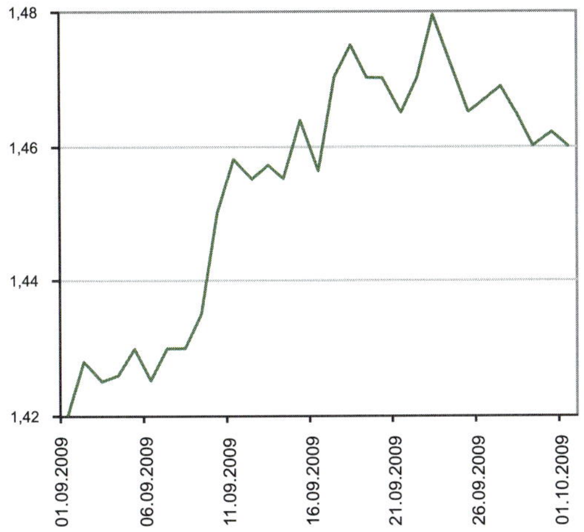

Abb. 10

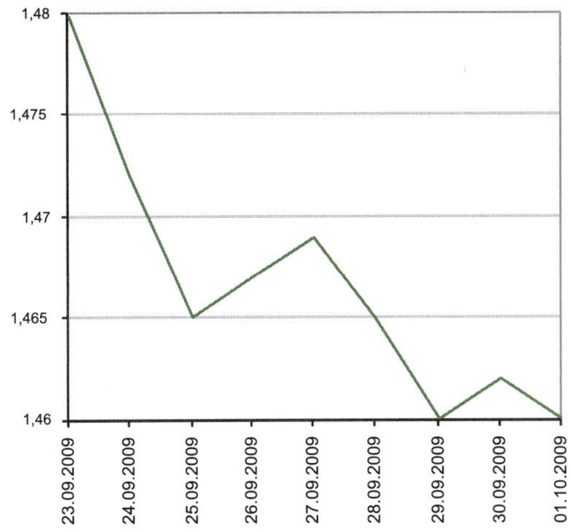

Abb. 11

Vergleich von Flächen statt von Längen

Abb. 12

Die Grafik soll veranschaulichen, dass sich die Preise für Nachhilfeunterricht in den letzten 20 Jahren verdoppelt haben. Der rechte Geldschein ist zwar doppelt so lang wie der linke, hat aber die vierfache Fläche. Weil Menschen dazu neigen, eher die Flächeninhalte zu vergleichen, entsteht so ein falscher Eindruck.

Man kann diesen Effekt noch steigern, wenn man dreidimensionale Körper (Kisten, Ölfässer ...) verwendet. Dann vergleicht man nämlich das Volumen, und das wird bei doppelter Seitenlänge achtmal so groß!

Irreführende 3D-Darstellungen

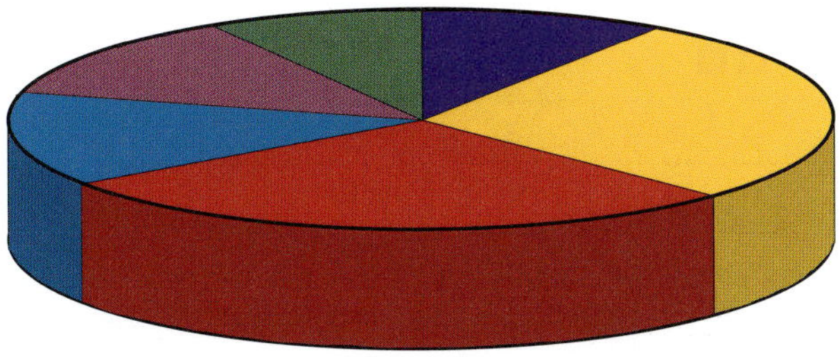

Abb. 13

Solche Tortendiagramme sind sehr beliebt. Aber die 3D-Darstellung verschleiert, dass die rote und die gelbe Fläche in Wirklichkeit gleich groß sind.

Verwirrende Prozentsätze

Nicht nur mit Bildern kann man manipulieren. Wenn ein bestimmter Eindruck verstärkt werden soll, werden Ergebnisse oft in Prozentsätzen angegeben. Aber ein Prozentsatz sagt für sich allein genommen gar nichts aus, solange man die Basis nicht kennt.

Was jetzt – die Altersdepression, ein statistischer Irrtum?

„Im Alter werden wir glücklicher", schrieb eine deutsche Zeitung. Man hatte herausgefunden, dass der Anteil der Selbstmorde an allen Todesfällen bei Jugendlichen unter 20 Jahren 25% beträgt, verglichen mit weniger als 2% bei den über 70-Jährigen. Daraus schloss der Autor des Artikels: Jugendliche begehen öfter Selbstmord.

In Wahrheit sterben pro Jahr ca. 20 von 100 000 Jugendlichen, davon 5 durch Suizid. Bei der älteren Generation kommen auf ca. 3 000 Todesfälle pro 100 000 Personen ca. 50 Suizide. Der Anteil der Selbstmörder ist also bei den Jugendlichen nur deshalb so hoch, weil die meisten anderen Todesursachen wegfallen – nicht, weil sie so unglücklich sind.
(Walter Krämer, So lügt man mit Statistik. München 2000: Piper)

In einer Wiener Volkshochschule stiegen die Teilnehmerzahlen in den ersten 20 Jahren um 1800%, in den nächsten 20 Jahren um 82% und in den darauf folgenden 20 Jahren nur mehr um 27% – „im Vergleich zur Gesamtentwicklung eher gering". Wenn man die absoluten Zahlen betrachtet, ergibt sich dagegen folgendes Bild: Die Volkshochschule nahm im Schuljahr 1946/47 mit 311 Teilnehmern und Teilnehmerinnen den Betrieb auf. 1965/66 hatte sie schon 5 912 Teilnehmer, 1984/85 waren es 10 771 und 2004/05 besuchten 13 634 Personen einen Kurs. Die absolute Steigerung ist also ziemlich konstant geblieben, aber von einem niedrigen Anfangswert aus kann man natürlich höhere Steigerungsraten verzeichnen.
(Zahlen aus: 60 Jahre Volkshochschule Floridsdorf, Mitteilungen Nr. 2, 2006)

In diesem Zusammenhang ist auch die Unterscheidung von Prozent und Prozentpunkten wichtig. Wenn eine Partei ihren Stimmenanteil von 20% auf 30% steigern konnte, dann hat sie 50 **Prozent,** aber 10 **Prozentpunkte** dazugewonnen.

Üben

SbX ID: 1712

Die Sonntagsfrage – ein Fall für die Statistik

Ü 8 ★: 500 Personen wurden befragt, für welche Partei sie sich bei der nächsten Wahl entscheiden würden. 120 antworteten „Rot", 180 „Gelb", 140 „Grün" und 60 „Blau". Ermitteln Sie die relativen Häufigkeiten für die einzelnen Parteien und den Modus. Stellen Sie die Daten in geeigneter Form grafisch dar. B

✔ 24%, 36%, 28%, 12%, Modus: Gelb

Ü 9 ★: In einem Buffet stehen drei Menüs zur Auswahl. 23 Gäste wählen das Putenschnitzel, 15 die Gemüsepfanne und 10 die Germknödel. Ermitteln Sie die relativen Häufigkeiten. B

✔ 48%, 31%, 21%

SbX
Sie finden die Lösung zu Ü 10 unter der ID: 1712.

Ü 10 ★: Die Betreiberin des Buffets führt eine Umfrage zur Kundenzufriedenheit durch. Die Gäste können einen Wert von 1 (sehr zufrieden) bis 5 (sehr unzufrieden) angeben. Die Ergebnisse lauten: B D

1	2	3	4	5
18	34	15	10	3

Berechnen Sie die relativen Häufigkeiten der einzelnen Antworten und zeichnen Sie ein Histogramm. Ermitteln Sie auch den Median. Erklären Sie, welcher Mittelwert hier zu welcher Aussage führen kann.

Ü 11 ★★: Auf einem Bauernhof wurde eine Stichprobe von 20 Eiern abgewogen. Die Ergebnisse lauten (in Gramm): B
53, 56, 58, 64, 61, 48, 62, 54, 57, 68, 63, 47, 58, 62, 60, 57, 58, 69, 61, 66

a) Berechnen Sie Mittelwert, Standardabweichung, Median und Quartile. Zeichnen Sie ein Boxplot-Diagramm.

✔ $\bar{x} = 59{,}1$; $\sigma = 5{,}67$; $\tilde{x} = 59$; $Q_1 = 56{,}5$; $Q_3 = 62{,}5$

von wegen: „gleicht wie ein Ei dem anderen" …

b) In Österreich werden Eier nach Qualitätsklassen und Gewichtsgruppen sortiert. Die Gewichtsgruppen werden wie folgt eingeteilt:
Gruppe 1: 70 g und darüber
Gruppe 2: 65 bis unter 70 g
Gruppe 3: 60 bis unter 65 g
Gruppe 4: 55 bis unter 60 g
Gruppe 5: 50 bis unter 55 g
Gruppe 6: 45 bis unter 50 g
Gruppe 7: unter 45 g

Ordnen Sie die Werte den einzelnen Gruppen zu und ermitteln Sie die absoluten und relativen Häufigkeiten. Berechnen Sie Mittelwert und Standardabweichung der klassierten Daten und vergleichen Sie mit dem Ergebnis aus a).

✔ 1: 0 (0%), 2: 3 (15%), 3: 7 (35%), 4: 6 (30%), 5: 2 (10%), 6: 2 (10%), 7: 0 (0%); $\bar{x} = 59{,}25$, $\sigma = 5{,}76$

Ü 12 ★: 35% aller österreichischen Familien haben keine Kinder, 32% haben ein Kind, 24% zwei Kinder, 7% drei Kinder und 2% vier und mehr Kinder (Zahlen aus 2001). Stellen Sie die Daten grafisch dar. Wie hoch ist die durchschnittliche Kinderzahl pro Familie? (Familien mit fünf oder mehr Kindern fallen statistisch nicht ins Gewicht.) A B

✔ 1,09

Ü 13 ★: Einige 16-jährige Burschen wurden gemessen und gewogen. Man erhielt folgende Werte: B C

Größe (x)	180	174	166	170	177	172	185	179
Gewicht (y)	65	57	48	55	64	59	70	58

Größe (x)	163	176	174	168	190	182	175	188
Gewicht (y)	50	60	70	60	68	59	63	75

a) Ermitteln Sie für Größe und Gewicht jeweils Mittelwert, Standardabweichung, Median und Quartile und zeichnen Sie ein Boxplot-Diagramm.

✔ $\bar{x} = 176{,}19$, $\sigma_x = 7{,}40$, $Q_1 = 171$, $\tilde{x} = 175{,}5$, $Q_3 = 181$
$\bar{y} = 61{,}31$, $\sigma_y = 7{,}05$, $Q_1 = 57{,}5$, $\tilde{y} = 60$, $Q_3 = 66{,}5$

b) Berechnen Sie die Gleichung der Regressionsgeraden und den Korrelationskoeffizienten. Interpretieren Sie das Ergebnis.

✔ $y = 0{,}75x - 70{,}77$, $r = 0{,}787$

Ü 14 ★: Bei einem Leichtathletik-Bewerb traten 14 Mädchen im 100-m-Lauf und im Weitsprung an. Sie erzielten folgende Leistungen: B C

100-m-Lauf (x)	13,04	13,40	14,40	14,90	13,52	14,00	14,64
Weitsprung (y)	5,09	5,11	4,32	3,94	4,79	4,64	4,36

100-m-Lauf (x)	14,07	14,31	14,52	14,26	17,71	13,54	14,52
Weitsprung (y)	4,69	4,60	3,92	4,50	3,40	4,69	4,53

Sport ist Mathematik – Mathematik ist Sport …

a) Ermitteln Sie für die Laufzeiten und die Sprungweiten jeweils Mittelwert, Standardabweichung, Median und Quartile und zeichnen Sie ein Boxplot-Diagramm.

✔ $\bar{x} = 14{,}35$, $\sigma_x = 1{,}07$, $Q_1 = 13{,}54$, $\tilde{x} = 14{,}285$, $Q_3 = 14{,}52$
$\bar{y} = 4{,}47$, $\sigma_y = 0{,}45$, $Q_1 = 4{,}32$, $\tilde{y} = 4{,}565$, $Q_3 = 4{,}69$

b) Ist eine gute Läuferin auch eine gute Weitspringerin? Berechnen Sie die Gleichung der Regressionsgeraden und den Korrelationskoeffizienten. Interpretieren Sie das Ergebnis.

✔ $y = -0{,}38x + 9{,}88$, $r = -0{,}90$

Ü 15 ★: Weltrekorde im 100-m-Lauf der Männer seit dem Beginn der elektronischen Zeitmessung (Auswahl): B C

1932	10,38	Eddie Tolan
1948	10,34	Barney Ewell
1958	10,29	Peter Radford
1964	10,06	Robert Hayes
1968	9,95	Jim Hines
1983	9,93	Calvin Smith
1991	9,86	Carl Lewis
1999	9,79	Maurice Greene
2007	9,74	Asafa Powell
2009	9,58	Usain Bolt

Ermitteln Sie die Gleichung der Regressionsgeraden (Beginn: 1900). Wann wäre, wenn sich der Trend unverändert fortsetzt, eine Zeit von a) 9,0 s, b) 0 s zu erwarten? Interpretieren Sie das Ergebnis!

✔ $y = -0{,}01x + 10{,}75$; 2075; 2975

SbX ID: 1712

Weitere Übungsbeispiele zu dieser Lerneinheit finden Sie im SbX.

Sichern

Datenniveaus

In der Statistik unterscheidet man nominale, ordinale und metrische Daten.

absolute/relative Häufigkeit

Die absolute Häufigkeit H_i gibt an, wie oft eine Eigenschaft in einer Stichprobe auftritt. Die relative Häufigkeit ist der Anteil an der gesamten Stichprobe:

$$h_i = \frac{H_i}{n}$$

(n ist der Umfang der Stichprobe).

Zentralmaße/ Streuungsmaße

Eine Reihe von Werten wird charakterisiert durch ein Zentralmaß (durchschnittlicher Wert) und durch ein Streuungsmaß, das angibt, wie stark die einzelnen Werte vom Durchschnitt abweichen.

Mittelwert/ Standardabweichung

$$\bar{x} = \frac{1}{n} \cdot (x_1 + x_2 + \ldots + x_n)$$

$$\sigma = \sqrt{\frac{1}{n} \cdot \left[(x_1 - \bar{x})^2 + (x_2 - \bar{x})^2 + \ldots + (x_n - \bar{x})^2\right]}$$

Mittelwert und Standardabweichung können nur bei metrischen Daten angewendet werden. Diese Werte enthalten viel Information, sie sind aber ziemlich empfindlich gegenüber statistischen Ausreißern.

Median/Quartile

Der Median ist der Wert, der die geordnete Urliste in zwei gleiche Hälften teilt.

Die Quartile teilen die geordnete Liste in Viertel. Diese Werte können bei ordinalen und metrischen Daten angewendet werden. Sie sind einfach zu bestimmen und robust.

Modus

Der Modus ist der Wert, der am häufigsten vorkommt. Er kann auf jedem Skalenniveau angegeben werden.

lineare Regression, Korrelationskoeffizient

Die lineare Regression ist ein Werkzeug, um den Zusammenhang zwischen zwei Datenreihen zu untersuchen. Der Zusammenhang zwischen den Daten wird dabei annähernd durch eine lineare Funktion $y = ax + b$ (Regressionsgerade) beschrieben. Der Korrelationskoeffizient gibt die Stärke des Zusammenhangs an:

$r > 0$: positiver Zusammenhang (je größer x, umso größer y)
$r < 0$: negativer Zusammenhang (je größer x, umso kleiner y)
$|r| = 1$: alle Punkte liegen auf einer Geraden
$|r| \approx 1$: starker Zusammenhang
$|r| \approx 0$: schwacher Zusammenhang

Wissen

SbX ID: 1714

SbX Die Lösungen finden Sie unter der ID: 1714.

W 1: Was ist der Unterschied zwischen Mittelwert und Median? Erklären Sie Vor- und Nachteile von beiden Werten. D

W 2: Was gibt die Standardabweichung an? D

W 3: Geben Sie je zwei Beispiele für einen positiven bzw. negativen Zusammenhang zwischen zwei Merkmalen an. D

W 4: Würfeln Sie 30-mal mit zwei Würfeln und notieren Sie jeweils die Augensumme. Ermitteln Sie die absoluten und relativen Häufigkeiten für die einzelnen Summen und zeichnen Sie ein Boxplot-Diagramm. Berechnen Sie Mittelwert, Standardabweichung, Median und Quartile. A B

5.1 5.2

W 5: Bei zwölf Gebrauchtwagen wurde der Benzinverbrauch gemessen: B D

Alter (Jahre)	2	1	1	2	3	1	2	5	3	5	3	5
Verbrauch (l/100 km)	5,4	5,8	6,2	6,7	7,0	7,3	7,5	7,8	8,1	9,6	15,4	17,0

a) Berechnen Sie Mittelwert und Standardabweichung des Benzinverbrauchs. Bestimmen Sie auch den Median.
b) Begründen Sie, warum der Median vom Mittelwert abweicht. Wer wird eher den Mittelwert angeben, wer den Median?
c) Hängt der Benzinverbrauch vom Alter ab? Bestimmen Sie die Gleichung der Regressionsgeraden (Alter: x, Verbrauch: y) und den Korrelationskoeffizienten. Interpretieren Sie das Ergebnis.

Ein kurzer Wissens-Check, bevor's weitergeht!

Wissens-Check

	☺	😐	☹
Ich weiß, wie man arithmetisches Mittel und Standardabweichung berechnet.			
Ich kann Median und Quartile bestimmen.			
Ich kenne den Unterschied zwischen arithmetischem Mittelund Median.			
Ich kann den Zusammenhang zwischen zwei Merkmalen interpretieren.			
Ich kenne die wichtigsten Möglichkeiten zur grafischen Darstellung von Daten.			
Ich weiß um die Probleme bei grafischen Darstellungen.			

7 Statistik und Wahrscheinlichkeitsrechnung

SbX
Alle SbX-Inhalte zu dieser Lerneinheit finden Sie unter der ID: 1720.

Lerneinheit 2
Wahrscheinlichkeitsrechnung

Im Alltag müssen wir oft Chancen abschätzen: „Wahrscheinlich ist morgen schönes Wetter.“, „Ich glaube nicht, dass ich in der Straßenbahn kontrolliert werde.“, „Es ist sehr unwahrscheinlich, dass du im Lotto gewinnst.“ ... Die Wahrscheinlichkeitsrechnung ist eine Methode, solche Chancen präzise zu definieren und zu berechnen.

Sie lernen hier:
- **was man unter der Wahrscheinlichkeit eines Ereignisses versteht**
- **die wichtigsten Rechenregeln für Wahrscheinlichkeiten**
- **wie man alle möglichen Kombinationen von verschiedenen Elementen abzählt**
- **die Berechnung der Wahrscheinlichkeitsverteilungen, die in der Praxis am häufigsten vorkommen**

Lernen

SbX ID: 1721

1 Rechnen mit Wahrscheinlichkeiten
Wie stehen die Chancen?

In der Wahrscheinlichkeitsrechnung haben wir es immer mit Zufallsexperimenten zu tun – das heißt, mit Experimenten, deren Ausgang nicht bekannt ist. Das kann ein Münzwurf sein, das Ziehen einer Kugel aus einer Urne, aber auch die zufällige Auswahl einer Person aus einer Gruppe (z.B. durch Los) oder das Steigen und Fallen einer Aktie. Bei allen diesen Experimenten sind verschiedene Ausgänge möglich, die jeweils mit einer bestimmten Wahrscheinlichkeit auftreten. Diese Wahrscheinlichkeit wollen wir durch eine Zahl ausdrücken.

L 1: Hier sehen Sie noch einmal einige Daten aus dem Beispiel der vorigen Lerneinheit, diesmal aufgegliedert nach Geschlecht und Wohnort: B

	Wien	Niederösterreich	Burgenland	Summe
männlich	7	3	2	12
weiblich	4	3	1	8
Summe	11	6	3	20

Wir lesen zum Beispiel ab: Von 20 Mitarbeiterinnen/Mitarbeitern sind 12 männlich, das heißt, die relative Häufigkeit der Eigenschaft „männlich“ ist $\frac{12}{20} = 0{,}6$ bzw. 60%. Das können wir auch anders formulieren: Wenn zufällig ein Mitglied der Firma ausgewählt wird, beträgt die Wahrscheinlichkeit, dass es sich um einen Mann handelt, 0,6.

Genauso ergibt sich die Wahrscheinlichkeit, eine Burgenländerin bzw. einen Burgenländer auszuwählen, zu $\frac{3}{20} = 0{,}15$ bzw. 15%.

Wahrscheinlichkeit = relative Häufigkeit

Eine erste Definition der Wahrscheinlichkeit lautet also: Wahrscheinlichkeit ist die relative Häufigkeit. Diese Definition versagt aber zum Beispiel beim Werfen einer Münze. Je öfter man wirft, umso mehr wird sich die relative Häufigkeit von „Kopf“ dem Wert $\frac{1}{2}$ annähern.

Kopf oder Zahl?

Zur Bestimmung der Wahrscheinlichkeit müssten wir den Versuch aber unendlich oft durchführen. Hier sagt man intuitiv: Es gibt zwei Möglichkeiten – „Kopf" oder „Zahl" –, die beide die gleiche Chance haben; die Wahrscheinlichkeit für „Kopf" ist daher $\frac{1}{2}$ bzw. 50% („eine Fifty-fifty-Chance").

Präzisieren wir:

Die Menge aller möglichen Ausgänge eines Experiments (der sogenannten **Elementarereignisse**) bezeichnet man als **Ereignismenge Ω** (Omega). Beim Münzwurf ist $\Omega = \{K, Z\}$, beim Würfeln mit einem sechsseitigen Würfel ist $\Omega = \{1, 2, 3, 4, 5, 6\}$.

Ein **Ereignis** ist eine Teilmenge von Ω, z.B. „die Münze zeigt Kopf" $= \{K\}$ oder „es wird eine durch 3 teilbare Zahl gewürfelt" $= \{3, 6\}$.

Ereignisse werden meist mit *A, B* … abgekürzt; die Wahrscheinlichkeit für das Ereignis *A* bezeichnet man mit $P(A)$ (von engl. *probability:* Wahrscheinlichkeit).

Wenn nun alle Elementarereignisse gleich wahrscheinlich sind, gilt:

Definition der Wahrscheinlichkeit nach Laplace

$$P(A) = \frac{\text{Anzahl der für } A \text{ günstigen Ausgänge}}{\text{Anzahl der möglichen Ausgänge}}$$

SbX **Eine andere Interpretation von Wahrscheinlichkeit finden Sie unter der ID: 1721.**

Ein solches Experiment heißt **Laplace-Experiment,** nach dem französischen Mathematiker und Astronomen **Pierre-Simon Laplace (1749–1827),** von dem diese Definition stammt.

Beim Münzwurf ist also $P(\text{„Kopf"}) = \frac{1}{2} = 0{,}5$ bzw. 50%, beim Würfeln ist $P(\text{„durch 3 teilbare Zahl"}) = \frac{2}{6} = \frac{1}{3} \approx 0{,}333$, also ca. 33,3%.

$0 \leq P(A) \leq 1$, wobei 1 dem sicheren Ereignis entspricht und 0 dem unmöglichen Ereignis.

Wie Sie sehen, liegt die Wahrscheinlichkeit immer im Intervall von 0 bis 1. Wenn ein Ereignis mit Wahrscheinlichkeit 1 eintritt (also immer), bezeichnet man es als **sicheres Ereignis** (z.B.: „es wird eine der Zahlen 1 bis 6 gewürfelt"); hat es die Wahrscheinlichkeit 0 (es kann also nie eintreten), heißt es **unmögliches Ereignis** (z.B.: „es wird 7 gewürfelt").

SbX **Sie finden die Lösungen zu Ü 1 und Ü 2 unter der ID: 1721.**

Ü 1 ★: Ein sechsseitiger Würfel wird einmal geworfen. Ermitteln Sie die Wahrscheinlichkeiten (als Bruch) für folgende Ereignisse: **B**
- 5 oder 6
- keine 6
- eine gerade Zahl
- eine Zahl ≤ 3

Ü 2 ★: Ein Kartenspiel besteht aus 52 Karten. Es gibt vier Farben (Herz, Karo, Pik, Kreuz) und in jeder Farbe 13 verschiedene Werte (Ass, König, Dame, Bube, 10, 9, 8, 7, 6, 5, 4, 3, 2). Es wird eine Karte gezogen. Ermitteln Sie die Wahrscheinlichkeit (als Bruch und in Prozent) für **B**
- eine Herzkarte
- keine Herzkarte
- einen König
- einen König oder eine Dame
- einen König oder eine Herzkarte (oder beides)
- den Herzkönig

Herz-König

Damit wir nicht jedes Mal alle günstigen Fälle abzählen müssen, führen wir einige Rechenregeln ein.

Sie haben in den vorigen Beispielen gesehen: die Wahrscheinlichkeit von „5 oder 6" ist die Summe der Wahrscheinlichkeiten von „5" und „6"; $P(\text{König oder Dame}) = P(\text{König}) + P(\text{Dame})$. Das gilt nur dann, wenn die beiden Ereignisse einander ausschließen: man kann nur entweder 5 oder 6 würfeln.

entweder *A* oder *B*: Wahrscheinlichkeiten werden addiert

$P(A \vee B) = P(A) + P(B)$, wenn *A* und *B* einander ausschließen.

Wenn wir die Wahrscheinlichkeit von „König oder Herz" nach dieser Formel berechnet hätten, hätten wir den Herzkönig doppelt gezählt. Wir müssen also von dieser Summe die Wahrscheinlichkeit für „Herzkönig" abziehen. Allgemein gilt also:

$$P(A \vee B) = P(A) + P(B) - P(A \wedge B)$$

Die Wahrscheinlichkeit für „Herz oder nicht Herz" ist 1, weil einer dieser Fälle eintreten muss. Andererseits ist $P(\text{Herz oder nicht Herz}) = P(\text{Herz}) + P(\text{nicht Herz})$; wir erhalten also: $P(\text{nicht Herz}) = 1 - P(\text{Herz})$ (wie Sie in Ü 2 gesehen haben). Allgemein gilt also für das Gegenereignis „nicht A":

Gegenereignis

$$P(\neg A) = 1 - P(A)$$

Oft ist es einfacher, die Wahrscheinlichkeit des Gegenereignisses zu berechnen.

bedingte Wahrscheinlichkeit: wenn *A*, dann *B*

Wenn man schon weiß, dass eine Zahl ≤ 3 gewürfelt wurde, wie hoch ist die Wahrscheinlichkeit, dass es eine gerade Zahl ist? Die „möglichen Ausgänge" sind in diesem Fall nur mehr 1, 2, 3; für die „günstigen Ausgänge" gibt es nur eine Möglichkeit, nämlich 2. Die Antwort lautet daher $\frac{1}{3}$.

Man bezeichnet das als **bedingte Wahrscheinlichkeit** $P(B|A)$: die Wahrscheinlichkeit für B unter der Bedingung, dass A eingetroffen ist.

$$P(B|A) = \frac{P(A \wedge B)}{P(A)}$$

Ü 3 ★: Wie hoch ist die Wahrscheinlichkeit, dass ein/e zufällig ausgewählte/r Mitarbeiter/in (siehe Aufgabe L 1) B

- ein Mann ist, wenn bekannt ist, dass er in Wien wohnt? ✔ $\frac{7}{11}$
- in Niederösterreich wohnt, wenn bekannt ist, dass es eine Frau ist? ✔ $\frac{3}{8}$

unabhängige Ereignisse

Die Wahrscheinlichkeit für „König", wenn man schon weiß, dass eine Herzkarte gezogen wurde, beträgt $\frac{1}{13}$, genauso viel wie die unbedingte Wahrscheinlichkeit für „König". Die Kartenfarbe hat also keinen Einfluss auf das Ereignis „es wird ein König gezogen". Das heißt, die beiden Ereignisse sind voneinander **unabhängig.**

Die Wahrscheinlichkeit, dass **sowohl** A **als auch** B eintritt, ist:

sowohl *A* als auch *B*: Wahrscheinlichkeiten werden multipliziert

$P(A \wedge B) = P(A) \cdot P(B)$, wenn A und B voneinander unabhängig sind.

Im Allgemeinen gilt:

$$P(A \wedge B) = P(A) \cdot P(B|A)$$

Würfeln Sie zweimal.

L 2: Wie hoch ist bei **zweimaligem** Würfeln die Wahrscheinlichkeit für a) „zwei Sechser", b) „kein Sechser" und c) „mindestens ein Sechser"? B

a) Wenn man zweimal würfelt, gibt es 36 mögliche Ausgänge („erster Wurf 1, zweiter Wurf 1", „erster Wurf 1, zweiter Wurf 2" … „erster Wurf 6, zweiter Wurf 6"), von denen nur einer günstig ist. Die Wahrscheinlichkeit für „erster Wurf 6, zweiter Wurf 6" beträgt also $\frac{1}{36}$. Das gleiche Ergebnis erhalten wir mit folgender Überlegung: Die beiden Würfe sind voneinander unabhängig (der Würfel hat kein Gedächtnis).
Daher ist $P(\text{zweimal „6"}) = \frac{1}{6} \cdot \frac{1}{6} = \frac{1}{36}$.

b) Genauso erhalten wir: $P(\text{zweimal „nicht 6"}) = \frac{5}{6} \cdot \frac{5}{6} = \frac{25}{36}$.

c) Das Ereignis „mindestens ein Sechser" ist das Gegenereignis zu „kein Sechser". Also ist $P(\text{mindestens einmal „6"}) = 1 - \frac{25}{36} = \frac{11}{36}$.

Bei **dreimaligem** Würfeln erhalten wir:

$P(\text{dreimal „6"}) = \left(\frac{1}{6}\right)^3 = \frac{1}{216}$, $P(\text{dreimal „nicht 6"}) = \left(\frac{5}{6}\right)^3 = \frac{125}{216}$ und

$P(\text{mindestens einmal „6"}) = 1 - \frac{125}{216} = \frac{91}{216}$.

Die Wahrscheinlichkeit für „nur Sechser" wird also immer kleiner, je öfter man würfelt, aber die Wahrscheinlichkeit für „mindestens ein Sechser" wird immer größer. Als kleine Herausforderung eine etwas anspruchsvollere Aufgabe:

die „Wie oft mindestens?"-Aufgabe

L 3: Wie oft muss man **mindestens** würfeln, um mit **mindestens** 90% Wahrscheinlichkeit **mindestens** einen Sechser zu erhalten? B C

Bei n-maligem Würfeln erhalten wir analog zu den vorigen Beispielen:

$P(n\text{-mal „nicht 6"}) = \left(\frac{5}{6}\right)^n$, $P(\text{mindestens einmal „6"}) = 1 - \left(\frac{5}{6}\right)^n$. Das sollen 90% sein:

$$1 - \left(\frac{5}{6}\right)^n = 0{,}9$$

$$\left(\frac{5}{6}\right)^n = 0{,}1$$

Da die Unbekannte im Exponenten steht, müssen wir logarithmieren:

zur Erinnerung: $\log(x^r) = r \cdot \log x$ (siehe Rechenregeln für Logarithmen, Kapitel 3, Lerneinheit 2)

$$n \cdot \ln\left(\frac{5}{6}\right) = \ln(0{,}1)$$

$$n = \frac{\ln(0{,}1)}{\ln(\frac{5}{6})} = 12{,}62...$$

Die Wahrscheinlichkeit soll mindestens 90% betragen, daher müssen wir das Ergebnis aufrunden. Man muss also mindestens 13-mal würfeln.

Baumdiagramm

Bei den beiden letzten Beispielen handelt es sich um ein mehrstufiges Experiment (es wird mehrmals gewürfelt). Solche Experimente kann man mit einem Baumdiagramm veranschaulichen: Jeder Weg entspricht einer möglichen Abfolge von Ereignissen. Neben den Weg wird die Wahrscheinlichkeit geschrieben.

Ein sehr beliebtes (weil einfaches) Modell ist das Ziehen von Kugeln aus einem Gefäß (in den Lehrbüchern ist es immer eine Urne). Dabei muss man unterscheiden, ob die Kugel nach dem Ziehen wieder zurückgelegt wird (ähnlich wie beim Lotto-Joker) oder nicht (wie beim Lotto „6 aus 45").

Ziehen mit Zurücklegen

L 4: In einer Urne befinden sich 2 weiße und 3 schwarze Kugeln. Es wird zweimal je eine Kugel gezogen, wobei die Kugel nach dem ersten Zug wieder zurückgelegt wird („Ziehen mit Zurücklegen"). A B

Wie hoch ist die Wahrscheinlichkeit, dass
a) zwei weiße Kugeln,
b) genau eine weiße Kugel gezogen wird?

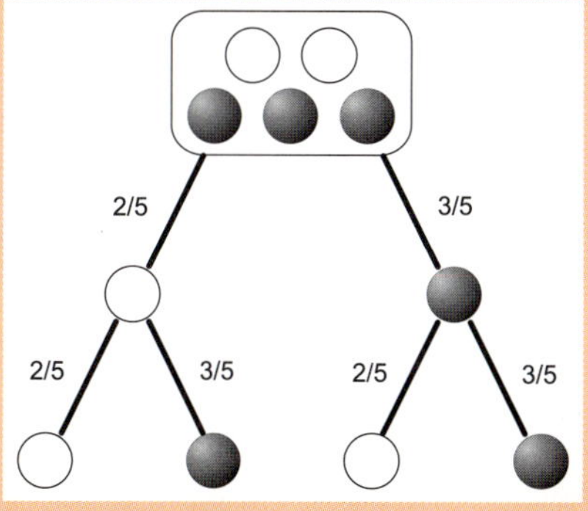

Abb. 1

a) Die Wahrscheinlichkeit, dass sowohl im ersten als auch im zweiten Zug eine weiße Kugel gezogen wird, beträgt nach der Multiplikationsregel:

$$P(2\text{-mal } W) = \frac{2}{5} \cdot \frac{2}{5} = \frac{4}{25} = 0{,}16$$

b) Das Ergebnis „genau eine weiße Kugel" kann auf zwei Wegen erreicht werden: entweder „Weiß, Schwarz" oder „Schwarz, Weiß". Wir müssen daher die Wahrscheinlichkeiten für die beiden Wege addieren:

$$P(1\text{-mal } W) = P(W,S) + P(S,W) = \frac{2}{5} \cdot \frac{3}{5} + \frac{3}{5} \cdot \frac{2}{5} = \frac{12}{25} = 0{,}48.$$

7 Statistik und Wahrscheinlichkeitsrechnung

Beim Arbeiten mit Baumdiagrammen gilt also:

- Die Wahrscheinlichkeiten entlang eines Weges werden multipliziert.
- Wenn das gesuchte Ergebnis auf mehreren Wegen erreicht wird, werden die Wahrscheinlichkeiten für die einzelnen Wege addiert.

Ziehen ohne Zurücklegen

L 5: Wir betrachten die gleiche Situation wie vorhin, aber diesmal wird die Kugel nach dem ersten Zug nicht zurückgelegt („Ziehen ohne Zurücklegen"). Dadurch ändern sich beim zweiten Zug die Wahrscheinlichkeiten. Wenn z.B. als erstes eine weiße Kugel gezogen wurde, ist von den übrigen 4 Kugeln nur mehr eine weiß; die Wahrscheinlichkeit, dass die zweite Kugel auch weiß ist, beträgt also nur mehr $\frac{1}{4}$. Das Baumdiagramm sieht jetzt so aus: A B

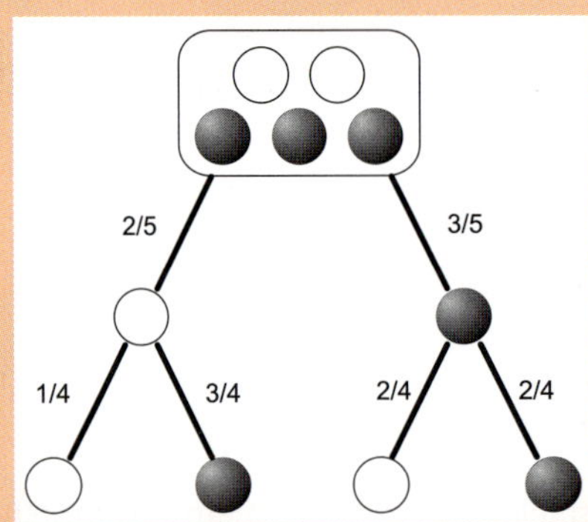

Abb. 2

Es ist also

$$P(\text{2-mal } W) = \frac{2}{5} \cdot \frac{1}{4} = \frac{1}{10} = 0{,}1$$

$$P(\text{1-mal } W) = P(W,S) + P(S,W) = \frac{2}{5} \cdot \frac{3}{4} + \frac{3}{5} \cdot \frac{2}{4} = \frac{6}{10} = 0{,}6$$

Das Ziehen von Kugeln aus einer Urne ist in der Wahrscheinlichkeitsrechnung ein beliebtes Modell, mit dem viele verschiedene Zufallsexperimente dargestellt werden können. Natürlich können auch andere Gegenstände gezogen werden:

Bei Tageslicht betrachtet, ist das Gegenereignis eingetreten.

L 6: Sie stehen des Morgens unausgeschlafen vor ihrer Sockenlade, in der sich 10 schwarze, 6 blaue und 5 graue (einer ging verloren) Socken befinden. Sie greifen schlaftrunken hinein und ziehen zuerst einen Socken rechts, dann einen links an. Berechnen Sie die Wahrscheinlichkeit, mit der Sie zwei gleiche Socken tragen. (Anmerkung. Die Socken liegen einzeln in der Lade.) A B

Wir betrachten nun den genauen „Tathergang":

Wahrscheinlichkeit, dass man zwei gleiche Socken trägt =

entweder	sowohl	der rechte Socken schwarz	als auch	der linke Socken schwarz
=		$P(s_{re})$	$\cdot$	$P(s_{li})$
=		$\frac{10}{21}$	$\cdot$	$\frac{9}{20}$
oder	sowohl	der rechte Socken blau	als auch	der linke Socken blau
+		$P(b_{re})$	$\cdot$	$P(b_{li})$
+		$\frac{6}{21}$	$\cdot$	$\frac{5}{20}$
oder	sowohl	der rechte Socken grau	als auch	der linke Socken grau
+		$P(g_{re})$	$\cdot$	$P(g_{li})$
+		$\frac{5}{21}$	$\cdot$	$\frac{4}{20}$

$$= \frac{1}{3} \approx 0{,}333 = 33{,}3\%$$

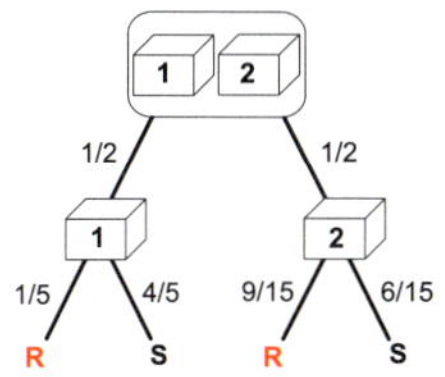

Abb. 3

L 7: In einer Schachtel liegen ein roter und vier schwarze Filzstifte, in einer anderen, gleich aussehenden Schachtel sind 9 rote und 6 schwarze Stifte. Sie wählen eine Schachtel und nehmen, ohne hinzusehen, einen Stift heraus. A B

a) Wie groß ist die Wahrscheinlichkeit, dass es sich um einen roten Stift handelt?

Wahrscheinlichkeit, sowohl die erste Schachtel zu wählen als auch aus dieser Schachtel einen roten Stift zu ziehen: $\frac{1}{2} \cdot \frac{1}{5} = \frac{1}{10} = 0{,}1$

Wahrscheinlichkeit, sowohl die zweite Schachtel zu wählen als auch aus dieser Schachtel einen roten Stift zu ziehen: $\frac{1}{2} \cdot \frac{9}{15} = \frac{3}{10} = 0{,}3$

Wahrscheinlichkeit, entweder aus der ersten oder aus der zweiten Schachtel einen roten Stift zu ziehen: $0{,}1 + 0{,}3 = 0{,}4 = 40\%$

b) Sie haben einen roten Stift gezogen. Mit welcher Wahrscheinlichkeit stammt er aus der ersten Schachtel?

Jetzt ist die bedingte Wahrscheinlichkeit (Schachtel 1 | roter Stift) gesucht. Die „möglichen Fälle" sind jetzt nur mehr die 40% aller Versuche, bei denen ein roter Stift gezogen wurde. Die „günstigen Fälle" sind die 10%, in denen der rote Stift aus der ersten Schachtel gezogen wurde. Die gesuchte Wahrscheinlichkeit ist daher

$\frac{0{,}1}{0{,}4} = \frac{1}{4} = 0{,}25$ bzw. 25%.

(Die Überlegung „Von insgesamt 10 roten Stiften liegt einer in der ersten Schachtel" hilft hier nicht weiter, weil nicht jeder Stift die gleiche Chance hat, gezogen zu werden.)

c) Alle Stifte werden in eine Schachtel zusammengeworfen. Wie hoch ist jetzt die Wahrscheinlichkeit, einen roten Stift zu ziehen?

Diesmal können wir einfach rechnen: $\frac{10}{20} = \frac{1}{2} = 0{,}5$ bzw. 50%.

Warum erhalten Sie hier ein anderes Ergebnis als in a)?

2 Zufallsvariable, Erwartungswert, Standardabweichung

Was kann ich erwarten?

Ab jetzt interessieren wir uns für Ereignisse, die durch eine Zahl dargestellt werden können, wie z.B. die Augensumme beim Würfeln, die Anzahl von „Kopf" bei dreimaligem Münzwurf oder die Größe eines zufällig ausgewählten Menschen. Weil solche Zahlen zufällig sind, nennt man sie **Zufallsvariablen.** Man bezeichnet sie mit Großbuchstaben (*X, Y*...).

L 8: Wir würfeln wieder zweimal mit einem sechsseitigen Würfel. Diesmal interessieren wir uns nicht für die Ergebnisse der einzelnen Würfe, sondern nur für die Summe der Augenzahlen (wir bezeichnen sie mit X). Sie kann die Werte 2, 3 ..., 12 annehmen. B

Wir wir schon in Beispiel L 2 überlegt haben, gibt es 36 verschiedene Ausgänge (Elementarereignisse). Die Augensumme 2 ist nur auf eine Art möglich, nämlich „erster Wurf 1, zweiter Wurf 1"; sie hat daher die Wahrscheinlichkeit $\frac{1}{36}$. Für die Augensumme 3 gibt es schon 2 Möglichkeiten, nämlich „erster Wurf 1, zweiter Wurf 2" oder „erster Wurf 2, zweiter Wurf 1"; die Wahrscheinlichkeit dafür beträgt daher $\frac{2}{36}$ usw.

Wir stellen die Wahrscheinlichkeiten in einer Tabelle und in einem Histogramm zusammen:

Augensumme x_i	Wahrscheinlichkeit $P(X = x_i)$	Augensumme x_i	Wahrscheinlichkeit $P(X = x_i)$
2	$\frac{1}{36}$	7	$\frac{6}{36}$
3	$\frac{2}{36}$	8	$\frac{5}{36}$
4	$\frac{3}{36}$	9	$\frac{4}{36}$
5	$\frac{4}{36}$	10	$\frac{3}{36}$
6	$\frac{5}{36}$	11	$\frac{2}{36}$
		12	$\frac{1}{36}$

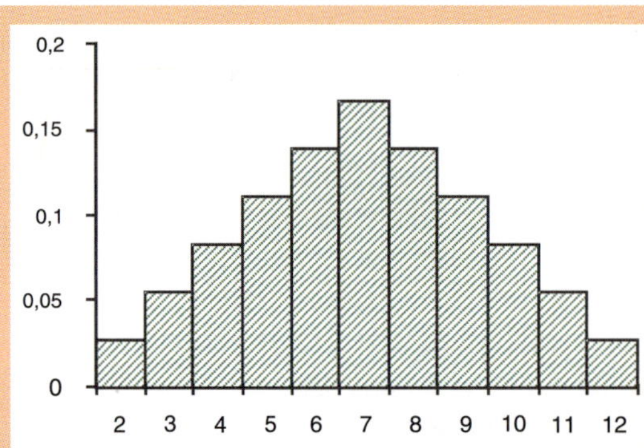

Abb. 4

Wir können jetzt folgende Fragen stellen:

- Welchen Wert kann man im Durchschnitt erwarten?
- Wie stark werden die einzelnen Werte vom Durchschnitt abweichen?

In der Statistik hatten wir ähnliche Fragestellungen; die Antworten darauf gaben unter anderem der Mittelwert und die Standardabweichung.

Erwartungswert

μ: der griechische Buchstabe my

Welche Augensumme kann man im Durchschnitt erwarten, wenn man das Experiment sehr oft wiederholt? Das kann man genauso berechnen wie den Mittelwert in der Statistik. Den relativen Häufigkeiten entsprechen hier die Wahrscheinlichkeiten. Diesen Wert, den sogenannten **Erwartungswert** der Verteilung, bezeichnet man mit $E(X)$ oder μ:

Erwartungswert

$$E(X) = \mu = x_1 \cdot P(X = x_1) + x_2 \cdot P(X = x_2) + \ldots$$

L 8 (Fortsetzung): Der Erwartungswert der Augensumme beträgt B C

$$\mu = 2 \cdot \frac{1}{36} + 3 \cdot \frac{2}{36} + \ldots + 12 \cdot \frac{1}{36} = 7$$

Man kann also mit einer durchschnittlichen Augensumme von 7 rechnen.

(In diesem Fall ist das auch der wahrscheinlichste Wert; das muss im Allgemeinen nicht so sein.)

Standardabweichung

So wie in der Statistik ist die Standardabweichung σ ein Maß dafür, wie stark die einzelnen Versuchsergebnisse vom Erwartungswert abweichen. Sie wird auch analog dazu berechnet:

Standardabweichung

$$\sigma = \sqrt{(x_1 - \mu)^2 \cdot P(X = x_1) + (x_2 - \mu)^2 \cdot P(X = x_2) + \ldots}$$

L 8 (Fortsetzung): Die Standardabweichung der Augensumme beträgt

$$\sigma = \sqrt{(2-7)^2 \cdot \frac{1}{36} + (3-7)^2 \cdot \frac{2}{36} + \ldots + (12-7)^2 \cdot \frac{1}{36}} = \sqrt{\frac{35}{6}} \approx 2{,}42$$

T Erwartungswert und Standardabweichung kann man mit den Statistikfunktionen des Taschenrechners berechnen, wobei man statt der Häufigkeiten die Wahrscheinlichkeit verwendet.

Mithilfe des Erwartungswertes können auch Gewinnchancen abgeschätzt werden. Ein Spiel ist fair, wenn der erwartete Gewinn gleich dem Einsatz ist.

Ein faires Angebot?

L 9: Jemand bietet Ihnen folgendes Spiel an: sie zahlen 2 € Einsatz und dürfen zweimal würfeln. Wenn Sie zwei Sechser würfeln, gewinnen Sie 10 €, bei einem Sechser beträgt Ihr Gewinn 5 €. Sollen Sie auf das Spiel eingehen? B C

Die Wahrscheinlichkeit, sowohl beim ersten als auch beim zweiten Wurf „Sechs" zu würfeln, beträgt $\frac{1}{6} \cdot \frac{1}{6} = \frac{1}{36}$.

Einen Sechser können Sie auf zwei Arten erhalten: entweder beim ersten Mal „Sechs", beim zweiten „nicht Sechs", oder zuerst „nicht Sechs", dann „Sechs"; die Wahrscheinlichkeit dafür ist $\frac{1}{6} \cdot \frac{5}{5} + \frac{5}{6} \cdot \frac{1}{6} = \frac{10}{36}$.

Der erwartete Gewinn beträgt daher $10 \cdot \frac{1}{36} + 5 \cdot \frac{10}{36} \approx 1{,}67$ €.

Weil der Einsatz 2 € beträgt, ist das Spiel nicht fair – Sie würden bei jedem Versuch im Durchschnitt 0,33 € verlieren.

3 Kombinatorik

Vom richtigen Zählen

Wir haben vorhin gesehen, dass ein Ergebnis eines Experiments oft auf mehreren Wegen erreicht werden kann. Da ist es wichtig, zu wissen, auf wie viele verschiedene Arten das möglich ist. Bei einfacheren Problemen (bis zu dreimal Ziehen) kann man ein Baumdiagramm zeichnen und die Wege abzählen, aber bei mehreren Wiederholungen ist das praktisch nicht mehr möglich. Wir brauchen daher Formeln, um die Anzahl der verschiedenen Möglichkeiten zu berechnen. Mit diesen Fragen beschäftigt sich die Kombinatorik.

Anordnungen

L 10: Anton, Branka, Christine, Dieter, Emine und Fritz haben in einem Lokal 6 Plätze reserviert. Auf wie viele verschiedene Arten können sie sich an den Tisch setzen? B

Wenn Anton zuerst kommt, hat er noch 6 Plätze zur Auswahl. Für Branka sind dann nur mehr 5 Plätze übrig. Weil jede der 6 Möglichkeiten von Anton mit jeder der 5 Möglichkeiten von Branka kombiniert werden kann, gibt es für die beiden insgesamt $6 \cdot 5 = 30$ Möglichkeiten, sich zu setzen. Für Christine gibt es noch 4 Plätze, für Dieter 3, für Emine 2, und für Fritz ist nur mehr ein Platz frei. Insgesamt sind also $6 \cdot 5 \cdot 4 \cdot 3 \cdot 2 \cdot 1 = 720$ verschiedene Sitzordnungen möglich.

Den Ausdruck $n \cdot (n-1) \cdot \ldots \cdot 3 \cdot 2 \cdot 1$ bezeichnet man als „n Fakultät" oder „n Faktorielle" und kürzt ihn mit $n!$ ab. Der Vollständigkeit halber definiert man: $0! = 1$.

Permutationen: n Fakultät

$n! = n \cdot (n-1) \cdot \ldots \cdot 3 \cdot 2 \cdot 1 \qquad 0! = 1$

n verschiedene Elemente können auf $n!$ Arten angeordnet werden (Permutationen).

T Auf dem TI-82 STATS finden Sie diesen Befehl unter MATH → `PRB` → `4:!`.

SbX Sie finden die Lösung zu Ü 4 unter der ID: 1721.

Ü 4 ★: Berechnen Sie 10!, 20!, 50! und 70!. B

Wie Sie sehen, steigt die Folge $n!$ rasant an. 70! ist schon größer als 10^{99}, das heißt zu groß, als dass man es mit dem Taschenrechner berechnen könnte.

L 11: Wie viele verschiedene Wörter (egal, ob sinnvoll oder nicht) können aus den Buchstaben des Namens a) ANTON, b) BARBARA, c) MISSISSIPPI gebildet werden? B

Wenn die Buchstaben alle verschieden wären, gäbe es bei a) $5! = 120$ Möglichkeiten. Das N kommt aber doppelt vor. Zwei Anordnungen, bei denen nur die beiden N vertauscht werden, ergeben dasselbe Wort. Wir müssen daher das Ergebnis durch 2!, die Anzahl aller Anordnungen der beiden N, dividieren und erhalten $\frac{5!}{2!} = 60$ Möglichkeiten.

Bei b) gibt es 2 B, 3 A und 2 R, es sind daher $\frac{7!}{2! \cdot 3! \cdot 2!} = 210$ Wörter möglich.

Bei c) erhalten wir $\frac{11!}{4! \cdot 4! \cdot 2!} = 34650$ verschiedene Möglichkeiten.

Permutationen mit Wiederholung

n Elemente, von denen $n_1, n_2, \ldots$ gleich sind, können auf $\frac{n!}{n_1! \cdot n_2! \cdot \ldots}$ Arten angeordnet werden.

SbX
Rechenregeln für Binomialkoeffizienten finden Sie unter der ID: 1721.

Ein besonders wichtiger Spezialfall liegt vor, wenn es nur zwei Sorten von Elementen gibt, wenn z.B. von n Kugeln k weiß und die restlichen $(n-k)$ schwarz sind.

Dann sind $\frac{n!}{k!\cdot(n-k)!}$ verschiedene Anordnungen möglich. Diesen Ausdruck bezeichnet man mit $\binom{n}{k}$ („n über k"). Er heißt auch **Binomialkoeffizient.**

„n über k"

$$\binom{n}{k}=\frac{n!}{k!\cdot(n-k)!}$$

n Elemente, von denen jeweils k und $(n-k)$ gleich sind, können auf $\binom{n}{k}$ Arten angeordnet werden.

T

Auf dem TI-82 STATS finden Sie diese Funktion unter MATH → `PRB` → `3:nCr`.

$\binom{10}{3}$ berechnen Sie z.B. so: 10 nCr 3 ENTER.

Stichproben

L 12: Wie viele Möglichkeiten gibt es, aus den 6 Personen Anton, Branka, Christine, Dieter, Emine und Fritz 3 Vertreter zu wählen? B

Wir können zum Namen jeder Person, die gewählt wird, ein X machen und zu jeder, die nicht gewählt wird, ein O. Dann lautet die Aufgabe: Auf wie viele Arten können drei X und drei O angeordnet werden?

Diese Frage haben wir gerade beantwortet: es sind $\binom{6}{3}=20$ Möglichkeiten.

Der Binomialkoeffizient hilft also auch weiter, wenn aus einer Anzahl von Elementen eine Stichprobe ausgewählt wird. Weil jedes Element nur einmal vorkommen kann und es nicht auf die Reihenfolge ankommt, bezeichnet man diesen Fall als **ungeordnete Stichprobe ohne Zurücklegen.**

Kombinationen ohne Wiederholung: „n über k"

Es gibt $\binom{n}{k}$ Möglichkeiten, aus n Elementen k auszuwählen, wobei es nicht auf die Reihenfolge ankommt.

SbX
Sie finden die Lösung zu Ü 5 unter der ID: 1721.

Ü 5 ★: Beim Lotto „6 aus 45" müssen von 45 Zahlen 6 angekreuzt werden. Wie viele verschiedene Tipps sind dabei möglich? B

Der Vollständigkeit halber noch einige andere Formeln für Stichproben:

	ungeordnet	geordnet
ohne Zurücklegen	$\binom{n}{k}$	$\frac{n!}{(n-k)!}$
mit Zurücklegen	$\binom{n+k-1}{k}$	n^k

4 Binomialverteilung
Eine diskrete Angelegenheit

Die Binomialverteilung ist die wichtigste diskrete Verteilung. Sie kann unter folgenden Bedingungen angewendet werden:
- Ein Experiment hat nur zwei Ausgänge („Erfolg" und „nicht Erfolg" bzw. „Misserfolg").
- Die Wahrscheinlichkeit für einen Erfolg bleibt bei jeder Wiederholung gleich (z.B. Ziehen mit Zurücklegen).

Wenn es mehrere mögliche Ausgänge gibt, betrachten wir einfach nur den, der uns interessiert, und fassen alle anderen Möglichkeiten zu „Misserfolg" zusammen.

Spezialwürfel

L 13: Bei manchen Spielen werden auch andere als die üblichen Würfel verwendet, z.B. acht-, zehn-, zwölf- oder zwanzigseitige. Sie würfeln 10-mal mit einem achtseitigen Würfel. Wie hoch ist die Wahrscheinlichkeit, dass Sie genau zweimal „Acht" werfen? B

Wir kürzen „Acht" mit A und „nicht Acht" mit N ab. Bei einem Wurf ist $P(A)=\frac{1}{8}$ und $P(N)=\frac{7}{8}$. Das Ergebnis „genau zweimal Acht" kann zum Beispiel mit der Folge $AANNNNNNNN$ erreicht werden. Die Wahrscheinlichkeit für diese Folge ist $\left(\frac{1}{8}\right)^2 \cdot \left(\frac{7}{8}\right)^8$ (Multiplikationsregel). Es sind aber noch viele andere Reihenfolgen möglich, nämlich alle Anordnungen von 2 A und 8 N, das heißt $\binom{10}{2}$. Insgesamt erhalten wir also, wenn wir mit X die Anzahl der Achter bezeichnen:

$$P(X=2)=\binom{10}{2}\cdot\left(\frac{1}{8}\right)^2\cdot\left(\frac{7}{8}\right)^8=0{,}2416\approx 24\%.$$

Diese Überlegung lässt sich verallgemeinern, um eine Formel zu erhalten.

Formel für Binomialverteilung

Die Wahrscheinlichkeit, dass bei n Versuchen k Erfolge eintreten, beträgt

$$P(X=k)=\binom{n}{k}\cdot p^k\cdot q^{n-k} \qquad (k=0,1,2,\dots,n)$$

Dabei ist
n: Anzahl der Versuche
k: Anzahl der Erfolge
p: Wahrscheinlichkeit für einen Erfolg
$q=1-p$: Wahrscheinlichkeit für einen Misserfolg

Die Wahrscheinlichkeit für einen Erfolg bzw. Misserfolg muss bei jeder Wiederholung gleich bleiben! (Eine kleine Hilfe zur Kontrolle: Die Summe der Hochzahlen muss immer die Anzahl der Versuche ergeben.)

Weil in der Formel der Binomialkoeffizient vorkommt, heißt diese Verteilung **Binomialverteilung.** n und p müssen angegeben (bzw. aus der Angabe herausgelesen) werden.

Erwartungswert und Standardabweichung der Binomialverteilung betragen:

Erwartungswert, Standardabweichung

$$\mu=n\cdot p \qquad \sigma=\sqrt{n\cdot p\cdot q}$$

L 13 (Fortsetzung): Wie hoch ist die Wahrscheinlichkeit, B
a) höchstens zweimal „Acht" zu werfen,
b) mindestens einmal „Acht" zu werfen?

a) „Höchstens zweimal Acht" bedeutet: es wurde entweder nullmal oder einmal oder zweimal „Acht" geworfen. Wir müssen daher die einzelnen Wahrscheinlichkeiten addieren:

$$P(X=0)=\binom{10}{0}\cdot\left(\frac{1}{8}\right)^0\cdot\left(\frac{7}{8}\right)^{10}=0{,}2631$$

$$P(X=1)=\binom{10}{1}\cdot\left(\frac{1}{8}\right)^1\cdot\left(\frac{7}{8}\right)^9=0{,}3758$$

$$P(X=2)=\binom{10}{2}\cdot\left(\frac{1}{8}\right)^2\cdot\left(\frac{7}{8}\right)^8=0{,}2416$$

$$P(X\le 2)=P(X=0)+P(X=1)+P(X=2)=0{,}8805\approx 88\%$$

b) Um die Wahrscheinlichkeit für „mindestens einmal Acht" direkt zu berechnen, müssten wir alle Wahrscheinlichkeiten von $P(X=1)$ bis $P(X=10)$ addieren. Einfacher geht es mit der Gegenwahrscheinlichkeit: Das Gegenereignis zu „mindestens einmal Acht" ist „nullmal Acht", also ist

$$P(X\ge 1)=1-P(X=0)=0{,}7369\approx 74\%.$$

Die Binomialverteilung kann auch immer dann angewendet werden, wenn aus einer großen Grundgesamtheit eine verhältnismäßig kleine Stichprobe gezogen wird, weil dann die Wahrscheinlichkeit für einen Erfolg bei jedem Zug praktisch gleich bleibt.

Ü 6 ★★: Eine Glasmanufaktur erzeugt Flaschen, von denen im Durchschnitt 5 % nicht in Ordnung sind. H2Ö hat eine Lieferung 0,5-l-Flaschen für Fruchtsirupe bekommen und überprüft 20 Flaschen. Berechnen Sie die Wahrscheinlichkeit, dass darunter A B C

- höchstens 2 defekte sind,
- mindestens eine defekte ist!

(Rechnen Sie mit $n = 20$, $p = 0{,}05$, $q = 0{,}95$.) ✔ 0,9245; 0,6415

T Auf dem TI-82 STATS finden Sie die Binomialverteilung im Menü [2nd][DISTR] → `0:binompdf(` **(binomial probability density function).** Sie müssen jeweils n, p und k eingeben. Wenn Sie keinen Wert für k eingeben, gibt der Rechner eine Liste aller Werte für $k = 0$ bis n aus.

Beispiel (siehe Aufgabe L 11):

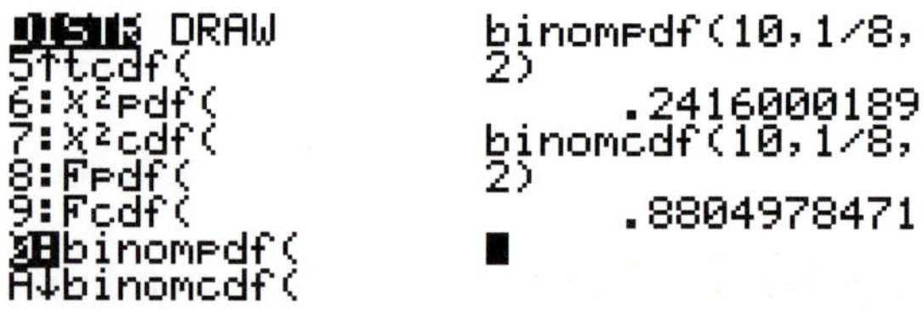

Abb. 5

(Mit dem Befehl [2nd][DISTR] → `A:binomcdf(` **(binomial cumulative distribution function)** erhalten Sie die Summe aller Wahrscheinlichkeiten von $X = 0$ bis $X = k$. Das ist praktisch, wenn Sie die Summe von vielen Werten berechnen müssen.)

Die folgenden Bilder zeigen das Histogramm der Binomialverteilung für $p = \frac{1}{2}$ und verschiedene n. Wie Sie sehen, wird der treppenförmige Graph immer mehr zu einer Kurve, die einer Glocke ähnlich sieht. Das gilt auch für andere Werte von p: Wenn die Anzahl der Versuche zunimmt, nähert sich die Verteilung der sogenannten **Normalverteilung.** Mit ihr werden wir uns im nächsten Input beschäftigen.

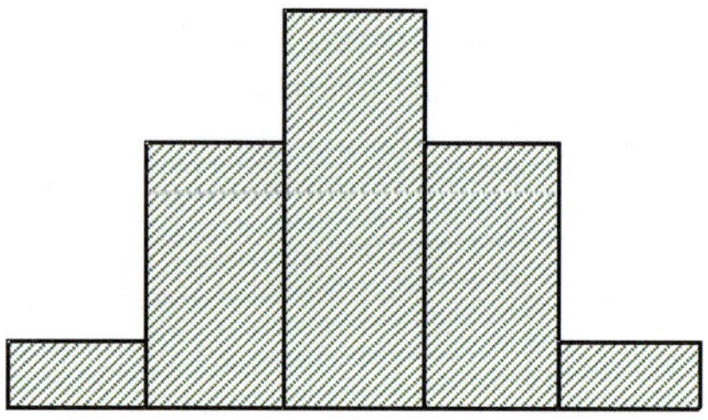

Abb. 6: $n = 4$, $p = \frac{1}{2}$

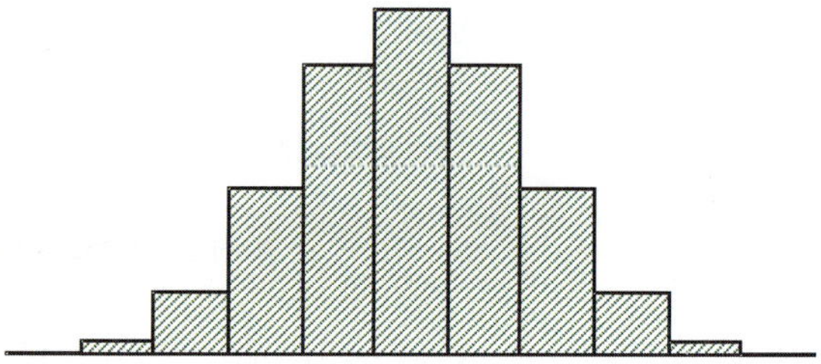

Abb. 7: $n = 10$, $p = \frac{1}{2}$

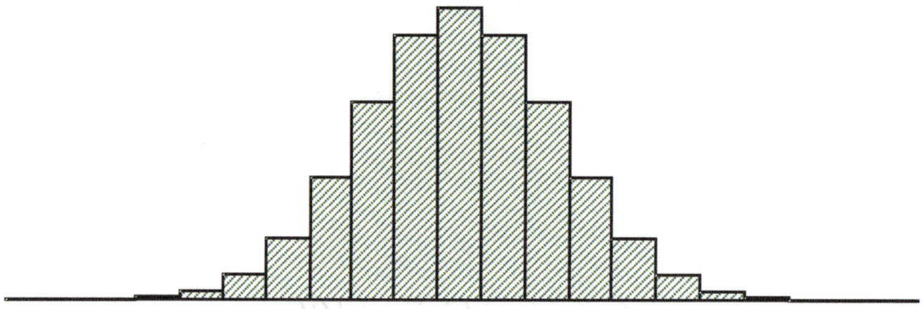

Abb. 8: $n = 20$, $p = \frac{1}{2}$

SbX **Information über weitere Verteilungen finden Sie unter der ID: 1721.**

5 Normalverteilung

Die Gauß'sche Glockenkurve

Stetige Verteilungen

Bis jetzt haben wir **diskrete** Verteilungen betrachtet, das heißt Zufallsexperimente, deren Ausgänge nur bestimmte (meist ganzzahlige) Werte annehmen können. Variablen wie z.B. die Größe einer zufällig ausgewählten Person oder die Wartezeit auf den Bus sind aber **stetig,** das heißt, sie können (in einem bestimmten Bereich) jeden beliebigen Wert haben. In einem solchen Fall ist es sinnlos, nach der Wahrscheinlichkeit für einen bestimmten Wert zu fragen. Die Wahrscheinlichkeit, dass ein Mensch genau 170,00000… cm groß ist, beträgt 0. Man kann nur die Wahrscheinlichkeit für ein bestimmtes Intervall angeben, zum Beispiel dafür, dass die Größe zwischen 170 cm und 175 cm liegt.

Eine chinesische Bronzeglocke

Die wichtigste stetige Verteilung ist die Normalverteilung. Sie eignet sich als Näherung für viele Größen, die in der Praxis auftreten: Größe oder Gewicht von Individuen, Abweichungen vom Sollwert bei Industrieprodukten, Messfehler … Eine Normalverteilung wird durch ihren Erwartungswert μ und ihre Standardabweichung σ gegeben.

Ihr Graph ist die charakteristische Gauß'sche Glockenkurve (nach C. F. Gauß, der diese Funktion untersucht hat). Sie liegt symmetrisch zu μ, hat dort einen Hochpunkt und bei $\mu \pm \sigma$ Wendepunkte.

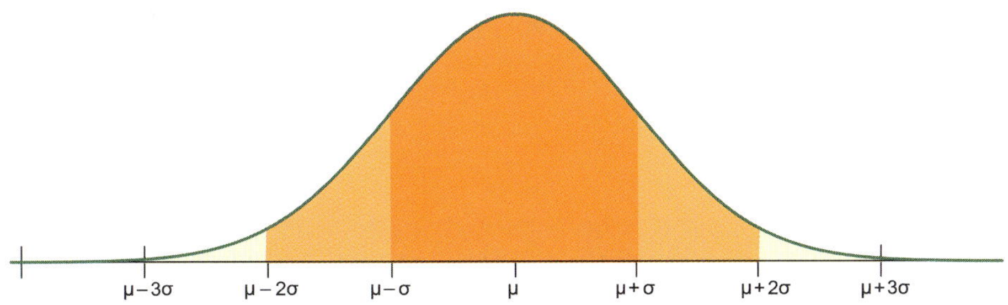

Abb. 9

Integralrechnung siehe Kapitel 6

Die Wahrscheinlichkeit, dass ein Wert in einem bestimmten Intervall liegt, entspricht der Fläche unter der Kurve in diesem Intervall (also eigentlich einem Integral). Die Fläche unter der ganzen Kurve entspricht einer Wahrscheinlichkeit von 100%, sie ist also 1.

Als Faustregel zur Abschätzung können Sie sich merken: die Wahrscheinlichkeit, dass eine normalverteilte Zufallsvariable

zwischen	$\mu+\sigma$	und	$\mu-\sigma$	liegt, beträgt ca.	68% oder $\frac{2}{3}$,
	$\mu+2\sigma$		$\mu-2\sigma$		95%,
	$\mu+3\sigma$		$\mu-3\sigma$		99,7%.

L 14: Die Größe von 18-jährigen Burschen ist annähernd normalverteilt mit dem Erwartungswert 180 cm und der Standardabweichung 6 cm. Das heißt: A B
- ca. 68% aller Burschen sind 174 cm bis 186 cm groß,
- ca. 95% sind zwischen 168 cm und 192 cm groß,
- und ca. 99,7% (also fast alle) sind zwischen 162 cm und 198 cm groß.

Φ: griechischer Buchstabe Phi

Um die Wahrscheinlichkeiten für andere Werte zu finden, braucht man eine Tabelle oder einen geeigneten Taschenrechner oder Computer (das Integral kann nur näherungsweise berechnet werden). In den Tabellen ist die Verteilungsfunktion der **Standardnormalverteilung** mit Erwartungswert $\mu = 0$ und Standardabweichung $\sigma = 1$ angegeben; sie wird meist mit Φ bezeichnet. Bei anderen Werten von μ und s müssen die Grenzen des gefragten Bereichs erst mithilfe der Formel

Standardisierungsformel

$$z = \frac{x-\mu}{\sigma}$$

standardisiert werden.

Berechnung der Normalverteilung mit Tabelle

Der Wert $\Phi(z)$, der in der Tabelle verzeichnet ist, gibt die Wahrscheinlichkeit an, dass die normierte Zufallsvariable Z **kleiner** als z ist (Fläche links von z):

$P(Z \le z) = \Phi(z)$

(Es ist egal, ob man hier < oder ≤ schreibt, weil die Wahrscheinlichkeit für einen bestimmten Wert 0 beträgt.)

Abb. 10

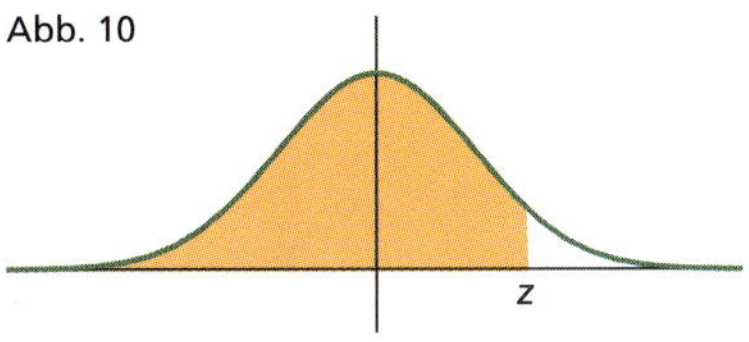

7 Statistik und Wahrscheinlichkeitsrechnung

Für negative Werte von z gilt wegen der Symmetrie der Glockenkurve (und weil die Gesamtfläche 1 beträgt):

$$P(Z \leq -z) = \Phi(-z) = 1 - \Phi(z)$$

Daher sind in vielen Tabellen, um Platz zu sparen, nur die Funktionswerte für positive z abgedruckt.

Abb. 11

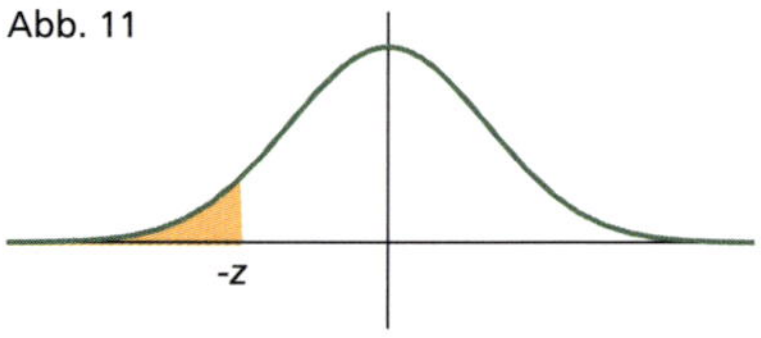

Die Wahrscheinlichkeit, dass Z **größer** als z ist (Fläche rechts von z), erhält man mit der Regel für die Gegenwahrscheinlichkeit:

$$P(Z \geq z) = 1 - \Phi(z)$$

Abb. 12

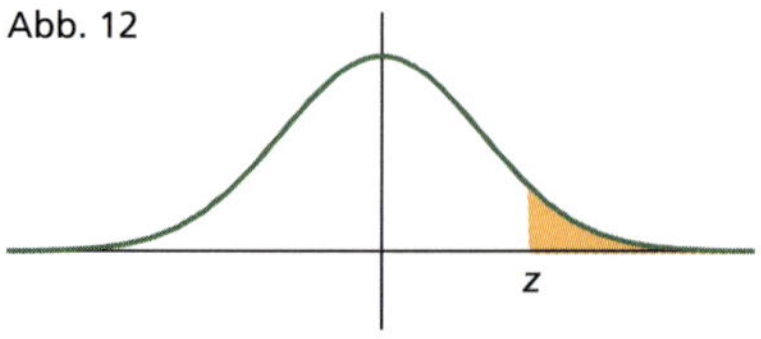

Für negative z ist

$$P(Z \geq -z) = 1 - \Phi(-z) = 1 - [1 - \Phi(z)] = \Phi(z)$$

Abb. 13

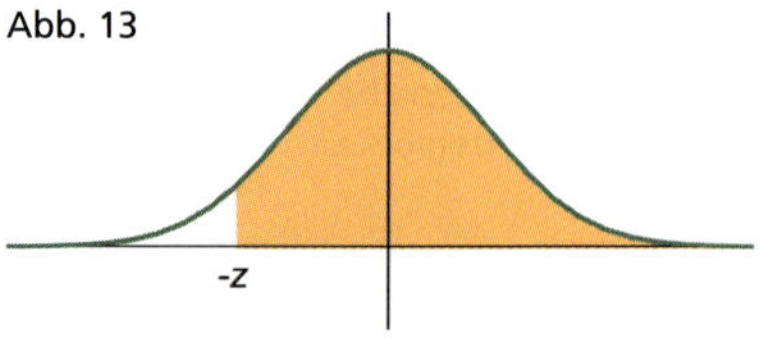

Die Wahrscheinlichkeit, dass Z zwischen zwei gegebenen Werten liegt (Fläche zwischen z_1 und z_2), beträgt wie beim bestimmten Integral

$$P(z_1 \leq Z \leq z_2) = \Phi(z_2) - \Phi(z_1)$$

Abb. 14

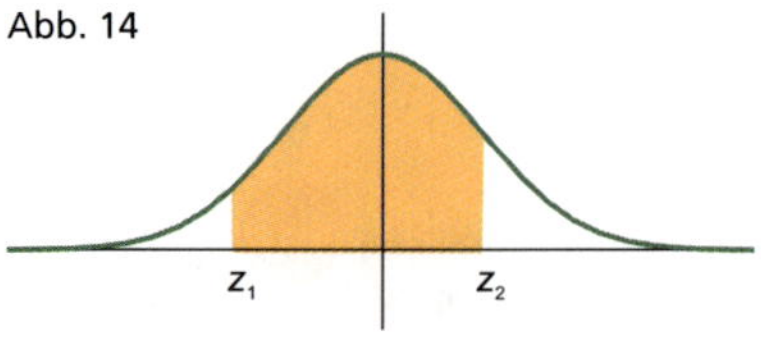

L 14 (Fortsetzung): Wie groß ist die Wahrscheinlichkeit, dass ein 18-jähriger Bursch **B**

a) kleiner als 185 cm, b) größer als 185 cm, c) kleiner als 170 cm, d) zwischen 170 und 185 cm groß ist?

a) Wir müssen zuerst normieren: $z = \frac{185 - 180}{6} = 0{,}83$

Es ist also $P(X < 185) = P(Z < 0{,}83) = \Phi(0{,}83)$

Aus der Tabelle lesen wir ab:

Abb. 15

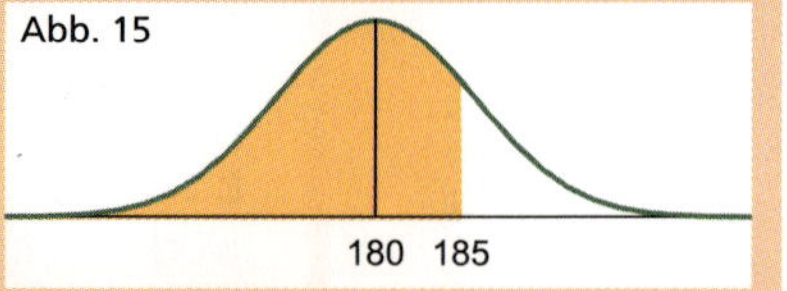

Die Einerstelle und die erste Nachkommastelle von z finden Sie in der linken Spalte, die zweite Nachkommastelle in der obersten Zeile. (0,… müssen Sie selbst ergänzen.)

z	0	1	2	3	…
… 0,80 …	… … …	… … …	… … …	… 79673 …	… … …

$\Phi(0{,}83) = 0{,}79673$

Die Wahrscheinlichkeit beträgt daher 0,79673 bzw. ≈ 79,7%.

b) Nach der Regel für die Gegenwahrscheinlichkeit ist

$P(X > 185) = P(Z > 0{,}83) = 1 - \Phi(0{,}83) =$
$= 1 - 0{,}79673 = 0{,}20327 \approx 20{,}3\%.$

Abb. 16

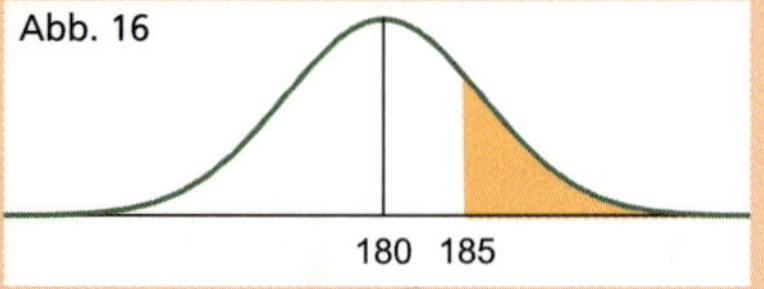

c) Normieren ergibt $z = \frac{170 - 180}{6} = -1{,}67$

Da die Tabelle nur positive Werte enthält, lesen wir ab:

$\Phi(1{,}67) = 0{,}95254.$

$P(X < 170) = P(Z < -1{,}67) = \Phi(-1{,}67) =$
$= 1 - \Phi(1{,}67) = 0{,}04746 \approx 4{,}7\%$

Abb. 17

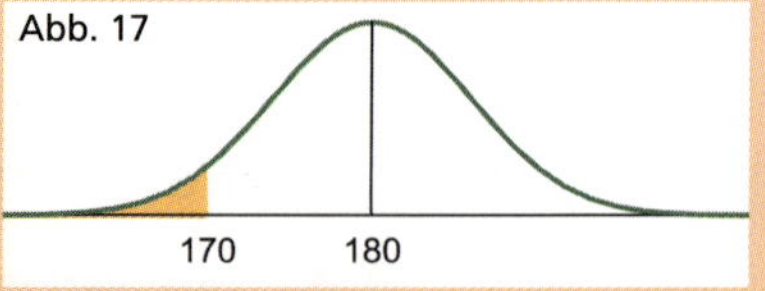

d) Die Wahrscheinlichkeit, dass ein Bursch zwischen 170 cm und 185 cm groß ist, beträgt

$P(170 < X < 185) = P(-1{,}67 < z < 0{,}83) =$
$= \Phi(0{,}83) - \Phi(-1{,}67) = 0{,}79673 - 0{,}04746$
$= 0{,}74927 \approx 74{,}9\%.$

Abb. 18

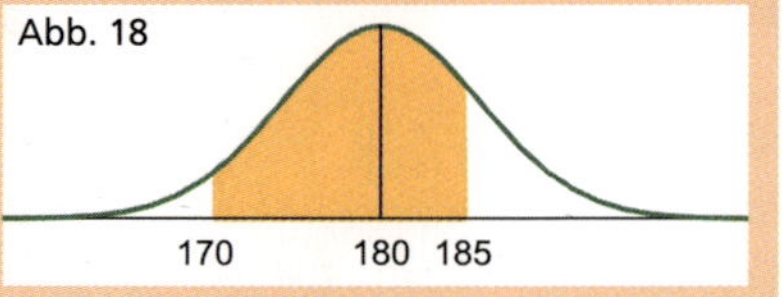

T **Berechnung der Normalverteilung mit TI-82 STATS**

- Drücken Sie [2nd] [DISTR] → `2:Normalcdf(` (normal cumulative distribution function).
- Geben Sie ein: untere Grenze, obere Grenze, μ, σ. (Sie brauchen die Werte nicht zu normieren. Wenn Sie μ und σ nicht eingeben, wird die Standardnormalverteilung berechnet.)
- Wenn die untere Grenze minus unendlich bzw. die obere Grenze unendlich sein soll, geben Sie -1E99 bzw. 1E99 ein.
- Sie können auch den gewünschten Bereich unter der Glockenkurve schraffieren lassen. Stellen Sie zuerst die Fenstervariablen passend ein. Geben Sie dann ein: [2nd] [DISTR] → `DRAW` → `1:ShadeNorm(`, untere Grenze, obere Grenze, μ, σ.

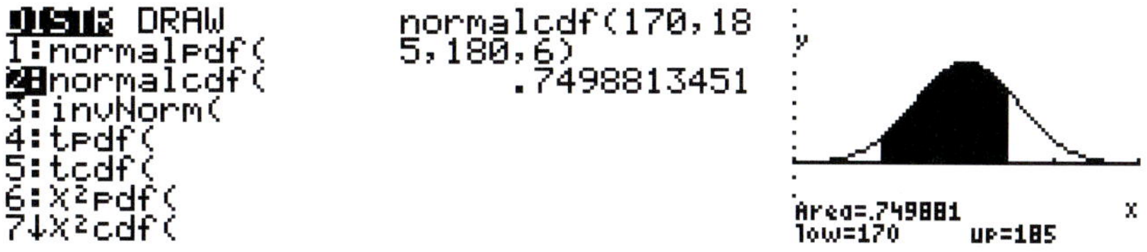

Abb. 19

Ü 7 ★★: Die Größe von 18-jährigen Mädchen ist annähernd normalverteilt mit μ = 168 cm, σ = 5 cm. Wie viel Prozent aller Mädchen sind **B**

a) kleiner als 170 cm, ✔ 65,5%
b) kleiner als 160 cm, ✔ 5,5%
c) größer als 172 cm, ✔ 21,2%
d) größer als 165 cm, ✔ 72,6%
e) zwischen 170 cm und 180 cm groß, ✔ 33,6%
f) zwischen 160 cm und 175 cm groß? ✔ 86,4%

Umkehraufgaben

In der Praxis stellt sich manchmal die Aufgabe, zu einer vorgegebenen Wahrscheinlichkeit den *x*- bzw. *z*-Wert zu finden. Besonders oft wird ein Bereich gesucht, in dem die Werte einer Variablen mit einer gewissen Wahrscheinlichkeit liegen, ein sogenannter **Streubereich.** Normalerweise wird dabei verlangt, dass der Erwartungswert in der Mitte dieses Bereichs liegt.

L 14 (Fortsetzung): In welchem um den Erwartungwert symmetrischen Bereich liegt die Größe von 90% aller 18-jährigen Burschen? **A** **C**

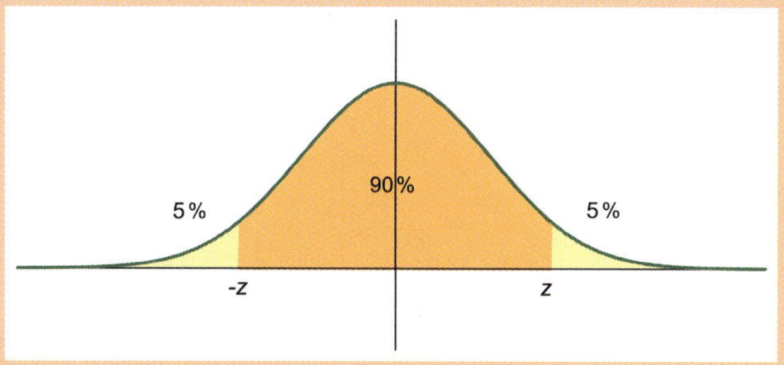

Abb. 20

Wenn 90% aller Werte innerhalb des Bereichs liegen sollen, müssen je 5% darüber und darunter liegen. Es ist daher $\Phi(z) = 0{,}95$ (bzw. $\Phi(-z) = 0{,}05$). Wir suchen in der Tabelle die Zahl, die am nächsten bei 0,95 liegt:

z	…	…	4	5	…
… 1,60 …	… … …	… … …	… 94950 …	… 95053 …	… … …

$z = \frac{x-\mu}{\sigma} \Leftrightarrow x = \mu + z \cdot \sigma$

Der gesuchte Wert für *z* liegt fast genau zwischen 1,64 und 1,65, wir rechnen daher mit $z = 1{,}645$. Durch Umformen der Standardisierungsformel erhalten wir

$x_1 = \mu - z \cdot \sigma = 180 - 1{,}645 \cdot 6 = 170{,}13$

$x_2 = \mu + z \cdot \sigma = 180 + 1{,}645 \cdot 6 = 189{,}87$

Es sind also 90% aller Burschen zwischen ca. 170 cm und 190 cm groß.

Ein Streubereich der anderen Art ...

Sie können sich die Grenzwerte für einige Streubereiche merken, die besonders häufig gefragt sind:

$P(-z \le Z \le z)$	z
0,9	1,645
0,95	1,960
0,99	2,576

Umkehraufgaben mit TI-82 STATS

Die Umkehrung der Normalverteilungsfunktion erhalten Sie mit der Eingabe [2nd][DISTR] → `3:invNorm(`, Wahrscheinlichkeit, μ, σ. Wenn Sie z.B. einen 90-%-Streubereich suchen, geben Sie für die untere Grenze die Wahrscheinlichkeit 0,05, für die obere Grenze 0,95 ein.

```
invNorm(.05,180,
6)
        170.1308782
invNorm(.95,180,
6)
        189.8691218
```

Abb. 21 ■

Ü 7 ★★ (Fortsetzung): In welchem symmetrischen Bereich liegt die Größe von 95% aller 18-jährigen Mädchen? A C

✔ 158,2 cm bis 177,8 cm

Annäherung der Binomialverteilung durch die Normalverteilung

Wir haben im vorigen Abschnitt gesehen, dass sich die Binomialverteilung immer mehr der Normalverteilung annähert, wenn n größer wird. Das kann man ausnutzen, um sich die Rechenarbeit zu erleichtern. Statt viele Einzelwahrscheinlichkeiten mit der Formel für die Binomialverteilung zu berechnen und zu addieren, benutzt man die Normalverteilung mit demselben Erwartungswert und derselben Standardabweichung.

Approximationsbedingung

Für große n darf man die Binomialverteilung durch die Normalverteilung mit

$\mu = n \cdot p$ und $\sigma = \sqrt{n \cdot p \cdot q}$

annähern (approximieren). Faustregel: Die Näherung ist erlaubt, wenn $\sigma > 3$.

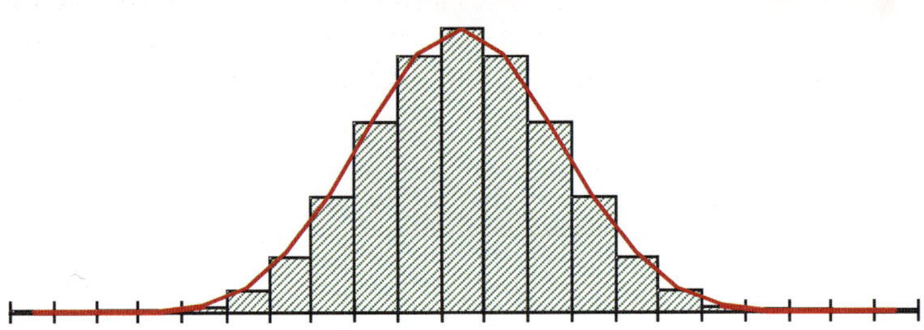

Abb. 22

L 15: Eine Münze wird 20-mal geworfen. Wie groß ist die Wahrscheinlichkeit, dass 7- bis 12-mal „Kopf" erscheint? B C D

Es handelt sich um eine Binomialverteilung mit $n = 20$, $p = \frac{1}{2}$, $q = \frac{1}{2}$.

Erwartungswert und Standardabweichung sind $\mu = 20 \cdot \frac{1}{2} = 10$,

$\sigma = \sqrt{20 \cdot \frac{1}{2} \cdot \frac{1}{2}} = \sqrt{5}$.

In der Abbildung wurde die Normalverteilung mit denselben Angaben eingezeichnet. Sie sehen, dass sie die Verteilung ziemlich gut annähert. Es gibt allerdings ein kleines Problem: Der Streifen, der im Histogramm die Wahrscheinlichkeit von $X = 7$ darstellt, reicht eigentlich von 6,5 bis 7,5. Ebenso reicht der Streifen, der $X = 12$ entspricht, von 11,5 bis 12,5. Wenn wir die Fläche unter der Glockenkurve zwischen 7 und 12 berechnen, würden wir einen zu kleinen

Wert erhalten. Wir wenden daher die sogenannte **Stetigkeitskorrektur** an, indem wir von der unteren Grenze 0,5 abziehen und zur oberen Grenze 0,5 addieren:

$z_1 = \frac{6{,}5-10}{\sqrt{5}} = -1{,}57 \qquad z_2 = \frac{12{,}5-10}{\sqrt{5}} = -1{,}12$

$P(7 \le X \le 12) = P(-1{,}57 \le Z \le 1{,}12) = \Phi(1{,}12) - \Phi(-1{,}57) = 0{,}86864 - (1-0{,}94179) =$
$= 0{,}81043 \approx 81\,\%$

(Mit Taschenrechner ermittelter Wert: 0,80946…)

Die genaue Berechnung mit Binomialverteilung ergibt
$P(X=7) + P(X=8) + \ldots + P(X=12) = 0{,}8107$

Die Annäherung ist also sehr genau, obwohl die Approximationsbedingung $\sigma > 3$ nicht erfüllt ist.

Wenn n sehr groß ist, kann man auf die Stetigkeitskorrektur auch verzichten.

Üben

SbX ID: 1722

Ü 8 ★: In einer Schachtel liegen 10 schwarze, 6 rote und 4 grüne Whiteboard-Stifte. Die Kursleiterin nimmt, ohne hinzusehen, einen Stift heraus. Wie groß ist die Wahrscheinlichkeit, dass er schwarz, rot, bzw. grün ist? B

✔ 0,5; 0,3; 0,2

Ü 9 ★: Aus einem Spiel Schnapskarten (20 Karten, alle Bilder, Asse und die Zehner) wird eine Karte gezogen. Wie groß ist die Wahrscheinlichkeit, dass es A B

a) ein Ass, ✔ 0,2
b) eine Bildkarte (Bube, Dame oder König), ✔ 0,6
c) eine Karokarte, ✔ 0,25
d) Karo-Ass oder Karo-Zehner, ✔ 0,1
e) eine Herzkarte, aber kein Ass ist? ✔ 0,2

Ü 10 ★: Von den 25 Schülerinnen und Schülern einer Klasse spielen 7 nur Fußball, 10 gehen nur laufen und 3 üben beide Sportarten aus. Der Rest betreibt keinen Sport. Berechnen Sie die Wahrscheinlichkeit, dass ein/e zufällig ausgewählte/r Schüler/in A B

a) Fußball spielt, ✔ 0,4
b) keinen Sport betreibt, ✔ 0,2
c) mindestens einen Sport betreibt, ✔ 0,8
d) läuft, wenn schon bekannt ist, dass er/sie Fußball spielt, ✔ 0,3
e) nicht Fußball spielt, wenn bekannt ist, dass er/sie läuft. ✔ 0,769

Ü 11 ★★: Eine Münze wird dreimal geworfen. Geben Sie alle möglichen Folgen von „Kopf" und „Zahl" an. Berechnen Sie die Wahrscheinlichkeit für folgende Ereignisse: A B

a) „Kopf" beim ersten Wurf ✔ 0,5
b) genau einmal „Kopf" ✔ 0,375
c) mindestens einmal „Kopf" ✔ 0,875
d) dreimal „Kopf" oder dreimal „Zahl" ✔ 0,25

Ü 12 ★★: Max würfelt zweimal mit einem vierseitigen (!) Würfel. Stellen Sie alle möglichen Ergebnisse in einer Tabelle zusammen. Ermitteln Sie durch Abzählen die Wahrscheinlichkeit für folgende Ereignisse: A B

a) mindestens einmal „Vier" ✔ 0,438
b) zweimal dieselbe Zahl ✔ 0,25
c) Augensumme ist ungerade ✔ 0,5
d) Augensumme beträgt mindestens 6 ✔ 0,375

Ü 13 ★★: Aus der Schachtel aus Beispiel Ü 8 werden zwei Stifte entnommen. Berechnen Sie die Wahrscheinlichkeit, dass A B C

a) beide schwarz sind, ✔ 0,237
b) beide nicht rot sind, ✔ 0,479
c) der erste rot, der zweite grün ist, ✔ 0,063
d) einer rot, einer grün ist, ✔ 0,126
e) genau einer grün ist! ✔ 0,337

SbX
Sie finden die Lösung zu Ü 14 unter der ID: 1722.

Ü 14 ★★: Anton, Branka, Christine, Dieter, Emine und Fritz losen aus, wer die Rechnung zahlen muss. Sie legen 6 Lose in einen Hut, von denen eines markiert ist. Nacheinander ziehen sie je ein Los. Wer das markierte Los zieht, hat verloren. Ist es günstiger, als erste/r oder als letzte/r zu ziehen? A B C

Ü 15 ★★: Eine Studentin muss bei einer Prüfung drei von 30 Fragen ziehen. Sie hat nur 25 Fragen gelernt. Wie groß ist die Wahrscheinlichkeit, dass sie A B C

a) alle drei Fragen, ✔ 0,567
b) mindestens zwei Fragen beantworten kann? ✔ 0,936

SbX
Sie finden die Lösung zu Ü 16 unter der ID: 1722.

Ü 16 ★★: Beim Lotto oder Toto gibt es das Zusatzspiel „Joker". Auf dem Wettschein ist eine 6-stellige Zahl abgedruckt. „Schon wenn die letzte Stelle Ihrer Joker Nummer mit der letzten Stelle der gezogenen Joker Zahl übereinstimmt, gewinnen Sie 1,50 €. Bei den letzten beiden Stellen 7 €, den drei letzten Stellen 77 €, bei vier Stellen 770 €, und bei fünf Richtigen sind Sie sogar um 7.700 € reicher. Wenn alle sechs Ziffern übereinstimmen, haben Sie den Joker, der Millionen bringen kann." (www.win2day.at) Berechnen Sie für alle Möglichkeiten die Wahrscheinlichkeit zu gewinnen und für die ersten fünf Gewinnklassen auch den erwarteten Gewinn. (Ein Tipp kostet 1,30 €.) A B C

Ü 17 ★–★★: Ein Lieferant der H2Ö GmbH erzeugt Glasflaschen für Fruchtsirupe. 40% der Produktion kommen von Maschine A, je 30% von Maschine B und C. 2% der von Maschine A erzeugten Flaschen sind fehlerhaft, 3% von Maschine B und 5% von Maschine C. A B C

a) ★ Welcher Prozentsatz der gesamten Produktion ist fehlerhaft? ✔ 3,2%
b) ★★ Mit welcher Wahrscheinlichkeit stammt eine fehlerhafte Flasche von Maschine A? ✔ 0,25
c) ★★ Wie viele Flaschen aus der gesamten Produktion müssen kontrolliert werden, damit mit mindestens 90% Wahrscheinlichkeit mindestens eine fehlerhafte darunter ist? ✔ 71

Ü 18 ★–★★: Ein Test zur Bestimmung einer Krankheit hat eine Sensitivität von 99%, das heißt, 99% der Kranken werden im Test als positiv erkannt. Allerdings liefert der Test bei 2% der Gesunden ein falsch positives Ergebnis (d.h., die Spezifität beträgt 98%). Angenommen, 1% der Einwohner eines Landes sind erkrankt. A B C

a) ★ Wie hoch ist die Wahrscheinlichkeit, dass der Test bei einem zufällig ausgewählten Einwohner positiv ist? ✔ 0,030
b) ★★ Mit welcher Wahrscheinlichkeit ist eine Person mit einem positiven Testergebnis tatsächlich krank (prädiktiver Wert des Tests)? ✔ 0,333
c) ★★ Wiederholen Sie die Rechnung unter der Annahme, dass nur 1‰ der Bevölkerung erkrankt ist. ✔ 0,021; 0,047

Ü 19 ★★★: Von drei gleich aussehenden Schachteln enthält die erste zwei Goldmünzen, die zweite zwei Silbermünzen und die dritte eine Gold- und eine Silbermünze. Jemand greift in eine zufällig ausgewählte Schachtel und zieht, ohne hinzusehen, eine Goldmünze heraus. Wie hoch ist die Wahrscheinlichkeit, dass die zweite Münze in der Schachtel ebenfalls aus Gold ist (d.h., dass die Münze aus der ersten Schachtel stammt)? A B C

✔ $\frac{2}{3}$

Binomialverteilung

Ü 20 ★★: Eine „faire" Münze wird fünfmal geworfen. Berechnen Sie die Wahrscheinlichkeit für B C

a) genau einmal „Zahl" ✔ 0,156

b) genau zweimal „Zahl" ✔ 0,313
c) höchstens zweimal „Zahl" ✔ 0,5
d) mindestens einmal „Zahl" ✔ 0,969

Ü 21 ★★: Wie hoch ist die Wahrscheinlichkeit, bei 12-maligem Würfeln mit einem sechsseitigen Würfel B C

a) genau zweimal „Sechs" ✔ 0,296
b) genau dreimal „Sechs" ✔ 0,197
c) mindestens zweimal „Sechs" ✔ 0,619
d) höchstens dreimal „Sechs" zu werfen? ✔ 0,875
e) Wie hoch ist der Erwartungswert für die Anzahl der Sechser? ✔ 2

Eine Frage des Könnens …

Ü 22 ★★: Teresa und Sabine spielen gegeneinander Tischtennis. Teresa ist die bessere Spielerin, sie gewinnt im Durchschnitt 60% aller Spiele. Wie groß ist bei 6 Spielen die Wahrscheinlichkeit, dass B C

a) beide gleich oft gewinnen, ✔ 0,276
b) Teresa mehr als die Hälfte der Spiele gewinnt, ✔ 0,544
c) Sabine mindestens zwei Spiele gewinnt? ✔ 0,767

Ü 23 ★★: Bei einer Tombola gewinnt jedes vierte Los. Herr Huber kauft 10 Lose. Wie hoch ist die Wahrscheinlichkeit, dass er B C

a) genau zwei Preise, ✔ 0,282
b) höchstens drei Preise, ✔ 0,776
c) mindestens einen Preis gewinnt? ✔ 0,944
d) Wie viele Preise kann er im Durchschnitt erwarten? ✔ 2,5
e) Wie viele Lose müsste er kaufen, damit die Wahrscheinlichkeit, mindestens einen Preis zu gewinnen, 99% beträgt? ✔ 17

Normalverteilung

Ü 24 ★–★★: Der Intelligenzquotient (IQ) ist eine normalverteilte Zufallsvariable mit $\mu = 100$, $\sigma = 15$. A B C

SbX

Eine Erklärung von Beispiel Ü 24 d) finden Sie unter der ID: 1722.

a) ★ Wie hoch ist die Wahrscheinlichkeit, dass jemand einen IQ von unter 90 ✔ 0,252
b) ★ bzw. über 120 hat? ✔ 0,091
c) ★ In welchem symmetrischen Bereich liegt der IQ von 90% der Bevölkerung? ✔ 75, 125
d) ★★ Wie hoch muss der IQ mindestens sein, damit man zu den intelligentesten 2% gehört? ($\Phi(z) = 0{,}98$) ✔ 131

Ü 25 ★: In Österreich werden Hühnereier in Gewichtsgruppen eingeteilt. Angenommen, das Gewicht der Eier ist normalverteilt mit dem Erwartungswert 57 g und der Standardabweichung 8 g. Wie viel Prozent aller Eier entfallen auf die einzelnen Gewichtsgruppen? A B C

a) Gruppe 1: 70 g und darüber ✔ 5,2%
b) Gruppe 2: 65 bis unter 70 g ✔ 10,7%
c) Gruppe 3: 60 bis unter 65 g ✔ 19,5%
d) Gruppe 4: 55 bis unter 60 g ✔ 24,5%
e) Gruppe 5: 50 bis unter 55 g ✔ 21,1%
f) Gruppe 6: 45 bis unter 50 g ✔ 12,4%
g) Gruppe 7: unter 45 g ✔ 6,7%

Ü 26 ★: Eine Maschine füllt Kaffee in 500-g-Packungen ab. Sie ist auf eine Füllmenge von 510 g eingestellt. Die Füllmenge unterliegt leichten Schwankungen; sie ist normalverteilt, die Standardabweichung beträgt 7 g. A B C

a) Wie viel Prozent der Packungen sind untergewichtig? ✔ 7,7%
b) In welchem symmetrischen Bereich liegt die Füllmenge von 95% aller Packungen? ✔ 496 g, 524 g

7 Statistik und Wahrscheinlichkeitsrechnung

Qualitätskontrolle

Ü 27 ★: In einer Tischlerei werden 80 cm lange Regalbretter zugeschnitten. Die Länge der Bretter ist normalverteilt mit $\sigma = 0{,}2$ cm. A B C

a) Wie viel Prozent aller Bretter sind länger als 80,3 cm? ✔ 6,7%
b) Bei wieviel Prozent liegt die Länge zwischen 79,8 und 80,3 cm? ✔ 77,5%
c) Ein Brett zählt als Ausschuss, wenn die Länge um mehr als 0,5 cm vom Sollwert abweicht. Bei wie viel Prozent aller Bretter ist das der Fall? ✔ 1,2%

Ü 28 ★★: Der Tachometer eines Autos ist so konstruiert, dass er um 10% mehr als die tatsächlich gefahrene Geschwindigkeit anzeigt. Allerdings sind Messfehler nie ganz zu vermeiden. Die Standardabweichung der Anzeige beträgt 3 km/h. Wie hoch ist die Wahrscheinlichkeit, dass der Tacho bei einer Fahrgeschwindigkeit von 70 km/h weniger als 70 km/h anzeigt? A B C ✔ $\approx 1\%$

Ü 29 ★★: Eine Münze wird 100-mal geworfen. Berechnen Sie die Wahrscheinlichkeit für A B C

a) höchstens 46-mal „Kopf", ✔ 0,242
b) mindestens 60-mal „Kopf", ✔ 0,029
c) 45- bis 55-mal „Kopf". ✔ 0,729
d) In welchem symmetrischen Bereich liegt mit 95% Wahrscheinlichkeit die Anzahl der „Kopf"-Würfe? ✔ 40 bis 60

Ü 30 ★★: Wie hoch ist die Wahrscheinlichkeit, bei 150-maligem Würfeln mit einem sechsseitigen Würfel A B C

a) höchstens 30-mal „Sechs", ✔ 0,886
b) 20- bis 27-mal „Sechs", ✔ 0,594
c) mindestens 23-mal „Sechs" zu erhalten? ✔ 0,708

Mit wie vielen beschädigten Birnen müssen Sie rechnen?

Ü 31 ★★: Ein Händler erhält eine Lieferung von 1000 Glühbirnen, von denen erfahrungsgemäß 3% beschädigt sind. A B C

a) Wie hoch ist die Wahrscheinlichkeit, dass mehr als 40 Glühbirnen (also mindestens 41) beschädigt sind? ✔ 0,026
b) In welchem symmetrischen Bereich liegt mit 90% Wahrscheinlichkeit die Anzahl der defekten Birnen? ✔ 21 bis 39

Ü 32 ★★: 7% aller Erwachsenen sind zuckerkrank. A B C

a) Berechnen Sie die Wahrscheinlichkeit, dass in einer Stichprobe von 500 Personen höchstens 30 zuckerkrank sind. ✔ 0,215
b) Geben Sie einen 99%-Streubereich für die Anzahl der Zuckerkranken in der Stichprobe an. ✔ 20 bis 50

Ü 33 ★★: Eine Firma nimmt an, dass 40% der Bevölkerung ihr Produkt kennen. Bei einer Umfrage wurden 300 Personen befragt. A B C

a) Wie groß ist die Wahrscheinlichkeit, dass weniger als 100 Personen angeben, das Produkt zu kennen? ✔ 0,008
b) Mit welcher Wahrscheinlichkeit weicht die Anzahl der Befragten, die das Produkt kennen, um höchstens 10 vom Erwartungswert ab? ✔ 0,784

Sichern

Grundlegende Rechenregeln

Definition der Wahrscheinlichkeit

Die Wahrscheinlichkeit ist ein Maß für die Chance, dass ein bestimmtes Ereignis eintritt.

$$P(A) = \frac{\text{Anzahl der für } A \text{ günstigen Ausgänge}}{\text{Anzahl der möglichen Ausgänge}}$$

sicheres Ereignis, unmögliches Ereignis

$0 \le P(A) \le 1$; $P(\Omega) = 1$; $P(\{\ \}) = 0$

Gegenereignis

$P(\neg A) = 1 - P(A)$

entweder *A* oder *B*: Additionsregel

$P(A \vee B) = P(A) + P(B)$, wenn A und B einander ausschließen.

sowohl *A* als auch *B*: Multiplikationsregel

$P(A \wedge B) = P(A) \cdot P(B)$, wenn A und B voneinander unabhängig sind.

Zufallsvariable

Wenn der Ausgang eines Zufallsexperiments durch eine Zahl ausgedrückt werden kann, spricht man von einer **Zufallsvariable** X. Die Wahrscheinlichkeitsfunktion ordnet jedem möglichen Wert von X seine Wahrscheinlichkeit zu. Sie wird durch Erwartungswert und Standardabweichung charakterisiert:

Erwartungswert

$E(X) = \mu = x_1 \cdot P(X = x_1) + x_2 \cdot P(X = x_2) + \ldots$

Standardabweichung

$\sigma = \sqrt{(x_1 - \mu)^2 \cdot P(X = x_1) + (x_2 - \mu)^2 \cdot P(X = x_2) + \ldots}$

Kombinatorik

Fakultät

$n! = n \cdot (n-1) \cdot \ldots \cdot 3 \cdot 2 \cdot 1 \qquad 0! = 1$

n verschiedene Elemente können auf $n!$ Arten angeordnet werden (Permutationen).

Binomialkoeffizient (n über k)

$$\binom{n}{k} = \frac{n!}{k! \cdot (n-k)!}$$

n Elemente, von denen jeweils k und $(n-k)$ gleich sind, können auf $\binom{n}{k}$ Arten angeordnet werden.

Es gibt $\binom{n}{k}$ Möglichkeiten, aus n Elementen k auszuwählen, wobei es nicht auf die Reihenfolge ankommt.

Binomialverteilung

Die Binomialverteilung ist eine diskrete Verteilung. Sie gibt die Wahrscheinlichkeit an, dass bei n Wiederholungen eines Versuchs k Erfolge eintreten. Dabei muss die Wahrscheinlichkeit für einen Erfolg bei jeder Wiederholung gleich bleiben! (Beispiel: Ziehen mit Zurücklegen)

Formel für Binomialverteilung

$$P(X = k) = \binom{n}{k} \cdot p^k \cdot q^{n-k} \qquad (k = 0, 1, 2, \ldots, n)$$

Dabei ist

n: Anzahl der Versuche
k: Anzahl der Erfolge
p: Wahrscheinlichkeit für einen Erfolg
$q = 1 - p$: Wahrscheinlichkeit für einen Misserfolg

$\mu = n \cdot p \qquad \sigma = \sqrt{n \cdot p \cdot q}$

Normalverteilung

Die Normalverteilung ist eine stetige Verteilung. Sie ist durch ihren Erwartungswert μ und ihre Standardabweichung σ gegeben. Für eine Standardnormalverteilung ($\mu = 0, \sigma = 1$) gilt:

$$P(Z \leq z) = \Phi(z)$$
$$P(Z \geq z) = 1 - \Phi(z)$$
$$P(z_1 \leq Z \leq z_2) = \Phi(z_2) - \Phi(z_1)$$

Standardisierungsformel

Die allgemeine Normalverteilung wird durch die Standardisierung $z = \frac{x - \mu}{\sigma}$ zu einer Standardnormalverteilung.

Annäherung der Binomialverteilung

Für große n darf man die Binomialverteilung durch die Normalverteilung mit demselben μ und σ annähern (Faustregel: $\sigma > 3$).

Wissen

SbX ID: 1724

SbX Die Lösungen finden Sie unter der ID: 1724.

5.6

W 1: Christoph spielt im Lotto „6 aus 45" immer die Zahlen 1, 2, 3, 4, 5 und 6. Was würden Sie ihm raten? Vergleichen Sie die Vorschläge aus a) bis c). C

a) Das ist sinnlos, denn es ist so gut wie ausgeschlossen, dass eine so regelmäßige Folge gezogen wird.
b) Die Kombination 1, 2, 3, 4, 5, 6 ist genauso wahrscheinlich wie jede andere. Christoph sollte daher bei seiner Strategie bleiben.
c) So wie Christoph denken auch viele andere Spielerinnen und Spieler. Wenn daher wirklich diese Zahlen gezogen werden, muss er seinen Gewinn mit vielen anderen teilen. Er sollte also lieber doch eine „zufälligere" Kombination spielen.

5.6

W 2: In einer Werbezusendung der Klassenlotterie heißt es: „Schauen Sie gleich nach ...! Wie hoch sind Ihre Gewinn-Chancen: 63,20% oder 86,46%? Oder gehören Sie sogar zu den wenigen Auserwählten in Wien, die mit dem GOLDENEN LOS und einer TOP-GEWINN-CHANCE von 95,02% (...) ins Rennen gehen? Wenn ja, sind Sie ein Glückspilz!" A B C

Laut Homepage der Klassenlotterie beträgt die Gewinnwahrscheinlichkeit für ein Los 63,2%. Wie hoch ist die Wahrscheinlichkeit, mit zwei bzw. drei Losen mindestens einmal zu gewinnen? Was ist daher von der Aussage in der Werbung zu halten? Vergleichen Sie die einzelnen Aussagen.

5.6

W 3: Frau Wagner spielt im Casino Roulette. Sie meint: „Jetzt ist schon neunmal hintereinander Rot gekommen, als nächstes kommt sicher Schwarz!" Wie groß ist die Wahrscheinlichkeit, A B

a) dass zehnmal hintereinander „Rot" kommt,
b) dass beim zehnten Versuch wieder „Rot" kommt, nachdem schon neunmal „Rot" gekommen ist?

5.6

W 4: Folgendes Problem sorgte vor einigen Jahren in den USA für heftige Diskussionen: A B C

Sie haben es in einer Gameshow bis in die letzte Runde geschafft und haben die Chance, den Hauptpreis – ein Auto – zu gewinnen. Sie müssen zwischen drei Türen wählen und entscheiden sich für die erste. Die Spielleiterin weiß, hinter welcher Tür sich das Auto befindet; sie sagt: „Ich zeige Ihnen mal was" und öffnet die zweite Tür. Dahinter steht eine Ziege. Danach gibt sie Ihnen die Möglichkeit, die gewählte Tür zu wechseln. Was sollen Sie tun: bei der ursprünglichen Wahl bleiben oder wechseln?

5.6

W 5: Was sagen Sie zu folgender Argumentation: „Bei einer Familie mit zwei Kindern gibt es drei Möglichkeiten: zwei Jungen, zwei Mädchen oder ein Junge und ein Mädchen. Die Wahrscheinlichkeit, einen Jungen und ein Mädchen zu bekommen, ist daher $\frac{1}{3}$." (Nehmen Sie an, dass Jungen- und Mädchengeburten gleich oft vorkommen.) D

5.6

W 6: Eine Firma veranstaltet ein „Österreich-Spiel": In einer Urne sind 6 rote und 4 weiße Kugeln. Jeder Teilnehmer zieht ohne Zurücklegen drei Kugeln. Wenn sie in der Reihenfolge Rot-Weiß-Rot sind, gewinnt er einen Preis. A B

a) Wie hoch ist die Wahrscheinlichkeit zu gewinnen?
b) Herr Zack spielt das Spiel fünfmal. Geben Sie die Wahrscheinlichkeit an, dass er mindestens zweimal gewinnt!
c) Wie oft müsste er spielen, damit er mit 90% Wahrscheinlichkeit mindestens einmal gewinnt?
d) Die Firma erwartet 1000 Teilnehmer. Wie hoch ist die Wahrscheinlichkeit, dass höchstens 180 Preise vergeben werden?
e) In welchem symmetrischen Bereich liegt mit 95% Wahrscheinlichkeit die Anzahl der Preise?
f) Wie viele Preise muss man bereitstellen, damit die Gefahr, dass sie nicht ausreichen, höchstens 1% beträgt?

Mit W 6 haben Sie eine komplette Reifeprüfungsaufgabe gelöst!

5.6

W 7: In einer Schule mit 900 Schülerinnen und Schülern wird eine Schülerzeitung herausgebracht, die von 80% aller Schüler/innen gekauft wird. In der Redaktion arbeiten 15 Schüler/innen, von denen jeder mit einer Wahrscheinlichkeit von 10% bei jeder Besprechung fehlt. A B C

a) Berechnen sie die Wahrscheinlichkeit, dass …
- … alle Redaktionsmitglieder anwesend sind.
- … höchstens ein Fünftel der Redakteure fehlen.
- … bei drei aufeinanderfolgenden Sitzungen jeweils höchstens ein Redakteur fehlt.

b) Die Käufer sind zu $\frac{3}{4}$ Mädchen, die Nichtkäufer zu 30% Mädchen.
- Wie groß ist die Wahrscheinlichkeit, dass ein Bub die Schülerzeitung kauft?

c) Von einer Jubiläumsausgabe werden 900 Exemplare gedruckt, von denen jedes mit einer Wahrscheinlichkeit von 0,8 verkauft wird.
- Wie groß ist die Wahrscheinlichkeit, dass die Anzahl der verkauften Stück um höchstens 10 vom Erwartungswert abweicht?
- Mit welcher Wahrscheinlichkeit wird weniger als die erwartete Stückzahl verkauft?
- Wieso könnte man diese Frage auch ohne Berechnung beantworten?

d) Aufgrund von Fehlern sind 5% der Zeitungen nicht verkäuflich. Wie viele Zeitungen muss man daher kontrollieren lassen, damit mit einer Wahrscheinlichkeit von 90% mindestens 1 Stück nicht verkäuflich ist?

Mit W 7 haben Sie eine komplette Reifeprüfungsaufgabe gelöst!

Ein kurzer Wissens-Check, bevor's weitergeht!

Wissens-Check

	☺	😐	☹
Ich kenne die grundlegenden Rechenregeln für Wahrscheinlichkeiten und kann sie anwenden.			
Ich kann die Binomialverteilung berechnen und weiß, wann man sie anwendet.			
Ich kann die Normalverteilung berechnen (mit Tabelle oder Taschenrechner) und weiß, wann man sie anwendet.			
Ich kann das Ergebnis der Normalverteilung mittels der grafischen Darstellung abschätzen.			

SbX
Alle SbX-Inhalte zu dieser Lerneinheit finden Sie unter der ID: 1730.

Lerneinheit 3
Beurteilende Statistik

In der vorigen Lerneinheit sind wir immer davon ausgegangen, dass die Wahrscheinlichkeit, also der Anteil eines Merkmals an der Grundgesamtheit, bekannt ist. Das ist in der Praxis nur selten der Fall, weil beispielsweise eine statistische Erfassung der gesamten Bevölkerung sehr aufwendig und teuer ist. Die beurteilende Statistik hat die Aufgabe, aus den Ergebnissen einer Stichprobe Schlüsse auf die Gesamtheit zu ziehen. Dazu gibt es eine Vielzahl von Methoden. Wir wollen uns hier nur mit dem Testen von Hypothesen beschäftigen.

Sie lernen hier:
- **eine gegebene Hypothese zu testen**
- **was der Begriff „signifikant" in der Statistik bedeutet**

Lernen

Hypothesen testen
Zufall oder Gesetzmäßigkeit?

L 1: Aus früheren Untersuchungen weiß man, dass die Zahncreme „Strahleweiß" bei 40% der Bevölkerung bekannt ist. Kürzlich hat das Herstellerunternehmen eine Werbekampagne in Auftrag gegeben. Nun will die Marketingleitung wissen, ob der Bekanntheitsgrad des Produkts gestiegen ist. Es wird eine Befragung durchgeführt, bei der von 100 Befragten 45 angeben, die Zahncreme zu kennen. Kann man sagen, dass die Kampagne erfolgreich war? A B C

Die Werbewirkung nicht dem Zufall überlassen!

45 ist offensichtlich mehr als 40% von 100. Aber es könnte natürlich sein, dass der Bekanntheitsgrad sich nicht geändert hat und nur zufällig in der Stichprobe mehr Personen das Produkt kennen, als zu erwarten war. Wir formulieren daher die Frage so: Angenommen, 40% der Bevölkerung kennen „Strahleweiß". Wie hoch ist die Wahrscheinlichkeit, dass von 100 Personen mindestens 45 die Zahncreme kennen?

Es handelt sich um eine Binomialverteilung mit $n = 100$, $p = 0{,}4$, $q = 0{,}6$. Mittelwert und Standardabweichung sind $\mu = 40$, $\sigma = \sqrt{24} \approx 4{,}9$. Da σ größer als 3 ist, dürfen wir mit Normalverteilung rechnen:

$$z = \frac{44{,}5 - 40}{\sqrt{24}} \approx 0{,}92 \qquad \text{(Stetigkeitskorrektur!)}$$

$$P(X \geq 45) = 1 - \Phi(0{,}92) = 0{,}179$$

Es besteht also eine Wahrscheinlichkeit von 18%, dass das Befragungsergebnis zufällig zustande gekommen ist. Das ist ziemlich hoch. Man kann also nicht mit Sicherheit sagen, dass der Bekanntheitsgrad der Zahncreme gestiegen ist.

(Um ein aussagekräftigeres Ergebnis zu erhalten, müsste man die Befragung mit mehr Teilnehmern wiederholen.)

Fassen wir die Grundidee dieser Argumentation zusammen:

Nullhypothese – Alternativhypothese

Wir gehen von der Annahme aus, dass es keinen Effekt bzw. keinen Zusammenhang gibt. Diese Annahme bezeichnet man als **Nullhypothese.** Wir berechnen jetzt unter dieser Annahme die Wahrscheinlichkeit, dass das Untersuchungsergebnis zufällig (mindestens) so stark vom Erwartungswert abweicht. Wenn diese Wahrscheinlichkeit genügend klein ist, werden wir schließen, dass das Ergebnis doch nicht durch Zufall zustande gekommen ist, sondern dass es tatsächlich eine Veränderung gegeben hat **(Alternativhypothese).** Die Nullhypothese wird abgelehnt (verworfen).

statistische Signifikanz

Was heißt „genügend klein"? Meistens entscheidet man sich für den Grenzwert 5%. Wenn die Wahrscheinlichkeit für einen Zufallstreffer darunter liegt, bezeichnet man das Ergebnis als **statistisch signifikant.** Man kann es auch so formulieren: die Wahrscheinlichkeit, dass man einen Zusammenhang annimmt, obwohl es in Wirklichkeit keinen gibt, also die **Irrtumswahrscheinlichkeit** (bzw. das **Signifikanzniveau**), beträgt 5%. Wenn das noch zu unsicher ist, kann man eine noch niedrigere Irrtumswahrscheinlichkeit, z.B. 1% oder 0,3%, wählen; in letzterem Fall spricht man manchmal von einem hochsignifikanten Ergebnis.

kritischer Wert

Bei der Planung einer statistischen Untersuchung sollte man sich zuerst für ein bestimmtes Signifikanzniveau entscheiden, ab dem die Nullhypothese abgelehnt wird. Wenn die Richtung der Veränderung nicht bekannt ist, betrachtet man – anders als im vorigen Beispiel – immer symmetrische Intervalle, man führt also einen zweiseitigen Test durch. Wenn der beobachtete Wert im entsprechenden Intervall liegt **(Annahmebereich),** wird die Nullhypothese beibehalten; liegt er außerhalb **(Ablehnungsbereich),** wird sie abgelehnt. Die Grenzen des Annahmebereichs sind die **kritischen Werte.**

L 2: Der Zahnpastahersteller will die Untersuchung zum Bekanntheitsgrad des Produkts „Strahleweiß" mit 500 Teilnehmern wiederholen. Ab welchem Ergebnis wird die Nullhypothese „Der Bekanntheitsgrad ist 40%." abgelehnt, wenn die Irrtumswahrscheinlichkeit (höchstens) 5% betragen soll? A B C

siehe Normalverteilung, Umkehraufgaben in Lerneinheit 2

Wir suchen also ein symmetrisches Intervall, in dem mit 95% Wahrscheinlichkeit die Anzahl der „Ja"-Antworten liegt. Solche Aufgaben haben wir in der vorigen Lerneinheit schon gelöst. Diesmal ist $n = 500$, $p = 0{,}4$, $q = 0{,}6$. Also ist $\mu = 200$ und $\sigma = \sqrt{120} \approx 11$. (Wir verzichten auf eine Stetigkeitskorrektur.) Die Grenzen des symmetrischen 95%-Streubereichs der Standardnormalverteilung liegen bei $z = \pm 1{,}96$. Wir erhalten

$x_1 = 200 - 1{,}96 \cdot 11 \approx 178$, $x_2 = 200 + 1{,}96 \cdot 11 \approx 222$.

Man wird also die Nullhypothese ablehnen, wenn weniger als 178 oder mehr als 222 Befragte angeben, das Produkt zu kennen.

Eine gute Abschätzung liefern folgende Werte: die Wahrscheinlichkeit für einen Zufallstreffer beträgt weniger als 5%, wenn das Ergebnis außerhalb des Bereichs $\mu \pm 2\sigma$ liegt; sie ist niedriger als 0,3%, wenn es außerhalb von $\mu \pm 3\sigma$ liegt. (Daher werden diese Werte gern gewählt.)

andere Möglichkeit: Berechnung des Anteils

Oft betrachtet man statt der absoluten Häufigkeit X den Anteil $\frac{X}{n}$ der Ja-Antworten.

Angenommen, es gilt mit einer bestimmten Wahrscheinlichkeit $\mu - z \cdot \sigma \le X \le \mu + z \cdot \sigma$.

Wir dividieren die Ungleichung durch n und beachten, dass $\mu = n \cdot p \Rightarrow \frac{\mu}{n} = p$:
$p - z \cdot \frac{\sigma}{n} \le \frac{X}{n} \le p + z \cdot \frac{\sigma}{n}$.

Die Standardabweichung für den Anteil beträgt also $\sigma_p = \frac{\sigma}{n} = \sqrt{\frac{pq}{n}}$.

L 2 (Fortsetzung): Wir hätten das Beispiel auch so lösen können: Wenn 40% das Produkt kennen, ist $\sigma_p = \sqrt{\frac{0{,}4 \cdot 0{,}6}{500}} \approx 0{,}022$. Der **Anteil** der „Ja"-Antworten liegt daher mit 95% Wahrscheinlichkeit zwischen $0{,}4 - 1{,}96 \cdot 0{,}022 \approx 0{,}357$ und $0{,}4 + 1{,}96 \cdot 0{,}022 \approx 0{,}443$. B C

Die Nullhypothese wird also abgelehnt, wenn weniger als 35,7% oder mehr als 44,3% der Befragten angeben, die Zahncreme zu kennen.

Sehen wir noch einmal genau an, was wir bewiesen haben. Angenommen, 225 Befragte bzw. 45% der Stichprobe kennen das Produkt. Dann können wir nicht sagen: „Mit 95% Wahrscheinlichkeit ist der Bekanntheitsgrad gestiegen", sondern nur: „Falls der Bekanntheitsgrad gleich geblieben ist, beträgt die Wahrscheinlichkeit für dieses Ergebnis weniger als 5%." Statistische Signifikanz sagt nichts über die Wahrscheinlichkeit der Alternativhypothese „Bekanntheitsgrad ist gestiegen" aus!

einseitige Tests

Manchmal ist man auch nur an Abweichungen in eine Richtung interessiert: Ein Händler, der eine Lieferung Glühbirnen kauft, will nur wissen, ob der Anteil der defekten Birnen größer ist als vom Hersteller angegeben. Ein kleinerer Anteil macht ihm nichts aus. In diesem Fall kann man einen einseitigen (hier: rechtsseitigen) Test durchführen: Man betrachtet nur die Wahrscheinlichkeit, dass **mindestens** eine bestimmte Anzahl an Glühbirnen in der Stichprobe defekt sind.

Bei einem einseitigen Test ist es leichter, ein signifikantes Ergebnis zu erzielen. Erklären Sie diesen Sachverhalt anhand einer Skizze!

Das stellt für Statistiker/innen eine gewisse Versuchung dar, die Testbedingungen im Nachhinein zu ändern. Bei einem seriösen Test sollte man sich im Voraus für eine bestimmte Methode und ein bestimmtes Signifikanzniveau entscheiden und den kritischen Wert entsprechend festlegen. Manche Fachleute empfehlen, auf einseitige Tests ganz zu verzichten. Wir konzentrieren uns daher auf zweiseitige Tests.

kritische Bemerkungen

Ein statistisch signifikantes Ergebnis muss nicht unbedingt sehr wichtig sein. Wenn man im Beispiel noch mehr Personen über die Zahncreme befragt, kann auch eine Steigerung von 40% auf 41% ein signifikantes Ergebnis ergeben, aber niemand wird behaupten, dass diese Steigerung bedeutend ist.

Eine Irrtumswahrscheinlichkeit von 5% bedeutet: in einer von 20 Untersuchungen wird man ein signifikantes Ergebnis erhalten. Man könnte zwar eine kleinere Irrtumswahrscheinlichkeit verlangen, aber dann steigt die Gefahr, einen anderen Fehler zu begehen. Es gibt nämlich zwei Möglichkeiten sich zu irren:

- Die Nullhypothese wird abgelehnt, obwohl sie richtig ist – wir nehmen an, dass der Bekanntheitsgrad gestiegen ist, obwohl er in Wirklichkeit gleich geblieben ist **(Fehler 1. Art).**
- Die Nullhypothese wird beibehalten, obwohl sie falsch ist – wir nehmen an, dass der Bekanntheitsgrad gleich geblieben ist, obwohl er sich in Wirklichkeit verändert hat **(Fehler 2. Art).**

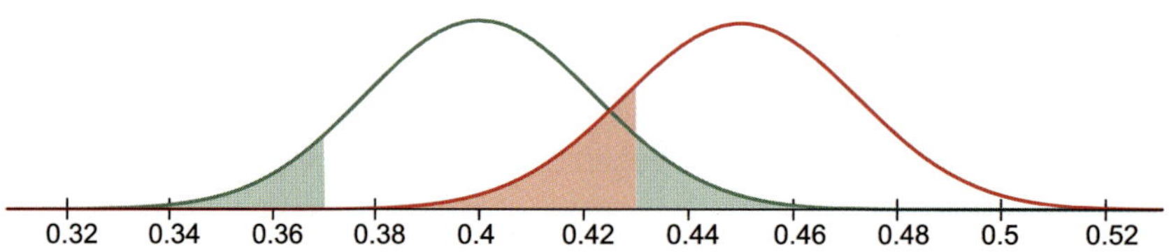

Abb. 1

Fehler 1. und 2. Art

Abbildung 1 zeigt die Situation, dass tatsächlich 45% der Bevölkerung das Produkt kennen ($p = 0{,}45$, rote Kurve), während die Nullhypothese einen Bekanntheitsgrad von 40% annimmt ($p = 0{,}4$, grüne Kurve). Die grüne Fläche entspricht der Wahrscheinlichkeit für einen Fehler 1. Art, die rote für einen Fehler 2. Art. Sie sehen: wenn man den kritischen Wert nach rechts verschiebt, sinkt die Wahrscheinlichkeit für einen Fehler 1. Art, aber die Wahrscheinlichkeit für einen Fehler 2. Art steigt. Man muss sich daher in der Praxis für ein vernünftiges Mittelmaß entscheiden.

Schuldig oder unschuldig?

Ein Vergleich aus dem Rechtswesen: in den meisten Ländern gilt die Unschuldsvermutung, das heißt, ein Angeklagter gilt so lange als unschuldig, bis seine Schuld nachgewiesen ist. In einem Gerichtsverfahren lautet also die Nullhypothese: „Der Angeklagte ist unschuldig." Der Staatsanwalt versucht, das Gericht von der Alternativhypothese zu überzeugen: „Der Angeklagte ist schuldig." (Wir nehmen an, dass der Angeklagte weder auf frischer Tat ertappt wurde noch ein Geständnis abgelegt hat, sodass das Gericht aufgrund von Indizien entscheiden muss.) Ein Fehler 1. Art wäre es, wenn ein Unschuldiger verurteilt wird; ein Fehler 2. Art liegt vor, wenn ein Schuldiger freigesprochen wird. Wenn der/die Richter/in großzügiger ist und vor allem vermeiden will, einen Unschuldigen hinter Gitter zu bringen (also einen Fehler 1. Art zu begehen), geht er ein größeres Risiko ein, einen Verbrecher laufen zu lassen. Bei einem/einer strengen Richter/in ist es umgekehrt. Es ist auch sinnlos zu sagen: „Mit 99% Wahrscheinlichkeit ist der Angeklagte schuldig." Entweder er ist schuldig oder nicht. Man kann nur feststellen: „Wenn der Angeklagte unschuldig ist, beträgt die Wahrscheinlichkeit, dass die Indizien zufällig zustande gekommen sind, 1%." Wenn das Gericht diese Wahrscheinlichkeit zu gering findet, wird es den Angeklagten schuldig sprechen und damit ein Risiko von 1% für einen Fehler 1. Art in Kauf nehmen.

Üben

Ü 1 ★: Sie wollen testen, ob eine Münze „fair" ist, das heißt, ob „Kopf" und „Zahl" wirklich mit derselben Wahrscheinlichkeit erscheinen. In welchem Intervall müsste die Anzahl von „Kopf" mit 95% Wahrscheinlichkeit liegen a) bei 100 Würfen, b) bei 1000 Würfen? Wie hoch müsste in beiden Fällen der Anteil von „Kopf" sein? A B C

✔ a) 40 bis 60 (40% bis 60%); b) 469 bis 531 (47% bis 53%)

Ü 2 ★: Bei der letzten Wahl erhielt die Partei „Gelb" 35% der Stimmen. Jetzt geben bei einer Umfrage 160 von 500 Personen an, dass sie die Partei wählen würden. Kann man mit 5% Irrtumswahrscheinlichkeit behaupten, dass der Anteil der Zustimmung sich verändert hat? A B C

✔ Nein

Ü 3 ★: Auf eine bestimmte Behandlungsmethode sprechen 70% der Patient/innen an. Eine neue Methode wurde an 200 Personen getestet und hat bei 156 eine Besserung bewirkt. Kann man man auf einem Signifikanzniveau von 5% annehmen, dass die neue Methode besser ist? A B C

✔ Ja

Ü 4 ★: Eine Firma erzeugt Kaffeetassen. Sie behauptet, dass 6% aller Tassen fehlerhaft sind. Wie viele Tassen müssten bei einer Stichprobe von 250 Stück fehlerhaft sein, damit diese Behauptung mit einer Irrtumswahrscheinlichkeit von 5% abgelehnt werden kann? A B C

✔ ≤ 7 oder ≥ 23

Ü 5 ★: 15% aller Österreicher/innen haben Blutgruppe B. Von den 1200 Einwohner/innen eines Orts haben 200 diese Blutgruppe. Kann man auf einem Signifikanzniveau von 5% behaupten, dass die Wahrscheinlichkeit für Blutgruppe B in diesem Ort vom Wert in der Gesamtbevölkerung abweicht? A B C

✔ Nein

Sichern

Nullhypothese

Beim Testen von Hypothesen geht man von der Annahme aus, dass es keinen Effekt bzw. keinen Zusammenhang gibt. Diese Hypothese, die sogenannte Nullhypothese, wird je nach Testergebnis abgelehnt oder beibehalten.

Signifikanz

Wenn die Wahrscheinlichkeit, dass die gemessene Abweichung vom Erwartungswert zufällig zustande gekommen ist, unter einem bestimmten Wert (meist 5%) liegt, spricht man von einem statistisch signifikanten Ergebnis. In diesem Fall wird die Nullhypothese abgelehnt. Die Irrtumswahrscheinlichkeit, das heißt die Wahrscheinlichkeit, dass man dabei einen Fehler begeht, ist gleich dem Signifikanzniveau.

Fehler 1. und 2. Art

Ein Fehler 1. Art liegt vor, wenn die Nullhypothese abgelehnt wird, obwohl sie richtig ist (das Testergebnis also durch Zufall zustande gekommen ist).

Ein Fehler 2. Art liegt vor, wenn die Nullhypothese beibehalten wird, obwohl sie falsch ist.

Wenn man die Wahrscheinlichkeit für einen Fehler 1. Art verkleinert, wird die Wahrscheinlichkeit für einen Fehler 2. Art größer.

Wissen

SbX ID: 1734

SbX
Die Lösungen finden Sie unter der ID: 1734.

W 1: Die letzte Media-Analyse hat ergeben, dass ein Drittel der Einwohner/innen eines Landes eine bestimmte Zeitung liest. Der Verlag will wissen, ob sich dieser Wert geändert hat, und gibt eine Untersuchung mit 1500 Befragten in Auftrag. A B C

a) In welchem Bereich muss die Anzahl bzw. der Prozentsatz liegen, damit man die Hypothese „$p = \frac{1}{3}$" mit einer Irrtumswahrscheinlichkeit von (i) 5%, (ii) 1% beibehalten kann?

b) Angenommen, der Anteil der Leser/innen beträgt in Wirklichkeit 30%. Wie groß ist die Wahrscheinlichkeit für einen Fehler 2. Art in (i) bzw. (ii)?

W 2: Bei einem einseitigen Test werden nur Abweichungen in eine bestimmte Richtung untersucht. Wenn man nur wissen will, ob der Anteil in der Stichprobe größer ist als angenommen, macht man einen rechtsseitigen Test; mit einem linksseitigen Test untersucht man, ob der Anteil kleiner ist als angenommen. Die kritischen Werte erhält man A B C

- bei einem rechtsseitigen Test: $P(X \geq x) = 0{,}05$
- bei einem linksseitigen Test: $P(X \leq x) = 0{,}05$
- bei einem zweiseitigen Test: $P(X \leq x_1) = 0{,}025$ oder $P(X \geq x_2) = 0{,}025$

(Die Irrtumswahrscheinlichkeit beträgt dabei jeweils 5%.)

Ein Würfel wird 300-mal geworfen, um die Hypothese „Die Wahrscheinlichkeit für einen Sechser beträgt $\frac{1}{6}$" zu testen. Geben Sie die kritischen Werte für einen (i) rechtsseitigen, (ii) linksseitigen, (iii) zweiseitigen Test an.

Ein kurzer Wissens-Check, bevor's weitergeht!

Wissens-Check

	☺	😐	☹
Ich kann folgende Begriffe erklären: Nullhypothese, Signifikanz, kritischer Wert.			
Ich kann eine Hypothese auf einem gegebenen Signifikanzniveau testen.			
Ich kenne den Unterschied zwischen einem Fehler 1. und 2. Art.			

8 Basiswissen

Das Kapitel Basiswissen bildet das Fundament, auf dem Sie Ihre weiteren mathematischen Strukturen errichten können. Es gibt Ihnen die Möglichkeit bereits bestehendes Wissen zu wiederholen und dient zum schnellen Nachschlagen.

Sie lernen in diesem Kapitel:
- warum Variablen und Terme nicht wegzudenken sind
- wie Prozente unser Leben beeinflussen
- was die Speicherkapazität eines Computers und die mikroskopische Betrachtung eines Virus verbindet
- (k)eine mathematische Geheimschrift
- warum eine Pyramide fast ein Kegel ist und, dass man einen Mantel nicht nur anziehen kann
- wie man mit Funktionen die „Wirklichkeit" verändern kann
- dass eine Matrix in der Mathematik etwas anderes ist als im Film

SbX
Alle SbX-Inhalte zu dieser Lerneinheit finden Sie unter der ID: 1810.

Lerneinheit 1
Variablen und Terme

Mathematik ohne Variablen wäre wie ein Fisch ohne Wasser. Schon in der Antike wurde mit Variablen gerechnet, doch erst der US-amerikanische Mathematiker und Philosoph Charles Sanders Peirce (1839–1914) erkannte die Wichtigkeit der Variablen für die wissenschaftliche Sprache.

Sie lernen hier:
- **wozu Variablen gebraucht werden**
- **wie man mit Variablen rechnet**
- **warum auch Terme eine wichtige Rolle für die Mathematik spielen**

Lernen

SbX ID: 1811
Ü

1 Variablen und Terme
Die Begriffe

Zwei Beispiele:

Wenn die Sprache nicht ausreicht, finden sich andere Wege der Verständigung.

Zwei Mädchen sitzen in Italien am Strand im Sand. Es kommt ein Junge mit einem großen Eis vorbei. Die beiden Mädchen fragen: „Wo hast du das Eis gekauft?" Der Junge schüttelt den Kopf und sagt: „Non capisco!" (Ich verstehe nicht!). Da zeichnet ein Mädchen eine Eistüte in den Sand und daneben ein Fragezeichen. Der Junge lächelt und deutet mit der Hand in eine Richtung.

Denken Sie sich eine Zahl. Vervierfachen Sie diese Zahl und addieren Sie 6. Multiplizieren Sie das Ergebnis mit 3 und subtrahieren Sie das Dreifache der gedachten Zahl. Dividieren Sie dann durch 9 und ziehen Sie noch eins ab. Wenn Sie mir nun Ihr Ergebnis sagen, dann sage ich Ihnen Ihre gedachte Zahl (indem ich von Ihrer Lösung noch 1 subtrahiere)!

Variable

Eine **Variable** ist im Allgemeinen ein Buchstabe, der stellvertretend für eine Zahl, einen Begriff o.Ä. geschrieben wird. So wie in vielen anderen Bereichen der Mathematik ist diese abgekürzte Schreibweise sowohl im Aufschreiben als auch in der Berechnung von Vorteil.

Nehmen wir an, dass die beiden Mädchen nun wirklich zum Eisgeschäft gehen, um sich ein Eis zu kaufen. Sie zahlen für zwei (gleichartige) Eistüten 3,60 €. Nun könnte man Folgendes schreiben:

Die Kreativen unter uns könnten das natürlich anders schreiben:
2 = 3,60

umgangssprachlich	mathematisch
Zwei Eistüten kosten 3,60 €. Daher kostet eine Eistüte 1,80 €.	$2e = 3{,}6$ $e = 1{,}8$

Damit ist auch schon eine der Verwendungsmöglichkeiten von Variablen, nämlich das Lösen von Gleichungen, vorgestellt. Dazu gibt es noch mehr zu wissen:

Oft ist es sinnvoll, „sprechende" Variablen zu verwenden, so zum Beispiel: *e* für Eistüte, *a* für Apfel usw.

Term

Wenn man nun Variablen, Zahlen und Rechenzeichen so miteinander verbindet, dass ein mathematisch sinnvoller Ausdruck entsteht, so nennt man diesen Ausdruck **Term**.

Ausdrücke, die Terme sind: $4x$; $4x + 5$; $2 \cdot (4x + 5)$
Ausdrücke, die keine Terme sind: $4x +$; $5 \cdot 3x -$; $2 \cdot (\ )$

umgangssprachlich	Beispiel	mathematisch
eingliedriger Term	$5a$	Monom
zweigliedriger Term	$5a-7$	Binom
mehrgliedriger Term	$5a-7+6v+9c$	Polynom

2 Rechnen mit Variablen

Regeln zum Rechnen ohne Zahlen

Addition und Subtraktion

Stellen wir uns folgende Frage: „Was sind drei Äpfel?" Zu diesen Fragen gibt ganz unterschiedliche Antworten: zum Beispiel „sehr gesund, gut …". Nun ist aber „drei Äpfel" auch die Abkürzungen für: „ein Apfel plus ein Apfel plus ein Apfel".

Abkürzungen werden in der Mathematik sehr oft verwendet, da sie das Aufschreiben von mathematischen Ideen, Rechnungen etc. sehr erleichtern.

umgangssprachlich	mathematisch
	$a+a+a=3a$
	$e+e=2e$

Hier wird auch sehr offensichtlich, dass man einen Apfel und eine Eistüte nicht zusammenrechnen kann.

Mathematisch gesprochen:

Variablen addieren/subtrahieren

Man kann nur **gleiche Variablen addieren/subtrahieren.**

$3a$ ist die Abkürzung für $3 \cdot a$. Man kann den Malpunkt bei der Multiplikation also weglassen.

L 1: Addieren und Subtrahieren von Variablen B

$4a+6e-2a-19e+5e+3a=4a-2a+3a+6e-19e+5e$
$=5a-8e$

- Nach gleichen Variablen ordnen!

Multiplikation und Division

Wenn nun 2 Personen je 3 Äpfel essen, so wären das 6 gegessene Äpfel.

Mathematisch aufgeschrieben: $2 \cdot 3a = 6a$

L 2: Variablen multiplizieren B

$2a \cdot 3b \cdot 4c = 2 \cdot 3 \cdot 4 \cdot a \cdot b \cdot c$
$= 24abc$

- Die Zahlen werden multipliziert. (Es können nur Zahlen bzw. Variablen multipliziert werden.)

SbX **Sie finden die Lösung zu Ü 1 unter der ID: 1811.**

Ü 1 ★: Berechnen Sie: B

$2a \cdot 5c + 7c \cdot 4a =$

Wenn nun 6 Äpfel von zwei Personen gegessen werden, so isst jede Person drei Äpfel.

Mathematisch aufgeschrieben: $6a:2=3a$

L 3: Variablen dividieren B

$12a:3=4a$

- Die Zahlen werden dividiert. (Es können nur Zahlen bzw. Variablen dividiert werden.)

Brüche kürzen: Zähler (oben) und Nenner (unten) durch dieselbe Zahl/Variable dividieren

Man kann $6a:2=3a$ auch in Form eines Bruches aufschreiben: $\frac{6a}{2}=3a$ (weil $\frac{6}{2}$ durch 2 gekürzt genau 3 ergibt).

L 4: Variablen dividieren B

$12a : 3a = 4$

- Die Zahlen werden dividiert. Die Variablen werden dividiert. (Es können nur dieselben Variablen dividiert werden.)

SbX
Sie finden die Lösung zu Ü 2 unter der ID: 1811.

Ü 2 ★: Berechnen Sie: B

$5f \cdot 7b + 3 \cdot 10bf =$

Multiplikation eingliedriger und mehrgliedriger Ausdrücke

In der Volksschule lernt man im Kopf zu multiplizieren.

Die Aufgabe 14 · 3 wird oft in der Form 10 · 3 plus 4 · 3 gerechnet.

Mathematisch aufgeschrieben wäre das also Folgendes:

Version 1	Version 2
Man addiert zuerst 10 und 4 (ergibt eben 14) und multipliziert das Ergebnis mit 3.	Man multipliziert zuerst sowohl 10 als auch 4 mit 3 und addiert dann die Ergebnisse.
$(10+4) \cdot 3 = 14 \cdot 3 = 42$	$10 \cdot 3 + 4 \cdot 3 = 30 + 12 = 42$

Mathematisch aufgeschrieben bedeutet dieser Gedankengang Folgendes:

„Jedes mit jedem!"

SbX
Eine geometrische Deutung dieser Rechenregel und ein weiteres Lehrbeispiel finden Sie unter der ID: 1811.

$(a \pm b) \cdot c = a \cdot c \pm b \cdot c$

in Worten:

Eine Summe/Differenz wird mit einem (eingliedrigen) Term multipliziert, indem man jedes Glied der Summe/Differenz mit dem Term multipliziert.

L 5: B

Achtung auf das Vorzeichen!

$-4a \cdot (2 - 5b) = -4a \cdot 2 - (-4a) \cdot 5b$
$= -8a + 20ab$

- Man multipliziert zuerst sowohl 2 als auch $5b$ mit $-4a$.
- Diese Ergebnisse kann man aber nicht mehr weiter zusammenfassen, daher ist das schon die Lösung.

Ein **Minus** vor einer Klammer **ändert** beim Klammerauflösen alle Vorzeichen in der Klammer.

L 6: Ein Sonderfall B

$5a - (3 - 4a) = 5a - 1 \cdot (3 - 4a)$
$= 5a - 1 \cdot 3 - 1 \cdot (-4a)$
$= 5a - 3 + 4a$
$= 9a - 3$

- Das Minus vor der Klammer könnte man auch „umständlich" als „$-1 \cdot$" schreiben.
- Man multipliziert zuerst sowohl 3 als auch $4a$ mit -1.

Beim Multiplizieren von Termen kann es vorkommen, dass eine Variable mit sich selbst multipliziert wird. Dann sollte diese Variable in Potenzschreibweise geschrieben werden.

Rechnen mit Potenzen siehe Kapitel 2, Lerneinheit 1.

L 7: B

$5a \cdot (3 - 4a) = 5a \cdot 3 - 5a \cdot 4a$
$= 15a - 20a^2$

- $a \cdot a = a^2$

Nun gibt es auch noch den Fall, dass mehrgliedrige Terme miteinander multipliziert werden.

„Jedes mit jedem!"

Achtung auf die Vorzeichen und Rechenzeichen!

$(a + b) \cdot (c + d) = a \cdot c + a \cdot d + b \cdot c + b \cdot d$

in Worten:

Summen/Differenzen werden miteinander multipliziert, indem man jedes Glied des ersten Terms mit jedem Glied des zweiten Terms multipliziert.

Achtung auf die Reihenfolge!

( )
vor
· :
vor
+ −

Herausheben – Ausklammern

In L 5 wurde das Multiplizieren einer Zahl/Variablen mit einem Ausdruck in einer Klammer erklärt.

In Deutschland sagt man auch Ausklammern.

Manchmal will man aber auch das Gegenteil tun, nämlich etwas in ein oder mehrere Produkte zerlegen. Das kann man unter anderem durch das Herausheben:

Ausmultiplizieren ↓ $4a\cdot(2+5b)=4a\cdot 2+4a\cdot 5b$ ↑ Herausheben
$=8a+20ab$

$8a+20ab=4a\cdot 2+4a\cdot 5b$

$=4a\cdot(2+5b)$

- Man sucht jene Zahl/Variable, die in beiden Summanden enthalten ist; hier: $4a$.
- Man schreibt diese vor die Klammer und fragt sich: $4a$ mal „was" ergibt 8 bzw. $20ab$? „Was" muss daher 2 bzw. $5b$ sein!
- Kontrolle durch Ausmultiplizieren.

SbX Sie finden die Lösung zu Ü 3 unter der ID: 1811.

Ü 3 ★★: Heben Sie heraus und kontrollieren Sie durch Ausmultiplizieren: B

$4x-10xy=$

L 8: Heben Sie heraus: B

$40ab+10b=10b\cdot(4a+1)$

- Vielleicht haben Sie $10b$ herausgehoben und dann Folgendes geschrieben: $10b\cdot(4a)$.
- Die Kontrolle durch Ausmultiplizieren ergibt Folgendes: $40ab$ stimmt, der Ausdruck **$+10b$** ist **verschwunden!** Wenn man sich die Frage nach dem $10b$ mal „was" ergibt $10b$ stellt, so kommt man auf die Zahl $+1$.

Achtung: Wenn man „alles" heraushebt, muss noch immer der Faktor 1 bleiben

3 Gleichungen – Äquivalenzumformungen

Terme verbunden durch ein Gleichheitszeichen

Aus Termen kann man Gleichungen entstehen lassen, indem man zwei Terme durch ein Gleichheitszeichen verbindet.

So z.B.: 2 Eistüten = 3,8. Wenn man nun wissen will, wie viel ein Eis kostet, muss man durch 2 dividieren. Mathematisch angeschrieben:

$2e=3{,}8 \quad |:2$
$e=1{,}9$

Um Gleichungen lösen zu können, sind folgende Anhaltspunkte wichtig:

Umkehroperationen

Operationen und ihre Umkehroperationen

Potenzieren	Wurzelziehen
Multiplizieren	Dividieren
Addieren	Subtrahieren

Rechnen mit Potenzen siehe Kapitel 2, Lerneinheit 1.

Potenzieren und Wurzelziehen sind nur für positive Zahlen Umkehroperationen.

Auch beim Vereinfachen von Termen gilt: **„Klammer- vor Punkt- vor Strich-Rechnung"** – das bedeutet also, dass die Punktrechnung eine stärkere Verbindung darstellt als die Strichrechnung. Als Eselsbrücke könnte man sich merken, dass ein Punkt Superkleber viel fester hält als ein Strich mit einem Klebestick.

Für das Lösen von Gleichungen gilt daher, dass zuerst aufgelöst werden muss, was weniger fest hält.

SbX ID: 1811

Weitere Lehrbeispiele finden Sie in Sbx.

L 9: Berechnen Sie: B

$2 \cdot (4a - 3) = -3 \cdot (-2a + 7)$

$8a - 6 = 6a - 21 \quad | -6a + 6$

$2a = -15 \quad | :2$

$a = -7{,}5$

- Zuerst die Klammern auflösen – auf die Vorzeichen achten.
- Zahlen und Variablen jeweils auf eine Seite

Sonderfall

L 10: Berechnen Sie: B

$4a - 3 = 4 \cdot (2 + a)$

$4a - 3 = 8 + 4a \quad | -4a + 3$

$0 = 11 \quad$ f. A.

keine Lösung

- Zuerst die Klammern auflösen – auf die Vorzeichen achten.
- Zahlen und Variablen jeweils auf eine Seite

Es ist offensichtlich, dass $0 = 11$ falsch ist – beim Gleichungslösen sucht man genau jene Zahl, für die die Gleichung stimmt. Weil nun die Variable aber wegfällt und immer eine falsche Aussage übrigbleibt, kann es keine Zahl geben, für die diese Gleichung stimmt.

Sonderfall

L 11: Berechnen Sie: B

$4a - 8 = 4 \cdot (-2 + a)$

$4a - 8 = -8 + 4a \quad | -4a + 8$

$0 = 0 \quad$ w. A.

Alle Zahlen der Definitionsmenge sind möglich.

- Zuerst die Klammern auflösen – auf die Vorzeichen achten.
- Zahlen und Variablen jeweils auf eine Seite

Siehe auch Kapitel 1, Lerneinheit 1: Lineare Gleichungen, Kapitel 2, Lerneinheiten 2: Quadratische Gleichungen und 3: Gleichungen höheren Grades, etc.

Es ist offensichtlich, dass $0 = 0$ wahr ist – beim Gleichungslösen sucht man genau jene Zahl, für die die Gleichung stimmt. Weil nun die Variable aber wegfällt und immer eine wahre Aussage übrigbleibt, kann es unendlich viele Zahlen geben, für die diese Gleichung stimmt.

Üben

SbX ID: 1812

SbX **Sie finden Ü 4 mit automatischer Aufgabenkontrolle unter der ID: 1812.**

Ü 4 ★★★: Ordnen Sie jeder Angabe eine der möglichen Lösungen zu. B

- ❏ a) $a + 6a - 4a =$
- ❏ b) $-20a + (4a + 5a) =$
- ❏ c) $-15a - (15a + 5a) =$
- ❏ d) $3a - (a - 5a) =$
- ❏ e) $4a - 10a + 3a =$
- ❏ f) $15a - 3a - 4a =$
- ❏ g) $8a - (3a + 4a + 9a) + 2a =$

Mögliche Lösungen:

1. $8a$
2. $-12a$
3. $-35a$
4. $-11a$
5. $3a$
6. $-6a$
7. a
8. $-8a$
9. $-3a$
10. $11a$
11. $7a$

SbX
Sie finden die Lösungen zu Ü 5 bis Ü 8 unter der ID: 1812.

Ü 5 ★★: Vereinfachen Sie: B

a) $2\cdot(d+e)=$
b) $(k+v)\cdot 3d=$
c) $9d\cdot(e+2c-1)=$
d) $12d\cdot(g-3h)=$
e) $-5\cdot(2d+3e-4c)=$
f) $(7k-5v-3z)\cdot 9=$
g) $3de\cdot(5-2k+z)=$

Ü 6 ★★: Heben Sie heraus: B

a) $5a-15ax=$
b) $9ax-12bx=$
c) $9y+12z=$
d) $6abx-3axy=$
e) $10ab+5bc=$
f) $12ab-3b=$
g) $12e+15v=$
h) $6x-3xy=$
i) $8x-8=$

Rechnen mit Potenzen siehe Kapitel 2, Lerneinheit 1.

Ü 7 ★★★: Vereinfachen Sie so weit wie möglich. B

a) $5bx\cdot(2ab+3x)=$
b) $5ab\cdot(3a^2+2b)=$
c) $2ax\cdot(x^2-3a+a^2)=$
d) $4a^2\cdot(2b+5c)=$
e) $-5ab^2\cdot(-3a+2)=$
f) $3ab\cdot(4a+ab-b)=$
g) $-4a^2\cdot(5ab-7)=$
h) $2x^2\cdot(3a+x)=$
i) $4x^2\cdot(2a^2-5x+y^2)=$

Ü 8 ★★★: Vereinfachen Sie so weit wie möglich: B

a) $(2y+1)\cdot(y+3)=$
b) $(d-3)\cdot(d-2)=$
c) $(2c-1)\cdot(3c-2)=$
d) $(2e+3)\cdot(e+5)=$

SbX
ID: 1812

Weitere Übungsbeispiele zu dieser Lerneinheit finden Sie in SbX.

Sichern

Terme addieren/subtrahieren

Man kann nur **gleiche Variablen addieren/subtrahieren.**

Terme multiplizieren/dividieren

Beim **Multiplizieren/Dividieren** werden die Zahlen multipliziert/dividiert und die Variablen multipliziert/dividiert.

Multiplikation eingliedriger Terme

$(a\pm b)\cdot c=a\cdot c\pm b\cdot c$

Multiplikation mehrgliedriger Terme

$(a+b)\cdot(c+d)=a\cdot c+a\cdot d+b\cdot c+b\cdot d$
in Worten: „jedes mit jedem“.

−( )

Ein **Minus vor der Klammer ändert** beim Klammerauflösen die **Vorzeichen.**

Wissen

SbX ID: 1814

SbX
Sie finden die Lösungen unter der ID: 1814.

W 1: Vereinfachen Sie so weit wie möglich: B

a) $2x\cdot(3a+2b)=$
b) $5r\cdot(7s-4t)=$
c) $4c\cdot(0{,}5a-2b-0{,}25d)=$

W 2: Vereinfachen Sie so weit wie möglich: B

a) $8\cdot(a+b)-4\cdot(4a+4-2b)=$
b) $(a+4b)\cdot 3-10\cdot(6a-b)\cdot 2=$
c) $5\cdot(2x-y)+((4x-8y)\cdot 2)\cdot 0{,}5=$
d) $(4r-3s)\cdot 4-5\cdot(8+3s)\cdot 20=$

W 3: Vereinfachen Sie so weit wie möglich: B

a) $3ub \cdot (5-2x+z)=$
b) $-3ub \cdot (3-5x)=$
c) $3o \cdot (5x-2y+4z)=$
d) $5o \cdot (3o+2v-5w)=$
e) $5c \cdot (-2x-3y+2)=$
f) $-20 \cdot (b-3c-5) \cdot (2{,}5)=$

W 4: Heben Sie heraus: B

a) $6x-4y+8z=$
b) $8x-12y+16=$
c) $24xy-16ay+12y=$
d) $10x-8y-4=$
e) $12a-15b+9=$

Ein kurzer Wissens-Check, bevor's weitergeht!

Wissens-Check

	☺	😐	☹
Ich kann erklären, was eine Variable bzw. was ein Term ist.			
Ich weiß, was beim Vereinfachen von Gleichungen zuerst berechnet werden muss und kann dies auch erklären.			
Ich weiß, wie man Zahlen/Variablen herausheben kann.			
Ich weiß, wann Variablen zusammengefasst werden können und kann dies anhand eines Beispiels erklären.			

SbX
Alle SbX-Inhalte zu dieser Lerneinheit finden Sie unter der ID: 1820.

Lerneinheit 2
Prozentrechnung

Prozente sind aus dem Alltag nicht wegzudenken. Sei es in Form einer Preisreduktion um 30% oder ein Aktionsprodukt mit 20% mehr Inhalt, sei es die Inflationsrate …

Sie lernen hier:

- **wie man Prozentangaben abschätzt und berechnet**
- **die unterschiedlichen Formen, prozentuelle Anteile anzugeben**
- **warum man manche Prozentangaben nicht so genau nehmen sollte und andere doch**

Lernen

SbX ID: 1821

Das Ganze und seine Teile

Oder: „Alles ist relativ." (frei nach Einstein)

100 Prozent

1 GANZES = 100%

Eva hat Geburtstag und wünscht sich von ihrer Mutter eine Schokotorte – eine ganze Torte selbstverständlich. Da sie die Torte mit neun Freundinnen teilen will, braucht sie eine große Torte. Jede, inklusive Eva wird daher 10% Torte bekommen. Evas Mutter hingegen weiß, dass Eva (eigentlich) auf Diät ist und bringt daher eine kleine Torte. Wenn Eva nun diese Torte aufteilt, bekommt jede inklusive Eva 10%. Das sollte doch eigentlich gleich sein!?

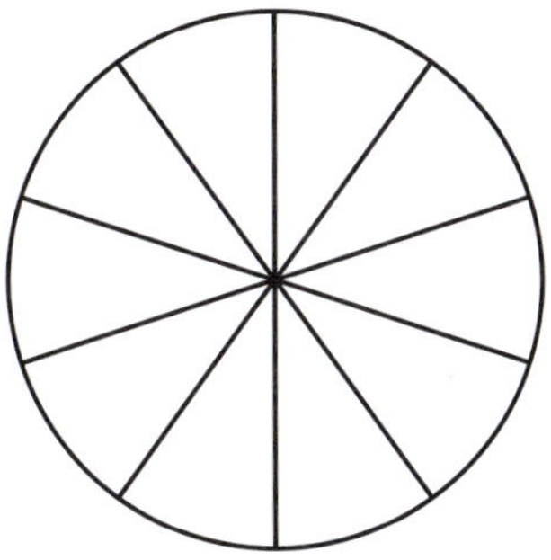

Abb. 1

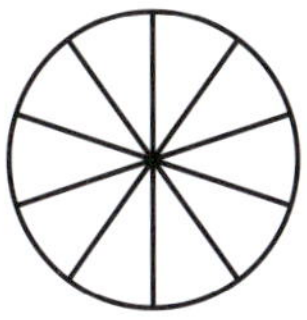

Abb. 2

Es ist ganz klar, dass die Torten-Teile, die für jede vorhanden sind, unterschiedlich groß sind, weil **Prozentangaben relative Angaben** sind.

Wenn nun 100% gleich einem Ganzen sind, dann muss Folgendes gelten:

100%	1	:100
1%	$\frac{1}{100}$	$\cdot p$
p%	$\frac{1}{100} \cdot p = \frac{p}{100}$	

Berechnen des Prozentwertes

L 1: Ein Pullover ist mit einem Preis von 29,80 € ausgeschildert. Im Rahmen des Schlussverkaufes wird der Preis um 50% gesenkt. Berechnen Sie den neuen Preis. B

Möglichkeit 1:

100% .... 29,80 €
1% .... 0,298 €
50% .... 14,90 €

- Dieser Weg hat den Nachteil, dass man auf 1% rechnen muss.

Möglichkeit 2:

$29{,}8 : 100 \cdot 50 = 14{,}9$

- entspricht Möglichkeit 1, aber ohne dazwischen explizit 1% auszurechnen

Möglichkeit 3:

$29{,}8 : 2 = 14{,}9$

- Mit dem Wissen, dass 50% die Hälfte sind.

Prozentsatz – Prozentwert – Grundwert

Die **Angabe von Prozenten** nennt man auch den **Prozentsatz.** p
Das **Ergebnis** einer Prozentrechnung ist der **Prozentwert.** W
Das **Ganze,** also die 100%, nennt man auch **Grundwert.** G

Zur Unterscheidung der Begriffe Prozentwert, Prozentsatz und Prozentpunkte siehe Kapitel 7, Seite 216.

Wichtig beim Rechnen mit Prozenten ist aber, so wie bei allen Kapiteln, nicht die genaue Definition der einzelnen Teile der Rechnung, sondern das Verständnis für den Rechenweg.

Wenn Sie sich die zweite Möglichkeit noch einmal ansehen, so werden Sie feststellen, dass diese auch mit einer beliebigen Prozentangabe rechenbar ist. Das bedeutet aber auch, dass man diesen Rechenweg in einer allgemein gültigen Schreibweise notieren kann:

Formel für Prozentwert

Grundwert : 100 · Prozentsatz = Prozentwert

$G : 100 \cdot p = W$ oder $\frac{G}{100} \cdot p = W$

Eine zusätzliche Erleichterung bringt die Tatsache mit sich, dass man die „p Hundertstel" gleich in Form einer Dezimalzahl (p_d) schreiben kann.

So sind z.B. $3\% = \frac{3}{100} = 0{,}03$

Formel für Prozentwert

$G \cdot p_d = W$

Als eine Eselsbrücke kann man sich auch Folgendes merken:

p% von ...

z.B.: 35% von 200 = 0,35 · 200

von wird zu ·

SbX Sie finden die Lösung zu Ü 1 unter der ID: 1821.

Ü 1 ★: Aufgrund einer Qualitätsverbesserung wird der Preis eines Toncan Lautsprechers um 5% erhöht. Der alte Preis lag bei 720 €. Berechnen Sie den neuen Preis. B

Ü 2 ★★: In ihrem Lieblingsgeschäft ist Ausverkauf. Bei den Hosen gibt es eine Preisreduktion um 20%, bei den Pullovern um 30% und bei den T-Shirts um 25%. Sie wählen eine weiße Hose (Preisetikett: 49,90 €), zwei T-Shirts (Preisetikett jeweils 15,90 €) und einen Pullover (Preisetikett: 44,90 €). Welchen Geldbetrag geben Sie für diesen Einkauf aus? Wie viel Prozent haben Sie sich erspart? (Zusatzgedanke: Zahlen Sie jetzt gar nichts?!) A B

✔ 95,2 €, 24,8%

Berechnen des Prozentsatzes

Saldi, Saldi!

L 2: Ein Pullover war mit einem Preis von 29,80 € ausgeschildert. Im Schlussverkauf wird er um 20,80 € verkauft. Berechnen Sie, um welchen Prozentsatz er vergünstigt wurde. A B

Möglichkeit 1a:

100% .... 29,80 €
1% .... 0,298 €
p_1% .... 20,80 €

- Dieser Weg hat den Nachteil, dass man nach der Berechnung des Prozentsatzes diesen noch von 100 abziehen muss, da ja die prozentuelle Reduktion gefragt ist.

$p_1 = 69{,}80\%$
$p = 100 - 69{,}8$
$p = 30{,}2\%$

Möglichkeit 1b:

100% .... 29,80 €
1% .... 0,298 €
p% .... 9,00 €
$p = 30{,}2\%$

- Bei diesem Weg muss man sich zuerst den Betrag ausrechnen, um den die Ware ermäßigt ist, dafür kennt man dann schon die prozentuelle Reduktion.

Möglichkeit 2:

$29{,}8 : 100 \cdot p = 9$
besser:
$$\frac{29{,}8}{100} \cdot p = 9$$
$$p = 30{,}2\%$$

- Hier entsteht eine Art Formel, die sich durch Umformen lösen lässt.

Möglichkeit 3:

$29{,}8 \cdot p = 9$
$p = 0{,}302$
$p = 30{,}2\%$

- Vielleicht die leichteste Möglichkeit von allen. Achtung: die Prozentangabe erfolgt hier in Form einer Dezimalzahl $\Rightarrow \cdot 100$

Achtung: Bei allen Berechnungsmethoden ergibt sich eine Reduktion um 30,2%. In der Realität wird es wahrscheinlich ein Rabatt um 30% gewesen sein, der aber als neuen Preis 20,86 ergeben hätte. Kundenfreundlich (unmathematisch) gerundet ergibt das nun 20,80 €.

Nachdem der Prozentwert und der Prozentsatz jetzt schon berechnet wurden, fehlt nur noch die Berechnung des (ursprünglichen) Grundwertes.

Berechnung des Grundwertes

L 3: Auf dem Pulloveretikett war der reduzierte Preis von 20,80 € ausgeschildert. Im Rahmen des Schlussverkaufes gab es eine 30%-ige Preisreduktion. Ermitteln Sie den regulären Preis. A B

Möglichkeit 1:

100% .... G €
1% .... $\frac{G}{100}$ €
70% .... $\frac{G}{100} \cdot 70$ €

$$\frac{G}{100} \cdot 70 = 20{,}8 \quad |\cdot 100, :70$$
$G = 29{,}71$ €, daher wahrscheinlich $G = 29{,}80$ €

- Dieser Weg hat den Nachteil, dass man sehr kompliziert beginnt. Achtung: Da es eine 30%ige Preisreduktion gegeben hat, ist der jetzige „Verkaufspreis" bei 70%.

Möglichkeit 2:

$G : 100 \cdot 70 = 20{,}8$
besser:
$$\frac{G}{100} \cdot 70 = 20{,}8 \quad |\cdot 100, :70$$
$G = 29{,}71$ €, daher wahrscheinlich $G = 29{,}80$ €

- Achtung: Da es eine 30%ige Preisreduktion gegeben hat, ist der jetzige „Verkaufspreis" bei 70%.

Möglichkeit 3:

$G \cdot 0{,}7 = 20{,}8 \quad |:0{,}7$
$G = 29{,}71$ €,
daher wahrscheinlich $G = 29{,}80$ €

- Achtung: Da es eine 30%ige Preisreduktion gegeben hat, ist der jetzige „Verkaufspreis" bei 70%: das ist als Dezimalzahl 0,7.

Betrachtet man den Sprachgebrauch im Alltag, sieht man, dass da noch einige „Fallen" zur Prozentrechnung lauern.

siehe Ü 4

In einer Zeitung liest man Folgendes: „In Großstädten trennt jede fünfte Familie Papier von Restmüll. In den ländlichen Gebieten führt hingegen nur jede vierte Familie Mülltrennung durch."

Was genau bedeuten nun die Bezeichnungen „jede Fünfte, jede Vierte"?

Gehen wir von 100%, also einem Ganzen aus. Dann sind 50% die Hälfte, mathematisch geschrieben $\frac{1}{2}$ oder auch jeder Zweite.

Das bedeutet aber dann, dass jeder Vierte genau $\frac{1}{4}$ ist und daher 25%.

SbX
Sie finden die Lösung zu Ü 3 unter der ID: 1821.

Ü 3 ★★★: Vervollständigen Sie die Tabelle: B C

Prozentsatz – gesprochene Bezeichnung

Prozent	Bruch	Dezimalzahl	Bezeichnung in Worten
10%	$\frac{1}{10}$	0,1	jeder Zehnte
20%			
	$\frac{2}{5}$	0,4	zwei von fünf
	$\frac{1}{11}$	$0,\overline{09}$	
		$0,1\overline{6}$	jeder Sechste
	$\frac{1}{9}$		

Ü 4 ★★: Nehmen Sie kurz zu der weiter oben zitierten Zeitungsmeldung und zu der folgenden Stellung: C D

„Vor fünf Jahren ist jeder zehnte Autofahrer zu schnell gefahren, heute ist es nur noch jeder fünfte. Aber auch diese fünf Prozent sind zu viel …"

Was halten Sie von dieser Meldung?

2 Um ist nicht gleich auf

Das Um und Auf bei Prozenten …

Da purzeln die Prozente.

Im City Outlet Cheapero gibt es einen Shop, der Ihre Lieblingssportschuhe anbietet. Auf der Auslagenscheibe steht in großen Buchstaben: „Alles um 45%!" Sie sind begeistert und betreten das Geschäft, finden Ihre Lieblingssportschuhe (regulärer Preis 129,80 €) und rechnen sich am Weg zur Kassa den zu bezahlenden Betrag aus, nämlich 58,41 €. Beim Bezahlen will der Verkäufer von ihnen aber 71,39 €. Sie meinen, draußen sei doch angeschrieben, dass es alles um 45% gäbe; der Verkäufer entgegnet: „Sie haben es gerade gesagt, alles um 45% reduziert!" Sie aber hatten gemeint, alles sei auf 45% vergünstigt.

UM 45% reduziert	**AUF** 45% reduziert
Man muss 45% weniger zahlen.	Man muss nur 45% des ursprünglichen Preises zahlen.
Der Endpreis beträgt daher 100% – 45%, also 55%.	Der Endpreis beträgt daher 45%.
Mathematisch aufgeschrieben: Der Endpreis (E) beträgt:	
$E = G \cdot 0{,}55$	$E = G \cdot 0{,}45$

Außer bei 50% ist es also wichtig zu wissen, ob etwas **um** oder **auf** p% ermäßigt, verteuert, vergrößert … wird.

Ganz besonders ungenau ist der Umgang mit Prozenten, die größer als 100 sind.

„Das Produkt ist **um 120% teurer** geworden …" meint wahrscheinlich nicht, dass das Produkt (ursprünglicher Preis 100%) nach der Teuerung nun 100% + 120% also 220% kostet, sondern eher 120%.

SbX
Sie finden Ü 5 mit automatischer Aufgabenkontrolle unter der ID: 1821.

Ü 5 ★★: Finden Sie zu jedem „Angabesatz" einen passenden „Partnersatz": (Es gibt mehr „Partnersätze" als „Angabesätze"!) A

„Angabesätze":

a) Ein Herrenanzug wird um 25% reduziert.
b) Die Miete eines Geschäftslokals wird um 12% erhöht.
c) Das Schiauslaufmodell wird heuer auf 40% des Listenpreises reduziert.
d) Die Preise für Milchprodukte sind seit dem Beitritt zur EU um 15% gefallen.
e) Die Preise für Handys sind im Laufe der letzten 5 Jahre im Durchschnitt um 54% gefallen.
f) Kaffee der Marke „Kenia" kostet 7 € pro kg. Während einer Aktion wird der Kilopreis um 15% reduziert.
g) Erdbeeren kosten während einer Aktion 4 € pro kg. Wenn keine Aktion ist, muss man um 30% mehr zahlen.
h) 2007 betrug die Miete für eine Wohnung 450 €. Sie wurde mit 1. 1. 2008 auf 112% erhöht.
i) 2007 musste man für eine Wohnung 680 € Miete bezahlen. Mit 1. 1. 2008 wurde diese um 14% erhöht.
j) Earl Gray kostet 35 € pro kg. Aufgrund einer schlechten Ernte kommt es zu einer Preiserhöhung auf 115%.

„Partnersätze":

1. Man muss nun 112% des alten Preises zahlen.
2. Er kostet nun $^3/_4$ des ursprünglichen Preises.
3. Man muss nun um 40% weniger zahlen als im Vorjahr.
4. Er kostet nun $^3/_5$ des ursprünglichen Preises.
5. Man zahlt jetzt nur mehr 6,95 € für 1 kg.
6. Nun muss man nur mehr 85% der alten Preise zahlen.
7. Man zahlt jetzt nur mehr 0,45 des Ursprungspreises.
8. Man muss nun 121% des alten Preises zahlen.
9. Man zahlt dann 786,2 € dafür.
10. Nun muss man nur mehr 15% der alten Preise zahlen.
11. Man zahlt jetzt nur mehr das 0,46-Fache des früheren Preises.
12. Man zahlt dann 775,20 € dafür.
13. Man zahlt jetzt nur mehr 5,95 € für 1 kg.
14. Man zahlt dann 5,6 € für 1 kg.
15. Man muss nun um 60% weniger zahlen als im Vorjahr.
16. Man zahlt dann 40,25 €.
17. Man zahlt dann 5,2 € für 1 kg.
18. Man zahlt dann 514 € dafür.
19. Man zahlt dann 40,25 €.
20. Man zahlt dann 504 € dafür.

3 Mehrwertsteuer – MwSt.

Netto und brutto

Eine ganz grundlegende Anwendung der Prozentrechnung ist die **Mehrwertsteuer.** Für die meisten Konsumgüter beträgt der Mehrwertsteuersatz in Österreich derzeit 20%.

In Deutschland war er lange Zeit 16%, ist aber mittlerweile bei 19% angelangt.

netto – brutto

Ist ein **Preis ohne MwSt.** angegeben, so spricht man vom **Nettopreis.**
Ist ein **Preis mit MwSt.** angegeben, so spricht man vom **Bruttopreis.**

Der Preis wird somit um 20% höher und beträgt dann 120% des angegebenen Preises.

Bruttopreis = 120% vom Nettopreis

L 4: Im Großhandel werden Produkte meist exklusive/ohne MwSt. ausgepreist, das bedeutet, dass der Nettopreis angegeben ist. Berechnen Sie den Bruttopreis (inklusive MwSt.), wenn der Nettopreis einer Wolldecke mit 85 € angegeben ist. A B

$W = 1{,}2 \cdot 85$
$W = 102\,€$

L 5: Im Einzelhandel werden Produkte hingegen meist inklusive/mit MwSt. ausgepreist, das bedeutet, dass der Bruttopreis angegeben ist. Berechnen Sie den Nettopreis (exklusive MwSt.), wenn der Bruttopreis einer Badehose 20,60 € beträgt. A B

$$B = 1{,}2 \cdot N$$
$$20{,}6 = N \cdot 1{,}2 \quad |:1{,}2$$
$$N = 17{,}17\ €$$

Nun ist es aber häufig so, dass bei Produkten, Dienstleistungen usw. eine Rechnung ausgestellt werden muss. Auf dieser Rechnung ist die MwSt. extra anzugeben.

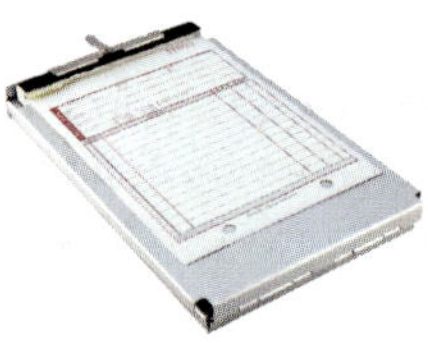
Manchmal muss es ohne PC gehen!

L 6: Ein Tanzkurs kostet 89 € pro Person (inkl. Mwst.). Wenn nun für diesen Kurs ein handgeschriebener Beleg ausgestellt werden muss, da der PC im Augenblick nicht benutzbar ist, muss auf diesem auch die MwSt. extra aufgeschrieben sein. Berechnen Sie die MwSt. (Bruttopreis = B, Nettopreis = N, Mwst. = M). A B

Möglichkeit 1:

$$B = 1{,}2 \cdot N \quad |:1{,}2$$
$$B : 1{,}2 = N$$
$$N = 74{,}17$$
$$M = B - N$$
$$M = 14{,}83\ €$$

- Man berechnet zuerst den Nettobetrag durch Umformen der Gleichung. Die MwSt. ist die Differenz zwischen Brutto- und Nettopreis.

Möglichkeit 2:

$$B = \frac{6}{5} \cdot N \quad |:6$$
$$\frac{B}{6} = \frac{1}{5} \cdot N \Rightarrow$$
$$\frac{B}{6} = M$$
$$M = 14{,}83\ €$$

- Wenn die MwSt. 20% vom Nettopreis beträgt, so entspricht das in Brüchen dem Wert $\frac{1}{5}$ vom Nettopreis. Man schreibt die Gleichung aus Möglichkeit 1 in Brüchen an und berechnet dann direkt die $\frac{1}{5}$ MwSt. (in der Praxis wird diese **„Formel"** nicht jedes Mal hergeleitet, sondern als „gegeben" verwendet).

4 Mehrfach veränderter Grundwert – Skonto – Rabatt

Abzug vom Abzug

Im Alltag kommt es oft vor, dass der Preis einer Ware sich um p_1% verändert und dann ein zusätzlicher Rabatt von p_2% gewährt wird. Dabei verändert sich mit jeder Preisänderung auch automatisch der Grundwert mit, denn das ist jener Wert, von dem aus eine Preiserhöhung oder eine Preisverminderung stattfindet.

L 7: Im Drogeriemarkt wird die Creme, die Sie gewöhnlich kaufen, jetzt in einer etwas größeren Dose angeboten als bisher. Dies liefert auch die Begründung für eine Preissteigerung von 8% gegenüber dem bisherigen Preis von 17,90 €. Da Sie aber Stammkunde in dieser Drogerie sind, wird Ihnen ein Rabatt von 5% gewährt. Wie viel bezahlen Sie für eine Dose Ihrer Creme? A B

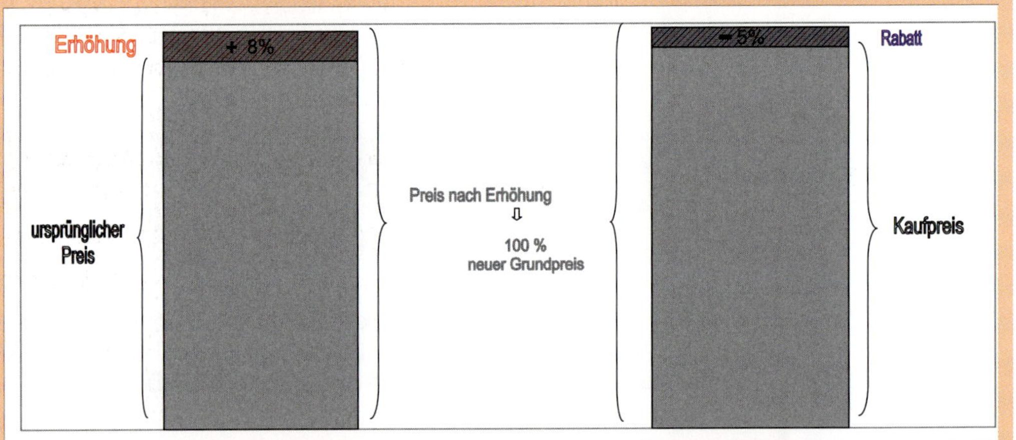

Abb. 3

Möglichkeit 1:

$P_1 = 1{,}08 \cdot 17{,}9$
$P_1 = 19{,}33$ €
$P_2 = 0{,}95 \cdot 19{,}33$
$P_2 = 18{,}37$ €

- Man berechnet zuerst den Betrag nach der Preiserhöhung P_1 (8% teurer = 108% vom Ursprungspreis) und danach den Preis nach der anschließenden Reduktion P_2. (5% günstiger = 95% vom erhöhten Preis)

Möglichkeit 2:

$P_2 = (1{,}08 \cdot 17{,}9) \cdot 0{,}95$
$P_2 = 18{,}37$ €

- Man berechnet zuerst den Betrag nach der Preiserhöhung P_1 und in derselben Gleichung noch die anschließende Reduktion (die Klammern sind hier aber eigentlich unnötig).

Rabatt – Skonto

Rabatt ist eine Preisreduktion, die aufgrund von Abverkauf, Modelländerung, Kundentreue usw. gewährt wird.
Skonto ist eine Preisreduktion auf eine Ware/Produkt ..., die gewährt wird, wenn der Kunde sofort bar bezahlt; im Allgemeinen beträgt dieser auch Kassaskonto genannte Nachlass 2%–5%.

Tipp: Bei den unterschiedlichen Preisveränderungen muss man darauf achten, ob es sich um eine Preiserhöhung handelt (100% + ...%) oder um eine Preisreduktion (100% – ...%). Außerdem ist es wichtig zu überlegen, welches der aktuelle Grundwert ist.

Üben

SbX ID: 1822

SbX
Sie finden die Lösungen zu Ü 6 bis Ü 14 unter der ID: 1822.

Ü 6 ★: Berechnen Sie die fehlenden Werte. (Schätzen Sie ab, ob Ihr Ergebnis stimmen kann!) B

a) 5% von 70 = ?
b) ? von 150 = 75
c) 5% von ? = 49
d) 75% von ? = 450
e) 9% von 10 = ?
f) ? von 20 = 10

Ü 7 ★: Von der Apfelernte im Umfang von 2 750 kg wurden 80% zu Saft, der Rest zu Apfelchips weiterverarbeitet. Welche Menge wurde zu Apfelchips verarbeitet? A B

Ü 8 ★★: Der Nettopreis eines DVD-Players beträgt 259 €. Berechnen Sie den Bruttopreis bei 20% MwSt. A B

Geometrische Folgen und Reihen (Kapitel 1, Lerneinheit 2)

Ü 9 ★★: Frau Knölls Cabrio hatte einen Anschaffungspreis von 24.860 €. Die Wertminderung beträgt 3,5% pro Jahr. Nach 4 Jahren verkauft sie das Cabrio wieder, um sich einen Kombi zu kaufen. Wie viel Geld erhält sie noch für ihr Auto? (Anmerkung: man kann diese Aufgabe auch mittels einer geometrischen Folge lösen.) A B

Ü 10 ★★: Der Galerist Buberl hat von etlichen Jahren eine Skulptur eines damals unbedeutenden Künstlers um 420 € erworben. Nun ist der Wert des Werkes des mittlerweile bekannten Künstlers auf 350% gestiegen. A B

- Berechnen Sie, um wie viel Prozent das Kunstwerk nun mehr wert ist!
- Welchen Betrag könnte der Galerist nun für das Kunstwerk verlangen?

Ü 11 ★★: Von den 20 Mitarbeiterinnen einer Firma sind 4 krank. Wie viel Prozent der Mitarbeiterinnen sind krank? B

Was kosten die Installationsarbeiten brutto?

Ü 12 ★★: Eine Installationsrechnung macht netto 470 € aus. Dazu kommen noch 20% MwSt. Welchen Betrag muss der Kunde bezahlen? B

Ü 13 ★★: Ein Makler vermittelt den Kauf eines Grundstücks und erhält dafür eine Provision von 3% des Kaufpreises. Diese Provision beträgt 5.700 €. Wie teuer war das Grundstück? B

Ü 14 ★★★: Um wie viel Prozent hat sich der Grundwert vermehrt/vermindert? A

a) Ein Preis wird verdreifacht.
b) Ein Preis ist auf das Fünffache gestiegen.
c) Ein Preis wird um die Hälfte mehr.
d) Ein Preis drittelt sich.
e) Ein Preis wird auf 70% verringert.
f) Ein Preis wird auf neun Zehntel vermindert.

SbX ID: 1822

Weitere Übungsbeispiele zu dieser Lerneinheit finden Sie in SbX.

Sichern

100 Prozent 1 GANZES = 100%

Prozentsatz Die **Angabe von Prozenten** nennt man auch den **Prozentsatz:** p.

Prozentwert Das **Ergebnis** einer Prozentrechnung ist der **Prozentwert:** W.

Grundwert Das **Ganze,** also die **100%,** nennt man auch **Grundwert**: G.

Formel für Prozentwert Grundwert : 100 · Prozentsatz = Prozentwert

$G : 100 \cdot p = W$ oder $\frac{G}{100} \cdot p = W$

oder mit „p Hunderstel" in Form einer Dezimalzahl: $G \cdot p_d = W$

p% von ... „Von" wird zu „mal".

netto – brutto Ist ein **Preis ohne MwSt.** angegeben, so spricht man vom **Nettopreis.**
Ist ein **Preis mit MwSt.** angegeben, so spricht man vom **Bruttopreis.**

Rabatt **Rabatt** ist eine Preisreduktion, die aufgrund von Abverkauf, Modelländerung, Kundentreue usw. gewährt wird.

Skonto **Skonto** ist eine Preisreduktion auf eine Ware/Produkt ..., die gewährt wird, wenn der Kunde sofort bar bezahlt; im Allgemeinen beträgt dieser auch Kassaskonto genannte Nachlass 2%–5%.

Wissen

SbX ID: 1824

SbX Sie finden die Lösungen unter der ID: 1824.

W 1: Drei Autofirmen haben unterschiedliche Konditionen: B D
Firma A: 5% Rabatt auf den Neupreis, 3% Skonto
Firma B: 8% Rabatt auf den Neupreis, kein Skonto
Firma C: 6% Rabatt auf den Neupreis und 2% Skonto

Erklären Sie, wie Sie die besten Konditionen ermitteln und berechnen Sie diese.

Maßeinheiten siehe Kapitel 8, Lerneinheit 3

W 2: Für einen Behälter in Form eines Quaders gibt es folgende Abmessungen: A B
Die Länge misst 10 m, die Breite 5,8 m und die Höhe 4,1 m. Jede dieser Abmessungen ist mit einem Messfehler von ±1% behaftet. Berechnen Sie das minimale und das maximale Füllvermögen in Liter. Um wie viel Prozent unterscheiden sie sich?

W 3: Der Verkaufspreis für einen MP3-Player, der ursprünglich 109 € kostete, wird um 10% gesenkt. Da das Gerät nach 4 Wochen noch immer nicht verkauft ist, gibt es eine weitere Preisreduktion von 5%. Berechnen Sie, um wie viel Prozent der MP3-Player günstiger geworden ist. A B

W 4: Der Preis eines Laptops steigt zuerst um 11%. Später wird dieser Preis wieder um 11% gesenkt. Zahlen Sie nun den Originalpreis, oder einen teureren/günstigeren? Überlegen Sie und rechnen Sie dann allgemein. A B

W 5: Alexander überlegt, sich eine Stereoanlage zu kaufen. Diese kostet 1.380 €. Zusätzlich möchte er noch ein Mischpult für 560 € anschließen. Zahlt er beides bar, so erhält er 4% Skonto auf die Stereoanlage, zahlt er in Raten, erhöht sich der Preis um 5%. Berechnen Sie, um wie viel Prozent er sich bei der sofortigen Barzahlung gegenüber der Ratenzahlung erspart. A B

W 6: Im Rahmen von Gehaltsverhandlungen werden folgende drei Modelle vorgestellt (als Basis gelten immer Bruttogehälter): A B C
Modell 1: Gehaltserhöhung um 1,7%
Modell 2: Gehaltserhöhung um 50 €/Monat
Modell 3: Gehalt bleibt gleich, Einmalzahlung von 700 €
Frau A verdient 2.876 €/Monat.
Frau B verdient 1.990 €/Monat.
Frau C verdient 4.000 €/Monat.

Beurteilen Sie, welches Modell jeweils am besten ist (Zeitraum ein Jahr).

Zusatzübung: Finden Sie heraus, wie viel Nettogehalt jeder der drei Arbeitnehmerinnen in etwa bleiben.

W 7: Ein Großhändler bezieht einen Mini-Laptop um 230 € und verkauft diesen um 290 € an den Einzelhändler weiter. Dieser verkauft den Laptop um 360 € exklusive MwSt. Wie viel Prozent beträgt die Spanne zwischen dem Einkaufs- und dem Verkaufspreis im Einzelhandel, beziehungsweise dem Einkaufspreis des Großhändlers und dem Verkaufspreis des Einzelhändlers? A B C

Überlegen Sie, wie es zu der eher großen Handelsspanne in Einzelhandel kommt.

W 8: A
a) Ein Preis steigt um 25%. Das Wievielfache des ursprünglichen Preises ist der neue Preis?
b) Ein Preis fällt auf ein Drittel. Um wie viel Prozent ist er gefallen?
c) Ein Preis wird auf 130% erhöht. Um wie viel Prozent ist er gestiegen?
d) Ein Preis wird um ein Viertel reduziert. Wie viel Prozent des Ursprungspreises sind das?

1.5 2.5

H2Ö Trink. Wasser.

SbX

Lernen Sie das virtuelle Musterunternehmen H2Ö kennen. Nähere Informationen finden Sie unter der ID: 1111.

W 9: A B
a) Das Unternehmen H2Ö hatte vom Jahr 2007 auf das Jahr 2008 einen Rückgang an Umsatzerlösen von 6,6%. Der (direkte) Umsatz im Jahr 2008 betrug 2.611.535,15 €. Berechnen Sie den Umsatz des Jahres 2007.
b) Für das Jahr 2009 ist eine Umsatzsteigerung von 5% gegenüber dem Jahr 2008 geplant. Verglichen mit dem Umsatz von 2007 bedeutet das eine Umsatzsteigerung/einen Umsatzrückgang von wie viel Prozent?
c) Aufgrund von Pensionierungen können jüngere und damit kostengünstigere Arbeitnehmer/innen beschäftigt werden. Die Aufwendungen für das Personal sollen im Vergleich zum Jahr 2008 gesenkt werden. 2009 können sie um 6% gesenkt werden, im Jahr 2010 ist eine zusätzliche Senkung um 3% gegenüber dem Jahr 2009 das Ziel. Die Personalausgaben betrugen im Jahr 2008 genau 798.487,20 €. Wie groß werden sie 2010 sein?
d) Der Bilanzgewinn ist von 107,8 tausend Euro auf rund 61 tausend Euro zurückgegangen. Berechnen Sie den Rückgang in Prozent.

Ein kurzer Wissens-Check, bevor's weitergeht!

Wissens-Check

	☺	😐	☹
Ich kann die Begriffe Prozentsatz, Prozentwert und Grundwert unterscheiden und berechnen.			
Ich kann den Prozentsatz in %, als Bruch und als Dezimalzahl anschreiben und in Worten benennen.			
Ich weiß, was gemeint ist, wenn „um" oder „auf" einen Prozentwert reduziert oder erhöht wird.			
Ich kann Brutto- und Nettopreise berechnen.			
Ich kann die Begriffe Skonto und Rabatt erklären.			

SbX
Alle SbX-Inhalte zu dieser Lerneinheit finden Sie unter der ID: 1830.

Lerneinheit 3

Dezimal- und Gleitkommadarstellung

In den Naturwissenschaften und in der Technik kommen sehr oft sehr große oder sehr kleine Zahlen vor. Auch Rechenvorgänge müssen mit diesen Zahlen durchgeführt werden. Bereits vor ca. 2 700 Jahren griffen die Sumerer auf eine Potenzschreibweise für große Zahlen zurück. Sie verwendeten dafür die Basis 60. Heute wird entsprechend unserem dekadischen Zahlensystem die Basis 10 verwendet.

Sie lernen hier:
- **Dezimalzahlen als Hochzahlen darzustellen und umgekehrt**
- **große und kleine Zahlen zu vergleichen**
- **Umwandlungszahlen für Längen-, Flächen- und Raummaße**

Lernen

Gleitkommadarstellung von Zahlen

Wissenschaftliche Darstellung sehr großer und sehr kleiner Zahlen

Einige Beispiele für große/kleine Maßzahlen:

- Die Erde hat eine Masse von etwa 5 970 000 000 000 000 000 000 000 kg.
- Die Erde umläuft die Sonne in einem mittleren Abstand von etwa 150 000 000 000 m.
- Der Umfang der Erde ist 40 000 km.
- Die Masse des Mondes beträgt 73 Trillionen t.
- Die Masse eines Kohlenstoffatoms: ca. 0,00000000000000000000000000166 kg.
- Der Eiffelturm in Paris hat eine Masse von ca. 7 300 000 kg.

- Ein Virus hat einen Durchmesser von ca. 0,0000001 m.
- Ein Eisenatom hat einen Durchmesser von ungefähr 0,0000000002 m.
- Der Durchmesser eines Atoms ist 0,0000001 mm.
- Die Geschwindigkeit des Lichts beträgt ca. 300 000 000 m/s.
- Eine Maus wiegt ca. 20 g.

Mechanische oder elektronische Rechenhilfsmittel vom Abakus bis zum Computer verwenden als einfachste Form der Zahlendarstellung Festkommazahlen. Dabei wird eine meist begrenzte Anzahl von Ziffern eingegeben und an festgelegter Stelle das Komma gesetzt. Bei großen Zahlen, bzw. wenn Rechenoperationen mit diesen Zahlen durchgeführt werden sollen, genügt das oft nicht: die Zahlen/Ergebnisse haben so viele Ziffern, dass diese auch mit einem Taschenrechner oder Computer nur schwer darstellbar und lesbar sind. Eine andere Schreibweise – die **Gleitkommadarstellung** – kann hier Abhilfe schaffen und macht die Zahlen leichter lesbar und vergleichbar.

Mathematisch geschieht dabei Folgendes: Die Zahlen werden mithilfe der Exponentialdarstellung angeschrieben. In L 1 werden die Zahlen eins bis eine Million und eins bis ein Millionstel so aufgeschrieben. Beachten Sie dabei: der Exponent einer Zehnerpotenz gibt die Anzahl der Nullen an, die rechts von 1 stehen.

L 1: Stellen Sie die Zahlen 1; 10; 100; 1 000; 100 000; 1000 000; 0,1; 0,01; 0,001; 0,0001; 0,00001; 0,000001; 0,0000001 als Potenz zur Basis 10 dar. B

Positive Potenzen von 10: allgemein 10^n	Negative Potenzen von 10: allgemein 10^{-n}
$1 = 10^0$	$1 = 10^0$
$10 = 10^1$	$0{,}1 = \frac{1}{10} = 10^{-1}$
$100 = 10^2$	$0{,}01 = \frac{1}{100} = 10^{-2}$
$1000 = 10^3$	$0{,}001 = \frac{1}{1000} = 10^{-3}$
$10000 = 10^4$	$0{,}0001 = \frac{1}{10000} = 10^{-4}$
$100000 = 10^5$	$0{,}00001 = \frac{1}{100000} = 10^{-5}$
$1000000 = 10^6$	$0{,}000001 = \frac{1}{1000000} = 10^{-6}$
…	…

Siehe auch Kapitel 2, Lerneinheit 1: Rechnen mit Potenzen

L 2: Stellen Sie die Zahlen 3000 und 7 625 000 als Potenz zur Basis 10 dar. B

- $3000 = 3 \cdot 1000$ — Jede Zahl kann als ein Vielfaches einer dieser Potenzen aufgefasst werden. Spalten Sie diese Zahlen zuerst in ein Produkt auf.
- 10^3 — Geben Sie nun 1000 als Potenz von 10 an.
- $3 \cdot 10^3$ — Die Zahl heißt nun:
- $7625000 = 7625 \cdot 1000$ — Verschieben Sie das Komma so, dass vor dem Komma nur eine Ziffer steht:
- $= 7{,}625 \cdot 10^6$
- $= 7{,}625 \cdot 1000000$ — Multiplizieren Sie mit 1 000 000, um die Ausgangszahl zu erhalten.

Mathematisch bedeutet das: Man stellt eine Zahl mit zwei Werten dar: diese heißen Mantisse und Exponent:

$z = m \cdot 10^e$

Normalerweise liegt der Wert der Mantisse zwischen 0 und 10. Im Taschenrechner wird die Zahl entweder mit `m e`, also mit einem Abstand zwischen der Mantisse und der Hochzahl oder, mit `mEe` dargestellt.

$z = m\ 10^e$, wobei $e \in \mathbb{Z}$ ist und $1 \leq m < 10$

T

L 3: Geben Sie für die Zahlen 825 400 und 0,000326 mithilfe des Taschenrechners die Gleitkommadarstellung an. B

Suchen Sie die Taste [EE] auf Ihrem Taschenrechner und geben Sie `8,254E5` ein. Drücken Sie auf [ENTER] und Sie erhalten die angegebene Zahl:

`0,000326=3,26E-4`

Diese Zahl wird, wenn Sie sie laut Angabe eingeben, vom Taschenrechner sofort in Gleitkommadarstellung angezeigt.

Tipp: Die Anzahl der Stellen nach dem Komma gibt die Hochzahl der Zehnerpotenz an!

Rechnen mit Potenzen siehe Kapitel 2, Lerneinheit 1

L 4: Wie oft ist 3 450 in $3{,}45 \cdot 10^6$ enthalten? B

Die erste Zahl in Gleitkommadarstellung angegeben lautet: $3{,}45 \cdot 10^3$, die zweite $3{,}45 \cdot 10^6$, daher ist die erste Zahl 1 000-mal in der zweiten Zahl enthalten.

$3{,}45 \cdot 10^6 : 3{,}45 \cdot 10^3$ ergibt, wenn man die Hochzahlen subtrahiert, $10^6 - 10^3 = 1000$. Eine andere Möglichkeit zum Ergebnis zu kommen ist, die Hochzahlen zu subtrahieren.

L 5: Mit welcher Zahl müssen Sie $4{,}257 \cdot 10^5$ multiplizieren, um $4{,}257 \cdot 10^9$ zu erhalten? B

- $10^5 \cdot 10^4 = 10^9$ — Vergleichen Sie die Hochzahlen: Daher müssen Sie mit 10^4, also 10 000, multiplizieren.

Umwandlungszahlen

Umwandlungszahl für Längenmaße: 10

1 km = 1 000 m
1 m = 10 dm = 100 cm = 1 000 mm = 1 000 000 µm = 1 000 000 000 nm
1 mm = 0,1 cm = 0,01 dm = 0,001 m = 0, 000001 km

Umwandlungszahl für Flächenmaße: 100

1 km^2 = 100 ha = 10 000 a = 1 000 000 m^2
1 ha = 0,01 km^2 = 100 a = 10 000 m^2
1 a = 0,01 ha = 100 m^2 = 10 000 dm^2
1 m^2 = 0,01 a = 100 dm^2 = 10 000 cm^2 = 1 000 000 mm^2
1 dm^2 = 0,01 m^2 = 100 cm^2 = 10 000 mm^2

Umwandlungszahl für Rauminhalte: 1000

1 m^3 = 1 000 dm^3 = 1 000 000 cm^3
1 dm^3 = 1 000 cm^3 = 1 000 000 mm^3
1 cm^3 = 1 000 mm^3
1 dm^3 = 1 l
1 cm^3 = 1ml = 0,001 l = 0,001 dm^3
1 hl = 100l
1 l = 100 cl
1 l = 1 000 ml

Um sehr große oder sehr kleine Zahlen übersichtlicher anzugeben, bezeichnet man sie mit eigenen Vorsilben: 1 Kilogramm (kg) = 1 000 Gramm, 1 Megawatt (MW) = 1 000 000 Watt. Einige dieser international genormten Vorsilben (SI-Vorsilben) finden Sie in der folgenden Tabelle.

10^{18}	Trillion	Exa	E
10^{15}	Billiarde	Peta	P
10^{12}	Billion	Tera	T
10^{9}	Milliarde	Giga	G
10^{6}	Million	Mega	M
10^{3}	tausend	Kilo	k
10^{2}	hundert	Hekto	h
10^{1}	zehn	Deka	da
10^{-1}	Zehntel	Dezi	d
10^{-2}	Hundertstel	Centi	c
10^{-3}	Tausendstel	Milli	m
10^{-6}	Millionstel	Mikro	µ
10^{-9}	Milliardstel	Nano	n
10^{-12}	Billionstel	Piko	p
10^{-15}	Billiardstel	Femto	f
10^{-18}	Trillionstel	Atto	a

Üben

SbX ID: 1832

SbX
Sie finden die Lösungen zu Ü 1 bis Ü 3 unter der ID: 1832.

Ü 1 ★: Geben Sie folgende Maßzahlen in Gleitkommadarstellung an: B

a) Die Masse eines Kohlenstoffatoms beträgt etwa 0,00000000000000000000000000166 kg.
b) Der Eiffelturm in Paris hat eine Masse von ca. 7 300 000 kg.
c) Die Erde hat eine Masse von etwa 5 970 000 000 000 000 000 000 000 kg.
d) Ein Eisenatom hat einen Durchmesser von ungefähr 0,0000000002 m.
e) Die Geschwindigkeit des Lichts beträgt ca. 300 000 000 m/s .
f) Die Erde umläuft die Sonne in einem mittleren Abstand von etwa 150 000 000 000 m.
g) Der Umfang der Erde ist 40 000 km.
h) Die Masse des Mondes beträgt 73 Trillionen t.
i) Ein Virus hat einen Durchmesser von ca. 0,0000001 m.
j) Der Durchmesser eines Atoms ist 0,0000001 mm.

Ü 2 ★: Geben Sie die fehlenden Maßzahlen in der Tabelle an: B

Festkommazahl	Gleitkommazahl
5 235,6	
798 400	
	$1{,}45 \cdot 10^{16}$
	$1{,}022 \cdot 10^{9}$
0,0000034	
	$1{,}1 \cdot 10^{-12}$
	$9{,}8 \cdot 10^{15}$

Ü 3 ★: Wandeln Sie in die angegebene Größe um. B

a) 70 mm = ? m
b) 45 cm = ? km
c) 45,7 W = ? kW
d) 570 m = ? km
e) 7,025 m³ = ? km³
f) 5 l = ? cm³
g) 20 g = ? kg = ? t

Ein Seidel und ein Krügel Bier in cm³ angeben – kein Problem!

Ü 4 ★: Wie viel cm³ Flüssigkeit sind in einer Flasche mit dem Inhalt 0,33 l? B

✔ 330 cm³

Ü 5 ★: Ein Radarsignal wird von einem Flugzeug reflektiert und kommt nach 90 µs zurück. Wie weit ist das Flugzeug entfernt? Führen Sie die Rechnung in Gleitkommadarstellung aus und geben Sie alle Schritte an, die zur Berechnung nötig sind. A B

✔ 13,5 km; die Geschwindigkeit des Radarsignals beträgt 300 000 km/s.

Ü 6 ★: Die Wellenlänge von sichtbarem Licht hat einen Wert λ zwischen 0,000000380 m und 0,000000780 m. A B

Schreiben Sie die Wellenlängen in Nanometer auf und berechnen Sie die dazu gehörenden Frequenzen f, wenn $f = \frac{c}{\lambda}$, wobei $c = 300000$ km/s ist. Führen Sie die Rechnung in Gleitkommadarstellung aus.

✔ $\sim 7{,}89 \cdot 10^{14}$; $\sim 3{,}84 \cdot 10^{14}$

Sichern

Umwandlungszahlen

… für metrische Längenmaße: 10
… für metrische Flächenmaße: 100
… für metrische Raummaße: 1000

2 unterschiedliche Darstellungen: Festkomma – Gleitkomma

456000	$= 4{,}56 \cdot 100000$	$= 4{,}56 \cdot 10^5$	= 4,56 E5
4,56	$= 4{,}56 \cdot 1$	$= 4{,}56 \cdot 10^0$	= 4,56 E0
0,00456	$= 4{,}56 \cdot 0{,}001$	$= 4{,}56 \cdot 10^{-3}$	= 4,56 E-3
↓		↓ ↓	
Festkommadarstellung		Mantisse · Zehnerpotenz	
			Gleitkommadarstellung

Wissen

W 1: Geben Sie fünf große und fünf kleine Zahlen aus Ihrem beruflichen Umfeld an und stellen Sie diese als Gleitkommazahl dar. A

W 2: Suchen Sie 5 Maßzahlen aus dem Internet, fügen Sie die Zahl in die richtige Spalte der Tabelle ein und geben Sie entweder die Zahl oder die Gleitkommadarstellung an. A B

Zahl	Bedeutung der Zahl	Gleitkommadarstellung

Überprüfen Sie Ihre Angabe und Ihr Ergebnis mit dem Taschenrechner.

Ein kurzer Wissens-Check, bevor's weitergeht!

Wissens-Check

	☺	😐	☹
Ich kann eine Zahl in Mantisse und Potenz zerlegen.			
Ich kann Potenzen zur Basis 10 aufschreiben und erklären.			
Ich kenne die Umwandlungszahlen für Längen- und Flächenmaße sowie für Rauminhalte.			
Ich kann die Rechenregeln für das Rechnen mit Potenzen anwenden.			

Lerneinheit 4

Zahlenmengen und mathematische Symbole

SbX
Alle SbX-Inhalte zu dieser Lerneinheit finden Sie unter der ID: 1840.

Seit es Menschen gibt, haben sie gezählt und mit Zahlen gerechnet. Doch die Ansichten darüber, was eine Zahl ist, haben sich im Lauf der Zeit sehr stark geändert. Mit negativen Zahlen rechnet man erst seit dem Beginn der Neuzeit. Und über die Frage, ob Ausdrücke wie $\sqrt{2}$ oder gar $\sqrt{-1}$ auch als Zahlen anzusehen sind, gab es lange Zeit heftige Diskussionen.

Wie jedes Fachgebiet hat auch die Mathematik ihre eigenen Fachausdrücke und Symbole. Mathematische Texte können daher auf den ersten Blick wie eine Geheimschrift wirken. Wenn man sie aber versteht, kann man man mit diesen Symbolen Sachverhalte kürzer und präziser ausdrücken als in der Alltagssprache.

Sie lernen hier:
- **welche Arten von Zahlen es gibt und wie man mit ihnen rechnet**
- **die wichtigsten mathematischen Symbole (von denen Sie einige sicher schon kennen)**
- **was man unter einer Menge im mathematischen Sinn versteht**

Lernen

SbX ID: 1841

1 Zahlenmengen

Welche Arten von Zahlen gibt es?

Natürliche Zahlen

Schon sehr früh haben die Menschen erkannt, dass Gruppen von drei Steinen, drei Bäumen, drei Vögeln usw. etwas gemeinsam haben: ihre Anzahl, die Zahl 3. Die **natürlichen Zahlen** dienen zum Zählen von Objekten. Die Menge der natürlichen Zahlen bezeichnet man mit $\mathbb{N}$:

Menge der natürlichen Zahlen

$$\mathbb{N} = \{0, 1, 2, 3, 4, 5, \ldots\}$$

Die Menge der natürlichen Zahlen ohne 0 wird mit $\mathbb{N}^*$ bezeichnet.

Man kann die natürlichen Zahlen noch weiter unterteilen, z.B. in $\mathbb{N}_g$ (gerade natürliche Zahlen) und $\mathbb{N}_u$ (ungerade natürliche Zahlen).

Wie man sich leicht überlegt, kann es keine größte natürliche Zahl geben, denn man kann zu jeder Zahl 1 addieren und erhält dadurch eine noch größere. Es gibt also **unendlich viele natürliche Zahlen.**

„Die natürlichen Zahlen hat der liebe Gott gemacht, alles andere ist Menschenwerk." Leopold Kronecker (1823–1891), beschäftigte sich mit Algebra und Zahlentheorie.

Mit einem Abakus kann man natürliche Zahlen darstellen.

SbX
Sie finden die Lösung zu Ü 1 unter der ID: 1841.

Ü 1 ★: Begründen Sie, ob man eine natürliche Zahl erhält, wenn man zwei beliebige natürliche Zahlen D
a) addiert,
b) subtrahiert,
c) multipliziert,
d) dividiert.

Ganze Zahlen

Die Rechnung 3 – 5 kann man in den natürlichen Zahlen nicht durchführen. Aber was ist, wenn die Temperatur am Abend 3 °C beträgt und es in der Nacht um 5 °C kälter wird? Oder wenn Sie 30 € auf dem Konto haben und 50 € abheben? Um solche Aufgaben zu lösen, braucht man negative Zahlen – man zählt unterhalb von 0 weiter und setzt ein Minuszeichen vor die Zahlen: –1, –2, –3, ... Vor eine positive Zahl kann man ein Pluszeichen setzen, das wird aber meist weggelassen. Die Menge aller positiven und negativen ganzen Zahlen und der Null bezeichnet man mit $\mathbb{Z}$:

Menge der ganzen Zahlen

$\mathbb{Z} = \{\ldots, -3, -2, -1, 0, +1, +2, +3, \ldots\}$

Eine ganze Zahl ist also durch ihren Betrag (der immer positiv ist) und ihr Vorzeichen festgelegt. Für den Betrag schreibt man $|a|$:

Betrag einer Zahl

$|+3| = |-3| = 3$

Die ganzen Zahlen kann man auf der Zahlengeraden anschaulich als Pfeile darstellen:

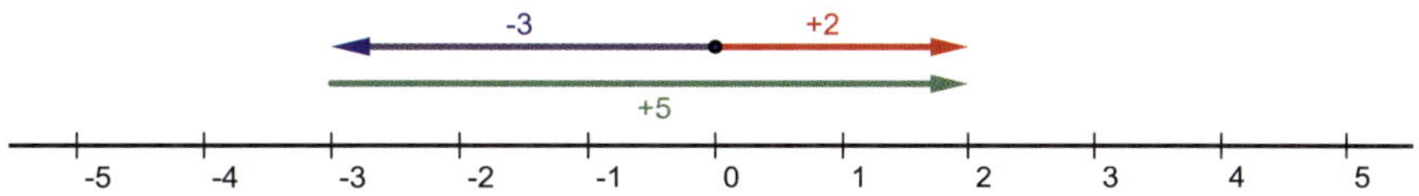

Abb. 1: Grafische Darstellung der Addition $(-3) + (+5) = +2$

Rechenregeln für negative Zahlen

Wenn man eine positive Zahl addiert, geht man auf der Zahlengeraden nach rechts, wenn man eine negative Zahl addiert, nach links.
Wenn man eine Zahl subtrahiert, muss man ihr Vorzeichen ändern.

Diese Regeln gelten auch für alle folgenden Zahlenbereiche.

Ein Beispiel: $(+10) + (-3) - (+4) - (-5) = 10 - 3 - 4 + 5 = 8$

Multiplizieren mit negativen Zahlen

$(+a) \cdot (+b) = +ab$
$(-a) \cdot (-b) = +ab$
Das Produkt von zwei Zahlen mit gleichen Vorzeichen ist positiv.

$(+a) \cdot (-b) = -ab$
$(-a) \cdot (+b) = -ab$
Das Produkt von zwei Zahlen mit verschiedenen Vorzeichen ist negativ.

Ein Beispiel: $(+3) \cdot (-5) = -15 \qquad (-3) \cdot (-5) = 15$

Analog rechnet man auch bei der Division.

SbX
Sie finden die Lösung zu Ü 2 unter der ID: 1841.

Ü 2 ★: Begründen Sie, ob man eine ganze Zahl erhält, wenn man zwei beliebige ganze Zahlen D
a) addiert,
b) subtrahiert,
c) multipliziert,
d) dividiert.

Rationale Zahlen

Wenn zwei Brote gleichmäßig auf drei Personen aufgeteilt werden sollen, erhält jeder zwei Drittel eines Brotes. Eine solche Zahl schreibt man als Bruch:

$\frac{\text{Zähler}}{\text{Nenner}} = \frac{2}{3}$

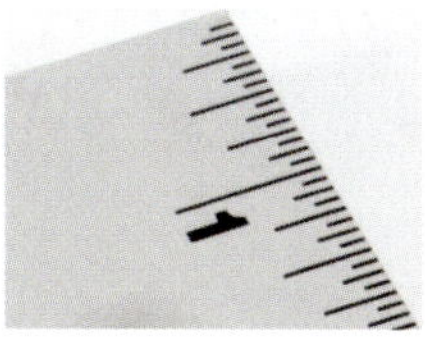
Im anglo-amerikanischen Maßsystem wird ein Zoll in Halbe, Viertel, Achtel ... unterteilt.

Ein Bruch ist also das Ergebnis einer Division zweier ganzer Zahlen. Man nennt eine solche Zahl auch rationale Zahl (von lat. *ratio* = Verhältnis). Auch eine ganze Zahl kann man als rationale Zahl auffassen, weil z.B. $\frac{5}{1} = 5$. Die Menge aller rationalen Zahlen bezeichnet man mit $\mathbb{Q}$ (von Quotient).

Menge der rationalen Zahlen

Die Menge $\mathbb{Q}$ enthält alle Brüche, deren Zähler und Nenner ganze Zahlen sind, wobei im Nenner nicht 0 stehen darf.

Division durch 0 ist unmöglich.

Warum kann man nicht durch 0 dividieren? Angenommen, das Ergebnis der Rechnung $1:0$ wäre eine Zahl, etwa x. Dann müsste gelten: $x \cdot 0 = 1$. Das ist aber unmöglich, weil jede Zahl, mit 0 multipliziert, 0 ergibt.

Rechenregeln für Brüche

$\frac{a}{b} = \frac{a \cdot n}{b \cdot n}$

Der Wert eines Bruches ändert sich nicht, wenn man Zähler und Nenner mit derselben Zahl multipliziert **(Erweitern)** oder durch die selbe Zahl dividiert **(Kürzen).**

Beispiel: $\frac{3}{4} = \frac{3 \cdot 25}{4 \cdot 25} = \frac{75}{100}$ und umgekehrt

$\frac{a}{n} \pm \frac{b}{n} = \frac{a \pm b}{n}$

Brüche mit gleichem Nenner werden addiert (subtrahiert), indem man die Zähler addiert (subtrahiert) und den Nenner gleich lässt.Brüche mit verschiedenem Nenner muss man zuerst durch Erweitern auf gleichen Nenner bringen.

Beispiel: $\frac{1}{2} + \frac{2}{3} - \frac{3}{4} = \frac{6}{12} + \frac{8}{12} - \frac{9}{12} = \frac{6+8-9}{12} = \frac{5}{12}$

$\frac{a}{b} \cdot \frac{c}{d} = \frac{a \cdot c}{b \cdot d}$

Brüche werden multipliziert, indem man jeweils Zähler und Nenner miteinander multipliziert.

Beispiel: $\frac{3}{4} \cdot \frac{7}{12} = \frac{21}{48} = \frac{7}{16}$

$\frac{a}{b} : \frac{c}{d} = \frac{a \cdot d}{b \cdot c}$

Man dividiert einen Bruch durch einen anderen, indem man den ersten mit dem Kehrwert des zweiten Bruchs multipliziert. Den Kehrwert erhält man, indem man Zähler und Nenner vertauscht.

Beispiel: $\frac{3}{4} : \frac{7}{12} = \frac{3}{4} \cdot \frac{12}{7} = \frac{36}{28} = \frac{9}{7}$

Jeder Bruch kann in eine Dezimalzahl umgewandelt werden, indem man die Division ausführt. Dabei bleibt entweder kein Rest – dann hat die Dezimalzahl endlich viele Stellen –, oder es tritt irgendwann ein Rest auf, der schon vorher vorgekommen ist: in diesem Fall wird die Dezimalzahl periodisch, das heißt, dieselben Dezimalstellen wiederholen sich unendlich oft.

Beispiele: $\frac{3}{8} = 0{,}375$ $\quad \frac{7}{12} = 0{,}58333\ldots = 0{,}58\dot{3}$

SbX
Sie finden die Lösung zu Ü 3 unter der ID: 1841.

Ü 3 ★: Begründen Sie, ob man eine rationale Zahl erhält, wenn man zwei beliebige rationale Zahlen D

a) addiert,
b) subtrahiert,
c) multipliziert,
d) dividiert.

Reelle Zahlen

SbX
Einen Beweis, dass $\sqrt{2}$ nicht rational ist, finden Sie unter der ID: 1841.

Mehr über die Euler'sche Zahl lernen Sie im Kapitel 3: Exponentialfunktionen.

Die rationalen Zahlen liegen auf der Zahlengeraden überall dicht, das heißt, zwischen zwei Zahlen liegen immer unendlich viele Brüche. Trotzdem gibt es aber dazwischen noch unendlich viele Lücken, nämlich alle Zahlen, deren Dezimaldarstellung unendlich, aber nicht periodisch ist. Das sind Wurzelausdrücke, wie z.B. $\sqrt{2}$, $\frac{\sqrt{3}}{2}$, $\sqrt[3]{10}$ …, aber auch die Kreiszahl π oder die Euler'sche Zahl e. Solche Zahlen heißen **irrational.**

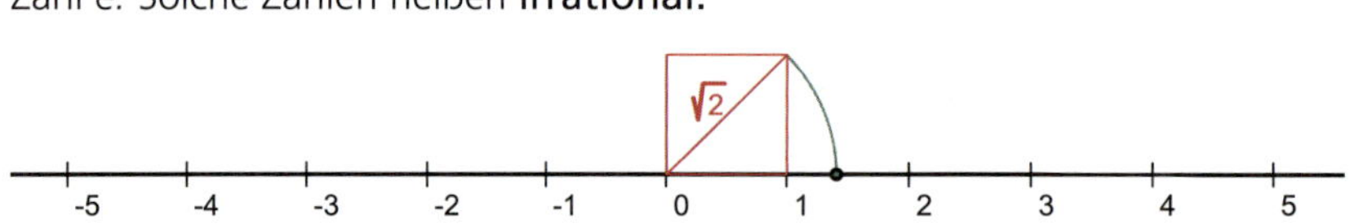

Abb. 2: Dem Wert $\sqrt{2}$ entspricht ein Punkt auf der Zahlengeraden.

Wir müssen daher das Zahlensystem noch einmal erweitern und erhalten die Menge ℝ der reellen Zahlen:

Menge der reellen Zahlen

Die Menge ℝ enthält alle Punkte der Zahlengeraden, das heißt, alle rationalen und irrationalen Zahlen.

In diesem Zahlenbereich können wir unbeschränkt addieren, subtrahieren, multiplizieren und dividieren (außer durch 0). Weil das Quadrat einer reellen Zahl immer positiv oder 0 ist, kann man aber aus negativen Zahlen keine Quadratwurzel ziehen.

Komplexe Zahlen

In der Renaissancezeit stellten Mathematiker fest, dass bei manchen Berechnungen Wurzeln aus negativen Zahlen auftreten, obwohl das Endergebnis reell ist. Langsam setzte sich die Erkenntnis durch, dass man mit solchen Ausdrücken genauso rechnen kann wie mit reellen Zahlen. Man führte daher als neue Zahl die **imaginäre Einheit** i ein:

$i^2 = -1$

Vielfache von i bezeichnet man als **imaginäre** (vorgestellte) Zahlen. Kombinationen von reellen und imaginären Zahlen heißen **komplexe Zahlen.** Wir erweitern also das Zahlensystem ein letztes Mal:

Menge der komplexen Zahlen

Die Menge ℂ besteht aus allen Zahlen der Form $a + bi$, wobei a und b reelle Zahlen sind. Dabei ist a der **Realteil,** b der **Imaginärteil** der Zahl.

Diese Zahlen können nicht mehr auf der Zahlengeraden dargestellt werden. Man weicht daher in die zweite Dimension aus und erhält die **komplexe Zahlenebene** (auch **Gauß'sche Zahlenebene** genannt, weil diese Darstellung von C. F. Gauß eingeführt wurde). Die Koordinatenachsen werden zur reellen und imaginären Achse:

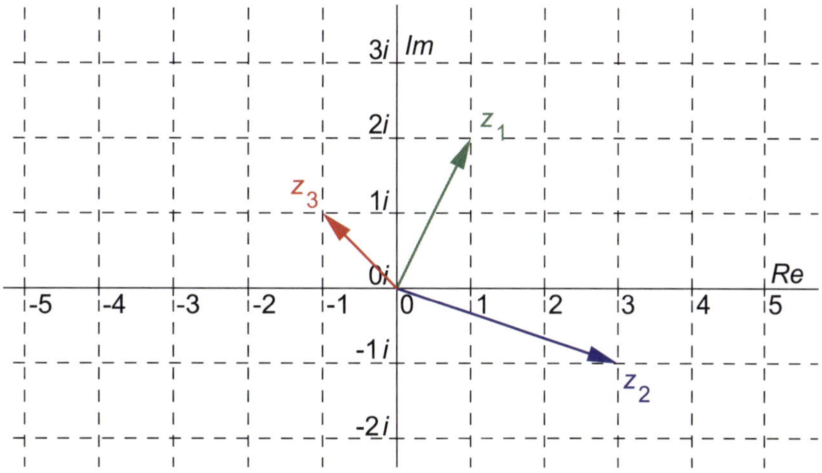

Abb. 3: Die Zahlen $z_1 = 1 + 2i$, $z_2 = 3 - i$ und $z_3 = -1 + i$ in der Gauß'schen Zahlenebene

Rechnen mit Termen siehe Lerneinheit 1.

Mit komplexen Zahlen rechnet man genauso wie mit Termen. (Dabei ist aber zu beachten, dass i keine Variable ist, sondern für eine bestimmte Zahl steht.) Überall, wo der Ausdruck i^2 auftaucht, ersetzt man ihn durch −1.

Einige Beispiele dazu:

$$(1+2i)+(3-i)=4+i$$

$$(1+2i)\cdot(3-i)=3+6i-i-2i^2=3+6i-i-2\cdot(-1)=5+5i$$

$$\frac{1+2i}{3-i}=\frac{(1+2i)\cdot(3+i)}{(3-i)\cdot(3+i)}=\frac{3+6i+i+2i^2}{9-i^2}=\frac{1+7i}{10}=0{,}1+0{,}7i$$

(Bei der Division wurde mit der konjugiert komplexen Zahl des Nenners erweitert, das heißt, das Vorzeichen des Imaginärteils wird umgedreht.)

Bei der grafischen Addition von komplexen Zahlen werden – wie bei reellen Zahlen – die entsprechenden Pfeile aneinandergehängt:

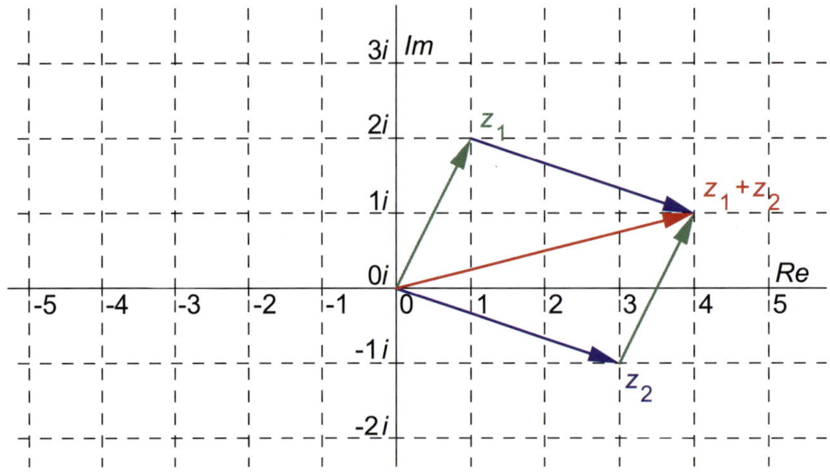

Abb. 4 $(1+2i)+(3-i)=4+i$

Der Multiplikation entspricht in der komplexen Zahlenebene eine Streckung, verbunden mit einer Drehung. Daher eignen sich komplexe Zahlen sehr gut zur Darstellung von Drehungen. In der Elektrotechnik werden sie daher zur Berechnung von Wechselströmen benutzt. Dort bezeichnet man die imaginäre Einheit allerdings mit j (um sie nicht mit der Stromstärke I zu verwechseln).

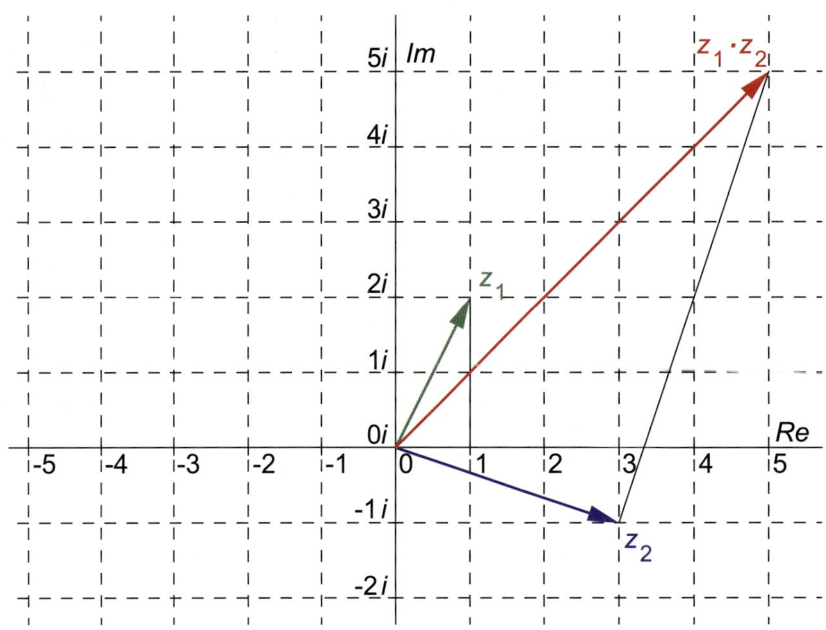

Abb. 5 $(1+2i)\cdot(3-i)=5+5i$

Wie bei den russischen Holzpuppen ist auch bei den angeführten Zahlenmengen jede in der nächstgrößeren enthalten.

In der Menge $\mathbb{C}$ kann man alle Berechnungen ausführen – es ist daher keine Erweiterung mehr nötig. Jede der angeführten Zahlenmengen ist in der darauffolgenden ganz enthalten – man sagt, sie sind **Teilmengen** voneinander:

$\mathbb{N} \subseteq \mathbb{Z} \subseteq \mathbb{Q} \subseteq \mathbb{R} \subseteq \mathbb{C}$

(Die Begriffe und Symbole aus der Mengenlehre werden im übernächsten Abschnitt erklärt.)

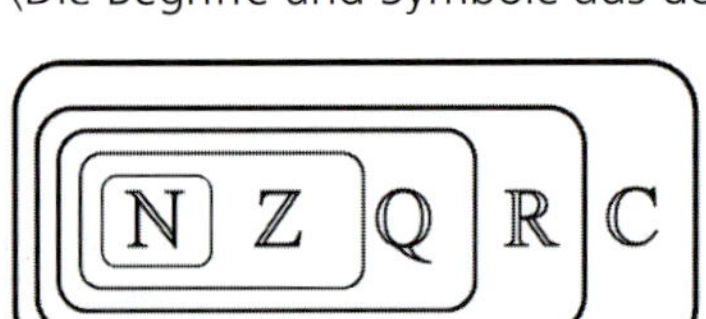

2 Symbole aus Mathematik und Logik

(K)eine Geheimschrift

wahre/falsche Aussage

Mathematische Sätze sind logische Aussagen. Eine Aussage kann wahr oder falsch sein. So sind z.B. „Der Jänner hat 31 Tage" oder „$3<5$" wahre Aussagen; „2009 ist ein Schaltjahr" oder „$1=2$" sind falsche Aussagen.

Aussageform

Die Aussageform „$a<7$" ist weder wahr noch falsch. Sie kann zu einer wahren oder falschen Aussage werden, je nachdem, welche Zahl man für die Variable a einsetzt. Einige Symbole für Beziehungen zwischen Zahlen und Aussagen:

Symbol	Bedeutung	Beispiel
$=$	gleich	$2+2=4$
$\neq$	ungleich	$2+2\neq 5$
$<$	kleiner als	$3<5$
$\leq$	kleiner oder gleich; höchstens	$5\leq 7;\ 7\leq 7$
$>$	größer als	$0>-4$
$\geq$	größer oder gleich; mindestens	$-2\geq -4;\ -4\geq -4$
$\approx$	ungefähr; rund	$12{,}7\approx 13$
$\neg$	(logisches) nicht	$\neg(17<12)$
$\wedge$	(logisches) und; sowohl … als auch …	$(3<5)\wedge(5<7)$ (kürzer: $3<5<7$)
$\vee$	(logisches) oder; … oder … oder beide	$(a\leq b)\vee(b\leq a)$
$\Rightarrow$	daraus folgt; wenn …, dann …	$y=3\Rightarrow y^2=9$
$\Leftrightarrow$	daraus folgt … und umgekehrt; genau dann, wenn …	$y=3\Leftrightarrow 2y=6$
$\forall$	für alle	$\forall a,b\colon a+b=b+a$
$\exists$	es gibt (mindestens) ein …	$\exists x\colon x^2=25$
$\mid$	für die gilt	$L=\{x\mid x>2\}$

Als Beispiel einige allgemeine Rechengesetze:

Bei der Addition ist die Reihenfolge der Summanden egal. Z.B. $3+5=5+3$ oder $12{,}7+23{,}5=23{,}5+12{,}7$. Wenn man ausdrücken will, dass dieses Gesetz für beliebige Zahlen gilt (also nicht nur für diese Beispiele), kann man schreiben:

Kommutativgesetz der Addition

$$a+b=b+a \qquad \forall a,b$$

Dieses Rechengesetz ist so einleuchtend, dass man es nicht weiter beweisen muss; so etwas bezeichnet man als Axiom. Einige weitere Axiome sind:

Assoziativgesetz der Addition

$$a+(b+c)=(a+b)+c \qquad \forall a,b,c$$

Bei der Addition ist es egal, wie man die Summanden zusammenfasst.

Kommutativgesetz der Multiplikation

$$a\cdot b=b\cdot a \qquad \forall a,b$$

Auch bei der Multiplikation ist die Reihenfolge der Faktoren egal.

Assoziativgesetz der Multiplikation

$$a\cdot(b\cdot c)=(a\cdot b)\cdot c \qquad \forall a,b,c$$

Bei der Multiplikation ist es ebenfalls egal, wie man die Faktoren zusammenfasst.

Distributivgesetz

$$a\cdot(b+c)=a\cdot b+a\cdot c \qquad \forall a,b,c$$

Um eine Summe mit einer Zahl zu multiplizieren, kann man die einzelnen Summanden mit der Zahl multiplizieren und die Ergebnisse addieren.

Eine andere Aussage, die wir oft benutzen werden:

Produkt-Null-Satz

$a \cdot b = 0 \Leftrightarrow (a = 0) \vee (b = 0)$

Das Produkt zweier Zahlen ist genau dann 0, wenn mindestens ein Faktor 0 ist.

Ü 4 ★: Geben Sie für jedes Rechengesetz je zwei Beispiele ein, indem Sie beliebige Zahlen einsetzen und nachrechnen. (Es müssen nicht immer natürliche Zahlen sein!) A

SbX
Einige weitere Beispiele für Rechengesetze finden Sie unter der ID: 1841.

Ü 5 ★: Begründen Sie, ob das Kommutativgesetz und das Assoziativgesetz auch für die Subtraktion und die Division gelten. Setzen Sie beliebige Zahlen ein, um das herauszufinden! D

3 Symbole aus der Mengenlehre

Eine einheitliche Schreibweise für verschiedene Objekte

„Eine Menge ist eine Zusammenfassung wohlunterschiedener Objekte unserer Anschauung oder unseres Denkens (genannt die Elemente der Menge) zu einem Ganzen." Georg Cantor (1845–1918), Begründer der Mengenlehre

Wie Sie schon vorhin gesehen haben, fasst man mathematische Objekte (Zahlen, Punkte ...) gerne zu **Mengen** zusammen. Man kann die Elemente einer Menge aufzählen – dann schreibt man sie in geschwungene Klammern – oder eine Eigenschaft angeben, die beschreibt, welche Elemente in der Menge enthalten sind, z.B.

- $A = \{0, 1, 2, 3, 4, 5, 6, 7\} = \{x \in \mathbb{N} \mid x \leq 7\}$
  Menge aller natürlichen Zahlen, die kleiner oder gleich 7 sind
- $B = \{-2, -1, 0, 1, 2, 3\} = \{x \in \mathbb{Z} \mid -2 \leq x \leq 3\}$
  Menge aller ganzen Zahlen zwischen -2 und 3 (einschließlich)
- $C = \{0, 2, 4, 6\} = \{x \in \mathbb{N}_g \mid x < 8\}$
  Menge aller geraden natürlichen Zahlen, die kleiner (!) als 8 sind

(Die Reihenfolge, in der die Elemente angeschrieben werden, ist egal. Wir hätten genauso gut schreiben können: $A = \{7, 6, 5, 4, 3, 2, 1, 0\}$.)

leere Menge

Eine Menge, die keine Elemente enthält, nennt man **leere Menge:** $\{\ \}$

Ebenso wie Zahlen kann man auch Mengen miteinander verknüpfen. Die wichtigsten Symbole:

Symbol	Bedeutung	Beispiel
$\in$	ist ein Element von	$3 \in A$
$\notin$	ist kein Element von	$3 \notin C$
$\subseteq$	ist Teilmenge von (eine Menge, die ganz in einer anderen Menge enthalten ist)	$C \subseteq A$
$A \cap B$	Durchschnittsmenge (alle Elemente, die sowohl A als auch in B enthalten sind)	$A \cap B = \{0, 1, 2, 3\}$
$A \cup B$	Vereinigungsmenge (alle Elemente, die in A oder B oder beiden enthalten sind)	$A \cup B = \{-2, -1, 0, 1, 2, 3, 4, 5, 6, 7\}$
$A \setminus B$	Differenzmenge (alle Elemente, die in A, aber nicht in B enthalten sind)	$A \setminus B = \{4, 5, 6, 7\}$
$A \times B$	Produktmenge (alle geordneten Paare, deren erstes Element in A und deren zweites Element in B enthalten ist)	$A \times B = \{(0 \mid -2), (0 \mid -1), (0 \mid 0) \ldots (7 \mid 3)\}$

geordnetes Paar: es kommt auf die Reihenfolge an, z.B. $(2 \mid 3) \neq (3 \mid 2)$.

Jeder Punkt der Ebene ist durch seine Koordinaten festgelegt, also durch ein geordnetes Zahlenpaar. Die Ebene ist daher die grafische Darstellung der Menge $\mathbb{R} \times \mathbb{R} = \mathbb{R}^2$.

Jeder Punkt des Raums ist durch drei Koordinaten, also durch ein geordnetes Zahlentripel (Dreiergruppe) festgelegt. Der Raum ist daher die grafische Darstellung der Menge $\mathbb{R} \times \mathbb{R} \times \mathbb{R} = \mathbb{R}^3$.

Intervalle

Bei Teilmengen von $\mathbb{R}$ in der Art von „alle reellen Zahlen zwischen 0,8 und 3,2" kann man nicht mehr alle Elemente aufzählen. Solche Menge heißen **Intervalle;** man schreibt sie in eckigen Klammern:

Symbol	Bedeutung	Beispiel
$[a,b]$	abgeschlossenes Intervall (die Endpunkte gehören dazu)	$[0{,}8;3{,}2]=\{x\in\mathbb{R}\mid 0{,}8\leq x\leq 3{,}2\}$
$]a,b[$	offenes Intervall (die Endpunkte gehören nicht dazu)	$]-2{,}5;-0{,}3[=\{x\in\mathbb{R}\mid -2{,}5<x<-0{,}3\}$
$[a,\infty[$	unbeschränktes Intervall (∞ ist das Symbol für „unendlich", aber keine Zahl, daher ist das Intervall auf dieser Seite immer offen)	$[2,\infty[=\{x\in\mathbb{R}\mid x\geq 2\}$

Beachte: Wenn Dezimalzahlen vorkommen, benutzt man einen Strichpunkt statt eines Kommas, um diese zu trennen.

Intervalle kann man grafisch als Abschnitte der Zahlengeraden, das heißt, als Strecken darstellen. (Bei abgeschlossenen Intervallen zeichnet man die Endpunkte als kleine, ausgefüllte Kreise, bei offenen Intervallen werden sie nicht ausgefüllt.)

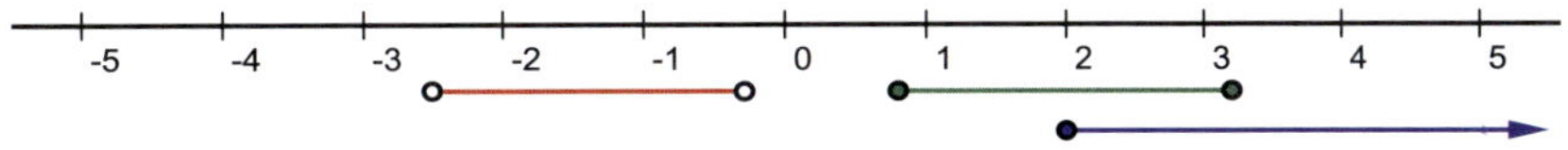

Abb. 6: Die Intervalle $[0{,}8;3{,}2]$, $]-2{,}5;-0{,}3[$ und $[2,\infty[$

SbX
Sie finden die Lösung zu Ü 6 unter der ID: 1841.

Ü 6 ★: Was sagen Sie zu folgender Aussage: „Das offene Intervall $]3,8[$ enthält alle Zahlen von 4 bis 7"? D

Üben

SbX ID: 1842

Ü 7 ★★: Geben Sie das Ergebnis, wenn möglich, als gemischte Zahl an: B

a) $\left(2\frac{2}{3}\cdot 1\frac{3}{5}+\frac{4}{5}\left(-1\frac{1}{3}\right)\right):3\frac{1}{5}=$ ✔ 1

b) $\left(4\frac{2}{3}-1\frac{3}{4}\right)\cdot 1\frac{3}{7}-2\frac{1}{2}:\frac{3}{5}=$ ✔ 0

c) $4\frac{1}{8}-\left(1\frac{5}{22}:3\frac{3}{11}-2\frac{1}{7}\cdot\frac{7}{12}\right)=$ ✔ 5

d) $\left(1\frac{2}{7}-4\frac{1}{5}\right)\cdot\left(-1\frac{1}{6}\right)+\left(3\frac{1}{2}+1\frac{2}{9}\right):1\frac{8}{9}=$ ✔ $5\frac{9}{10}$

e) $10\frac{2}{3}+\left(1\frac{7}{10}-4\frac{2}{5}\right):\left(2\frac{2}{5}-1\frac{1}{2}\right)=$ ✔ $7\frac{2}{3}$

f) $7\frac{1}{2}-\left(3\frac{1}{5}:2\frac{2}{15}-\left(-1\frac{3}{4}\right)\cdot 1\frac{3}{7}\right)=$ ✔ $3\frac{1}{2}$

Ü 8 ★★: $z_1=3+4i$, $z_2=2-i$. Berechnen Sie: B

a) $z_1+z_2=$ ✔ $5+3i$
b) $z_1-z_2=$ ✔ $1+5i$
c) $z_2-z_1=$ ✔ $-1-5i$
d) $z_1\cdot z_2=$ ✔ $10+5i$
e) z_1^2 ✔ $-7+24i$
f) $z_1:z_2=$ ✔ $0{,}4+2{,}2i$
g) $z_2:z_1=$ ✔ $0{,}08-0{,}44i$

SbX
Die Lösungen zu Ü 9 bis Ü 14 finden Sie unter der ID: 1842.

Ü 9 ★: Es seien: A C
A: die Menge aller Angestellten einer Firma,
M: die Menge aller männlichen Angestellten,
F: die Menge aller weiblichen Angestellten,
S: die Menge aller Angestellten, die Sport betreiben.

Beschreiben Sie die folgenden Mengen:

a) $M \cap S$ b) $M \cup S$ c) $F \setminus S$ d) $M \cap F$ e) $M \cup F$

Ü 10 ★: Drücken Sie in Mengenschreibweise aus: A C

a) Die Geraden g und h schneiden einander im Punkt A.
b) Die Gerade g und der Kreis k schneiden einander in den Punkten B und C.
c) Die Gerade h und der Kreis k haben keine gemeinsamen Punkte.
d) Die Menge g' besteht aus allen Punkten der Geraden g außer A.

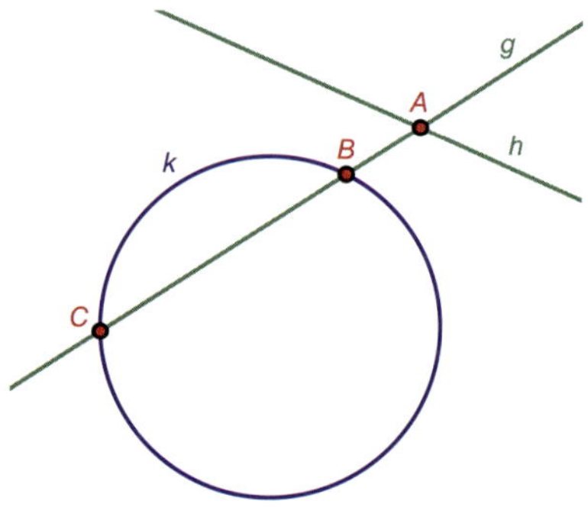

Abb. 7

Ü 11 ★: Geben Sie die folgenden Mengen im aufzählenden Verfahren an: C

a) $E = \{x \in \mathbb{N} \mid 5 \le x \le 12\}$ b) $F = \{x \in \mathbb{N} \mid 2 < x < 9\}$ c) $G = \{x \in \mathbb{Z} \mid -4 \le x < 4\}$

Ü 12 ★: Bilden Sie mit den Mengen aus dem vorigen Beispiel: C

a) $E \cap F$ c) $E \cap G$ e) $F \cup G$ g) $F \setminus E$
b) $F \cap G$ d) $E \cup F$ f) $E \setminus F$ h) $G \setminus E$

Ü 13 ★: Geben Sie die folgenden Mengen in Intervallschreibweise an und zeichnen Sie sie auf der Zahlengeraden ein: C

a) $J = \{x \in \mathbb{R} \mid -2 \le x \le 5\}$ b) $K = \{x \in \mathbb{R} \mid 1{,}5 < x < 6{,}3\}$ c) $L = \{x \in \mathbb{R} \mid x \ge 3\}$

Ü 14 ★★: Bilden Sie mit den Mengen aus dem vorigen Beispiel C

a) $J \cap K$ c) $J \cup K$ e) $K \setminus J$
b) $J \cap L$ d) $K \cup L$ f) $J \setminus L$

SbX
ID: 1842

Ein weiteres Übungsbeispiel zu dieser Lerneinheit finden Sie in SbX.

Sichern

Zahlenmengen

In der Mathematik unterscheidet man unter anderem folgende Zahlenmengen:

$\mathbb{N}$ (natürliche Zahlen): $\{0, 1, 2, 3, 4, 5, \ldots\}$
$\mathbb{N}^*$: natürliche Zahlen ohne Null, $\mathbb{N}_g$: gerade natürliche Zahlen, $\mathbb{N}_u$: ungerade natürliche Zahlen

$\mathbb{Z}$ (ganze Zahlen): $\{\ldots, -3, -2, -1, 0, +1, +2, +3, \ldots\}$

$\mathbb{Q}$ (rationale Zahlen): alle Brüche, deren Zähler und Nenner ganze Zahlen sind, wobei im Nenner nicht 0 stehen darf.

$\mathbb{R}$ (reelle Zahlen): alle Punkte der Zahlengeraden (rationale und irrationale Zahlen)

$\mathbb{C}$ (komplexe Zahlen): alle Zahlen der Form $a + bi$, wobei $i^2 = -1$ und a und b reelle Zahlen sind.

Jede diese Mengen ist eine Teilmenge der folgenden.

Symbole für Beziehungen zwischen Zahlen

Die wichtigsten Symbole für Beziehungen zwischen Zahlen:
$=, \neq, <, \leq, >, \geq, \approx$

Symbole aus der Logik

Die wichtigsten logischen Symbole:
$\neg$ nicht
$\wedge$ und
$\vee$ oder
$\Rightarrow$ daraus folgt, wenn …, dann …
$\Leftrightarrow$ daraus folgt … und umgekehrt
$\forall$ für alle …
$\exists$ es gibt ein …
$|$ für die gilt

Symbole aus der Mengenlehre

Eine Menge ist eine Zusammenfassung von Objekten.
Die wichtigsten Symbole aus der Mengenlehre:
$\{x|\ldots\}$ Menge aller x, für die gilt:…
$\in$ Element
$\notin$ kein Element
$\subseteq$ Teilmenge
$A \cap B$ Durchschnittsmenge (alle Elemente, die sowohl in A als auch B enthalten sind)
$A \cup B$ Vereinigungsmenge (alle Elemente, die in A oder B oder beiden enthalten sind)
$A \setminus B$ Differenzmenge (alle Elemente, die in A, aber nicht in B enthalten sind)
$\{\,\}$ leere Menge

Wissen

SbX ID: 1844

SbX Sie finden die Lösungen unter der ID: 1844.

W 1: Setzen Sie in die Tabelle die Zeichen $\in$ bzw. $\notin$ ein, je nachdem, ob die angegebene Zahl in der betreffenden Menge enthalten ist (begründen Sie!): C

	$\mathbb{N}$	$\mathbb{Z}$	$\mathbb{Q}$	$\mathbb{R}$	$\mathbb{C}$
-7					
19					
$2{,}25$					
$-0{,}04$					
$\frac{7}{3}$					
$-\frac{20}{5}$					
$3{,}\dot{3}$					
$0{,}\dot{9}$					
$\sqrt{36}$					
$\sqrt{10}$					
$\sqrt{-4}$					

Achtung! Genauere Erläuterungen zur letzten Zeile finden Sie bei der Lösung in SbX!

Ein kurzer Wissens-Check, bevor's weitergeht!

Wissens-Check

	☺	😐	☹
Ich kenne die Zahlenmengen $\mathbb{N}$, $\mathbb{Z}$, $\mathbb{Q}$, $\mathbb{R}$, $\mathbb{C}$ und weiß, welche Zahlen dazu gehören.			
Ich kann mit negativen Zahlen rechnen.			
Ich kann mit Brüchen rechnen.			
Ich kann eine Aussage, die mit mathematischen Symbolen geschrieben ist, in Umgangssprache übersetzen und umgekehrt.			
Ich kann Durchschnitts-, Vereinigungs- und Differenzmenge zweier Mengen bilden.			

SbX
Alle SbX-Inhalte zu dieser Lerneinheit finden Sie unter der ID: 1850.

Geometrie (von griechisch *geos:* Erde und *metrie:* Messung) bedeutet Erdvermessung.

Geometer vermessen das Land.

Lerneinheit 5
Planimetrie – Stereometrie

Seit mehr als 4000 Jahren beschäftigten sich die Menschen mit Geometrie; die Ägypter berechneten die Größe der Felder und benützten die Kenntnisse aus der Geometrie zum Bau ihrer Tempel, Pyramiden und Bewässerungsanlagen. Diese vor allem praktische Verwendung wurde von den griechischen Philosophen zu einer Wissenschaft weiterentwickelt.

Planimetrie ist ein Teil der Geometrie und befasst sich mit geometrischen Figuren, die in einer Ebene liegen. Stereometrie (Körpermessung) ist eine Erweiterung der Planimetrie und befasst sich mit geometrischen Figuren im dreidimensionalen Raum. Sie findet Anwendung in der Mathematik, der Technik und den Naturwissenschaften.

Sie lernen hier:
- **die Grundbegriffe der Geometrie kennen**
- **Figuren der Ebene kennen und zu berechnen**
- **Oberflächen, Mantelflächen und Volumina von Körpern zu berechnen**
- **Aufgaben aus Beruf und Alltag zu lösen**

Lernen

SbX ID: 1851

1 Grundbegriffe der Geometrie
Eine überall gültige Sprache definieren

Punkt

Ein **Punkt** ist die kleinste Einheit der Geometrie und er hat keine Ausdehnung. Punkte werden mit Großbuchstaben angegeben.

Gerade

Eine **Gerade** ist eine nach beiden Seiten unbegrenzte gerade Linie, die durch 2 Punkte A und B genau definiert ist, aber unendlich viele Punkte enthält. Geraden werden mit Kleinbuchstaben angegeben – $g(A, B)$.

Lineare Funktionen siehe Lerneinheit 6

Alle **geometrischen Figuren** sind **Mengen von Punkten.**

Lagebeziehungen von Geraden

Zwei Geraden können einen gemeinsamen Punkt, den **Schnittpunkt,** haben:

$\{S\} = g_1 \cap g_2$

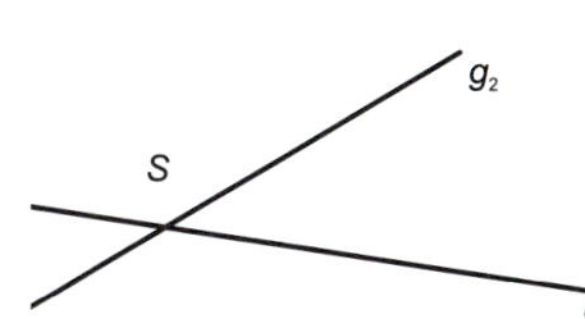

Abb. 1: Schneidende Geraden

Parallele Geraden haben keinen gemeinsamen Punkt. Man schreibt:

$g_1 \| g_2,\ g_1 \cap g_2 = \{\ \}$

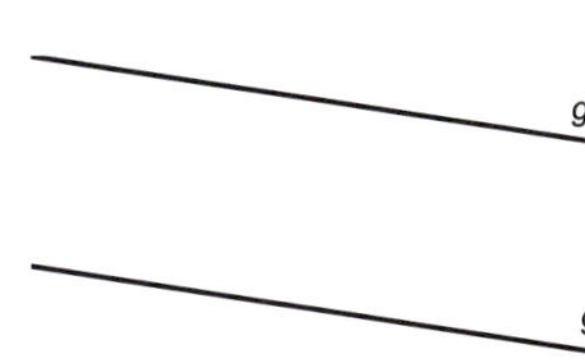

Abb. 2: Parallele Geraden

Zwei Geraden können **ident** sein, das heißt, sie fallen zusammen und haben unendlich viele Schnittpunkte. Es gilt: $g_1 = g_2$.

Abb. 3: Idente Geraden

Zwei Geraden können im dreidimensionalen Raum **windschief** sein, das heißt, sie haben keinen Schnittpunkt, weil sie in unterschiedlichen Ebenen liegen.

Zwei Geraden stehen **normal** aufeinander, wenn sie einander im rechten Winkel – 90° – schneiden.

Strahl

Ein **Strahl** ist eine einseitig begrenzte Linie von *A* durch *B*.

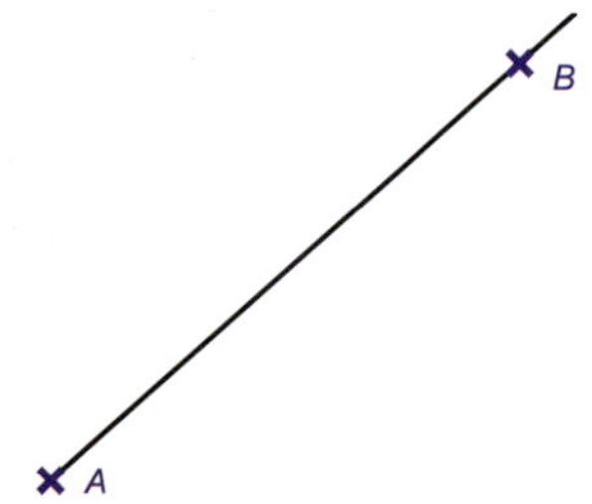

Abb. 4: Strahl

Strecke

Eine **Strecke** ist eine beidseitig begrenzte Linie, wobei *A* und *B* die Endpunkte sind. Die Länge der Strecke wird mit $\overline{AB} = a$ angegeben.

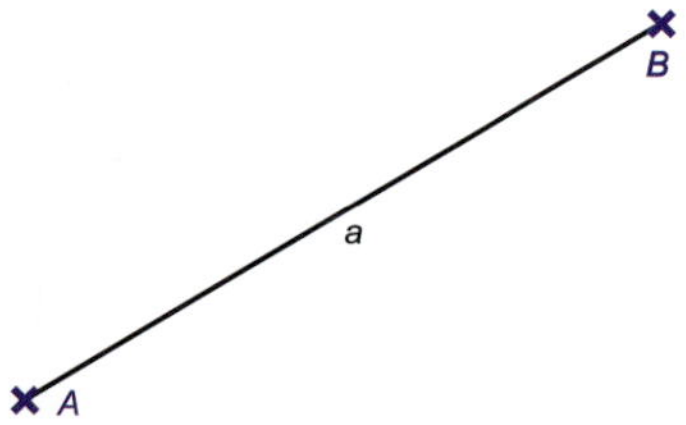

Abb. 5: Strecke

Eine Strecke hat einen **Mittelpunkt,** der diese in zwei gleich große Abschnitte teilt – anders formuliert: Der Mittelpunkt ist von *A* gleich weit entfernt wie von *B*. Eine Normale durch den Mittelpunkt bezeichnet man als **Streckensymmetrale.** Definition: Die Streckensymmetrale ist die Menge aller Punkte, die von 2 Punkten – den Endpunkten der Strecke – *A* und *B* gleich weit entfernt sind.

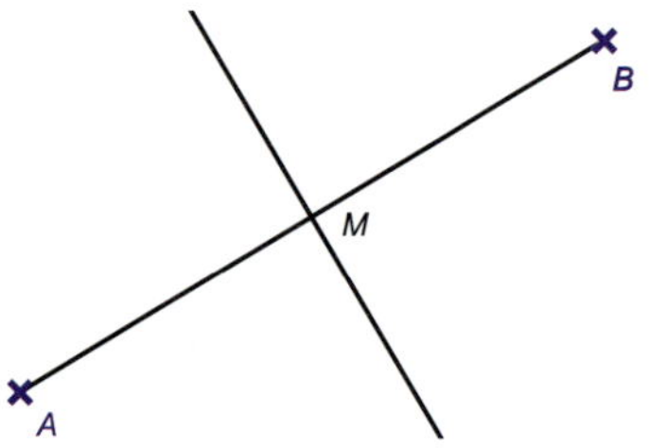

Abb. 6: Streckensymmetrale

Teilen einer Strecke

SbX
Eine Erklärung der Strahlensätze finden Sie unter der ID: 1851.

Eine Strecke kann man durch fortlaufende Halbierungen in 2, 4, 8, usw. gleich große Teile zerlegen. Mithilfe der beiden **Strahlensätze** kann man eine Strecke in beliebig viele Teile zerlegen oder in einem bestimmen Verhältnis teilen. Der Teilungspunkt kann sowohl innen als auch außen liegen.

Winkel

Gehen von einem Punkt *S* zwei Geraden aus, *SA* und *SB,* so schließen sie einen Winkel ein. *S* heißt Scheitel und die beiden Geraden *SA* und *SB* sind die Schenkel des Winkels. Winkel werden mit griechischen Buchstaben ($\alpha, \beta, \gamma, \delta, \varepsilon, \varphi, \psi$ ...) angegeben. Man unterscheidet: spitze, rechte, stumpfe, gestreckte und erhabene Winkel.

Winkel

spitze Winkel:	$0° \leq \alpha < 90°$
rechter Winkel:	$\alpha = 90°$
stumpfer Winkel:	$90° < \alpha < 180°$
gestreckter Winkel:	$\alpha = 180°$
erhabener Winkel:	$180° < \alpha < 360°$
voller Winkel:	$\alpha = 360°$

SbX
Hinweise zum Zeichnen von Winkeln finden Sie unter der ID: 1851.

Winkelsymmetrale

Die **Winkelsymmetrale** ist die Menge aller Punkte, die von zwei gegebenen Geraden g_1, g_2 gleich weit entfernt sind.

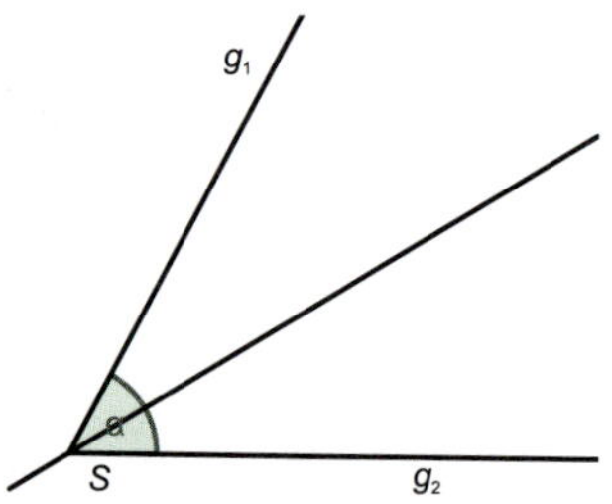

Abb 7: Winkelsymmetrale

2 Das Dreieck

Die einfachste Figur der Ebene

Billardkugeln in Form eines Dreiecks angeordnet

α, β, γ: die griechischen Buchstaben alpha, beta und gamma

Ein Dreieck ist eine Figur in der Ebene, die von 3 Seiten begrenzt wird. Es entsteht durch die Schnittpunkte von drei Geraden.

Die Eckpunkte eines Dreiecks werden mit Großbuchstaben gegen den Uhrzeigersinn beschriftet. Die Seiten werden mit Kleinbuchstaben beschriftet, wobei eine Seite immer gegenüber dem Eckpunkt liegt. Z.B.: gegenüber dem Eckpunkt *A* liegt die Seite *a* oder gegenüber von *B* liegt die Seite *b* ... In jedem Dreieck gibt es drei Innenwinkel, die mit griechischen Buchstaben beschriftet werden: α liegt beim Eckpunkt *A*, β bei *B* und γ bei *C*; und drei Außenwinkel: α_1, β_1, γ_1.

In dieser Lerneinheit werden für Eckpunkte die Buchstaben *A, B, C,* für die Seiten des Dreiecks die Buchstaben *a, b, c,* und für die Winkel die griechischen Kleinbuchstaben α, β, γ verwendet. Die angegebenen Formeln gelten natürlich auch, wenn die Seiten oder Winkel mit anderen Buchstaben angegeben sind. Die einzelnen Formeln müssen dann nur entsprechend „umgebaut" werden.

Das allgemeine Dreieck

Ein beliebiges oder allgemeines Dreieck liegt vor, wenn alle drei Seiten und alle drei Winkel verschieden sind. Für die Seiten und Winkel eines Dreiecks gilt:

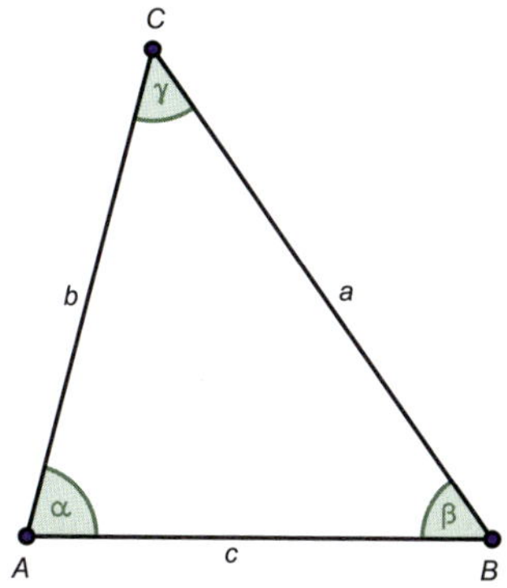

Abb. 8: Dreieck

Dreiecksungleichung – Winkelsumme

Die Summe zweier Seiten ist immer größer als die dritte Seite.

$a + b > c \quad b + c > a \quad a + c > b$

Die Summe der Winkel beträgt 180°:

$\alpha + \beta + \gamma = 180°$

Ü 1 ★: Überprüfen Sie, ob die Aussage über die Winkel im Musterdreieck stimmt. D

Wenn Sie ein Dreieck konstruieren möchten, beachten Sie folgende Grundsätze:

Kongruenzsätze

Ein Dreieck ist dann **eindeutig festgelegt,** wenn man:
- drei Seiten **(SSS)**
- zwei Seiten und den eingeschlossenen Winkel **(SWS)**
- zwei Seiten und einen Winkel **(SSW)**
- zwei Winkel und eine Seite **(SWW, WSW)**

kennt.

Diese Zusammenhänge nennt man auch **Kongruenzsätze.**

Figuren sind ähnlich, wenn die Winkel gleich groß sind oder wenn das Verhältnis zweier Seiten des ersten Dreiecks so ist wie im zweiten Dreieck. Dies ist auch für die **Maßstabzeichnung** von großer Bedeutung.

Ist bei einem Plan als Maßstab 1 : 1000 angegeben, so bedeutet dies, dass 1 cm im Plan 1000 cm in Wirklichkeit entsprechen.

Umfang und Fläche jedes Dreiecks

Höhe siehe Seite 287

Der Umfang ergibt sich aus der Addition der drei Seiten, die Fläche, wenn Sie das Produkt aus einer Seite und deren Höhe bilden und durch zwei dividieren.

Umfang und Fläche

Für alle Dreiecke gilt:

Umfang: $u = a + b + c$

Fläche: $A = \frac{ah_a}{2} = \frac{bh_b}{2} = \frac{ch_c}{2}$

Besondere Dreiecke

Dreiecke kann man entweder nach ihren Seiten oder nach ihren Winkeln einteilen. Man unterscheidet daher bei einer Einteilung nach Seiten das beliebige oder allgemeine, das gleichschenkelige und das gleichseitige Dreieck, bei einer Einteilung nach Winkel das spitz-, stumpf- oder rechtwinkelige Dreieck.

Das rechtwinkelige Dreieck

Man kann das Dreieck auch drehen, sodass die Hypotenuse die Basis oder Grundlinie ist.

$\gamma = 90°$

Im rechtwinkeligen Dreieck misst einer der Winkel 90°. Im abgebildeten Musterdreieck ist das der Winkel γ.

$\alpha + \beta = 90°$

Das bedeutet, dass die beiden anderen Winkel zusammen ebenfalls 90° ergeben müssen.

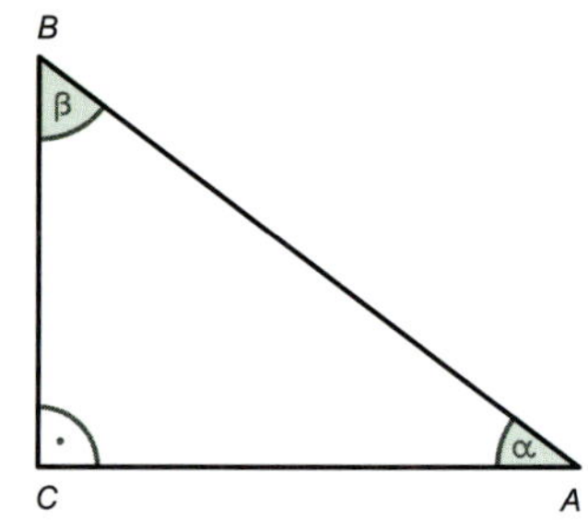

Abb. 9: Rechtwinkeliges Dreieck

Besondere Bezeichnungen für die Seiten des rechtwinkeligen Dreiecks:

Die beiden Seiten, die den rechten Winkel bilden und normal aufeinander stehen, heißen **Katheten,** die dem rechten Winkel gegenüberliegende Seite heißt **Hypotenuse.**

Den Umfang ermittelt man wieder aus der Summe der Dreieckseiten. Die Fläche eines rechtwinkeligen Dreiecks ist auch hier das Produkt einer Seite und deren Höhe dividiert durch zwei. Eine Kathete ist die Höhe der anderen Kathete, daher können Sie das Produkt der Katheten bilden und halbieren. Außerdem kann man das rechtwinkelige Dreieck auch als halbes Rechteck auffassen: daher ist die Fläche das halbe Produkt der beiden Katheten.

Umfang und Fläche

Umfang: $u = a + b + c$ Fläche: $A = \frac{ab}{2}$

Der griechische Mathematiker und Philosoph Pythagoras hat sich sehr mit den Eigenschaften dieses Dreiecks beschäftigt und folgenden Lehrsatz aufgestellt:

Lehrsatz von Pythagoras

$a^2 + b^2 = c^2$

Die Summe der Quadrate über den Katheten ist genau so groß wie das Quadrat über der Hypotenuse.

SbX **Eine Erklärung, wie man darauf kommt, finden Sie unter der ID: 1851.**

Das gleichschenkelige Dreieck

$a = b$, $\alpha = \beta$, $\gamma = 180° - 2\alpha$

Im gleichschenkeligen Dreieck sind zwei Seiten gleich lang und die beiden Winkel an der Basis gleich groß. Die Höhe auf die Basis teilt das Dreieck in zwei gleich große rechtwinkelige Teile und halbiert den Winkel an der Spitze.

SbX **Die Berechnung der Höhe eines gleichschenkeligen Dreiecks finden Sie unter der ID: 1851.**

Die Höhe kann man mithilfe des Lehrsatzes von Pythagoras berechnen.

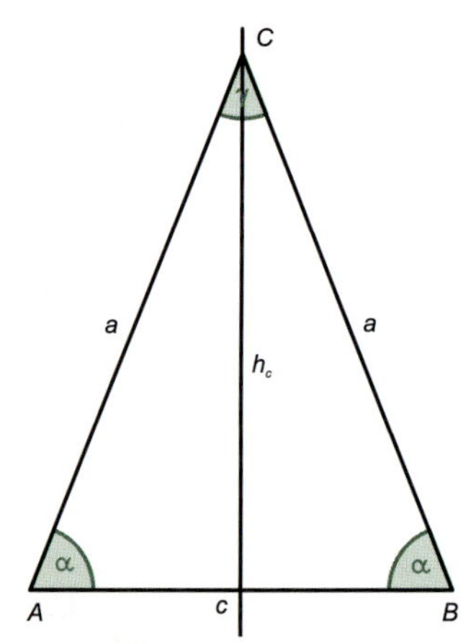

Abb. 10: Gleichschenkeliges Dreieck

Umfang und Fläche

Umfang: $u = 2a + c$ Fläche: $A = \frac{ch_c}{2}$

Das gleichseitige Dreieck

$a = b = c,\ \alpha = \beta = \gamma = 60°$

Im gleichseitigen Dreieck sind alle drei Seiten gleich lang und alle Winkel gleich groß.

Die Höhenlinien und Schwerlinien fallen zusammen, Inkreis- und Umkreismittelpunkt sind ebenfalls ein Punkt. Die Höhe teilt das Dreieck in zwei gleiche rechtwinkelige Dreiecke.

SbX Die Berechnung der Höhe eines gleichseitigen Dreiecks finden Sie unter der ID: 1851.

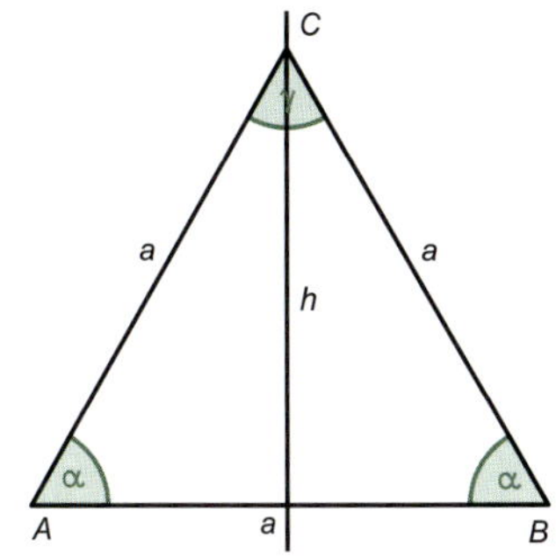

Abb. 11: Gleichseitiges Dreieck

Umfang und Fläche

Umfang: $u = 3a$ Fläche: $A = \frac{a \cdot h}{2}$

Besondere Linien des Dreiecks

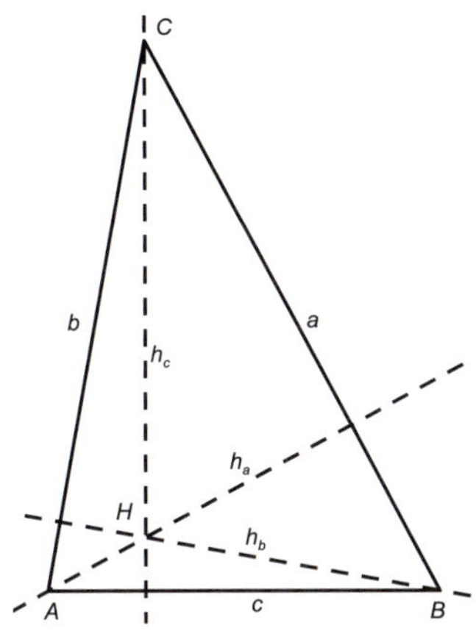

Abb. 12: Höhenschnittpunkt

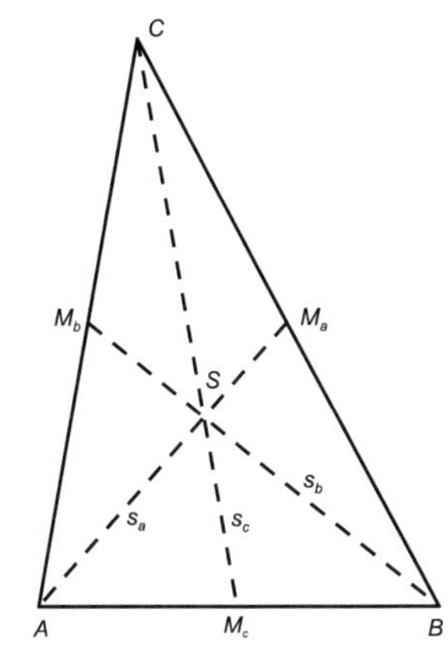

Abb. 13: Schwerpunkt

Höhenlinie – Höhenschnittpunkt

Eine Höhenlinie ist eine Normale auf eine Dreiecksseite durch den gegenüberliegenden Eckpunkt. Der Schnittpunkt dieser Linien heißt Höhenschnittpunkt.

Schwerlinie – Schwerpunkt

Eine Schwerlinie verbindet den Mittelpunkt einer Seite mit dem gegenüberliegenden Eckpunkt. Der Schwerpunkt ist der Schnittpunkt der Schwerlinien und teilt jede Schwerlinie vom Eckpunkt aus gemessen im Verhältnis 2 : 1.

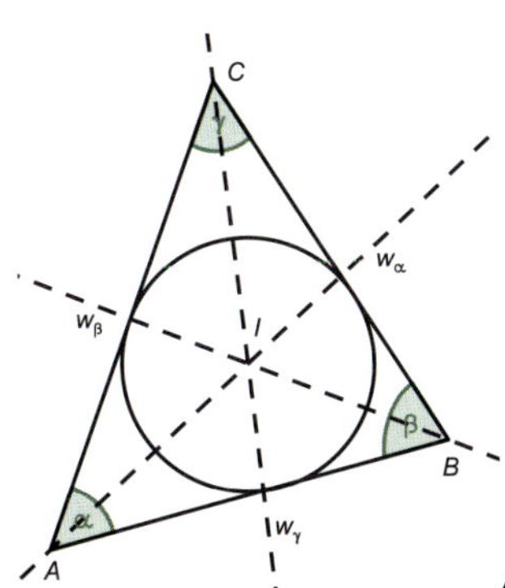

Abb. 14: Inkreis(mittelpunkt)

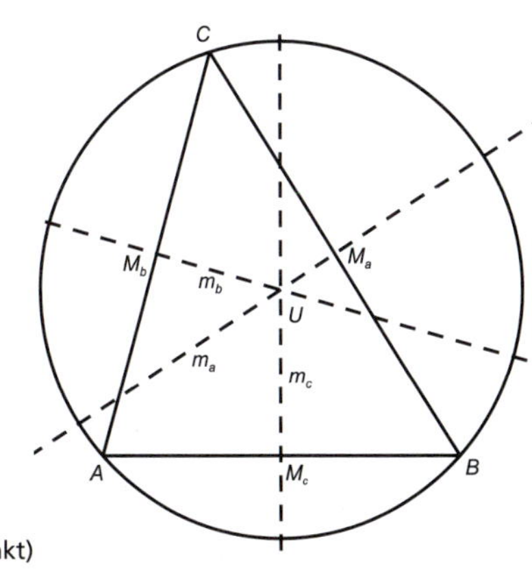

Abb. 15: Umkreis(mittelpunkt)

Winkelsymmetralen – Inkreismittelpunkt

Der Schnittpunkt der Winkelhalbierenden ist der Inkreismittelpunkt. Dieser liegt von allen drei Seiten gleich weit entfernt.

Seitensymmetrale – Umkreismittelpunkt

Der Umkreismittelpunkt ist der Schnittpunkt der Seitensymmetralen.
Der Umkreis geht durch alle drei Eckpunkte eines Dreiecks.
Der Umkreismittelpunkt ist von allen drei Eckpunkten gleich weit entfernt.

Der Umkreismittelpunkt, der Schwerpunkt und der Höhenschnittpunkt liegen immer auf einer Geraden, der nach dem Mathematiker Leonhard Euler benannten Euler'schen Geraden, wobei der Abstand vom Schwerpunkt zum Höhenschnittpunkt doppelt so groß ist wie der Abstand vom Umkreismittelpunkt zum Schwerpunkt.

Es gilt: $\overline{HS} = 2 \cdot \overline{SU}$.

Der Inkreismittelpunkt und der Schwerpunkt liegen immer innerhalb eines Dreiecks.

3 Vierecke

Ein Viereck ist eine Figur, die von vier Seiten begrenzt wird.

Vier Deltoide in einer rechteckigen Bildfläche.

δ: der griechische Buchstabe delta

Allgemeine Vierecke werden wie folgt beschriftet – die Reihenfolge geht jeweils gegen den Uhrzeigersinn:

Eckpunkte	Seiten	Winkel
Großbuchstaben	Kleinbuchstaben	griechische Kleinbuchstaben

In dieser Lerneinheit werden für die Eckpunkte die Buchstaben *A, B, C, D,* für die Seiten die Buchstaben *a, b, c, d* und für die Winkel α, β, γ, δ verwendet.

Die Beschriftung der **Diagonalen** erfolgt mit Kleinbuchstaben: *e, f.*

Die Diagonale *e* verbindet die Eckpunkte *A* und *C*, die Diagonale *f* die Eckpunkte *B* und *D*. Sie schneiden einander im Mittelpunkt *M*.

Die angegebenen Formeln gelten natürlich auch, wenn die Seiten oder Winkel mit anderen Buchstaben angegeben sind. Die einzelnen Formeln müssen dann nur entsprechend „umgebaut" werden.

Winkelsumme und Umfang

Für alle Vierecke gilt:
Die Summe aller Innenwinkel beträgt 360°.
Der Umfang ist die Summe der vier Seiten.

Rechteck

$a = c$, $a \parallel c$, $b = d$, $b \parallel d$, $\alpha = \beta = \gamma = \delta = 90°$

Im Rechteck sind die gegenüberliegenden Seiten gleich lang und parallel. Je zwei Seiten stehen immer normal aufeinander, das bedeutet, dass alle vier Winkel im Rechteck 90° betragen, also rechte Winkel sind. Die Diagonale *e* teilt das Rechteck in zwei rechtwinkelige Dreiecke. Zur Berechnung der Diagonale kann man den Lehrsatz von Pythagoras anwenden.

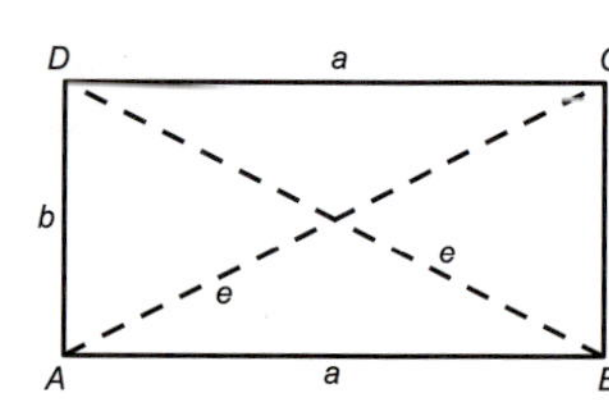

Abb. 16: Rechteck

Umfang und Fläche

Umfang: $u = 2 \cdot (a + b) = 2a + 2b$ Fläche: $A = ab$

Quadrat

$a = b = c = d$, $\alpha = \beta = \gamma = \delta = 90°$

Im Quadrat sind alle Seiten gleich lang und stehen normal aufeinander. Zur Berechnung der Diagonale kann man den Lehrsatz von Pythagoras anwenden.

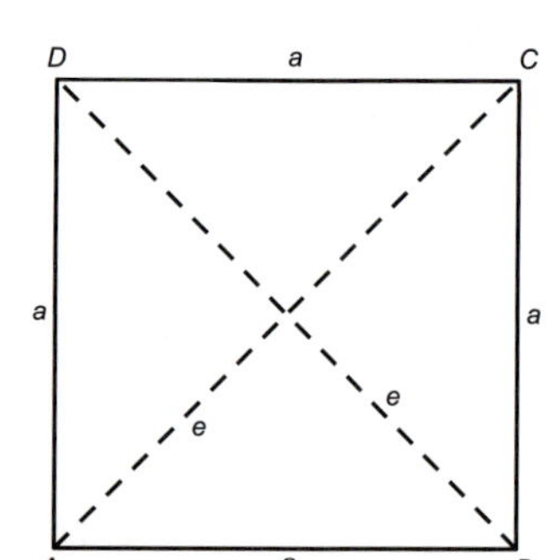

Abb. 17: Quadrat

Umfang und Fläche

Umfang: $u = 4a$ Fläche: $A = a^2$

Parallelogramm

$a = c$, $a \parallel c$, $b = d$, $b \parallel d$, $\alpha = \gamma$, $\beta = \delta$, $\alpha + \beta = 180°$

Im Parallelogramm sind je zwei gegenüberliegenden Seiten gleich lang und parallel. Die gegenüberliegenden Winkel ergeben zusammen immer 180°. Die Diagonalen kann man wieder mithilfe der Höhenlinie und der Basis a und dem Lehrsatz von Pythagoras berechnen.

Das Parallelogramm kann durch Verschieben des rechtwinkeligen Dreiecks, das durch die Höhe entsteht, in ein flächengleiches Rechteck verwandelt werden.

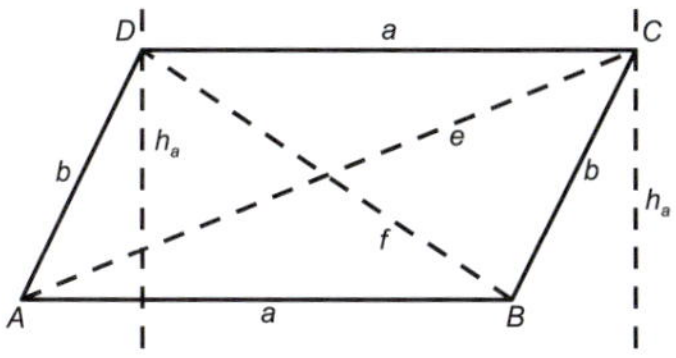

Abb. 18: Parallelogramm

Umfang und Fläche

Umfang: $u = (a+b)\cdot 2 = 2a + 2b$ Fläche: $A = ah_a = bh_b$

Raute oder Rhombus

$a = b = c = d$, $a \parallel c$, $b \parallel d$, $e \perp f$

Bei einer Raute/einem Rhombus sind alle vier Seiten gleich lang und wie beim Parallelogramm sind die gegenüberliegenden Seiten parallel. Die Diagonalen einer Raute/eines Rhombus stehen normal aufeinander. Es entstehen zwei gleichschenkelige Dreiecke.

Da die Diagonalen im rechten Winkel zueinander stehen, kann man die Raute in vier rechtwinkelige Dreiecke zerlegen.

$A = \frac{ef}{2}$ Diese Formel gilt für alle Vierecke mit Diagonalen, die im rechten Winkel zueinander stehen.

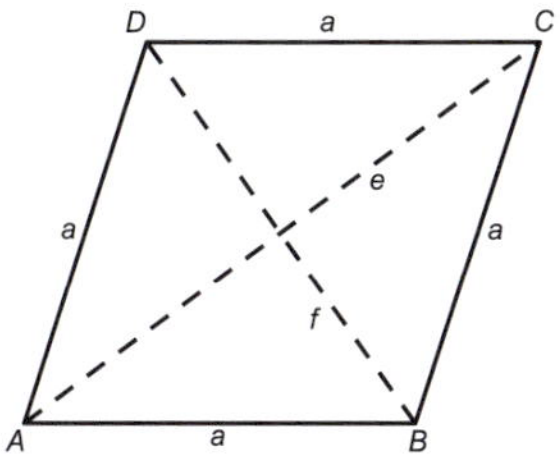

Abb. 19: Raute

Umfang und Fläche

Umfang: $u = 4a$ Fläche: $A = ah_a = \frac{ef}{2}$

Trapez

$a \parallel c$

Im Trapez sind zwei Seiten parallel zueinander. Ein gleichschenkeliges oder symmetrisches Trapez liegt vor, wenn die anderen beiden Seiten gleich lang sind, das heißt: $b = d$.

Berechnungen im rechtwinkeligen Dreieck siehe Seite 284

Der Flächeninhalt ist das Produkt aus der Summe der beiden parallelen Seiten und der Höhe dividiert durch zwei. Die Diagonalen erhält man durch Zerlegen des Trapezes in rechtwinkelige Dreiecke.

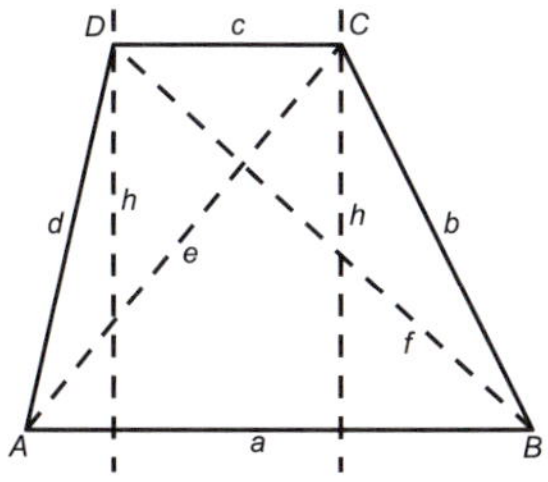

Abb. 20: Trapez

Umfang und Fläche

Umfang: $u = a + b + c + d$ Fläche: $A = \frac{a+c}{2}h$

Deltoid – Drachenviereck

$a = d$, $b = c$, $e \perp f$, $\beta = \delta$

Ein Viereck heißt Deltoid oder Drachenviereck, wenn es zu einer Diagonale symmetrisch ist. Die Diagonalen stehen normal aufeinander und teilen das Dreieck in vier gleichschenkelige oder vier rechtwinkelige Dreiecke. Mithilfe dieser Dreiecke und der Lehrsätze von Pythagoras kann man die Längen der Diagonalen und der Seiten ermitteln. Die Winkelsumme beträgt 360°, wobei zwei gegenüberliegende Winkel β und δ gleich groß sind.

SbX
Die Erklärungen zum Berechnen der Diagonalen finden Sie unter der ID: 1851.

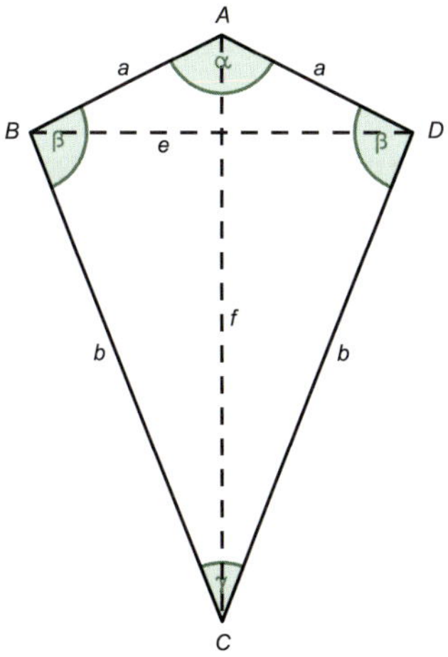

Abb. 21: Deltoid

Umfang und Fläche

Umfang: $u = 2\cdot(a+b) = 2a + 2b$

Fläche: $A = \frac{ef}{2}$ Diese Formel gilt für alle Vierecke mit Diagonalen, die im rechten Winkel zueinander stehen.

4 Kreis

Die Quadratur des Kreises?

Bereits in den altorientalischen Hochkulturen gab es Verfahren zur Berechnung von Kreisflächen. Eine berühmte Herausforderung der Geometrie ist die Aufgabe, aus einem gegebenen Kreis ein Quadrat mit derselben Fläche zu konstruieren. Diese Aufgabe ist – wenn man nur ein Lineal und einen Zirkel zur Verfügung hat – unlösbar. Der Begriff „Die Quadratur des Kreises" ist aber eine Metapher für unlösbare Probleme geworden.

Die Kreisteile

Kreislinie

Kreislinie

Eine Kreislinie ist die Menge alle Punkte, die von einem festen Punkt, dem Mittelpunkt, gleich weit entfernt sind.

$K = \{P \mid \overline{PM} = r\}$

$\pi = 3{,}14159\ldots$
π: griechischer Buchstabe pi

Die Länge des Kreisumfanges konnte bereits in der griechischen Antike berechnet werden. Das Verhältnis zwischen Kreisumfang und Durchmesser ist π. π ist eine sehr interessante Zahl. Immer wieder gibt es neue Rekorde beim Finden von Stellen nach dem Komma. Zur Zeit liegt der Rekord bei ca. 1,2 Billionen Stellen, gefunden vom japanischen Mathematiker Yasumasa Kanada.

Die ersten 30 Stellen von π sind:
3,141592653589793238462643383279.

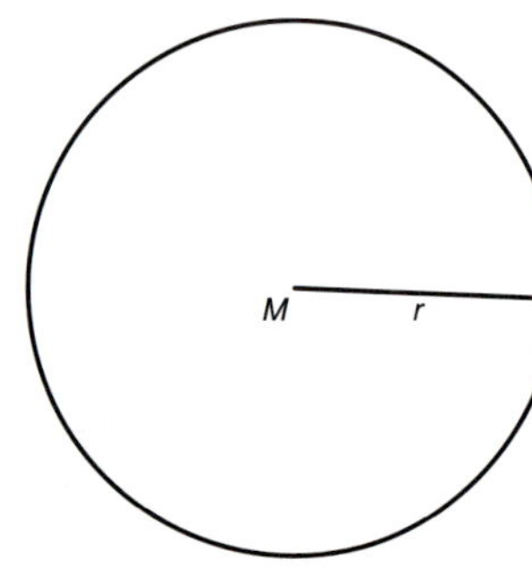

Abb. 22: Kreis

Umfang und Fläche

Umfang: $u = 2r\pi$ Fläche: $A = r^2\pi$
r ... Radius
$2r = d$ ... Durchmesser

Kreisring

Kreisring

Ein Kreisring wird von 2 konzentrischen Kreisen, das sind Kreise mit demselben Mittelpunkt, begrenzt.

R ... Radius des äußeren Rings
r ... Radius des kleineren Rings
M ... Mittelpunkt

Der **Umfang des Kreisrings** ist die Summe aus dem Umfang des ersten Kreisrings und dem Umfang des zweiten.

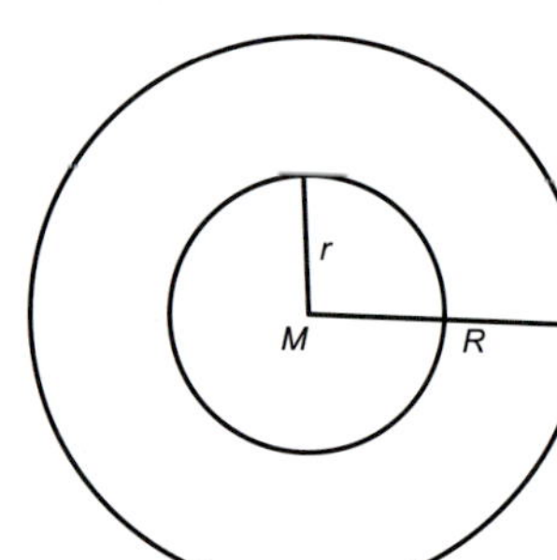

Abb. 23: Kreisring

Umfang des Kreisrings

$u_1 = 2R\pi \quad u_2 = 2r\pi$
$u = u_1 + u_2 = 2\pi(R + r)$

(Erklärung: $u = u_1 + u_2 = 2R\pi + 2r\pi$. Durch Herausheben entsteht $u = 2\pi(R + r)$.)

Die Fläche des Kreisrings erhält man, wenn man die Fläche des kleineren der beiden konzentrischen Kreise von der Fläche des größeren subtrahiert.

Fläche des Kreisrings

$A_1 = R^2\pi \quad A_2 = r^2\pi$
$A = A_1 - A_2 = \pi(R^2 - r^2)$

(Erklärung: $A = A_1 - A_2 = R^2\pi - r^2\pi$. Durch Herausheben entsteht: $A = \pi(R^2 - r^2)$.)

Kreissektor – Kreisausschnitt

Ein Kreissektor wird von zwei Radien und einem Kreisbogen begrenzt.

M … Mittelpunkt
r … Radius
b … Kreisbogen
α … der Winkel im Zentrum

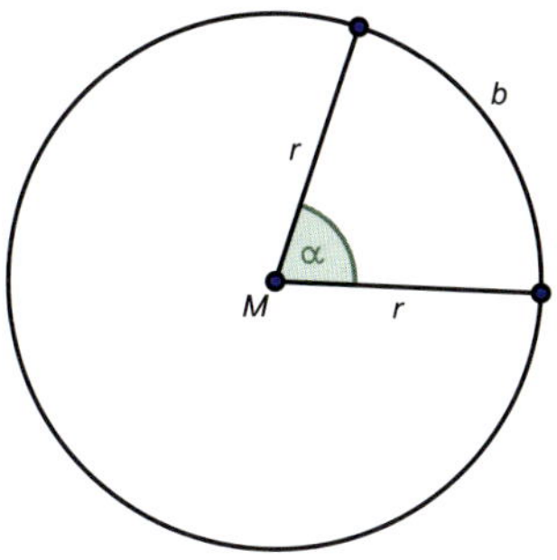

Abb. 24: Kreissektor

Der **Umfang des Kreissektors** ist die Summe der Länge des Bogens b plus zweimal dem Radius. Daher wird b als Teil des gesamten Kreisumfangs berechnet:

$u = 2r\pi$ — Teilen Sie diesen Umfang durch 360, so erhalten Sie:

$b = \frac{2r\pi}{360}$ — Das ist die Bogenlänge eines Kreissektors mit einem Grad.

- Multipliziert man diese Formel mit α (dem Winkel des Kreissektors), erhält man:

$b = \frac{2r\pi}{360}\alpha$ oder $b = \frac{2r\pi\alpha}{360} = \frac{r\pi\alpha}{180}$.

Daraus folgt für den Umfang des Kreissektors

Umfang

$$u = 2r + b = 2r \cdot \left(1 + \frac{\pi\alpha}{360}\right)$$

Die Fläche des Kreissektors erhält man auf ähnliche Weise. Teilt man die Fläche eines Kreises $A = r^2\pi$ durch 360°, so erhält man die Fläche eines Kreissektors mit 1°.

$A = r^2\pi$

$A = \frac{r^2\pi}{360}$ — Jetzt multipliziert man wieder mit dem Zentriwinkel α und erhält:

$A = \frac{r^2\pi\alpha}{360}$

Setzt man in die Flächenformel den Wert für b ($b = \frac{r\pi\alpha}{180}$) ein, so erhält man:

Fläche

$$A = \frac{br}{2}$$

Kreissegment – Kreisabschnitt

M … Mittelpunkt
r …. Radius
α …. der Winkel im Zentrum
s …. Sehne

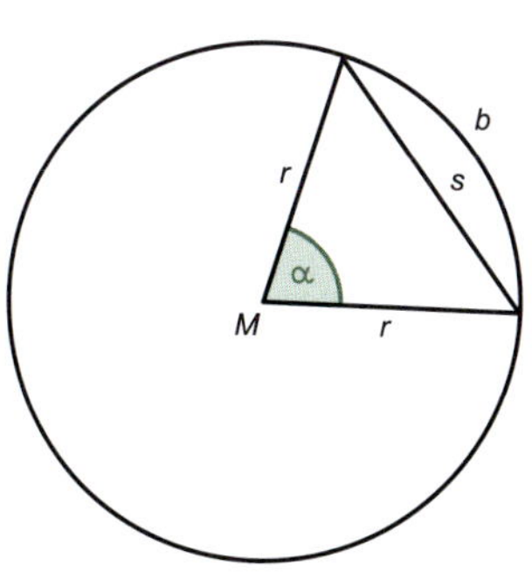

Abb. 25: Kreissegment

Ein Kreissegment entsteht durch eine Sehne, die durch einen Kreissektor geht und zwei beliebige Punkte auf einer Kreislinie miteinander verbindet. Man kann sich vorstellen, dass vom Kreis ein Teil abgeschnitten wird. Das Kreissegment oder der Kreisabschnitt ist von einem Kreisbogen und einer Sehne begrenzt.

Den Umfang ermitteln Sie aus der Summe des Kreisbogens und der Sehne. Den Flächeninhalt des Kreissegments berechnet man, indem man die Fläche des gleichschenkeligen Dreiecks von der Fläche des Kreissektors subtrahiert.

Umfang und Fläche

Umfang: $u = b + s$ Fläche: $A = A_{\text{Kreissektor}} - A_{\text{Dreieck}}$

Lagebeziehungen von Kreis und Gerade

Passante: Eine Passante ist eine Gerade, die mit dem Kreis keine gemeinsamen Punkte hat $g \cap h = \{\ \}$.

Tangente (Berührende): Eine Tagente ist eine Gerade, die den Kreis in einem Punkt berührt $g \cap h = \{T\}$. Die Tangente steht normal auf den Radius im Berührpunkt.

Sekante (Schneidende): Eine Sekante ist eine Gerade, die den Kreis in zwei Schnittpunkten schneidet $g \cap h = \{S_1, S_2\}$. Die Strecke zwischen den Punkten A und B heißt Sehne.

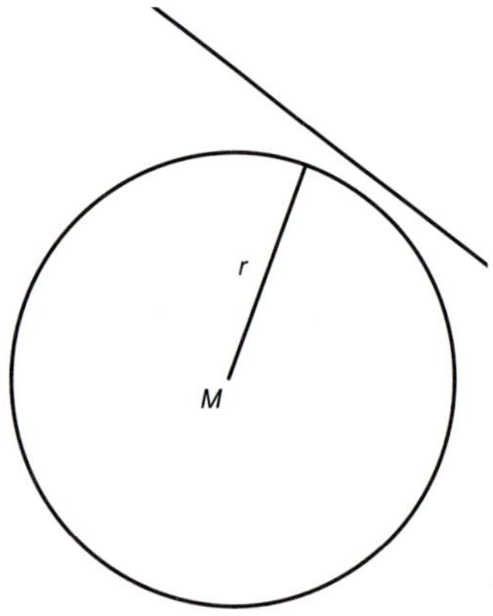

Abb. 26: Passante

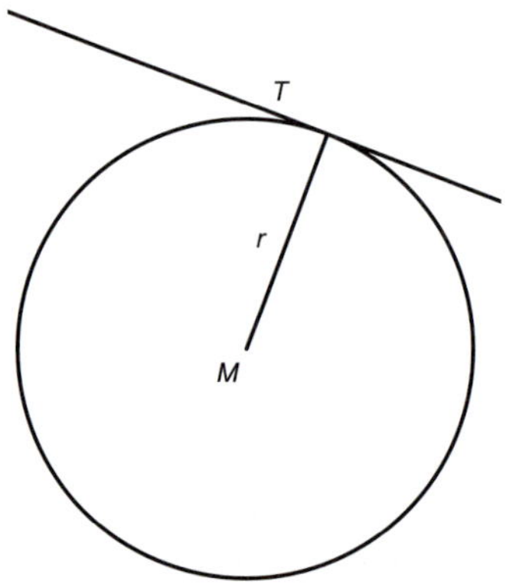

Abb. 27: Tangente

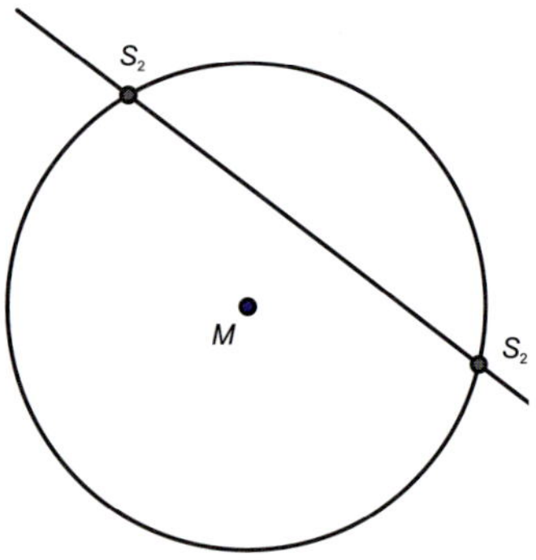

Abb. 28: Sekante

Lagebeziehungen zweier Kreise

kein gemeinsamer Punkt

Haben zwei Kreise **keinen gemeinsamen Schnittpunkt,** so ist der Abstand zwischen den Mittelpunkten größer als die Summe oder kleiner als die Differenz ihrer Radien. Im zweiten Fall liegen die Kreise ineinander.

ein Berührungspunkt

Zwei Kreise können **einen gemeinsamen Punkt,** den Berührungspunkt, haben. Dieser kann außen oder innen liegen. Der Abstand der Mittelpunkte muss so groß sein wie die Summe oder die Differenz der Radien.

zwei Schnittpunkte

Zwei Kreise haben **zwei Schnittpunkte,** wenn sie überlappend sind. Dabei ist der Abstand der Mittelpunkte kleiner als die Summe, aber größer als die Differenz der Radien.

5 Prisma und Zylinder

Grund- und Deckfläche sind parallel

Prisma und Zylinder sind räumliche Gebilde, deren Grund- und Deckfläche parallel und deckungsgleich sind. Daher lassen sich Oberfläche, Mantel und Volumen auf die gleiche Art berechnen.

Die Oberfläche eines solchen Körpers besteht aus der Summe der Seitenflächen (auch **Mantel** genannt) und der Grund- und Deckfläche:

Oberfläche

$O = 2G + M$

Die Mantelfläche eines geraden Körpers ist das Produkt aus Umfang der Grundfläche und Höhe:

Mantel

$M = u_G h$

u_G … Umfang der Grundfläche (Summe der Kanten)

Das **Volumen** eines geraden Körpers ist immer das Produkt aus der Grundfläche und der Höhe:

Volumen

$V = Gh$

Die Kristallform von Quarz (Bergkristall) ist meist ein hexagonales Prisma.

Prisma

Höhe, Seitenflächen, Deckfläche, Grundfläche, Kanten

Ein Prisma ist ein geometrischer Körper, der als Grund- und Deckfläche zwei Vielecke hat, die zueinander parallel sind, und dessen Seitenkanten parallel und gleich lang sind.

Die unterste Fläche nennt man **Grundfläche,** die oberste **Deckfläche** und die verbleibenden werden als **Seitenflächen** bezeichnet. Der Normalabstand zwischen Grundfläche und Deckfläche ist die **Höhe.** Die Schnittflächen der Ebenen bezeichnet man als **Kanten.**

Am häufigsten begegnet man geraden Prismen mit drei-, vier- oder sechseckiger Grundfläche. Wenn man im Alltag von einem Prisma spricht, meint man meist ein gerades Prisma, das heißt, die Seitenkanten stehen normal auf die Grundfläche.

Quader

Rechteck siehe Seite 288

Die sechs Seitenflächen eines Quaders sind Rechtecke. Je zwei Rechtecke schneiden einander und bilden eine der zwölf Kanten; diese schneiden einander in den acht Eckpunkten. Je zwei Seitenflächen liegen einander gegenüber, sind parallel und gleich groß, also deckungsgleich. Die vier Eckpunkte einer Seitenfläche haben vom Mittelpunkt der Seite den gleichen Abstand. Alle Eckpunkte sind vom Mittelpunkt der Raumdiagonalen gleich weit entfernt.

Die Berechnung der Oberfläche des Quaders erfolgt durch Addition der sechs Rechteckflächen. Da jeweils zwei gegenüberliegende Flächen gleich groß sind, addiert man zweimal die Grundfläche, zweimal die Vorderfläche und zweimal die Seitenfläche.

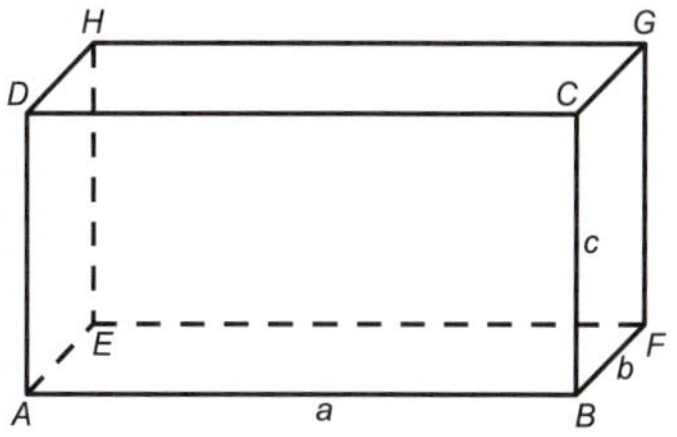

Abb. 29: Quader

Oberfläche

$O = 2ab + 2bc + 2ac$
$\Rightarrow O = 2 \cdot (ab + bc + ac)$

L 1: Berechnen Sie die Oberfläche eines Quaders mit den Seitenlängen $a = 9$ cm, $b = 7$ cm, $c = 4$ cm. **B**

$O = 2 \cdot (9 \cdot 7 + 7 \cdot 4 + 9 \cdot 4) = 254$ Die Oberfläche des Quaders beträgt 254 cm^2.

Die Fläche des Mantels besteht aus der Summe der Seitenflächen:

Mantel

$M = 2 \cdot (bc + ac)$

L 2: Berechnen Sie die Fläche des Mantels des Quaders aus L 1. **B**

$M = 2 \cdot (7 \cdot 4 + 9 \cdot 4) = 128$ Die Mantelfläche beträgt 128 cm^2.

Das Volumen oder der Rauminhalt des Quaders ist das Produkt aus Grundfläche und Höhe:

Volumen/Rauminhalt

$V = Gh = abc$

L 3: Berechnen Sie das Volumen des Quaders aus L1. **B**

$V = 9 \cdot 7 \cdot 4 = 252$ Das Volumen des Quaders beträgt 252 cm^3.

Die höchste Augenzahl ist … sechs. Na klar.

Würfel

Ein Würfel besteht aus sechs quadratischen Seitenflächen. Daher sind alle Kanten gleich lang. Um den Würfel zu berechnen, können die Formeln für den Quader leicht abgeändert werden.

Quadrat siehe Seite 286

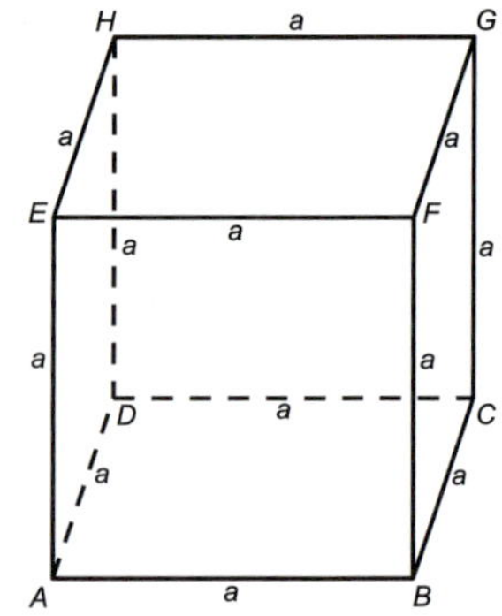

Abb. 30: Würfel

Oberfläche, Mantel, Volumen

Oberfläche:	$O = 2G + 2A_s + 2A_v$	für den Würfel einfacher:	$O = 6a^2$
Mantel:	$M = 2 \cdot (bc + ac)$		$M = 4a^2$
Volumen:	$V = abc$		$V = a^3$

Zylinder

Der Zylinder ist ein räumliches Gebilde mit einer „eckenlosen" Grund- und einer dazu parallelen Deckfläche. Man unterscheidet zwischen einem geraden und einem schiefen Zylinder, je nachdem ob Grund- und Deckfläche zueinander verschoben sind. Bei einem geraden Zylinder liegt die Achse senkrecht zur Grundfläche.

Kreis siehe Seite 290

Wenn man im Alltag von einem Zylinder spricht, meint man meist einen geraden Kreiszylinder (mit einem Kreis als Grundfläche).

Abb. 31: Zylinder

Ein „gerader" Zylinder in der Natur

Der Mantel eines Zylinders ist ein Rechteck, wobei die Länge dem Umfang des Kreises entspricht und die Breite der Höhe des Zylinders.

Aus der allgemeinen Formel für Oberfläche, Mantel und Volumen eines geraden Körpers ergeben sich folgende Formeln:

Oberfläche und Mantel

Oberfläche: $O = 2r^2\pi + 2r\pi h$ Mantel: $M = 2r\pi h$

Bonaventura Francesco Cavallieri (1598–1647), italienischer Mathematiker und Astronom

Nach dem Prinzip von Cavallieri gilt, dass zwei Körper mit derselben Grundfläche dasselbe Volumen besitzen, wenn ihre Schnittflächen in zwei zur Grundfläche parallelen Ebenen liegen.

Volumen

$V = r^2\pi h$

6 Pyramide und Kegel

Körper mit Spitze

Pyramide und Kegel sind räumliche Gebilde mit einer Grundfläche und einer Spitze. Daher lassen sich Oberfläche, Mantel und Volumen für diese beiden Körper auf die gleiche Art berechnen.

Die Oberfläche ist die Summe der Seitenflächen und der Grundfläche:

Oberfläche

$O = G + M$

Mantel

Der Mantel ist die Summe der Seitenflächen.

Das Volumen ist das Produkt aus Grundfläche mal Höhe dividiert durch drei:

Volumen

$$V = \frac{Gh}{3}$$

Pyramide – wer denkt da nicht an Pharaonen?

Pyramide

Eine Pyramide ist ein geometrischer Körper, der als Grundfläche ein Vieleck hat und dessen Seitenflächen in einem Punkt, der Spitze, zusammentreffen. Die Anzahl der Ecken der Grundfläche bestimmt die Anzahl der Seitenflächen.

Eine Pyramide mit einem gleichseitigen Dreieck als Grundfläche nennt man **Tetraeder.**

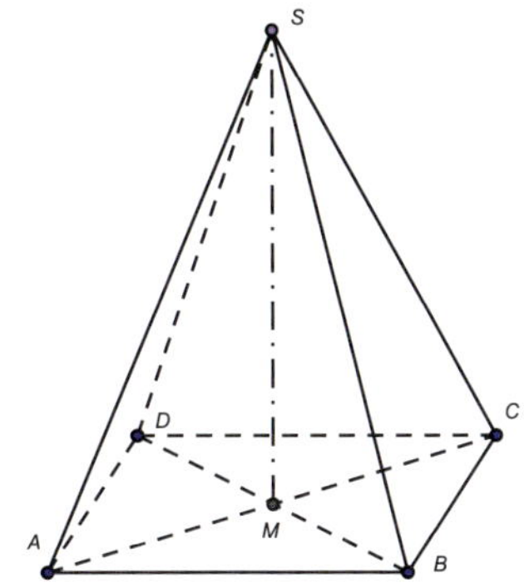

Abb. 32: Pyramide

Wenn man im Alltag von einer Pyramide spricht, meint man meist eine gerade quadratische Pyramide.

Oberfläche, Mantel und Volumen hängen von der Grundfläche ab.

Oberfläche

$$O = G + M$$

Der Mantel ist die Summe der Dreiecksflächen. Meist hat man es mit geraden Pyramiden mit vier Seiten zu tun.

Mantel

$$M = 4\frac{h_a}{2}a$$

Volumen

$$V = \frac{G}{3}h$$

Die Form des Kegels kommt auch in der Natur vor.

Kegel

Ein Kegel ist ein geometrischer Körper, der eine „eckenlose" Grundfläche hat und in einer Spitze zusammenläuft. Wenn man im Alltag von einem Kegel spricht, meint man meist einen geraden Kreiskegel.

Die Oberfläche setzt sich bei diesem aus der Grundfläche des Kreises und dem Mantel zusammen. Um die Formel für das Volumen abzuleiten, benötigt man die Integralrechnung.

Integralrechnung siehe Kapitel 6

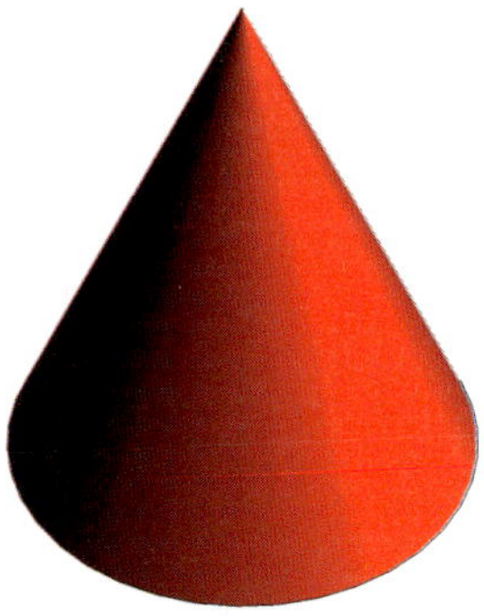

Abb. 33: Kegel

Oberfläche, Mantel, Volumen

Oberfläche: $O = G + M = r^2\pi + M = r^2\pi + r\pi s$ Mantel: $A = r\pi s$

s … Seitenlinie des Kegels

Volumen: $V = \frac{1}{3}r^2\pi h$

SbX

Eine Ableitung der Formel für den Mantel eines Kegels finden Sie unter der ID: 1851.

Ü 2 ★: Zeichnen Sie die Skizze eines Kegelquerschnitts und beschriften Sie diese zur Veranschaulichung der Formeln. A

Ist ein Fußball wirklich eine Kugel?

7 Kugel

Wenn ein Kreis um eine Achse rotiert

Eine Kugel ist die Menge aller Punkte im dreidimensionalen Raum, deren Abstand von einem festen Punkt des Raumes, dem Mittelpunkt, gleich groß ist. Der Mittelpunkt ist das Zentrum der Kugel. Der Abstand zwischen diesem und einem Punkt der Kugellinie heißt Radius und wird mit r bezeichnet.

Eine Kugel entsteht auch, wenn ein Kreis um eine Achse rotiert.

Abb. 34: Kugel

Ü 3 ★: Zeichnen Sie die Skizze eines Kugelquerschnitts und beschriften Sie diese zur Veranschaulichung der Formeln. A

Das Volumen einer Kugel wird durch die Kugeloberfläche begrenzt.

Oberfläche und Volumen

Oberfläche: $O = 4r^2\pi$ Volumen: $V = \frac{4}{3}r^3\pi$

Üben

SbX ID: 1852

SbX Anleitungen zum Programmieren von Formeln mit dem TI-82 STATS finden Sie unter der ID: 1852.

Lösen Sie folgende Aufgaben, begründen Sie Ihren Lösungsweg und interpretieren Sie das Ergebnis schriftlich.

Ü 4 ★: Von einem rechtwinkeligen Dreieck kennt man die beiden Katheten $a = 13$ cm und $b = 7{,}6$ cm. Berechnen Sie die Länge der Hypotenuse und den Flächeninhalt. Geben Sie die Formeln an und formen Sie um. B

✔ ~15,05 cm; 49,4 cm²

Ü 5 ★: Von einem rechtwinkeligen Dreieck kennt man $b = 54$ m und $c = 131{,}2$ m. Berechnen Sie die fehlende Kathete, den Umfang, den Flächeninhalt und die Höhe. B

✔ ~119,57; ~304,77; ~3228,44; ~49,2

Ü 6 ★: Eine Leiter ist 8 m lang. Sie wird in einem Abstand von 1,5 m gegen die Wand gelehnt. Bis zu welcher Höhe reicht das Ende der Leiter? B

✔ ~7,85 m

Ü 7 ★: Man kennt den Flächeninhalt eines rechtwinkeligen Dreiecks und die Länge einer Kathete: $A = 2592$ m², $b = 96$ m. Berechnen Sie die andere Kathete, die Hypotenuse und den Umfang des Dreiecks. B

✔ 54; ~100,15; ~260 m

Ü 8 ★: Von einem gleichschenkeligen Dreieck kennt man die Länge der Basis und die Länge der Höhe: $c = 17{,}6$ m; $h = 11{,}4$ m. Berechnen Sie die Länge der Schenkel und den Flächeninhalt. B

✔ ~14,4; 100,32 m²

Ü 9 ★: Ein Dach hat im Querschnitt die Form eines rechtwinkeligen gleichschenkeligen Dreiecks. Die Schenkel haben eine Länge von je 7 m. Berechnen Sie die Basis und die Winkel der Dachschräge. B

✔ ~9,9; 45°

Ü 10 ★: Von einem gleichseitigen Dreieck kennt man die Seitenlänge $a = 17$ cm. Berechnen Sie die Höhe und die Fläche des Dreiecks. B

✔ ~14,73 cm; ~125,14 cm²

Ü 11 ★: Von einem gleichseitigen Dreieck kennt man den Flächeninhalt $A = 125$ cm². Berechnen Sie die Länge einer Seite und die Länge der Höhe. B

✔ ~16,99 cm; 14,71 cm

1" = 2,54 cm

Ü 12 ★: Die Größe eines Computerbildschirms wird in Zoll (") angegeben. Berechnen Sie die Größe des Bildschirms, wenn die Länge 42 cm und die Breite 25 cm ist. Achtung! Das Maß für die Bildschirmgröße ist die Länge der Diagonale! A B

✔ ~19"

Ü 13 ★: Auf einem rechteckigen Grundstück mit der Länge 25,8 m und der Breite 12,9 m soll ein Haus mit quadratischer Grundfläche (Seitenlänge $a = 7$ m) gebaut werden. Berechnen Sie die Fläche, die für den Garten bleibt. A B

✔ 283,82 m²

Ü 14 ★: Ein Zimmer mit der Länge von 5,2 m und der Breite von 3,8 m soll mit einem Teppichboden ausgelegt werden. Berechnen Sie, wie viel m² Bodenbelag gekauft werden müssen, sowie den Kaufpreis, wenn 1 m² 12,7 € kostet. A B

✔ 19,76 m², 251 €

Ü 15 ★: Herr Turan zahlt für ein Grundstück 42.250 €. Der Preis pro m² betrug 65 €. Berechnen Sie die Breite des rechteckigen Grundstücks, wenn es 52 m lang ist. A B

✔ 12,5 m

Ü 16 ★: Die Diagonalen eines Spielzeugdrachens betragen $e = 57$ cm und $f = 125$ cm. Berechnen Sie, wie viel cm² Folie das Kind braucht, um den Drachen zu bekleben. A B

✔ 7 125 cm²

Ü 17 ★: Die Querschnittsfläche einer Regenabflussrinne ist ein Trapez. Berechnen Sie, wie viel m³ Erde für eine 20 m lange Strecke ausgehoben werden müssen, wenn die Basis der Querschnittfläche 30 cm, die Höhe 15 cm und die obere Breite 55 cm sein soll. A B

✔ 1,275 m³

Ü 18 ★: In einem Deltoid verhalten sich die Längen der Diagonalen wie 5 : 7, der Flächeninhalt beträgt 2 835 cm². Berechnen Sie die Längen der Diagonalen. A B

✔ 89 cm, 63 cm

Ü 19 ★: Ein Baumstamm hat einen Durchmesser von 37 cm. Berechnen Sie den Umfang. A B

✔ ~116,23 cm

Ü 20 ★: Der Umfang der Felge eines Fahrrades beträgt ~127,6743 cm. Berechnen Sie den Durchmesser dieses Rades. (Achtung! Bei Fahrrädern wird der Durchmesser in Zoll angegeben.) Wie oft dreht sich das Rad auf einer Strecke von einem Kilometer? A B

✔ 16"; ~783

Ü 21 ★: Sie wissen, dass ein Kabel 200 m lang ist. Wie oft wird dieses um eine Kabeltrommel gewickelt, die einen Durchmesser von 45 cm hat? Ist das Ergebnis in der Praxis sinnvoll? A B C

✔ ~141,5

Ü 22 ★: In einer Gartenanlage werden Beete in Form eines Kreisringes geplant. Der größere Radius beträgt 7 m, der kleinere 4,5 m. Berechnen Sie, wie viele Pflanzen für die Beete benötigt werden, wenn man pro Pflanze ca. 50 dm² rechnet. Berechnen Sie die Kosten für die Bepflanzung, wenn eine Pflanze 2,5 € kostet. A B

✔ ~ 180; ~ 451 €

Ü 23 ★: Der Umfang der Erde beträgt 40 075,8 km. Wie groß ist der Radius? A B

✔ 6378,26 km

Ü 24 ★: Ein Kreisring hat eine Fläche von 720 cm^2, der Unterschied der Radien beträgt 4 cm. Berechnen Sie die beiden Radien. A B

✔ 30,64 cm; 26,64 cm

Ü 25 ★: Welche Strecke legt der 8 mm lange Minutenzeiger einer Uhr in 25 Minuten zurück? A B

✔ 21 mm

Ü 26 ★: Vergleichen Sie die Angebote: Pizza A hat einen Durchmesser von 17 cm, Pizza B von 25 cm. Geben Sie den Unterschied in % an. A B C

✔ ~46%

SbX
Die Lösungen zu Ü 27 finden Sie unter der ID: 1852.

Ü 27 ★★: Berechnen Sie die fehlenden Größen. Beachten Sie die unterschiedlichen Körper. A B

a) Quader: $a = 5, b = 2, c = 4$ $O = ?\ M = ?\ V = ?$
b) Würfel: $V = 64\ cm^3$ $a = ?\ O = ?\ M = ?$
c) Zylinder: $O = 223\ dm^2, r = 13{,}7\ cm$ $h = ?\ M = ?\ V = ?$
d) Zylinder: $V = 243\ cm^3, h = 3\ cm$ $r = ?\ O = ?\ M = ?$
e) Kegel: $V = 393\ cm^3, r = 5cm$ $h = ?\ O = ?\ M = ?$

Ü 28 ★★: In einer quaderförmigen Packung ist ein Liter Apfelsaft. Berechnen Sie die Höhe dieser Packung, wenn die Länge mit 7cm und die Breite mit 4 cm angegeben ist. A B

✔ ~35,7 cm

Ü 29 ★: Nach einem starken Gewitter hören Sie in den Nachrichten, dass in einem Gebiet 30 l Regen auf 1m^2 gefallen sind. Berechnen Sie, wie hoch das Wasser auf einem rechteckigen Platz mit der Länge von 75m und der Breite von 40 m stehen würde, wenn es nicht ablaufen könnte. A B

✔ 3 cm

SbX
Die Lösungen zu Ü 30 finden Sie unter der ID: 1852.

Ü 30 ★: In einer quaderförmigen Verpackung mit quadratischer Grundfläche (a = 7cm) soll ein Liter Milch sein. A B

a) Berechnen Sie, ob das bei einer Höhe von 25 cm möglich ist.
b) Verändern Sie gegebenenfalls die Höhe so, dass die angegebene Menge von einem Liter in die Verpackung passt.
c) Wie hoch steht die Milch in der Verpackung, wenn ein Viertel Liter getrunken worden ist?
d) Wie viel Material braucht man für die Verpackung?

Masse = Volumen × Dichte
Die Dichte von Eisen beträgt 7,85 g/cm^3.

Ü 31 ★: Ein Eisendraht hat eine Masse von 13,5 kg. Welchen Durchmesser hat der Draht, wenn er 380 m lang ist? A B

✔ 2,9 mm

SbX
Sie finden die Lösung zu Ü 32 unter der ID: 1852.

Ü 32 ★: Von einer rechteckigen Pyramide kennt man die Längen der Grundkanten und die Höhe: $a = 30$ cm, $b = 15$ cm, $h = 25$ cm. Berechnen Sie die Oberfläche, den Mantel, das Volumen sowie die Länge der Diagonale der Grundfläche und die Höhen der Seiten der Pyramide. A B

Tipp: Suchen Sie rechtwinkelige Dreiecke und nutzen Sie die Lehrsätze von Pythagoras.

Rechnen mit Prozenten siehe Kapitel 8, Lerneinheit 2

Ü 33 ★: Die Cheopspyramide in Ägypten hat eine quadratische Grundfläche mit einer Seitenlänge von ~227 m und ist 137 m hoch. Um wie viel % ist das Volumen heute geringer als vor 4 500 Jahren, wenn man weiß, dass durch Verwitterung ca. drei Meter der Länge und der Breite verloren gegangen sind? A B

✔ 3,9%

Tipp: Berechnen Sie zuerst die Länge der Höhe der Seite!

Ü 34 ★: Die Spitze eines Kirchturms hat die Form einer quadratischen Pyramide mit der Kantenlänge 2,5 m und der Höhe 4,7 m. Berechnen Sie die Höhe der Kosten für eine Ummantelung diese Turms mit Zink, wenn 1 m^2 150 € kostet. A B

✔ 3647,53 €

Ü 35 ★: Ein Unternehmen bekommt den Auftrag, einen kegelförmiger Trichter herzustellen. Berechnen Sie den Materialverbrauch, wenn dieser Kegel ein Fassungsvermögen von einem Liter haben soll und 15 cm hoch sein soll. A B

✔ 425,9 cm^2

Ü 36 ★: Ein Sektglas mit der Form eines Kegels hat einen Durchmesser am oberen Rand von 5 cm und eine Höhe von 12 cm. Sie sollen dieses Glas bis 2 cm unter den Rand befüllen. Wie viel Sekt passt in dieses Glas? Wie viele Gläser können Sie aus einer 0,7-Liter-Flasche füllen? A B

✔ 0,045 l; ~15

Ü 37 ★: Eine Kugel aus Messing hat einen Durchmesser von 17 cm. Berechnen Sie die Masse der Kugel, wenn die Dichte von Messing 8,7 g/cm^3 beträgt. A B

✔ 10,5 kg

SbX
ID: 1852

Weitere Übungsbeispiele zu dieser Lerneinheit finden Sie in SbX.

Sichern

Lehrsatz von Pythagoras

Im rechtwinkeligen Dreieck ist die Summe der Quadrate über den Katheten genau so groß wie das Quadrat über der Hypotenuse.

$c^2 = a^2 + b^2$

Umfang und Fläche von Dreiecken, Vierecken und Kreis

	Umfang	Fläche
Dreiecke	$u = a + b + c$	$A = \frac{ah_a}{2} = \frac{bh_b}{2} = \frac{ch_c}{2}$
rechtwinkeliges Dreieck	$u = a + b + c$	$A = \frac{ab}{2}$
Rechteck	$u = 2 \cdot (a + b)$	$A = ab$
Quadrat	$u = 4a$	$A = a^2$
Parallelogramm	$u = 2 \cdot (a + b)$	$A = ah_a = bh_b$
Raute	$u = 4a$	$A = ah_a = bh_b$, es gilt auch $A = \frac{ef}{2}$
Trapez	$u = a + b + c + d$	$A = \frac{a + c}{2}h$
Deltoid	$u = 2 \cdot (a + b)$	$A = \frac{ef}{2}$

Lagebeziehungen zwischen …

… zwei Geraden

Zwei Geraden haben entweder keinen Schnittpunkt, weil sie parallel oder windschief verlaufen, einen Schnittpunkt oder unendlich viele Schnittpunkte, weil sie zusammenfallen oder ident sind.

… zwei Kreisen

Zwei Kreise haben entweder keinen gemeinsamen Punkt, einen Berührungspunkt, der entweder innen oder außen liegt, oder zwei Schnittpunkte. Die Lagebeziehung hängt von der Entfernung der beiden Mittelpunkte und der beiden Radien ab.

… Gerade und Kreis

Eine Gerade kann am Kreis vorbeilaufen (Passante), ihn berühren (Tangente) oder in zwei Punkten schneiden (Sekante).

Oberfläche, Mantel und Volumen von Körpern

	Oberfläche	Mantel	Volumen
Quader	$O = 2\cdot(ab + bc + ac)$	$M = 2\cdot(bc + ac)$	$V = abc$
Würfel	$O = 6a^2$	$M = 4a^2$	$V = a^3$
Zylinder	$O = 2r^2\pi + 2r\pi h$	$M = 2r\pi h$	$V = r^2\pi h$
Pyramide	$O = G + M$	$M = 2ah_a$ für 4 Dreiecksflächen	$V = \frac{G}{3}h$
Kegel	$O = r^2\pi + r\pi s$	$M = r\pi s$	$V = \frac{1}{3}r^2\pi h$
Kugel	$O = 4r^2\pi$		$V = \frac{4}{3}r^3\pi$

Wissen

SbX ID: 1854

SbX Die Lösungen finden Sie unter der ID: 1854.

W 1: Zeichnen Sie einen Plan eines Gebäudes oder eines Raumes im Maßstab 1 : 500. Messen Sie alle Längen genau ab! A

W 2: Suchen Sie auf einer Landkarte Entfernungen, messen Sie diese ab und rechnen Sie diese so um, dass Sie wissen, wie weit die Orte in Wirklichkeit voneinander entfernt sind. Unterscheiden Sie zwischen Luftlinie und der Entfernung per Bahn oder Straße. A B

W 3: Sind diese Aussagen richtig oder falsch? Kreuzen Sie an. Stellen Sie falsche Aussagen richtig. A

	richtig	falsch
Jedes Viereck mit gleich langen Diagonalen ist ein Rechteck.		
Bei einem Parallelogramm sind alle Seiten gleich lang.		
Bei einem Deltoid sind die Winkel α und β gleich groß.		
Bei einer Raute stehen die Diagonalen normal aufeinander.		
Die Diagonalen des Quadrats, des Rechtecks und der Raute halbieren einander.		
Die Winkelsumme in einem Viereck beträgt immer 360°.		

W 4: Die Kammer einer Schleuse ist 57 m lang, 14 m breit und 12 m tief. A B

a) Wie viel m^3 Wasser werden bei einer Öffnung der Schleuse verbraucht, wenn der Wasserstand der Schleuse um 3 Meter sinkt?
b) Wie viel m^3 Wasser fließen pro Sekunde ab, wenn der Vorgang 5 Minuten dauert?

W 5: Eine Boje hat die Gestalt eines Zylinders mit 2 aufgesetzten Kegeln. Die Seitenlinie des Kegels ist so groß wie der Durchmesser. Der Zylinder hat eine Länge von 3,5 m und einen Durchmesser von 1,2 m. Berechnen Sie das Volumen dieses Körpers und die Gesamthöhe. A B

Ein kurzer Wissens-Check, bevor's weitergeht!

Wissens-Check

	☺	😐	☹
Ich kann Figuren der Ebene und Körper im Raum beschreiben.			
Ich kann Umfang und Fläche von Figuren berechnen.			
Ich kann Dreiecke nach den Eigenschaften der Seiten und Winkel einteilen.			
Ich kenne die wichtigen Eigenschaften eines allgemeinen/beliebigen Vierecks.			
Ich kann unterschiedliche Vierecke erkennen und beschreiben.			
Ich kann Umfang und Fläche eines Kreises, eines Kreissektors und eines Kreissegments berechnen.			
Ich kenne den Unterschied zwischen Passante, Sekante und Tangente und kann diese Lagebeziehungen anhand einer grafischen Darstellung erklären.			
Ich kann Oberfläche, Mantel und Volumen von Körpern berechnen.			
Ich kann die Formeln in Beispielen anwenden.			

SbX
Alle SbX-Inhalte zu dieser Lerneinheit finden Sie unter der ID: 1860.

Lerneinheit 6
Funktionen

Haben Sie schon einmal die grafische Darstellung der Klimatabelle Ihres Urlaubszieles gesehen? Das Bild, wo Dagobert Duck vor der grafischen Darstellung seiner Gewinne steht, ist Ihnen sicher auch ein Begriff.

Funktionen sind nützliche Instrumente, um eine Ansammlung an Daten grafisch darzustellen. Sie bieten die Übersicht, die eine andere Darstellungsweise oft nicht bietet.

Sie lernen hier:
- **was Funktionen sind**
- **welche grundlegenden Eigenschaften Funktionen haben können**
- **wie man mit Funktionen die Wirklichkeit verändert**

Lernen

SbX ID: 1861

1 Definition und Darstellung
Eindeutige Zuordnung

Definition

Eln Preis – mehrere Getränke?

Sie haben die Preislisten von zwei Getränkeautomaten vor sich:

Automat 1		Automat 2	
Fruchtsaft	1,40 €	Fruchtsaft	1,30 €
Cola	1,20 €	Cola	1,20 €
Mineral	0,90 €	Mineral	1,20 €
Molke	1,50 €	Molke	1,30 €
Eiskaffee	1,30 €	Eiskaffee	1,30 €

Unter der Annahme, dass beide Automaten kein Wechselgeld geben, kann man sehen, dass bei Automat 1 zu jedem Preis nur genau ein Getränk möglich ist, aber bei Automat 2 zu einem Preis mehr als ein Getränk gehört. In der Mathematik sagt man: dem Preis ist ein Getränk zugeordnet.

unabhängige – abhängige Variable

Man kann sich den Geldbetrag, den man einwirft, aussuchen: dieser Geldbetrag heißt daher **unabhängige Variable;** vom eingeworfenen Geldbetrag hängt es dann ab, welches Getränk man erhält: das Getränk ist daher die **abhängige Variable.**

Damit ist auch schon die genaue Definition einer Funktion beschrieben:

Funktionsdefinition

Eine Funktion ist eine Zuordnung, bei der jeder unabhängigen Variablen **genau eine** abhängige Variable zugeordnet wird.

Für unser Beispiel bedeutet das Folgendes:

Automat 1	Automat 2
Jedem Geldbetrag ist genau ein Getränk zugeordnet: ⇒ es handelt sich um eine Funktion	Zumindest einem Geldbetrag ist mehr als ein Getränk zugeordnet: ⇒ es handelt sich um keine Funktion

Mathematisch ausgedrückt:

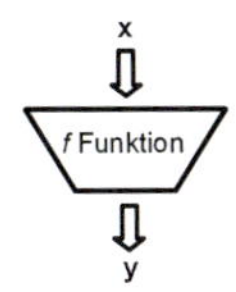

Abb. 1: Funktionen sind „Verbindungen" zwischen x- und y-Koordinaten.

(Man wählt eine x-Koordinate und setzt sie in die Funktion ein. $\Rightarrow$ Man erhält die y-Koordinate.)

Funktion: im Koordinatensystem

Eine Funktion ist eine eindeutige Zuordnung, die **jedem x genau ein y** zuordnet.

Wenn also einer x-Koordinate mehr als eine y-Koordinate zugeordnet ist, dann handelt es sich um keine Funktion.

Darstellung

- **grafisch** als (verbundene) Punkte in einem kartesischen = rechtwinkeligen Koordinatensystem
  waagrechte Achse … unabhängige Variable (x-Koordinate)
  senkrechte Achse … abhängige Variable (y-Koordinate)
- in Form einer Tabelle von Zahlenpaaren
- algebraisch als **Funktionsterm** oder **Funktionsgleichung,** die man wieder in unterschiedlichen Formen schreiben kann.

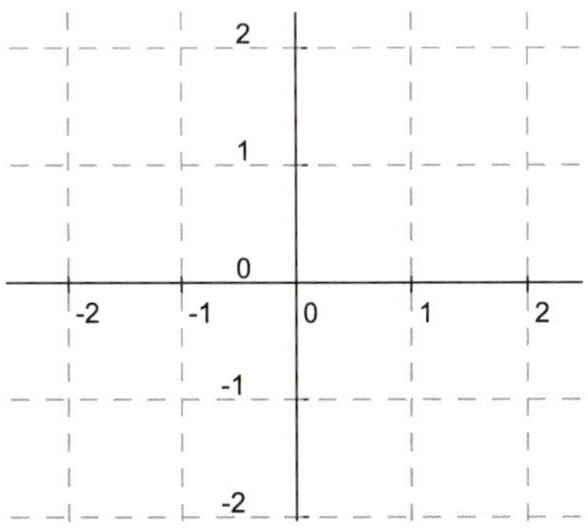

Abb. 2: Kartesisches Koordinatensystem

Schreibweisen

geschrieben	gesprochen
$y = \ldots$	„y ist gleich"
$f(x) = \ldots$	„f von x ist gleich" (f ist der Name der Funktion; von der x-Koordinate abhängig)
$x \mapsto \ldots$	„x wird abgebildet auf" (Die x-Koordinate wird auf eine y-Koordinate abgebildet.)

SbX
Sie finden die Lösung zu Ü 1 unter der ID: 1861.

Ü 1 ★: Welche der nachfolgenden Abbildungen sind Funktionen? C

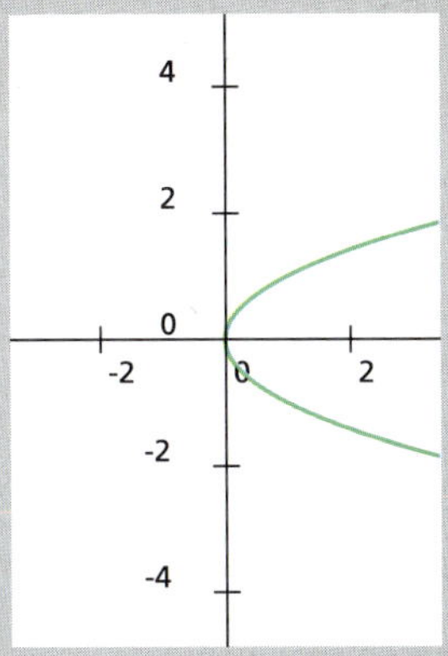

Abb.3

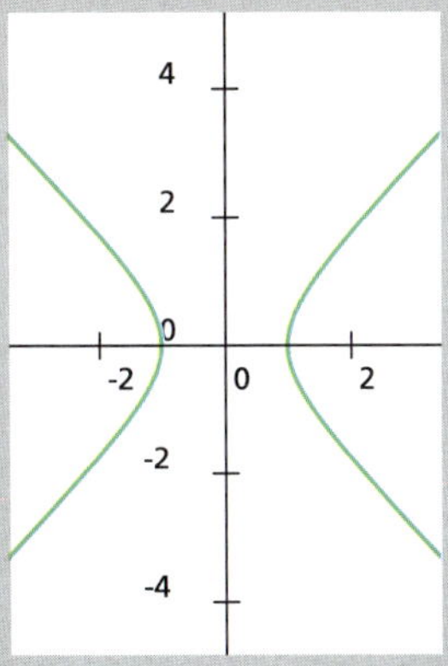

Abb. 4

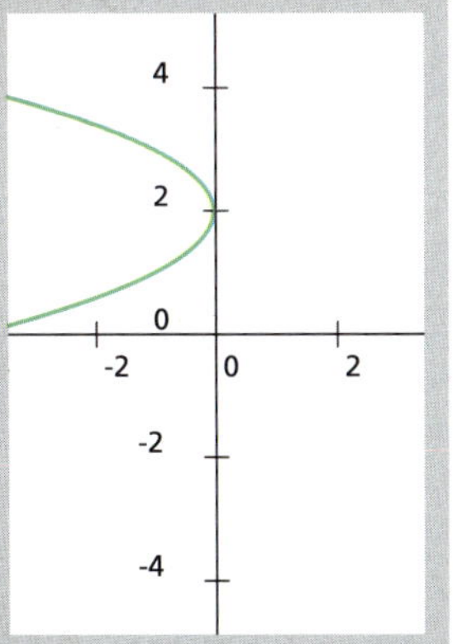

Abb. 5

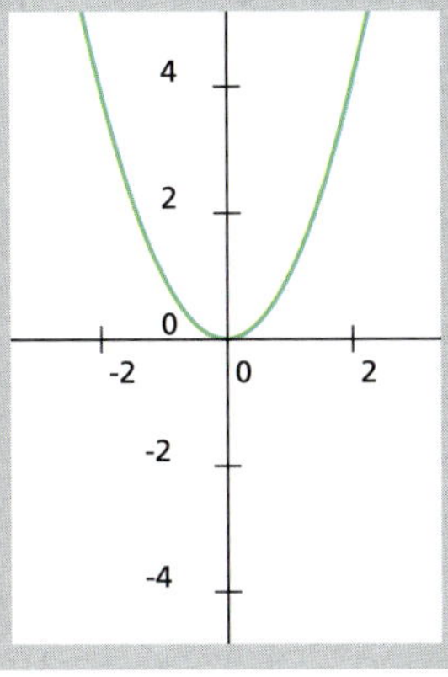

Abb. 6

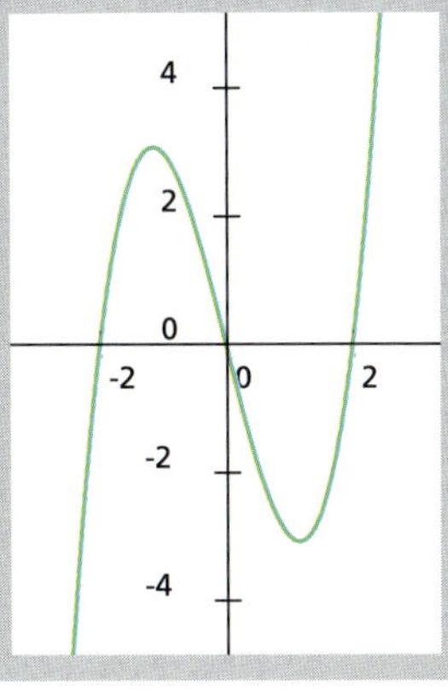

Abb. 7

2 Eigenschaften

Steigungen, Hoch- und Tiefpunkte

Eine ganz klassische Funktion entsteht, wenn Sie zum Beispiel einen Tag lang jede Stunde Ihre Körpertemperatur messen.

Das bedeutet, dass Sie beispielsweise um 0 h, 1 h, 2 h … messen. Da Sie sich die Uhrzeit selbst aussuchen, ist diese hier die unabhängige Variable.

Definitionsmenge

Die Menge aller Zahlen, die man für die unabhängige(n) Variable(n) einsetzen darf, nennt man **Definitionsmenge.**

Aller möglichen bedeutet in diesem Fall: alle möglichen Uhrzeiten. Die grafische Darstellung einer Funktion ist oft eine Kurve.

Unter der Annahme, dass Sie gesund sind, wird Ihre Temperatur zwischen 36 und 37° C liegen. Die Genauigkeit der Zwischenwerte hängt nur von der Genauigkeit des Thermometers ab.

Wertemenge

Die Menge aller Zahlen, die man für die abhängige(n) Variable(n) erhält, nennt man **Wertemenge.**

Alle möglichen bedeutet hier: Die menschliche Körpertemperatur liegt zwischen 27 und 42° C.

Funktionen im Koordinatensystem haben oftmals die folgenden Eigenschaften:

Monotonie, Hoch-/Tiefpunkte, Nullstelle

Bei der umgangssprachlichen Formulierung ist die Gehrichtung jeweils von links nach rechts.

mathematisch	umgangssprachlich
monoton steigend	bergauf (vielleicht mit einem ebenen Teil)
streng monoton steigend	bergauf (ohne ebenen Teil)
monoton fallend	bergab (vielleicht mit einem ebenen Teil)
streng monoton fallend	bergab (ohne ebenen Teil)
Hochpunkt	der relativ höchste Punkt
Tiefpunkt	der relativ tiefste Punkt
Nullstelle	Schnittpunkt der Kurve mit der x-Achse

Mathematische Symbole siehe Kapitel 8, Lerneinheit 4

Wenn man die **Monotonie** beschreibt, so gibt man den Bereich, innerhalb dessen die Kurve zum Beispiel steigt, **in Form eines Intervalls auf der x-Achse an.**

SbX

Sie finden die Lösung zu Ü 2 unter der ID: 1861.

Ü 2 ★★: Betrachten Sie nun die nachfolgende Kurve.

C D

Stellen Sie sich die Schildkröte auf dem Skateboard vor, wie sie von links nach rechts die Kurve entlang fährt. Markieren Sie die oben genannten Eigenschaften. Geben Sie die x-Intervalle an, innerhalb derer die Kurve monoton wächst/fällt. Das erste Intervall muss auf jeden Fall mit minus unendlich $-\infty$ beginnen, da die Kurve „ganz links" beginnt.

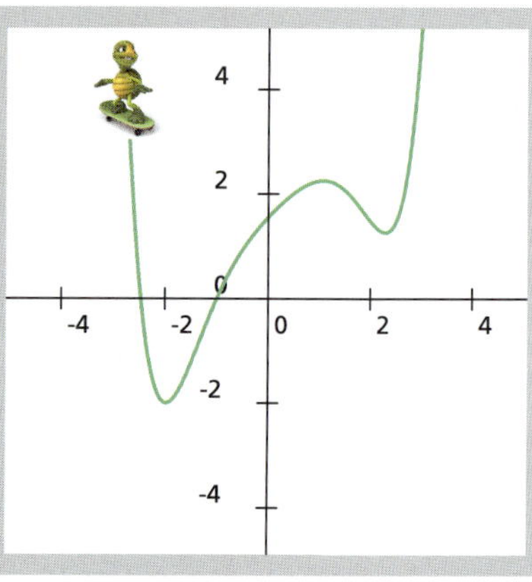

Abb. 8

Grafische Darstellungen – immer wahr?!

SbX
Sie finden die Lösung zu Ü 3 unter der ID: 1861.

Ü 3 ★★★: Stellen Sie die Erwerbstätigen (insgesamt), die 15 Jahre und älter sind, im Zeitraum 2000 bis 2008 grafisch dar. C D

Erwerbstätige (15+ Jahre) und Erwerbstätigenquote (15-64 Jahre) nach Lebensunterhalts-Konzept bzw. nach internationaler Definition (Labour Force-Konzept) und Geschlecht seit 1995

Jahr, Quartal	Internationale Definition						Lebensunterhalts-Konzept		
	15 Jahre und älter in 1.000			15-64 Jahre in % [1])			in 1.000		
	Insgesamt	Männer	Frauen	Insgesamt	Männer	Frauen	Insgesamt	Männer	Frauen
1995	3.669,6	2.097,7	1.571,8	68,7	78,6	58,9	3.548,6	2.060,6	1.488,0
1996	3.617,1	2.061,1	1.556,0	67,8	77,4	58,3	3.531,1	2.035,2	1.495,9
1997	3.621,3	2.055,8	1.565,4	67,8	77,2	58,4	3.530,2	2.028,4	1.501,8
1998	3.627,0	2.054,7	1.572,3	67,8	77,0	58,5	3.527,2	2.029,1	1.498,1
1999	3.669,2	2.069,9	1.599,3	68,4	77,5	59,4	3.560,0	2.044,5	1.515,6
2000	3.685,7	2.077,6	1.608,1	68,3	77,3	59,4	3.583,4	2.053,5	1.529,9
2001	3.711,2	2.075,9	1.635,3	68,2	76,6	59,9	3.585,6	2.046,8	1.538,8
2002	3.762,1	2.084,8	1.677,4	68,8	76,4	61,2	3.627,8	2.054,8	1.573,0
2003	3.793,5	2.093,9	1.699,7	68,9	76,4	61,6	3.657,7	2.063,3	1.594,4
2004*)	3.744,0	2.061,5	1.682,5	67,8	74,9	60,7	3.665,4	2.027,2	1.638,2
2005	3.824,4	2.095,2	1.729,2	68,6	75,4	62,0	3.684,5	2.039,3	1.645,2
2006	3.928,3	2.147,5	1.780,7	70,2	76,9	63,5	3.801,4	2.087,5	1.713,9
2007	4.027,9	2.208,5	1.819,4	71,4	78,4	64,4	3.855,3	2.123,0	1.732,4
2008	4.090,0	2.222,1	1.867,9	72,1	78,5	65,8	3.896,7	2.127,2	1.769,5
1. Quartal 2008	4.016,0	2.172,8	1.843,2	71,0	77,0	65,0	3.847,8	2.090,4	1.757,3
2. Quartal 2008	4.108,1	2.240,8	1.867,3	72,3	79,0	65,7	3.912,3	2.141,0	1.771,2
3. Quartal 2008	4.138,4	2.254,6	1.883,8	72,8	79,5	66,3	3.926,0	2.152,4	1.773,5
4. Quartal 2008	4.097,0	2.220,0	1.877,0	72,2	78,4	66,1	3.900,4	2.124,7	1.775,7
1. Quartal 2009	4.021,7	2.140,0	1.881,7	70,8	75,4	66,3	3.832,1	2.055,4	1.776,7

Q: STATISTIK AUSTRIA, bis 2003 Mikrozensus (Durchschnitt der Monate März, Juni, September und Dezember); ab 2004 Mikrozensus-Arbeitskräfteerhebung (Durchschnitt aller Wochen eines Jahres bzw. Quartals). Erstellt am: 09.06.2009.
Bevölkerung in Privathaushalten ohne Präsenz- und Zivildiener, Erwerbstätige einschließlich Karenzgeldbeziehende mit aufrechtem Dienstverhältnis. - *) Zeitreihenbruch. - 1) Bezogen auf die Bevölkerung dieser Altersgruppe - Erwerbstätigenquote.

Abb. 9

Erste Darstellung: x-Achse: 1 cm = 1 Jahr
y-Achse: 1 cm = 200 000
(da der niedrigste Wert bei 3 617 000 liegt, ist es sinnvoll die y-Achse erst bei 3 500 000 zu beginnen)

Zweite Darstellung: x-Achse: 0,5 cm = 1 Jahr
y-Achse: 1 cm = 20 000
(da der niedrigste Wert bei 3 617 000 liegt, ist es sinnvoll die y-Achse erst bei 3 500 000 zu beginnen)

Vergleichen Sie die beiden Darstellungen und beschreiben Sie den „optischen" Unterschied. Überlegen Sie sich, für wen die erste Darstellung beziehungsweise die zweite Darstellung vorteilhaft sein könnte.

Üben

SbX ID: 1862
Ü ★★★

SbX
Sie finden die Lösungen zu Ü 4 bis Ü 6 unter der ID: 1862.

Ü 4 ★★: Die Grafik zeigt eine Temperaturübersicht über ein Jahr. C

- Wie groß ist das Tagesmaximum (tmax) während der Wintermonate?
- Wie groß ist die maximale Monatstemperatur im Juni?
- In welchem Monat liegt der kälteste Tag und welche Temperatur hat es an diesem?
- In welchem Monat liegt der wärmste Tag und welche Temperatur hat es an diesem?

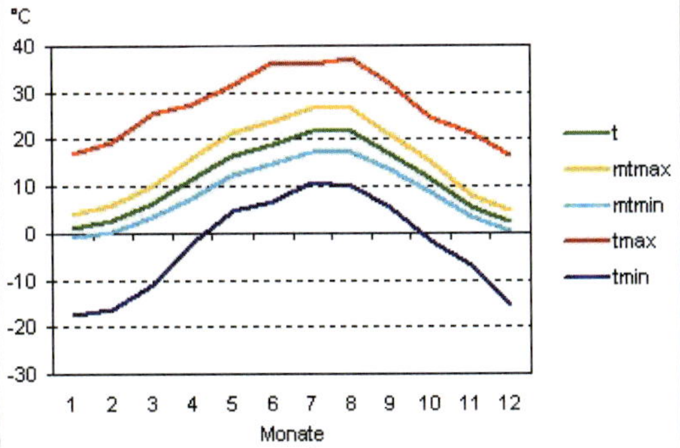

mtmax ... Monatstemperaturmaximum
mtmin ... Monatstemperaturminimum
tmax ... Tages-Temperaturmaximum
tmin ... Tages-Temperaturminimum
t ... durchschnittliche Tagestemperatur

Abb. 10

Ü 5 ★★: Die nebenstehende Tabelle gibt die Preisentwicklung eines Fernsehers im Jahresverlauf wieder. A D

- Stellen Sie diese Preisentwicklung durch Punkte im Koordinatensystem dar.
- Finden Sie eine mögliche Begründung für diese Art der Preisentwicklung.

Monat	Preis in €	Monat	Preis in €
Jänner	996,00	Juli	874,00
Februar	967,00	August	830,00
März	943,00	September	850,00
April	931,00	Oktober	845,00
Mai	928,00	November	890,00
Juni	890,00	Dezember	953,00

Ü 6 ★★: Bestimmen Sie die unabhängige und die abhängige Variable: A D

- Tageszeit – Temperatur
- Zeit – Weg
- Körpergröße – Alter
- Menge – Preis

Ist die Bestimmung immer eindeutig? Wenn nein, warum nicht?

Sichern

Funktionsdefinition

Eine Funktion ist eine eindeutige Zuordnung, die jedem Wert, den die unabhängige Variable annehmen kann, genau einen Wert, den die abhängige Variable annehmen kann, zuordnet.

Schreibweisen

geschrieben	gesprochen
$y = \dots$	„y ist gleich"
$f(x) = \dots$	„f von x ist gleich" (f ist der Name der Funktion; von der x-Koordinate abhängig)
$x \mapsto \dots$	„x wird abgebildet auf" (Die x-Koordinate wird auf eine y-Koordinate abgebildet.)

Definitionsmenge

Die Menge aller möglichen Werte, die die unabhängige(n) Variable(n) kann (können), nennt man **Definitionsmenge.**

Wertemenge

Die Menge aller möglichen Werte, die die abhängige(n) Variable(n) kann (können), nennt man **Wertemenge.**

Monotonie, Hoch-Tiefpunkte, Nullstelle

mathematisch	umgangssprachlich
monoton steigend	bergauf (vielleicht mit einem ebenen Teil)
streng monoton steigend	bergauf (ohne ebenen Teil)
monoton fallend	bergab (vielleicht mit einem ebenen Teil)
streng monoton fallend	bergab (ohne ebenen Teil)
Hochpunkt	der relativ höchste Punkt
Tiefpunkt	der relativ tiefste Punkt
Nullstelle	Schnittpunkt der Kurve mit der x-Achse

Wissen

SbX ID: 1864

SbX
Die Lösungen finden Sie unter der ID: 1864.

W 1: In welchem Zeitraum gab es mehr Jugendliche, die eine Lehrstelle suchten, als offene Stellen? Wann gab es die meisten offenen Lehrstellen? C

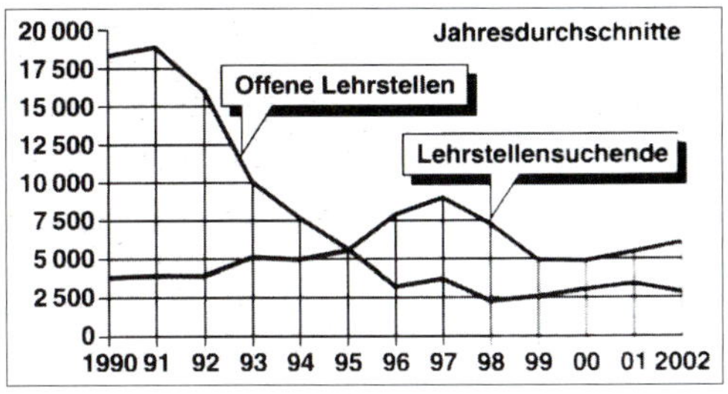

Abb. 11: Quelle: Standards für die mathematischen Fähigkeiten österreichischer SchülerInnen am Ende der 8. Schulstufe

W 2: Für welche x-Koordinaten ist die y-Koordinate zwischen -2 und 0? C

- Wenn die x-Koordinate größer als Null ist, dann ist die y-Koordinate ___.
- Die Funktion hat ___ Nullstellen und ist von ___ bis ___ monoton ___.

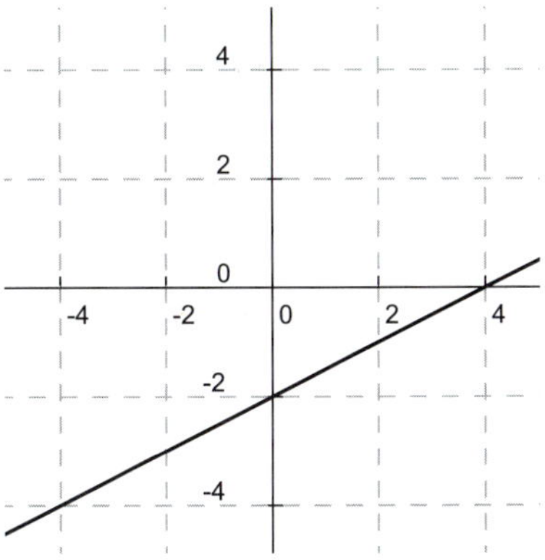

Abb. 12

W 3: In der Grafik sieht man den Zusammenhang zwischen der Geschwindigkeit und dem Dieselverbrauch. C D

- Wie schnell fährt man im Durchschnitt, wenn man 6,6 Liter Diesel braucht?
- Ausgehend von einer Geschwindigkeit von 100 km/h: Um wie viel Prozent steigt der Dieselverbrauch, wenn man die Geschwindigkeit um 20% erhöht?

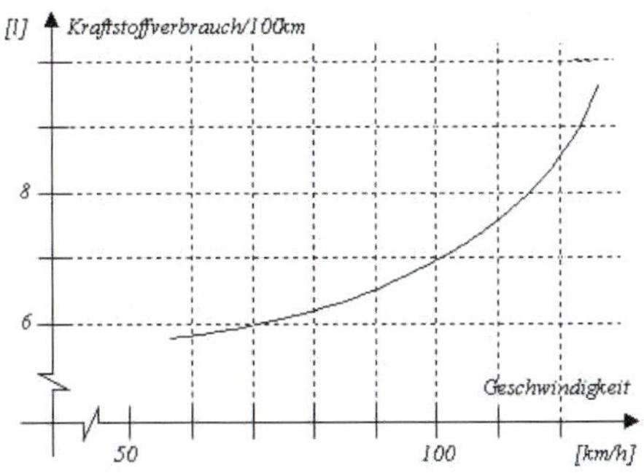

Abb. 13: Quelle: Projekt Bildungsstandards aus Mathematik für die Sekundarstufe II

3.1 3.2

W 4: In der Tabelle befindet sich die Anzahl der Kandidat/innen, die die Führerscheinprüfung nicht beim ersten Anlauf schaffen (Wien). C D

Jahr	Anzahl	Jahr	Anzahl	Jahr	Anzahl
2001	379	2004	285	2007	255
2002	375	2005	273	2008	253
2003	290	2006	280	2009	210

- Stellen Sie diese Werte zweimal grafisch dar:
  Version 1 soll zeigen, dass die Anzahl der Durchgefallenen sehr stark gesunken ist.
  Version 2 soll zeigen, dass die Anzahl der Durchgefallenen nicht besonders sinkt.
- Wer wird eher die Darstellungsform 1 wählen, warum?

Ein kurzer Wissens-Check, bevor's weitergeht!

Wissens-Check

	☺	😐	☹
Ich kann den Begriff Funktion erklären.			
Ich weiß, was eine abhängige und eine unabhängige Variable ist.			
Ich kenne die Eigenschaften von Funktionen und kann sie mathematisch und in Worten beschreiben.			

8 Basiswissen

Lerneinheit 7

Rechnen mit Matrizen und Vektoren

SbX
Alle SbX-Inhalte zu dieser Lerneinheit finden Sie unter der ID: 1870.

Bei vielen mathematischen Problemen hat man es nicht mit einzelnen Zahlen, sondern mit einer ganzen Liste oder gar Tabelle von Zahlen zu tun. Dabei hat sich die Schreibweise als Matrix oder Vektor bewährt. Man kann so Sachverhalte übersichtlich darstellen und Rechnungen abkürzen.

Sie lernen hier:
- **was man unter einer Matrix bzw. einem Vektor versteht**
- **wie man mit Matrizen und Vektoren rechnet**
- **bei welchen Aufgaben man die Matrizenschreibweise anwenden kann**
- **Anwendungen in Wirtschaft und Technik**

Lernen

1 Was ist eine Matrix?

Neo und Morpheus werden Sie hier nicht finden.

Im Film ist die „Matrix" eine Computersimulation, die die Gehirne der Menschen steuert. Hauptfiguren sind Neo (Keanu Reeves) und Morpheus (Laurence Fishburne).

L 1: In einer Konditorei werden drei Arten von Gebäck angeboten: Biskuitroulade (B), Linzerschnitten (L) und Plundergebäck (P). In einer Woche wurden folgende Stückzahlen verkauft: A B

	Mo	Di	Mi	Do	Fr	Sa
B	70	90	100	80	75	85
L	80	60	65	70	90	100
P	100	85	95	90	80	120

Wir können z.B. die Verkaufszahlen von Montag zu einem geordneten Zahlentripel zusammenfassen:

$v_1 = \begin{pmatrix} 70 \\ 80 \\ 100 \end{pmatrix}$ bzw. $(70, 80, 100)$. Eine solche geordnete Zahlenmenge bezeichnet man als **Vektor**.

Die Verkaufszahlen der ganzen Woche bilden ein rechteckiges Zahlenschema:

$$V = \begin{pmatrix} 70 & 90 & 100 & 80 & 75 & 85 \\ 80 & 60 & 65 & 70 & 90 & 100 \\ 100 & 85 & 95 & 90 & 80 & 120 \end{pmatrix}$$

Ein solches Schema nennt man **Matrix** (Mehrzahl: **Matrizen**).

Matrix

Eine $m \times n$-Matrix ist ein rechteckiges Zahlenschema mit m Zeilen und n Spalten:

$$A = \begin{pmatrix} a_{1,1} & a_{1,2} & \dots & a_{1,n} \\ a_{2,1} & a_{2,2} & \dots & a_{2,n} \\ \vdots & \vdots & \ddots & \vdots \\ a_{m,1} & a_{m,2} & \dots & a_{m,n} \end{pmatrix}$$

Der erste Index gibt die Nummer der Zeile, der zweite die der Spalte an.

Einen Vektor kann man auch als Matrix mit nur einer Spalte bzw. einer Zeile auffassen.

Vektor

Ein Vektor ist eine $n \times 1$-Matrix (Spaltenvektor) bzw. eine $1 \times n$-Matrix (Zeilenvektor):

$$\boldsymbol{x} = \begin{pmatrix} x_1 \\ x_2 \\ \vdots \\ x_n \end{pmatrix} \quad \text{bzw.} \quad \boldsymbol{x} = (x_1, x_2, \ldots, x_n)$$

Für Matrizen und Vektoren sind verschiedene Schreibweisen üblich. In diesem Buch werden Matrizen mit fettgedruckten Großbuchstaben und Vektoren mit fettgedruckten Kleinbuchstaben bezeichnet; Vektoren werden vor allem als Spaltenvektoren geschrieben.

T Im Menü MATRX des TI-82 STATS können Sie Matrizen eingeben und mit ihnen rechnen.

2 Grundlegende Rechenoperationen

Addition, Subtraktion, Multiplikation mit einer Zahl

Mehr Plunder & Co

L 1 (Fortsetzung): Die Summe bzw. die Differenz der Verkäufe von Montag und Dienstag können wir zu einem Vektor zusammenfassen: B

$$\boldsymbol{v}_1 + \boldsymbol{v}_2 = \begin{pmatrix} 70 \\ 80 \\ 100 \end{pmatrix} + \begin{pmatrix} 90 \\ 60 \\ 85 \end{pmatrix} = \begin{pmatrix} 160 \\ 140 \\ 185 \end{pmatrix} \qquad \boldsymbol{v}_1 - \boldsymbol{v}_2 = \begin{pmatrix} 70 \\ 80 \\ 100 \end{pmatrix} - \begin{pmatrix} 90 \\ 60 \\ 85 \end{pmatrix} = \begin{pmatrix} -20 \\ 20 \\ 15 \end{pmatrix}$$

Es werden also einfach die einzelnen Elemente der beiden Vektoren addiert bzw. subtrahiert. Analog werden auch zwei Matrizen addiert, z.B. die Verkaufszahlen in der ersten und zweiten Woche.

Die Besitzerin will die Konditorei vergrößern und hofft dadurch die Verkaufszahlen zu verdoppeln. Das Doppelte der Verkaufszahlen von Montag wäre

$$2 \cdot \boldsymbol{v}_1 = 2 \cdot \begin{pmatrix} 70 \\ 80 \\ 100 \end{pmatrix} = \begin{pmatrix} 140 \\ 160 \\ 200 \end{pmatrix}.$$

Jedes Element des Vektors wird also verdoppelt. Ebenso kann man auch eine Matrix mit einer Zahl multiplizieren.

Addition und Subtraktion von Matrizen bzw. Vektoren

Zwei Matrizen bzw. Vektoren werden addiert (subtrahiert), indem man die entsprechenden Elemente addiert (subtrahiert). Die beiden Matrizen müssen dabei die gleichen Dimensionen (d.h. gleich viele Zeilen und Spalten) haben.

Multiplikation einer Matrix bzw. eines Vektors mit einer Zahl

Eine Matrix bzw. ein Vektor wird mit einer Zahl multipliziert, indem man jedes Element mit der Zahl multipliziert.

Ü 1 ★: Wie viele Gebäckstücke von jeder Sorte wurden in der ganzen Woche verkauft? Schreiben Sie die Rechnung und das Ergebnis in Vektorform an. B

✔ $\begin{pmatrix} 500 \\ 465 \\ 570 \end{pmatrix}$

3 Multiplikation von Matrizen

Nicht immer möglich

L 1 (Fortsetzung): Für ein Gebäckstück braucht man folgende Mengen an Mehl, Zucker, Butter und Eiern (abgesehen von den übrigen Zutaten): A B

	B	L	P
Mehl (in g)	10	30	20
Zucker (in g)	10	30	2
Butter (in g)	0	25	12
Eier (in Stück)	0,5	0,2	0,1

Auch diese Informationen können wir als Matrix anschreiben:

$$Z = \begin{pmatrix} 10 & 30 & 20 \\ 10 & 30 & 2 \\ 0 & 25 & 12 \\ 0{,}5 & 0{,}2 & 0{,}1 \end{pmatrix}$$

Wie viel von diesen Zutaten wurde am Montag verbraucht?

Mehl: $10 \cdot 70 + 30 \cdot 80 + 20 \cdot 100 = 5100$ g

Zucker: $10 \cdot 70 + 30 \cdot 80 + 2 \cdot 100 = 3300$ g

Butter: $0 \cdot 70 + 25 \cdot 80 + 12 \cdot 100 = 3200$ g

Eier: $0{,}5 \cdot 70 + 0{,}2 \cdot 80 + 0{,}1 \cdot 100 = 61$ Stück

Das Ergebnis ist wieder ein Vektor; wir können ihn als Produkt der Matrix $\boldsymbol{Z}$ mit dem Vektor $\boldsymbol{v_1}$ anschreiben:

$$Z \cdot v_1 = \begin{pmatrix} 10 & 30 & 20 \\ 10 & 30 & 2 \\ 0 & 25 & 12 \\ 0{,}5 & 0{,}2 & 0{,}1 \end{pmatrix} \cdot \begin{pmatrix} 70 \\ 80 \\ 100 \end{pmatrix} = \begin{pmatrix} 5100 \\ 3300 \\ 3200 \\ 61 \end{pmatrix}$$

Wir erhalten also folgende Regel für das Produkt einer Matrix mit einem Vektor:

Multiplikation Matrix – Vektor

Eine Matrix wird mit einem (Spalten-)Vektor multipliziert, indem man jede Zeile der Matrix elementweise mit dem Vektor multipliziert und die Produkte addiert:

$A \cdot x = y$, wobei $y_i = a_{i,1} \cdot x_1 + a_{i,2} \cdot x_2 + \ldots + a_{i,n} \cdot x_n$

Die Matrix muss dabei so viele Spalten haben, wie der Vektor Elemente hat.

Falk'sches Schema

L 1 (Fortsetzung): Analog dazu können wir die benötigten Zutaten für die ganze Woche als Produkt der Matrizen Z und V berechnen. Dazu schreiben wir am besten die erste Matrix links, die zweite oben an (Falk'sches Schema): B

$$\begin{array}{c|c} \downarrow Z \cdot V \rightarrow & \begin{pmatrix} 70 & 90 & 100 & 80 & 75 & 85 \\ 80 & 60 & 65 & 70 & 90 & 100 \\ 100 & 85 & 95 & 90 & 80 & 120 \end{pmatrix} \\ \hline \begin{pmatrix} 10 & 30 & 20 \\ 10 & 30 & 2 \\ 0 & 25 & 12 \\ 0{,}5 & 0{,}2 & 0{,}1 \end{pmatrix} & \begin{pmatrix} 5100 & 4400 & 4850 & 4700 & 5050 & 6250 \\ 3300 & 2870 & 3140 & 3080 & 3610 & 4090 \\ 3200 & 2520 & 2765 & 2830 & 3210 & 3940 \\ 61 & 65{,}5 & 72{,}5 & 63 & 63{,}5 & 74{,}5 \end{pmatrix} \end{array}$$

Das Element in der zweiten Zeile, dritten Spalte (Zuckerverbrauch am Mittwoch) erhält man beispielsweise, indem man die zweite Zeile von Z elementweise mit der dritten Spalte von V multipliziert: $10 \cdot 100 + 30 \cdot 65 + 2 \cdot 95 = 3140$.

Multiplikation zweier Matrizen

Zwei Matrizen werden miteinander multipliziert, indem man jede Zeile der ersten Matrix elementweise mit jeder Spalte der zweiten Matrix multipliziert und die Produkte addiert:
$A \cdot B = C$, wobei $c_{i,j} = a_{i,1} \cdot b_{1,j} + a_{i,2} \cdot b_{2,j} + \ldots + a_{i,n} \cdot b_{n,j}$
Dabei muss die erste Matrix so viele Spalten haben, wie die zweite Matrix Zeilen hat.

Die Multiplikation einer $m \times n$-Matrix mit einer $n \times p$-Matrix ergibt also eine $m \times p$-Matrix.

Achtung: Die Matrixmultiplikation ist nicht kommutativ, das heißt, im Allgemeinen ist $A \cdot B \neq B \cdot A$.

Ein Spezialfall ist die Multiplikation eines Zeilenvektors mit einem Spaltenvektor. Das Ergebnis ist eine 1×1-Matrix, also eine Zahl.

Am Montag war die Biskuitroulade nicht der Bestseller.

L 1 (Fortsetzung): Ein Stück Biskuitroulade kostet 2,40 €, eine Linzerschnitte 2,20 € und ein Stück Plundergebäck 2,50 €. Die Einnahmen aus dem Verkauf von Gebäck am Montag können als Produkt des Preisvektors $p = (2{,}4 \quad 2{,}2 \quad 2{,}5)$ und des Verkaufsvektors v_1 geschrieben werden: B

$$p \cdot v_1 = (2{,}4 \quad 2{,}2 \quad 2{,}5) \cdot \begin{pmatrix} 70 \\ 80 \\ 100 \end{pmatrix} = 2{,}4 \cdot 70 + 2{,}2 \cdot 80 + 2{,}5 \cdot 100 = 594 \text{ €}.$$

4 Anwendungen

Einige Möglichkeiten von vielen

Lineare Gleichungssysteme

Lineare Gleichungssysteme siehe Kapitel 1, Lerneinheit 4

Wir betrachten das Gleichungssystem
$4x_1 - 3x_2 = -23$
$2x_1 + 4x_2 = 16.$

Wenn wir folgende Abkürzungen einführen: $A = \begin{pmatrix} 4 & -3 \\ 2 & 4 \end{pmatrix}$, $b = \begin{pmatrix} -23 \\ 16 \end{pmatrix}$, $x = \begin{pmatrix} x_1 \\ x_2 \end{pmatrix}$
können wir das Gleichungssystem kürzer so anschreiben: $A \cdot x = b$.

A bezeichnet man als **Koeffizientenmatrix.** (Die Unbekannten wurden hier mit x_1, x_2 und nicht mit *x*, *y* bezeichnet, um eine Verwechslung des Vektors **x** mit der Zahl *x* zu vermeiden.)

Computer können auch mit sehr großen Matrizen rechnen, man kann daher mit ihrer Hilfe auch umfangreiche Gleichungssysteme lösen.

Darstellung von Beziehungen

L 2: In der nebenstehenden Grafik sind die wichtigsten Stationen eines U-Bahn-Netzes sowie die Fahrzeiten in Minuten dargestellt. Diese Informationen kann man „computergerecht" in einer Matrix zusammenfassen, wobei eine 1 bedeutet „es existiert eine direkte Verbindung zwischen den beiden Stationen": A B

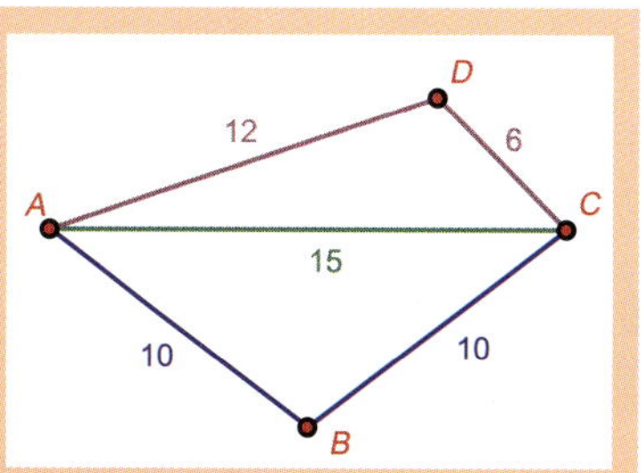

Abb. 1

$$U = \begin{pmatrix} 0 & 1 & 1 & 1 \\ 1 & 0 & 1 & 0 \\ 1 & 1 & 0 & 1 \\ 1 & 0 & 1 & 0 \end{pmatrix}$$

Auch die kürzesten Fahrzeiten zwischen je zwei Stationen kann man in einer Matrix anschreiben:

$$F = \begin{pmatrix} 0 & 10 & 15 & 12 \\ 10 & 0 & 10 & 16 \\ 15 & 10 & 0 & 6 \\ 12 & 16 & 6 & 0 \end{pmatrix}$$

(Erklären Sie, warum diese Matrizen symmetrisch bezüglich der Diagonale von links oben nach rechts unten sind!)

Vektoren als Pfeile

Eine andere Schreibweise für Vektoren ist $\vec{a}$.

In der Physik und Technik versteht man unter einem Vektor eine gerichtete Größe, wie z.B. eine Kraft oder eine Geschwindigkeit. Solche Größen kann man als Pfeile in der Ebene darstellen und in zwei Komponenten in Richtung der x- und y-Achse zerlegen.

Der Vektor $\boldsymbol{a} = \begin{pmatrix} 3 \\ 2 \end{pmatrix}$ entspricht dann beispielsweise einem Pfeil, der 3 Einheiten nach rechts und 2 Einheiten nach oben geht. Diesen Pfeil können Sie z.B. vom Koordinatenursprung zum Punkt $(3|2)$ zeichnen, aber auch von jedem anderen Punkt aus. Alle Pfeile in der nebenstehenden Abbildung sind also Repräsentanten desselben Vektors.

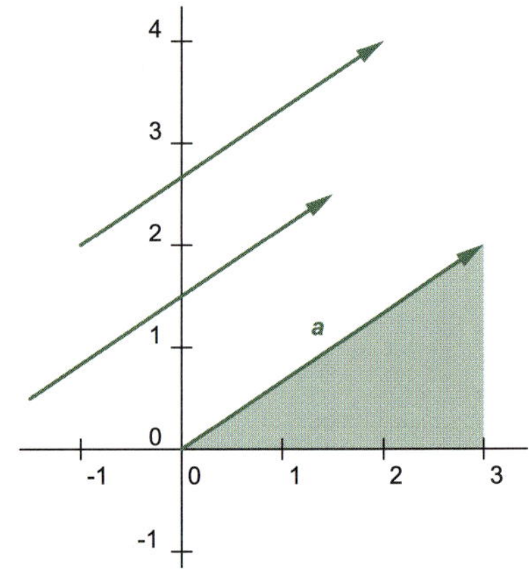

Abb. 2

Wie Sie sehen, kann man den **Betrag** des Vektors (das heißt die Länge des Pfeils) mit dem Satz von Pythagoras berechnen:

Betrag eines Vektors

$$|\boldsymbol{a}| = \sqrt{x_a^2 + y_a^2}$$

Kräfteparallelogramm

Zwei Vektoren werden addiert, indem die entsprechenden Pfeile aneinandergehängt werden. Dabei kommt es nicht auf die Reihenfolge an, es gilt: $\boldsymbol{a} + \boldsymbol{b} = \boldsymbol{b} + \boldsymbol{a}$. Der Summenvektor $\boldsymbol{a} + \boldsymbol{b}$ ist also die Diagonale des Parallelogramms, das von a und b aufgespannt wird (Kräfteparallelogramm).

Wenn man einen Vektor mit einer Zahl k multipliziert, erhält man einen Pfeil, der zum ursprünglichen Pfeil parallel und k-mal so lang ist.

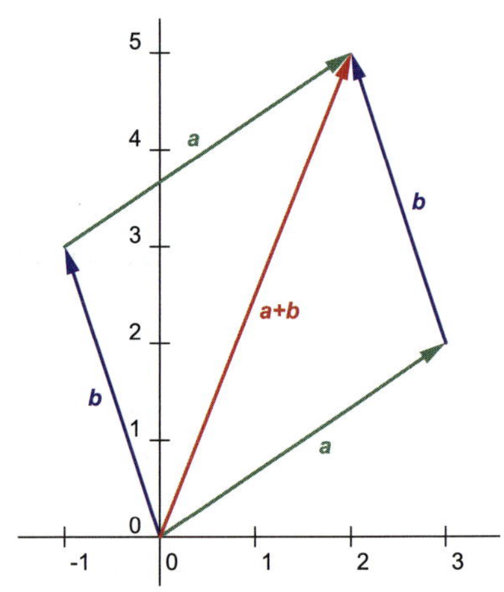

Abb. 3

L 3: An einem Maschinenteil greifen zwei Kräfte an, die durch die Vektoren $\boldsymbol{a} = \begin{pmatrix} 3 \\ 2 \end{pmatrix}$ und $\boldsymbol{b} = \begin{pmatrix} -1 \\ 3 \end{pmatrix}$ dargestellt werden können. Die resultierende Kraft ist durch den Vektor $\boldsymbol{a} + \boldsymbol{b} = \begin{pmatrix} 2 \\ 5 \end{pmatrix}$ gegeben; ihr Betrag ist $\sqrt{2^2 + 5^2} \approx 5{,}4$ (siehe Abb. 3). B

Cockpit einer Cessna

Eigengeschwindigkeit = Geschwindigkeit in der Luft

L 4: Ein Flugzeug fliegt mit einer Eigengeschwindigkeit von 700 km/h mit Kurs genau nach Nordosten. Der Wind weht mit 80 km/h aus Norden. In welche Richtung fliegt das Flugzeug, und wie groß ist seine Geschwindigkeit über Grund? A B

Die Geschwindigkeit des Flugzeugs kann näherungsweise durch den Vektor $\boldsymbol{v}_1 = \begin{pmatrix} 500 \\ 500 \end{pmatrix}$ dargestellt werden (x- und y-Komponente bilden ein rechtwinklig-gleichschenkeliges Dreieck), die Windgeschwindigkeit durch $\boldsymbol{v}_2 = \begin{pmatrix} 0 \\ -80 \end{pmatrix}$. Die resultierende Geschwindigkeit ist die Summe der beiden Vektoren: $\boldsymbol{v} = \boldsymbol{v}_1 + \boldsymbol{v}_2 = \begin{pmatrix} 500 \\ 420 \end{pmatrix}$.

Der Betrag der Geschwindigkeit ist $|\boldsymbol{v}| = \sqrt{500^2 + 420^2} \approx 653$ km/h.

Trigonometrische Funktionen: Kapitel 4, Lerneinheit 1

(Den Kurswinkel können Sie mithilfe der Trigonometrie berechnen.)

Wenn man Pfeile im Raum betrachtet, kommt noch eine Komponente in Richtung der z-Achse dazu. Ein solcher Vektor besteht also aus 3 Elementen. Man rechnet damit analog wie in der Ebene.

Üben

SbX ID: 1872

SbX
Sie finden die Lösungen zu Ü 2 bis Ü 7 unter der ID: 1872.

Ü 2 ★: In der Komödie „Ein Sommernachtstraum" von William Shakespeare kommen vier junge Leute vor (Lysander, Demetrius, Hermia und Helena), deren Beziehungen für allerlei Verwicklungen sorgen: Lysander und Hermia lieben einander, Demetrius liebt Hermia, und Helena liebt Demetrius. A

Stellen Sie diese Informationen in einer Beziehungsmatrix dar! 1 steht für „ist verliebt in", 0 für „ist nicht verliebt in".

Ü 3 ★: Gegeben sind die Vektoren $\boldsymbol{a} = \begin{pmatrix} 2 \\ 3 \\ 5 \end{pmatrix}$, $\boldsymbol{b} = \begin{pmatrix} 4 \\ -1 \\ 7 \end{pmatrix}$. Berechnen Sie $\boldsymbol{a}+\boldsymbol{b}$, $\boldsymbol{a}-\boldsymbol{b}$, $-\boldsymbol{a}$ (d.h. $-1\cdot \boldsymbol{a}$), $3\cdot \boldsymbol{a}$, $-5\cdot \boldsymbol{b}$, $3\cdot \boldsymbol{a} - 5\cdot \boldsymbol{b}$. B

Nullvektor

Ü 4 ★★: Ein Vektor $\boldsymbol{o}$, dessen Elemente alle 0 sind, heißt **Nullvektor.** Begründen Sie, dass für alle Vektoren $\boldsymbol{a}$ gilt: $\boldsymbol{a}+\boldsymbol{o}=\boldsymbol{a}$, $\boldsymbol{a}+(-\boldsymbol{a})=\boldsymbol{o}$. D

Ü 5 ★★: Gegeben sind folgende Matrizen: $A = \begin{pmatrix} 2 & 3 \\ 5 & -1 \end{pmatrix}$, $B = \begin{pmatrix} 3 & 4 & 0 \\ 1 & -5 & 2 \end{pmatrix}$, $C = \begin{pmatrix} 6 & -2 \\ 5 & -3 \\ 0 & 8 \end{pmatrix}$.

Berechnen Sie folgende Matrixprodukte, soweit sie möglich sind:
$A\cdot A$, $B\cdot B$, $A\cdot B$, $B\cdot A$, $A\cdot C$, $C\cdot A$, $B\cdot C$, $C\cdot B$. B

Einheitsmatrix

Ü 6 ★★: Eine $n\times n$-Matrix der Form $E = \begin{pmatrix} 1 & 0 & \dots & 0 \\ 0 & 1 & \dots & 0 \\ \vdots & \vdots & \ddots & \vdots \\ 0 & 0 & \dots & 1 \end{pmatrix}$ heißt **Einheitsmatrix.** D

Zeigen Sie an der Matrix A aus dem vorigen Beispiel, dass gilt: $A\cdot E = E\cdot A = A$.

Ü 7 ★★: Ein Betrieb stellt aus drei Ausgangsmaterialien A_1, A_2, A_3 zwei Zwischenprodukte Z_1, Z_2 und aus diesen drei Endprodukte E_1, E_2, E_3 her. Die folgenden Tabellen geben an, welche Mengen jeweils für die Produktion benötigt werden: B

	Z_1	Z_2
A_1	30	50
A_2	40	40
A_3	60	20

	E_1	E_2	E_3
Z_1	5	2	1
Z_2	4	3	3

Ermitteln Sie mithilfe des Matrixprodukts, welche Mengen der Ausgangsmaterialien jeweils für ein Stück der Endprodukte benötigt werden.

Sichern

Definition: Matrix, Vektor

Eine $m\times n$-Matrix ist ein rechteckiges Zahlenschema mit m Zeilen und n Spalten. Eine $n\times 1$-Matrix bzw. eine $1\times n$-Matrix bezeichnet man als Vektor.

Addition von Matrizen bzw. Vektoren

Zwei Matrizen bzw. Vektoren werden addiert (subtrahiert), indem man die entsprechenden Elemente addiert (subtrahiert).

Multiplikation einer Matrix bzw. eines Vektors mit einer Zahl

Eine Matrix bzw. ein Vektor wird mit einer Zahl multipliziert, indem man jedes Element mit der Zahl multipliziert.

Multiplikation zweier Matrizen

Zwei Matrizen werden miteinander multipliziert, indem man jede Zeile der ersten Matrix elementweise mit jeder Spalte der zweiten Matrix multipliziert und die Produkte addiert.

Vektoren als Pfeile

Ein Vektor mit zwei Elementen kann als x- und y-Komponente eines Pfeils in der Ebene aufgefasst werden. Der Betrag des Vektors (die Länge des Pfeils) ist $|\boldsymbol{a}| = \sqrt{x_a^2 + y_a^2}$.

Wissen

SbX ID: 1874

SbX
Die Lösungen finden Sie unter der ID: 1874.

W 1: Zwei Kräfte sind durch die Vektoren $f_1 = \begin{pmatrix} 40 \\ 30 \end{pmatrix}$ und $f_2 = \begin{pmatrix} 30 \\ -40 \end{pmatrix}$ gegeben. Wie groß muss eine dritte Kraft f_3 sein, damit sie den beiden Kräften das Gleichgewicht hält? (Die Summe aller drei Vektoren muss der Nullvektor sein.) Berechnen Sie auch die Beträge aller Kräfte. A B

Der russische Wirtschaftswissenschaftler Wassily Leontief (1905–1999) entwarf solche Modelle, um Volkswirtschaften zu untersuchen.

W 2: Eine Stadt betreibt ein Elektrizitätswerk, ein Gaswerk und ein Wasserwerk, die sich auch gegenseitig beliefern. In der nebenstehenden Grafik ist dargestellt, welcher Input jeweils für die Produktion einer Einheit nötig ist. (Beispiel: Für eine Einheit Strom braucht man 0,1 Einheiten Strom, 0,1 Einheiten Gas und 0,2 Einheiten Wasser.) A B D

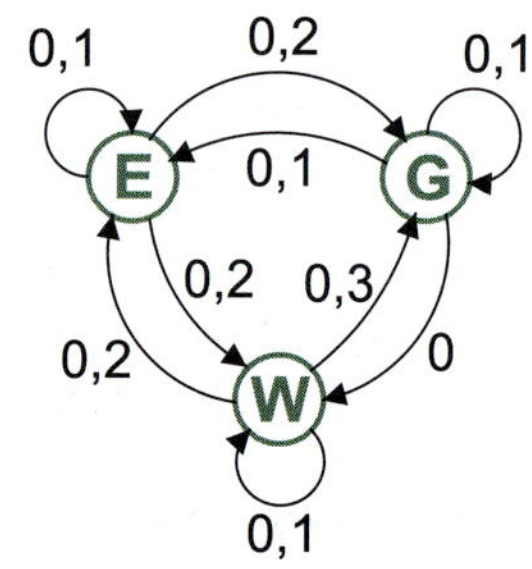

Abb. 4

a) Übertragen Sie die Informationen in folgende Tabelle und schreiben Sie sie als Inputmatrix $\boldsymbol{A}$:

↓ von/an →	E	G	W
E			
G			
W			

b) In der Stadt besteht Nachfrage nach 120 Einheiten Strom, 70 Einheiten Gas und 110 Einheiten Wasser. Schreiben Sie diese Werte als Nachfragevektor $\boldsymbol{y}$ (Spaltenvektor).

c) Eine stabile Energiewirtschaft ist möglich, wenn es einen Produktionsvektor $\boldsymbol{x}$ gibt, sodass gilt: $\boldsymbol{A} \cdot \boldsymbol{x} + \boldsymbol{y} = \boldsymbol{x}$.
Zeigen Sie, dass diese Bedingung für $\boldsymbol{x} = \begin{pmatrix} 200 \\ 100 \\ 200 \end{pmatrix}$ erfüllt ist. Was bedeutet dieses Ergebnis?

Wissens-Check

Zum Schluss noch ein kurzer Wissens-Check!

	☺	😐	☹
Ich kann geeignete Sachverhalte in Vektor- bzw. Matrizenform darstellen.			
Ich kann aus einer Matrix die nötigen Informationen herauslesen.			
Ich weiß, wann man zwei Matrizen addieren bzw. subtrahieren kann, und kann die Rechung ausführen.			
Ich kann eine Matrix mit einer Zahl multiplizieren.			
Ich weiß, wann man zwei Matrizen miteinander multiplizieren kann, und kann die Rechnung ausführen.			
Ich kann Vektoren in der Ebene zeichnen.			
Ich kann Vektoren in der Ebene grafisch addieren und Vielfache eines Vektors grafisch darstellen.			

Stichwortverzeichnis

Bildnachweis

2 (Schlüssel), 7, 8 (Orchester), 8, 15, 16 (Stehleiter), 17 (Rohre Rohmaterial), 19 (Blumen vor der Pasterze), 22, 29, 37, 50, 53, 55, 58 (kleine Schildkröten), 60 (Wurzel), 77, 81, 88, 89 (Sack Getreide), 90 (Schildkröte), 91, 94, 102, 106, 107, 108, 113, 120 (Wohnhaus), 129, 140, 146, 150, 159, 162; 163, 164, 170 und 302: (Schildkröte Skateboard, Schildkröte Vespa); 171, 179 (Quelle), 183, 186, 187, 188, 189, 197, 204, 210, 216 (Wahl), 217, 220, 221 (Kartenspiel Herz König), 222, 230, 234, 237, 238 (Glühbirnen), 249 (Apfel), 258, 260, 261, 265 (Virus), 274, 281, 283, 288, 291, 292 (Baumstumpf), 293 (Kiefernzapfen), 308: **Fotolia.de**

2 (Bücherstapel), 17 (Dosenstapel), 21, 35, 38, 60 (Wein anstoßen), 78, 86, 89 (E-Gitarre, Panflöte), 96, 103, 116, 118, 120 (Flaschen), 122, 142, 145, 149, 152, 153, 161, 163 (Matroschkas), 164 (Erntearbeiter), 166 (Frankenstein), 175, 179 (Säge), 181, 189, 209, 212, 214, 216 (alte Frau lachend), 221 (Münze werfen), 226, 231, 238 (Stapel Bretter), 242, 248 (Mädchen mit Eis); 248 und 249 (Eistüte), 256, 265 (Erdkugel, Maus), 268, 270, 271, 286, 292 (Würfel), 293 (Pyramiden Gizeh), 294, 300, 307, 309, 310: **iStock International Inc.**

2 (Goethe), 16 (C. F. Gauß), 19 (Gottfried Wilhelm Leibniz), 20 (René Descartes), 95 (Leonhard Euler), 179 (Nationalstadium Peking), 148 (Flugsportzentrum Spitzerberg © Lisa Reisenberger), 193 (Amphore: Persephone beaufsichtigt Sisyphos mit seinem Stein in der Unterwelt; Seite A einer schwarzfigurigen attischen Amphora, um 530 v. Chr. aus Vulci; Fotograf: Bibi Saint-Pol): **Wikimedia Commons**

16 (Dreieckszahlen), 229 (Spezialwürfel): **Jutta Gut**

58 (Ritter Sport): **Ritter Sport**

66 (Kegelschnitt – Parabel): **Jutta Gut**

97 (Spektrum elektromagnetischer Wellen): **Paul A. Tipler, Physik, 1. Auflage 1994 (Nachdruck 1998), S. 1008**

111 (Let's make money: Mark Mobius): **Allegro Film/Let's make MONEY**

114 (Logo Schuldenberatung): **Schuldenberatung**

177 (Wasserkaraffe), 137 (Walmdach), 244 (Angeklagter vor Gericht): **Manz Verlag Schulbuch GmbH**

126 (Verkehrsschilder), 128 (Verkehrsschild), 133 (EKG), 141 (Fotoapparat), 143 (Geländewagen), 144 (Objektive), 224 (Skateboarder – Socken): **Sabine Karajan**

172 (Verpackungen): **ARA, Fotograf: Peter Ehringer**

215 (Euroscheine): **www.bundesbank.de**